Das Buch

Grimms Märchen tiefenpsychologisch gedeutet – neue Interpretationen von dem praktizierenden Psychotherapeuten und engagierten Kirchenkritiker Eugen Drewermann. Anhand von neun ausgewählten Märchen zeigt er, wie Kinder erwachsen werden und dennoch kindlich bleiben können (›Schneeweißchen und Rosenrot‹), wie Liebe erst möglich wird, wenn der Mensch zu umfassender Reife gelangt ist (›Die Kristallkugel‹) oder wie eine negative Mutter-Kind-Beziehung, in der die Mutter das Schicksal des Kindes unbewußt programmiert, zu tiefen Lebenskonflikten führt (›Rapunzel‹). Wieder bedient sich Drewermann ganz unterschiedlicher Interpretationsverfahren – der Tiefenpsychologie C. G. Jungs, der Freudschen Psychoanalyse, der Symbolforschung und der Literaturwissenschaft – und deutet bekannte und unbekannte Märchen der Gebrüder Grimm tiefenpsychologisch. Er zeigt, daß fast alle Märchen Geschichten der Sehnsucht nach Liebe und des Reifens aus Liebe sind. »Es ist die feste Meinung der Märchen, daß man eine menschliche Wirklichkeit nur gestalten kann, wenn man die Alpträume des menschlichen Herzens durcharbeitet und zur Wahrheit der Liebe erlöst.« (Eugen Drewermann)

Der Autor

Eugen Drewermann, 1940 in Bergkamen bei Dortmund geboren, studierte Philosophie in Münster, Theologie in Paderborn, Psychoanalyse in Göttingen und habilitierte sich in katholischer Theologie. Er war Priester und Dozent in Paderborn, bis er wegen seiner grundlegenden Kirchenkritik in Auseinandersetzung mit der katholischen Amtskirche geriet. Er ist seitdem als Schriftsteller und Therapeut tätig. Veröffentlichungen u. a.: ›Tiefenpsychologie und Exegese‹ (2 Bände, 1984–1985), ›Das Markusevangelium‹ (2 Bände, 1987–1988), ›Kleriker‹ (1989), ›Ich steige hinab in die Barke der Sonne‹ (1989), ›Was uns Zukunft gibt‹ (1991), ›Das Matthäusevangelium‹ (1992), ›Lieb Schwesterlein, laß mich herein‹ (Märcheninterpretationen 1992), ›Die Botschaft der Frauen‹ (1992), ›Giordano Bruno oder: Der Spiegel des Unendlichen‹ (1992).

Eugen Drewermann:
Rapunzel, Rapunzel, laß dein Haar herunter
Grimms Märchen tiefenpsychologisch gedeutet

Deutscher
Taschenbuch
Verlag

Die Kapitel dieses Buches sind zuerst als illustrierte Einzelbände beim Walter Verlag, Olten 1982–1990, erschienen. Der vorliegende Band wurde um zwei Märcheninterpretationen (›Dat Mäken von Brakel‹, ›Meister Pfriem‹) erweitert.

Von Eugen Drewermann
sind beim Deutschen Taschenbuch Verlag erschienen:
Kleriker (30010)
Lieb Schwesterlein, laß mich herein (35050)

Im Text ungekürzte Ausgabe
1. Auflage November 1992
2. Auflage Februar 1993: 18. bis 37. Tausend
Deutscher Taschenbuch Verlag GmbH & Co. KG, München
© 1982–1990 Walter Verlag, Olten
Umschlaggestaltung: Boris Sokolow
Gesamtherstellung: C. H. Beck'sche Buchdruckerei, Nördlingen
Printed in Germany · ISBN 3-423-35056-3

Inhalt

Vorwort 7

Schneeweißchen und Rosenrot 11
Der goldene Vogel 61
Die Kristallkugel 107
Rapunzel 165
Dat Mäken von Brakel 221
Meister Pfriem 229
Der Herr Gevatter 253
Gevatter Tod 283
Fundevogel 317

Anmerkungen 353

Vorwort

Märchen sind eher Erzählungen für Erwachsene als für Kinder. Was sie zu sagen haben, entstammt zum überwiegenden Teil einer Bilderwelt und Weisheit, der man bereits in den Mythen des Altertums und in den Erzählungen der Naturvölker begegnet. Erst mit dem Absterben der alten Religion sind sie zu Geschichten herabgesunken, die man nur noch Kindern erzählt. Ihr Inhalt und ihre Symbolsprache indessen beschreiben und deuten auch dann noch – wie im Stadium mythischer Überlieferung – menschliches Schicksal nach dem Vorbild der großen Gegensätze und Bewegungen der äußeren Natur. Religionsgeschichte, Naturmythologie und Theologie eröffnen daher im Grunde die ersten Wege zum Verständnis zahlreicher Märchentexte.

Doch obwohl ursprünglich an Erwachsene gerichtet, sind die Märchen, diese Überreste aus den Kindertagen der Menschheit, dem Verständnis von Kindern eigentümlich verwandt. Ihre Sprache ist die Sprache der Träume, ihre Symbolik fußt in der archetypischen Bilderwelt des Unbewußten, und so bedarf es einer Art kindlichen Nachträumens, einer neuen Unmittelbarkeit der Einfühlung und des Erlebens, um als Erwachsener die Märchen zu verstehen.

Die wissenschaftliche Anleitung dazu bietet die Tiefenpsychologie. Wohl muß man zunächst wissen, welche Mächte und Gestalten der äußeren Natur die Märchen im Erbe der Mythen symbolisieren und welch eine Bedeutung sie ihnen verleihen; aber im Grunde sprechen die Märchen von Gegensätzen und Konflikten der menschlichen Psyche.

Sie beschreiben in zeitlosen Bildern den mühsamen Weg, den es kostet, von einem Kind zu einem Erwachsenen zu werden; sie schildern die Belastungen und Schwierigkeiten, die jemand aus den Eindrücken seiner Kindheit ins Leben mitnimmt und in irgendeiner Weise überwinden muß; sie zeigen, wie das Ich eines Erwachsenen sich aus seiner seelischen Einseitigkeit und Starre lösen und zu sich selbst hinfinden kann; und in all dem vermitteln sie den Mut, trotz aller Angst und Schuldgefühle an die Berechtigung des eigenen Lebens zu glauben und bedingungslos der Wahrheit des eigenen Herzens zu folgen. So sind die Märchen in sich selbst Wegweiser und Richtmarken des Unbewußten; sie sind daher ein bevorzugter Gegenstand auch tiefenpsychologischer Interpretationsverfahren.

Von den beiden großen tiefenpsychologischen Schulen Sigmund Freuds und Carl Gustav Jungs wird man bei der Deutung eines Märchens wechselnd der einen oder der anderen den Vorzug geben, je nachdem, zu welchem Zeitpunkt der seelischen Entwicklung die Problemstellung der Erzählung einsetzt. Wie es in der Psychotherapie der ersten Lebenshälfte sich bewährt, die objektale, reduktive Deutungsmethode Freuds anzuwenden, so wird man bei Märchen, die mit der Entwicklungsgeschichte eines Kindes beginnen, zumeist in Vater und Mutter, Sohn und Tochter, Schwester und Bruder, Jungfrau und Drachen die Verkörperung realer Gestalten erblicken und in den einzelnen Symbolen nach den verdrängten Triebwünschen suchen, die sich in ihnen verhüllt und verstellt aussprechen. Vor allem erlaubt und erfordert die objektale Betrachtungsweise eine genaue Beobachtung der Gefühle, die zwischen den handelnden Personen bestehen, und es wird jeweils die Frage sein müssen, was die einzelnen Handlungen und Tatbestände für die Akteure des Märchens selbst bedeuten.

Bei denjenigen Märchen hingegen, die bereits zu Beginn oder im Verlauf der Handlung das Schicksal eines erwachsenen Lebens reflektieren, wird man, ähnlich wie in der Psychotherapie der zweiten Lebenshälfte, bevorzugt die subjektale Deutung Jungs zur Geltung kommen lassen, bei der alle Personen, Gegenstände und Geschehnisse des Märchens Teile, Kräfte und Vorgänge in ein und derselben Psyche darstellen. Indem Jung in den Symbolen der Märchen, Mythen und Träume nicht so sehr Verstellungen der eigentlichen Triebwünsche sah, sondern archetypisch vorgeprägte Ausdrucksgestalten einer nur symbolisch aussagbaren Wirklichkeit, fand er zu einer Betrachtung zurück, die in den Märchen selbst wie in den Mythen, aus denen sie stammen, den Niederschlag von Einsichten letztlich religiöser Dimension und Wahrheit erkennt.

So stelle ich in diesem Band zunächst drei Märchen vor, die in erster Linie subjektal zu deuten sind: ›Schneeweißchen und Rosenrot‹, ›Der goldene Vogel‹ und ›Die Kristallkugel‹. Es folgen zwei Märchen, die eher objektal gedeutet werden müssen: ›Rapunzel‹ und ›Dat Mäken von Brakel‹.

Darüber hinaus gibt es jedoch Fragen des menschlichen Lebens, deren Antworten sich nicht mit den Hilfsmitteln der Psychologie finden lassen. Sie erfordern notwendig eine philosophische bzw. religiöse Deutung der Märchen – zum Beispiel bei der Frage des Todes. Wieviel heillose Not und Angst und unrettbares Unglück bringt die allgegenwärtige Möglichkeit des Todes gerade über die Liebenden! »Er (oder sie) lebt fort in unseren Herzen«, oder: »Er (oder sie) lebt fort in unserer Liebe«, heißt es auf manchen Grabsteinen. Doch wen soll das trösten angesichts der furchtbaren Gleichgültigkeit des Todes, angesichts der zumeist so sinnlosen und willkürlichen Ursachen für den Eintritt des Sterbens und vor allem angesichts der völligen Verzweiflung der Liebenden selbst, denen mit dem Tod des (der) Geliebten alles stirbt, was ihr Leben war? Der Tod ist der Tod; keine Erinnerung, kein Totengedenktag, kein Kranz und kein Kreuz kann ihn in Leben zurückverwandeln. Wie aber dann? Es gibt Märchen wie die von dem ›Herrn Gevatter‹ oder vom ›Gevatter Tod‹, die nichts weiter darstellen als die düstere Allmacht des geheimen »Paten« eines jeden Menschen. Es gibt aber auch Märchen wie die Geschichte vom ›Fundevogel‹, wo zwei Menschen einander an die Hand nehmen und sich nicht loslassen, während die Boten des Todes ihnen auf den Fersen sind. Wäre es möglich, einander so intensiv zu lieben, daß es den Tod als Macht der Verzweiflung gar nicht mehr gibt? Und könnte es sein, daß der Wunsch der Liebe nach ewiger Gegenwart des bzw. der Geliebten noch weit realer ist als die äußere »Wirklichkeit« des Todes?

Genau besehen, ist alle Liebe ein Streben nach Unendlichkeit, eine surreale Maßlosigkeit, ein Verlangen nach Glück, das in dieser Welt tausendmal widerlegt wird; und doch hören wir Menschen nicht auf, den zauberischen Einflüsterungen der Liebe zu glauben, denn was wären wir ohne diese Hoffnung?

Anhand des Märchenschicksals von ›Meister Pfriem‹ schließlich wollen wir die erstaunliche Fähigkeit zur Charakterzeichnung in den Märchen würdigen und die typologische Darstellungskunst der Märchen in ihrer phänomenologischen Schärfe und Treffsicherheit betrachten. Durch die typisierende Phänomenologie der Märchen lassen sich eine ganze Reihe von Charakterstrukturen und »Verknotungen« des Lebens aufspüren, die anderenfalls weder zu beschreiben noch wirklich wahrzunehmen wären.

Die Sprache der Märchen verfügt über eine Gestaltungskraft, die in ihrer holzschnittartigen Prägnanz, in ihrer anschaulichen Evidenz und in ihrem vergnüglichen Witz immer wieder den Weg zurück in den Volksmund zu finden vermag, dem die Märchen, bei Licht betrachtet, im Ursprung selber sich verdanken. Im Volksmund weiß ein jeder, was es besagen will, nennt man jemanden einen »Hans im Glück« oder ein »tapferes Schneiderlein« oder einen »starken Hans«, einen »Bärenhäuter« oder einen »Doktor Allwissend«. Aber nicht nur einzelne Gestalten – ganze Entwicklungsgeschichten lassen sich als typische Charakterdarstellungen lesen, und ein jeder wird Menschen kennen, deren Leben in Phantasie oder Wirklichkeit dem Typus etwa des »Rotkäppchens« oder des »Schneewittchens« entspricht. Die erzählende Psychologie bestimmter Charaktertypen in den Märchen beschreibt somit auf gültige Weise menschliche Schicksale und Lebenswege, die in psychoanalytischer Betrachtung nur im nachhinein und nur unzureichend zu rekonstruieren sind; mit Hilfe der typologischen Charakterzeichnungen der Märchen erweitert sich daher das Feld der Wahrnehmung und der Sensibilisierung gegenüber psychischen Zusammenhängen ganz erheblich. Vor allem aber lehren uns die Märchen, den einzelnen, der uns in seiner Eigenart mitunter just als Exemplar eines bestimmten Märchentyps entgegenzutreten scheint, im Vertrauen auf den guten Ausgang, den die Märchen für gewöhnlich verheißen, ein Stück weit geduldiger, verständnisvoller, hoffnungsfreudiger, ja humorvoller zu begleiten, als es in einer weniger »märchenhaften«, buchstäblich prosaischeren Betrachtung seiner Person und seines Lebensweges der Fall sein müßte.

Der Kreis der möglichen Interpretationsweisen ist damit geschlossen. Ziel dieser Interpretationen war und ist, wieder – wie schon bei dem vorangegangenen Band ›Lieb Schwesterlein, laß mich herein‹ – auf die tiefe Lebenserfahrung und Weisheit hinzuweisen, die den Märchen aus den Tagen mythischer Überlieferung zukommt. Die Grimmschen Märchen so auszulegen, daß, wer sie liest, sich selbst dabei aufs Spiel setzt, indem er in der Arbeit an sich selbst der eigenen Wahrheit näher kommt, das ist Aufgabe dieses Buches.

Schneeweißchen und Rosenrot

Eine arme Witwe, die lebte einsam in einem Hüttchen, und vor dem Hüttchen war ein Garten, darin standen zwei Rosenbäumchen, davon trug das eine weiße, das andere rote Rosen; und sie hatte zwei Kinder, die glichen den beiden Rosenbäumchen, und das eine hieß Schneeweißchen, das andere Rosenrot. Sie waren aber so fromm und gut, so arbeitsam und unverdrossen, als je zwei Kinder auf der Welt gewesen sind. Schneeweißchen war nur stiller und sanfter als Rosenrot. Rosenrot sprang lieber in den Wiesen und Feldern umher, suchte Blumen und fing Sommervögel; Schneeweißchen aber saß daheim bei der Mutter, half ihr im Hauswesen oder las ihr vor, wenn nichts zu tun war. Die beiden Kinder hatten einander so lieb, daß sie sich immer an den Händen faßten, sooft sie zusammen ausgingen. Wenn Schneeweißchen sagte: »Wir wollen uns nicht verlassen«, so antwortete Rosenrot: »Solange wir leben nicht«, und die Mutter setzte hinzu: »Was das eine hat, soll's mit dem andern teilen.« Oft liefen sie im Walde allein umher und sammelten rote Beeren. Aber kein Tier tat ihnen etwas zuleid, sondern sie kamen vertraulich herbei; das Häschen fraß ein Kohlblatt aus ihren Händen, das Reh graste an ihrer Seite, der Hirsch sprang ganz lustig vorbei, und die Vögel blieben auf den Ästen sitzen und sangen, was sie nur wußten. Kein Unfall traf sie; wenn sie sich im Walde verspätet hatten und die Nacht sie überfiel, so legten sie sich nebeneinander auf das Moos und schliefen, bis der Morgen kam, und die Mutter wußte das und hatte ihretwegen keine Sorge. Einmal, als sie im Walde übernachtet hatten und das Morgenrot sie aufweckte, da sahen sie ein schönes Kind in einem weißen, glänzenden Kleidchen neben ihrem Lager sitzen. Es stand auf und blickte sie ganz freundlich an, sprach aber nichts und ging in den Wald hinein. Und als sie sich umsahen, so hatten sie ganz nahe bei einem Abgrunde geschlafen und wären gewiß hineingefallen, wenn sie in der Dunkelheit noch ein paar Schritte weiter gegangen wären. Die Mutter aber sagte ihnen, das müßte der Engel gewesen sein, der gute Kinder bewache.

Schneeweißchen und Rosenrot hielten das Häuschen der Mutter so reinlich, daß es eine Freude war, hineinzuschauen. Im Sommer besorgte Rosenrot das Haus und stellte der Mutter jeden Morgen, ehe sie aufwachte, einen Blumenstrauß vors Bett, darin war von jedem Bäumchen eine Rose. Im Winter zündete Schneeweißchen das Feuer an und hing den Kessel an den Feuerhaken; und der Kessel war von Messing, glänzte aber wie Gold, so rein war er gescheuert. Abends, wenn die Flocken fielen, sagte die Mutter: »Geh, Schneeweißchen, und schieb den Riegel vor«, und dann setzten sie sich an den Herd, und die Mutter nahm die Brille und las aus einem großen Buche vor. Die beiden Mädchen hörten zu, saßen und spannen; neben ihnen lag ein Lämmchen auf dem Boden, und hinter ihnen auf einer Stange saß ein weißes Täubchen und hatte seinen Kopf unter den Flügel gesteckt.

Eines Abends, als sie so vertraulich beisammen saßen, klopfte jemand an die Türe, als wollte er eingelassen sein. Die Mutter sprach: »Geschwind, Rosenrot, mach auf, es wird ein Wanderer sein, der Obdach sucht.« Rosenrot ging und schob den Riegel weg und dachte, es wäre ein armer Mann, aber der war es nicht; es war ein Bär, der seinen dicken, schwarzen Kopf zur Türe hereinstreckte. Rosenrot schrie laut und sprang zurück; das Lämmchen blökte, das Täubchen flatterte auf, und Schneeweißchen versteckte sich hinter der Mutter Bett. Der Bär aber fing an zu sprechen und sagte: »Fürchtet euch nicht, ich tue euch nichts zuleid, ich bin halb erfroren und will mich nur ein wenig bei euch wärmen.« – »Du armer Bär«, sprach die Mutter, »leg dich ans Feuer, und gib nur acht, daß dir dein Pelz nicht brennt.« Dann rief sie: »Schneeweißchen, Rosenrot, kommt hervor, der Bär tut euch nichts, er meint's ehrlich.« Da kamen sie beide heran, und nach und nach näherten sich auch das Lämmchen und das Täubchen und hatten keine Furcht mehr. Der Bär sprach: »Ihr Kinder, klopft mir den Schnee ein wenig aus dem Pelzwerk«, und sie holten den Besen und kehrten dem Bär das Fell rein; er aber streckte sich ans Feuer und brummte ganz vergnügt und behaglich. Nicht lange, so wurden sie ganz vertraut und trieben Mutwillen mit dem unbeholfenen Gast. Sie zausten ihm das Fell mit den Händen, setzten ihre Füßchen auf seinen Rücken und walgerten ihn hin und her, oder sie nahmen eine Haselrute und schlugen auf ihn los, und wenn er brummte, so lachten sie. Der Bär ließ sich's aber gerne gefallen; nur wenn sie's gar zu arg machten, rief er: »Laßt mich am Leben, ihr Kinder:

Schneeweißchen, Rosenrot,
schlägst dir den Freier tot.

Als Schlafenszeit war und die andern zu Bett gingen, sagte die Mutter zu dem Bären: »Du kannst in Gottes Namen da am Herde liegen bleiben, so bist du vor der Kälte und dem bösen Wetter geschützt.« Sobald der Tag graute, ließen ihn die beiden Kinder hinaus, und er trabte über den Schnee in den Wald hinein. Von nun an kam der Bär jeden Abend zu der bestimmten Stunde, legte sich an den Herd und erlaubte den Kindern, Kurzweil mit ihm zu treiben, soviel sie wollten; und sie waren so gewöhnt an ihn, daß die Türe nicht eher zugeriegelt ward, als bis der schwarze Gesell angelangt war.

Als das Frühjahr herangekommen und draußen alles grün war, sagte der Bär eines Morgens zu Schneeweißchen: »Nun muß ich fort und darf den ganzen Sommer nicht wiederkommen.« – »Wo gehst du denn hin, lieber Bär?« fragte Schneeweißchen. »Ich muß in den Wald und meine Schätze vor den bösen Zwergen hüten; im Winter, wenn die Erde hart gefroren ist, müssen sie wohl unten bleiben und können sich nicht durcharbeiten, aber jetzt, wenn die Sonne die Erde aufgetaut und erwärmt hat, da brechen sie durch, steigen herauf, suchen und stehlen. Was einmal in ihren Händen ist und in ihren Höhlen liegt, das kommt so leicht nicht wieder an des Tages Licht.« Schneeweißchen war ganz traurig über den Abschied, und als es ihm die Tür aufriegelte und der Bär sich hinausdrängte, blieb er an dem Türhaken hängen, und ein Stück seiner Haut riß auf, und da war es Schneeweißchen, als hätte es Gold durchschimmern gesehen; aber es war seiner Sache nicht gewiß. Der Bär lief eilig fort und war bald hinter den Bäumen verschwunden.

Nach einiger Zeit schickte die Mutter die Kinder in den Wald, Reisig zu sammeln. Da fanden sie draußen einen großen Baum, der lag gefällt auf dem Boden, und an dem Stamme sprang zwischen dem Gras etwas auf und ab; sie konnten aber nicht unterscheiden, was es war. Als sie näherkamen, sahen sie einen Zwerg mit einem alten, verwelkten Gesicht und einem ellenlangen, schneeweißen Bart. Das Ende des Bartes war in eine Spalte des Baumes eingeklemmt, und der Kleine sprang hin und her wie ein Hündchen an einem Seil und wußte nicht, wie er sich helfen sollte. Er glotzte die Mädchen mit seinen roten, feurigen Augen an und schrie: »Was steht ihr da! Könnt ihr nicht herbeigehen und mir Beistand leisten?« – »Was hast du angefangen, kleines Männchen?« fragte Rosenrot. »Dumme, neugierige Gans«, antwortete der Zwerg, »den Baum habe ich mir spalten wollen, um kleines Holz in der Küche zu haben; bei den dicken Klötzen verbrennt gleich das bißchen Speise, das unsereiner braucht, der nicht soviel hinunter schlingt als ihr grobes, neugieriges Volk. Ich hatte den Keil schon glücklich hineingetrieben, und es wäre alles nach Wunsch gegangen, aber das verwünschte Holz war zu glatt und sprang unversehens heraus, und der Baum fuhr so geschwind zusammen, daß ich meinen schönen weißen Bart nicht mehr herausziehen konnte; nun steckt er drin, und ich kann nicht fort. Da lachen die albernen, glatten Milchgesichter! Pfui, was seid ihr garstig!« Die Kinder gaben sich alle Mühe, aber sie konnten den Bart nicht herausziehen, er steckte zu fest. »Ich will laufen und Leute herbeiholen«, sagte Rosenrot. »Wahnsinnige Schafsköpfe«, schnarrte der Zwerg, »wer wird gleich Leute herbeirufen, ihr seid mir schon um zwei zu viel; fällt euch nichts Besseres ein?« – »Sei nur nicht ungeduldig«, sagte Schneeweißchen, »ich will schon Rat schaffen«, holte sein Scherchen aus der Tasche und schnitt das Ende des Bartes ab. Sobald der Zwerg sich frei fühlte, griff er nach einem Sack, der zwischen den Wurzeln des Baumes steckte und mit Gold gefüllt war, hob ihn heraus und brummte vor sich hin: »Ungehobeltes Volk, schneidet mir ein Stück von meinem stolzen Barte ab! Lohn's euch der Kuckuck!« Damit schwang er seinen Sack auf den Rücken und ging fort, ohne die Kinder nur noch einmal anzusehen.

Einige Zeit danach wollten Schneeweißchen und Rosenrot ein Gericht Fische angeln. Als sie nahe bei dem Bach waren, sahen sie, daß etwas wie eine große Heuschrecke nach dem Wasser zu hüpfte, als wollte es hineinspringen. Sie liefen heran und erkannten den Zwerg. »Wo willst du hin?« fragte Rosenrot. »Du willst doch nicht ins Wasser?« – »Solch ein Narr bin ich nicht«, schrie der Zwerg, »seht ihr nicht, der verwünschte Fisch will mich hineinziehen?« Der Kleine hatte da gesessen und geangelt, und unglücklicherweise hatte der Wind seinen Bart mit der Angelschnur verflochten; als gleich darauf ein großer Fisch anbiß, fehlten dem schwachen Geschöpf die Kräfte, ihn herauszuziehen: der Fisch behielt die Oberhand und riß den Zwerg zu sich hin. Zwar hielt er sich an allen Halmen und Binsen, aber das half nicht viel; er mußte den Bewegungen des Fisches folgen und war in beständiger Gefahr, ins Wasser gezogen zu werden. Die Mädchen kamen zu rechter Zeit, hielten ihn fest und versuchten, den Bart von der Schnur loszumachen, aber vergebens, Bart und Schnur waren fest ineinander verwirrt. Es blieb nichts übrig, als das Scherchen hervorzuholen und den Bart abzuschneiden, wobei ein kleiner Teil desselben verloren ging. Als der Zwerg das sah, schrie er sie an: »Ist das eine Manier, ihr Lorche, einem das Gesicht zu schänden? Nicht genug, daß ihr mir den Bart unten abgestutzt habt; jetzt schneidet ihr mir den besten Teil davon ab. Ich darf mich vor den Meinigen gar nicht sehen lassen. Daß ihr laufen müßtet und die Schuhsohlen verloren hättet!« Dann holte er einen Sack Perlen, der im Schilfe lag, und ohne ein Wort weiter zu sagen, schleppte er ihn fort und verschwand hinter einem Stein.

Es trug sich zu, daß bald hernach die Mutter die beiden Mädchen nach der Stadt schickte, Zwirn, Nadeln, Schnüre und Bänder einzukaufen. Der Weg führte sie über eine Heide, auf der hier und da mächtige Felsenstücke zerstreut lagen. Da sahen sie einen großen Vogel in der Luft schweben, der langsam über ihnen kreiste, sich immer tiefer herabsenkte und endlich nicht weit bei einem Felsen niederstieß. Gleich darauf hörten sie einen durchdringenden, jämmerlichen Schrei. Sie liefen herzu und sahen mit Schrecken, daß der Adler ihren alten Bekannten, den Zwerg, gepackt hatte und ihn forttragen wollte. Die mitleidigen Kinder hielten gleich das Männchen fest und zerrten sich so lange mit dem Adler herum, bis er seine Beute fahren ließ. Als der Zwerg sich von dem ersten Schrecken erholt hatte, schrie er mit seiner kreischenden Stimme: »Konntet ihr nicht säuberlicher mit mir umgehen. Gerissen habt ihr an meinem dünnen Röckchen, daß es überall zerfetzt und durchlöchert ist, unbeholfenes und täppisches Gesindel, das ihr seid!« Dann nahm er einen Sack mit Edelsteinen und schlüpfte wieder unter den Felsen in seine Höhle. Die Mädchen waren an seinen Undank schon gewöhnt, setzten ihren Weg fort und verrichteten ihr Geschäft in der Stadt. Als sie beim Heimweg wieder auf die Heide kamen, überraschten sie den Zwerg, der auf einem reinlichen Plätzchen seinen Sack mit Edelsteinen ausgeschüttet und nicht gedacht hatte, daß so spät noch jemand daherkommen würde. Die Abendsonne schien über die glänzenden Steine, sie schimmerten und leuchteten so prächtig in allen Farben, daß die Kinder stehen blieben und sie betrachteten. »Was steht ihr da und habt Maulaffen feil!« schrie der Zwerg, und sein aschgraues Gesicht ward zinnoberrot vor Zorn. Er wollte mit seinen Scheltworten fortfahren, als sich ein lautes Brummen hören ließ und ein schwarzer Bär aus dem Walde herbeitrabte. Erschrocken sprang der Zwerg auf, aber er konnte nicht mehr zu seinem Schlupfwinkel gelangen, der Bär war schon in seiner Nähe. Da rief er in Herzensangst: »Lieber Herr Bär, verschont mich, ich will Euch alle meine Schätze geben, seht die schönen Edelsteine, die da liegen! Schenkt mir das Leben, was habt Ihr an mir kleinem, schmächtigem Kerl? Ihr spürt mich nicht zwischen den Zähnen; da, die beiden gottlosen Mädchen packt, das sind für Euch zarte Bissen, fett wie junge Wachteln, die freßt in Gottes Namen.« Der Bär kümmerte sich um seine Worte nicht, gab dem boshaften Geschöpf einen einzigen Schlag mit der Tatze, und es regte sich nicht mehr.

Die Mädchen waren fortgesprungen, aber der Bär rief ihnen nach: »Schneeweißchen und Rosenrot, fürchtet euch nicht, wartet, ich will mit euch gehen.« Da erkannten sie seine Stimme und blieben stehen, und als der Bär bei ihnen war, fiel plötzlich die Bärenhaut ab, und er stand da als ein schöner Mann und war ganz in Gold gekleidet. »Ich bin eines Königs Sohn«, sprach er, »und war von dem gottlosen Zwerg, der mir meine Schätze gestohlen hatte, verwünscht, als ein wilder Bär in dem Walde zu laufen, bis ich durch seinen Tod erlöst würde. Jetzt hat er seine wohlverdiente Strafe empfangen.«

Schneeweißchen ward mit ihm vermählt und Rosenrot mit seinem Bruder, und sie teilten die großen Schätze miteinander, die der Zwerg in seine Höhle zusammengetragen hatte. Die alte Mutter lebte noch lange Jahre ruhig und glücklich bei ihren Kindern. Die zwei Rosenbäumchen aber nahm sie mit, und sie standen vor ihrem Fenster und trugen jedes Jahr die schönsten Rosen, weiß und rot.

Tiefenpsychologische Deutung

Die Welt zu sehen wie mit Kinderaugen

Zu Recht gilt die Erzählung von ›Schneeweißchen und Rosenrot‹ als eine der klassischen Kindergeschichten. Denn während manch ein Märchen durch seine grausamen und ängstigenden Züge in der Kinderstube Bedenken erregen mag, erweckt das Märchen von ›Schneeweißchen und Rosenrot‹ ganz im Gegenteil besonders am Anfang den Eindruck einer vollendeten Harmonie. Breit ausgemalt in bunten Farben, stellt es das Glück vor Augen, das aus der Liebe zur Mutter und der freundlichen Zuneigung der Geschwister zueinander erwächst, und vor allem die Einheit mit der umgebenden Natur erinnert an die Welt eines paradiesischen Friedens. Wenn irgend es Bedenken gegenüber dem pädagogischen Wert *dieses* Märchens geben sollte, dann allenfalls in umgekehrter Richtung: ob es nicht geradezu gefährlich sei, Kinder in eine so verniedlichende und romantisch-verkleinernde Welt von »Hüttchen«, »Rosenbäumchen« und »Häschen« einzuführen und sie zu einer so irrealen Scheinwelt konfliktfreier Anpassung zu verführen.

Aber es verhält sich mit einem Kindermärchen wie ›Schneeweißchen und Rosenrot‹ höchst eigentümlich: Sobald man ihm derartig kritische »Erwachsenen«-Fragen vorlegt, beginnt es mit einemmal, von sich aus wie ein Kind zu einem Erwachsenen zu reden und seine vermeintliche »Idylle« als eine verlorene Wahrheit der Kinder zu verteidigen: wie, wenn der Traum von einer Welt ohne Zerwürfnisse und Widersprüche, wie, wenn die Welt der Kinder in ihrer Unbefangenheit und ungebrochenen Vertrauensseligkeit ungleich ursprünglicher und menschlich wahrer wäre als unser Denken in den hart gewordenen Begriffen von Gegensatz, Antagonismus, Kampf, Konflikt usw? Wie, wenn erst wir Erwachsenen, jenseits von Eden, die Welt gar nicht mehr anders sehen könnten als in der Projektion eigener Widersprüche und Zerrissenheiten? Dann stünden wir im Angesichte eines solchen Kindermärchens nicht vor der Frage, wie wir die Kinder lehren müßten, auf unsere Art »Erwachsene« zu werden, sondern gerade umgekehrt: statt ein Kindermärchen wie ›Schneeweißchen und Rosenrot‹ vom Erwachsenenstandpunkt aus »kritisch« zu »hinterfragen«, stellt sich womöglich dieser unser Erwachsenenstandpunkt selbst in Frage, und nur, wie wir es lernen können, selber nach einem Bibelwort wieder »zu werden wie die Kinder« (Mk 10,15), ist dann der eigentlichen Untersuchung wert. Die Eingangsbilder des vorliegenden Märchens verwandeln sich, wenn es so steht, zu Sehweisen und Angeboten einer »Weltanschauung«, in welcher die Natur mit unverstellten Kinderaugen als eine ungetrennte Einheit von Mensch und Welt erscheint; innerhalb einer solchen Weltsicht ist auch der Mensch seelisch bestimmt zum Einklang, und einzig dies muß dann kulturhistorisch ebenso wie psychologisch wohl die Hauptfrage sein, wie »Kinder« eine derartige Harmonie bewahren können, wenn sie sich zu »Erwachsenen« entwickeln. Eine paradiesisch anmutende Naturbetrachtung, eine integrale Psychologie und eine Art harmonischer Entwicklungslehre sind dann die wesentlichen Korrekturen, die dieses Kindermärchen von ›Schneeweißchen und Rosenrot‹ an unserem »erwachsenen« Weltbild vorzunehmen vermag.

Deshalb wechseln die Jahreszeiten

Tatsächlich wird man denn auch am besten bei den »Kindern der Natur«, bei den sogenannten »Primitivvölkern«, in die Lehre gehen müssen, um vor allem die Anfangsmotive der Geschichte von ›Schneeweißchen und Rosenrot‹ richtig zu verstehen, deren mythischer Ursprung selbst innerhalb der märchenartigen Umformungen der Erzählung noch unverkennbar ist. In der jetzigen Form erzählt das Märchen von ›Schneeweißchen und Rosenrot‹ von einer »armen Witwe« und ihren beiden »Kindern«; aber bereits in der Charakterisierung der »Mädchen« schimmern noch deutlich genug die Erinnerungen an das Weltbild der Alten durch, in welchem die großen Gegensätze der Natur in personifizierter Gestalt angeschaut wurden. Unzählige Mythen stellen sich das Wechselspiel von Tag und Nacht, von Sommer und Winter, von Nordwind und Südwind in einem Geschwisterpaar von höchst unterschiedlichen Eigenschaften vor,[1] und ganz entsprechend dieser Vorlage werden auch »Schneeweißchen« und »Rosenrot« geschildert: Während »Rosenrot« mit ihrem lebhaften Wesen den Sommer, die Blumen und das fröhliche Spiel in der freien Natur liebt, sieht »Schneeweißchen« ihre Bestimmung mehr in den häuslichen Aufgaben, die vornehmlich in den stillen Wintermonaten der Pflege bedürfen. In beider Gestalten leben deutlich sichtbar noch die mythischen Verkörperungen der beiden großen Jahreszeiten fort, und das »Hüttchen« der »Witwe«, in dem sie ihren Dienst verrichten, ist von daher gewiß ein spätes Nachbild des Hauses der »Mutter Natur«, des Reiches der Großen Göttin.[2]

Die Weisheit dieser »kindlichen« Weltsicht der alten Mythologie, wie sie sich in ›Schneeweißchen und Rosenrot‹ erhalten hat, besitzt dann in der Tat die Kraft, unsere Einstellung zur Welt gründlich zu korrigieren. Nicht eine spannungslose Idylle, wie es eingangs vielleicht scheinen mag, bildet zufolge dieses Weltbildes die Grundlage der Wirklichkeit – ein größerer Gegensatz als der zwischen warm und kalt, rot und weiß, Sommer und Winter ist vielmehr auch in der Natur durchaus nicht denkbar. Aber dieser Gegensatz bedingt nicht ohne weiteres die Dialektik ständiger Zerrissenheit und Widersprüchlichkeit. In den Gestalten von »Schneeweißchen« und »Rosenrot« bekämpfen die konträren Gegensätze von Sommer und Winter in ihrer extremen Unterschiedenheit einander nicht, sondern sie dienen *gemeinsam* der guten Mutter Erde, und indem jedes von ihnen seinen wesensgemäßen Teil zum Haushalt, zur »Ökonomie« von Mutter Erde beiträgt, erscheint die Natur selbst als der Ort einer Versöhnung der Gegensätze in dem Prinzip wechselseitiger Ergänzung. »Der Sommer kommt, damit die Blumen blühen, und der Winter, damit sie schlafen können«, sagte der Oglalla-Häuptling Flying Hawk, um diese Einheit der Gegensätze auszudrücken. »Deshalb wechseln die Jahreszeiten«, fügte er hinzu. »Alles hat seinen guten Sinn und nichts geschieht umsonst.«[3] Die Unterschiedenheit der beiden gegensätzlichen Geschwister von Sommer und Winter führt in einem solchen »kindlichen« Weltbild gerade nicht zu Widerspruch, zu Kampf und Konkurrenz, sondern in Eintracht und Gemeinsamkeit handeln »Schneeweißchen« und »Rosenrot« als »Kinder« von »Mutter« Natur wie gegenseitige Verbündete. Ohne Abstriche und gegenseitige Behinderungen leben sie daher miteinander und in Liebe zueinander, wohl wissend, daß ein jedes selber nur in der Ergänzung durch das andere im Haushalt der Natur willkommen und vollkommen ist.

Kein Wunsch und keine Aufgabe scheint daher schon am Anfang der Erzählung wichtiger, als dieses »Hand-in-Hand« der Gegensätze unauflöslich zu bewahren und auf immer zu bewähren, und umgekehrt scheint nichts gefährlicher, als diese Weltsicht einer spannungsreichen Harmonie komplementärer Gegensätze an eine Welt des Kampfes zu verraten und das an sich in seiner Unterschiedenheit Vereinigte zu trennen; es müßte an die Stelle der Synthese, der ergänzenden Vereinigung der Gegensätze dann ein Weltbild treten, in dem »Schneeweißchen« und »Rosenrot« nicht in Verbundenheit und Zuneigung einander an die Hände nähmen, sondern sich als vollendete Kampfpartner in rivalisierender Ausschließlichkeit antagonistisch gegenüber träten. Im Haushalt von Mutter Natur, meint dieses Märchen, ist ein solcher Kampf ein Unding – tatsächlich wird man die Welt überhaupt nur solange als eine Stätte der Geborgenheit empfinden können, als man die Sorge der Großen Mutter versteht, der dieses Weltbild entstammt: daß ihre »Kinder« miteinander in Harmonie und wechselseitiger Ergänzung Umgang haben möchten. Aber um zu einer solchen einheitlichen Weltsicht fähig zu sein, muß man sich in der Natur bereits wie in einem mütterlichen Hause heimisch fühlen, und eben dies ist der Punkt, an dem man von dem Naturverständnis der Mythen, das in den Eingangsbildern von ›Schneeweißchen und Rosenrot‹ noch angedeutet wird, am meisten lernen kann.

In deinem Mantel finde ich Schutz

Während unser »erwachsenes« Denken der Natur »entwachsen« ist, erinnern die verlorenen Mythen der Völker aus den Kindertagen der Menschheit[4] auf das lebhafteste an ein Weltgefühl, in dem der Mensch sich noch als Teil und nicht als Herrscher der Natur verstand. Geschwisterlich gingen in dieser Welt der Mythen die großen Gegensätze der Natur einträchtig miteinander um – geschwisterlich auch standen Welt und Mensch einander gegenüber. Die Menschen selber fühlten sich als Kinder im Hause von Mutter Natur, und vielleicht gibt es keinen religiösen Ritus, der dieses Gefühl, diese Vision der Welt vortrefflicher beschreibt als die großartige Idee des »Welthauses«, wie es die nordamerikanischen Indianer errichteten:[5] ihre Tipis, vor allem aber ihre religiösen Versammlungshäuser waren symbolische Nachbilder des Kosmos – Vergegenwärtigungen des Vertrauens, in der Natur »zu Hause« sein zu dürfen und der Mütterlichkeit der Erde nahe zu sein. Die Wände dieser »Welthäuser« trugen die Farben der vier Himmelsgegenden, ihre Wölbung repräsentierte den Erdkreis und das Firmament, und ihr Mittelpunkt verband symbolisch den Himmel mit der Erde. Die Architektonik dieser »Welthäuser« liegt als ein archetypischer Gedanke den Kirchen und den Tempeln aller Religionen zugrunde und findet sich sogar noch in den Grundrissen der alten Städtegründungen;[6] der zentrale Gedanke aber ist allerorten der gleiche: daß die Natur dem Menschen eine Heimat ist und diese Erde das Haus einer Mutter, die es gut mit ihren Kindern meint. Wie stark »weiblich« diese Weltsicht geprägt ist, geht daraus hervor, daß jede Frau im Grunde für das Weltbild der Mythen das Wesen von Mutter Erde verkörperte. So etwa beteten die Ojibwa-Indianer zu Ehren der Frau wie zum Lobpreis der Mutter Erde: »Frau! Mutter! An deiner Brust nährtest du mich. In deinen Armen hieltest du mich. Dir meine Liebe. Erde! Mutter! An deinem Busen finde ich Nahrung. In deinem Mantel suche ich Schutz. Dir meine Verehrung.«[7] Die mütterliche Erfahrung der Welt bedingt zugleich eine absolute Hochschätzung der Frau, und daran dürfte es wohl liegen, daß gerade die schönsten und tiefsinnigsten Märchen der Völker, wie ›Schneeweißchen und Rosenrot«, immer wieder zunächst von einer Welt sprechen, in der scheinbar nur Frauen existieren.

Kein Mensch kann seine Mutter besitzen

Von diesem Ansatz her versteht man wohl, daß auch *die Schilderung der Lebensweise* von »Schneeweißchen« und »Rosenrot« im Hause ihrer »Mutter« in gewissem Sinne den späten Nachhall eines frühen Menschheitsethos im Umgang mit der Welt darstellt. Nicht nur, daß sich »Schneeweißchen« und »Rosenrot« trotz ihrer Gegensätzlichkeit geschwisterlich vertragen; nach Weisung ihrer »Mutter« sollen sie vor allem jeden Besitz schwesterlich miteinander *teilen*. Gerade dieses Prinzip des Nicht-Besitzens und des Teilens wird man als die eigentliche Hausordnung in dem »Hüttchen« der »Witwe« ansehen dürfen, und auch dazu liefern die »kindlichen« Auffassungen der »Primitivkulturen« von der »Mutter Erde« den besten Kommentar, ist doch der Einklang mit der mütterlichen Natur ganz unvereinbar mit dem Willen nach Besitz und Aneignung. »Ihr dürft mich nicht falsch verstehen, wenn ich von meiner Liebe zu diesem Lande spreche«, erklärte zum Beispiel der Nez-Percé-Häuptling »Joseph« gegenüber den landgierigen Weißen. »Ich habe nie gesagt, das Land gehört mir, um damit zu tun, was mir beliebt. Der Eine, der das Recht hat, darüber zu verfügen, ist der Eine, der es geschaffen hat. Ich verlange für mich nur das Recht, auf meinem Land zu leben, und gewähre euch das Vorrecht, auf dem eurigen zu leben.«[8] Die Erde ist in diesem Weltbild des Schöpfers Eigentum, und im Haus der gütigen Mutter Natur ist es ebenso unsinnig wie unnötig, die Erde für sich selber zu beanspruchen. »Eine Mutter gibt allen ihren Kindern gleich viel«, dachten die Ojibwa-Indianer. »Alle haben ein Anrecht auf einen Platz nahe bei ihrer Brust in ihrer Hütte. So freigebig ist auch die Erde. Ihr Mantel ist weit, ihre Schüsseln sind immer voll und werden ständig gefüllt. Auf der Decke von Mutter Erde ist Platz zum Jagen, Fischen, Schlafen und Leben ... Alle, Junge und Alte, Starke und Schwache, Gesunde und Kranke, sollen sich in die Großmut und Freigebigkeit von Mutter Erde teilen.« »Das ist das Erbe des Menschen: zu kommen, zu leben und zu gehen, zu empfangen, um weiterzugeben. Kein Mensch kann seine Mutter besitzen; kein Mensch kann die Erde zum Eigentum haben.«[9] Es sähe einem Frevel, gleich einem Inzest, ähnlich, sich die Natur wie zum Besitz aneignen zu wollen, und es gibt daher nur einen Weg, um im Hause von Mutter Natur die Ordnung zu wahren: anzuerkennen, daß es an dieser Welt, die allen gehört, nichts zu »besitzen« gibt. »Was das eine hat, soll's mit dem andern teilen«, sagt das Märchen von ›Schneeweißchen und Rosenrot‹. Diese goldene Regel der armen »Witwe« ist der ewig-gültige Ausdruck des gemeinsamen Glücks einer gemeinsamen Besitzlosigkeit, einer unverstellten Kindlichkeit im freien, spielerischen Umgang mit der Welt und einer Welterfahrung jenseits der nur dem »erwachsenen« Denken so praktisch erscheinenden Kategorien von Herrschaft, Eigentum, Gewinn und Nutzen.

Für uns ist die Natur sanft und vertraut

Freilich kann man die umgebende Natur nur sein und gelten lassen, ohne sie in »Besitz« zu »überführen«, wenn man sich in ihr selbst geborgen und behütet fühlt, und gerade hierin weicht die Einstellung unseres »erwachsenen« Welterlebens am deutlichsten von dem »kindlichen« Weltbild der alten Mythen ab. Vom »erwachsenen« Standpunkt aus teilt sich die Welt in nützlich und schädlich, brauchbar und unbrauchbar, hilfreich und sperrig, freundlich und feindlich, und so unnatürlich ist dieses »erwachsene« Weltbild, daß die Natur darin von vornherein aus einer Heimstätte des Menschen zum Ort der Angst und des Unheimlichen gerät. Für dieses Welterleben ist alles nur Natürliche »unmenschlich«, »wild« und »roh«; vertraut ist einzig die vom Menschen angeeignete, beherrschte, »kultivierte« Welt.[10] Ganz anders sahen es die alten Mythen. Gewiß muß man zugeben, daß das Märchen von ›Schneeweißchen und Rosenrot‹ die Natur im Erleben der Kinder auf Märchenweise nach Art einer Postkartenidylle schildert; aber es teilt darin doch die Ansicht aller »Naturvölker« von der Vertrautheit und »Zutraulichkeit« der Kreatur. »Für uns« (die Indianer, d. V.), sagte zum Beispiel der Ponca-Häuptling Standing Bear, »sind die großen weiten Ebenen, die herrlichen rollenden Prärien, die baumbekränzten Windungen der Flüsse nicht ›wild‹. Nur der Weiße hält die Natur für eine ›Wildnis‹, nur für ihn wird das Land beunruhigt von ›wilden‹ Tieren und ›barbarischen‹ Völkern. Für uns ist die Natur sanft und vertraut. Die Erde ist schön, und wir sind umgeben von den Segnungen des Großen Geheimnisses. Erst als der behaarte Mann vom Osten erschien und mit brutaler Niedertracht Ungerechtigkeiten über Ungerechtigkeiten auf uns und unsere Familien häufte, da erst wurde das Land für uns ›wild‹. Als sogar die Tiere des Waldes vor ihm die Flucht ergriffen, da begann für uns der ›wilde Westen‹.«[11] Im Kontrast zur Weltsicht der »Weißen« ist die »idyllische«, »kindliche« Naturbeschreibung des Märchens von ›Schneeweißchen und Rosenrot‹ durchaus nicht nur ein romantisches Stilmittel; sie erinnert vielmehr im Erbe der Mythen sehr zutreffend an die Art, wie die

Kinder der Natur, wie unsere »Wilden«, noch heute die Natur erleben: aufs engste ist das Leben von »Schneeweißchen« und »Rosenrot« verbunden mit den Tieren – dem Häschen, dem Hirschen und den Vögeln –, ohne durch die sonst so hinderlichen Mauern der Angst und der Feindschaft von den Mitgeschöpfen getrennt zu sein. Selbst der Wald, in anderen Märchen oft genug ein Ort des Schreckens und des Grauens, birgt für diese »Kinder des Hauses«[12] nichts Furchterregendes: Selbst wenn die Nacht hereinfällt, dient das Moos des Waldes ihnen als Bettstatt – die Natur selbst ist ihr Zuhause, und ihre »Mutter« weiß, daß sie sich um ihre »Kinder« nicht zu sorgen braucht.

Ein Baum ist ein Abbild des Lebens

Es ist aber nicht allein die angstfreie Haltung kindlicher Geborgenheit, durch welche »Schneeweißchen« und »Rosenrot« mit der Natur verbunden sind; bereits ihr »Name«, ihr Wesen, zeigt sie als wesenseins mit der Natur.

In der jetzigen märchenhaften Form der Erzählung erscheint es bei oberflächlicher Betrachtung vielleicht nur wie ein Zufall, daß vor dem Haus der »Witwe« zwei Rosenbäumchen wachsen, die mit den Farben Rot und Weiß den Kindern ihre Namen geben. In Wirklichkeit aber spiegeln die beiden Rosenbäumchen die innere Gesittung beider Kinder wider; und so wie in den Stammeskulturen noch heute die äußeren Umstände – ein vorbeihuschendes Tier, der Schrei einer Eule, das Flammen eines Blitzes – bei der Geburt eines Kindes für die Namengebung entscheidend sein können, so dienten offenbar über viele Jahrtausende hin vor allem in den frühen Pflanzerkulturen bestimmte Bäume, Blumen oder Früchte als Vorbilder auch zum Verständnis des menschlichen Schicksals und Wesens in der gewissermaßen vegetativen Gesetzlichkeit seines Blühens und Vergehens, seines Reifens und Wachsens, seiner sich entwickelnden Einheit.[13]

»Ein Baum ist ein Abbild des Lebens«, sagten die nordamerikanischen Indianer, um die enge Verbindung des Menschen mit der Welt der Bäume zum Ausdruck zu bringen. »Er wächst. Unwohl, heilt er sich selbst. Erschöpft, stirbt er. Ein Baum spiegelt das Sein. Er wandelt sich. Verändert, stellt er sich selbst wieder her und bleibt immer der gleiche. Ein Baum gibt Leben. Er ist beständig. Er gewährt Leben, aber sein eigenes bleibt unvermindert.«[14] Im Wesen eines Baumes konnten Menschen sich betrachten wie in einem Spiegel; sie fühlten sich den Bäumen verwandt und waren ihnen dankbar für die Güte ihrer Schönheit, für die Stille ihres Wesens und die Vielfalt ihrer Gaben. »Bäume geben mir alles, alles, was ich brauche. Ich habe dem

Baum nichts zu geben als meinen Lobgesang. Schaue ich einen Baum an, so denke ich daran, daß der Apfelbaum meinen Hunger stillen kann, der Ahorn meinen Durst löschen kann, die Fichte meine Wunden und Schnitte heilen kann ... Der Farn kann meinen Körper im Schlaf betten, die Linde kann die Puppe meiner Tochter werden, ... der Tabak kann meine Gebete zu Gott tragen ... Rose und Gänseblümchen können die Seele der Frau bewegen, die Blätter im Wind können meinen Geist öffnen«, so sagten die Ojibwa-Indianer.[15] Auch die beiden Bäumchen von »Schneeweißchen« und »Rosenrot« vermögen durch ihr Dasein symbolisch eine unausgesprochene Hoffnung bzw. eine sinnenfällige Gewißheit zu vermitteln: daß es sich im Leben der Menschen gleichermaßen so verhalte wie mit den spannungsreichen Unterschieden der Natur – daß sie sich nicht zu Widersprüchen und Antagonismen auswachsen und das menschliche Leben zerreißen, sondern je für sich ihre Unterschiedlichkeiten lieben und schätzen können. Alle Menschen sind nur einseitige, ergänzungsbedürftige, aber auch ergänzungsfähige Teile im Haushalt der Natur wie im Haushalt der Menschenfamilie. So gegensätzlich wie die Jahresschwankungen in der äußeren Natur, so gegensätzlich kann auch die Natur der Menschen sein; aber würde ein jeder mit seinen Gaben, als »Sommer«, als »Winter«, seinen Beitrag zur »Ökonomie« der Mutter Erde leisten, so erschiene auch das menschliche Dasein in seiner Fülle der einander an sich ausschließenden Gegensätze als eine Harmonie, in der ein jeder seinen Platz und seinen Auftrag finden könnte.

Ihre Religion ist die gleiche wie die unsrige

Die wichtigste Erfahrung der Eingangsbilder von ›Schneeweißchen und Rosenrot‹ liegt jedoch nicht erst in dem Gegensatz von Rot und Weiß, sondern in dem Bild von den zwei Rosenbäumchen selbst: Indem das Märchen die Gegensätze und die Eintracht der Natur in *menschlichen* Gestalten darstellt, beseitigt es, im Sinne aller alten Mythologie, den ängstigenden Eindruck scheinbarer Fremdheit und Unmenschlichkeit der Kreatur – die geheimen Kräfte der Natur sind selber menschenförmig; und umgekehrt: Indem es, wie im alten Totemismus oder Animismus, Menschen als Pflanzen (oder Tiere) nach dem Modell von Naturwesen schildert, schützt es vor der Gefahr menschlicher Unnatur bzw. einer unnatürlichen Art, Mensch zu sein. Es »glaubt« entschieden an die Ursprungseinheit von Mensch und Natur, und wollte man den Sinn des Bildes der zwei Rosenbäumchen religiös ausdrücken, so müßte man wohl sagen wie der Sioux-Schamane Schwarzer Hirsch: »Der Himmel ... Die Erde ... Der Wind ...

Die Vögel ... ihre Religion ist die gleiche wie die unsrige.«[16] Um zu einem Denken dieser Art zurückzufinden, muß man bis an den Ursprung der Märchen und Mythen selbst zurückgehen: die Ägypter etwa, denen wir die ersten Märchenaufzeichnungen verdanken, waren das letzte große Volk der Erde, das noch die Paviane beten hörte, wenn sie im Osten Kairos bei Morgengrauen die Gebirgsketten des Moqattam mit dem Echo ihrer Rufe erfüllten – sie sahen in ihnen die Verkörperungen des Mondgottes Thot, Kinder der Nacht und Wächter des Tages, Wissende um die Geheimnisse von Leben und Tod;[17] und in einem kleinen Käfer, der aus dem Staub sein Gelege formte, waren sie fähig, ein Bild der ewigen Sonne und der Unzerstörbarkeit des Lebens zu entdecken[18].

Diese angstlose Einheit, mit der auch »Schneeweißchen« und »Rosenrot« das »Häschen«, den »Hirschen« und alle Tiere erleben, wird in den Mythen der Völker in den großartigen Bildern eines urzeitlichen Tierfriedens und einer ungebrochenen Wesensverwandtschaft von Mensch und Kreatur beschrieben.[19] Wenn der thrakische Sänger Orpheus die Leier rührte, so hörten und gehorchten ihm die Steine und die Bäume.[20] Ähnlich erzählten die Chinesen von Yau, der mit seiner Leier alle Tiere des Waldes zum Tanze verlockte. »Wie kann also das Herz der Tiere von dem der Menschen so gar verschieden sein?«, fragte dementsprechend der chinesische Weise Liä Dsi, und er meinte: »Die Denkart der Tiere ist von Natur gleichartig mit der des Menschen. Sie alle streben nach Erhaltung des Lebens ... Männchen und Weibchen paaren sich. Die Mütter und die Jungen lieben einander. Sie meiden die Ebene und suchen Schutz auf steilen Felsen. Sie kehren sich ab von der Kälte und kommen zur Wärme. Sie wohnen in Herden und wandern in Zügen. Die Kleinen halten sich innen, die Starken halten sich außen. Sie führen einander zur Tränke, und wenn es zu fressen gibt, rufen sie die Herde. In uralten Zeiten wohnten sie mit den Menschen zusammen und wanderten mit ihnen. Erst zur Zeit der Herren und Könige begannen sie sich zu fürchten und zerstreuten sich in die Irre. Seit den letzten Zeiten erst verstecken sie sich und laufen davon, um Leid und Schaden zu entgehen.« »In uralter Zeit die Gottmenschen aber erkannten völlig aller Wesen Eigenschaften und Zustände. Sie verstanden die Laute andersartiger Wesen. Sie waren mit ihnen zusammen und sammelten sie um sich. Sie zähmten sie und nahmen sie bei sich auf gleich wie das Menschenvolk.«[21]

An diese Zeit vor der Begründung menschlicher Gewaltherrschaft über und gegen die Natur ist im christlichen Abendland so gut wie jede Erinnerung (außer den Legenden vom hl. Franziskus) verlorengegangen.[22] Aber ein Märchen wie ›Schneeweißchen und Rosenrot‹

gemahnt daran, und die beiden Rosenbäumchen vor dem Haus der armen Witwe sind tiefe Bilder dieser alten Frömmigkeit und Poesie, in der die Menschen noch wie Kinder eins waren mit der sie umgebenden Natur und alle Lebewesen ihre Brüder.

Ein Kind zu bleiben als Erwachsener

Wie aber soll man sich die Menschen selbst vorstellen, die noch in einer solchen Einheit denken und empfinden konnten? Auch darauf antwortet das Bild der beiden Rosenbäumchen – wenn man es jenseits seiner »totemistischen« Implikationen *psychologisch* deutet. Alle großen mythischen Symbole versuchen die Gegensätze der *Natur* als eine Einheit darzustellen und den Menschen durch eine sinnreiche Weltdeutung mit den äußeren Widersprüchen des Daseins zu versöhnen; zugleich aber stellen sie auch einen Weg dar, um den *Menschen* aus seiner inneren Zerrissenheit herauszuführen, und diese *psychologische* Ebene der Symbolsprache ist für die Märchen letztlich sogar die allein entscheidende; denn anders als die Mythen wollen die Märchen nicht mehr dem Menschen seinen Ort inmitten der Natur zuweisen – sie wollen »nur« noch schildern, wie ein Mensch mit seinen eigenen Konflikten zu leben lernen kann.

Von Anmut und Würde und der Unschuld der Liebe

Die Farben »Rot« und »Weiß« sind, psychologisch, Seelenfarben, Färbungen der Seele in ihrer Gegensätzlichkeit und Einheit: »Rot« steht farbsymbolisch für kraftvolle »Vitalität und lebhafte Unternehmungsfreude«,[23] »Weiß« für den Willen nach Reinheit und Zurückhaltung. Beide Farben, als psychischer Ausdruck verstanden, repräsentieren den stärksten psychischen Konflikt, der sich überhaupt nur vorstellen läßt: den Widerstreit zwischen Extraversion und Introversion (C. G. Jung),[24] zwischen Erfahrung und Unschuld, zwischen Reinheit und Fülle (N. Hartmann),[25] zwischen Liebe und Bewahrung.[26] Beide Pole des Daseins schließen sich nicht aus, sondern gehören zusammen, aber sie führen doch stets die Gefahr der Vereinseitigung, des zerreißenden Widerspruchs mit sich, und man versteht das Versprechen von »Schneeweißchen« und »Rosenrot« jetzt noch einmal viel tiefer, wenn die beiden »Kinder« einander geloben: »Wir wollen uns nicht verlassen«, »solange wir leben nicht.« Es handelt sich tatsächlich um die größte Lebenskunst und schwerste Lebensaufgabe, »Rot« und »Weiß« miteinander im eigenen Leben zu versöhnen.

Man braucht, um das Problem ein Stück weit zu erläutern, sich nur vorzustellen, wie denn ein Mensch beschaffen ist, in dem »Weiß« und »Rot« unverbunden nebeneinander oder sogar gegeneinander existieren müssen.

In dem Charakter eines Menschen, in dem sich »Rot« und »Weiß« *bekämpfen,* würde das Verlangen nach sittenreiner Unschuld die Sehnsucht nach Liebe und nach Hingabe stets unterdrücken, die unterdrückte Leidenschaft aber müßte sich ihrerseits gewaltsam einen Weg ins Leben bahnen – gegen die Staudämme der »Reinheit« und der Makellosigkeit; dadurch jedoch entstünden dem hilflosen Ich wieder die schwersten Vorwürfe und Schuldgefühle für seine vermeintliche Zügellosigkeit; erneut müßte es alles unternehmen, um seine wärmeren Gefühle und Triebstrebungen in winterlicher Kälte einzufrieren – nie gäbe es in dieser Welt des Zwiestreits und des Gegeneinanders von »Rot« und »Weiß« eine ruhige Form der Einheit mit sich selbst.

Aber auch die andere Möglichkeit eines bloßen *Nebeneinanders* wäre nicht minder gefährlich; denn würden die beiden »Geschwister«, »Schneeweißchen« und »Rosenrot«, sich voneinander trennen, dann müßte die *Extraversion,* die Hinwendung nach außen, an die bloße Hysterie verkommen, indem das Ich sich an die Personen und Dinge der Umgebung völlig verlieren und sich ihren Einflüssen hilflos ausliefern würde;[27] oder es müßte umgekehrt die *Introversion* in ihrer schizoiden Abstraktion von der Wirklichkeit zu einer beziehungslosen, gefühlskalten Egozentrik verkümmern.

Das Märchen von ›Schneeweißchen und Rosenrot‹ will gerade zeigen, daß *beide* Strebungen, das »Rote« wie das »Weiße«, zusammenkommen müssen, um den *ganzen* Menschen zu verwirklichen, und auch hierin mag man ihm, jetzt vom psychologischen Standpunkt aus, eine »idyllische« »Wirklichkeitsferne« vorwerfen. Gibt es das wirklich, mag man fragen: eine harmonische Einheit von »Rot« und »Weiß«? Gibt es eine Liebe, die nicht zerstört, sondern belebt, die nicht raubt, sondern beschenkt, die nicht entehrt, sondern erhöht? Kann es sein, daß Scham und Lust, daß Mädchensinn und Reife, daß Innerlichkeit und Weltgewandtheit in *einer* Lebensform zusammenkommen? Oder, noch genauer, da der bestehende Gegensatz in »Schneeweißchen« und »Rosenrot« als *weiblich* vorgestellt wird: kann es sein, daß Sanftheit und Leidenschaft, daß Bewahrung und Hingabe, daß »Anmut und Würde« (F. Schiller),[28] daß Anstand und Herzlichkeit einander *nicht* ausschließen?

Ehe man das Märchen selbst auf diese Fragen eine Antwort geben läßt, kann man doch bereits sagen, daß offenbar die innere und die äußere Harmonie seines »Weltbildes« auf das engste miteinander korrespondieren.

Es gibt unzählige Mythen und Märchen, die in der Tat von der Liebe erzählen wie von einem Brautraub oder einer schändlichen Vergewaltigung;[29] ja es gibt unzählige Mythen, in denen die gesamte Welt in dem Symbol verfeindeter Geschwister dargestellt wird; aber um so wichtiger ist die Vision dieses »Kindermärchens« von ›Schneeweißchen und Rosenrot‹, das trotz allem an die mögliche Unschuld der Liebe und die Reinheit des Herzens der »Kinder des Hauses« zu glauben lehrt. Mindestens das Bild der Frau malt dieses matriarchalisch beeinflußte Märchen vom Wesen her als etwas durch und durch Einheitliches, und ohne Zweifel will es damit sagen, daß man die Welt nur dann als Einheit sehen kann, wenn man auch selbst innerlich mit sich einig ist. Die Natur draußen kennt Sommer und Winter, Rot und Weiß; aber ob man die Gegensätze der Natur als Kampf und Widerspruch oder als Einheit und Harmonie erlebt, liegt nicht an der Natur, sondern einzig daran, was für ein Mensch man selber ist. Ein einheitlicher Mensch wird die Welt selbst als Einheit sehen, ein Mensch, der innerlich zerrissen ist, wird auch die Welt nur in Zerrissenheit und Widerspruch wahrnehmen können: Das Weltbild eines Menschen wird ganz und gar geprägt von seinem Selbstverständnis. Aber auch umgekehrt: das Weltverständnis prägt das Selbstverständnis. Von der Welt einheitlich zu denken, wird auch den Menschen in und mit der Welt einheitlich leben lassen; ein Weltbild voller Kampf hingegen wird den Menschen selber kämpferisch und widersprüchlich machen. Beides hängt voneinander ab, beides bedingt einander.

Auch so, gewissermaßen erkenntnistheoretisch wie metaphysisch, bestätigt sich demnach die Wechselseitigkeit des Bildes der beiden »Rosenbäumchen« und der beiden »Kinder«: Die Menschen sind in diesem Weltbild spannungsreicher Harmonie wie Blumen, die organisch in die Welt gepflanzt sind, und umgekehrt: weil sie in jeder Art mit sich harmonisch sind, fügt sich ihr Bild in dieses Weltbild voller Harmonie organisch ein.

Entwicklung als Fließgleichgewicht

Aber ein letztes Mal gefragt: Ist das alles nicht doch bloße Romantik und märchenhafte Poesie, ein schöner Traum abseits der Wirklichkeit? In jedem Falle handelt es sich bisher doch nur um das Bild von *Kindern,* und erneut muß sich daher die »erwachsene« Kritik zu Wort melden: Was wird aus Mädchen, wenn sie aufhören, Kinder zu sein? Was wird aus ihrer »Unschuld«, wenn ihre »Liebe« nicht mehr nur der »Mutter« gilt? Was wird aus ihrer Unbefangenheit den Dingen gegenüber, wenn sie die Dunkelheit, den Abgrund unter allen Dingen kennenlernen? Vielleicht ist diese »kindliche« Weltsicht des Märchens doch nur ein Akt der sehnsuchtsvollen Regression, ein angstbesetzter Rückzug in die Kinderwelt angesichts einer ängstigenden Wirklichkeit?

Glücklicherweise stellt das Mädchen selbst sich diesen Fragen und zeigt damit, daß man sich Fragen dieser Art gar nicht verschließen kann. Das eigentliche Thema von ›Schneeweißchen und Rosenrot‹ ist ja nicht allein die Harmonie des Anfangs; im wesentlichen ist dieses Märchen eine *Entwicklungsgeschichte*, deren Bogen sich von der Kinderzeit über die Pubertät bis ins Erwachsenenalter spannt: Wohl beginnt es mit einer Beschreibung von Kindern, aber es endet mit der Heirat erwachsener Menschen, und dazwischen liegt ein langer Weg der inneren Entwicklung. Trotzdem hört das Märchen niemals auf, seine »kindliche« Erzählart zu verlieren; und eben darin liegt offenbar seine eigentliche Fragestellung: wie ein Mädchen zur Frau erwacht, ohne dabei in sich selber einen Bruch zu erleiden, oder auch umgekehrt: wie eine Frau in der Liebe die Unschuld eines Mädchens zu bewahren vermag, ohne die Gefühle und Werte ihrer Kindheit zu verleugnen – wie es, mit anderen Worten, nicht nur eine Harmonie der Natur und eine Harmonie des Daseins, sondern vor allem: wie es *eine Harmonie der Entwicklung* geben kann.

Die Bedeutung und das Gewicht dieses Problems läßt sich erst ganz ermessen, wenn man es für einen Moment lang von seiner philosophischen und theologischen Seite betrachtet. Sowohl im asiatischen wie im abendländischen Denken ist der Gedanke tief verwurzelt, daß es so etwas wie »Geschichte« und »Entwicklung« nur aufgrund eines inneren Widerspruchs geben könne; erst vermöge eines Urabfalls, einer »Ursünde« und Entzweiung lasse sich das Phänomen der menschlichen Selbstentfaltung verstehen; nur aus der Dialektik ständiger Widersprüche, die sich selbst hervortrieben, vereinigten und aufs neue ihren Widerspruch erzeugten, könne der Prozeß der menschlichen Geschichte erwachsen.[30] Dieses Geschichtsbild Heraklits[31] und Hegels[32] ist dem »erwachsenen« Denken des Abendländers so sehr in Fleisch und Blut übergegangen, daß man es selbst unter Theologen allenthalben antrifft, so als gebe es wirklich alle Wahrheit nur kraft der Unwahrheit, alles Gute nur kraft des Bösen und alle Selbsterkenntnis nur kraft des Negativen – jede Bewegung des Geistes als ein Aufstauen und Zerplatzen von Widersprüchen, die erst in einer unendlichen Bewegung ihr Maß und Ziel erreichen könnten.

Daran gemessen, ist es eine wohltuende Sicht der Dinge, wenn das Märchen von ›Schneeweißchen und Rosenrot‹ die seelische Entwicklung einmal ganz anders, nicht als Kampf, sondern, entsprechend seinen Eingangsbildern, *organisch* als ein stilles Wachstum schildert. Seine Weisheit entstammt dabei einer so ruhigen und zuversichtlichen Betrachtung, wie man sie eigentlich nur in den Gleichnissen Jesu im Neuen Testament oder in den Bildern der asiatischen Religionen findet: Alles Wesentliche ereigne sich von innen heraus, langsam, ohne Sprünge, und es reife in Geduld, ohne die Aufregung eigener Absichten und Planungen, wenn man es nur in Ruhe wachsen lasse – »von selbst« entfalte sich die Saat zur Frucht (Mk 4,26–29). »Der höchste Mensch«, konnte der chinesische Weise Dschuang Dsi in ähnlicher Weise sagen, »ist wie das Wasser, das fließt, ohne Formen anzunehmen. Er ergießt sich in die große Ur-Reinheit.« Und ausdrücklich warnte er an gleicher Stelle vor dem »erwachsenen« Intellektualismus. »Wehe euch, deren Erkenntnis sich abmüht mit Haarspaltereien und die ihr die große Ruhe nicht erkennt.«[33] Das wirkliche Leben als Entfaltung eines ruhig fließenden Wassers – diese Formel ist so genial, daß der große Biologe Ludwig von Bertalanffy (unbewußt) auf gerade diesen Ausdruck zurückgreifen mußte, um die organische Seite des Lebens zu kennzeichnen: Als »Fließgleichgewicht« bestimmter Energiezustände versuchte er die Dynamik des Lebens zu verstehen[34] – nicht als revolutionäres Durchbrechen gewaltsam niedergehaltener Energien also, sondern als eine Synthese aus Veränderung und Bewahrung.

Im Sinne dieses Modells vom »Fließgleichgewicht« existiert jeder Organismus nur als eine dynamische Harmonie, und umgekehrt wird ein organisches Denken eine lebendige Entwicklung niemals anders verstehen können als nach Art eines derartigen »Fließgleichgewichts«. Was jedenfalls die Geschichte von ›Schneeweißchen und Rosenrot‹ zu beschreiben unternimmt, ist gerade das Wunder einer solchen organischen, nicht gewaltsam zerrissenen, sondern in sich harmonischen Entwicklung. An gerade dieser »kindlichen« Erzählung wird man also lernen können, was der abendländischen Geschichtsphilosophie stets das größte Kopfzerbrechen bereitet hat: wie es Geschichte geben kann, die nicht zerstört, sondern erhält, und wie es Neues geben kann, das Altes aufgreift, weiterführt und innerlich verwandelt – kurz, wie man, individuell gewendet, *erwachsen* werden und gleichwohl die Kindlichkeit bewahren kann.

Das Fehlen der Angst

Die entscheidende Antwort auf diese wichtige Frage liefert in der Erzählung von ›Schneeweißchen und Rosenrot‹, vorab zu den Einzelheiten des konkreten Entwicklungsprozesses, bereits das gefühlsmäßige Klima, in welchem die gesamte Handlung des Märchens nach den bislang erörterten Bildern sich vollzieht. »Idylle«, »Harmonie«, »Einheit«, »Ergänzung« – all diese bisher verwandten Ausdrücke bezeichneten psychologisch im Grunde gemeinsam nur einen einzigen Tatbestand, der sich als *das völlige Fehlen von Angst* wiedergeben läßt. Das Leben in dem »Hüttchen« der »Mutter«, der furchtlose Umgang mit allen Lebewesen, die symbolisch angedeutete organische Einheit mit der umgebenden Natur – nichts davon wäre möglich in einem Feld der Angst. Im Bannkreis der Angst wäre es auch nicht denkbar, daß es so etwas wie eine harmonische Entwicklung geben könnte; im Spiegel der Angst erschiene vielmehr notwendig alles wie zerrissen, gegensätzlich und bedrohlich, und in der destruktiven Dynamik der Angst müßte jede Bewegung uneinheitlich, widersprüchlich und verkrampft ausfallen.

Man versteht demgegenüber, was die behutsame Klammer besagen will, die das Märchen von ›Schneeweißchen und Rosenrot‹ mit dem Bild von den zwei Rosenbäumchen und dem Beistand der Mutter absichtlich am Anfang wie am Ende um die gesamte Erzählung legt. Was es beschreibt, ist – deutlich genug – eine *organische* Entwicklung, die gerade dadurch zustande kommt und ermöglicht wird, daß sie in mütterlicher Geborgenheit geschieht und *Angst nicht kennt*. Denn nur solange das Vertrauen in die unerschütterliche Mütterlichkeit der Welt besteht, ist eine harmonische Entfaltung möglich. »Vielleicht rührt die Mütterlichkeit der Erde von ihrer Grundsubstanz her, dem Stein«, sagten die Ojibwa-Indianer an der soeben schon zitierten Stelle ihres »kindlichen« Weltbildes, und sie betonten gerade die steinhart-feste Unwandelbarkeit und absolute Zuverlässigkeit des mütterlichen Weltenhintergrundes, die die Menschen brauchen, um sich menschlich zu entfalten. »Der Stein«, erklärten sie, »schien unwandelbar zu sein, hielt den Winden, dem Winter und dem Sommer stand. Bewegungslos, wie er war, schien er gegen jeden Wandel gefeit zu sein, den der Mensch unmittelbar wahrnehmen konnte, als sollte er weiterleben, um Leben spenden zu können. Den gleichen Charakter und die gleichen Eigenschaften erwartet man von der Mutterschaft, deren Grundlage die Liebe ist. *Wenn Kinder zu Männern und Frauen heranwachsen sollten, so mußten sie darauf vertrauen können, daß die Liebe der Mutter fortdauern wird,* sonst würde es ihnen an Vertrauen zu sich selbst und zu anderen mangeln. Aber die Freigebigkeit der Erde und ihre Kraft, Leben zu geben, wurde für verläßlicher gehalten als die menschliche Mutterschaft.«[35] So eingehüllt und umgriffen in der zuverlässigen Mütterlichkeit von Mutter Natur und geborgen in der natürlichen Obhut ihrer Menschenmütter, vermögen Kinder im Schoß der Welt heranzuwachsen, wie das Märchen von ›Schneeweißchen und Rosenrot‹ sie schildert: als Menschen, die nie aufhören werden, Kinder der Natur zu sein, und die in ungebrochener Natürlichkeit auch als Erwachsene nie ihre Kindlichkeit verlieren werden.

Wenn man so will, beschreibt das Märchen von ›Schneeweißchen und Rosenrot‹ in den alten Bildern religiöser Mythologie mithin das Größte, was die Religion zu allen Zeiten dem Menschen geben kann: die Bewahrung (oder Erneuerung) seelischer Kindschaft. Um zur Verdeutlichung dieser zentralen religiösen Vokabel von der »Kindschaft« noch einmal Dschuang Dsi zu zitieren: als die Schüler des Lau Dan sich einmal über den rechten Weg uneins waren, antwortete der Meister zur Erläuterung der wahren »Kindschaft«, wie der Pfad der Erlösung beschaffen sei: »Also ein Mittel zur Wahrung des Lebens willst du?« fragte er den Schüler. »Kannst du die Einheit festhalten? Kannst du dich freihalten von ihrem Verlust? Kannst du ohne Orakel und Wahrsagung Heil und Unheil erkennen? Kannst du haltmachen, kannst du aufhören? Kannst du die anderen in Ruhe lassen und (den Frieden) nur in dir selber suchen? Kannst du dich freihalten? Kannst du einfältig sein? Ein Kind kann den ganzen Tag weinen, es verschluckt sich nicht und wird nicht heiser, weil es des Friedens Fülle hat; es kann den ganzen Tag etwas festhalten, und seine Hand läßt nicht locker, weil es in seinem Wesen einheitlich ist; es kann den ganzen Tag blicken, und sein Auge blinzelt nicht, weil es durch nichts von draußen her angezogen wird. Es geht und weiß nicht wohin, es bleibt stehen und weiß nicht, was es tut; es ist allen Dingen gegenüber frei, obwohl es bei allem mitmacht. Das sind die Mittel, sein Leben zu wahren.«[36]

Obwohl das Märchen von ›Schneeweißchen und Rosenrot‹ nur ein einziges Mal, und dort noch unzutreffend (an der Stelle vom »Schutzengel«), eine ausgesprochen religiöse Sprache verwendet, ist es doch wie kaum ein Märchen sonst auf unmittelbare Weise »fromm«: Es zeichnet uns ein Paradies verlorener Kindschaft, um zu erinnern, wozu wir bestimmt sind und wie das Leben sein könnte, wenn es, statt von den Sorgen und der Angst »Erwachsener«, getragen wäre von dem ursprünglichen Vertrauen und der Unbeschwertheit der wahren »Kinder« eines unsichtbaren Reiches der Geborgenheit und Stille. Gerade diese ruhige, quasi religiöse Gewißheit, die das Märchen ausstrahlt, dürfte dazu beigetragen haben, daß die Erzählung von ›Schneeweißchen und Rosenrot‹ zu den beliebtesten deutschen Märchen gehört – als einer der vollendetsten Träume von einer Reifung ohne Angst und einer seelischen Entwicklung ohne Spaltung und Zerwürfnis, als eine Erzählung, die wir gerade deshalb brauchen, weil sie aus Urzeittagen dem »Paradiese« nahe ist und weil sie zeigt, wie wir mit uns, mit anderen Menschen, mit der gesamten Kreatur einig und glücklich leben könnten.[37]

Stufen reifender Liebe

Alles bisher Gesagte betrifft indessen nach wie vor gewissermaßen nur die »Ouvertüre«, die Kulisse und die Tonsetzung der »Oper«; die Entwicklung des eigentlichen »Themas« steht noch aus: *Wie* denn nun im Konkreten eine harmonische Entwicklung von einem Kind zu einem Erwachsenen, von einem Mädchen zu einer Frau vorstellbar ist. Nur so viel wird man nach dem Gesamteindruck bisher schon jetzt bemerken können: Selbst in der Welt der Märchen wird man so leicht kein Sujet antreffen, das in so reiner Weise wie dieses Märchen von ›Schneeweißchen und Rosenrot‹ eine Entwicklungsgeschichte darbietet, in der stufenartig alles aufeinander aufbaut und in der jedes sich harmonisch in das andere fügt. Woran das liegt und wie derartiges in Wahrheit möglich ist, dieser Frage wollen wir im folgenden jetzt nachgehen.

Der Geist der Kindheit und sein Abschied

Auf das beste geordnet, rundet sich im Leben von »Schneeweißchen« und »Rosenrot« besonders am Anfang alles zu dem Bild eines unschuldigen, kindlichen Bewußtseins, das den Fall in den Abgrund der Zerrissenheit und der inneren Zwietracht nicht kennengelernt hat; aber um so mehr richtet sich die ganze Spannung und Problematik der Geschichte auf die Frage, ob es einen solchen »Sündenfall« am Ende der Kindheit nicht vielleicht dennoch bzw. gerade deshalb geben muß oder ob und wie er sich unter gewissen Umständen vermeiden läßt.

Tatsächlich wird den beiden Kindern paradoxerweise zunächst wohl nichts so gefährlich wie die scheinbare Gefahrlosigkeit ihrer Kindheit. Gerade bei Kindern, die in einer ganz behüteten und wohlbeschützten mütterlichen Welt aufwachsen dürfen, wird man für gewöhnlich vermuten müssen, daß sie später mit manchen unangenehmen Überraschungen zu rechnen haben; und in der Tat, erzählt das Märchen, gibt es auch im Leben von »Schneeweißchen« und »Rosenrot« eines bestimmten Morgens ein erschrockenes Erwachen: Ohne es zu wissen, haben sie an einem Abgrund geschlafen, und es hätte nur noch eines einzigen Schrittes bedurft, um ins Bodenlose abzustürzen;

in demselben Moment des Erwachens bemerken die beiden Mädchen allerdings zugleich ein kleines Kind, das lächelnd und schweigend in den Wald zurückgeht. Es ist der erste Augenblick einer Gefahr, die offensichtlich selbst im Paradies der Kindheit unvermeidlich ist und auf die auch die »Mutter« ihre beiden Mädchen nicht hinlänglich vorbereiten konnte. Lediglich im nachhinein gibt sie den Kindern die beruhigende Erklärung, das »Kind«, das sie am Abgrund gesehen hätten, sei ihr »Schutzengel« gewesen, der gute Kinder zu behüten pflege; aber das ist zweifellos christlich-religiöse Übermalung, die den Sinn der Szene mehr verklärt als erklärt.

Hingegen braucht man nur die einzelnen Elemente dieses morgendlichen Augenblicks in ihrem Symbolgehalt zu betrachten, um das »Erwachen« am »Abgrund« und den Weggang des »Kindes« psychologisch richtig einzuordnen; man wird dann leicht verstehen, warum auch die fürsorgliche Mutterliebe vor dieser Szene nicht bewahren kann noch darf: irgendwann im Leben eines jeden Kindes muß der Zeitpunkt kommen, wo es so wie bisher ganz buchstäblich »nicht mehr weitergeht«, wo es einem »Absturz« gleichkäme, im »Dunkel« des »Waldes«, in kindlicher Unbewußtheit, auch nur einen Schritt noch weiterzugehen, und wo die Gestalt des »kleinen Kindes« endgültig zurücktreten muß. Es ist die Zeit wortwörtlich eines ersten »Erwachens«, einer beginnenden Bewußtwerdung, in der die Kinder aufhören, in ungebrochener, unreflektierter Selbstverständlichkeit nur Kinder zu sein, und wo es tödlich enden würde, auch weiterhin nur ein Kind sein zu wollen. Aber entscheidend ist, daß die Mädchen diese Gefahr erst entdecken, als sie in gewissem Sinne bereits nicht mehr besteht: Die an sich mögliche Angst vor dem Abgrund des »Waldes«, vor der Gefahr einer nur unbewußten Existenz, streift die Kinder bloß für einen Augenblick, ohne sie von rückwärts her in ihren Bann zu schlagen; unbedroht und mühelos kehren sie dementsprechend aus dem »Wald« nach Haus zurück. Verwunderlich bleibt für sie nur das »schöne Kind« in seinem »weißen, glänzenden Kleidchen«, das sie im »Wald« haben verschwinden sehen.

Was es mit diesem »Kinde« auf sich hat, deutet die »Mutter« bei aller religiösen Nomenklatur immerhin noch an, wenn sie darin einen »Engel«, also ein geistiges, kein äußerlich reales Wesen sieht. Fragt man sich allerdings, was dieser »Geist« verkörpert, so wird man – abseits von der sekundären religiösen Deutung – vornehmlich die Gestalt und Kleidung dieses freundlichen Wesens zu betrachten haben. Ein »Geist«, der als ein »Kind« erscheint und in »weißem Gewand« Kinder davor beschützt, in den »Abgrund« zu stürzen – wie soll man das anders verstehen, als daß es sich hier um den *Geist der Kindheit* handelt bzw. um das *Kinder-Ich,* das bis jetzt in dem Kleid kindlicher Unschuld die Mädchen vor jedwedem »Fall« bewahrt hat?[38] Jedenfalls passen einzig im Sinne einer solchen Deutung alle Bilder dieser Szene zusammen: indem die Kinder der Gestalt des »Engels«, ihres »Kinder-Ichs«, gewahr werden, hören sie wirklich auf, Kinder zu sein; aber der freundliche Abschied ihres Kinderwesens ereignet sich gewissermaßen sanft, ohne Tumult, auf leise und zwanglose Art. Wohl werden wir noch sehen, daß der *Geist der Kindheit* später noch einmal in bizarrer und grotesker Mißgestalt zurückkehren wird; aber vorerst kann er in seiner freundlichen Gestalt abtreten, und es bleibt nur die Frage übrig, was jetzt kommen muß, wenn das »Kind« »in dem weißen, glänzenden Kleidchen«, wenn die Gestalt der Kinderunschuld fortgegangen ist. Droht jetzt nicht doch, könnte man argwöhnen, trotz allem der »Sündenfall« der »Schuld«, mit dem zahlreiche Völkermythen den Schritt zum Erwachsensein wie notwendig verbinden?[39] Der »Geist der Kindheit«, die unbefangene Kindlichkeit selbst war bisher selber wie ein Schutz vor den unbemerkten Abgründen des Lebens; wie aber jetzt, wenn die Kinderzeit zu Ende geht?

Die Antwort darauf ist sinnreicherweise schon in dem Bild von »Wald« und »Abgrund« selbst enthalten.

Erfrieren, Überwältigtwerden oder zu sich Einlassen?

Eine Zeitlang, berichtet das Märchen, geht das Leben der Kinder unangefochten tagaus, tagein in unverändertem Rhythmus weiter, und es scheint, als wenn das beruhigende Gleichmaß ihres Lebens noch einmal in sein ungeschmälertes Recht treten könnte und wollte. Aber dann geschieht es eines Winterabends, daß es überraschend ans Tor klopft und ein Bär, als »Rosenrot« öffnet, zum Schrecken der Kinder zur Tür hereinkommt. Panik bricht aus; schreiend suchen die Kinder zu fliehen, das »Lämmchen« und das »Täubchen« sind wie von Angst gejagt, und erst als der »Bär« begütigend seine Harmlosigkeit beteuert und die Mutter ihm einen Platz am Herd zuweist, legt sich der Eindruck des Entsetzens, um nach und nach einer ruhigeren Betrachtung Raum zu geben.

Tatsächlich ist das Erscheinen dieses »Bären« in der Symbolsprache der Märchen und der Träume nach dem Gesagten förmlich zu erwarten. In der gesamten Erzählung bisher mußte es wohl am sonderbarsten anmuten, daß das Märchen zunächst gänzlich unter Frauen spielt; denn wenn sich *mythologisch* auch, wie sich gezeigt hat, gerade in diesem Merkmal mancherlei an Weisheit aus der Welt der Großen Göttin niederschlägt, so stellt sich *psychologisch* doch von Anfang an die Frage, wie denn in einer solchen ganz und gar weiblich geprägten

Welt der Kinder *der Mann*, die Erfahrung erwachender Sexualität, zum erstenmal auftauchen kann.

Viele Entwicklungsmärchen kennen das dreigliedrige Schema, das auch der Erzählung von ›Schneeweißchen und Rosenrot‹ zugrunde liegt: daß drei Frauengestalten (eine Mutter mit zwei Töchtern) oder drei Männer (ein Vater bzw. ein König mit zwei oder drei Söhnen) sich auf die Suche nach dem ergänzenden vierten begeben, von dem her die isolierte Dreiheit zur Ganzheit und Liebe erlöst wird.[40] Das zunächst ausgeschlossene Vierte erscheint beim ersten Auftreten regelmäßig als etwas Unheimliches und Gefährliches, und in psychologischer Sicht wird man wohl auch in dem vorliegenden Märchen sagen können, daß gerade die behütete, einseitig mütterliche Welt, in der »Schneeweißchen« und »Rosenrot« bisher gelebt haben, die erste Begegnung mit dem Manne gerade so erscheinen lassen muß, wie es geschildert wird: als ob ein furchtbares Untier in die unschuldige Welt der Kinder auf verheerende Weise einbrechen und alles verwüsten würde.

Dafür, daß der »Bär« an dieser Stelle unfehlbar als ein männliches Sexualsymbol zu deuten ist, spricht nicht allein seine tierhafte Gestalt, sondern am allerklarsten die Tatsache, daß der »Bär« selber sich bei den ausgelassenen Rutenspielen der Kinder als der spätere »Freier« zu erkennen gibt und im weiteren Verlauf der Handlung ausdrücklich als die verzauberte Zerrgestalt eines überaus liebenswerten Königssohnes vorgestellt wird.[41] Kein Zweifel also: der »Bär« verkörpert die erste Ahnung des künftigen Geliebten bzw. es verdichten sich in ihm die Triebregungen erwachender Liebe, die nur in ihrer ersten Unbekanntheit als etwas Raubtierhaftes, Verschlingendes, ja Übermächtiges auf den Plan treten und Körper und Geist mit Angst zu verheeren drohen: Das »Lämmchen« und das »Täubchen«,[42] diese Symbole einer kindlichen Unschuld, die an Herz und Seele von den Verwüstungen der Liebe noch nichts weiß, geraten außer sich vor Angst, als sie den »Bären« mit seinem »dicken, schwarzen Kopf« »zur Tür« hereinkommen sehen – ein phallisch-koitales Symbol,[43] dessen zudringliche Wucht die ganze bisherige Kinderwelt zu sprengen droht.

Unter dem Eindruck dieses »Bären« mit seiner sexuellen Thematik versteht man jetzt auch rückblickend die Szene am »Abgrund« im »Walde«, aus welcher der »Schutzengel« die Kinder errettete, noch ein Stück präziser als eine vorbereitende Sexualphantasie. Fallträume stellen (neben den verbreiteten Feuer- und Verfolgungsträumen) wohl die häufigsten Sexualphantasien überhaupt dar[44] und begleiten gerade bei moralisch sehr behütet aufgewachsenen Kindern die ersten Ahnungen einer sexuellen Regung. Die Bilder von »Wald«[45] und »Schlucht«[46] entstammen dabei *objektal* der Entdeckung der weiblichen Genitalsphäre, für deren Behaarung auch der »Bär« als Synonym stehen kann;[47] das »Fallen« aber drückt sowohl den Wunsch als auch die Angst davor aus, sich in der Liebe »fallen« lassen zu können: Man fürchtet buchstäblich, unter dem Sog erwachender Leidenschaft den eigenen Standpunkt zu verlieren und schließlich als ein »gefallenes Mädchen« dazustehen; andererseits erahnt oder erhofft man aber bereits den »schwebenden«, »schwerelosen« Zustand des sexuellen Erlebens, der sich in dem Gefühl des »Fallens« oder »Fliegens« ausdrückt.[48] Vor dieser Gefahr, sich an die erwachende Sexualität zu verlieren, vermochte damals das »Kinder-Ich« die Mädchen zu bewahren; jetzt aber, wo der *Geist der Kindheit* endgültig Abschied genommen hat, am Anfang der Pubertät also, bricht die sexuelle Triebenergie in ihrer scheinbaren Wildheit endgültig in das Erleben, in das »Haus« der Kinder, ein, und es kommt jetzt alles darauf an, mit der vermeintlichen »Bestie« der Sexualität so umzugehen, daß sie keinen Schaden stiftet.

Um den Weg, den das Märchen zur Lösung dieser Aufgabe beschreibt, in seiner Lebenswahrheit voll zu würdigen, muß man sich verdeutlichen, daß es an sich auch zwei andere, weniger glückliche Wege gäbe, mit dem »Bären« zu verfahren. Gerade aus Angst vor dem »Untier« könnte man zum einen versucht sein, dem »Bären« den Eintritt ins »Haus« der »Mutter« zu verwehren; dann würde der »Bär« draußen »erfrieren« müssen – mit anderen Worten: die Sexualität bliebe vom Ich ausgesperrt, und das Gefühl würde auch späterhin niemals mehr aufhören, daß man sich mit den »wärmeren« Regungen der Liebe und Zärtlichkeit zu »Hause« nicht sehen lassen kann; eine eiserne und eisige Moralität mit den entsprechenden Frigiditätsproblemen und dem aufgesparten Schrecken tödlicher Angst, dem Panikzustand einer verängstigten »Taube« und eines verschüchterten »Lämmleins« bliebe das Schicksal eines solchen Lebens.[49] *Oder* es würde der »Bär« seinerseits zum Angriff übergehen und sich wirklich gewalttätig den Zugang zum »Hause« des Bewußtseins erzwingen; dann könnte es geschehen, daß das Ich sich wider Willen und widerwillig immer neu bis hin zum Psychotischen von den »tierischen« Attacken der ausgesperrten Sexualität bedroht fühlen müßte; es würde die Regungen seiner Sexualität wohl wahrnehmen, aber buchstäblich nur wie ein »Rütteln am Gehäuse« oder wie etwas fremd und wild Eindringendes. Beide Möglichkeiten widersprechen im übrigen einander nicht, sondern bedingen sich geradezu oder lösen auch entwicklungsmäßig einander ab.

Zwischen diesen Extremen gibt es in der Tat nur einen einzigen Weg, um derart furchtbare Zwangslagen im späteren Leben zu vermeiden, und gerade diesen *Weg der Mitte* schildert das Märchen von

›Schneeweißchen und Rosenrot‹ an dieser Stelle meisterlich. Ausführlich und treffend beschreibt es, wie es gelingen kann, den »Bären« »häuslich« zu machen, das heißt, die sexuelle Triebenergie nach und nach zu »domestizieren«, indem die Kinder *die Angst* überwinden, die den an sich friedlichen »Bären« überhaupt erst als ein gefährliches Untier erscheinen läßt. Wohl ist es unvermeidlich, meint sogar dieses wohltuend harmonische Märchen, daß das erste Erscheinen des »Bären« zunächst für beträchtliche Aufregung und Verwirrung im »Hause« der Kinder sorgt – psychodynamisch *muß* die Angst sich melden, wenn ein neuer Entwicklungsschritt ansteht, auf den das Ich noch nicht hinreichend vorbereitet ist.[50] Daß aber diese Angst sich zur Panik auswächst und auf immer festsetzt, ist durchaus nicht nötig. Im Gegenteil. Die Aufregung um den »Bären« legt sich schon bald, als der »Bär« von sich aus erklärt, er führe nichts Böses im Schilde und wolle sich nur von der grimmen »Kälte« aufwärmen. Als Symbolgestalt der erwachenden Triebwünsche und als Repräsentant des überraschenden Einbruchs der männlichen Welt richtet der »Bär« in der Welt von »Schneeweißchen« und »Rosenrot«, wenn man auf ihn zu hören versteht, mithin durchaus nicht Chaos und Verwüstung an; er spricht vielmehr selbst seine Gutmütigkeit aus und fordert die Kinder dazu auf, sich vor ihm nicht zu fürchten und seine eigentlich sanftmütige Natur in Ruhe wahrzunehmen.

Ein übriges tun in gleichem Sinne die Worte der Mutter. Auf ihre Weisung hin hat (bezeichnenderweise) »Rosenrot« als Verkörperung sommerlicher Wärme und Beherztheit dem »Bären« überhaupt erst die Tür geöffnet. Nicht ein Akt der Willkür und des Mutwillens also hat dem »Bären« den Zutritt zum Inneren der Wohnung freigegeben, sondern eine Haltung tieferen Gehorsams gegenüber einem mütterlichen und sehr menschlichen Befehl. Die »Mutter«, die Vorbildgestalt der Weiblichkeit der beiden Mädchen also, weiß in dem Moment, da sie ihren Befehl zum Öffnen der »Tür« gibt, allem Anschein nach dabei selbst noch nicht recht, wem sie mit ihrem Auftrag zu »Schneeweißchen« und »Rosenrot« Zugang verschafft; aber sie steht dem armen, frierenden »Bären« absolut freundlich und wohlwollend gegenüber, und eben diese wohlwollende, einlaßgewährende Duldung der »Mutter« bildet offenbar die eigentliche Antwort auf die stets sich erneuernde Frage, wie denn so etwas wie eine harmonische Entwicklung im Leben von Kindern und Erwachsenen möglich sein könnte: Sie ist psychologisch möglich, wenn, wie in diesem Falle, die neuen Triebimpulse der Sexualität nicht aus Angst abgedrängt werden, sondern in einer Haltung des Vertrauens zu der ursprünglichen Güte und Richtigkeit gerade auch der erwachenden Triebwelt in die Wärme des eigenen Hauses aufgenommen und zugelassen werden. »Integration«

lautet der famose Fachausdruck der Psychologen für dieses Meisterstück der Überwindung der Angst vor dem »Abgrund« durch ein grundlegendes Vertrauen. Selbst ruft die »Mutter« im Märchen von ›Schneeweißchen und Rosenrot‹ ihre Kinder herbei, um sie von der »ehrlichen« Harmlosigkeit des »Bären« zu überzeugen, und damit wird man Zeuge einer Szene, wie sie die Mythen vieler Völker in den Erzählungen vom Paradies am Anfang der Welt berichten oder für das Ende der Zeiten verheißen: Es werde das Kind an der Höhle der Schlange spielen und das Böcklein beim Panther lagern (Jes 11,6–8), oder es würden Tiere den Menschensohn ohne Gefahr umgeben und »Engel« ihm dienstbar sein (Mk 1,13); ganz entsprechend sieht man in diesem Märchen jetzt im Vertrauen auf die Worte des »Bären« wie der »Mutter« mit den Kindern zusammen auch das »Lämmchen« und das »Täubchen« sich dem »Bären« nahen, der seine Wildheit gänzlich abgelegt hat: Unter der Voraussetzung der Angstfreiheit stellt es wirklich keinen Widerspruch mehr dar, gemäß dem Bibelwort einerseits im Gewissen arglos wie die Tauben (Mt 10,16) und seelisch unschuldig zu sein wie ein Lämmchen, und andererseits im Gefühl doch zugleich die »bärenstarke« Energie der erwachenden Sexualität in das eigene Leben einzulassen. Wenn man dem »Bären« ohne Angst, voller Vertrauen gegenübertritt, wird man erleben, daß das »Raubtier« der eigenen Triebwelt *nicht* verschlingend ist und sich die Menschheitshoffnung eines seelisch einheitlichen Menschenlebens innerlich erfüllt. »Es« und »Überich«, Trieb und Moral, können ohne die Zerrbilder der Angst im gleichen »Haus«, im »Ich«, zusammen wohnen.

Spiele der Einübung und Spiegelungen des Zukünftigen

Insofern verhält es sich mit »Schneeweißchen« und »Rosenrot« auch nicht so wie etwa mit Daniel in der Löwengrube,[51] daß sie nach vielerlei Verdrängungen von einem grausamen »König« in den »Abgrund« der »Raubtiere« hinabgestoßen würden, um erst hernach auf »wunderbare Weise« gerettet zu werden, sondern gerade umgekehrt: der Sturz in den Abgrund bleibt ihnen erspart, und der »Bär« bemüht sich selbst, dort hinzukommen, wo die Kinder ihrerseits zu Hause sind und sich zu Hause fühlen; er betritt kein für sie fremdes, sondern ihr icheigenes Gebiet. Wohl besitzt er (noch) keine menschliche Gestalt, aber er selber trägt von Anfang an Verlangen nach Vermenschlichung, nach Feuer und nach Wärme, diesen Ursymbolen menschlicher Kultur sowohl wie der beginnenden Leidenschaftlichkeit der Liebe. Unter den Worten ihrer »Mutter« können die Kinder zudem von sich denken, daß sie dem »Bären« selbst die »Wärme« zu geben vermögen, die er zum Leben braucht; das Entscheidende liegt mithin bei ihnen selbst, und auch dieses hohe Gefühl für die eigene Bedeutung und den eigenen Wert trägt offenbar mit dazu bei, den drohenden Eindruck der Angst zu verhindern, und befähigt die Kinder im folgenden, allerlei »Kurzweil« mit dem sonderlichen Gesellen zu treiben. Der »Bär« bittet die Mädchen förmlich, ihm den Schnee aus dem Pelzwerk zu fegen, und bald schon entwickelt sich aus dieser »Säuberungsaktion« an dem warmen Herdfeuer ein Spiel voller sexueller Anspielungen, indem die Kinder mit einer »Haselrute« auf den Bären einschlagen, ihre Füßchen auf seinen Rücken setzen und ihn hin und her rollen. Der »Besen« und der »Pelz«[52] sind dabei natürlich weibliche Genitalsymbole, während die »Füßchen«[53] und die »Haselrute«[54] gewiß phallische Assoziationen wecken. Besonders das »Schlagen«[55] mit der »Rute« gibt sich als eine ausgeprägt onanistische Phantasie zu erkennen. Entsymbolisiert wird man in dem kindlichen Spiel am »Feuer« insgesamt also die rechte Art erkennen können, in der die beiden heranwachsenden Mädchen mit ihrer erwachenden Sexualität umzugehen lernen. *Die Einübung des Neuen durch das Spiel* bezeichnet dabei in dem Märchen gerade die Mischung aus Gesetz und Freiheit,[56] die notwendig ist, um ohne Druck und Zwang in einem Feld vorgängiger Erlaubnis den »Bären« nach und nach zu »zähmen«. Ein allabendliches *Ritual* hebt an, in dem das Neue zum Vertrauten, das Unheimliche »heimisch« und das »Tierische« vermenschlicht wird. Daß die erwachenden Triebimpulse der Sexualität nicht zum Schrekken dienen, sondern es erlauben, mehr Freude zu erleben, ja daß es, sogar unter Einschluß der onanistischen Qualitäten der kindlichen Spielereien, überhaupt möglich und notwendig ist, mit der Sexualität *spielerisch* umzugehen – dieses Klima einer wohlwollenden und vertrauensvollen Freizügigkeit seitens der »Mutter« bietet die günstigste Voraussetzung für eine angstfreie und eben deshalb *harmonische* Entwicklung der beiden Mädchen an dem entscheidenden Krisenpunkt ihres Lebens.

Diese Auffassung der Szene, die man in einem Kindermärchen vielleicht für recht gewagt halten könnte, wird gleichwohl auf das beste durch den Kommentar bestätigt, den der »Bär« selber zu dem Tun der »Kinder« abgibt: wenn die beiden Mädchen ihr Spiel gar zu arg treiben, brummt er, halb gutmütig, halb warnend: »Schneeweißchen, Rosenrot, schlägst dir den Freier tot.« Kein Zweifel also, daß die »Spiele« der »Kinder« ein noch verhülltes Liebesspiel ausdrücken und auf eine erste Einübung späterer Zärtlichkeit hinauslaufen. Freilich: das kindliche Sexualspiel kann in die Gefahr des Exzessiven geraten; zum Selbstzweck erhoben, müßte die weitere Entwicklung zur Liebe darunter ersterben, und davor warnt der »Bär« gelegentlich. Doch nicht diese Möglichkeit ist es, um die das Märchen sich sorgt; sie ist tatsächlich weit geringer als die gegenteilige Gefahr, daß die spielerische Einübung der kindlichen Sexualität in einem vorschnellen und rigiden Moralismus zu früh und zu streng verurteilt und damit *aus Angst* überhaupt erst fixiert und in ihrer Entfaltung blockiert würde. Läßt man die Kinder im Hause der »Mutter« gewähren, so kann man zufolge dieses Märchens dem »Bären« sehr wohl zutrauen, daß er das Maß der »Spiele« zu seiner »Domestikation« von sich her zu begrenzen weiß. »Gefährlich«, »raubtierhaft« ist, wie im Märchen von »Rotkäppchen«,[57] nur die ausgesperrte, unterdrückte, angstgeprägte Triebgewalt; der »Bär« an sich meint es »ehrlich« und »gut«; und konzediert man ihm die nötige Natürlichkeit, kennt er genügend Steuerungen, um aus dem Spiel der Kinder nicht Übermut und Willkür, sondern einübende Freude nach gewissen Spielregeln des »Nicht-Zuviel« erwachsen zu lassen. Statt Angst, Unheimlichkeit und Krampf also Spiel, Unbefangenheit und Lust. Das »Fürchtet euch nicht« des »Bären« bei seinem Eintritt in das »Haus« der »Mutter« bildet die entscheidende Bedingung für die weitere harmonische Reifung der Kinder zu erwachsenen Persönlichkeiten; es bildet die Gewähr dafür, daß Unschuld und Liebe, daß Sittlichkeit und Sinnlichkeit einander auch künftighin nicht auszuschließen brauchen, sondern sich geradewegs bedingen.

Eigentümlicherweise aber geht die Entwicklung von »Schneeweißchen« und »Rosenrot« nun nicht bereits gradlinig in die Verwandlung des »Bären« über, sondern es bedarf offenbar noch einer Reihe von Zwischenstufen, ehe die Mädchen fähig werden, die Gestalt der Kinderträume in dem späteren Partner ihrer erwachsenen Liebe wiederzufinden. Zunächst muß der »Bär« sogar, als das »Frühjahr« kommt, von den Kindern Abschied nehmen, um auf gewisse räuberische Zwerge Jagd zu machen. Doch als »Schneeweißchen« traurig ihn zur Tür hinausläßt, verfängt der »Bär« sich mit dem Fell an der Türklinke, und im gleichen Moment läßt er »durchblicken«, daß er nur äußerlich ein »Bär«, in Wirklichkeit aber ein »goldiger Kerl« ist. Das kindliche Spiel mit dem »Bären« öffnet sich zur Spiegelung einer goldenen Zukunft, die, so unsicher auch immer, von »Schneeweißchen« doch bereits, zum Trost in seiner Traurigkeit, geahnt wird. »Gold« ist in den Märchen immer wieder die sonnenhafte, dem Bewußtsein nahestehende Substanz, die das »Königliche« an der menschlichen Psyche anzeigt.[58] Der »Bär« also, das läßt sich jetzt schon ersehen, wird einst dazu bestimmt sein, das Leben der zwei Kinder zu »vergolden« und sie zu ihrem eigentlichen Wesen, ihrer Fähigkeit zur Liebe, hinzuführen.

Daß aber gerade »Schneeweißchen« dem »Bären« die Tür zum Abschied öffnet, macht deutlich, was der Weggang dieses neuen Freundes einstweilen bedeutet: nachdem der »Winter«, die Zeit der kalten Unberührbarkeit, endgültig überwunden ist, stünde im Grunde alles für den »Sommer«, für die Zeit der Liebe, offen; aber es braucht noch eine Weile, bis das erwachte apersonale, ungerichtete Liebesverlangen sich geistig bis zur Liebe einer einzelnen Person hin läutert; die Stufe auch der kindlich-sexuellen »Spiele« muß verlassen werden, und eine Zeit der Sehnsucht und der Traurigkeit beginnt. Den »Bären« einzulassen, war »Rosenrots« Werk; ihn zu entlassen, ist »Schneeweißchens« Aufgabe. Beide Kinder wirken zusammen wie die Diastole und Systole im Blutkreislauf, ein Widerspiel der gegenseitigen Ergänzung, geordnet nach dem reifenden Gesetz der Zeit, das, je nachdem, mal nach dem »Bären« ruft, mal ihn – vorübergehend – läßt. In Wirklichkeit kann man den Weggang des »Bären« subjektiv sogar einstweilen als eine Art Entlastung auffassen: Um mit der neu erwachten Triebwelt auf die Dauer »richtig« umzugehen, ist eine gewisse Pubertätsaskese[59] nötig, ein Triebverzicht, wie ihn der Abschied des »Bären« symbolisch sehr treffend kennzeichnet. An die Stelle des »Spiels« mit dem »Bären« tritt vorerst die Auseinandersetzung mit den »Zwergen«, die der »Bär« erlegen will.

Von koboldartigen Verwicklungen und humorvollen Lösungen

Was es mit diesem neuen Vorhaben des »Bären« letztlich für eine Bewandtnis hat, begreift man wirklich erst aus dem Kontrast des »Bären« zu diesen merkwürdigen »Zwergen«. Nur solange die »Zwerge« existieren, ist der »Bär«, wie man später erfährt, in die Maske des Bären verbannt, und einzig an der Zaubermacht der »Zwerge« liegt es, daß der schöne Königssohn die ganze Zeit über in einer Bärenhaut erscheinen muß. »Zwerg« und »Bär« gehören demnach auf ebenso geheimnisvolle wie widersprüchliche Weise zusammen; beide bedingen einander, bekämpfen einander, definieren einander und gehen miteinander zugrunde, ehe am Ende einzig die Liebe sich aus ihrem gemeinsamen Untergang erhebt. Ohne die »Zwerge« keine »Bären« und ohne »Bären« keine »Zwerge«. Wer aber ist dann dieses sonderliche Volk der »Zwerge«?

Ihr »Fahndungsporträt« umfaßt eine ganze Reihe sehr prägnanter erkennungsdienlicher Hinweise. »Zwerg«, das ist: eine Zaubermacht, die der Liebe ein Bärengesicht aufsetzt und ihre Schätze entwendet – soviel wissen wir bereits. Aber noch mehr: glaubt man es am Anfang noch mit einer Vielzahl von Zwergen zu tun zu haben, so handelt es sich im folgenden tatsächlich nur um einen einzigen, der, stellvertretend für die ganze Gattung, immer wieder vorkommt, und zwar stets in verwickelten und lebensgefährlichen Situationen, bei denen sein überlanger Bart eine verhängnisvolle Rolle spielt. Sein Äußeres – Sprechweise, Physiognomie, Statur – weisen ihn als einen nörgelnden, stets schnarrenden und schimpfenden Gesellen aus, dem man niemals etwas recht machen kann – nur der Gutmütigkeit der Mädchen, nicht seinem Wohlbetragen ist es zu verdanken, wenn er dreimal mit dem Leben davonkommt. Schon wie er mit seinem uralten, faltigen Gesicht und den roten, stechenden Augen die Kinder anglotzt, wie er in unsinnigem Anstand auf die äußere Akkuratesse seines Bartes respektive seiner Kleidung mehr erpicht zu sein scheint als auf sein schieres Überleben, vollends wie er den »Bären« schließlich, als es ihm endgültig an den Kragen geht, sogar noch mit den beiden Mädchen, seinen mehrmaligen Lebensrettern, von sich wegzuködern sucht – das alles macht ihn zu einem wahren Ausbund an Verdrießlichkeit, Gehässigkeit, Geschwätzigkeit, Verlogenheit, monströser Eitelkeit und diebischer Begehrlichkeit.

Um den Charakter *dieses* »Zwerges« zu verstehen, nutzt es nicht viel, in irgendeinem Lexikon der Traumsymbole oder der Märchenmotive nachzuschlagen, wo die »Zwerge« allenthalben als im ganzen lebensfördernde und nützliche Wesen geschildert werden, als Träger geheimnisvollen Wissens und außerordentlicher Kenntnisse, die sie befähigen, in ihren Behausungen, in Höhlen oder Felsspalten, kostbare Schätze zu gewinnen und zu hüten.[60] *Dieser* Zwerg *hier* ist zu dumm, sich selbst zu helfen; ihm ist die Frage, wie er vor seinesgleichen aussieht, ungleich wichtiger als die einfache Überlegung, wie er sich das Leben retten kann; die Schätze, über die er zu verfügen scheint, sind samt und sonders Diebesgut; wo immer man ihn antrifft, ist und schafft er in Verwicklungen, und seine mürrische, rechthaberische, stets grotesk-beleidigende Denkungsart erlaubt es nicht, wie sonst in vielen Märchen, mit diesem Zwerg einen Bündnispakt zu schließen – man kann nur warten, bis der »Bär« ihm endgültig das Handwerk legt. Wohl weist die Zwergengestalt selber ihn symbolisch als ein Wesen aus, das in den Dimensionen des Bewußtseins nicht zu fassen ist, sondern in unterirdischen Bereichen, in den unbewußten Seelenschichten, sein Zuhause hat – ein Geist, kein Wesen der realen Welt; aber die Grundhaltung, die sich in ihm verdichtet, ist »zwergenhaft« in ganz speziellem Sinne: mickrig, zu klein geblieben, überaltert – eine Zerrgestalt der Menschlichkeit.

Alle Details dieser Charakteristik deuten, zusammengenommen, in dieselbe Richtung: in dem »Zwerg« verkörpert sich eine seelische Einstellung, die sich im Grunde bereits selber überlebt hat, die aber immer noch fähig ist, allerlei Störungen herbeizuführen, und, solange sie existiert, über die Macht verfügt, die Triebkraft der Liebe als etwas Tierisches erscheinen zu lassen. Man wird in diesem »Zwerg« mithin nichts anderes erblicken können als eine Wiederkehr des *Geistes der Kindheit*, als das kindliche Gewissen, nur jetzt in einer nicht mehr freundlichen und sanften, sondern durchaus frechen, keifenden und undankbaren Attitüde. Was ehedem die Kinder bei ihren Ausflügen in den »Wald«, in die unbewußten Landschaften ihrer Seele, vor dem »Abgrund«, vor dem »Fall«, bewahren konnte, ihre kindliche Moralität, ihr Kindergewissen, das erweist sich jetzt nach der Begegnung mit dem »Bären«, je länger desto mehr, als etwas Hinderliches, Koboldartiges, »Schätze« Entfremdendes, als eine Kümmerform des Daseins, die einer Zeit entstammt, von der die beiden Mädchen sich fortan immer weiter wegentwickeln.

Der »Zwerg« symbolisiert demnach eine Instanz, in der all das sich fortsetzt, was ursprünglich in dem freundlichen kleinen »Engel« mit dem »weißen Kleide« personifiziert war und wie von Gott gesandt erscheinen mußte; doch je älter die Kinder werden, desto mehr verwandelt sich dieser »Engel« der Kindheit in einen rechten Quälgeist, dessen Interesse vor allem darauf gerichtet ist, das erwachte Sexualleben der Kinder in der Gestalt des »Bären« als etwas überaus Gefährliches hinzustellen. Alles, was dieser »Zwerg« zu sagen hat, entspricht buchstäblich einer »uralten«, menschlich überlebten und zu kurz geratenen Form der Menschlichkeit. Seine Vorstellungen kreisen einzig und allein um die Frage des guten »Aussehens« bzw. des drohenden »Gesichtsverlustes« – das »Kindergewissen« basiert ja nicht auf einer Moralität der Überzeugung, sondern einzig auf sozialer Angst.[61] Ein Mensch, der diesem »Kindergewissen« treu bleiben würde, müßte in der Tat eher sein Leben verpfänden, als daß er es womöglich akzeptieren könnte, einmal nicht ganz korrekt und makellos zu erscheinen; das Ansehen in den Augen der anderen überstiege für ihn bei weitem alle anderen Werte, und ewig müßte er sich infolge seiner kindlichen Abhängigkeit von der Meinung und der Wertschätzung anderer in der Wahrung der Äußerlichkeit und des äußeren Augenscheins zerreiben. Am Ende müßte er wirklich ein Leben führen, wie es der »Zwerg« in seiner ganzen Art manifestiert: ein gnomenhaftes Unleben, das, ungeheuer eng und klein, einzig darauf bedacht ist, den moralischen »Besitzstand« der Kindheit wie ein Diebesgut ängstlich zu hüten und zugleich dem Leben zu entziehen; ein menschliches Schicksal käme auf diese Weise zustande, wie es in den Karikaturen alternder Jungfern nicht schlimmer beschrieben werden könnte – ein übelgalliges, stets unzufriedenes, kritikversessenes, zu jeder Güte und menschlichen Regung unfähiges, faltenvergrämtes, endlos neidisches und vor allem: aus erzwungener Kommunionkindermoral für die Liebe verschlossenes Leben, in dem alle an sich lobenswerten Eigenschaften und Haltungen sich in ihr Gegenteil verkehren würden: aus Ordnungsliebe würde der Zwang zur Etikette, aus Anstand Prüderie, aus Schamgefühl Verschrobenheit, aus Treue Starre, aus Anhänglichkeit und Gehorsam Abhängigkeit und Unfreiheit, in allem aber waltete eine angstbesetzte, kleingeistige Kinderei, wie man sie seinem ärgsten Feind nicht wünschen möchte. Nur: wie kann man die mißgelaunten und kleinlich-absurden Vorwürfe eines derartigen »Zwerges« ohne Schaden über sich ergehen lassen?

Auch »Schneeweißchen« und »Rosenrot« können und dürfen dem Einfluß des »Zwerges« nicht ausweichen; aber die Art und Weise, wie sie ihm gegenübertreten, zeugt von einer so entwaffnenden Unbeschwertheit und selbstverständlichen Herzensgüte, wie sie allein aus einem ungebrochenen Vertrauen zu sich selbst und in die Kräfte der Natur geboren werden kann. Das Märchen berichtet ganz korrekt, daß die beiden Mädchen wiederholt dem »Zwerg« begegnen, als sie sich im »Sommer« nach draußen ins Freie begeben, und daß sie ihn dabei wie eine selbständige Person erleben. Die Kinder können naturgemäß nicht wissen, daß in dem »Zwerg« eigentlich die Rückseite ihres Kinder-Ichs *fort*lebt, die sie an sich schon *über*lebt haben. Das einzige, was sie feststellen, gerade wo sie nach einer längeren Zeit der Beschäftigung mit sich selbst (im »Hause«) und nach dem Weggang des »Bären« sich phasenweise mehr ins Leben getrauen, ist die überalterte und kleinwüchsige Zwittergestalt, die sie »anglotzt« und ankeift, obwohl sie ihr dreimal das Leben retten werden. Gerade diesen Eindruck der Fremdheit und des Befremdens gegenüber dem eigenen Kindergewissen aber wird man in der Tat als besonders kennzeichnend für das Erleben der beiden Mädchen während der Pubertätszeit halten müssen. Übersetzt in das subjektive Empfinden, werden die Kinder auf ihrem Weg zu einem erwachsenen Leben immer wieder buchstäblich ein Gefühl haben, wie wenn sie von bösartigen, stechenden Augen beobachtet und von einer unentwegt schnarrenden Stimme mit Vorwürfen überhäuft würden; auch ohne sich einer eigentlichen Schuld bewußt zu sein, werden sie auf diese Weise von kleinlichen Schuldgefühlen geplagt, die sich eigentümlicherweise sogar eher vergrößern als verringern, wenn ihnen nachgegeben wird; man kann in noch so guter Absicht machen, was man will, dieser Miniaturausgabe des Menschlichen ist nichts recht zu machen. Dabei scheint dieses »Zwergen-Ich« durchaus über bedeutende Schätze zu verfügen, nur daß sie, kaum gesehen, gleich wieder von ihm fortgetragen werden.

Selbst in einem vollkommen harmonischen Leben, meint das Märchen von ›Schneeweißchen und Rosenrot‹, ist offenbar eine derartige Phase des »Zwergenaufstandes« kindlicher Schuldgefühle also nicht vermeidbar. Aber es ist doch möglich zu sehen, daß es sich hier wirklich nur um einen überalterten, hilflosen, verdrossenen Kobold handelt, der mit seinen eigenen Problemen nicht fertig wird. Die beste Methode, mit den Ansprüchen eines solchen »Kinder-Ichs« und seinen keifenden Invektiven umzugehen, ist dieser selbstsichere Abstand, mit dem »Schneeweißchen« und »Rosenrot« den notorisch mißgelaunten »Zwerg« weitergiften lassen, ohne seine Schmähreden sonderlich ernst zu nehmen.

Auch hier ist wiederum der Unterschied zu anderen denkbaren Entwicklungsmöglichkeiten besonders kennzeichnend. Es gibt Kinder, die mit allen möglichen strafenden, demütigenden, höhnischen und gewalttätigen Reden jahraus, jahrein so überschüttet werden, daß sie darunter nur ein sehr schwaches Ichbewußtsein haben aufbauen können; solchen Kindern muß am Anfang der Pubertät das Kindergewissen mit so viel Angst und unheimlicher Macht gegenübertreten, daß es durchaus nicht einem »Zwerg«, sondern eher einem launisch-willkürlichen Riesen gleicht, und voller Angst und Minderwertigkeitsgefühle werden solche Kinder alles unternehmen, um den jederzeit drohenden Tobsuchtsanfällen dieses »Riesen« zu begegnen; vor allem werden sie sich keines eigenen Urteils und keines selbständigen Handelns getrauen dürfen, und zwar am wenigsten in der wichtigsten aller Fragen: in der Frage der Liebe. Für Kinder der Angst gleicht das Kindergewissen einer Übermacht, die es nicht gestattet, sich von ihr auch nur um ein weniges zu distanzieren. Anders demgegenüber »Schneeweißchen« und »Rosenrot«. Sie können ihr Kindergewissen in Ruhe relativieren; sie erfahren seine Ansprüche geradezu als groteske Übertreibungen, nicht als beherzigenswerte Kritiken, und je mehr der »Zwerg« keift und faucht, um so kurioser muß er ihnen erscheinen. Er ist, man sieht es deutlich, ein dummer, überlebter Wicht, über den man im Grunde nur lachen kann; man mag ihn immer wieder aus der Not befreien, aber ernst nehmen kann man ihn beim besten Willen nicht.

So wie »Schneeweißchen« und »Rosenrot« also mit ihrer erwachenden Sexualität, mit dem »Bären«, *spielerisch* umgingen, so lernen sie jetzt, mit ihrem Kindergewissen, mit dem »Zwerg«, *humorvoll* zu verfahren. *Spiel* und *Humor* erweisen sich in Handlung wie in Haltung als die besten Methoden, um den jeweils *neuen* Erfahrungen und ihrer Angst ohne Gefährdung der inneren Harmonie zu begegnen. Und umgekehrt: man muß im wesentlichen bereits angstfrei genug sein, um zu einem solchen Spiel und Humor befähigt zu werden. »Schneeweißchen« und »Rosenrot« scheinen dabei sogar immer mehr an Angst zu verlieren. Das Erscheinen des »Bären« noch hatte sie in einen argen Schrecken versetzen können, ehe er ihnen zum Spielgefährten wurde – der »Zwerg« hingegen bedeutet für sie gleich von Anfang an mehr Neugier und Belustigung als ernsthafte Gefahr; er selber ist, wo immer man ihn trifft, in tödliche Gefahr verwickelt, und es scheint schwer begreifbar, warum trotz all der eitlen und undankbaren Redensarten dieses »Zwerges« die Mädchen ihm doch immer wieder bis zuletzt noch einmal aus der »Klemme« helfen.

Die Antwort kann nur lauten, daß die Existenz des »Zwerges« für die Mädchen gleichwohl noch eine ganze Zeitlang nötig ist und es für sie von großem Schaden wäre, wenn das Kindergewissen zu früh ums Leben käme, noch ehe sich die Alternative zwischen dem »Bären« und dem »Zwerg«, zwischen kindlicher Moral und erwachsener Liebe, wirklich in einem endgültigen Entweder-Oder gestellt hätte.

Die einzelnen Begegnungen mit dem »Zwerg« verraten denn auch deutlich genug, welch ein Interesse die Mädchen an dem Erhalt ihres Kindergewissens auf dem Weg zu ihrer Reifung haben müssen. In drei Etappen begeben sich »Schneeweißchen« und »Rosenrot« in die Welt und ergreifen symbolisch Besitz von allen drei Lebensräumen: von dem Festland, dem Wasser und der Luft; sie müssen, mit anderen Worten, einen eigenen Standpunkt finden, der sie die Gefahren der Tiefe wie der Höhe, des Unbewußten wie des Bewußtseins bestehen läßt; aber wie sie das tun, entscheidet sich am Umgang mit dem »Zwerg«, diesem Erinnerungsrest aus Kindertagen.

Beklemmungen, Verklemmungen – der Bart muß ab

Das erste Gefühl, das von dem Kindergewissen ausgeht, kaum daß die Mädchen sich ein Stück »nach draußen« wagen, wird von dem Bild des eingeklemmten »Zwerges« aufs vortrefflichste wiedergegeben. Nach den langen Wintermonaten im Hause drinnen schickt die »Mutter« ihre beiden Kinder zum Reisigsammeln in den Wald, als sie auf einen »Zwerg« treffen, der sich mit seinem ellenlangen Bart beim Holzhacken in der Spalte eines Baumes verfangen hat. Sobald die Kinder sich also nach ihrer »Inkubationszeit« mit dem »Bären« ins Leben getrauen, entdecken sie, zufolge dieses Bildes, eine geistige Instanz in sich, wie sie ihnen in solcher Weise noch niemals vorgekommen ist. Ihre beginnende »Bewegungsfreiheit«, die sie in Übereinstimmung mit ihrer »Mutter« genießen, bringt ihr Kindergewissen in Gestalt des »Zwerges« unvermeidbar in arge Beklemmung. Würden »Schneeweißchen« und »Rosenrot« auf die Dressate ihres Überichs mit seinen kindlichen Vorstellungen hören, so müßten sie sich alsbald selber »in der Klemme« fühlen; ein endloses »Gehacke«, ein Zergrübeln und Aufspalten nach Gut und Böse müßte einsetzen, ein Gefühl der Enge, der Gebundenheit, eines hündischen Lebens an zu kurzer Leine müßte sie heimsuchen – »Verklemmtheit« wäre in der Tat der beste Ausdruck für einen derartigen Zustand, wobei man als thematischen Hintergrund stets die Gestalt des »Bären« als latenten Unruheherd vor Augen haben muß. Bis ins Körperliche hinein müßte die *Abwehr der Sexualität*, die Entfremdung des »Bären«, gerade ein solches Verhalten heraufbeschwören, wie es der »Zwerg« an den Tag legt: ein verworrenes Hin- und Hergezappel, eine permanente Nervosität[62] und Fahrigkeit ohne Ziel und Sinn, ein ewiges Zerren an Fesseln, die nur darauf beruhen, daß man an längst überholten Ansichten »festhängt«, von denen man sich nicht trennen möchte aus Furcht, unter Umständen vielleicht nicht mehr so gut »auszusehen« wie bisher. Im Grunde sollte man meinen, daß der »Zwerg« sich auch selbst aus seiner »Klemme« hätte befreien können; aber zu diesem Zweck müßte er etwas von seiner Angst vor einem möglichen »Gesichtsverlust« einbüßen, und zu einer solchen Wandlung ist er natürlich außerstande: der »Zwerg« wäre kein »Zwerg«, wenn er über sich hinauszuwachsen vermöchte.

An »Schneeweißchen« und »Rosenrot« ist es daher, zur Schere zu greifen und den zu langen Bart des »Zwerges« zurechtzustutzen. Einzig indem sie die überlebten und veralteten Ansprüche des Kindergewissens »zurückschneiden«, können sie für sich die Gefahr der »Verklemmtheit« und das Gefühl ständiger Beklommenheit vermeiden, die sich in dem »Zwerg« ausdrücken; zugleich aber erreichen sie auf diese Weise auch, daß der »Zwerg« überhaupt die Chance bekommt, weiterzuleben – ließen die Kinder ihn buchstäblich »zappeln«, so müßte er verhungern, und ein zu früher Tod des Kindergewissens müßte in der Symbolsprache des Märchens zweifelsfrei bedeuten, daß der »Bär« keine Gelegenheit mehr fände, sich zu vermenschlichen: Die sexuellen Triebenergien müßten, solange der »Zwerg« in seinen Verklemmungen verbleiben würde, in tierischer Zerrgestalt weitervagabundieren; eines Tages aber würde das Kindergewissen an seiner eigenen Verklemmtheit zugrunde gehen, und dann stünde zu erwarten, daß der »Bär« ungehemmt und in wüstem Zustand, wie wenn er niemals eine Domestikation erfahren hätte, in die Welt von »Schneeweißchen« und »Rosenrot« zurückkehren würde.

Insofern ist es äußerst wichtig, daß die Kinder sich um einen echten Kompromiß bemühen: Sie halten den »Zwerg« am Leben, aber sie beschneiden seinen allzu langen »Bart«; sie lösen die einengende Bindung an die Vorstellungen des Kindergewissens auf, aber sie retten damit dem »Zwerg« für eine Zeitlang die Existenz. Zu einer solchen Lösung kann das Kindergewissen selber sich indessen natürlich nicht bereit erklären – in seinen Augen ist das Tun der Mädchen schlechthin

»unanständig«, völlig respektlos, eine Beleidigung der guten Manieren; aber mit seinen Vorhaltungen dokumentiert der »Zwerg« doch nur, wie absolut egozentrisch er in seiner Eitelkeit ist: Als »Schneeweißchen« und »Rosenrot« fremde Leute zu Hilfe herbeirufen wollen, wehrt der »Zwerg« sich verzweifelt, offenbar in der richtigen Annahme, daß vom Standpunkt erwachsener Leute aus seine Lage als so lächerlich erscheinen müßte, wie sie es in Wirklichkeit ist. Die Kinder hören denn auch gar nicht länger auf sein schimpfendes und undankbares Maulen und sehen nur, ähnlich wie beim Abschied des »Bären«, daß der »Zwerg« einen Sack (offenbar von Edelsteinen) mit sich fortträgt – verborgene Schätze, die wie ein jetzt noch unerreichbares Versprechen wirken. Mit einer Haltung gelassenen und geduldigen Humors, die sich dem »Zwerg« gegenüber mit keinem Wort zu rechtfertigen braucht, gehen die Mädchen fort – fürs erste ist der bestehende Konflikt gelöst, und das Verfahren, dem »Zwerg« den »Bart« zu stutzen, hat sich bewährt. Aber schon bald werden die Kinder Gelegenheit erhalten, auf ihre neu erlernte Kunst zurückzugreifen.

Die Alligator-Gefahr

Die Gefahr der »Verklemmtheit« bzw. des »gespaltenen Holzes« symbolisiert die in psychologischen Dingen sehr weise Religion des Buddhismus gern mit der Warnung vor der *Gefahr der Lotosblume,* die fleckig und faulig wird durch ein Zuviel an Wasser; gerade so, meint der Buddhismus, kann auch ein Mensch befleckt werden durch ein Übermaß an »Reinheit«. Daneben kennt der Buddhismus die *Gefahr des Alligators*; daß man unversehens von der verschlingenden Macht der Tiefe nach unten gezogen werden kann – eine Bedrohung, die das Märchen von »Schneeweißchen« und »Rosenrot« in dem Bild des *Fisches* wiedergibt. Auch der »Fisch« steht für das Triebhaft-Unbewußte;[63] er ist gewissermaßen der leibhaftige *Abgrund,* vor dem die Kinder eingangs durch den »Schutzengel« bewahrt geblieben waren. Jetzt aber gerät gerade das Kinder-Ich selbst in die Gefahr, von den Mächten der »Tiefe« nach »unten« gezogen zu werden, und zwar wiederum, weil sein »Bart« zu lang ist. Es ist, mit anderen Worten, nicht möglich, die Triebmacht des Unbewußten »an die Leine zu legen«, solange der »Zwerg« in voller Länge seine Ansprüche geltend macht; im Gegenteil: überhaupt erst infolge der Überlänge seines »Bartes« kommt es immer wieder zu den gefährlichen »Verwicklungen« und Komplikationen, die das kindliche Ich zu schnell in die Strömung des Lebens hineinzureißen drohen.

In einem anderen Bild hat man es hier mit derselben Wahrheit zu tun, die man bereits im Umgang mit dem »Bären« kennenlernen konnte: daß nur die Angst die Triebwelt wirklich gefährlich und verschlingend macht. Aber während das Eindringen des »Bären« in das »Haus« der Kinder psychodynamisch einen Konflikt zwischen *Ich und Es* beschrieb, spiegelt das Bild von dem »Zwerg« und dem »Fisch« den Konflikt zwischen dem kindlichen *Überich und dem Es* wider. Ging es bei dem »Bären« zunächst nur um die erste Bewußtwerdung der erwachenden sexuellen Triebregungen, so geht es jetzt darum, die moralische Reaktion des Kindergewissens auf diese Triebstrebungen zurechtzurücken. Denn bliebe das Kindergewissen unverkürzt in Kraft, so ließe sich voraussehen, daß man gegenüber der Triebmacht den eigenen Standpunkt nicht mehr behaupten könnte und jämmerlich zugrunde gehen müßte. Daß statt wie bisher vom »Bären« nunmehr von einem »Fisch« die Rede ist, paßt zu dem Erleben der beiden Mädchen recht gut. Auch der »Fisch« ist ein phallisches Symbol, aber er bleibt im Wasser unsichtbar oder ist jedenfalls nur mühsam zu erkennen – die ganze Auseinandersetzung dreht sich nach wie vor um den rechten Umgang mit der männlichen Sexualität und den entsprechenden eigenen Sehnsüchten, aber »Schneeweißchen« und »Rosenrot« erleben diesen Konflikt inhaltlich nicht bewußt und werden ihn subjektiv auch kaum mit dem Auftritt und Weggang des »Bären« in Verbindung bringen. Gleichwohl gelingt es ihnen noch einmal, die Forderungen des »Zwerges« um ein weiteres Stück zurückzuschneiden und damit aus ihrer zunehmenden Zwanghaftigkeit und drohenden Haltlosigkeit zu erlösen. Sie selbst umgehen damit den Engpaß, aus einem Übermaß an moralischem Zwang am Ende womöglich in die Gefahr der Verwahrlosung hinabgezogen zu werden. Sie haben den Mut, noch einmal in Ruhe den »Zwerg« schimpfen und keifen zu lassen und den entscheidenden »Schnitt« (und Schritt) zur eigenen Freiheit zu tun. Statt sich in voller Länge hinter den tradierten Geboten der Kindheit zu verstecken, wagen sie es, selber zu bestimmen, in welchem »Ausmaß« diese Gebote gelten sollen, um trotz ihrer offensichtlichen Überalterung überhaupt noch ein Stück weit lebensfähig zu sein. Erneut gelingt ihnen damit die Anpassung des Alten an das Neue, und diese wohl größte und glücklichste Leistung des jugendlichen Lebens bringen sie auf eine so ungezwungene, unverbissene, untrotzige, auf eine im Gegenteil so lustige und humorvolle Art zustande, daß es ein besseres Zeichen für die innere Ausgewogenheit und Harmonie ihrer allmählichen Reifung nicht geben kann als diese heitere Gelassenheit, mit der sie Schritt für Schritt die alten Fesseln der Kindheit zu lösen verstehen. Die Natur macht keine Sprünge – um dieser Wahrheit willen muß der »Zwerg« noch eine Weile weiterleben.

Die Adler-Gefahr

Aber noch eine dritte Gefahr droht den beiden Mädchen auf ihrem Weg zur Liebe, und sie wird deutlich, als die »Mutter« ihre Kinder zum ersten Male »nach der Stadt« schickt, um dort »Zwirn, Nadeln, Schnüre und Bänder einzukaufen«. Die Existenz einer *Stadt* in der Nähe der naturhaften Unberührtheit der gesamten bisherigen Szenerie muß mehr als überraschen. Die »Stadt« ist der Inbegriff eines künstlichen, naturfernen, allein vom Menschen geprägten Lebens[64] – wie kommen »Schneeweißchen« und »Rosenrot« dazu, sich ausgerechnet dorthin zu begeben? Das Terrain, das sie damit betreten, ist ihrer ganzen Herkunft vollkommen entgegengesetzt; und trotzdem berichtet das Märchen mit keinem Wort von den Erlebnissen und Gefühlen der Kinder (oder besser: der jungen Mädchen) beim Besuch dieser für sie völlig fremden Welt – offenbar weil es davon nichts Wesentliches zu berichten gibt. Was das Märchen interessiert, ist nicht, was in der »Stadt«, sondern was auf dem Weg zu ihr und von ihr her passiert, und in der Tat ist das das einzig Wichtige.

Alle räumlichen Angaben (Haus, Wald, Abgrund, Fluß usw.) ließen sich bislang als Zonen einer inneren Seelenlandschaft und als Stadien eines inneren Reifungsprozesses auffassen, und so wird gleichermaßen auch der Weg zur »Stadt« als eine innere, nicht eine äußere Bewegung zu verstehen sein. Was die »Stadt« dabei im Unterschied zu der Welt »Schneeweißchens« und »Rosenrots« symbolisiert, wird dann gewiß nicht in dem Gegensatz von »Kultur« und »Natur« zu verstehen sein; wohl aber liegt es nahe, die natürliche Kultiviertheit der Mädchen mit der »Zivilisation« der »Stadt« zu konfrontieren und in ihrem »Weg« dorthin eine Begegnung mit all dem zu erblicken, was unter dem Namen »Bildung«, »Geist« und »Intellekt« zu Buche schlagen mag.

Eine solche Deutung der »Stadt« ist, zugegebenermaßen, nicht ohne weiteres zwingend, aber sie wird doch bestätigt durch die *Gefahr des Adlers*, die dem »Zwerg« gerade droht, als die Mädchen zur »Stadt« hin unterwegs sind. Es handelt sich ohne Zweifel um den letzten »Weg«, den letzten Entwicklungsabschnitt, den »Schneeweißchen« und »Rosenrot« noch zurücklegen müssen, ehe sie als erwachsene Frauen in ihr »Haus« »zurückkehren«. Entwicklungspsychologisch bestehen die Fragen, die hier auftreten, schon nicht mehr in den pubertären Schwierigkeiten mit dem »Fisch« – wie man sich mit den unbewußten Triebkräften der Seele auseinandersetzt; das Problem, das jetzt gelöst werden muß, entspricht bereits der Zeit der Adoleszenz: wie man sich *geistig* in der Welt zurechtfindet; und eben für diese geistige, nur von Menschen entworfene Welt mag die »Stadt« hier als Symbol fungieren. Nur im Rahmen dieser Frage stellt sich die

»Adlergefahr«, und nur aus diesem Kontext heraus versteht man den Sinn und die Unvermeidbarkeit auch dieser letzten großen Szene mit dem »Zwerg« kurz vor dem rasch einsetzenden Finale.

Der »Weg«, den »Schneeweißchen« und »Rosenrot« aus dem »Wald« zur »Stadt« hin einschlagen, führt sie über eine von Felsbrokken zerklüftete Heidelandschaft – ein Areal, das dem Symbol nach zwischen »Wald« und »Stadt« vermittelt: es ist weiträumiger und offener, nicht mehr so urwüchsig wie »Wald«, und doch naturhaft noch, »Steinbrocken«, nicht von Menschenhand, sondern von Kräften der Natur dorthin getragen und doch schon an die Stadtlandschaft erinnernd – eine Zone des Übergangs zwischen Natürlichkeit und Künstlichkeit, zwischen Ursprünglichkeit und Intellektualität, kulturell zwischen dem, was die »Stadtbewohner« unter »Köhlerdasein« und unter »Urbanität« verstehen, seelisch die »Gegend« zwischen Jungmädchentum und Frau. In diesem Zwischenreich, erzählt das Märchen von ›Schneeweißchen und Rosenrot‹, gerät der »Zwerg«, das Kinder-Ich der Mädchen, unausweichlich in die Gefahr des »Adlers« und muß aus den grausamen Fängen dieses mächtigen Raubvogels gerettet werden. Den Sinn dieser Szene bezeichnet das Symbol des »Adlers« selbst.

Die Welt der »Vögel« kann in Märchen und in Träumen ebensogut ein Bild von Aggression und Sexualität verkörpern wie auch auf das »Luftreich« des Geistes verweisen.[65] Im vorliegenden Märchen ist das Bild des »Adlers« ohne Zweifel nur im Kontrast zum »Fisch« verständlich; denn so wie dieser mit Gewalt den »Zwerg« in die »Tiefe« ziehen wollte, so heftig droht der »Adler« ihn nach »oben«, in die Lüfte, zu entführen. Im Gegensatz zur Triebgefahr repräsentiert der »Adler« demnach die Gefahr einer gewissen Art von Intellektualität und Geistigkeit, die man tatsächlich mit dem Bild eines Raubvogels am besten porträtieren oder karikieren kann: eine hochfahrende, schwerelos über allem kreisende, absolut herrische, gnadenlose Intelligenz, die ihre scharfsichtigen Augen nur dazu benützt auszukundschaften, wie sie aus größter Höhe im Gefühl machtvoller Überlegenheit herabstoßen und »Beute« machen kann – die Vortragssäle der Kongreßzentren, der Universitäten, der Akademien aller »Städte« sind überfüllt von solchen »Raubvögeln« und »Adlerexistenzen«, die um sich her nur Angst verbreiten, auf jeden Fehler (oder was sie dafür halten) mit messerscharfen Fängen niederstoßen und in den anderen nur Material zur Dokumentation der eigenen »Höhenflüge« sehen. Eine wurzellose Abstraktheit, gepaart mit einem absoluten Ehrgeiz und einem königsgleichen Machtanspruch – das sind die »Flügel« und der »Schnabel« und die »Fänge« solcher »Adlerköpfe«–; »Schneeweißchen« und »Rosenrot« haben wahrlich allen Grund, ihr »Kinder-Ich«, den »Zwerg«, aus den Klauen dieses »Vogels« zu erretten.

Daß ihnen die Gefahr des »Adlers« gerade jetzt begegnet, kann nach allem nicht länger wundernehmen: Gerade wo sie gelernt haben, die Ansprüche des Kinder-Ichs als etwas nicht mehr länger Ernstzunehmendes »zurückzuschneiden«, wo sie bereits ein ganzes Stück an Freiheit und an Unabhängigkeit gewonnen haben, wo sie sogar bereits der »Fischgefahr« entronnen sind, besteht die Möglichkeit, daß sie in ihrem Intellekt sich auf dem Weg zur »Stadt« den noch verbliebenen Rest an Kindlichkeit vorschnell vom »Adler« rauben lassen; sie würden, träte die Gefahr tatsächlich ein, sich fortan turmhoch über alle Welt erhaben dünken, Hochmut und Stolz ließen sie alles »Kindliche« verachten, und einzig der Verstand erschiene ihnen groß und stark genug, sich über alle Welt hinauszuschwingen. Am Ende müßten sie in gerade dieser paradoxen Mischung leben: Ein Adlerintellekt, der eine zwergenhafte Menschlichkeit in seinen »Fängen« hält, ein »Übersichtsdenken«[66] ohne »Tiefe« und »Schwere«, ein sich wie allmählich gebärdender Intellektualismus, der die »Kindheit« hinweggerafft hat, noch ehe sie wirklich erwachsen werden konnte. »Schneeweißchen« und »Rosenrot« *müssen* den »Zwerg« vor dem »Adler« retten, und wiederum dürfen sie sich um das eitle Gerede des »Zwergs« nicht einen Augenblick lang kümmern; denn bliebe die Angst des Kindergewissens um die Wahrung des äußeren Ansehens maßgeblich, dann wäre dem »Adler« in der Tat sein Opfer nicht mehr zu entreißen. Gerade das schöne »Röckchen«, das der »Zwerg« so sehr bejammert, der Wille, vor den anderen gut dazustehen, verleiht den »Adlerfängen« solche Wirkung – der ehrgeizige Intellektualismus entführt nicht nur, er mästet sich geradezu an der kindlichen Angst vor fremder Kritik. Man müßte, mit anderen Worten, geistig nicht so maßlos hoch hinaus, wenn man den Mut besäße, unter den Augen der anderen einmal eine »Blöße« zu zeigen, und »Schneeweißchen« und »Rosenrot« retten ihr »Kinder-Ich« nur dadurch, daß ihnen ein durchlöchertes Röckchen nicht so wichtig ist wie die Notwendigkeit, mit beiden Beinen »auf dem Boden« zu bleiben und sich geistig nicht ins Wolkenkuckucksheim der intellektuellen Eitelkeit hinweggraffen zu lassen.

Die verborgenen Schätze der Kindheit

Unmittelbar danach besorgen »Schneeweißchen« und »Rosenrot« den Auftrag der »Mutter«, und ohne sich offenbar auch nur im geringsten von der »Stadt« beeindrucken zu lassen, begeben sie sich alsbald zurück auf den »Heimweg«. Es ist ein abendliches Bild, in dem der »Weg« der Mädchen seinen Abschluß findet, als sie im Sonnenuntergang auf der Heide ein letztesmal dem »Zwerg« begegnen, wie er, im

Glauben, ungestört allein zu sein, ein Säckchen mit Edelsteinen zum Betrachten vor sich ausgeschüttet hat. Die Steine leuchten prächtig »in allen Farben« in den Strahlen der Abendsonne, so daß »Schneeweißchen« und »Rosenrot« bewundernd stehenbleiben. Der »Zwerg« schilt sie in der bereits gewohnten Weise aus, aber er kann doch nicht verhindern, daß die beiden Mädchen staunend die herrlichen Kostbarkeiten eingehend betrachten, die sich so überraschend ihren Blicken darbieten. Freilich: daß der »Zwerg« über gewisse Schätze verfügen müsse, konnten »Schneeweißchen« und »Rosenrot« bislang bei jedem Zusammentreffen buchstäblich wie verstohlen feststellen, aber sie ahnten es mehr als sie es sahen. Jetzt erst, wo der gesamte Lebensabschnitt ihrer Kindheit und Jugend sich dem Ende neigt, im Schein der »Abendsonne«, breitet der »Geist der Kindheit« seine »Edelsteine« im ganzen Spektrum ihrer Farbenvielfalt unter ihren Augen aus.[67]

Es mag Kinder geben, die zu Erwachsenen werden, indem sie alles, was sie in Kindertagen gelernt haben, als lästig und hinderlich von sich weisen müssen, und je mehr man sie selbst mit Angst und Schuldgefühlen gequält und von ihrem vermeintlichen Unwert überzeugt hat, desto wertloser und nichtiger wird ihnen die Zeit ihrer Kindheit und Jugend vorkommen. »Schneeweißchen« und »Rosenrot« haben sich in solcher Weise niemals kennenlernen müssen; in ihren Augen kann der »Geist der Kindheit« jetzt, im Abendleuchten, nicht als ein Habenichts erscheinen. Im Gegenteil, sie werden gerade jetzt erst merken, welch ein Reichtum, wieviel Wahrheit, wieviel an Glanz und Schönheit in den Händen ihres Kinder-Ichs gelegen ist. Für sie stellt sich die Frage nicht, wie sie die Eindrücke, Erfahrungen und Prägungen der Kindheit abschütteln, abarbeiten oder einfachhin verleugnen können, für sie, die so harmonisch Aufgewachsenen, ist ihre Kindheit ein überaus hoher Wert, dessen Größe sie erst jetzt in ganzem Umfang sehen lernen, und *ihre* Aufgabe besteht gerade umgekehrt darin, sich diese Schätze ihres Kinder-Ichs selbst anzueignen.

Denn nur dies ist noch sehr unbefriedigend, daß der »Zwerg« sich ihnen gegenüber nach wie vor als eine selbständige und ständig vorwurfsvolle Gegeninstanz behauptet, die den Mädchen die Schätze der Kindheit nicht nur in gewissem Sinne aufbewahrt, sondern sie eigentlich mehr noch entfremdet und entzieht. Erwachsen können »Schneeweißchen« und »Rosenrot« nur werden, wenn ihr Kindergewissen, wenn der »Zwerg« seine Schätze an sie selber als an die eigentlich zuständigen und rechtmäßigen Besitzer in vollem Umfang übergibt. Doch gerade davon kann freiwillig keine Rede sein. Im ganzen Wesen dieses »Zwergs« liegt es, schnarrend und keifend fortzufahren – das kindliche Gewissen kann letztlich ja nur wie ein Tonband immer dasselbe wiederholen: die Mädchen seien dumm, garstig, ungehobelt, albern, »wahnsinnige Schafsköpfe« – kurz, eben solche Kreaturen, wie sie im Gegenteil der »Zwerg« selber darstellt. Ein solcher »Zwerg« muß sich bis ganz zuletzt behaupten; er ist von sich her durchaus nicht zu Kompromissen fähig; und so ist er es selber jetzt, der sich sein wohlverdientes Todesurteil spricht.

Der Gewaltakt der Liebe

Noch sind die beiden Mädchen nämlich ganz in die Betrachtung all der Kostbarkeiten vertieft, als hinter ihnen plötzlich ein schwarzer Bär auftaucht. Schrecken ergreift den »Zwerg«; von Angst gejagt springt er zu seinem Schlupfloch hin – jedoch: zu spät! Schon ist der »Bär« in seiner Nähe, und gegenüber diesem seinem Wesensgegenspieler darf kein Pardon gegeben werden. Vergebens, daß der »Zwerg« all seine Schätze für den Loskauf seines Lebens anzubieten sucht; vergebens auch, daß er den Appetit des Ungeheuers auf die beiden Kinder abzulenken sucht – er macht mit alldem nur das Maß seiner Querelen voll. Ein Tatzenhieb des »Bären« – und der »Zwerg« »regt sich nicht mehr«. Endgültig ist das Kinder-Ich mit seinem Dreinreden erledigt; aber die Macht dazu liegt einzig in dem gewalttätigen Wiederauftauchen der Liebe. Mit der Gewalt eines Naturereignisses bricht sie in der Gestalt des »Bären« erneut vom »Walde«, aus dem Unbewußten her, in das Leben von »Schneeweißchen« und »Rosenrot« ein, so daß die Mädchen wiederum panikartig fliehen möchten.

Tatsächlich steht in dieser Szene für sie alles auf dem Spiel: wenn es dem »Zwerg« in diesem Augenblick gelingen würde, den »Bären« auf seine Seite zu ziehen – es wäre um die beiden Mädchen geschehen. An dieser Stelle gibt es wirklich nur noch ein alles entscheidendes Entweder-Oder. *Entweder* das kindliche Überich behauptet seine Existenz, dann wird die sexuelle Triebkraft sowohl zu seinem Opfer wie zu seinem geheimen Komplizen: unter dem Diktat des »Zwergs« würde der »Bär« niemals seine tierische Zerrgestalt verlieren, und seine Kraft müßte sich dann wirklich verschlingend gegen die Kinder richten; *das Es* würde leben, und *das Überich* würde leben, aber zwischen ihnen müßte *das Ich* geopfert werden – verschlungen von Trieben, denen es wie einem Raubtier gegenüber ausgeliefert wäre, und ohnmächtig gewissen Schuldgefühlen preisgegeben, die in ihrer kleinlichen Zensur die sexuelle Triebkraft überhaupt erst so bedrohlich werden ließen. *Oder* es muß so kommen, wie das Märchen es zum Glück berichtet: der »Bär« steht ganz eindeutig auf der Seite des Ichs, und er macht wahr, was er bereits bei seinem Abschied aus dem »Haus« der Kinder angekündigt hat: er nutzt jetzt ein für allemal die Chance, den

»Zwerg« zu beseitigen, und gewinnt so die Möglichkeit, sich selber zu vermenschlichen.

Dabei ist zu beachten, daß diese Entscheidung buchstäblich über Leben und Tod im Grunde nicht vom Ich selbst getroffen wird. »Schneeweißchen« und »Rosenrot« sind vor lauter Angst vom Ort der Handlung weit entfernt, sie haben keinen Einfluß auf den Ausgang des Szenariums. Wie es am Ende der Kindheit und der Jugendzeit in der Entwicklung weitergehen wird, hängt jetzt nicht vom bewußten Wollen ab; es wurde vielmehr längst vorwegentschieden, als der »Bär« zum erstenmal im Haus der »Mutter« auftauchte. Wäre der »Bär« damals ungastlich aufgenommen oder gar vor lauter Angst schroff abgewiesen worden, so würde er jetzt unbedingt gegen die Kinder Partei ergreifen müssen; aber als der Vertraute, als der Spielgefährte von einst, ist und bleibt er gerade jetzt in diesem Krisenaugenblick der Freund und der Verbündete der Kinder. Für ihn gibt es hier durchaus keine Wahl mehr: auf das arglistige Gerede des »Zwerges« hört er überhaupt gar nicht und kennt nur noch das eine Ziel: die beiden Mädchen aus der Angst zurückzurufen. Wie bei seinem ersten Erscheinen ruft er ihnen sein »Fürchtet euch nicht« zu, als wenn er ihnen sagen wollte: »Ihr könntet doch längst wissen, daß ich euch nichts Böses antun werde. Erinnert euch nur eures lieben Kameraden, dessen Abschied euch damals so traurig stimmen mußte. Nun endlich ist er da.« Die ganze Szene lebt von dem Vertrauen, das schon im »Haus« der »Mutter« grundgelegt wurde; und nur kraft der Erinnerung an diese Zeit des Spieles und der Angstfreiheit können die beiden Kinder jetzt in dem, was ihnen Angst macht, ihren Freund (wieder-)erkennen.

Für jedes Mädchen, wenn man dieses Bild einmal verallgemeinert, tritt am Ende seiner Jugendzeit die Liebe auf wie ein Gewaltakt, der es zu verschlingen droht, und alle Gefühle der Angst melden sich noch einmal wie am Beginn der Pubertät. Was damals sich als Angst verfestigte, wird jetzt als Angst erneuert werden; was aber an Angst damals überwunden wurde, wird jetzt als Angst endgültig überflüssig, und dann kann es sich öffnen zu einer wirklichen persönlichen Beziehung – das ungerichtete Gefühl von Leidenschaft und Sehnsucht findet nunmehr endgültig sein Gegenüber. Ausdrücklich ruft der »Bär« die beiden Kinder jetzt bei ihrem Namen. Er ist nicht länger nur ein »Es«, eine Naturkraft, eine unbewußte Energie; er ist jemand, der die Person der Mädchen anredet und meint. In *dem* Moment, erzählt das Märchen, erkennen die beiden Kinder seine Stimme wieder; sie halten inne auf der Flucht, und plötzlich wandelt sich der »Bär« in einen wunderschönen Königssohn, der ganz in Gold gekleidet ist. Aus der Triebmacht der »Sexualität« wird jetzt menschliche Liebe, und sie entzündet sich in dem Erinnerungsbild der Kindertage und der Kinderträume. Ein Bild, das damals nur für einen Augenblick durchschimmerte – ein ungewisser Traum, eine mehr unbewußte Hoffnung –, erfüllt sich jetzt in einem Übermaß an Freude. Die Macht der Liebe bewirkt die größte »Wandlung«, die im Leben eines Menschen möglich ist; und doch schafft sie nichts wirklich Neues, sie setzt nur etwas immer schon Erhofftes und Ersehntes frei; sie schafft den Mut, gegen die Angst die Hüllen abzustreifen und ohne Angst die Menschen (und die Dinge) in ihrem wahren Wert, in ihrem »Goldglanz«, »hüllenlos« wahrzunehmen.

Fragt man daher nach dem »Rezept«, mit dem »Schneeweißchen« und »Rosenrot« in diesem letzten großen Krisenaugenblick ihrer Entwicklung die Angst überwinden und aus Kindern endgültig zu Frauen werden, so muß man antworten: Es ist das Glück der Liebe. Die *Es-Angst* am Beginn der Pubertät machte dem Spiel, der Freude Platz; die *Überich*-Angst um den »Zwerg« löste sich in geduldigem Humor. Der letzte Schritt jetzt ist kein Tun mehr, sondern ein Erlebnis, ein Geschehen. Die Kinder *wollen* nicht den Tod des »Zwerges« – nur, als der »Bär« zu ihnen tritt, erfahren sie, warum alles so kommen mußte; sie *wollen* nicht den Untergang des Kinder-Ichs – doch alle Skrupel und moralischen Verwicklungen, die bislang das Ich gefesselt halten konnten, sind jetzt buchstäblich wie mit einem »Schlag« verschwunden, als sie den Ruf der Liebe an sich selbst gerichtet hören und sich in ihm mitsamt den schönsten Jugendträumen wiederfinden. Die Erfahrung des Glücks (in) der Liebe – das ist der letzte Schritt der Reifung zu sich selbst. Fortan sind »Überich« und »Es«, sind »Zwerg« und »Bär« nicht mehr geheimnisvolle Sonderkräfte, sondern sie sind gemeinsam »aufgehoben« zwischen Ich und Du. »Schneeweißchen« und »Rosenrot«, die in die »Stadt« gegangen waren, um dort der Mutter Zwirn und Nadel einzuholen, kehren zurück mit den »Seilen der Liebe« (Hos 11,4), festgemacht an dem Gefährten ihrer alles erneuernden Wiedererinnerung, und sie, die der Versuchung des »Adlers« widerstanden, sich in geistigem Hochmut und bildungsbeflissenem Idealismus hinwegtragen zu lassen, sie haben in der Wirklichkeit zu ihrer Herzensbildung hingefunden. Am Ende erkennen sie nicht nur ihren Geliebten, sie verstehen jetzt auch rückblickend unter den Worten des »Königssohnes« die Stationen ihres eigenen Werdegangs. Die »Aufklärung« darüber, was es mit »Bär« und »Zwerg« auf sich hatte, erwächst erst aus der neu gefundenen Liebe und kann nur von dem Partner dieser Liebe kommen. Sie stellt sich ein, wenn ein Abschnitt des Lebens überwunden ist – auf keinen Fall erwirkt man sie durch Theorie und Reflexion, und wollte man sie schon vorweg ausklügeln oder planen, womöglich um sie pädagogisch richtig »auszunutzen«, verdürbe man durch solches »Adlerwissen« alles. Vom Ende her, das glücklich ist, lernt man den roten Faden auch in der Vergangenheit entdecken und alles, wie es war, als Glück in Dankbarkeit begreifen.

Geist und Gestalt einer harmonischen Struktur

So endet denn das Märchen mit dem Bild der Hoch-Zeit, diesem beliebtesten Symbol seelischer Gegensatzvereinigung,[68] und da nun findet sich, praktischerweise, daß der »Bär«, mit dem das winterliche »Schneeweißchen« sich vermählt, noch einen »Bruder« hat, der »Rosenrots« Gemahl wird und den man sich, entsprechend dem mehr sommerlichen Temperament der Braut, wohl doch ein Stück weit lebhafter und heißblütiger denken muß als seinen immerhin nicht unstürmischen »winterlichen« Bruder. Jedoch: fast alle Märchen, bis auf ganz wenige Ausnahmen,[69] erzählen wohl den Weg zur Ehe, nicht mehr den Weg der Ehe selbst, und so liegt auch dem Märchen von »Schneeweißchen« und »Rosenrot« nichts an der Schilderung der Hochzeit und des neuen Bräutigams. Ihm geht es, gemäß seinem Thema, einzig darum, daß sich die Harmonie des Ganzen rundet. »Schneeweißchen« und »Rosenrot« haben in all der Zeit ihrer Entwicklung nie aufgehört, geschwisterlich gegen die Angst einig zu bleiben; sie haben nun ihr neues Heim gefunden, und alle Schätze aus der »Zwergenzeit« bilden jetzt ihre überreiche Mitgift für ihre ganze weitere Zukunft. Begleitet aber werden sie von ihrer »Mutter«, die lange Jahre noch bei ihren Kindern leben wird. Schilderte eingangs das Märchen »Schneeweißchen« und »Rosenrot« als die gegensätzlichen und einigen Kinder der gütigen Mutter Erde, so zeigt sich nun, daß Menschen, gerade wenn sie zu ihrer Einheit und zu innerer Geschlossenheit gefunden haben, in gewissem Sinne nicht aufhören, Kinder zu bleiben, sondern es eigentlich erst richtig werden. Nur innerhalb des durchaus »mütterlichen« Klimas eines quasi religiösen Vertrauens, in dem »Schneeweißchen« und »Rosenrot« aufwachsen durften, löst sich das Rätsel, wie eine harmonische Entwicklung möglich ist: wie Kinder zu Erwachsenen heranreifen und als Erwachsene doch kindlich bleiben; wie sie zu Frauen werden und die Liebe lernen und dennoch ihre Unbefangenheit und Unschuld nicht verlieren, und wie sie den ständigen Gegensatz von »Bär« und »Zwerg«, von Trieb und kindlicher Moral, fortschreitend überwinden. Allein die stete Gegenwart der »Mutter« verbannt die Ruhelosigkeit der Angst, die das »Fließgleichgewicht« seelischer Reifung Zug um Zug zerstören müßte.

Bis in den Aufbau, bis in die formale Struktur[70] hinein ist dieses Märchen geprägt von einer solchen angstfreien Einheit und Harmo-

nie, die es auf allen Ebenen: zwischen Mensch und Natur, zwischen Bewußtsein und Unbewußtem, zwischen Vergangenheit und Gegenwart und schließlich in dem Verhältnis zwischen Mann und Frau, vorstellen und herstellen will. In mustergültig durchgeführter Symmetrie stellt es einander stufenweise gegenüber:
als grundlegende Klammer: Mutter und Kinder als verbunden in Vertrauen; sodann:
bezogen auf »Mutter Natur«: Wald und Haus als Stätten ohne Angst; Natur und Mensch in wechselseitiger Gemeinschaft; Besitz und Teilen als Verhältnis unauflöslicher Gemeinsamkeit; Sommer und Winter als Kontraste der Ergänzung; des weiteren:
in psychologischer Symbolik: »Rot« und »Weiß« als Einheitsgegensätze von Reinheit und Leidenschaft; »Abgrund« und »Engel« als Gefahr und Schutz; »Bär« und »Zwerg« als Gegensatz von Sinnlichkeit und Sittlichkeit; »Schere« und »Bart« als Gegensatz von Gegenwärtigem und Überkommenem; »Fisch« und »Adler« als Gegensatz von Trieb und Geist; »Natur« und »Stadt« als Gegensatz von »Köhlertum« und »Zivilisation«; und schließlich:
Mann und Frau im Symbol der Vierzahl, der vollendeten Vollkommenheit.

In allem setzt das Märchen dabei gegen die stets lauernde Gefahr der Angst die vorgegebene Macht des Vertrauens, die sich seitens der »Mutter« stufenweise mitteilt und bewährt:
in der Handlung des Spiels,
in der Haltung des Humors und
in dem Erfahrungsglück der Liebe.

Zu Recht endet das Märchen mit dem Bild des Anfangs: es werden vor dem Haus der »Mutter« erneut die beiden Rosenbäumchen wachsen und Jahr um Jahr die schönsten Rosen treiben zum Zeichen für die Einheit aller Gegensätze: in dem Verhältnis zur Natur, in der Beziehung zu sich selbst und in dem sich entfaltenden Reifungsprozeß der Zeit. Diese Symbolerzählung von der niemals verlorenen Einheit von »Schneeweißchen« und »Rosenrot« bietet ein Welt*bild*, weiser als die Welt*anschauung* vieler Philosophen; seine *Sicht* vom Menschen ist großartiger als die *Ansichten* zahlreicher Menschenkundler, und sein Seelen*verständnis* übertrifft bei weitem die Seelen*erklärung* der meisten psychologischen Schulen. Ein Wissen, mehr als alle Wissenschaft, Intuition, die alle Analyse übersteigt, Bilder, die aus der Sehnsucht nach dem Ursprung die Urzeitträume aller Religionen in der Gestalt von Kindern nacherzählen – sind solche Kindermärchen wirklich »Kindermärchen«?

Der goldene Vogel

Es war vorzeiten ein König, der hatte einen schönen Lustgarten hinter seinem Schloß, darin stand ein Baum, der goldene Äpfel trug. Als die Äpfel reiften, wurden sie gezählt, aber gleich den nächsten Morgen fehlte einer. Das ward dem König gemeldet, und er befahl, daß alle Nächte unter dem Baume Wache sollte gehalten werden. Der König hatte drei Söhne, davon schickte er den ältesten bei einbrechender Nacht in den Garten; wie es aber Mitternacht war, konnte er sich des Schlafes nicht erwehren, und am nächsten Morgen fehlte wieder ein Apfel. In der folgenden Nacht mußte der zweite Sohn wachen, aber dem erging es nicht besser: als es zwölf Uhr geschlagen hatte, schlief er ein, und morgens fehlte ein Apfel. Jetzt kam die Reihe zu wachen an den dritten Sohn, der war auch bereit, aber der König traute ihm nicht viel zu und meinte, er würde noch weniger ausrichten als seine Brüder; endlich aber gestattete er es doch. Der Jüngling legte sich also unter den Baum, wachte und ließ den Schlaf nicht Herr werden. Als es zwölf schlug, so rauschte etwas durch die Luft, und er sah im Mondschein einen Vogel daherfliegen, dessen Gefieder ganz von Gold glänzte. Der Vogel ließ sich auf dem Baume nieder und hatte eben einen Apfel abgepickt, als der Jüngling einen Pfeil nach ihm abschoß. Der Vogel entflog, aber der Pfeil hatte sein Gefieder getroffen, und eine seiner goldenen Federn fiel herab. Der Jüngling hob sie auf, brachte sie am andern Morgen dem König und erzählte ihm, was er in der Nacht gesehen hatte. Der König versammelte seinen Rat, und jedermann erklärte, eine Feder wie diese sei mehr wert als das gesamte Königreich. »Ist die Feder so kostbar«, erklärte der König, »so hilft mir auch die eine nichts, sondern ich will und muß den ganzen Vogel haben.«

Der älteste Sohn machte sich auf den Weg, verließ sich auf seine Klugheit und meinte den goldenen Vogel schon zu finden. Wie er eine Strecke gegangen war, sah er an dem Rande eines Waldes einen Fuchs sitzen, legte seine Flinte an und zielte auf ihn. Der Fuchs rief: »Schieß mich nicht, ich will dir dafür einen guten Rat geben. Du bist auf dem Weg nach dem goldenen Vogel und wirst heut abend in ein Dorf kommen, wo zwei Wirtshäuser einander gegenüberstehen. Eins ist hell erleuchtet, und es geht darin lustig her: da kehr aber nicht ein, sondern geh ins andere, wenn es dich auch schlecht ansieht.« – »Wie kann mir wohl so ein albernes Tier einen vernünftigen Rat erteilen!« dachte der Königssohn und drückte los, aber er fehlte den Fuchs, der den Schwanz streckte und schnell in den Wald lief. Darauf setzte er seinen Weg fort und kam abends in das Dorf, wo die beiden Wirtshäuser standen: in dem einen ward gesungen und gesprungen, das andere hatte ein armseliges, betrübtes Ansehen. »Ich wäre wohl ein Narr«, dachte er, »wenn ich in das lumpige Wirtshaus ginge und das schöne liegenließ.« Also ging er in das lustige ein, lebte da in Saus und Braus und vergaß den Vogel, seinen Vater und alle guten Lehren.

Als eine Zeit verstrichen und der älteste Sohn immer und immer nicht nach Haus gekommen war, so machte sich der zweite auf den Weg und wollte den goldenen Vogel suchen. Wie dem ältesten begegnete ihm der Fuchs und gab ihm den guten Rat, den er nicht achtete. Er kam zu den beiden Wirtshäusern, wo sein Bruder am Fenster des einen stand, aus dem der Jubel erschallte, und ihn anrief. Er konnte nicht widerstehen, ging hinein und lebte nur seinen Lüsten.

Wiederum verstrich eine Zeit, da wollte der jüngste Königssohn ausziehen und sein Heil versuchen, der Vater aber wollte es nicht zulassen. »Es ist vergeblich«, sprach er, »der wird den goldenen Vogel noch weniger finden als seine Brüder, und wenn ihm ein Unglück zustößt, so weiß er sich nicht zu helfen; es fehlt ihm am Besten.« Doch endlich, wie keine Ruhe mehr da war, ließ er ihn ziehen. Vor dem Walde saß wieder der Fuchs, bat um sein Leben und erteilte den guten Rat. Der Jüngling war gutmütig und sagte: »Sei ruhig, Füchslein, ich tue dir nichts zuleid.« – »Es soll dich nicht gereuen«, antwortete der Fuchs, »und damit du schneller fortkommst, so steig hinten auf meinen Schwanz.« Und kaum hat er sich aufgesetzt, so fing der Fuchs an zu laufen, und da ging's über Stock und Stein, daß die Haare im Winde pfiffen. Als sie zu dem Dorfe kamen, stieg der Jüngling ab, befolgte den guten Rat und kehrte, ohne sich umzusehen, in das geringe Wirtshaus ein, wo er ruhig übernachtete. Am andern

Morgen, wie er auf das Feld kam, saß da schon der Fuchs und sagte: »Ich will dir weiter sagen, was du zu tun hast. Geh du immer geradeaus, endlich wirst du an ein Schloß kommen, vor dem eine ganze Schar Soldaten liegt, aber kümmre dich nicht darum, denn sie werden alle schlafen und schnarchen; geh mittendurch und geradeswegs in das Schloß hinein, und geh durch alle Stuben, zuletzt wirst du in eine Kammer kommen, wo ein goldener Vogel in einem hölzernen Käfig hängt. Nebenan steht ein leerer Goldkäfig zum Prunk, aber hüte dich, daß du den Vogel nicht aus seinem schlechten Käfig herausnimmst und in den prächtigen tust, sonst möchte es dir schlimm ergehen.« Nach diesen Worten streckte der Fuchs wieder seinen Schwanz aus, und der Königssohn setzte sich auf; da ging's über Stock und Stein, daß die Haare im Winde pfiffen. Als er bei dem Schloß angelangt war, fand er alles so, wie der Fuchs gesagt hatte. Der Königssohn kam in die Kammer, wo der goldene Vogel in einem hölzernen Käfig saß, und ein goldener stand daneben; die drei goldenen Äpfel aber lagen in der Stube umher. Da dachte er, es wäre lächerlich, wenn er den schönen Vogel in dem gemeinen und häßlichen Käfig lassen wollte, öffnete die Türe, packte ihn und setzte ihn in den goldenen. In dem Augenblick aber tat der Vogel einen durchdringenden Schrei. Die Soldaten erwachten, stürzten herein und führten ihn ins Gefängnis. Den andern Morgen wurde er vor ein Gericht gestellt und, da er alles bekannte, zum Tode verurteilt. Doch sagte der König, er wollte ihm unter einer Bedingung das Leben schenken, wenn er ihm nämlich das goldene Pferd brächte, welches noch schneller liefe als der Wind, und dann sollte er obendrein zur Belohnung den goldenen Vogel erhalten.

Der Königssohn machte sich auf den Weg, seufzte aber und war traurig, denn wo sollte er das goldene Pferd finden? Da sah er auf einmal seinen alten Freund, den Fuchs, an dem Wege sitzen. »Siehst du«, sprach der Fuchs, »so ist es gekommen, weil du mir nicht gehört hast. Doch sei gutes Mutes, ich will mich deiner annehmen und dir sagen, wie du zu dem goldenen Pferd gelangst. Du mußt geradeweges fortgehen, so wirst du zu einem Schloß kommen, wo das Pferd im Stalle steht. Vor dem Stalle werden die Stallknechte liegen, aber sie werden schlafen und schnarchen, und du kannst geruhig das goldene Pferd herausführen. Aber eins mußt du in acht nehmen, leg ihm den schlechten Sattel von Holz und Leder auf und ja nicht den goldenen, der dabeihängt, sonst wird es dir schlimm ergehen.« Dann streckte der Fuchs seinen Schwanz aus, der Königssohn setzte sich auf, und es ging fort über Stock und Stein, daß die Haare im Winde pfiffen. Alles traf so ein, wie der Fuchs gesagt hatte, er kam in den Stall, wo das goldene Pferd stand; als er ihm aber den schlechten Sattel auflegen wollte, so dachte er: »Ein so schönes Tier wird verschändet, wenn ich ihm nicht den guten Sattel auflege, der ihm gebührt.« Kaum aber berührte der goldene Sattel das Pferd, so fing es an, laut zu wiehern. Die Stallknechte erwachten, ergriffen den Jüngling und warfen ihn ins Gefängnis. Am andern Morgen wurde er vom Gericht zum Tode verurteilt, doch versprach ihm der König, das Leben zu schenken und dazu das goldene Pferd, wenn er die schöne Königstochter vom goldenen Schlosse herbeischaffen könnte.

Mit schwerem Herzen machte sich der Jüngling auf den Weg, doch zu seinem Glücke fand er bald den treuen Fuchs. »Ich sollte dich nur deinem Unglück überlassen«, sagte der Fuchs, »aber ich habe Mitleiden mit dir und will dir noch einmal aus deiner Not helfen. Dein Weg führt dich gerade zu dem goldenen Schlosse: abends wirst du anlangen, und nachts, wenn alles still ist, dann geht die schöne Königstochter ins Badehaus, um da zu baden. Und wenn sie hineingeht, so spring auf sie zu und gib ihr einen Kuß, dann folgt sie dir, und du kannst sie mit dir fortführen: nur dulde nicht, daß sie vorher von ihren Eltern Abschied nimmt, sonst kann es dir schlimm ergehen.« Dann streckte der Fuchs seinen Schwanz, der Königssohn setzte sich auf, und so ging es über Stock und Stein, daß die Haare im Winde pfiffen. Als er beim goldenen Schloß ankam, war es so, wie der Fuchs gesagt hatte. Er wartete bis um Mitternacht, als alles in tiefem Schlaf lag und die schöne Jungfrau ins Badehaus ging, da sprang er hervor und gab ihr einen Kuß. Sie sagte, sie wollte gerne mit ihm gehen, bat ihn aber flehentlich und mit Tränen, er möchte ihr erlauben, vorher von ihren Eltern Abschied zu nehmen. Er widerstand anfänglich ihren Bitten, als sie aber immer mehr weinte und ihm zu Fuß fiel, so gab er endlich nach. Kaum aber war die Jungfrau zu dem Bette ihres Vaters getreten, so wachte er und alle anderen, die im Schloß waren, auf, und der Jüngling ward festgehalten und ins Gefängnis gesetzt.

Am andern Morgen sprach der König zu ihm: »Dein Leben ist verwirkt, und du kannst bloß Gnade finden, wenn du den Berg abträgst, der vor meinen Fenstern liegt und über welchen ich nicht hinaussehen kann, und das mußt du binnen acht Tagen zustande bringen. Gelingt dir das, so sollst du meine Tochter zur Belohnung haben.« Der Königssohn fing an, grub und schaufelte, ohne abzulassen, als er aber nach sieben Tagen sah, wie wenig er ausgerichtet hatte und alle seine Arbeit so gut wie nichts war, so fiel er in große Traurigkeit und gab alle Hoffnung auf. Am Abend des siebenten Tags aber erschien der Fuchs und sagte: »Du verdienst nicht, daß ich mich deiner annehme, aber geh nur hin und lege dich schlafen, ich will die Arbeit für dich tun.« Am andern Morgen, als er erwachte und zum Fenster hinaussah, so war der Berg verschwunden. Der Jüngling eilte voll Freude zum König und meldete ihm, daß die Bedingung erfüllt wäre, und der König mochte wollen oder nicht, er mußte Wort halten und ihm seine Tochter geben.

Nun zogen die beiden zusammen fort, und es währte nicht lange, so kam der treue Fuchs zu ihnen. »Das Beste hast du zwar«, sagte er, »aber zu der Jungfrau aus dem goldenen Schloß gehört auch das goldene Pferd.« – »Wie soll ich das bekommen?« fragte der Jüngling. »Das will ich dir sagen«, antwortete der Fuchs, »zuerst bring dem Könige, der dich nach dem goldenen Schlosse geschickt hat, die schöne Jungfrau. Da wird unerhörte Freude sein, sie werden dir das goldene Pferd gerne geben und werden dir's vorführen. Setz dich alsbald auf und reiche allen zum Abschied die Hand herab, zuletzt der schönen Jungfrau, und wenn du sie gefaßt hast, so zieh sie mit einem Schwung hinauf und jage davon: und niemand ist imstande, dich einzuholen, denn das Pferd läuft schneller als der Wind.«

Alles wurde glücklich vollbracht, und der Königssohn führte die schöne Jungfrau auf dem goldenen Pferde fort. Der Fuchs blieb nicht zurück und sprach zu dem Jüngling: »Jetzt will ich dir auch zu dem goldenen Vogel verhelfen. Wenn du nahe bei dem Schlosse bist, wo sich der Vogel befindet, so laß die Jungfrau absitzen, und ich will sie in meine Obhut nehmen. Dann reit mit dem goldenen Pferd in den Schloßhof: bei dem Anblick wird große Freude sein, und sie werden dir den goldenen Vogel herausbringen. Wie du den Käfig in der Hand hast, so jage zu uns zurück und hole dir die Jungfrau wieder ab.« Als der Anschlag geglückt war und der Königssohn mit seinen Schätzen heimreiten wollte, so sagte der Fuchs: »Nun sollst du mich für meinen Beistand belohnen.« – »Was verlangst du dafür?« fragte der Jüngling. »Wenn wir dort in den Wald kommen, so schieß mich tot und hau mir Kopf und Pfoten ab.« – »Das wäre eine schöne Dankbarkeit«, sagte der Königssohn, »das kann ich dir unmöglich gewähren.« Sprach der Fuchs: »Wenn du es nicht tun willst, so muß ich dich verlassen; ehe ich aber fortgehe, will ich dir noch einen guten Rat geben. Vor zwei Stücken hüte dich, kauf kein Galgenfleisch und setze dich an keinen Brunnenrand.« Damit lief er in den Wald.

Der Jüngling dachte: »Das ist ein wunderliches Tier, das seltsame Grillen hat. Wer wird Galgenfleisch kaufen? Und die Lust, mich an einen Brunnenrand zu setzen, ist mir noch niemals gekommen.« Er ritt mit der schönen Jungfrau weiter, und sein Weg führte ihn wieder durch das Dorf, in welchem seine beiden Brüder geblieben waren. Da war großer Auflauf und Lärmen, und als er fragte, was da vor wäre, hieß es, es sollten zwei Leute aufgehängt werden. Als er näher hinzukam, sah er, daß es seine Brüder waren, die allerhand schlimme Streiche verübt und all ihr Gut vertan hatten. Er fragte, ob sie nicht könnten freigemacht werden. »Wenn Ihr für sie bezahlen wollt«, antworteten die Leute, »aber was wollt Ihr an die schlechten Menschen Euer Geld hängen und sie loskaufen.« Er besann sich aber nicht, zahlte für sie, und als sie freigegeben waren, so setzten sie die Reise gemeinschaftlich fort.

Sie kamen in den Wald, wo ihnen der Fuchs zuerst begegnet war, und da es darin kühl und lieblich war und die Sonne heiß brannte, so sagten die beiden Brüder: »Laßt uns hier an dem Brunnen ein wenig ausruhen, essen und trinken.« Er willigte ein, und während des Gesprächs vergaß er sich, setzte sich an den Brunnenrand und versah sich nichts Arges. Aber die beiden Brüder warfen ihn rückwärts in den Brunnen, nahmen die Jungfrau, das Pferd und den Vogel und zogen heim zu ihrem Vater. »Da bringen wir nicht bloß den goldenen Vogel«, sagten sie, »wir haben auch das goldene Pferd und die Jungfrau von dem goldenen Schlosse erbeutet.« Da war große Freude, aber das Pferd, das fraß nicht, der Vogel, der pfiff nicht, und die Jungfrau, die saß und weinte.

Der jüngste Bruder war aber nicht umgekommen. Der Brunnen war zum Glück trocken, und er fiel auf weiches Moos, ohne Schaden zu nehmen, konnte aber nicht wieder heraus. Auch in dieser Not verließ ihn der treue Fuchs nicht, kam zu ihm herabgesprungen und schalt ihn, daß er seinen Rat vergessen hätte. »Ich kann's aber doch nicht lassen«, sagte er, »ich will dir wieder an das Tageslicht helfen.« Er sagte ihm, er sollte seinen Schwanz anpacken und sich fest daran halten, und zog ihn dann in die Höhe. »Noch bist du nicht aus aller Gefahr«, sagte der Fuchs, »deine Brüder waren deines Todes nicht gewiß und haben den Wald mit Wächtern umstellt, die sollen dich töten, wenn du dich sehen ließest.« Da saß ein armer Mann am Weg, mit dem vertauschte der Jüngling die Kleider und gelangte auf diese Weise an des Königs Hof. Niemand erkannte ihn, aber der Vogel fing an zu pfeifen, das Pferd fing an zu fressen, und die schöne Jungfrau hörte Weinens auf. Der König fragte verwundert: »Was hat das zu bedeuten?« Da sprach die Jungfrau: »Ich weiß es nicht, aber ich war so traurig, und nun bin ich so fröhlich. Es ist mir, als wäre mein rechter Bräutigam gekommen.« Sie erzählte ihm alles, was geschehen war, obgleich die andern Brüder ihr den Tod angedroht hatten, wenn sie etwas verraten würde. Der König hieß alle Leute vor sich bringen, die in seinem Schloß waren, da kam auch der Jüngling als ein armer Mann in seinen Lumpenkleidern, aber die Jungfrau erkannte ihn gleich und fiel ihm um den Hals. Die gottlosen Brüder wurden ergriffen und hingerichtet, er aber ward mit der schönen Jungfrau vermählt und zum Erben des Königs bestimmt.

Aber wie ist es dem armen Fuchs ergangen? Lange danach ging der Königssohn einmal wieder in den Wald, da begegnete ihm der Fuchs und sagte: »Du hast nun alles, was du dir wünschen kannst, aber mit meinem Unglück will es kein Ende nehmen, und es steht doch in deiner Macht, mich zu erlösen«, und abermals bat er flehentlich, er möchte ihn totschießen und ihm Kopf und Pfoten abhauen. Also tat er's, und kaum war es geschehen, so verwandelte sich der Fuchs in einen Menschen und war niemand anders als der Bruder der schönen Königstochter, der endlich von dem Zauber, der auf ihm lag, erlöst war. Und nun fehlte nichts mehr zu ihrem Glück, solange sie lebten.

Tiefenpsychologische Deutung

Der genarrte Verstand

Selbst wer im Märchen des Rätselhaften und Abenteuerlichen viel gewohnt ist, wird von den scheinbaren Ungereimtheiten und Widersprüchen dieser Geschichte beeindruckt sein.

Man mag es in den Märchen als gewöhnlich hinnehmen, daß ein König in Schwierigkeiten gerät, die erst durch den dritten seiner Söhne gelöst werden können; man ist damit vertraut, daß Tiere sprechen und schließlich sich in Menschen verwandeln können; man ist auch daran gewöhnt, daß ein Märchen von gefahrvollen Reisen erzählt und die Mühen schildert, die es kostet, die Jungfrau vom Ende der Welt an den eigenen Hof zu geleiten. Aber in den meisten Märchen handeln doch die Akteure wenigstens innerhalb der ihnen gegebenen Merkmale und Bedingungen folgerichtig und logisch. Im ›Goldenen Vogel‹ hingegen erscheint jeder Abschnitt merkwürdig, widersprüchlich und verworren.

Als Beispiel gleich die Einleitung. Ein König besitzt einen Baum, der goldene Äpfel trägt – das mag noch angehen; aber wäre es dann nicht das Allernaheliegendste, diesen König in unerhörtem Reichtum und Glück zu wähnen? Doch weit gefehlt! Peinlich zählt der König seinen Bestand, wie wenn es ihm auf jeden einzelnen der Äpfel ankäme. Die Früchte reifen, und man sollte meinen, dem nächtlichen Treiben des Diebstahls könnte kurz und bündig Einhalt getan werden, indem der Baum geerntet und die Äpfel in der königlichen Schatzkammer in sicheren Gewahrsam genommen würden. Statt dessen erleben wir das Bubenstück der schlafmützigen Söhne. Ein Vogel, der, selbst golden, gerade solche Äpfel, wie sie im Königsgarten wachsen, als seine Nahrung braucht – auch das mag sich zusammenfügen. Wie aber soll schon eine einzige Feder dieses Vogels kostbarer sein als alle Äpfel an dem Wunderbaum und als das ganze Königreich zusammen? Und selbst wenn dies so wäre – könnte nicht der König jetzt, nachdem der räuberische Vogel offenbar vertrieben ist, wieder in Ruhe seine Äpfel zählen und, Vogel hin, Vogel her, seiner Muße pflegen? Er kann es scheinbar nicht, und man versteht schon in der Einleitung: es geht ganz sicher nicht um »Gold« im äußeren Verstande, sondern um irgend etwas anderes, das die Bezeichnung »golden« allererst verdient.

In allem, was dann folgt, scheint jeder Punkt des Märchens mit Absicht darauf angelegt, den sogenannten gesunden Menschenverstand gründlich als irrig zu erweisen. Vor allem geht es immer wieder darum, daß die Dinge nicht so zusammengehören, wie man es von außen her als selbstverständlich annehmen sollte: Den Königssöhnen gebührte, möchte man meinen, naturgemäß eine vornehme Herberge – aber mitnichten, ihnen geziemt ein armseliges Wirtshaus. Der goldene Vogel müßte sehr wohl nach gängigem Geschmack in einem goldenen Käfig würdig untergebracht sein – doch nein, der Holzkäfig ist ihm gemäß. Ebensowenig darf das goldene Pferd einen vornehmen Sattel tragen. Selbst Regungen des selbstverständlichen Mitleids gehen offensichtlich in die falsche Richtung: Der Königstochter muß der Abschied verweigert werden, die eigenen Brüder sollen scheinbar wohlgemut am Galgen hängen, und der treue Fuchs, dem doch der Königssohn alles verdankt, soll gnadenlos in Stücke gehauen werden – wahrlich, wie der Königssohn selbst sagt, »ein wunderliches Tier« ist dieser »Fuchs«. Alles, was er sagt, entstammt einer Logik des Kontrastes, einer Ordnung, in der offenbar gänzlich andere Maßstäbe und Gesetze gelten als in der Welt der äußeren Realität, und es scheint alles darauf anzukommen, sich um der eigenen Rettung willen der gewohnten Alltagslogik zu entschlagen und auf den »Fuchs« bedingungslos hören zu lernen; wo nicht, droht jedenfalls Stelle um Stelle prompt und regelmäßig die Katastrophe der Verstandeslogik, und es entstehen Zwangslagen, in denen die so sicher scheinende praktische Vernunft gar keine Lösung mehr zu finden weiß.

Statt also der Einlinigkeit des Verstandes zu folgen, nötigt der »Fuchs« immer wieder dazu, die gewöhnlichen Urteile und Zusammenordnungen als nichtig zu erkennen und insbesondere die Vorstellungen von Würde, Glanz und Wert von Grund auf der Kritik zu unterziehen. Mehr noch: scheint es auf der Hinreise um eine paradoxe Erziehung des Verstandes zu gehen, so erfolgt auf der Rückreise des jüngsten Königssohnes so etwas wie eine umgekehrte »Erziehung der Gefühle«,[1] die sich auf merkwürdige Weise gegen die »normalen« Anweisungen der alltäglichen Moral ausspricht: Die üblichen Begriffe von Rücksicht und Gerechtigkeit, von Vertragstreue und von Bruderpflicht, von Pietät und Mitleid scheinen wie überholt von einer anderen, weit drängenderen Forderung: sich auf Gedeih und Verderb, in Eile und mit unerbittlicher Entschlossenheit auf den Heimweg zu begeben. Tatsächlich belehrt denn auch der ganze Verlauf des Märchens mit Nachdruck darüber, wie recht der »Fuchs« mit all seinen Anweisungen hat: In allem steht nicht *etwas* auf dem Spiel, sondern es gilt das ganze Leben, und jeder Ungehorsam gegen das Geheiß des »Fuchses« rächt sich auf der Stelle bitter.

Um das Märchen vom ›Goldenen Vogel‹ richtig zu verstehen, wird man also von dieser ständigen Irritation des scheinbar gesunden Menschenverstandes ausgehen müssen. Im Widerspruch zum Sinn für die äußere Wirklichkeit gibt es offenbar eine im »Fuchs« repräsentierte instinktive Vernunft, deren Sprache, von außen betrachtet, ganz widersinnig anmutet; und doch hat sie im Grunde recht, und immer, wenn es nicht mehr weitergeht, ist sie es, die noch einen Ausweg zeigt. Die ganze Lebensklugheit und Weisheit läge darin, auf diese Stimme rechtzeitig zu hören; doch nichts scheint schwieriger, und es ist eine Kunst, die allem Anschein nach nur durch viel Leid zu lernen ist. Nur Schritt für Schritt wird man dahin gelangen, die Äußerlichkeit aufzugeben und innerlich wahr zu werden.

Der arme König

In diesem Spannungsfeld der äußeren Verstandeslogik und der gewissermaßen tierischen Vernunft des »Fuchses« muß man als erstes wohl die Gestalt des »Königs« selber sehen.

Der König mit dem Baum der goldenen Äpfel hinter seinem Schloß gilt in naturmythologischer Auslegung als der König des Himmels, als der Besitzer des Weltenbaumes; die Äpfel im Königsgarten erscheinen nach dieser Deutung als die Gestirne Sonne und Mond, die am Weltenbaum wachsen, und vor allem auf den Mond trifft die Darstellung zu, daß im Augenblick der Reife, in der Zeit des Vollmondes, Nacht für Nacht ein »Vogel« kommt, der etwas von der goldenen Pracht des Weltenbaumes wegnimmt; der goldene Vogel ist in dieser Betrachtung die schmale Sichelgestalt des Mondes, sein dunkles Gegenstück.[2] Auch daß der Mond als ein goldenes Pferd[3] oder als eine Jungfrau im Bade[4] dargestellt wird, ist ein geläufiges Motiv der Mondmythologie. Der Berg schließlich, der vor dem Palast des dritten Königs innerhalb von sieben Tagen weggeschaufelt werden muß, ehe die Jungfrau heimgeführt werden kann, scheint der Weltenberg zu sein, hinter dem der Mond verschwindet, bis er nach dreimal sieben Tagen bei den anderen »Königen« in der Gestalt des Vollmondes an den Hof des ersten Königs zurückkehrt.[5] Was das Märchen als einen einmaligen Vorgang von Ausreise und Heimkehr schildert, wäre demnach mythologisch die immer wiederkehrende Geschichte des Himmels von dem Raub und der Rückkehr des Mondes als Weltenapfel oder Himmelsjungfrau, als goldener Vogel oder goldenes Pferd. Immer von neuem geschieht es dem Himmelsvater, daß ihm in der Nacht etwas von dem Goldglanz des Weltenbaumes gestohlen wird, aber immer neu wird ihm das Entwendete reich und vollständig wieder zurückgebracht. Das im Märchen Einmalige ist also in Wahrheit für den Mythos der Natur das Ewig-Wiederkehrende, und das »Es war vor Zeiten« am Anfang des Märchens ist eigentlich eine Kunde vor aller Zeit, in der ein urzeitliches Ereignis die Ordnung der Welt, wie sie jetzt besteht und bis zum Ende der Zeit in Geltung bleiben wird, begründet.

Aber von diesen naturmythologischen Anschauungen ist in dem Märchen zwar noch die Bildersprache, nicht jedoch der Sinn und die Aussagerichtung erhalten. Der Erzählung wird man in ihrer jetzigen Gestalt als Märchen nur gerecht, wenn man sie nicht mehr als Darstellung äußerer Naturvorgänge interpretiert, vielmehr umgekehrt: Die ehemals mythische Beschreibung der Natur ist als eine Symbolik innerer, *psychischer* Vorgänge zu deuten.

Der König verkörpert, so gesehen, dann nicht eine Macht am Himmel der Welt, sondern eine Kraft innerhalb des seelischen Kosmos, und zwar nach dem Gesagten eine sehr begrenzte Kraft. Das Reich, das er regiert, bildet nur einen Teil der psychischen Wirklichkeit. Man mag vielleicht eine Weile mit dem König glauben, es gebe auf Erden tatsächlich nur jenen Bereich, in dem er unumschränkt regiert, doch das ist eine arge Täuschung – das eigentlich Wertvolle besitzt der König nicht, und eine einzige Feder aus der Welt des goldenen Vogels ist von einem bestimmten Augenblick an wertvoller als sein gesamtes Reich.

Es gibt neben dem Machtbereich des Königs mithin noch eine andere dem König nicht bekannte Welt. In dieser herrschen scheinbar jene völlig anderen Gesetze, die der gesamten Welt des »Königs« widersprechen; und um in diese Sphäre einzudringen, muß man die paradoxe »tierische« Vernunft des »Fuchses« hören lernen, die deutlich eine Gegenlogik des alltäglichen Verstandes darstellt. Aus dem Kontrast zu dieser instinkthaften Vernunft des »Fuchses« kann man dann auch verstehen, was der König darstellt. Er vertritt offensichtlich eine Einstellung, in der sich der Verstand, die Welt der Ratio, wie absolut gebärdet;[6] es gäbe jedenfalls ohne die nächtlichen Heimsuchungen des goldenen Vogels wohl keinen Anlaß für den »König« zu merken, wie begrenzt und arm sein ganzes bisheriges Leben war.

Um das Symbol des »Königs« auszulegen, muß man die Bildersprache des Märchens in die erfahrbare Wirklichkeit übersetzen und sich die Psyche eines Menschen denken, für den die Einleitung der Erzählung in ihren wesentlichen Zügen als Diagnose und Porträt verstanden werden kann. Man wird dann einen Menschen vor Augen haben, der im Umgang mit sich selbst bisher sich wirklich wie ein König vorgekommen ist. Alles, was er sich mit Verstand und Willen vornahm, muß ihm gelungen sein; er selber wird, wenn dieses Bild vom König für ihn Geltung hat, mit seinem Leben umgegangen sein wie mit etwas schlechterdings Beherrschbarem, in dem er souverän und ohne Widerspruch das Sagen hat. Ein solcher »Königsmensch« ist nach innen wie nach außen gewohnt, daß sich die Welt nach seiner Weisung richtet.

Macht, Ruhm und Erfolg sind für ihn wie ein Lebenselixier; er könnte sich die Welt kaum anders denken, als daß er selbst wie Kork im Wasser darauf schwimmt, allseits bewundert, anerkannt, beneidet – ein Leben, wie es sich anscheinend jedermann nur wünschen mag.

Und dennoch ist ein solches »Königs-Ich« in Wahrheit eher armselig als reich. Es mag wohl viele Jahre dauern, bis sich die Not der »Königsmenschen« zeigt; irgendwann aber, spätestens im Herbst des Lebens,[7] wenn die Äpfel reifen, tritt der wahre Sachverhalt zutage. Gerade in dem Moment, wo sie die Früchte ihrer Mühen ernten könnten, werden die »Königsmenschen« merken, daß ihr Leben ihnen eigentlich gar nicht gehört. Mehr und mehr müssen sie von sich den Eindruck haben, daß ihnen ihr Leben insgeheim, wie über Nacht, gestohlen wird oder in Wahrheit immer schon gestohlen worden ist. Die sogenannte Lebenskrise[8] bzw. das Problem der Lebensmitte[9] überfällt sie nicht selten zunächst ganz buchstäblich in den Nachtstunden: Schlaflosigkeit und Angst, Alpträume und somatische Beschwerden, Niedergedrücktheit und das bleierne Gefühl, sich selber gegenüber fremd zu sein – all das zeigt ihnen jetzt, daß sie in irgendeiner Weise an sich selbst vorbeigelebt haben und jedenfalls nicht ernten können, was sie an goldenen Erträgen für sich einzubringen hofften. Eine Unruhe überkommt sie, die ihr ganzes bisheriges Leben vollkommen in Frage stellt. Man weiß jetzt nicht mehr, wofür man überhaupt gelebt hat, wofür man sich abgekämpft hat und was all die großartigen Leistungen und stolzen Erfolge für einen selber wert gewesen sein sollen. Im Gegenteil, das ehedem Kostbarste erscheint einem jetzt hohl und nichtig, und statt zufrieden auf ein ruhig herangereiftes Leben schauen zu können, wird man Zeuge eines unvermerkten Diebstahls: Das eigentliche Glück erreicht man in der alten Lebensweise, auf dem Wege bisher, sicher nicht.

Die Äpfel und der Baum sind auf der Objektstufe der Deutung ein weibliches, mütterliches Symbol; sie stehen für die Sehnsucht nach Geborgenheit und Halt, nach Schutz und Angenommensein, nach Liebe und nach einfachem Sein-Dürfen.[10] Mit all den Anstrengungen und Strapazen, die zum Leben eines »Königsmenschen« notwendig gehören, scheint es im Sinne dieses Bildes letztlich nur darauf anzukommen, daß man sich irgendwann einmal selbst sagen kann: Jetzt ist es gut genug, mehr braucht es nicht, jetzt darf ich mich nach all dem Geleisteten rundum akzeptiert fühlen. In Wahrheit aber geht es für die »Königsmenschen« gerade umgekehrt: Je mehr man sie für ihre Leistungen bewundert, desto mehr müssen sie merken, daß ihre eigene Person vollkommen in Vergessenheit gerät, und damit erst beginnen die eigentlich entscheidenden Fragen ihres Lebens: »Was für ein Mensch bin ich?« »Was bleibt von mir, wenn ich das von mir abstrahiere, worauf ich all die Jahre stolz war: Leistungskraft, Vernünftigkeit und Überlegenheit?« – Mit dem Gefühl der Geltung und der Macht wollten die »Königsmenschen« eigentlich nur akzeptiert sein und ein Stück Geborgenheit genießen, aber dahin ist es niemals gekommen und wird es so auch niemals kommen. Im Gegenteil, jetzt, in der Zeit der Reife, zeigt es sich, daß ihr ganzes Leben eine große Täuschung war; in Wahrheit ist ihr Ich ein König Ohneland.[11]

Noch deutlicher wird die Problematik des »Königs-Ich« auf der Subjektstufe der Deutung, wenn man in den goldenen Äpfeln, dem Baum und dem goldenen Vogel nicht nur die quasi mütterliche Wertschätzung der Umwelt, sondern vor allem die Wertschätzung der eigenen Person durch sich selbst erblickt.

Die goldenen Äpfel des (Welten-)Baumes sind subjektal als Mandala-Symbole zu verstehen,[12] und man muß sagen, daß der »König« mit seinem einseitigen Herrschaftswillen nicht nur die Liebe anderer für seine eigene Person verscherzt, sondern vor allem sich selbst, seine Ganzheit, immer mehr verliert. Sein eigenes Unbewußtes, das Wissen seiner unruhigen Nächte zeigt immer von neuem, daß ihm als »König« in seiner einseitigen Bewußtseinseinstellung das Wertvollste und Wichtigste gerade entgeht: eine »runde«, »gereifte« Persönlichkeit zu werden.

Das Bild des Vogels steht zumeist für den Geist und die Welt der hochfliegenden Gedanken,[13] das Gold indes weist auf eine Persönlichkeit hin, die ihrer selbst bewußt geworden ist.[14] Der goldene Vogel, der in der Nacht die Äpfel von dem Baume stiehlt, kann daher als ein Symbol der Seele bzw. als Symbol des eigentlichen Selbst gedeutet werden, und so versteht man, warum in der Tat eine einzige Feder des goldenen Vogels wertvoller ist als das ganze Königreich – als das kleine, nur vom Bewußtsein kontrollierte Gebiet der Psyche. Es geschieht zum erstenmal, daß das Ich, der »König«, merkt, daß es neben seiner Rationalität und seinem Herrschaftsanspruch noch eine andere Welt gibt, die ihm völlig fremd ist; doch diese andere Welt muß ihm fortan »vorschweben« wie ein wunderschöner Traum, den er realisieren muß, wenn sich sein Leben lohnen soll.

Um diese Einsicht zu gewinnen, muß der »König« seine drei »Söhne« zu Hilfe rufen; er tut dies freilich zunächst nicht, um den goldenen Vogel zu *finden,* sondern um ihn zu *töten.*

In unzähligen Märchen taucht das Motiv von den drei Söhnen auf, und es liegt in gewissem Sinne sogar der Dreifaltigkeits- und Erlösungslehre des Christentums zugrunde.[15] Sieht man in dem »König« in subjektaler Deutung ein Symbol des Bewußtseins, so sind die »Söhne« des Königs ohne Zweifel die Ichkräfte, deren sich das Bewußtsein bedienen muß, um zu der verborgenen Welt des Unbewußten Zugang zu finden.

Die Symbolik der Dreizahl ergibt sich (nach C. G. Jungs Erklärung) daraus, daß von den vier paarweisen Ichfunktionen: Denken und Fühlen, Intuieren und Empfinden, nur eine Fähigkeit als Hauptfunktion entwickelt werden kann; diese schließt ihr Gegenstück in dem gleichen Maße aus, wie sie sich selbst entfaltet; indem sie sich mit den beiden anderen Fähigkeiten verbindet, entsteht ein Ich, das mit dreien seiner Fähigkeiten sich auf die Suche nach dem ausgeschlossenen Vierten macht, oder es entsteht, in der Sprache der Märchen, das Problem eines »Königs«, der seine drei Söhne ausschickt, um die lebensnotwendige verlorene Kostbarkeit zu holen.[16]

Fast immer ist es der dritte Sohn, der den Weg zur Erlösung findet.[17] Denn während die beiden älteren sich in ihrer Einstellung kaum von der Haltung des »Königs« unterscheiden und im Grunde noch dem Bannkreis seiner Notlage verhaftet sind, ist der jüngste meist ein verhänselter, gedemütigter und jedenfalls einfältig erscheinender Tor,[18] nur: Wenn die Schwierigkeit des »Königs« gerade darin besteht, an seinem einseitigen Leistungsstolz zugrunde zu gehen, so bedarf es vornehmlich eben des bisher Verachteten, Minderwertigen und klein Gebliebenen, um zu der Jenseitswelt des verlorenen Vierten Zugang zu bekommen. Während mithin der Hochmut der bevorzugten älteren Königssöhne regelmäßig scheitert, erweist sich die selbstverständliche Demut und Bescheidenheit des Jüngsten schließlich ebenso regelmäßig als einzig »erfolgreich«. Von daher ist es auch zu verstehen, daß die Erlösergestalten der Religionen oft ein verächtliches Äußeres tragen;[19] denn eben darin besteht schlechthin der ganze spätere Erlösungsweg: das Äußere insgesamt unwichtig zu finden.

Im Märchen vom goldenen Vogel stellen die beiden älteren Söhne schon gleich zu Beginn ihre Unfähigkeit zur Erlösung des Königs unter Beweis, indem sie den Diebstahl der Äpfel verschlafen; sie können, der Symbolsprache der Dreizahl zufolge, ihrer eigenen Natur nach ganz sicher nicht bemerken, wieso inmitten all des königlichen Gepränges und Gehabes in Wahrheit ein Diebstahl passiert und dem »König« die Früchte seines Lebens gestohlen werden; sie haben aufgrund ihrer Nähe zum »König« durchaus keine Augen für die vergoldete Vogelgestalt der Seele; und für die Welt des Unbewußten, in der Zeit der Nacht, sind sie wie Schlafende.

Einzig der jüngste Sohn ist zur Überraschung aller anderen imstande, die geheime Wirklichkeit des Unbewußten zu verstehen. Freilich wird er zunächst nur dazu benutzt, den vermeintlichen Dieb der goldenen Äpfel zu beseitigen. Es ist zweifellos ein Kurzschluß des »Königs«, das ahnungsweise Wissen seines jüngsten Sohnes nach Möglichkeit nur zur Tötung des goldenen Vogels einzusetzen; aber der König möchte zunächst einfach seine Ruhe haben, an etwas anderes kann er gar nicht denken. »Wenn ich schon so etwas wie eine Seele habe, die mich nicht zur Ruhe kommen läßt« – so ähnlich muß er überlegen –, »nun, dann eben weg mit dieser Seele.«

Im Grunde ist der makabre Versuch der »Vogeltötung« nur die konsequente Fortsetzung all dessen, was bisher im Leben des »Königs« geschah, nur daß das Ich bislang keinen Anlaß hatte, sich mit seiner »Seele« zu beschäftigen. Insofern bedeutet es bereits einen wichtigen Fortschritt, daß der goldene Vogel jetzt überhaupt schon als störender Eindringling und Dieb erlebt wird. Aber die erste Reaktion des Ich auf den diebischen Vogel kann in der Tat nur so ausfallen, daß es den Unruhestifter »abzuschießen« trachtet; ein solches Ich gäbe alles darum, einfachhin so seelenlos weiter dahinleben zu können wie bisher, wenn es nur die sich aus dem Unbewußten meldenden Vorstellungen, Wünsche und Gedanken auf immer zu verdrängen vermöchte.

Indessen gelingt das nicht, und auch der jüngste Sohn vermag den goldenen Vogel nicht zu töten. Im Gegenteil, er bringt mit der einen Feder des Vogels einen Schatz nach Hause, der immerhin eine Ahnung von den Schätzen wachruft, die offenbar in einer Welt jenseits der bisherigen Vorstellung des Verstandes verborgen liegen. Gemessen daran mutet das ganze Leben, das bislang so reich erschien, plötzlich wie null und nichtig an. Die eigenen Berater, die vernünftigen Überlegungen des Ich, sagen jetzt selber, daß es fortan nur noch darum gehen kann, die eine überaus große Kostbarkeit,[20] den goldenen Vogel im Märchen, die kostbare Perle im Evangelium,[21] zu finden und für sich zu gewinnen. Ohne die eigene Seele kann man auf Dauer nicht mehr leben, man mag besitzen, was man will – so spricht jetzt angesichts der goldenen Feder sogar die eigene bisher so einseitige Logik des Verstandes. Nur, wie soll man eine »Seele« wiederfinden und zurückerhalten, die man vor dem Zeitpunkt des Diebstahls noch niemals zu Gesicht bekommen hat und von der man bislang nur eine flüchtige Ahnung und ein winziges Indiz besitzt, daß sie überhaupt existiert?

Das falsche Zuhause

Niemand wüßte auf diese Frage eine Antwort, wäre da nicht der »Fuchs« am »Waldesrand«. Die beiden ältesten Söhne sehen ihn und wollen auch ihn auf der Stelle töten – so unwillkürlich ist die Todfeindschaft zwischen der »Klugheit« des Verstandes und der Vernunft des Unbewußten. Der »Waldrand«, wo die Prinzen dem Fuchs begegnen, markiert sehr schön das Grenzgebiet zwischen der Welt des Unbewußten und des bisher so allmächtig sich gebärdenden Verstandes.[22]

Sprechende Tiere, wie der Fuchs, symbolisieren in den Märchen oft bestimmte Triebansprüche; sie stehen meist für das, was im Menschen selbst noch tierisch und wild geblieben ist und jedenfalls noch nicht dem kultivierten, integrierten Teil der Psyche zugehört.[23] Aber der »Fuchs« unterscheidet sich doch sehr von den wilden und gefährlichen Raubtieren, die sonst den Grenzbereich zum Unbewußten, den Eingang zur Unterwelt, verstellen. Sieht man genau hin, so warnt der »Fuchs« in gewisser Weise gleich zu Beginn sogar selber mit dem Hinweis auf das Wirtshaus vor den lauernden Triebgefahren des Unbewußten, und statt sie in sich selbst zu verkörpern, versucht er alles, die verstandeshochmütigen Prinzen auf einen anderen, richtigeren Weg zu weisen.

Es mag sein, daß die Gestalt des Fuchses an dieser Stelle durch die schon in den Fabeln der Antike sprichwörtliche Klugheit des Fuchses vorbereitet ist;[24] aber im Prinzip können auch andere Tiere, wie zum Beispiel in der Bibel Bileams Esel (Num 22), dieselbe Funktion ausüben, die hier dem Fuchs zukommt: nämlich das irregeleitete Bewußtsein durch eine Art unbewußter und unreflektierter Weisheit der Seele vor Schaden zu bewahren.[25] Die Stimme derartiger wegweisender Tiere ist niemals die Stimme des Blutes oder der Drang der Triebe; eher könnte man sie als die Stimme des Gewissens bezeichnen, wenn mit dem Begriff »Gewissen« nicht zunächst die Vorstellung einer wertenden Instanz in moralischem Sinne verbunden wäre. Der »Fuchs« ist in diesem Sinne gewiß keine moralische Größe; ihm geht es nicht um die strikte Unterscheidung von Gut und Böse – im Gegenteil: Seine Ratschläge laufen vor allem im zweiten Teil der Geschichte nicht selten auf eine ziemlich dreiste Gaunerei hinaus. Statt dessen vertritt er eine innere Vernünftigkeit und Lebensklugheit, die sich gerade im Kontrast zu der Verstandeslogik des »Königs« und seiner »Söhne« bewährt. Er allein weiß um den Weg und die Methoden, die einzuschlagen sind, um den goldenen Vogel (sowie das Pferd und die Jungfrau) heimzuholen. Die Suche nach dem goldenen Vogel ist, wie sich gezeigt hat, im Grunde eine Suche nach sich selbst, nach der eigenen, verlorenen Seele, und die mahnende Stimme, die den Weg dahin weist, wird man am ehesten als *Existenz- oder Wesensgewissen*[26] bzw. auch, im Sinne der aristotelischen Philosophie, als *Entelechie*[27] bezeichnen können. Es handelt sich um eine Stimme, die den Menschen auf dem Weg der Wahrheit zu sich selber führt; sie ist etwas, das wie aus der Vorzeit der Evolution in ihm eingepflanzt ist und das jedenfalls so lange eine tierische Gestalt besitzt, als das Bewußtsein diese Stimme selbst noch nicht zu seiner eigenen gemacht hat. Es zählt mit zu der tiefen Weisheit der Märchen, daß sie von der Annahme ausgehen, ein jeder Mensch, und sei sein Leben noch so verworren, trage in sich die Stimme eines solchen sprechenden Tieres. Die biblischen Geschichten stehen sogar nicht an, dieses unbewußte Existenzgewissen, diese Grundgestalt des Menschen, der zu sein man eigentlich bestimmt ist, auch als »Engel Gottes« zu bezeichnen;[28] und ein anderer biblischer Begriff, der des »Gehorsams«, gibt sicherlich am besten wieder, mit welcher Einstellung dem »Fuchs« am »Waldrand« zu begegnen wäre.

Aber wie soll man eine Stimme hören und verstehen, die so sehr all dem widerspricht, was man bisher für richtig, nützlich und erfolgreich halten mußte? Die beiden ältesten Söhne des Königs, sagt das Märchen, vertrauen auf ihre eigene Klugheit und haben es absolut nicht nötig, den Warnungen des Fuchses auch nur die geringste Beachtung zu schenken. Prompt gehen sie denn auch mit ihrem Hochmut, ohne es zu merken, sich selber in die Falle. Ihr Ziel ist es, den »Goldenen Vogel« einzufangen; sie wollen, entsymbolisiert, im Auftrage des »Ich« dahin gelangen, daß die verlorene Seele nicht wie ein Dieb in der Verbannung bleibt, sondern erstmals zum Leben zugelassen wird. Übersetzt man dieses Vorhaben wieder in die Sprache der erfahrbaren Realität, so kann man auch sagen: Sie wollen *das* Leben zurückholen bzw. »nachholen«, das bisher nicht gelebt werden durfte. Wenn der »König« am Anfang des Märchens als die Verkörperung eines Ich zu verstehen war, dem es nur um Macht, Erfolg und Anerkennung ging, so läßt sich inhaltlich unschwer begreifen, was jetzt den »Söhnen« zur Gefahr wird. Weil sie es nicht gewohnt sind, nach innen zu horchen und dort die Stimme des eigenen Wesens zu vernehmen, vermögen sie auch den Befehl, das andere, ungelebte Leben »nachzuholen«, nur denkbar äußerlich zu nehmen. So wie der ganze Ichstandpunkt bisher rein äußerlich bestimmt war, so müssen sie auch die Suche nach der verlorenen Seele als etwas Äußeres verstehen; zu leben, was bisher nicht gelebt wurde, erscheint ihnen daher nur als Verlockung, wenn nicht geradewegs als unausweichliche Notwendigkeit, sich gründlich auszuleben.

Man wirft der Psychologie bzw. Psychotherapie nicht selten vor, sie betreibe mit den Vokabeln »Selbstfindung« und »Selbstverwirklichung« letztlich eine Schule der Unmoral.[29] Dies ist ein grobes Mißverständnis, und das Märchen vom ›Goldenen Vogel‹ zeigt das in aller Deutlichkeit; es zeigt allerdings auch, daß es sich hier um ein äußerst naheliegendes Mißverständnis handelt. Wollte man sagen, die beiden älteren Söhne seien dem Befehl ihres Vaters einfach untreu geworden, so träfe das nicht zu: Sie machen sich ja auf den Weg; nur legen sie ihren Auftrag in der ihnen gewohnten Denkweise aus, und eben dies wird ihnen auf der Stelle zum Verhängnis und in der Tat zur »Unmoral«.

Das Märchen beschreibt die Gefahr, die gleich zu Beginn des langen Weges zu sich selber den »Söhnen« droht, in dem sehr anschaulichen Bild von dem prachtvoll erleuchteten »Wirtshaus«. In dieser Art muß das Leben in der Tat einem Menschen erscheinen, der nach langen Jahren der Anstrengung und Konzentration auf den äußeren Erfolg bemerkt, daß er für sich selbst eigentlich noch gar nicht gelebt hat, und der sich dementsprechend um die Früchte seines Lebens betrogen fühlen muß; er wird unweigerlich zunächst auf die Idee verfallen, daß er jetzt endlich selbst am Zuge sei und erst einmal die versäumten Genüsse des Lebens um so intensiver eintreiben müsse. Daß er bislang wie seelenlos gelebt hat, ohne innere Freude und Anteilnahme, bedeutet für ihn jetzt, sich im Gegenteil »würdig« und in vollen Zügen im Leben wie in einem »Wirtshaus« »einzuquartieren«.

So zu denken ist schon deshalb überaus verlockend, weil sich auf diese Weise die bisherige Icheinstellung in ihrer Äußerlichkeit nicht zu ändern braucht. Das Ich ist auch im »Wirtshaus« nach wie vor genauso oberflächlich wie all die Jahre vorher, nur daß sich die Zielsetzung der äußeren Aktivitäten um 180 Grad gedreht hat: Statt erfolgreich zu sein und etwas zu leisten, ist das Ich jetzt darauf versessen, sich selbst etwas zu leisten und jedes Streben zu vergessen. Aus der Freude, die es sucht, wird somit bloßer Genuß, aus der Innerlichkeit, die es bräuchte, betäubender Lärm, und aus einem Menschen der Pflicht wird jetzt ein Mensch der Laszivität und des Schlendrians. In der Sprache der Psychoanalyse ist bei diesem Wechsel vom »Königspalast« zum »Wirtshaus« eigentlich keine Haltungsänderung eingetreten – es ist vielmehr nur der überzogene Anspruch des Ichideals *dekompensiert* worden.[30] Die Suche nach dem »Vogel« ist damit zu Ende, noch ehe sie eigentlich begonnen hat.

Insofern enthält der Umzug der »Söhne« ins »Wirtshaus« mittelbar auch ein moralisches Problem, und noch einmal läßt sich von daher die Funktion des »Fuchses« bestimmen. Jede Dekompensation richtet sich gegen die bisher gelebten Vorstellungen von Pflicht, Verantwortung und Sittlichkeit. Indem der »Fuchs« sich immer wieder warnend gegen die prächtige »Herberge« ausspricht, vermittelt er indirekt auch ein Stück Moralität. Dennoch geht es ihm nicht um die Einhaltung oder Übertretung bestimmter äußerer Normen; was er will, ist die Befolgung der Gesetze, die innerlich ein Weiterkommen auf dem Wege zu sich selbst ermöglichen. Er möchte weder die Einseitigkeit des verständigen Leistungswillens im »Königspalast« noch die Faulheit des Konsums im »Wirtshaus«; ihm liegt daran, den Weg nach innen zu vollenden. Die Pflicht, die er verkörpert, ist nicht die der Moral, sondern – ursprünglicher und wichtiger als die Frage nach dem richtigen Tun – die Pflicht der Existenz, die Frage nach dem richtigen Sein, und es zeigt sich gleich von Anfang an, daß diese Ebene der Auseinandersetzung ungleich mehr an Mut, Wahrhaftigkeit und Wandlungsfähigkeit erfordert als all die sicherlich nicht immer leichten Kämpfe der Moral.[31]

Die entscheidende Forderung des »Fuchses«, die er gleich zu Beginn des »Weges« stellt und die er eigentlich in allen folgenden Szenen der Ausreise nur variiert, lautet immer wieder mit Penetranz und Konsequenz, daß man die äußere Fassade ganz und gar verachten soll. Um bei der Suche nach dem »Vogel« voranzukommen, ist es unerläßlich, sich auf den inneren Wert der Dinge – und der eigenen Person – zu konzentrieren, gleichgültig, wie etwas nach außen hin wirkt oder erscheint. *Demut* ist das, was der »Fuchs« verlangt, bzw. die Treue zu dem, was man selbst in Wahrheit ist; und so gilt es, als erstes zu lernen, von dem Leben zum Fenster hinaus loszukommen.

Statt des prächtigen »Wirtshauses« muß man die Unscheinbarkeit wählen. Sie ist der Schutz der Wahrheit, und nur in der Unscheinbarkeit, ohne die Rücksicht auf das sogenannte »Image«, können die Dinge sich so ausreifen, wie sie von innen heraus sind. Freilich, nur der bisher unterdrückte und gedemütigte Teil der Seele, der dritte Sohn des Königs, ist fähig, diese Forderung des »Fuchses« zu befolgen, und auch er wird bis ganz zuletzt nur durch Leid und Schmerz »Gehorsam lernen« müssen (Hebr. 5,8).

»Der Schatz in irdenen Gefäßen«

Immerhin ist der jüngste Sohn der einzige, der wenigstens zunächst dem »Fuchs« mit Wohlwollen und Zutrauen, wenngleich auch mit Verwunderung und Unverständnis, begegnet. Dafür darf er jedoch zur Belohnung auch mit der unverbrüchlichen Treue und Hilfe des »Fuchses« rechnen.

Seine erste Erfahrung mit dem »Fuchs« besteht bereits darin, daß er, statt selber sich in den »Wald« des Unbewußten hineinarbeiten zu müssen, vom »Fuchs« sich *tragen* lassen kann.[32] Es gibt mit anderen Worten innerhalb des Unbewußten ein »Weiterkommen« nur, wenn man sich wie passiv der Führung der eigenen unbewußten Wesensgestalt, des »Fuchses«, überläßt. Tatsächlich kommt es jetzt – im Unterschied zu früher – durchaus nicht mehr auf die eigene Anstrengung und das eigene Durchsetzungsvermögen an, sondern es geht im Gegenteil darum, sich von der lenkenden Kraft des Unbewußten tragen zu lassen, und das könnte etwas sehr Einfaches und Zwangloses sein, würde es nicht durch die Dreinrede der alten Verstandeslosigkeit immer wieder durchkreuzt. Aber um die Wahrheit zu sagen: die Voraussetzungen im Märchen vom ›Goldenen Vogel‹ liegen noch relativ günstig. In anderen Mythen, Sagen und Märchen wird das Unbewußte nicht selten wie ein sturmgepeitschtes Meer geschildert, auf dem das Ich, wie Odysseus auf dem Floß, hilflos hin und her treibt.[33] Demgegenüber ist der Gegensatz zwischen der bewußten Icheinstellung und der unbewußten Wesensgestalt der Persönlichkeit in dem »Vogel«-Märchen doch nicht so groß, daß der »Fuchs« in sich bereits gefährliche oder unheimliche Züge annehmen müßte. Der »Fuchs« meint es gut, und wer nicht vor lauter Hochmut ganz verblendet ist, vermag das auch zu sehen.

Der Reiter und das sprechende Tier, das in die Geheimnisse des Unbewußten einführt und den Weg zu der verborgenen »Königsstadt«, zum eigentlichen Selbst,[34] ermöglicht, ist gleichfalls ein gern verwandtes Motiv der Märchen und der Mythen. Im Bild des wissenden Tieres und seines Reiters kommt eine Einheit zum Ausdruck, in der das Ich mit seinem Unbewußten völlig verschmolzen ist, allerdings noch nicht so, daß diese Einheit schon endgültig verwirklicht wäre, vielmehr derart, daß die innere Geschlossenheit, das Bündnis, beschrieben wird, durch welches der Prozeß der Selbstfindung ans Ziel gelangen kann. So reitet in den synoptischen Evangelien der Messiaskönig nach einer alten Weissagung (Sach 9,9) auf einem Esel in das heilige Jerusalem ein, oder es trägt im Märchen von »Ferenand getrü und Ferenand ungetrü« (KHM 126) ein Zauberpferd den Helden mit Hilfe anderer Tiere ans Ziel (vgl. KHM 89: Die Gänsemagd); und in der Gestalt der Zentauren in der griechischen Mythologie verschmelzen Tier und Reiter sogar zu einer unauflösbaren Lebenseinheit.[35] Der Sinn all dieser Kombinationen ist stets der gleiche: Eine seelische Einheit soll versinnbildet werden, die ihrer Vollendung, der seelischen Ganzheit, entgegenstrebt.

Einen Moment lang sieht es nun so aus, als wenn der dritte Königssohn tatsächlich auf eine ebenso rasche wie einfache Weise ans Ziel gelangen könnte, und würde er sich nur korrekt genug an die Anweisungen des »Fuchses« halten, so könnte er sich wirklich alsbald in den Besitz des ersehnten »Vogels« bringen. Dieser nämlich, so erklärt der Fuchs, befindet sich in einem Schloß,[36] das von einer Schar schlafender Soldaten »bewacht« wird; man muß nur hineingehen und den Vogel mitnehmen – so leicht wäre alles; allerdings darf man um keinen Preis den hölzernen Käfig des goldenen Vogels gegen den daneben hängenden Prunkkäfig aus Gold eintauschen; doch gerade dieses Verbot ist das eigentlich Schwierige. Zu spät wird der Königssohn den

Grund der Warnung begreifen: Der Vogel wird mit durchdringendem Schrei die Palastwache aufwecken, und diese wird ihn verhaften, und der König des Schlosses wird ihn hernach nur freigeben, wenn er ein goldenes Pferd, das schneller läuft als der Wind, an seinen Hof zu bringen weiß. Man muß sich, mit dem Königssohn, fragen, was es mit diesen rätselhaften Verwicklungen auf sich hat.

Der goldene Vogel und die goldenen Äpfel galten bisher als ein Symbol der Seele bzw. des Selbst. Es zeigt sich indessen, daß diese Bestimmung nur ihren allgemeinen Inhalt wiedergibt, innerhalb dessen sie das Ziel und die Richtung des ganzen Weges an seinem Anfang wie an seinem Abschluß markieren: In gewissem Sinne geht alles von dem »Goldenen Vogel« aus und führt auch wieder zu ihm zurück, und insofern bleibt die bisherige Symboldeutung voll und ganz in Geltung. Aber diese allgemeine Bedeutung kann und muß jetzt präzisiert werden. Im Symbol des »Goldenen Vogels« schwingt tatsächlich noch eine andere Nuance mit, die sich vor allem aus der Gegenüberstellung zu dem unmittelbar danach erwähnten »Goldenen Pferd« ergibt.

Von Pferd wie Vogel gilt, daß sie in ihrer Unscheinbarkeit belassen werden müssen, soll sich nicht unfehlbar ein Unglück ereignen. In dieser Gegenüberstellung und Parallelisierung der beiden Tiere dürfte weder das »Pferd« noch der »Vogel« für sich allein die Gesamtpersönlichkeit symbolisieren – obwohl das »Pferd« an sich die gleiche symbolische Bedeutung annehmen kann wie der »Fuchs«, und obwohl der Vogel sicherlich *auch* die verlorene Seele, das unentdeckte Selbst im Gegensatz zum »König«, zum Bewußtsein, bedeutet. Vielmehr wird man im »Pferd« jetzt in der Tat, wie in den tausenderlei Tieren der Mythen, Märchen und Träume sonst, ein Symbol für die noch unintegrierte Welt der Triebe sehen; der »Vogel« aber wird dann in der Gegenüberstellung zum Pferd *auch* – und jetzt vorwiegend – ein Symbol des Geistes, der freischwebenden Gedanken, der Welt der Ideale sein.

Diese Deutung des »Vogels« als eines Symbols des Geistes steht zu der anderen nicht in Widerspruch, wonach er als ein Symbol des »Selbst« verstanden werden muß; im Gegenteil: Das »Selbst«, die wahre Gestalt der eigenen Persönlichkeit, ist der Inhalt auch des Geistes und der idealen Ziele; aber der »Vogel« verkörpert das »Selbst« nicht in seiner Realität, sondern der Idee nach, als geistige Vorstellung, und so ist er von vornherein auch ein Symbol des Geistes.[37] Mit »Geist« ist jetzt freilich nicht mehr die Intellektualität oder Rationalität des »Königs-Ich« gemeint, sondern ein Denken, das umfassender, persönlicher und wahrer ist.[38] In philosophischer Diktion ist der »Vogel« etwa das, was bei Hegel als die »Idee an sich« vor ihrer Verwirklichung in der Realität bezeichnet wurde:[39] Die geistige Wahrheit einer Person oder Sache, die objektiv besteht und bereits subjektiv gewußt wird, aber sich eben noch nicht im äußeren Leben durchgesetzt hat.

Die Aufgabe des dritten Königssohnes bestünde dem Bild vom goldenen Vogel zufolge also zunächst in der Heimführung des »Geistes«, und diese, könnte sie gelingen, wäre wirklich bereits der Abschluß des ganzen Weges zu sich selbst. In der Sprache der Philosophie und der Psychoanalyse könnte man den Griff nach dem goldenen Vogel auch als »Selbsterkenntnis« bezeichnen. Der »Vogel«, die Seele, der Geist, ist dabei sowohl der Ort wie der Gegenstand der Erkenntnis, und diese selber scheint an sich nicht schwer zu sein. Aber das Hindernis dabei liegt offensichtlich in der gleichen Schwierigkeit wie bei dem »Wirtshaus« am Anfang des Weges: Man mag ruhig vorweg im allgemeinen akzeptiert haben, daß der Weg zu sich selbst keinen Aufenthalt in »Pracht und Herrlichkeit« mehr duldet; schwer wird es trotzdem sein, diese Erkenntnis nun auch im einzelnen, im »Schloß« der unbewußten Welt der Psyche, zu bestätigen. Denn natürlich erwartet das Königs-Ich, daß es sich selbst auf dem Wege der Selbsterkenntnis als etwas Großartiges und Prachtvolles zu sehen bekommt, und wirklich enthält sein Inneres so viel an Wertvollem und Schönem, daß das Symbol des goldenen Vogels vollauf gerechtfertigt ist. Aber das Ich muß seiner ganzen bisherigen Ausrichtung nach auf das heftigste dagegen protestieren, daß es, nach einem Wort der Bibel, den inneren Reichtum nur »in irdenen Gefäßen« hält (2 Kor 4,7). Es verlangt geradezu danach, mit dem, was an sich wertvoll ist, auch nach außen hin prunken zu können; es will sich nicht damit begnügen, daß etwas in ihm selber wahr und schön ist, – es möchte damit auch andere beeindrucken, und sofort verbindet es die Frage, wie etwas an sich selber ist, mit der ganz anderen Frage, wie etwas bei anderen »ankommt«; und es ist eine bittere Wahrheit des Märchens, die es hier zu lernen gibt: daß, wer nur bei anderen »ankommen« will, niemals bei sich selber ankommt. Dem »Vogel«, der Seele, tut es weh, wenn sie aus ihrer unscheinbaren Wahrheit gerissen und in den sprichwörtlichen »Goldenen Käfig« gesperrt wird.

Will man sich wiederum inhaltlich vom alltäglichen Leben her verdeutlichen, worum es hier geht, so braucht man nur an die Angst und die Abwehr zu erinnern, die vor allem am Anfang den Fortschritt einer Psychotherapie mit der ständigen Frage zu blockieren pflegen: »Aber was werden denn die anderen von mir denken?«, oder: »Wie kann ich denn mit dieser Entdeckung vor die anderen hintreten?« Insbesondere wird der alte Macht- und Herrschaftswille jede neu gefundene Wahrheit bei sich selber in eine noch verbesserte Waffe des Ruhms und der Geltung verwandeln.

Ein protestantischer Theologe zum Beispiel[40] sah sich aufgrund heftiger Angstzustände und entsprechender psychosomatischer Symptome außerstande, weiterhin am Sonntagmorgen vor der versammelten Pfarrgemeinde die »Wahrheit des Christentums« zu verkünden. Er hatte mit Recht den Eindruck, daß er bisher als Prediger gerade deshalb einen solchen Erfolg gehabt hatte, weil er es verstand, in routinierter Weise eine Sprache zu finden, die bei den Leuten mit Sicherheit »ankommen« mußte, während er selbst innerlich in seinen Worten überhaupt nicht lebte.

Im Grunde waren es gängige, seelenlose Phrasen, die er mit modischem Geschick vor sich und den anderen als göttliche Weisheit drapierte. So viel Angst ihm seine psychische Erkrankung bereitete, so verstand er wohl, daß sein äußeres Tun viel zu seelenlos war, um noch weiter in dieser Weise leben zu können, und er faßte seine »Krankheit« ganz richtig als einen inneren Boykott gegen die Äußerlichkeit seines seelsorglichen Betriebes auf. Nach und nach wurde er sich auch bewußt, welche Gedanken, Einsichten, Ziele und geistigen Möglichkeiten in ihm selber schlummerten. Bis zu diesem Punkte machte die Therapie noch keine Schwierigkeiten. Aber fortan unterlag dieser Pastor zunächst immer wieder der Versuchung, all seine richtigen Erkenntnisse in eine neue »Verkündigung« umzusetzen. Statt die eigene Wahrheit erst einmal für sich selbst nach Hause zu tragen, begann in ihm sogleich das alte Räderwerk der Überlegungen zu arbeiten, was für eine ungeheure Bedeutung doch seine – in der Tat »goldwerten« – Erkenntnisse für die Theologie und für die Verkündigung haben müßten. Jedes Stück eigener neu entdeckter Wahrheit stand somit gleich in der Gefahr, durch eine vorschnelle Abzweckung für andere in eine Unwahrheit verwandelt zu werden. Im Bild des Märchens: kaum war der goldene Vogel gefunden, so sollte er sogleich in einen goldenen Käfig gesteckt werden. Es dauerte lange, bis dieser Theologe eines Tages erklärte, jetzt verstehe er zum erstenmal, warum Jesus im Markus-Evangelium nach seinen Wundern immer wieder Schweigen geboten habe und vor dem Andrang der Menge förmlich geflohen sei wie vor einer lebensbedrohenden Gefahr ...

Sobald der »Vogel« in den »Goldenen Käfig«, sobald also die Seele aus ihrer Unauffälligkeit in die Gefälligkeitsschablonen des schönen Aussehens gesperrt wird, sitzt das Ich auf seinem Wege zu sich selber augenblicklich fest. Die Verhaftung durch die bisher schlafende Palastwache ist das beste Bild für das Gefühl der Angst, des Blockiertseins, der Verkrampfung, des Auf-der-Stelle-Tretens, das sofort die stolzen Voreiligkeiten des jüngsten Königssohnes bestraft. Die Unfähigkeit, die geistigen und seelischen Kräfte einmal so gelten zu lassen, wie sie wirklich sind, der langgeübte Zwang, sofort alles und jedes nach außen hin zu präsentieren und zur Schau zu stellen, hat jedoch noch eine andere Folge: *die Verstärkung der Triebe*. Der König, der im Schloß des goldenen Vogels herrscht, läßt den Prinzen nur frei, wenn er das goldene Pferd zurückbringt; übersetzt in die psychische Erfahrung: Das verstörte Denken, die schreiende Not eines nicht in der Wahrheit, sondern im Prunk gehaltenen Geistes kommt nur zur Ruhe, wenn zunächst die Welt der eigentlichen Lebensbedürfnisse, der Triebe, aufgesucht und »zurückgebracht« – also integriert – werden kann; statt mit erhabenen Einsichten und Gedanken aufzuwarten, muß der Prinz als nächstes erst einmal das »Pferd« suchen gehen; nichts stimmt in seinem Denken, solange er nicht gelernt hat, in seinen Sehnsüchten, Wünschen, Leidenschaften und Affekten heimisch zu werden.

Die Art, wie das geschehen könnte, ist nach den Weisungen des »Fuchses« wiederum die nämliche wie zuvor: die Aufgabe ist eigentlich nicht schwer, und nur eine einzige Gefahr wäre zu meiden: dem goldenen Pferd den goldenen Sattel zu verpassen. Aber soll man den Königssohn einen ausgemachten Toren schelten, daß er auch diese Anweisung des »Fuchses« fahrlässig mißachtet? Man macht sich selten klar, wie schwer es ist, das Königs-Ich mit seiner Sucht nach Selbstbestätigung auch nur ein bißchen zu der selbstverständlichen Bescheidenheit zu bringen, die für die Wahrheit und für jede Art von Selbsterkenntnis unerläßlich ist. Es wirkt bereits wie eine Wohltat, die eigenen Triebe als ein »Pferd« dargestellt zu finden – als etwas Edles und in sich bereits Domestiziertes also, nicht als etwas Raubtierhaftes, Wüstes oder Ekliges – kein wilder Stier, kein Drache, keine Kröte, wie sie in anderen Märchen oft erscheinen[41]. Aber so leicht es scheinen könnte, einfach aufzusitzen und die neu gewonnenen Triebkräfte sinnvoll einzusetzen, so spielt doch wiederum die alte Icheinstellung des Stolzes und des Prunkes erneut dem Königs-Ich einen üblen Streich.

Jener Pastor zum Beispiel, nachdem er das »Verkündigen« erst einmal drangegeben hatte, bemerkte selbst, daß seine wirklichen Probleme nicht allein im Denken lagen, sondern, bei tieferer Betrachtung, in der Verdrängung seiner Triebe. Er fand, daß er bisher weitaus zu angepaßt, willfährig und ehrpusselig, viel zu bemüht um das kritikfreie Wohlwollen aller anderen, kurz: viel zu wenig aggressiv gewesen sei. Im Bild vom »Pferd« gesprochen, mußte er sich sagen, er habe nie gewagt, mal jemanden »vors Schienbein zu treten«. Desgleichen hatte er, um nicht als »Weiberhengst« zu gelten, auf den Kontakt zu Frauen niemals Wert gelegt, oder vielmehr, er hatte solcherlei Beziehungen als etwas Niedriges, Entehrendes, Anrüchiges und jedenfalls Gemeines voll Angst sein Leben lang gemieden. Die Sexualität galt ihm bisher tatsächlich als eine Art von »Roßkur«, die er meistern werde; und wenn er es dabei auch nur zu einem nicht sehr keuschen Umgang mit sich selbst gebracht hatte, so wirkte er nach außen hin doch fast wie ein holzgeschnitzter Heiliger der Gotik. Je weiter er sich nun in das »Schloß des Goldenen Pferdes« hineintraute, desto einverstandener wurde er damit, auch in seinen Triebenergien etwas »Goldenes«, Wertvolles und Bejahenswertes zu erblicken; aber wieder verdarb er sich alles, indem er jedes Stück Triebenergie, das er für sich zurückgewann, nicht dazu benutzte, es auf sinnvolle Ziele hinzulenken und sich damit etwas mehr Glück und Freude zu verschaffen, sondern vielmehr dazu, vor den anderen mit seiner neu gewonnenen Stärke zu protzen und ringsum zu verkünden, was alles er jetzt bereits auf die Beine stellen könne. Der »goldene Sattel«, das Angeben mit seinen erwachenden Energien, die Ichaufblähung, war ihm vorderhand weit wichtiger als das »Pferd« – und von neuem saß er, ganz nach dem Vorbild des Königssohns im Märchen, auf der Stelle wieder in der Klemme. Die geweckten Triebe fingen an zu »wiehern« und holten alsbald die »Stallknechte« aus ihrem Schlaf – zwischen Triebwunsch und Zensur fand er sich, jäh und erschrocken, statt besser, noch viel auswegloser und verzweifelter denn je, bejammerte sein Mißgeschick und mochte kaum noch hören, was der »Fuchs« ihm hätte sagen können: daß ganz allein sein Stolz und Geltungsstreben ihn neuerlich in die Misere gebracht hatten.

Die Reinigung der Seele und das Verbot des Abschieds

Indes, so sehr der »Königssohn« sich auch am Ende seiner Möglichkeiten fühlt – seine Verzweiflung schafft doch nur die Nötigung, noch ein Stück tiefer in die sonderbare Welt des »Fuchses« einzudringen. Der Weg wird sich dem Königssohn im Gefängnis seiner Triebe öffnen, wenn er sich aufmacht, um »die schöne Königstochter vom goldenen Schloß« herbeizuschaffen; er wird mit anderen Worten aus der Gefangenschaft der »Stallknechte«, die das Wiehern des »Goldenen Pferdes« geweckt hat, aus der Zwickmühle der Triebe und ihrer erniedrigenden Abhängigkeit nur herausfinden, wenn er die Gestalt der »Königstochter« für sich gewinnt: wenn er die Liebe lernt; dann erst wird er den Weg zurück antreten dürfen und sein Wollen und Denken, das »Pferd« und den »Vogel«, als etwas mitnehmen können, das ihm selber zugehört.

Das Bild von der Jungfrau im nächtlichen Bad ist vor allem in der Mondmythologie der Völker weitverbreitet.[42] Der Mond gilt dort als ein wunderschönes Mädchen, das im Weltenozean in der Zeit des

Neumondes sich reinigt und verjüngt, um schöner denn je in den Palast des Himmelsvaters zurückzukehren. In die kurze Zeit des Neumondes verlegte man auch gern das Motiv von der flüchtigen Liebschaft zwischen Sonne und Mond, die nicht selten, wie im Märchen vom ›Goldenen Vogel‹, als etwas Verbotenes, Heimliches, als ein Brautraub oder als ein Diebstahl geschildert wurde.[43] Psychologisch ist die Gestalt der Jungfrau ein Symbol der anima,[44] und in diesem zentralen Bild ist in der Tat all das enthalten, was der »Königssohn« jetzt lernen muß, um nach Hause zurückzufinden.

Eigentümlich ist bereits das Motiv, aus dem heraus der »Fuchs« noch einmal seinem unbotmäßigen Adepten aus der selbstverschuldeten Kalamität herauszuhelfen bereit ist. »Ich habe Mitleiden mit dir«, sagt er. Vergegenwärtigt man sich die Lage des Königssohnes, so ist sie allerdings des Mitleids, nicht, wie noch am Anfang, des Vorwurfs wert. Denn durch seine Eitelkeit und die Äußerlichkeit seines Denkens hat der Königssohn seine Triebansprüche wieder zu früh »vergolden« und zur Schau stellen wollen, und er hat dabei erfahren müssen, daß er weit davon entfernt ist, seine quasi animalischen Bedürfnisse in Pracht und Schönheit wohldressiert vorführen zu können; die Wahrheit ist, daß er sich plötzlich auf primitivste Weise eingekerkert fühlt.

So gibt es für ihn wirklich nur den Ausweg eines mitleidigen Umgangs mit sich selbst. Wenn er der Herrschaft der »Stallknechte« entkommen will, müßte er sich immer wieder von der Stimme seines eigenen Wesens, von dem »Fuchs«, sagen lassen, er brauche gar nicht von sich zu verlangen, daß er seine Triebansprüche auf Anhieb schon gemeistert habe: Er kann weit mehr Geduld mit sich haben, als er bisher aufzubringen vermochte; vor allem darf er sich seine eigene Jämmerlichkeit und Erbärmlichkeit rundum eingestehen. Es ist das erstemal, daß er nach einem anderen *Menschen* auf die Suche gehen muß – nicht mehr nur nach einer Sache oder einem »Tier«, und er weiß jetzt, daß er um seiner Freiheit willen unbedingt einen anderen Menschen sich »erobern« muß. In dieser Perspektive haben seine Wünsche, Leidenschaften und Begierden eine Richtung und ein Ziel, und es ist tatsächlich ein Akt des Mitleids mit sich selbst, sich dieses Verlangen nach der Liebe eines anderen zuzugeben. Ein bißchen mehr an Güte sich selber gegenüber steht am Beginn des Weges zur Eroberung der »Jungfrau«.

Auf der Subjektstufe der Deutung ist das Bild der Geliebten zunächst nicht die Person einer Frau, zu der man äußerlich eine Beziehung aufnimmt. Das, was jemand am anderen besonders liebgewinnt, ist psychologisch vielmehr zunächst meistens das, was er selbst in sich trägt. Die Mondjungfrau im Bad ist tiefenpsychologisch eine Gestalt, die unbewußt als anima-Symbol verdichtet, was in der Tageshelle des Bewußtseins nicht hat leben können. Wenn bisher immer wieder im Bild des »Vogels« und des »Fuchses« von der verlorenen »Seele« gesprochen werden konnte, so zeigt dieses Symbol der Jungfrau zweifellos am tiefsten und am menschlichsten, wonach der Königssohn im letzten suchen muß. Es geht darum, sich auf gerade diejenigen Schichten in sich selber einzulassen, die in der Welt der »männlichen« Zielsetzungen gänzlich zu kurz gekommen sind. War der Lebensaufbau des »Königs« bisher, wie wir vermutet haben, durch den Zwang zu Aktivität, Leistung, Rationalität und willentlicher Durchsetzung gekennzeichnet, so wird in der Gestalt der »anima« sich eine Reihe von entgegengesetzten Strebungen geltend machen, die man als eher »weibliche« Eigenschaften ansprechen kann: die Dinge nicht durch Handeln zu verändern, sondern sie in sich aufzunehmen und im eigenen Inneren wirken zu lassen; etwas nicht durch Anstrengung nach außen zu erobern oder zu verteidigen, sondern durch das eigene Sein zu verkörpern und darzustellen; die anderen nicht durch den Intellekt zu besiegen, sondern durch Wärme und Güte für sich zu gewinnen usw.[45] Es kann sein, daß als »anima« auch in der äußeren Realität wirklich eine Frau geliebt wird, die das extreme Gegenteil der eigenen Berufseinstellung und der alltäglichen Lebensführung verkörpert – gerade deshalb wird eine solche Frau oft wie schicksalhaft anziehend auf das männliche Bewußtsein wirken. Was in Romanen als »Liebe auf den ersten Blick« bezeichnet wird, ergibt sich fast immer aus dem unmittelbaren Eindruck, in dem anderen seien gerade die Eigenschaften und Fähigkeiten besonders verwirklicht, die man im eigenen Leben so sehr vermissen läßt.[46] Das Gefühl, den anderen zu seiner eigenen Ergänzung wie lebensnotwendig zu brauchen, die ausbruchartige Heftigkeit, mit der ein Mann auf eine Frau reagiert bzw. umgekehrt, die traumwandlerische Sicherheit, mit der man sich zum anderen gerade in seiner Andersartigkeit hingezogen fühlt – all das sind deutliche Kennzeichen einer anima-Liebe. Wenn man die Nähe des anderen braucht, um sich selber näher zu kommen, dann sicherlich langt man am »Schloß der schönen Königstochter«, an den verborgensten Bezirken seiner eigenen Seele an.

Entsprechend sind die sonderbaren Ratschläge des »Fuchses« zu verstehen: Der Königssohn solle nachts, wenn alles still ist, auf die Königstochter, wenn sie im Bade ist, zuspringen und ihr einen Kuß geben; dann werde er sie mit sich fortführen können, und er dürfe ihr nur nicht gestatten, von ihren Eltern Abschied zu nehmen. Wiederum wird dem Königssohn ein Stück Unbedenklichkeit und Unreflektiertheit zugemutet: Er muß tun, was ihm sein Herz eingibt, er darf nicht mehr der zaudernden Wenn-und-Aber-Logik des Verstandes folgen;

er wird die anima-Geliebte nur gewinnen, wenn er den Mut hat, seine Angst und seine Bedenken dranzugeben, und wenn er spontan die Regungen seiner Liebe zu befolgen wagt. Der »Fuchs« verlangt ein Handeln, das wie schamlos, zudringlich und frech erscheinen muß und das sich, jedenfalls von außen her betrachtet, mit Moral und Anstand schwer verträgt; aber es geht jetzt auch nicht um Moral im äußeren Verständnis, sondern darum, endgültig das zu bejahen, was im eigenen Herzen wahr ist, und zu glauben, daß an dieser Stelle, angesichts der Gestalt der »anima«, die Sprache des Gefühls untrüglich richtig ist.

Heinrich von Kleist hat in seinem berühmten Drama ›Das Käthchen von Heilbronn‹ die innere Wahrheit und Notwendigkeit einer solchen anima-Liebe beschrieben. Käthchen (mit symbolischem Namen »Friedeborn«), als es dem Grafen vom Strahl begegnet, sinkt vor ihm nieder »leichenbleich, mit Händen, wie zur Anbetung verschränkt, den Boden mit Brust und Scheitel küssend«,[47] und es bleibt dem Geliebten vom ersten Augenblick an wie unter einem Zauberbann verfallen. »Es ist«, läßt Kleist den Grafen vom Strahl über diese Art der Liebe sagen, »mehr als der bloße sympathetische Zug des Herzens; es ist irgend von der Hölle angefacht, ein Wahn, der in ihrem Busen sein Spiel treibt«[48] – oder vielmehr, es ist, vom anderen Ende her, eine göttliche Fügung und himmlische Glückseligkeit, es ist eine Traumliebe des gleichen Wesens und der gleichen inneren Bestimmung, welche die Liebenden zueinander treibt: Derselbe Traum, in dem Käthchen unter der Führung eines Cherubs zu dem ihm vom Schicksal bestimmten Ritter geleitet wurde, längst ehe es ihm in der äußeren Wirklichkeit begegnete,[49] offenbart zugleich dem Ritter vom Strahl die Gestalt eines Engels, der ihn zu seinem Mädchen führt[50] und ihm versichert, daß das armselige Käthchen in Wahrheit des Kaisers Tochter sei.[51] Die scheinbare Niedrigkeit der anima-Geliebten erweist sich also in Wirklichkeit als verborgene Ebenbürtigkeit und nur noch nicht wahrgenommene Gleichartigkeit. Das Zeugnis des Herzens straft an dieser Stelle mithin das Urteil des Verstandes ebenso Lügen wie das Urteil des Augenscheins und sogar das Urteil der äußeren Moralität. – Diese Macht und Bedeutung der anima-Gestalt scheint der »Fuchs« vor Augen zu haben, wenn er dem Königssohn zur Kühnheit eines unbedingten Handelns rät.

Das »Bad« der Mondjungfrau ist tiefenpsychologisch ein mehrschichtiges Symbol. Es drückt natürlich vor allem den sinnlichen Reiz und die unwiderstehliche Schönheit der entblößten Geliebten aus; gleichwohl ist es auch ein Zeichen für die Notwendigkeit einer inneren Reinigung und Wiedergeburt.

In vielen Märchen besitzt die anima-Jungfrau ein entstelltes, häßliches Gesicht, das, wie der dunkle Mond, von seinen Flecken reingewaschen und erlöst werden muß.[52] Im Märchen vom ›Goldenen Vogel‹ ist das nicht der Fall, was wieder dafür spricht, daß hier die Gegensätze zwischen Bewußtsein und Unbewußtem trotz aller Spannungen nicht zu ihrer äußersten Heftigkeit gesteigert dargestellt sind; ganz fehlen aber kann das Motiv der Reinigung auch hier nicht. So faszinierend die Gestalt der anima erlebt wird, es bedarf doch in jedem Fall in der eigenen Psyche einer gewissen Läuterung, um sie ganz annehmen und heimführen zu können. Gerade weil die anima vornehmlich die bislang unterdrückten, unentwickelten und undifferenziert gebliebenen Anteile der Psyche repräsentiert, ist in ihr vieles enthalten, was erst für sich selbst geklärt, präzisiert und bewußt gemacht werden muß.

Das »Bad« ist aber nicht nur ein Zeichen der Reinigung, sondern zugleich der Wiedergeburt, ein Symbol für den Beginn eines wirklichen Lebens.[53] In jeder anima-Liebe wird der Eindruck vorherrschen, als fange in gewissem Sinne das Leben noch einmal von vorne an und als beginne man jünger und frischer zu leben als je zuvor. In der Gestalt der anima verdichten sich gerade die unverbrauchten, jung gebliebenen Daseinsmöglichkeiten, und sie vermögen ein seelisch festgefahrenes, überaltertes und liebeleeres Leben wieder in Gang und Schwung zu bringen. Kleist's Graf vom Strahl in seinem dreitägigen Fiebertraum etwa drückt das so aus: Er besitze »kein Mädchen, das fähig wäre, ihn zu lieben ... Leben aber ohne Liebe sei Tod«; die Welt nennt er deshalb ein Grab, aber dieses Grab nennt er eine Wiege und meint, »er würde nun erst geboren werden«.[54] – Das Bad der Jungfrau ist daher, ganz wie im Christentum das Sakrament der Taufe, sowohl ein Bild der Reinigung als auch der Auferstehung eines Lebens, das sich in seinen Hoffnungen getäuscht und schon dem Tode nahe fühlte.

Von daher kann es wohl nicht wundernehmen, daß der Ratschlag des »Fuchses« eine im Grunde religiöse Weisheit verrät, die sich wörtlich auch in den Evangelien findet: Es ist untersagt, jetzt, wo der endgültige Schritt zu einem eigentlichen Leben gewagt sein will, noch zuvor von den Eltern und Hausgenossen Abschied zu nehmen (Lk 9,61).

Nicht wenige Märchen warnen davor, bei der Begegnung mit der anima-Gestalt durch Zögern, Müdigkeit und fahrlässiges Nachgeben Zeit zu verlieren und die gesetzte Frist des Aufbruchs zu verpassen.[55] Dieses häufige Motiv bedarf einer gewissen Erläuterung. Die anima-Gestalt, solange sie im »Wald«, im »Schloß«, im Unbewußten bleibt, ist nicht das Ziel, sondern der Wendepunkt der inneren Bewegung. Schrittweise, unter immer neuem Zwang und Leidensdruck, mußte der Königssohn bisher zum Schloß der schönen Königstochter hingeleitet werden; der ganze erste Teil des Märchens stellt die Entwicklung dieses gefährlichen, mühevollen Wegs nach innen dar; in psychoanalytischer Diktion ist alles, was bislang berichtet wurde, der Abschnitt einer notwendigen *Regression* zu den bislang verschlossenen Quellen des Lebens.[56] Zum Erleben der Regression aber gehört stets zweierlei: Man fürchtet sich zunächst, wie der Königssohn im Märchen, vor dem Abstieg nach innen, und man möchte ihn am liebsten vermeiden oder zumindest um jeden Preis abkürzen; lediglich wenn es gar nicht mehr anders geht, läßt man sich auf den unvermeidlichen nächsten Schritt ein. Auf der anderen Seite bringt die Regression jedoch auch eine große Erleichterung mit sich, und vor allem gegen Ende der Bewegung wird es immer verlockender, im Reich des Unbewußten und der Träume zu verbleiben. Gerade die Wünsche und Sehnsüchte, die bisher so viel Angst verbreitet haben, erscheinen jetzt wie eine einzigartige Quelle des Glücks, und die Versuchung ist groß, sich in der Welt der Träume und des Unbewußten einzurichten, die äußere Realität darüber zu vergessen und den Weg zurück in die Welt des Bewußtseins nicht mehr zu finden. Leicht gerät man dadurch in die Gefahr, nach außen hin jede Verantwortung fahren zu lassen und schließlich Dinge zu tun, die wie Wahnsinn anmuten und nicht selten tatsächlich zerstörerisch sind.[57] Das war denn auch der Grund, weswegen Sigmund Freud in seiner »Abstinenzregel« es kategorisch untersagte, während der Dauer einer Psychoanalyse irgendwelche Entscheidungen zu treffen, die nur einem Ausruhen in der Welt des Unbewußten gleichkämen.[58]

Die eigentliche Aufgabe lautet demgegenüber jetzt, die Gestalt der anima in die Welt des »Königs« zurückzubringen, also das ungelebte Leben mitsamt seinen völlig konträren Wünschen mit den realen Forderungen des Alltags, des Berufs, des Bewußtseins zu versöhnen. Die regressive Bewegung muß jetzt umgekehrt werden, damit die neu gefundenen Energien *progressiv* dem wirklichen Leben schöpferisch und produktiv dienstbar gemacht werden können. Was bisher nur geträumt, gefühlt, gewünscht oder ersehnt wurde, muß in der äußeren Realität verwirklicht werden. Und diese ruckartige Wende von der inneren Regression in die aktive, wieder nach außen gerichtete Gestaltung ist schwer und hart; sie geht kaum ohne Tränen und Niedergeschlagenheit vonstatten; es ist ein Abschiednehmen voller Bitterkeit, und während eben noch die Stimmung erfüllt schien von Begeisterung und Freude, von überwältigender Leidenschaft und Tatkraft, bricht jetzt mit einem Mal eine Traurigkeit aus, die schon die nachfolgende Krise vorbereitet.

Der Wunsch der Königstochter nach Abschied von den »Eltern« ist sicherlich an dieser Stelle nicht einfach eine Forderung der Rücksicht und der Kindesliebe; es handelt sich um ein Symbol. Die »Eltern« stehen hier für das Verlangen nach Geborgenheit und Halt, nach Anerkennung und Bestätigung, für ein Stück Kindlichkeit des Ich, die noch nicht überwunden wurde. Das Ich muß sich jetzt von dem Wunsch losreißen, bei anderen Autoritäten um Genehmigung des eigenen Tuns anzuhalten; es muß nunmehr zu einer Haltung finden, die ihm zunächst wirklich wie frevelhaft und rücksichtslos erscheint; aber es muß lernen, die Frage nach und nach ganz zu vergessen, was die »Eltern« bzw. was andere als Nachfolger der Elternautorität von ihm selber denken. Es mag sich eine Zeitlang einreden, daß es mit seinem »Abschied« von den »Eltern« die Bitte um Erlaubnis seiner Freiheit ja nur noch stelle, um sich den Übergang zu einem eigenen Leben zu erleichtern; aber in Wahrheit gibt es hier nur ein Entweder-Oder, ein inneres Sich-Losreißen oder ein Haftenbleiben. Insofern ist es ein schwerer Fehler, der Königstochter den Abschied zu erlauben; gleichwohl erscheint es wie ein Akt des Mitleids, daß der Königssohn auf Gewalt verzichtet und der weinenden Jungfrau nachgibt.

Das Bild des schlafenden Vaters ist ein beliebtes Bild für ein Über-Ich, das sich vermeintlich zur Ruhe gelegt hat und jedenfalls nicht mehr die Kraft und den Willen besitzt, den neu einzuschlagenden Lebensweg durch Schuldgefühle zu blockieren.[59] Insofern stünden dem »Königssohn« und seiner Geliebten jetzt alle Wege offen. Aber indem die Königstochter ihren »Vater« und alle anderen im Schloß aufweckt, kommt es zu einer ganz anderen Situation: Mit einem Mal steht fest, daß der Weg der Liebe zusammen mit dem Prinzen auf jeden Fall verhindert werden muß, daß der Königssohn eingesperrt gehört und hinter Schloß und Riegel gefangen zu setzen ist. Die Rückwendung zu den Autoritäten, zur Absicherung durch das wohlwollende Geleit der Eltern führt also, wie der »Fuchs« es kommen sah, lediglich dazu, den ganzen Plan, der nur in der Stille der Nacht, verstohlen, wie eine Flucht, hätte gelingen können, auf das schlimmste zu vereiteln. Der Vater des Mädchens findet den Prinzen des versuchten Brautraubs schuldig und läßt ihn wie einen gemeinen Delinquenten inhaftieren. Was sich in der Traurigkeit der Loslösung bereits andeutete, bricht jetzt in aller Schärfe herein: Der Schritt zur Liebe und zur inneren Befreiung wird vom Vater der Geliebten, vom »Eltern-Ich«,[60] wie ein Verbrechen bestraft, und erneut ist die gesamte Entwicklung im Getto der Schuldgefühle blockiert. Nicht nur, daß der Aufbruch mit der anima-Geliebten nicht gebilligt wird, der Vater sorgt sogar für eine strenge Trennung seiner Tochter vom Königssohn.

»Und sprächest du zum Berge: Hebe dich hinweg ...«

Es gibt freilich auch jetzt wieder ein Mittel, der selbstverschuldeten Klemme zu entgehen. Der König verlangt, innerhalb von acht Tagen den Berg vor dem Fenster seines Schlosses abzutragen – dann werde der Königssohn die Prinzessin sein eigen nennen dürfen; anderenfalls werde er beim König auf immer in Ungnade bleiben.

Auch dieses Motiv von der an sich unerfüllbaren Bedingung oder tödlichen (Heraus-)Forderung seitens des Vaters der Geliebten ist in den Märchen und Mythen der Völker häufig vertreten, und es hat daher in der Psychoanalyse der Schule Sigmund Freuds geradezu als ein weiterer Beleg für die vermeintlich universelle Geltung des Ödipuskomplexes gegolten.[61] Tatsächlich ist das Moment des Liebesverbotes, der uneingeschränkten Inanspruchnahme der Tochter durch den Vater, im Märchen vom ›Goldenen Vogel‹ an dieser Stelle deutlich zu erkennen. Die harte Strafe für den nächtlichen Entführungsversuch der schönen Geliebten verfolgt aber im Grunde einen tieferen Sinn, und man hat besonders hier den Eindruck, als wenn der »Königssohn« all die Kurzschlüssigkeiten und Fehler seines sonderbaren Weges wirklich erst begehen müßte, um gerade so schließlich das Richtige zu tun. Sicher: wenn es dem Prinzen gelungen wäre, die Geliebte durch seinen überraschenden Kuß unauflöslich für sich zu gewinnen und mit ihr zu entkommen, so wäre er der falschen Abhängigkeit und am Ende sogar der moralischen Verurteilung seitens der im »Vater« verkörperten Welt des Über-Ich entgangen; dafür wäre ihm seine Liebeswerbung aber auch gar zu leicht gemacht worden, und es ist ihm an sich durchaus zuzumuten, daß er sich die Gunst der geliebten Prinzessin erst einmal durch eigene Anstrengung verdient. Tatsächlich entsteht jedoch gerade daraus sogleich das nächste Dilemma: Wie kann man sich Liebe verdienen?

Das Paradox ist leicht zu formulieren: Jede moralische Instanz, die gesellschaftliche Norm, ja schon der tierische Instinkt verlangen, je auf ihrem Niveau, daß ein Brautwerber bestimmte Eigenschaften und Fähigkeiten nachweisen und aufbieten muß, um der Liebe würdig zu werden. Daraus scheint sich wie von selbst zu ergeben, daß die Liebe einer begehrten, schönen und verehrungswürdigen Frau zu erringen einer außerordentlichen Anstrengung gleichkommt und daß man tunlichst alle Kräfte darin investieren muß, sich durch beeindruckende Leistungen als ihr Geliebter zu empfehlen. Selbst das Unmögliche scheint zu diesem Zwecke nicht zuviel verlangt, und wirklich macht sich ja der Königssohn zunächst auch unermüdlich sieben Tage lang an das befohlene Werk – ein Zeitmaß, das, wie schon erwähnt, wohl wiederum der Mondmythologie entstammt.[62] Die Aufgabe, die ihm gestellt ist, *muß* der Königssohn erfüllen, oder er wird im Kerker der Unfreiheit und Ungeliebtheit jämmerlich zugrunde gehen; unablässig wird ihm die Aufgabe seines Lebens buchstäblich wie ein Berg vor Augen stehen und ihm jede Sicht und jeden Ausblick rauben. Trotzdem mag der Prinz sich anstrengen wie er will – es bleibt die Eigentümlichkeit der Liebe, daß man sie nicht verdienen kann.

Jeder, der sich in seinem Selbstwertgefühl beeinträchtigt sieht und den Zwang verspürt, durch besondere Anstrengungen sich und den anderen erst beweisen zu müssen, daß er doch die Zuneigung der Geliebten verdient, wird nach einer gewissen Zeit bemerken, daß ihn all seine Leistungen um nichts dem eigentlichen Ziele näher bringen. Im Gegenteil, oft macht gerade erst der Wunsch, mit aller Kraft die Zuneigung eines anderen zu erringen, die eigene Person derartig überspannt, verkrampft und lächerlich, daß man statt der erhofften Liebe nur den Spott und die Verachtung aller anderen ernten wird. Wenn es nun gar darum geht, die Ansprüche einer Vaterinstanz, eines Über-Ich zu erfüllen, das gegen die eigenen Liebesfähigkeiten bereits von vornherein die schwersten Einwände und Hindernisse, Verurteilungen und Schuldgefühle erhebt, so befindet sich der »Königssohn« wiederum in einem vollendeten Teufelskreis: Er wird bei aller Anstrengung niemals dahin gelangen, den gestellten Forderungen des »Vaters« der Geliebten nachzukommen. Entmutigung, Resignation und Hoffnungslosigkeit suchen ihn heim; er muß sich selbst verloren geben.

Die Lektion, die der »Königssohn« an dieser Stelle lernt, ist zweifellos die bitterste, aber auch die wichtigste von allen. Wenn wir uns zu Beginn des Märchens den »König« im Garten der goldenen Äpfel als das Portrait eines Mannes vorgestellt haben, der gerade durch die Einseitigkeit seines Leistungswillens, seiner Seelenlosigkeit und seiner Rationalität sich in seinen Lebensansprüchen wie bestohlen vorkommen muß, so kann die endgültige Befreiung der anima-Geliebten in der Tat nur die Form annehmen, daß der gesamte Leistungswille, der Anspruch des Ich, es könne das Entscheidende selbst machen und vollbringen, zunächst bis zum Aberwitz herausgefordert wird, um endlich ein für allemal an der Unerfüllbarkeit der eigenen Zielsetzungen zu zerschellen. So betrachtet, ist der »Vater« der schönen Prinzessin nur eine andere Seite des Vaters, der am Anfang des Märchens seine Söhne aussandte, um den goldenen Vogel zu fangen, und er verkörpert in seinen Überforderungen nur, woran jener selber litt. Die Not des Ich, an den Selbstvergewaltigungen einer ständigen Überforderung zugrunde zu gehen, findet hier ihren Ausdruck – und ihren Ausweg.

Nach dem endgültigen Zusammenbruch des Leistungswillens meldet sich nämlich erneut der »Fuchs« zu Wort und empfiehlt dem überarbeiteten und entmutigten Prinzen, sich hinzulegen und zu schlafen; er selbst, der Fuchs, werde alles erledigen. Man muß hier wiederum im Grunde religiöse Einsichten bemühen, um zu verstehen, was mit diesem rätselhaften Ratschlag gemeint ist. Im Neuen Testament beispielsweise ist mehrfach die Rede von einem Vertrauen, das buchstäblich »Berge« versetzen könne (1 Kor 13,2 u. a.). Gegenüber der Unfruchtbarkeit menschlicher Angst und äußerlicher Krämergesinnung fordert Jesus im Evangelium seine Jünger auf: »Habt Glauben an Gott! Wahrlich, ich sage euch: Wer zu diesem Berge sagt: Hebe dich hinweg und stürze dich ins Meer, und nicht zweifelt in seinem Herzen, sondern glaubt, daß alles geschieht, was er sagt, dem wird es geschehen (Mk 11,22.23). Geradeso hier. Das Wunderbare an der Begebenheit mit dem »Berg« liegt nicht darin, daß der Fuchs imstande wäre, das riesige Hindernis vor dem Fenster in einer Nacht abzutragen; wunderbar ist es vielmehr, daß der Prinz, nachdem ihm alles verloren scheint, zu einem derartig sorglosen Vertrauen findet und auf das Geheiß des »Fuchses« hin ruhig einschläft. In dieser Zeit des Nicht-Handelns lernt er das Allerwichtigste: das Zutrauen zur Liebe. Denn der entscheidende Schritt zur Liebe, der ihm bislang wie ein nicht wegzuräumender Berg, wie eine überdimensionale Leistungsforderung erschien, ist in Wahrheit, wenn man der Stimme des »Fuchses« folgt, nach Ansicht dieses Märchens überhaupt keine Angelegenheit von Anstrengung und Willensanspannung, sondern gerade umgekehrt: eine Frage des Ruhigwerdens und des Vertrauens. Um die schöne Herzenskönigin zu gewinnen und sie auf den Weg nach Hause als Gefährtin mitnehmen zu können, muß man nicht noch Besseres, Größeres und Tüchtigeres vorzuweisen haben, es kommt im Gegenteil entscheidend darauf an, zu glauben, daß im wesentlichen die eigene Person gut genug ist und das Wichtigste »von selbst« geschieht, aus der Kraft des eigenen Wesens (des »Fuchses«) und nicht aus der Anspannung des Willens und der Leistung der eigenen Hände. Es geht darum, jenseits des Zusammenbruchs des eigenen Leistungsvermögens ein Vertrauen in die Güte, die Richtigkeit, ja sogar in die Liebenswürdigkeit des eigenen Wesens aufzubringen und sich darüber zu beruhigen, daß im gleichen Maß, wie dies Vertrauen wächst, der Berg vorm Fenster von allein verschwinden wird. Was bisher als Wirkung des eigenen Tuns gesucht wurde, ergibt sich jetzt von selbst als Wirkung des eigenen Wesens. »Wer auf den Zehen steht,« meinte der chinesische Weise Laotse einmal, »steht nicht fest. Wer mit gespreizten Beinen geht, kommt nicht voran. Wer selber scheinen will, wird nicht erleuchtet. Wer selber etwas sein will, wird nicht herrlich. Wer selber sich rühmt, vollbringt nicht Werke. Wer selber sich hervortut, wird nicht erhoben. Er ist für den *Sinn* wie Küchenabfall und Eiterbeule. Und auch die Geschöpfe alle hassen ihn.«[63] Damit der »Sinn« (das Tao) erfahren wird, muß man gegen die Hektik der Angst und gegen den Zwang des ständigen Selbstbeweises denken können: Es genügt, dazusein, und was ich wirklich bin, ist unendlich viel wichtiger, als was ich tue. Dieses Gefühl, sich ausruhen zu dürfen, läßt durch sich selbst den »Berg« verschwinden, der im Bewußtsein der eigenen Niedrigkeit und Unzulänglichkeit mit aller Anstrengung nicht abzutragen ist. Nur wer sich selbst ein Stück vertraut, kann das Vertrauen haben, die Liebe eines anderen zu verdienen, und also muß er sie nicht mehr »verdienen«.

»... und nur, die Gewalt anwenden, reißen es an sich«

Wer freilich aus dieser Einsicht folgern wollte, der Königssohn könne sich also tatenlos dem Schicksal überlassen, sieht sich schon bald getäuscht. Zwar ist der Prinz tatsächlich in gewissem Sinne bereits am Ziel: »Das Beste hast du«, sagt der Fuchs, als sich der Königssohn mit der Geliebten auf den Heimweg macht; aber der Rückweg ist nicht minder schwierig als der Hinweg, und es bleibt noch eine Menge übrig zu lernen.

Es kommt vor allem jetzt darauf an, von dem Bild der Geliebten her die alten Triebansprüche und die Denkausrichtung neu zu ordnen. Der Königssohn verfügt in der Person der anima jetzt wohl schon über eine hinreichende Vorstellung von dem, was an ihm wertvoll ist, was er als wesentlich für sich und für sein Leben ansehen will, was er selbst für ein Mensch ist, wo er den Schwerpunkt und das Zentrum seines Lebens hinverlegen will – kurz: was ihn eigentlich belebt und was sein Dasein innerlich »beseelt«. Aber dies Wissen hindert nicht, daß seine Triebansprüche, daß das »Goldene Pferd« sich nach wie vor in einem Stall befindet, der dem Prinzen nicht gehört, und daß ihm auch der Flug seiner Gedanken im Symbol des »Goldenen Vogels« noch so lange fremd bleiben wird, als er nicht durch die Liebe zu der schönen Königstochter das »Pferd« zum »Vogel« bringen und beide samt der Königstochter mit sich nach Hause führen kann.[64]

Die Jungfrau auf dem goldenen Pferd ist, wie schon oben angedeutet, ein Bild der Einheit mit sich selbst, ein häufiges und gern gesehenes Symbol dafür, daß Trieb und Liebe eine Einheit bilden und einander nicht mehr ausschließen, bekämpfen oder widersprechen. Doch die Aufgabe, dahin zu kommen, ist nicht leicht zu lösen, und man begreift jetzt gut die eigentümliche »Erziehung der Gefühle«, auf die der »Fuchs« während der ganzen Rückreise so großen Wert zu legen scheint.

Es gilt als erstes, den »König des goldenen Pferdes« durch einen Trick zur Herausgabe seines »Pferdes« zu veranlassen, indem man ihm die wunderschöne Jungfrau zeigt; sodann muß man das »Pferd« scheinbar gegen die Jungfrau eintauschen, um sich hernach mit Pferd und Jungfrau eilends aus dem Staube zu machen. Die Bedeutung dieser sonderlichen Prozedur wird klar, wenn man sich einmal überlegt, was denn passieren würde, wollte der Königssohn auch jetzt wieder die Weisungen des »Fuchses« in den Wind schlagen. Gesetzt, er zöge mit der Jungfrau ohne das »Pferd« heim, so bliebe er ein unvitaler tatenloser Träumer, der seine innere Gestalt zwar kennt, aber keinerlei Energie aufbringt, danach zu leben; er bliebe ein Platoniker der Liebe, der nach wie vor auf der Hut sein müßte vor den »Stallknechten« seiner ihm fremden, unbeherrschten und gefährlichen Leidenschaften; ein solcher wäre natürlich außerstande, den »Goldenen Vogel« zu erlösen, sein Denken bliebe gleichermaßen »eingesperrt«, und alle Anstrengungen und erlittenen Gefahren der Ausreise wären letztlich umsonst. Wenn er dagegen die »Jungfrau« beim »König des goldenen Pferdes« gegen das wertvolle Tier eintauschen würde, dann brächte er eine isolierte Triebhaftigkeit nach Hause zurück, die, wie zum Selbstzweck, auf keine menschliche Person mehr ausgerichtet wäre; die »Jungfrau« würde dann zu einer Gefangenen der »Stallknechte« erniedrigt, und dem »Königssohn« blieben nur noch zwei Wege offen: Er könnte das »Pferd« und den »Vogel« zusammenbringen – dann würde er das Denken dazu benutzen, seine Triebbedürfnisse auf tierischem Niveau zu rechtfertigen und zu befriedigen; oder er würde das »Pferd« gegen den »Vogel« eintauschen und sich in die Sphäre freischwebender Ideen und Spekulationen begeben.

Der »Fuchs« schlägt zwischen diesen Lebensunmöglichkeiten den im Grunde einzig richtigen Weg der Vereinigung von anima, Trieb und Intellekt vor: Er will, daß der Königssohn mit der Gestalt der »Jungfrau« das »Pferd« herauslockt und es in Eile mitsamt der Jungfrau wegführt. Die Triebe sollen weder verdrängt noch isoliert geltend gemacht werden; sie sollen von der »Jungfrau« gezügelt und gelenkt werden.

Dazu ist freilich wiederum ein erhebliches Maß an Entschlossenheit vonnöten, und alles muß so rasch und überfallartig geschehen, daß sich der »König des goldenen Pferdes« wie betrogen vorkommen muß: Es wird den Trieben nicht gelingen, die schöne Jungfrau wie ihr Eigentum bei sich zu behalten, sie werden im Gegenteil wie in Eile, energisch und im Bewußtsein der Gefahr auf dem Weg nach Hause vorangetrieben. Das ganze Verfahren kommt einem inneren Gewaltakt gleich, aber während jedes Zögern oder ängstliche Ausweichen in der Tat auf eine ständige Selbstunterdrückung und Selbstvergewaltigung hinauslaufen müßte, reißt diese Bewegung einer stoßweise konzentrierten Energie, einer ruckhaften Gewalt, die Kraft der Triebe mit sich, weist ihnen ihr Ziel und zwingt sie mit Nachdruck auf den einzigen Weg, der wirklich dahin führen kann, bei sich selbst am Ende heimisch zu werden.

Wieder ist es ein Satz der Religion, der diesen Sachverhalt verdeutlichen hilft. In dem rätselhaften »Stürmerspruch« des Matthäus-Evangeliums spricht Jesus einmal von der Gewalt, die dem Himmelreich zugefügt werde, und er erklärt dann, nur Gewaltsame rissen das Himmelreich an sich (Mt 11,12). Das Wort ist in sich dunkel; aber setzt man voraus, daß die religiöse Bezeichnung »Gottesreich« empirisch dem entspricht, was in der Tiefenpsychologie als »Selbstfindung« bezeichnet wird,[64] so kann man sagen, daß es in dem Jesus-Wort um die gleiche Erfahrung geht, wie an dieser Stelle des Märchens: Der Weg, um bei sich selber anzukommen, liegt bereits deutlich vor dem Königssohn; seine »Seele« ist bereits »gerettet«. Jetzt aber gilt es, *mit Gewalt* die Energie der Leidenschaften mit einem festen Auftrag zu verbinden und sie in die Botmäßigkeit der schönen Königstochter zu bringen.

Das gleiche Verfahren muß der Königssohn noch einmal anwenden, wenn es darum geht, den »Goldenen Vogel« zu gewinnen. Auch die Kraft seines Denkens muß auf eine wirkliche Aufgabe gerichtet werden, bei deren Erfüllung die Seele, die Leidenschaft des Gefühls und die Klarheit des Intellekts zusammenwachsen können. Die letzte Stufe der Erlösung wird betreten, wenn man imstande ist, die im Grunde zentral religiöse Forderung des Daseins zu erfüllen: Es solle etwas geben, dem man aus ganzem Herzen, ganzem Denken und aus ganzer Kraft sich widmen könne (Dtn 6,4; Mk 12,30), und zwar sein ganzes Leben lang.

Der mitleidige Reinfall und das Erwachen der Freude

Spätestens jetzt könnte man meinen, der Königssohn sei endgültig ans Ziel seiner langen Reise gelangt, und tatsächlich scheint dies auch der »Fuchs« zu denken. Er verkörperte bisher die *unbewußte* Weisheit der Psyche; er besaß Kräfte und Fähigkeiten, die dem Ich als übermenschlich, fremd und schlechterdings geheimnisvoll vorkommen mußten. Jetzt aber, wo das Ich alle Bereiche seiner »Hinterwelt« besucht und ihre Kräfte um sich her versammelt hat, äußert der »Fuchs« das Verlangen, selbst zur Belohnung in seiner fremden Gestalt »aufgelöst« zu werden. Er hätte fortan eigentlich nichts mehr zu sagen, was nicht als zutiefst menschlich klar erkennbar wäre. Insofern ist die Bitte des »Fuchses« gut verstehbar, seine Tiergestalt zu zerstückeln, also die Unbewußtheit seiner verborgenen Weisheit, die sich immer wieder bestätigt hat, durch »Analyse« aufzuheben und in der Auflösung sich selber anzueignen. Der »Königssohn« aber verweigert diese Bitte; – aus Mitleid und aus Dankbarkeit, erklärt er; in Wahrheit wird man, jedenfalls noch an dieser Stelle, sagen müssen: Er weist die Bitte nur aus Schwäche und Bequemlichkeit zurück. Damit verpaßt er eine Chance, die zu ergreifen äußerst wichtig wäre; denn weil er sich den »Fuchs« nicht *jetzt* zu eigen macht, gerät er auf der Stelle wiederum in die Gefahr, buchstäblich mit dem »Fuchs« zugleich von allen guten Geistern auf einmal »verlassen« zu werden.

Gerade das neue Gefühl, es bereits »geschafft« zu haben, führt nämlich jetzt eine Gefahr herauf, gegen die sich der »Königssohn« um so weniger behaupten kann, als er sich nunmehr von ganz und gar edlen und anerkennenswerten Motiven geleitet glaubt. Näherhin geht die Krise, vor der beim Abschied der »Fuchs« ihn noch ausdrücklich warnt, von den »Brüdern« aus, die in der ganzen Zwischenzeit wie vergessen schienen; und sie besteht darin, daß jetzt, wo das Ergebnis aller Bemühungen schon fast vollständig eingebracht ist, die alten Haltungen des Hochmuts und des Leistungsstolzes noch einmal alles verderben können.

Fast immer läuft man am Ende des langen Weges der Selbstfindung, z. B. am Ende einer Psychotherapie, das Risiko, auf die bestandenen Gefahren, auf die Werte und den Reichtum, den man ohne Zweifel im Verlauf des langen Weges gewonnen hat, sich etwas Besonderes zugute zu halten.[66] Das Ich steht jetzt vor der Frage, wie es mit den neuen Einsichten und Fähigkeiten umgehen will, und es wird zweifellos eine große Neigung spüren, sozusagen den neuen Wein in die alten Schläuche zu schütten (Mk 2,22); es wird am liebsten in alter Frische auftrumpfen mögen und seine Äußerlichkeit, sein Macht- und Erfolgsstreben, seinen rationalen Stolz mit den neuen Kleidern und Begriffen von »Seele«, »Integration«, »Selbst« usw. zu kaschieren suchen. Die Aufarbeitung des Unbewußten kann sich dann in ein erneutes Instrument der Ichdurchsetzung verwandeln, und selbst das gesamte Vokabular der Tiefenpsychologie und der Religionen kann schließlich allein dazu dienen, im Bild des Märchens, *am eigenen Hof* die heimgebrachten Kräfte des Unbewußten zu vergewaltigen. Die beiden »älteren Söhne« des »Königs« verdrängen dann den heimkehrenden »Jüngsten«, der mit seinem Mitleid, seiner Harmlosigkeit und seinem Vertrauen in der Tat wie prädestiniert dazu erscheint, von den anderen »hereingelegt« zu werden.

Bei seiner Rückkehr, so erzählt das Märchen, findet der jüngere Königssohn seine beiden Brüder in der Gefahr, als Herumtreiber am

Galgen aufgehängt zu werden. Dies ist fürwahr nun ein Finale, das man mit den Augen des »Fuchses« hätte voraussehen können und das den üblen Burschen nur zu gönnen wäre. Folgt man der tiefenpsychologischen Schule Szondis, so ist der (Selbst-)Mord durch Erhängen eine bevorzugte sadistische Tötungsart, die als Hauptbedürfnis gerade das Streben nach Macht und aktiver Männlichkeit widerspiegelt.[67] Der Tod der beiden älteren Brüder wäre daher als ein Tod eben der Tendenzen zu verstehen, die den Beginn des ganzen Dilemmas im »Königsgarten« ausmachten, und das Aufhängen wäre gerade als die Art zu betrachten, durch die das ständige Hoch-hinaus-Wollen des »Königs« und seiner beiden älteren »Söhne« sich die eigene Katastrophe bereitete. Aber der »jüngste Sohn« besitzt nicht die innere Härte, die es kosten würde, die uralte Einstellung der »älteren« Geschwister endgültig ihrem Schicksal zu überlassen, und aufgrund seines falschen Mitleids erlebt er alsbald selber seinen »Reinfall« in den »Brunnen«.

Der Brunnenabsturz des Jüngsten läuft, ähnlich wie in der biblischen Geschichte von Josef und seinen Brüdern (Gen 37,24), auf eine komplette Verdrängung *des* Seelenteils hinaus, der allein imstande ist, sich auf die Sprache des Unbewußten einzulassen und dem »Fuchs« zu folgen, oder der, wie der ägyptische Josef, die Bilder der Träume und inneren Visionen richtig zu deuten vermag. Diese entscheidende Fähigkeit der Psyche wird jetzt vom Hochmut der Älteren ins Unbewußte zurückgestoßen; sie allein werden sich fortan für eine Weile rücksichtslos im Herrschaftsbereich des Bewußtseins, am »Hofe« des »Königs«, an die Macht bringen.

Das Ergebnis der Brüderherrschaft ist jedoch vollends paradox. Überträgt man noch einmal die Bildersprache des Märchens in die psychisch beobachtbare Wirklichkeit, so muß man sich den »König« mit seinen beiden älteren Söhnen nebst den heimgebrachten Geschenken: der schönen Jungfrau, dem goldenen Pferd, dem Vogel und den gestohlenen Äpfeln, als einen Mann vorstellen, der sich selber eigentlich in- und auswendig kennt; gleichwohl scheint dieser Mann völlig außerstande, den neu gewonnenen geistigen Besitz seiner selbst praktisch auch nur ein bißchen mehr für sich selbst zu nutzen. Was ihm vollkommen fehlt – und woran man den Fehler seiner Lebenseinstellung am besten erkennen kann –, ist das Element der Freude. Es gibt im Grunde nach dem langen Weg des jüngsten Sohnes nichts mehr, was dem »König« in seinem Inneren noch gänzlich fremd erscheinen könnte; aber solange an seinem »Hofe«, im Umkreis des Bewußtseins, die alten Icheinstellungen das Regiment führen und der jüngere Sohn absichtlich ferngehalten wird, gehört der König sich trotz des Bewußtseins seiner selbst im Grunde nach wie vor ganz und gar nicht. Denn alles, was er ist und von sich weiß, dient, wie am Anfang der

Erzählung, dem blanken Herrschaftswillen, dem Selbstbeweis und dem Gewinn von Ruhm und Ansehen. Ein solcher Mann kann im wirklichen Leben womöglich ein ausgezeichneter Dozent der Psychologie, der Theologie, der Poesie, der Menschenführung oder welcher Fächer auch immer sein; er vermag unter dem Anschein eigener Erfahrung andere zu lehren, wie man lieben muß, wie man sich beherrschen und wie man seine Gedanken ordnen sollte; die Kenntnis der Psyche steht ihm im weitesten Maße zur Verfügung, aber er nutzt sie nach wie vor nur zum Erwerb von Erfolg, Ruhm und Ansehen. In Wahrheit ist er sogar jetzt noch ärmer dran als zuvor, wo er die Wahrheit um sich selber noch nicht kannte. Selbst vermag er nach wie vor durchaus nicht wirklich zu lieben, nicht wahrhaft zu denken und sich nicht ernsthaft zu disziplinieren – er vermag statt dessen mit dem Reden von Liebe Erfolg zu haben, er vermag mit seinen Ideen zu reüssieren, und er vermag mit der kraftvollen Geschlossenheit seines Auftretens andere zu beeindrucken; aber all das steht auf einem ganz anderen Blatt. Nach außen hin mag das Leben eines solchen Mannes tatsächlich nach den Worten des Märchens wie eine »große Freude«, wie ein beneidenswertes Glück, wie ein vorbildliches, gemeistertes und großartiges Leben dastehn; in Wahrheit jedoch stimmt das alles nicht: das »Pferd«, die eigenen Bedürfnisse, verhungert; der »Vogel«, die Welt der Gedanken, besitzt keinen Schwung, kein Lied – in dieser Welt kommt nichts von innen; und die vom jüngsten Sohn geliebte schöne Frau sitzt einsam da und weint. Das innere Geheimnis und die Wahrheit eines derartigen Lebens ist Hunger, Seelenlosigkeit und Traurigkeit – die alten Krankheiten, nur auf einer entwickelteren, neuen Stufe.

Zum Glück ist allerdings, so hören wir, die Fähigkeit zur Demut im »König« doch nicht ganz erstorben. Bereits die Traurigkeit am Königshof verrät, daß es im Leben eines solchen Menschen so wie bislang nicht ewig bleiben kann, und das Regime der beiden älteren Brüder ist nur ein letztes schlimmes Intermezzo. Der »Reinfall«, den der jüngste Sohn am Brunnenrand erlitt, war tief und schwer, aber doch »ohne Schaden«, »weich«. An seinen Kräften selbst ist nichts zerbrochen worden, wenn es ihm nur gelingen könnte, sich endgültig ans Tageslicht zu bringen und zum Hof seines Vaters Zugang zu bekommen. Aber gerade die Haltung, die dieser dritte Sohn verkörpert, kann von sich aus nicht in der Art »nach oben« drängen, wie seine Brüder das vermögen. Ist es für diese selbstverständlich, sich groß hervorzutun und aufzuspielen, so ist der Jüngste gerade dazu außerstande,[68] und wäre nicht erneut der »Fuchs« zur Stelle, so gäbe es für ihn nicht einmal mehr die Chance eines Entkommens. Aber in gewisser Weise liegt die Stärke des Jüngsten gerade in seiner Schwäche: Indem er immer wieder an seinen eigenen Möglichkeiten verzweifelt, sieht er sich stets vollkommen auf die Weisungen und Hilfen des »Fuchses« angewiesen, und eben diese Fähigkeit, auf seinen treuen Retter und Begleiter trotz aller Widerstände schließlich doch zu hören, scheint ihre wesentliche Voraussetzung gerade in diesem »Mangel« an Selbstsicherheit und arrogantem Herrschaftswillen zu haben. Letztlich ist es wieder der ohnmächtige dritte Sohn, der sich in Wahrheit durchsetzt und auf die Dauer zum »Erfolg« kommt.

Zwischen dem jüngsten Bruder und den beiden älteren besteht jetzt nur noch ein scharfes und unerbittliches »Ihr oder ich«. Die Haltungen, die sie verkörpern, sind inzwischen einander derart entgegengesetzt, daß da, wo die einen sind, der andere sich unter Todesgefahr nicht blicken lassen darf, und umgekehrt bedeutet die bloße Ankunft des Jüngsten letztlich die Hinrichtung der beiden Älteren. Der »König«, das Ich, muß jetzt ein für allemal und endgültig die Wahl treffen zwischen Hochmut oder Demut, zwischen Herrschen oder Horchen, zwischen Handeln oder Vernehmen, zwischen Macht oder Freude, zwischen Erfolg oder Erfüllung, und vor diese Wahl gestellt, kann er letztlich nur finden, daß die Entscheidung unter dem Einfluß des »Fuchses« im Grunde längst vorweg getroffen ist. Der jüngste Sohn muß sich zwar unbemerkt und unerkannt in den Thronsaal seines Vaters einschmuggeln, aber sobald er dort erscheint, hört auf der Stelle die schöne »Jungfrau« auf zu weinen, das »Pferd« beginnt zu fressen, und der »Vogel« hebt zu singen an.

Auch dies ist eine eigentümliche Wahrheit: Daß wir das, was am meisten Freude bringen könnte, zunächst nur wie verstohlen an unser Leben heranlassen und es auf der Stelle umbrächten, wenn wir bemerken würden, daß es etwas mit uns zu tun hätte und uns womöglich unvermeidlich und sehr wesentlich beträfe. Nicht durch einen willentlichen Entschluß oder eine bewußte Entscheidung gelangen wir zu unserem Glück, sondern was uns glücklich macht, erwächst schließlich wie gegen unseren Willen aus dem am Anfang scheinbar Bettlerhaften und Armseligen unseres Ich. Erst an seinen Wirkungen merken wir eines Tages, daß etwas gegen unseren Widerstand in unser Inneres vorgedrungen sein muß, das in uns alles verändert, und dann erst, wenn die Würfel eigentlich schon längst zugunsten eines geheimen, aber nie gänzlich erstorbenen Willens zur Freude gefallen sind, erkennen wir dieses Etwas als ein Stück von uns selbst an: Das äußerlich an uns so Bettelarme ist jetzt das wahrhaft Königliche und das bisher Verächtliche das wahrhaft Liebenswerte.

Die schöne Jungfrau ward mit dem dritten Königssohn vermählt, erzählt das Märchen. Dieses Symbol der Heiligen Hochzeit[69] am Schluß unzähliger Märchenerzählungen macht das Bündnis zwischen

Bewußtsein und Unbewußtem fortan unzertrennbar und auf ewig gültig. Die beiden anderen Brüder indessen, die das Märchen an dieser Stelle im wahrsten Sinn des Wortes »gottlos« nennt, werden unverzüglich abgeurteilt und hingerichtet; ihre Herrschaft, die das Glück hochmütig zwar verhieß, aber in Wahrheit nur verhindern konnte, wird endgültig beseitigt. Inhaltlich ist es jetzt ein und derselbe Vorgang, die Hochzeit mit der schönen Jungfrau einzugehen und, umgekehrt, die Brüder hinzurichten. Freude – das ist sowohl die restlose Beseitigung des Hochmuts als auch die dauernde Vereinigung des Ich mit seiner »Seele«.

»... den Weisen und Klugen verborgen, den Kleinen aber geoffenbart«

Nur eines noch bleibt jetzt dem Königssohn zu tun: er muß den »Fuchs« totschießen und zerstückeln. Man versteht, warum das erst jetzt möglich ist, und es ist zugleich deutlich, daß der Königssohn vorher sich lediglich herausgeredet hat, als er mit hohen Worten seine Dankbarkeit und sein Mitleid vorschützte, um den »Fuchs« nicht zerstückeln zu müssen. Wäre die »Dankbarkeit« ein wirklicher Hinderungsgrund gewesen, so müßte dieses Motiv inzwischen noch weit mehr in die Waagschale fallen als zuvor. Statt dessen wird man sagen müssen, daß der »Fuchs« im Bilde der Zerstückelung tatsächlich so lange nicht »analysiert« und vermenschlicht werden konnte, als die beiden älteren Brüder noch am Leben waren. Ihr Stolz erlaubte es nicht, die unbewußte Vernunft der Psyche, die der »Fuchs« verkörperte, in ihrer Menschlichkeit kennenzulernen, und bis dahin konnte der »Fuchs« wirklich nur die Rolle eines ichfremden Lückenbüßers in selbstverschuldeten Notlagen einnehmen. Erst jetzt fällt die fremde Gestalt der Unbewußtheit von ihm ab, und er gibt sich als »Bruder« der schönen Königstochter zu erkennen. Auch dieses Verwandtschaftsverhältnis leuchtet jetzt ein. Ist die »Königstochter« als Symbol der *anima* zu verstehen, so beschreibt der ganze Weg, der zu ihrem verborgenen Palast und dann an ihrer Seite nach Hause zurückführte, den langen Weg der Selbstfindung; auf diesem aber war der »Fuchs«, den wir als Wesensgewissen verstanden haben, der ständige Führer, Begleiter und Retter; die »Königstochter« und der »Fuchs« sind daher in der Tat wie zwei Geschwister, die voneinander wiederum nach »weiblich« und »männlich« unterschieden sind, nach Ziel und Weg, nach Sein und Tun, nach Wesensbild und Wesensauftrag.

Betrachtet man von diesem Ende her abschließend den gesamten Weg des Märchens, so müßte man es zweifellos eher das Märchen vom »Fuchs« als das Märchen vom »Goldenen Vogel« nennen. Es ist die

Weisheit des »Fuchses«, die das Märchen schildert und preist – der »Vogel« ist nur ein Teil des Weges und ein Teil der Psyche. Aber welcher Art ist die Weisheit des »Fuchses«?

Geht man noch einmal die einzelnen Stadien des Märchens durch, so hat man den Eindruck einer in sich vollkommen geschlossenen Entwicklung, innerhalb deren kein Detail zufällig, vermeidbar oder überflüssig ist. Die Vermenschlichung des »Fuchses« am Ende des Märchens beschließt einen Weg, dessen Ziel in eben der Vermenschlichung der Psyche besteht. Wer diesen Weg zur Menschlichkeit beschreiten will, der wird vor allem sein Vertrauen in die Allmacht des Verstandes fahren lassen müssen; er wird erstaunt, erschrocken und bestürzt zur Kenntnis nehmen müssen, daß ihn das Urteil des Verstandes gründlich in die Irre führen kann und daß es letztlich nicht damit getan ist, sich seinen eigenen Lebensweg selbst auszuklügeln. Weit wichtiger ist es, nach innen, in sich selbst hineinzuhorchen und auf die Stimme einzugehen, die sich im Herzen jedes Menschen von seinem eigenen Wesen her an sein Ich wendet. Freilich ist es nicht leicht, auf diese Stimme achtzuhaben. Solange noch ein Funken Hochmut in uns wohnt, werden wir diese Stimme möglichst überhören, auslachen, verdrängen oder geradewegs bekämpfen. Allein die eigene Schwäche, das Gefühl der Ohnmacht und der Ausweglosigkeit, lehrt uns nach und nach, bescheidener zu werden; und mehr und mehr werden wir dankbar für den treuen »Fuchs«, der als ein zuverlässiger Seelengeleiter uns den Weg zeigt, auf Gefahren hinweist und trotz allen Ungehorsams immer von neuem zum Mut zur Wahrheit anspornt. An jeder Stufe unserer Entwicklung wartet die Stimme dieses »Fuchses«, unseres eigenen Wesens, und zeigt uns Ziel und Richtung. Und doch scheint es bei weitem nicht genug, daß wir die Stimme hören; wir müssen offenbar erst Schritt für Schritt aus unseren Fehlern lernen, wie unausweichlich wir der inneren Wahrheit folgen müssen. Am Ende erscheinen selbst die Schuld, der Irrtum und der Ungehorsam mit all der Not und der Verzweiflung, die sie uns bereiten, auf dem Wege zu uns selber notwendig zu sein. Der Weg, den jeder zu sich selber gehen muß, könnte an sich gewiß weit rascher, kürzer und gehorsamer ausfallen; aber ans Ziel gelangt, wird man sich höchstwahrscheinlich sagen müssen, daß es letztlich nicht kürzer ging und daß, die eigene Konstitution vorausgesetzt, sogar die Fehler unvermeidlich waren.[70] Am Ende allen Stolzes wird man sich schließlich sogar seiner Fehler wegen glücklich preisen dürfen. Vor allem aber weiß man dies: Es gibt in dieser Welt mehr, als man mit den Augen sieht. Es gilt, den goldenen Vogel und das goldene Pferd und eine wunderschöne Jungfrau zu erlösen. Und sich darauf mit ganzem Herzen einzulassen – das heißt trotz Not und Irrtum menschlich leben.

Schließlich darf man den Himmel dafür preisen, daß es im Menschen eine Wahrheit gibt, von der das Evangelium zu Recht sagt: »verborgen vor den Weisen und den Klugen, den Kleinen aber offenbar« (Mt 11,25).

Die Kristallkugel

Es war einmal eine Zauberin, die hatte drei Söhne, die sich brüderlich liebten; aber die Alte traute ihnen nicht und dachte, sie wollten ihr ihre Macht rauben. Da verwandelte sie den Ältesten in einen Adler, der mußte auf einem Felsengebirge hausen, und man sah ihn manchmal am Himmel in großen Kreisen auf- und niederschweben. Den zweiten verwandelte sie in einen Walfisch, der lebte im tiefen Meer, und man sah nur, wie er zuweilen einen mächtigen Wasserstrahl in die Höhe warf. Beide hatten nur zwei Stunden jeden Tag ihre menschliche Gestalt. Der dritte Sohn, da er fürchtete, sie möchte ihn auch in ein reißendes Tier verwandeln, in einen Bären oder einen Wolf, so ging er heimlich fort. Er hatte aber gehört, daß auf dem Schloß der goldenen Sonne eine verwünschte Königstochter säße, die auf Erlösung harrte; es müßte aber jeder sein Leben daran wagen, schon dreiundzwanzig Jünglinge wären eines jämmerlichen Todes gestorben und nur noch einer übrig, dann dürfte keiner mehr kommen. Und da sein Herz ohne Furcht war, so faßte er den Entschluß, das Schloß von der goldenen Sonne aufzusuchen. Er war schon lange Zeit herumgezogen und hatte es nicht finden können, da geriet er in einen großen Wald und wußte nicht, wo der Ausgang war. Auf einmal erblickte er in der Ferne zwei Riesen, die winkten ihm mit der Hand, und als er zu ihnen kam, sprachen sie: »Wir streiten um einen Hut, wem er gehören soll, und da wir beide gleich stark sind, so kann keiner den andern überwältigen; die kleinen Menschen sind klüger als wir, daher wollen wir dir die Entscheidung überlassen.« – »Wie könnt ihr euch um einen alten Hut streiten?« sagte der Jüngling. »Du weißt nicht, was er für Eigenschaften hat, er ist ein Wünschhut, wer den aufsetzt, der kann sich hinwünschen, wohin er will, und im Augenblick ist er dort.« – »Gebt mir den Hut«, sagte der Jüngling, »ich will ein Stück Wegs gehen, und wenn ich euch dann rufe, so lauft um die Wette, und wer am ersten bei mir ist, dem soll er gehören.« Er setzte den Hut auf und ging fort, dachte aber an die Königstochter, vergaß die Riesen und ging immer weiter. Einmal seufzte er aus Herzensgrund

und rief: »Ach, wäre ich doch auf dem Schloß der goldenen Sonne!« Und kaum waren die Worte über seine Lippen, so stand er auf einem hohen Berg vor dem Tor des Schlosses. Er trat hinein und ging durch alle Zimmer, bis er in dem letzten die Königstochter fand. Aber wie erschrak er, als er sie anblickte: sie hatte ein aschgraues Gesicht voll Runzeln, trübe Augen und rote Haare. »Seid Ihr die Königstochter, deren Schönheit alle Welt rühmt?« rief er aus. »Ach«, erwiderte sie, »das ist meine Gestalt nicht, die Augen der Menschen können mich nur in dieser Häßlichkeit erblicken, aber damit du weißt, wie ich aussehe, so schau in den Spiegel, der läßt sich nicht irremachen, der zeigt dir mein Bild, wie es in Wahrheit ist.« Sie gab ihm den Spiegel in die Hand, und er sah darin das Abbild der schönsten Jungfrau, die auf der Welt war, und sah, wie ihr vor Traurigkeit die Tränen über die Wangen rollten. Da sprach er: »Wie kannst du erlöst werden? Ich scheue keine Gefahr.« Sie sprach: »Wer die kristalne Kugel erlangt und hält sie dem Zauberer vor, der bricht damit seine Macht, und ich kehre in meine wahre Gestalt zurück. Ach«, setzte sie hinzu, »schon mancher ist darum in seinen Tod gegangen, und du junges Blut, du jammerst mich, wenn du dich in die großen Gefährlichkeiten begibst.« – »Mich kann nichts abhalten«, sprach er, »aber sage mir, was ich tun muß.« – »Du sollst alles wissen«, sprach die Königstochter, »wenn du den Berg, auf dem das Schloß steht, hinabgehst, so wird unten an einer Quelle ein wilder Auerochse stehen, mit dem mußt du kämpfen. Und wenn es dir glückt, ihn zu töten, so wird aus ihm ein feuriger Vogel sich erheben, der trägt in seinem Leib ein glühendes Ei, und in dem Ei steckt als Dotter die Kristallkugel. Er läßt aber das Ei nicht fallen, bis er dazu gedrängt wird, fällt es aber auf die Erde, so zündet es und verbrennt alles in seiner Nähe, und das Ei selbst verschmilzt und mit ihm die kristallne Kugel, und all deine Mühe ist vergeblich gewesen.«

Der Jüngling stieg hinab zu der Quelle, wo der Auerochs schnaubte und ihn anbrüllte. Nach langem Kampf stieß er ihm sein Schwert in den Leib, und er sank nieder. Augenblicklich erhob sich aus ihm der Feuervogel und wollte fortfliegen, aber der Adler, der Bruder des Jünglings, der zwischen den Wolken daherzog, stürzte auf ihn herab, jagte ihn nach dem Meer hin und stieß ihn mit seinem Schnabel an, so daß er in der Bedrängnis das Ei fallen ließ. Es fiel aber nicht in das Meer, sondern auf eine Fischerhütte, die am Ufer stand, und die fing gleich an zu rauchen und wollte in Flammen aufgehen. Da erhoben sich im Meer haushohe Wellen, strömten über die Hütte und bezwangen das Feuer. Der andere Bruder, der Walfisch, war herangeschwommen und hatte das Wasser in die Höhe getrieben. Als der Brand gelöscht war, suchte der Jüngling nach dem Ei und fand es glücklicherweise; es war noch nicht geschmolzen, aber die Schale war von der plötzlichen Abkühlung durch das kalte Wasser zerbröckelt, und er konnte die Kristallkugel unversehrt herausnehmen. Als der Jüngling zu dem Zauberer ging und sie ihm vorhielt, so sagte dieser: »Meine Macht ist zerstört, und du bist von nun an der König vom Schloß der goldenen Sonne. Auch deinen Brüdern kannst du die menschliche Gestalt damit zurückgeben.« Da eilte der Jüngling zu der Königstochter, und als er in ihr Zimmer trat, so stand sie da im vollen Glanz ihrer Schönheit, und beide wechselten voll Freude ihre Ringe miteinander.

Tiefenpsychologische Deutung

Vom Zauber eines Zaubermärchens

Wenn es den Namen ›Zaubermärchen‹[1] noch nicht gäbe – für die Geschichte von der ›Kristallkugel‹ müßte man ihn erfinden. Denn nicht allein, daß dieses wichtige und schöne, wenngleich relativ unbekannte Märchen[2] der Brüder Grimm von Menschen spricht, die zu zwei Dritteln oder ganz dem Bann geheimnisvoller Zauberkräfte ausgeliefert sind, auch der gesamte Weg der Handlung selbst zeichnet in allen Stadien und Stationen eine Welt dunkler Rätsel und verlockender Geheimnisse, unheimlicher Gefahren und magischer Auseinandersetzungen, dämonischer Verwandlungen und wunderbarer Siege. Nichts in diesem Märchen spielt in der Welt, die uns bekannt und so vertraut erscheint. Doch gerade darin liegt seine eigenartige Verführungskraft, seine fast hypnotische Energie: Es zwingt von Anfang an dazu, die anscheinend so sicher gefügte Welt der alltäglichen Erfahrung zu verlassen und unterhalb der Scheinberuhigungen der wohlgesicherten bürgerlichen Oberfläche den Blick in den Abgrund zu werfen, dorthin, wo das Ungeheure zu Hause ist und das Jenseitige beginnt, wo die Tiefe lauert und der Himmel wartet.

Gewiß, man kann die Wirklichkeitsschau dieser traumhaft-magischen Erzählung voller Angst als wirren Spuk an den Türen seiner Wahrnehmungsfähigkeit zurückweisen; man kann sich prinzipiell weigern, die eigene Seele zu wagen und sich dem Reich der Magier und Riesen, der Ungeheuer und der Zaubermächte auszusetzen, aber der Preis für eine solche vermeintlich störungsfreie Beruhigtheit im Dasein ist hoch: Nie wird man bedingungslos dem Bild der verzauberten Jungfrau vom Schloß der goldenen Sonne folgen, nie den Gläsernen Berg besteigen, um das Geheimnis ihrer Schönheit kennenzulernen, und nie das eigene Leben riskieren, um ihr zuliebe die »Kristallkugel« zu bergen. Man wird sich in einer seelenlosen, freudlosen, bewegungslosen Welt der äußeren Tatsachen und Tatbestände einzurichten suchen und die Fenster des Herzens, so gut es geht, gegen den Ansturm der Geister verschließen. Aber wer das Wagnis der Seele, wer den Zauber der Phantasie, den Abgrund der Angst, wer die himmelstürmende Macht der Sehnsucht in seinem Leben verleugnet, wird niemals erfahren, wovon dieses Zaubermärchen in all seinen Verwandlungen und gleisnerischen Übergängen eigentlich erzählt: von der lebensbedrohenden und doch alles rettenden, von der alles verzaubernden und doch alles bezaubernden Schicksalsmacht der Liebe. »Wer sein Leben nicht zu verlieren wagt, wird es auch nicht gewinnen können«, möchte man in Paraphrase eines Bibelwortes sagen (MK 8,35), und besser ist es vielleicht, zu jenen dreiundzwanzig Unglücklichen zu gehören, die bei dem Versuch, die verzauberte Jungfrau zu erlösen, jämmerlich ihr Leben lassen mußten, als nur in Ruhe dazusitzen und die Dumpfheit traumloser Nächte zu pflegen. »Ein Held ist jemand, der wenigstens einmal im Leben den Tod der Unehre vorzieht« – wenn diese Definition des französischen Dichters Georges Bernanos zutrifft, dann ist das Märchen von der ›Kristallkugel‹ eine Heldengeschichte der Liebe. Aber wer hat schon die Wahl, ein »Held« zu sein?

Die Weltsicht der Schamanen

Es gab in vergangenen Zeiten – und es gibt noch heute in den gerade vergehenden Kulturen der sogenannten Primitivvölker – einen Stand von Menschen, die es sich nicht aussuchen konnten, vom Schicksal zu einer Art Heldentum der Seele berufen zu sein. Fast alle Bilder des Märchens von der ›Kristallkugel‹ weisen zurück in die geheimnisvolle Welt der Schamanen,[3] und es ist im Grunde der Weg ihrer Seelenreise, die Spur ihrer Träume, der Schatz ihrer Erfahrungen, die in diesem ungewöhnlichen Märchen beschworen werden – eine Welt fließender Übergänge, bei denen es nicht möglich ist, das Diesseits abzugrenzen gegen den Einbruch des Jenseits oder, umgekehrt, im Diesseits zu verweilen, ohne sich einer anderen hintergründigen Sphäre der Wirklichkeit auszuliefern. In der Welt der Schamanen erscheint das Menschliche nicht streng abgezirkelt gegen das Tierhafte, bzw. es wartet umgekehrt das Tierhafte förmlich auf seine Vermenschlichung, so wie das Äußere danach verlangt, als die trügerische Larve der Schönheit entdeckt zu werden, während, von der anderen Seite her, die Schönheit der wahren Gestalt im verborgenen ihrer Erlösung harrt.

Die Tierverwandlung

In der Welt, die *wir* zu kennen glauben, scheint es klar zu sein, was ein Mensch ist: Eine breite Kluft trennt den Menschen von der ihn umgebenden Natur, und sein ganzer Stolz liegt darin, sich soweit wie möglich von allem Nicht-Menschlichen zu unterscheiden.[4] Anders die rätselhafte, uns so fremd anmutende Weltsicht der Schamanen. Sie beruht geradezu auf dem Prinzip der universellen Verwandtschaft aller Lebewesen, und ihr Ziel ist nicht die rationale Abgrenzung, sondern die mystische Verschmelzung aller Erscheinungen.[5] Das »Tier« gilt ihr nicht als etwas Vor- oder Un-Menschliches, sondern als Verkörperung eigener seelischer Möglichkeiten, als geheimes Konterfei des eigenen Wesens. Man bedarf des Tieres, um sich selber darin zu spiegeln und sich von ihm die eigene verschüttete Wesensart offenbaren zu lassen.[6] Denn höher, als er ahnt, und tiefer, als er fürchtet, reicht die Spannweite der Seele des Menschen, und es gehört auch heute noch zu den einfachen diagnostischen Fragen beispielsweise einer psychoanalytischen Anamnese, zu überlegen, in welch ein Tier man sich gegebenenfalls am liebsten beziehungsweise am wenigsten gern verwandeln würde. Entlang den symbolischen Bildern bestimmter Tiere verliefen die ursprünglichen Klassifikationssysteme des »Totemismus«,[7] und vor allem die Fabeln der Völker lieben es, menschliches Verhalten im Spiegelbild der Tiere zu karikieren und zu portraitieren.[8] Aber wieviel an Angst, an Einsamkeit, an Not und Ausgeliefertheit gehört dazu, dem »Tier im Menschen«,[9] (Émile Zola) zu begegnen oder den »Steppenwolf«[10] (Hermann Hesse) in sich knurren zu hören! Und umgekehrt: welch eine Beseligung kann es bedeuten, die eigene Seele zu erheben wie einen Vogel, der scheinbar schwerelos sich in den Himmel schwingt!

Nichts Unheimlicheres und nichts Erhebenderes jedenfalls läßt sich im menschlichen Herzen vorstellen, als wenn die Grenzen des Ich sich erweitern ins Unendliche, um hinabzutauchen ins Tierische und sich emporzuheben ins Göttliche. Noch in der mittelalterlichen Philosophie konnte man das Axiom aufstellen, der Mensch sei in gewissem Sinne »alles« – Engel und Tier, Sonne und Stein, Baum und Gras, Berg und Höhle, Wolke und Meer. Aber nur in der Weltsicht der Schamanen formte sich diese Überzeugung zu einer lebendigen Poesie, in der die seelische Affinität aller Lebewesen zu einem zärtlichen Dialog, zu einer brüderlichen Partnerschaft zwischen den Menschen und ihren Mitgeschöpfen sich ausgestaltete und verdichtete.[11] Uns Heutigen begegnet diese urtümliche Einheitsschau des Menschlichen wohl nur noch in gewissen Träumen, und wenn wir des Morgens unseren Freunden oder unserem Analytiker von unseren Nachtgesichten erzählen, werden wir zumeist rasch belehrt, daß in den Tiersymbolen nichts anderes als eine unreife Sexualität zum Ausdruck komme – nur als Chiffre für etwas neurotisch Verdrängtes taucht das Tier in unserem Bewußtsein auf,[12] und es scheint, als sei jede Unmittelbarkeit, jede kindliche Unbefangenheit zwischen Mensch und Tier geradezu mutwillig zerstört worden.[13] Die Schamanen hingegen empfingen in Träumen und Tiergesichten die Berufung ihres Lebens,[14] und die Tiere, die ihnen in der Weite der Prärie, der Tundra oder der Steppe begegneten, galten ihnen als eben die Verkörperungen der im Traum geschauten göttlichen Mächte, als Träger der Ahnengeister oder, wie es die Märchen noch erzählen, je nach der Einstellung als Helfer und Hinderer, als Gegner und Geleiter auf dem Weg ins Jenseitsland der Seele,[15] ins Jenseits des irdischen Lebens, ins Jenseits der äußeren Welt.

Der Sieg der Seele über Raum und Zeit oder:
Die Suchwanderung der Liebe

Aber nicht nur die Aufhebung der Ichabgrenzung, die mystische Teilhabe[16] und Verschmelzung mit allem Lebenden, kennzeichnet die Weltsicht der Schamanen; sie wird vor allem geprägt von der zutiefst religiösen Überzeugung, daß Raum und Zeit lediglich die Erscheinungsformen, nicht aber das eigentliche Wesen eines Menschen bestimmen. Nur am hellen Tag, im Vertrauen auf die äußeren Sinne, glauben wir dem Zeugnis des Körpers und sind geneigt, die Fesseln des Ortes und der Zeit als etwas Endgültiges zu betrachten. Die Erfahrung unserer Träume, die Sprache unserer Sehnsucht, die Gewißheit der Liebe lehrt uns anderes: Ferne und Nähe ergeben sich aus dem Abstand oder der Berührung der Seelen, und alle Maße in Raum und Zeit sind nur die abgeleiteten Einteilungen toter Körper und mechanischer Abläufe, aus denen die Seele entflohen ist.[17] Jederzeit erhebt sich der Geist über die Begrenzungen unseres Körpers, und stets sendet die Liebe die Seele aus, um den »Ort« zu suchen, an dem die oder der Geliebte wohnt. Mit den Augen der Liebe betrachtet, verwandeln alle Dinge ihre äußere Gestalt und formen sich zu Symbolen, zu Erinnerungsbildern und verheißenden Hinweisen für die unsichtbare Gegenwart des Menschen, dem unser ganzes Herz gehört, weil wir in seiner Liebe mehr zuhause sind als in uns selbst. Der Stein dort am Wege – beginnt er nicht wie in den Zaubermärchen uns von der Geliebten zu reden? Die Muschel am Strand – erinnert sie nicht an ihr Lachen und an das weiße Rund ihrer Stirn, und spricht sie nicht wie von selbst von der Weite des Meeres, das sich dehnt bis zum Horizont und gerade in seiner Unendlichkeit wie der Spiegel ihrer Seele ist? Und der Wind, der landeinwärts weht – ist nicht sein Streicheln wie die Berührung ihres Atems, wie das leise Flüstern ihrer Worte, wie der zärtliche Hauch ihres Mundes? Ist nicht alles, was schön ist, für den Liebenden wie ein Versprechen, wie ein Wegzeichen, das ihn hinführt zum Ziel seiner Sehnsucht, zum verzaubernden Inbegriff aller Schönheit der Welt? Jede Blume, die blüht, jeder Vogel, der fliegt, jede Wolke, die zieht, jeder Stern, der grüßt, winkt den

Liebenden näher zu seiner Geliebten. Sie, die sein Sonnenschein ist in der Nähe, erglänzt ihm am Morgen im Sonnenaufgang; sie, die seine Traurigkeit ist in der Ferne, weint über ihn im Fallen des Regens, und die Weltenverzauberung der Schamanen, von der die »Zaubermärchen« uns noch ferne Kunde geben, nimmt sich in der poetischen Magie der Liebe wie der Urzustand der Seele aus, sobald wir nur die Hüllen der Lieblosigkeit abstreifen. Die ganze Welt mit allen Lebewesen, mit ihren Küsten und Wüsten, mit ihren Feldern und Wäldern, mit ihren Wegen und Stegen ist für den Liebenden doch nur wie eine Leiter, deren symbolische Sprossen es zu betreten und zu übersteigen gilt, um das Herz der Geliebten zu finden.

Von daher ist auch das Schamanenmotiv von dem Wunschring oder von dem mythischen Wunschhut Odins[18] nicht so absonderlich, wie es zunächst erscheinen mag. Wohl weiß auch der Liebende, daß das Wünschen an sich nicht »hilft«; aber die Welt seiner Wünsche, die Macht seiner Liebe, gilt ihm für wahrer als die Sprache der äußeren Tatsachen. Mag sein Körper auch um Meilen von der Geliebten getrennt sein – es wird die Kraft seiner Sehnsucht nur steigern. Und wie relativ ist das Maß der Zeit! Wie unendlich lang dehnen sich die Stunden des Wartens, wenn die Geliebte fern ist – diese entleerte Zeit der Entbehrung mag man gewiß mit Uhren und mit Präzisionsgeräten messen; doch sobald die Geliebte zurückkehrt, vergeht die Zeit wie im Fluge, das heißt, sie bleibt stehen in ihrer Gegenwart und zieht sich zusammen auf einen reinen Augenblick der Seligkeit.

Wonach also soll man die Wirklichkeit des menschlichen Daseins bestimmen und ausrichten: nach der Tiefe möglicher Erschütterung und Beseligung oder nach der Oberfläche einer scheinbar seelenlosen »Ruhe«?

Die Antwort der »Zaubermärchen« ist eindeutig: Wenn nur die Liebe unsere ganze Seele ergreift, so ist diese Erfahrung wichtiger als die Welt der äußeren Sinne, und die Wunschverheißung der Liebe gilt: Einmal werden die Hüllen von Raum und Zeit, werden die Kokonfäden des Körpers gesprengt, und die Seele wird frei sein zum Glück einer ewigen Liebe. Dann wird sie wohnen im »Schloß der goldenen Sonne«, auf dem »Gläsernen Berg« – dort wo der Himmel ist, ewig, bei der Geliebten. Denn der Himmel der Liebe, sagt selbst die Bibel, ist »wie ein gläsernes Meer aus Kristall« (Offb. 4,6) – so durchsichtig, ruhend und rein. Und die Phantasten, die Träumer des Lebens, die ewig Verliebten haben ganz recht: Es gibt in Wahrheit nur einen Auftrag des Lebens, und koste er das Leben: die kristallene Kugel zu erringen und die verzauberte Jungfrau zu retten. Denn nur in der Erlösung der Liebe leben wir wirklich, und nur in der Wirklichkeit der Liebe gelangen wir zur Erlösung unserer eigenen Seele.

Die Wahrheit der Priester und der Dichter

Wußten und wissen dies wirklich nur die Schamanen? Gott sei Dank, nein, oder anders ausgedrückt: Es gibt auch heute noch »Schamanen«, obwohl ihre geheimnisvolle Existenzweise in unseren Tagen sich anscheinend aufgespalten hat: in den »Beruf« des Priesters und in die Berufung des Dichters. Beide leben aus dem Wissen um eine Wahrheit hinter dem Schleier der Sinnenwelt, und doch bemühen sich beide, diese Wahrheit für die Sinne sichtbar zu machen; beide teilen den Glauben an das Geheimnis des »Goldenen Schlosses«[19] jenseits des sichtbaren Horizonts, aber beide teilen sich gewissermaßen die Strecke ihres gemeinsamen Weges von verschiedenen Ausgangspunkten her: Die Dichter, die Künstler legen Zeugnis ab für die Sehnsucht und den Traumweg der Liebe; sie schildern die Suchwanderung der Seele auf ihren vielfältigen Irr-, Um- und Abwegen, ehe sie (vielleicht!) in den Besitz der »Kristallkugel« gelangt. Die Priester hingegen kommen vom »Gläsernen Berg« herunter auf die Erde und beschwören in Riten und Symbolen das Leben der Vollendung; in ihren kultischen Darstellungen rücken sie die jenseitige Welt mitten in das Diesseits, wie um die verborgenen Träume, die erstickten Hoffnungen und die nie gelebten Wünsche zum Leben zu erwecken. Beide, die Priester wie die Dichter, sind die Gläubigen und die Verkünder einer anderen, jenseitigen Welt, und nur die allzu einfache Teilung ihrer Wege führt häufig dazu, die ganzheitliche Weltsicht der Schamanen zu verleugnen, indem es der Dichtung versagt scheint, in der Weise der Schönheit dem Göttlichen zu dienen, und die Religion sich außerstande zeigt, im Dienst am Göttlichen die erlösenden Kräfte der Schönheit zu wecken. Die Welt aber muß und kann nur erlöst werden durch die Verzauberung der Schönheit und durch die Magie der Liebe – davon gerade berichtet eine solche Erzählung wie das kleine Zaubermärchen von der ›Kristallkugel‹, und die Frage scheint nur, wie wir zu jener einheitlichen Weltsicht zurückfinden, in der das Diesseits vermöge der Liebe sich zu öffnen vermochte zum Geheimnis der Unendlichkeit und der Segen des Himmels schon hier im Glück der Liebe die Erde verklärte zum Sinnbild und Vorbild unserer ewigen Bestimmung. Mit anderen Worten: Es stellt sich die Frage nicht nur nach der Herkunft der einzelnen Märchenmotive aus den Vorstellungen der Schamanen, sondern es geht wesentlich um den Wahrheitsgehalt der schamanischen Weisheit und um die Poesie, die in den Zaubermärchen sich auf unvergleichliche und unnachahmliche Weise ausspricht.

Wer, wie die Schamanen, wie die Priester, die sichtbare Welt des Diesseits zur bloßen Hülle, zum Schatten der Wirklichkeit erklärt, muß naturgemäß riskieren, sich in den Augen der »Realisten« des

Diesseits lächerlich zu machen. Doch ist dies nicht das Los aller Träumenden, aller Märchenerzähler, aller Gläubigen, aller Dichter? Und einmal anders herum gefragt: was eigentlich ist »Wirklichkeit«? »Die Welt ist der Traum eines erwachten Träumenden«, sagen die Inder.[20] Auch in der europäischen Malerei etwa kennt man seit Jahrhunderten die Bilder von Hieronymus Bosch[21] und Pieter Bruegel[22] mit ihren unheimlichen, apokalyptischen Visionen und Symbolismen in der Tiefe der Welt. In der Literatur aber bedurfte es wohl erst der gestalterischen Kraft der Romantik und ihrer neugefundenen Nähe zum Märchen, um den unheimlichen Hintergrund des menschlichen Daseins bewußt zu machen.[23] Seither, darf man sagen, ist der wahre Realismus in Kunst und Leben im Grunde der pointierte Surrealismus.

Wer beispielsweise einen der großen Romane Fjodor M. Dostojewskis aufschlägt, findet dort »wahre« Menschen beschrieben, indem gänzlich »surreal« ihr Leben als eine nicht endende Kette von Dialogen, Gesprächen und Selbstreflexionen vorgestellt wird. Äußerlich betrachtet, wird man wohl kaum einem »Dostojewskischen« Menschen »wirklich« begegnen – niemand auf der Straße macht sich die Gedanken und spricht in der Weise, wie Dostojewski es beschreibt; aber gerade so, wie er es beschreibt, müßte eine jede seiner Romangestalten denken, fühlen und sprechen, wenn sie sich selbst genügend kennen würde;[24] was sich in der »surrealen« Brechung der äußeren Wirklichkeit mitteilt, verdichtet in Wahrheit das eigentliche Wesen der betreffenden Personen, und zwar so sehr, daß von dieser Sicht in die Tiefe der Wirklichkeit überhaupt erst die Hülle des Äußeren wirklich verstehbar wird: selbst das Interieur der Wohnung, die Details der Kleidung, die Nuancen von Gestik und Wortwahl, die Konstellation und Dramaturgie des äußeren Schicksals der Helden – nichts erscheint mehr als zufällig und beliebig, wenn man einmal bis in die Tiefe der Seele eines Menschen geblickt hat. Man hat generell die Kunstform des Romans mitunter als ein erweitertes Märchen betrachten wollen;[25] diese Beziehung dürfte zu Recht bestehen, indem insbesondere das Zaubermärchen, wie der psychologische Roman, mit den Mitteln des scheinbar Phantastischen die verborgene, unbewußte, eigentliche Wirklichkeit in der Seele eines Menschen zu erforschen und darzustellen versucht, wissend und behauptend, daß es auf Erden nichts Phantastischeres geben könne als die Seele eines Menschen, wenn man sie sieht mit den Augen der Liebe und sie findet am Ort ihrer wirklichen Heimat: im »Schloß der goldenen Sonne«.

Der Erlösungsweg der »Kristallkugel«

Wieviel an Angst und Leid müssen Menschen erfahren haben, um von der Oberfläche weg den Blick in die Tiefe zu richten und die göttliche Wahrheit und Schönheit eines Menschen zu entdecken? Die Schamanen bereits waren »verwundete Heiler«,[26] Traumpoeten aus Schmerz und Einsamkeit, denen das Leiden die Leier des Gesangs und den Spiegel des Verstehens schenkte, und auch heute wird es keinem priesterlichen oder dichterischen Menschen erspart bleiben, seine Sensibilität, Vorstellungskraft und seelische Energie unter dem Druck eigener Angst und dem Eindruck des eigenen Abgrunds zu erwerben. Aber Angst, Schmerz und Einsamkeit existieren nicht abstrakt; sie treten auf in geprägten, spezifischen Formen, und es ist gerade die Kunst der Märchen, es begründet ihre innere Verwandtschaft zum Roman, daß sie diese verborgenen Strukturen des Leids im menschlichen Leben bewußt zu machen verstehen und nach Möglichkeit Wege zu ihrer Erlösung aufzuzeigen suchen.

Das Portrait seelischer Zerrissenheit

Das Charakterportrait bzw. das psychische Problem, das sich das Märchen von der ›Kristallkugel‹ zur Aufgabe stellt, ist zweifellos außerordentlich komplex und verwickelt. Zahlreiche Mythen ud Märchen schildern das Problem der seelischen Zerrissenheit, indem sie es auf die Gestalten von »Zwei Brüdern«[27] bzw. von »Drei Brüdern«[28] verteilen; aber meistens enden Geschichten dieser Art damit, daß einer von ihnen, für gewöhnlich der Jüngste, die (oder den) anderen aus dem Feld schlägt.[29] Äußerst selten indessen wird man einem Märchen beggnen wie der ›Kristallkugel‹, in dem von Anfang an eine äußerste Gegensatzspannung beschworen wird, um sie nach langen Kämpfen und Auseinandersetzungen zu guter Letzt durch die Allmacht der Liebe einer Synthese des inneren Ausgleichs und des seelischen Gleichgewichtes zuzuführen.

Will man verstehen, wovon die Märchen, Mythen und Träume in den Gestalten der unterschiedlichen Geschwister reden, muß man sich immer wieder die Frage vorlegen, welche Erfahrungen im eigenen Leben oder im Umgang mit anderen sich in der hintergründigen Wirklichkeit der jeweiligen Symbole und Chiffren ausdrücken mögen. Fast immer muß man dabei die Voraussetzung machen, daß die verschiedenen Personen eines Märchens, eines Traumes oder eines Mythos im Grunde als Teile ein und derselben Persönlichkeit zu verstehen sind.³⁰ Speziell beim Märchen von der ›Kristallkugel‹ muß man sich fragen, wie ein Mann seelisch beschaffen ist, von dem man mit dem Märchen sagen kann und muß: Es leben in ihm eigentlich drei verschiedene Personen, von denen zwei ihre menschliche Gestalt verloren haben, während die dritte aus Angst, in ein Raubtier verwandelt zu werden, in die Welt hineinflieht, um dem dämonischen Einfluß einer hexenhaften Mutter zu entkommen. Man wird dann sehr bald merken, daß es nur schwerlich ein erschütterndes und prägnanteres Symbol menschlicher Zerrissenheit geben kann als dieses Bild.

Denn es nutzt an dieser Stelle wenig, sich den elementaren Schrecken eines solchen Portraits vom Leibe zu halten, indem man die üblichen Deutungsschemata der Jungschen Schule als fertige Standards unterlegt: die »Dreiheit« als »das Männliche«,³¹ die drei Seelenkräfte selbst als die hauptsächliche Ichfunktion mit den zwei einander gegensätzlichen Hilfsfunktionen,³² die dann entsprechend rasch (und ziemlich willkürlich) den beiden Tiersymbolen zuzuordnen wären: der »Adler« etwa ließe sich (am ehesten) als Verkörperung geistiger Kräfte³³ wie Intelligenz und Intuition deuten, während der »Walfisch« die Welt der Gefühle, der Triebe, der Empfindungen verkörpern könnte;³⁴ die dritte menschliche Gestalt indes müßte so gesehen dem Ich entsprechen, das im weiteren Verlauf der Erzählung sich auf die Suche nach dem (weiblichen) Vierten, nach der »anima«, der Welt des Unbewußten und der Liebe also, begibt.³⁵ Ein solcher Deutungsaufriß wäre an sich nicht gänzlich falsch – er enthält im Gegenteil sogar viel Richtiges; aber man erspart sich das Wichtigste bei der Lektüre eines wirklichen Zaubermärchens oder eines großen Romans der Weltliteratur, wenn man vorschnell gewissen tiefenpsychologischen Stereotypien folgt, statt sich zunächst in die Gefühle, in die innere Bedeutung, in die Selbstempfindung der handelnden Personen so weit hineinzuversetzen, daß man den entscheidenden Punkt erreicht, an dem das eigene Leben und Erleben auf Heil oder Unheil hin angesprochen wird. Man muß die Zaubermärchen so lesen, wie man etwa die Romane Dostojewskis lesen wird, wenn irgendwie man sie verstehen will: Als Betroffener muß man sie lesen, nicht in der Scheingelehrsamkeit und selbstgewissen Distanziertheit des psychologischen Jargons. – Sehen wir also zu.

Der verzauberte Adler

Der »älteste Sohn«, erzählt das Märchen von der ›Kristallkugel‹, wurde von seiner dämonischen Mutter in einen Adler verwandelt, der auf einem Felsengebirge hausen mußte und in großen Kreisen am Himmel auf- und niederschwebte. Tiefenpsychologisch muß man bei dem Symbol des Adlers gewiß an eine Geistigkeit denken, die sich in ihrer reinen Intellektualität verselbständigt und ihre menschlichen Züge dabei verloren hat.[36] Es handelt sich um ein Denken, das nicht mehr der Kontrolle des Ich gehorcht, sondern in seinen Gedankenbahnen sich wie erdenthoben als eine eigene lebensfeindliche, buchstäblich »raubvogelartige« Macht gegenüber den Interessen der irdischen Existenz behauptet. ›Der Geist als Widersacher der Seele‹ – wenn dieser Titel des berühmten Buches von Ludwig Klages[37] zutrifft, so tritt das Symbol des »Adlers« in seine Wirklichkeit. Der Geist als »das Negative« – diese Definition Hegels[38] kennzeichnet die Adler-Intellektualität als eine durch und durch gefühlskalte, haltlose Energie zur Zerfaserung jeder Unmittelbarkeit, jedes Vertrauens, jeder gemüthaften Sicherheit. Wohl gehört zu der Adlerexistenz auch eine himmelstürmende Sehnsucht, ein verzweifeltes Verlangen nach Halt und Bindung, aber die Angst vor allem Erdhaften, Erdenschweren, Dunklen treibt doch immer wieder in die luftigen kalten Höhen einer unfruchtbaren Himmelsklarheit, die in Wahrheit über nichts gebreitet ist als über hartes, schroffes Felsgestein – das Leben als Gedankenwüste. Dabei wäre das Symbol des »Adlers« nicht wirklich zutreffend, wenn die Persönlichkeit, die zu einem Drittel sich darin reflektiert, nicht an und für sich über außerordentlich starke seelische und geistige Energien verfügen würde: über ein scharfes Auffassungsvermögen, eine enorme Weitsichtigkeit, eine kompromißlose Folgerichtigkeit und Logik sowie über eine durch keinerlei Rücksichten gebremste Unerschrockenheit und Kühnheit.

Natürlich gibt es viele Möglichkeiten, sich den Typ eines solchen Adlerintellekts zu verdeutlichen; ja es scheint, als spiegele sich darin die vorherrschende Mentalität unserer Tage besonders eindrucksvoll wider, in der es kaum mehr erlaubt ist, irgendein Gefühl zu äußern, ohne es vor dem Forum der kritischen Vernunft und der Zweckrationalität unseres Herrschaftswissens zu legitimieren, ganz so, als wenn es bereits zur Pflicht geworden wäre, Kinder in Zukunft am besten gewissermaßen nur noch mit lauwarmem Wasser und mit Logarithmen zu ernähren. Rückblickend mutet es jedenfalls fast prophetisch an, wenn Fjodor M. Dostojewski in seinem großen Roman ›Die Brüder Karamasoff‹ in Iwan Karamasoff das wohl erschütterndste Beispiel einer solchen »Adlerexistenz« gegeben hat – es ist gerade diese Person, von der die Geschichte des 20. Jahrhunderts entscheidend geprägt ist. In bezug zu dem Märchen von der ›Kristallkugel‹ lohnt es sich sogar besonders, der Kennzeichnung der Gestalt des Iwan Karamasoff einmal ausführlicher nachzugehen, weil sie vor allem in der Gegenüberstellung zu den beiden anderen Brüdern in diesem wichtigsten Roman Dostojewskis eine größtmögliche Ähnlichkeit zu dem Märchen der Brüder Grimm aufweist.

Iwan ist in gewissem Sinne der Typ des Schizoid-Zwanghaften par excellence – sein ganzes Erleben wird durchzogen von der Aufspaltung zwischen Denken und Gefühl, zwischen Lebensgier und Lebensangst, zwischen gedanklicher Kälte und mitleidiger Wärme gegenüber den großen Menschheitsanliegen. Nach außen schweigsam und verschlossen wie eine Sphinx, leidet er inwendig bis zum Wahnsinn an sich selbst und der Welt, die ihn umgibt. Es steht für Iwan fest, daß es unmöglich ist, einen anderen Menschen aus der Nähe zu lieben;[39] um so mehr aber liebt Iwan die Menschheit im allgemeinen, und da bedrücken ihn vor allem das Unrecht und die Qual, denen auf dieser Welt bereits kleine unschuldige Kinder ausgesetzt sind. Deutlich spürt man hinter dem metaphysischen Protest Iwans gegen die Weltordnung das aufgestaute Leid eigener Kindertage. Wenn das Märchen von der ›Kristallkugel‹ erklärt, es sei der »älteste Sohn«, der von der dämonischen Mutter in einen Adler verwandelt werde, so wird man diese Notiz wohl auch dahin verstehen dürfen, daß in der Entwicklung einer so zerrissenen Psyche das Denken gewissermaßen früher erlernt werden mußte als das Fühlen bzw. daß man viel zu schnell aufhören mußte, ein Kind zu sein; das Denken hingegen mußte rasch und scharfsinnig entwickelt werden, um inmitten einer Welt unbegreifbarer Quälereien überhaupt geistig und physisch überleben zu können. Zwangsläufig formt sich unter solchen Umständen der Intellekt zu einer Waffe im Kampf ums Überleben – unter den Schlägen allzu frühen Leids wird er zu einem durchdringenden Instrument des Zerlegens und Widerlegens umgeschmiedet, und es darf förmlich nichts geben, das er vorbehaltlos anerkennen könnte. Gestützt auf die Evidenz des erlittenen Unrechts der Kindertage, zögert zum Beispiel Iwan Karamasoff nicht, die gesamte Weltordnung wegen des scheinbar unvermeidbaren namenlosen Leids, das in ihr lebt, voller Empörung abzulehnen,[40] und zwar trotz ihrer Weisheit und ihrer sich entfaltenden Harmonie, die er sehr wohl anerkennt. Sogar das eigene Leben erscheint unter diesen Denkvoraussetzungen als durchaus ungerechtfertigt. Was Iwan am Leben hält, ist eine irrationale Lebensgier, ein Lebensdrang, der indessen aller Logik entbehrt[41] und wohl auch nur bis zum dreißigsten Lebensjahr den Ekel am Dasein zu kompensieren vermag. Unter anderen seelischen Gegebenheiten könnte es vielleicht als Iwans eigentliche Aufgabe erscheinen, sein Denken nach seiner instinktiven Liebe zum Leben auszurichten,[43] aber wie soll man als Mann des Verstandes diese »beinahe unanständige« Liebe »mit seinen Eingeweiden«, mit den »ersten Jugendkräften«,[43] ohne Rechtfertigung durch Verstand und Logik als berechtigt akzeptieren können?

Iwans Hauptproblem indessen ergibt sich in seiner ganzen Heftigkeit erst als Resultat all dieser inneren Widersprüche: das Dilemma völliger geistiger Bodenlosigkeit. Einerseits sehnt Iwan sich nach einem festen Standpunkt,[44] aber er kann an eine innere Ordnung der Dinge ebensowenig glauben wie an die Zuverlässigkeit der Liebe, »im Gegenteil« erscheint ihm »alles« als »ein einziges unordentliches, verfluchtes und vielleicht von Dämonen beherrschtes Chaos«.[45] Die latente Verachtung der Welt, der verzweifelte Hochmut dieses hochfahrend zwischen den Wolken schwebenden »Adler«-Intellekts, ist nicht zu übersehen; aber um so dringlicher stellt sich die Frage, wie man die Angst überwinden kann, die eine solche Flucht vor der Erde bedingt?

Der verzauberte Walfisch

Gleichwohl repräsentiert der »Adler« nur die eine Seite in dem Porträt der inneren Zerrissenheit; sein Gegenstück ist der »Walfisch«, und wenn man in dem »Adler« eine entwurzelte, freischwebende Intellektualität erkennen muß, so wird man in dem »Walfisch« das Symbol einer dunklen, dumpfen Triebhaftigkeit erblicken dürfen, die vom Ich als eine durch und durch fremde, übermächtige, letztlich unbeherrschbare Macht empfunden wird.[46] Vor allem das Verlangen des Mannes nach der Frau, das Gefühl einer grenzenlosen Sehnsucht, einer »ozeanischen« Weite, der »Geschmack am Unendlichen«[47] spricht sich in der Gestalt des »Wales« aus. So berichtet die antike Mythologie von dem Seeungeheuer, das die schöne an den Felsen gefesselte Andromeda umwarb – ein Thema, das die Griechen in den Sternbildern am Himmel verewigten,[48] offenbar, weil es einen Konflikt wiedergibt, der zu jeder Zeit im Menschen lebt. Auch die Entgegensetzung von »Adler« und »Walfisch« ist in den Mythen, vor allem der nordamerikanischen Indianer,[49] gut belegt, und es ist eben dieser Gegensatz selbst, der im Märchen von der ›Kristallkugel‹ eine besondere Beachtung verdient. Denn gerade die angstgetriebene Überintellektualität, die Entfremdung und Vermeidung aller »tieferen« Gefühle bedingt notwendigerweise eine gleichermaßen isolierte und überdimensionierte Triebhaftigkeit, einen nahezu manichäischen Dualismus zwischen Geist und Materie, Höhe und Tiefe, Licht und Dunkelheit.[50] Der »Geist« vermeidet es, sich auf die Welt des undurchsichtigen Lebensdranges einzulassen, und dieser wiederum entzieht sich jeder Vergeistigung. So steht, um bei demselben Beispiel zu bleiben, in Dostojewskis ›Brüdern Karamasoff‹ dem haltlosen intellektuellen Iwan der vitale, triebhafte Dmitri gegenüber, dessen Person sich zum Verständnis der »Walfisch«-Problematik besonders eignet.

Auch Dmitri leidet in Dostojewskis Roman zutiefst unter seiner Zerspaltenheit, unter seiner unergründlichen Tiefe und Weite, die sich vor allem in der Gefahr einer unersättlichen Wollust verdichtet. »Die Schönheit«, erklärt er, »ist eine schreckenerregende und fürchterliche Sache ... Ich kann es ... nicht ertragen, daß manch einer, der sogar an Herz hochsteht und mit hohem Verstande begabt ist, mit dem Ideal der Madonna beginnt und mit dem Ideal Sodoms endet. Noch furchtbarer, wer schon mit dem Ideal Sodoms im Herzen dennoch auch das Ideal der Madonna nicht bestreitet – und es flammt von ihm sein Herz, und in Wahrheit, in Wahrheit flammt es wie auch in jungen, lasterlosen Tagen. Nein, weit ist der Mensch, sogar allzu weit, ich hätte ihn etwas begrenzt ... was sich dem Verstande als Schmach offenbart, das erscheint dem Herzen als lautere Schönheit ... Furchtbar ist das, daß die Schönheit nicht nur eine fürchterliche, vielmehr auch eine geheimnisvolle Sache ist. Da kämpft der Teufel mit Gott, das Schlachtfeld aber – ist das Menschenherz.«[51]

Quälender, widersprüchlicher und ohnmächtiger kann man die eigene Triebhaftigkeit und die gleichzeitige Faszination aller Sinne, aller Seelenkräfte durch das Schöne nicht empfinden und schildern. Dabei mag man sich fragen, wer von den zwei »Brüdern Karamasoff« an seiner eigenen Widersprüchlichkeit mehr leidet oder Leiden schafft. Iwans Zerrissenheit liegt zwischen der Suche nach Halt und dem Chaos der Gedanken, die Zerspaltenheit Dmitris besteht in dem Konflikt zwischen der Suche nach einer madonnenhaften Reinheit einer um so demütigenderen Abhängigkeit von den unterdrückten (im wesentlichen sexuellen) Antrieben. Als »Walfisch« in der »Tiefe« leben zu müssen bedeutet für ihn, jeden Tag und jede Stunde grauenhaften Schuldgefühlen ausgeliefert zu sein und damit einem Abgrund endloser Selbstvorwürfe, Wiedergutmachungswünsche sowie extremer Gefühle von Selbsthaß und Selbstverachtung gegenüberzustehen; ja, am Ende muß er selber sich schon für unrettbar verloren halten bzw. es muß ihm selber schon wie eine Art negativer Pflicht erscheinen, die eigene Schande nach Möglichkeit noch zu vermehren. »Noch kann ich einhalten«, erklärt er zum Beispiel seinem Bruder Alescha, »wenn ich einhalte, kann ich morgen immerhin meine verlorene Ehre zur Hälfte zurückerlangen; ich werde aber nicht einhalten ... Untergang und Finsternis! Zu erklären ist da nichts ... Die stinkende Gasse und die Teuflische, das ist mein Schicksal! ... Bete nicht für mich, es lohnt sich nicht.«[52]

Gerade so muß man sich die Hilflosigkeit und Verzweiflung des Ich gegenüber seinen riesigen »tierhaften« Triebimpulsen vorstellen – als ein Gefühl, auf ewig verflucht zu sein und etwas Besseres als die Verfluchung aller auch gar nicht zu verdienen. Und dennoch sucht der

»Walfisch«, verführt von der Schönheit, zugleich seine Reinheit und Vermenschlichung, und selbst noch in der Dunkelheit des Abgrunds werden die »Walfisch«-Menschen sich nach der Heiligkeit sehnen. »Herr«, betet Dmitri Karamasoff zu Gott, »nimm mich auf in aller meiner Ruchlosigkeit und richte mich nicht! Laß mich vorüber ohne dein Gericht! Richte nicht, weil ich selber mich verurteilt habe, richte nicht, weil ich dich liebe, Herr! Niederträchtig bin ich, aber ich liebe dich: Du wirst mich zur Hölle senden, und auch dort werde ich dich lieben ... Aber laß auch mich zu Ende lieben... jetzt, hier zu Ende lieben, nicht länger als fünf Stunden, bis zu deinem flammenden Lichte... Denn ich liebe die Königin meiner Seele. Ich liebe sie und kann nicht anders als sie lieben.«[53]

In ähnlicher Weise sagt das Märchen von der ›Kristallkugel‹, daß die tierhaften Zerrformen des Menschlichen wenigstens zwei Stunden am Tag ihre menschliche Gestalt zurückerhalten durften; freilich ist dies ein ebenso tröstlicher wie schmerzhafter Hinweis auf den Rest einer noch unzerstörten Menschlichkeit: trotz aller angstbedingten Deformationen des Menschlichen hören die »Adler«- und die »Walfisch«-Menschen, die Anbeter Gottes aus den Tiefen der Unterwelt und die Gottessucher in den Höhen der Einsamkeit, nie gänzlich auf, sich nach ihrer Erlösung zu sehnen, und selbst ihr Leid und ihre Zerrissenheit geben noch von der wahren Tiefe und Größe ihrer Menschlichkeit Zeugnis.

Auf der Flucht vor sich selbst

Auch die dritte Person, der eigentliche »Held« des Märchens von der ›Kristallkugel‹, stünde in der Gefahr, in ein Tier verwandelt zu werden, gelänge es ihm nicht, dem dämonischen Einfluß seiner Mutter rechtzeitig zu entkommen.

In vielen Märchen sonst verkörpert *der dritte Sohn* diejenige Seite des Ich, die dem Unbewußten am nächsten steht und die in ihrer Einfachheit und Gradheit allein imstande ist, die Einseitigkeit und Widersprüche der Persönlichkeit zu revidieren.[54] Es wäre aber ein großer Irrtum, diese Bedeutung ohne Rücksicht auf den Kontext jetzt auch auf das Märchen von der ›Kristallkugel‹ rein schematisch zu übertragen. Die Gestalt des dritten Sohnes hier ist keineswegs durch eine besondere Vertrautheit mit dem Unbewußten ausgezeichnet; sie ist vielmehr zentral geprägt durch die Angst vor der jederzeit drohenden Gefahr, in eine Bestie »verwandelt« zu werden, das heißt, in seiner eigentlichen Natur als etwas buchstäblich Gemeingefährliches, Monströses in Erscheinung treten zu müssen, und diese Angst kann man nach dem Gesagten wohl verstehen. Wie denn auch sonst soll jemand sich empfinden, der zu einem Drittel sich als »Adler«, zu einem anderen Drittel sich als »Walfisch« erleben muß? Muß er nicht fürchten, mit seinem gefühlskalten, abstrakt dahinschwebenden Denken jeden Menschen in der Nähe zu vernichten und umgekehrt mit seiner isolierten schwermütigen Triebhaftigkeit jeden in die Tiefe zu reißen, dem das Unglück widerführe, sich auf ihn einzulassen? Dabei ist das Verlangen nach Liebe und Zärtlichkeit inmitten einer derart mit sich zerfallenen bzw. sich selbst verfallenen Einsamkeit für sich genommen bereits von einem gewissermaßen »wölfischen« Heißhunger, denn die Angst, dem anderen gefährlich zu werden, gerade weil man ihn liebt, kann natürlich nur immer neue Kontaktabschnürungen und unerfüllbare Sehnsüchte hervorrufen. Und ebenso ist die Angst, in einen »Bären« verwandelt zu werden, nicht unbegründet: gerade die zurückgestaute Gier nach Lust und Leben erzeugt die Angst, durch rücksichtslose Direktheit, durch täppische Unbeholfenheit und rohe Brutalität wirklich zu einer lebenden Gefahr für jeden zu werden, der als Partner der Liebe in Frage käme. Unter solchen Umständen muß man nicht nur vor sich selbst Reißaus nehmen, man muß verantwortlicherweise auch alle anderen geradezu schon aus der Ferne auffordern, die eigene Nähe zu fliehen, und kein Weg ist dabei zur Flucht tauglicher als der Weg erneut der Dichter und Priester.

Es mag vielleicht überraschen: aber wenn man sich die Person eines solchen Menschen auf der Flucht vor seiner eigenen Raubtierhaftigkeit wirklich vorstellen will, so darf man gewiß nicht an einen lebenden Rasputin denken; eher, weit eher muß man den Menschen auf der Flucht vor der Wolfs- oder der Bärengefahr, den menschlich gebliebenen Bruder des »Adlers« und des »Walfischs«, sich in der Kutte des Mönchs Alescha in Dostojewskis ›Brüdern Karamasoff‹ vorstellen. Denn gerade von Dostojewski kann man lernen, wieviel an Angst vor der eigenen mörderischen Wolfsnatur dazu gehört, den Weg eines Heiligen zu beschreiten. Aleschas Lehrer selbst, der greise Sosima, steht bereits in dunkler Beziehung zu einer Mordtat, als deren Sühne er selbst in der Rolle eines Einsiedlers und begnadeten Seelenführers sein Leben versteht; und es ist Dostojewskis Überzeugung, daß die wirksamsten Mittel gegen das Verbrechen – das Verstehen und die Sanftmut – einzig aus einem tiefen Wissen um die unheimlichen Möglichkeiten der eigenen Seele geboren werden. »... in Wahrheit«, meint der Starez Sosima, »ist jeder vor allen und für alle schuldig, es wissen das nur nicht die Menschen, wenn sie es aber erkennen würden – dann wäre sogleich das Paradies auf Erden!«[55] Daraus folgt die Haltung der Bergpredigt: »Sei besonders dessen eingedenk, daß du niemandes Richter zu sein vermagst. Denn es kann ja auf Erden niemand Richter sein über einen Verbrecher, bevor nicht dieser Richter selber eingesteht, daß auch er genauso ein Verbrecher ist wie der, der vor ihm steht, und daß vielleicht gerade er mehr als alle anderen Schuld trägt an dem Verbrechen dessen, der vor ihm steht. Wenn er aber dieses einsehen wird, dann wird er auch Richter sein können... Denn wäre ich ja selber ein Gerechter, so würde vielleicht der Verbrecher, der vor ihm steht, kein Verbrecher sein. Wenn du es vermagst, das Verbrechen des vor dir stehenden und von dir in deinem Herzen verurteilten Verbrechers auf dich zu nehmen, so nimm es ohne Zögern auf dich und leide selber für ihn, ihn aber entlasse ohne jeden Vorwurf. Und wenn sogar das Gesetz selber dich zum Richter dieses Verbrechers bestellt hätte, so wirke du auch dann, soweit es dir nur möglich sein wird, in diesem Geiste.«[56] Diese praktische Auslegung der Worte Jesu in Mt 7,1–5 bedeutete für Dostojewski keinesfalls nur eine »moralische« Anweisung; sie ergab sich für ihn vielmehr als eine einfache Konsequenz aus der Wahrheit des eigenen Herzens – ein weniges nur an Selbsterkenntnis, und ein Abgrund täte sich auf.

Gerade so aber wird man die Gestalt des Dritten der »Brüder Karamasoff«, des Mönchs Alescha, verstehen müssen: als eines Mannes, der vor sich selber in die Welt hineinflieht, um für einen Mord zu büßen, den er äußerlich nicht begangen hat, den er aber doch als Möglichkeit, als Tendenz in sich trägt – ganz ähnlich, wie Dostojewski in seinem Roman ›Der Idiot‹ die Gestalt des Fürsten Myschkin mit dem triebhaften Mörder Rogoshin als seinem dunklen »Bruder« konfrontiert. Die Menschlichkeit dieses »dritten«, wolfsflüchtigen, mönchischen Menschen liegt darin, daß sie die grauenhafte Tat durch ein rückhaltloses Wissen um sich selbst und die Fähigkeit eines universellen Verstehens ersetzt und damit bei sich selbst verhindert.

Andererseits ist der Preis, der dafür zu zahlen ist, hoch: Alescha, der geduldige, der schweigende, der verzeihende, der wie ein offenes Ohr die Geständnisse seiner Brüder und aller anderen Menschen in sich aufnimmt, vermag doch den Gang der äußeren Handlung so wenig zu beeinflussen wie der Fürst im ›Idioten‹. Die Heiligengestalten Dostojewskis ähneln in ihrer Isolation von den verdrängten Antrieben der Sexualität und Aggression den zwiespältigen Darstellungen mancher gotischer Kirchenfenster, die etwa König David zeigen mit König Saul zu seinen Füßen[57] – so als wenn das Helle des Dunklen förmlich bedürfte, um sich auf seinen Schultern zu erheben. Die eigentliche Frage, die das Werk dieses großen russischen Dichters, dieses vielleicht größten Menschen- und Seelenkenners der Neuzeit, mehr stellt als beantwortet, muß man schließlich ungelöst zurückgeben an ein kleines Mädchen, das doch die Typologie der Charaktere ganz und gar mit Dostojewskis Hauptwerk teilt: Wie erlöst man den dritten Bruder von seiner Angst, durch sein bloßes Dasein nichts als tödliche Gefahr und Schrecken um sich her verbreiten zu können, oder, besser, wie gelangt dieser dritte Bruder, der Mönch Alescha, dazu, seine beiden Tierbrüder zu ihrer Menschlichkeit zu befreien? – Ehe sich diese Frage beantworten läßt, ist noch ein Blick auf die Psychogenese einer solchen Charakterstruktur zu werfen; denn nur wer die Gründe der Angst im Hintergrund einer derartigen Seelenzerrissenheit kennt, vermag auch den Abgrund der Gegensätze zu überbrücken.

Die dämonische Mutter und der fehlende Vater

Als Ursache der zerreißenden Angst nennt das Märchen von der ›Kristallkugel‹ die Gestalt der Mutter: sie habe ihre Söhne in Tiere verwandelt, um sich an der Macht zu halten, und es sei im Grunde ihr Dominanzverlangen, das ein integriertes menschliches Leben in ihrer Nähe und unter ihrem Einfluß nicht zulasse. Wenn diese Mitteilung zutrifft, muß man das Schicksal der »drei Brüder« zunächst wesentlich als Angst vor der Mutter verstehen, und man berührt damit augenblicklich einen der neuralgischen Punkte des modernen Zeitgeistes.

Denn offensichtlich scheint gerade der patriarchalische Grundzug unserer Kultur die Rolle der Frau mit einer eigentümlichen Ambivalenz auszustatten.[58] Die »Flucht vor dem Weibe«[59] hat zahlreiche maßgebende Denker der Neuzeit – wie Kant[60], Schopenhauer[61], Kierkegaard[62], Nietzsche[63] oder Sartre[64] – zutiefst geprägt, und deren geistiger Einfluß wiederum wäre kaum verstehbar ohne den Hintergrund einer geradezu pathologischen Angst vor der Frau in unserer gegenwärtigen Gesellschaft. Psychologisch betrachtet, ist es in der Biographie der Einzelnen indessen stets die eigene Mutter, deren scheinbare Übermacht (und Unterlegenheit!) die seelischen Fluchtreaktionen hervorruft, und von der Art *ihres* Einflusses muß man sich daher als erstes eine hinreichende Vorstellung verschaffen.

Es wäre gewiß verfehlt, sich die »Machtgier« einer dominanten Mutter einfach als eine Form von primitivem Egoismus zu denken – *dagegen* könnte sich ein Kind mit eindeutigen Gefühlen von Haß und Ablehnung zur Wehr setzen. Wirklich »dämonisch« hingegen wirkt die Macht einer Mutter, die es in ihrem Bewußtsein nur herzensgut mit ihren Kindern meint, aber mit ihrer (Über-)Fürsorge stets die Frage verbindet, ob sie selbst auch liebenswert genug oder doch mindestens berechtigt ist zu leben. Eine solche Frau kann nicht dulden, daß jemand an ihrer Seite anders denkt, fühlt oder handelt, als sie es selber täte – jede Abweichung von ihrer eigenen Art kann von ihr nur als Infragestellung, Vorwurf oder Beleidigung aufgefaßt werden. Also muß sie von früh bis spät »mißtrauisch«, wie das Märchen sagt, auf der Lauer liegen, um jede Unabhängigkeit und Freiheit ihres Kindes im Keime zu ersticken. Es ist aber nicht möglich, als Kind einer solchen Mutter begreifbar zu machen, daß sie im Grunde auf eine äußerst unduldsame Weise ihre Umgebung mit ihrer eigenen Unsicherheit terrorisiert, und noch weniger erlauben es die eigenen Schuldgefühle, gegen das Regiment einer so treu sorgenden Mutter offen zu rebellieren. Es verbleibt einzig, den eigenen Intellekt so rasch wie möglich in den Stand zu setzen, die Mutter besser zu verstehen als sie sich selbst; aber es entsteht dabei ein »adlergleicher« Intellekt der Angst, der Kontaktvermeidung, der vertikalen Fluchtdistanz geistiger Überlegenheit, innerhalb deren vor allem aggressive Gefühle nur in Form von Gedanken akzeptiert werden können und jede emotionale Annäherung nur als Bedrohung, als Erstickung, als lebendiges Verschlungenwerden erlebt zu werden vermag.[65]

Auf der anderen Seite entwickelt sich gerade parallel zu diesem fanatischen Streben nach Freiheit und Unabhängigkeit eine riesige regressive Sehnsucht nach mütterlicher Geborgenheit und Akzeptation, wie sie sich in dem Meeresaufenthalt des »Walfischs« ausspricht. Besonders die sexuellen Strebungen geraten im Umkreis dieser ausgeprägten ödipalen Bindungen an die Mutter von Anfang an zu einem unauflöslichen Dilemma tabuisierter Wünsche, unterdrückter Sehnsüchte und zahlreicher verdrängter, buchstäblich in der Tiefe des Meeres verborgener und lauernder Triebimpulse. Kein Wunder, wenn das Bild der Frau bzw. die Ambivalenz der Mutterimago auf diese Weise sich extrem zwischen Madonna und Dirne aufspaltet und das »Ideal von Sodom« unablässig wechselt mit dem Ideal der Himmelskönigin.[66] Vor allem aber schwankt das Bild von sich selbst ständig zwischen Selbstüberforderung und Selbsthaß, zwischen (im Grunde moralisch erzwungener) Liebesunfähigkeit und unendlicher Liebessehnsucht hin und her, und dazwischen entsteht ein Ich, das, wie der dritte Sohn im Märchen, vor seinem eigenen Unwesen nur fliehen kann, ständig dabei auf der Suche nach einer Welt ohne die zerreißenden Gegensätze von Natur und Kultur, Trieb und Geist, Sinnlichkeit und Sittlichkeit, Fühlen und Denken, Wollen und Sollen, wie sie für patriarchalische Systeme allem Anschein nach charakteristisch sind.[67]

Um so mehr jedoch muß auffallen, daß das Märchen von der ›Kristallkugel‹ von der Rolle des Vaters gänzlich schweigt. Zur Not könnte man darin einen Hinweis sehen, daß die zauberische Mutter ihre Macht über die Söhne gerade aus dem Fehlen des Mannes erhält; zu denken wäre dann an das Problem vieler verwitweter oder aus anderen Gründen allein erziehender Mütter. Wahrscheinlicher aber ist eine andere Annahme. In individuellen Träumen erlebt man es nicht selten, daß gewisse unliebsame Personen scheinbar gewaltlos verschwinden oder daß man ihre Existenz überhaupt nur aus anderen Mitteilungen erschließen kann. Man spricht in solchen Fällen von einer »magischen Tötung«,[68] indem hier gewissermaßen ein Mord ohne Mörder, eine Tat ohne eigentlichen Täter begangen wird; die gesamte aggressive Aktivität liegt allein in bestimmten Wünschen verborgen, die selber durch Verdrängung jeder bewußten Wahrnehmung entzogen sind. Die aggressive Wunschverdrängung setzt dabei sowohl heftige Gefühle der Abneigung voraus als auch eine starke Angst vor drohender Strafe. Psychoanalytisch sind solche Gefühle vor allem während der ödipalen Phase in dem Verhältnis eines Jungen zu seinem Vater anzunehmen, und es ist klar, daß ein Kind, das seinen Vater schon als Konkurrenten um die Liebe seiner Mutter haßt, sich noch weit intensiver an die Mutter binden wird, wenn es Grund hat, den Vater wegen seiner autoritären Machtentfaltung und diktatorischen Willkür in der Tat mehr als gewöhnlich zu hassen und zu fürchten. Die Mutter könnte ihre »zauberische« Ambivalenz zusätzlich aus solchen Abscheureaktionen des Kindes gegenüber seinem Vater erhalten, indem das Kind jeden Kontakt mit diesem Despoten und Familientyrannen meidet und ihn mindestens in der Phantasie am liebsten von der Bildfläche verschwinden läßt.

Sehr gut denkbar ist nun, daß das »Fehlen« des Vaters auch im Märchen von der ›Kristallkugel‹ wirklich einer solchen ödipalen »Magie« entstammt. Man müßte, wenn diese Annahme zutrifft, sich den »Vater« in etwa so vorstellen, wie Dostojewski den alten Karamasoff schildert (und wie er zum Teil autobiographisch seinen eigenen Vater erlebt hat[69]): als einen äußerst gewalttätigen, jähzornigen Patron, der definitiv beschlossen hat, in seiner Unzucht »bis zum Ende« zu leben, nach der Devise: »In Unzucht zu leben ist süßer als ohne sie.«[70] Den Gedanken an ein ewiges Leben verachtet Fjedor Pawlowitsch Karamasoff selbstredend, denn selbst wenn es ein ewiges Paradies geben würde, so geziemt es sich seiner Meinung nach »für einen anständigen Menschen« nicht, in ein solches Paradies zu gelangen.[71] Wie soll man mit einem solchen Ungeheuer von Mensch leben ohne die heftigsten Gefühle von Haß, Abscheu und Ekel? Man wird aber diese Empfindungen, eben weil sie so stark sind, nicht wirklich nach außen hin leben können, vielmehr wird man sie gegen sich selber richten, und auch von dieser Vaterambivalenz her ist die Psychologie des »Adlers«, des »Walfischs« und des »Flüchtlings« verstehbar.

Wenn etwa Iwan Karamasoff zwar nicht die Existenz Gottes, wohl aber die Weisheit der Weltordnung radikal in Zweifel stellt, so läuft seine gesamte Denktätigkeit letztlich doch auf eine magische Ermordung des Vatergottes, mindestens auf die Leugnung seiner Väterlichkeit hinaus; es erscheint am Ende fast als gleichwertig, ob man an Gott oder den Teufel glaubt; sein Bruder Dmitri hingegen weiß sehr wohl um die Heftigkeit seiner Mordwünsche gegen seinen Vater, ja er empfindet sich selbst als potentiellen Vatermörder, aber gerade deshalb haßt er sich selber, findet sein ganzes Leben in »Unordnung« und beschließt, für sein »Verbrechen«, stellvertretend für den eigentlichen Täter (seinen unehelichen Halbbruder und späteren Selbstmörder Smerdjakoff), in den Bergwerken Buße zu tun. Und Alescha? Er scheint in seiner Reinheit kaum zu verstehen, was Haß, Zwietracht und Zorn sind, und doch leidet er mit den Unglücklichen, wie wenn sie er selbst wären. Schließlich kann, wie das Beispiel des heiligen Franziskus zeigt, auch der Glaube an den gütigen Vater im Himmel einem elementaren Protest gegen die Monströsitäten des Vaters auf Erden entsprechen,[72] und es wäre sehr der Untersuchung wert, wieviel an latentem Vaterhaß die Berufs-»wahl« vermutlich der meisten Kleriker determiniert.[73]

Die magische Verzauberung, die dämonische Dominanz der Mutter im Märchen von der ›Kristallkugel‹ ließe sich jedenfalls noch besser verstehen, wenn man den rätselhaften Einfluß ihrer Person auf die »drei Brüder« durch ein erhebliches Quantum an Vaterhaß verstärkt denken würde. Gerade der Kontrast zwischen der drakonischen Wüstheit des Vaters und der fürsorglichen Liebe der Mutter könnte die Ambivalenz der inneren Zerrissenheit in Gestalt der »drei Brüder« wohl am besten verständlich machen. Denn so viel ist klar: besäße die Mutter nicht bei allem »Mißtrauen« und aller »Machtgier« zugleich auch äußerst liebenswerte Seiten, so wäre die Sehnsucht der Liebe, diese wichtigste Triebfeder seelischer Erlösung im weiteren Fortgang der Handlung durchaus nicht denkbar, und gerade die Zauberkraft der Mutter, die hintergründige Gefahr ihrer Güte, dürfte dem Umstand entstammen, daß die negativen Erfahrungen mit ihrem Vater die drei Söhne mit um so größerer Heftigkeit in die Arme ihrer Mutter treiben. Erst diese Überbindung an die Mutter macht ihren Einfluß offenbar so gefährlich.

Das Traumbild der ewigen Geliebten

In den ›Brüdern Karamasoff‹ gibt es im Grunde keinen der »drei Brüder«, der sich nicht auf seine Weise nach seiner Mutter sehnen würde. Iwans Generalanklage gegen eine Welt, in der unschuldige Kinder grausam gefoltert und gequält werden, ist, wenn auch noch so intellektualisiert, ein einziges Plädoyer für eine »mütterliche« Welt, und selbst die Macht- und Gewaltausübung der »Mutter Kirche« in Gestalt des »Großinquisitors« kann Iwan sich nicht anders vorstellen denn in Konsequenz eines zwar diabolischen, aber überfürsorglichen, barmherzigen Mitleids. Besonders Dmitri spricht die Sehnsucht nach dem reinen Bild seiner Mutter offen aus, wenn er inmitten seines Elends und seiner Schmach immer wieder sein Verlangen nach der »Schönheit« und der »Freude«, sein Verlangen nach Gott bekennt. Und auch Aleschas Hoffnung auf ein Paradies allseitiger Brüderlichkeit und universellen Verstehens trägt die deutlichen Züge einer ins Unendliche erweiterten »Mütterlichkeit«.

Etwas Ähnliches wird man auch im Märchen von der ›Kristallkugel‹ bei den »drei Brüdern« annehmen müssen; denn ohne das unendliche Verlangen dieser drei nach einem reinen Bild der Liebe inmitten aller Angst, Zerrissenheit und Einsamkeit gäbe es für alle Zeit nur die nicht endende Flucht vor sich selbst, ohne Aussicht auf Änderung und Wandlung.

Es gehört zu den großen Rätseln der menschlichen Seele, daß mitten im Unglück, ohne es zu wissen, ein Mensch, der nur aus Angst vor sich selbst zu bestehen scheint und in extremer Weise zwischen Geist und Trieb hin- und hergerissen wird, im gleichen Moment, während er noch sich selber durch Flucht zu entkommen sucht, doch bereits auf der Suche ist nach einem bestimmten Bild, das in seinen verborgenen Träumen lebt und nur darauf wartet, in der Person eines anderen Menschen Gestalt zu gewinnen. Es ist dies zugleich der Punkt, wo es gut ist, daß es die Märchen gibt. Denn nur den Märchen wohnt der unzerstörbare Glaube inne, daß bei aller Trockenheit und Ödnis des Lebens Märchen möglich sind, nur in ihnen lebt noch die Traumvision der Schamanen von goldenen Schlössern am Ende der Welt, und nur in ihnen wohnt die Kraft, die aus den Träumen Wahrheit werden läßt. Selbst die Tiefenpsychologie mutet an dieser Stelle mit ihren Erklärungen an wie eine stammelnde Stümperei, und ihre »Begründungen« der Liebe dienen mehr dem Zweck, die Illusionen einer unglücklichen Liebe zu zerstören, als die Zauberkraft der Liebe an sich selber zu erfahren oder zu ermöglichen.

Im Sinne der Psychoanalyse Sigmund Freuds etwa beruht die Verzauberung der Liebe zu einer Frau, sofern sie nicht überhaupt als eine kurzzeitige Trübung der Vernunft, als eine List der Natur zur Durchsetzung ihrer genetischen Zwecke erscheint,[74] auf den ungelösten Bindungen des Kindes an seine Mutter.[75] Die Gestalt aus Wunsch und Sehnsucht, die sich als Mutterimago der kindlichen Seele auf lebenslänglich einprägt, ist dabei freilich nicht ein bloßer Abdruck des elterlichen Vorbildes, vielmehr setzt sich das Traumbild späterer Liebe wesentlich aus der Art zusammen, wie das Kind auf die Person seiner

Mutter reagiert und seine Eindrücke verarbeitet;[76] nicht wie die Mutter »wirklich« ist, sondern wie sie von ihrem Sohn erlebt wird bzw. welche Wirkungen diese Erlebnisse in der kindlichen Seele hervorrufen, welche Ängste, Enttäuschungen, Hoffnungen, Wünsche, Sehnsüchte, Erwartungen usw. von ihnen ausgelöst werden, entscheidet darüber, welch ein »Typ« von Frau dem Mann im ferneren Leben als attraktiv und liebenswert, als ängstigend und abstoßend oder als verlockend und gefährlich zugleich erscheinen wird.

Im Sinne der komplexen Psychologie C. G. Jungs steht hinter der »Mutterimago« nicht allein die individuelle Erfahrung des Kindes mit seiner eigenen Mutter, sondern der Archetyp der Mutter, der Niederschlag der kollektiven Erfahrungen der menschlichen Art mit »dem Weiblichen«;[77] zudem wird das Sehnsuchtsbild der Liebe im Leben eines erwachsenen Mannes wesentlich von der »anima« geprägt – einer Verkörperung all jener Erlebnisinhalte, die auf dem Wege der eigenen gesellschaftlichen Berufsanpassung und seelischen Differenzierung unberücksichtigt im Unbewußten liegengelassen oder verdrängt werden mußten.[78] Doch obwohl C. G. Jung immer wieder die Rätselhaftigkeit und Unbegreifbarkeit der »anima« betont hat,[79] geht doch das Entscheidende der Liebe in seinen Begriffen vom kollektiven Unbewußten unter: das Wunder der völlig einmaligen Begegnung zweier Seelen, die nach Jahrzehnten des unbewußten Suchens nach einander plötzlich sich finden und auf ewig untrennbar miteinander verschmelzen möchten und müssen. Während die Freudsche Begründung der »magischen« oder »hypnotischen« Verzauberung der Liebe eher ein neurotisches Übertragungsphänomen beschreibt (bzw. die Komplementarität bestimmter »Scripts« in der Transaktionsanalyse feststellt[80]), löst die Schule C. G. Jungs das Geheimnis der Liebe in einen Kollektivtraum auf. In beiden Fällen hat man eher eine unpersönliche Mechanik vor Augen als das Geschehen, das die Liebe eigentlich ausmacht: Diese ungeheure Mischung aus Gleichheit und Fremdheit, aus Ähnlichkeit und Unterschiedenheit, aus unendlicher Faszination und höchstmöglicher Freiheit, aus traumhafter Ichverlorenheit und doch vollkommener Identität mit sich selber.[81] Die Märchen sind gewiß kollektive Traumerzählungen; aber was sie meinen, wenn sie in immer neuen Varianten das ewige Märchen der glückselig Liebenden erzählen, ist eine Verschmelzung zweier Personen zu einer Wesenseinheit, in der selbst die schicksalhafte Notwendigkeit, die vollkommene Unausweichlichkeit der Liebe, nicht wie ein fremder Zauber, sondern wie die Fügung eines wohlmeinenden persönlichen Gottes erscheint, der sich am machtvollsten ausspricht, wo Menschen am tiefsten in das Element eintauchen, das er selber ist: in die Unendlichkeit der Liebe.

Vielleicht kann ein kleiner Ausflug in die ägyptische Mythologie verdeutlichen, wovon die Zaubermärchen im Grunde sprechen möchten, wenn sie, wie das Märchen von der ›Kristallkugel‹, davon berichten, daß ihr »Held« wie schicksalhaft dem Traumbild seiner Liebe bis ans Ende der Welt folgen muß und kein Abenteuer scheut, um am Ziel eines langen Weges zugleich mit der Geliebten sich selber zu erlösen. Die alten Ägypter waren der Meinung, ein Mensch komme nicht einfach als Kind seiner Eltern auf die Welt,[82] vielmehr habe zuvor der widderköpfige Gott Chnum sein himmlisches Urbild auf der Töpferscheibe gestaltet; die irdische Existenz eines Menschen erscheint in dieser Vorstellung gewissermaßen nur als die Leihgabe eines vollendeten Kunstwerkes an die Fährnisse der Zeit.[83] In jedem einzelnen lebt zudem nach ägyptischer Anschauung eine »Ka-Seele«,[84] welche die individuelle Existenz mit dem Strom des universellen Lebens verbindet – alles, was Leben gibt und am Leben erhält, ist »Ka«, und wenn der Begriff der anima in der Jungschen Tiefenpsychologie einen Bereich des kollektiven Unbewußten bezeichnet, so entspricht wohl am ehesten die ägyptische Lehre von der Ka-Seele der Sphäre von animus und anima. Aber die Ägypter wußten vor allem um das Geheimnis der Individualität und drückten es aus in dem Glauben an die »Ba-Seele«,[85] die, wie der »goldene Vogel« der Märchen,[86] unsichtbar in einem jeden Menschen lebt, im Tod aber sich aus der Hülle der irdischen Existenz zum Licht der Sterne erhebt und zurückkehrt in ihre ewige Heimat. Diese Seele, deren vogelgestaltiges Bild auf den Abbildungen gern das Antlitz des Verstorbenen trägt, ist die eigentliche Trägerin der Liebe und des Lebens, das den Tod besiegt. Die Göttin Isis selber hockte der Überlieferung nach wie ein Sperberweibchen brütend über dem toten Körper ihres ermordeten Gatten und Bruders Osiris, ehe sie von ihm den Sohn Horus empfing, den Rächer und Nachfolger seines Vaters auf dem Thron der Pharaonen.[87] Es ist, zufolge dieses Mythems, die Allmacht der Liebe, die den Tod besiegt, oder, christlich formuliert, es ist die Erkenntniskraft der Liebe, in der sich die Unzerstörbarkeit, die Unsterblichkeit der Geliebten enthüllt.[88] – So seelenvoll durchgeistigt, so getragen vom Atem der Ewigkeit, so unvertauschbar einmalig ist zwischen zwei Menschen das Wunder der Liebe, meinten die Ägypter, etwas unbedingt Personhaftes und Personales, dem alles Kollektive fremd ist.

Noch ein anderes Mißverständnis, das sich von der Tiefenpsychologie C. G. Jungs her nahelegen könnte, gilt es an dieser Stelle zu vermeiden: den Glauben, daß die Liebe *im wesentlichen* eine Begegnung mit sich selber sei.

Mit den Augen C. G. Jungs gesehen, scheint das Märchen von der ›Kristallkugel‹ der klassischen Symbolfolge der meisten Individuationsprozesse voll und ganz zu entsprechen: eine Jungfrau, die »anima« der eigenen Psyche, muß in der jenseitigen Welt (des Unbewußten) gesucht und »gerettet«, also zum Bewußtsein zugelassen werden; ein solcher Versuch selbst ist schwierig und gefährlich, aber er kann, nach vielfachem Scheitern, doch gelingen.[89] An dieser Sicht der Dinge ist sehr viel Richtiges und Berechtigtes, und man kann es nicht klar genug hervorheben: Immer ist eine wahre Liebe in der Tat auch ein Finden der eigenen Seele, eine Einkehr und Rückkehr zu sich selbst, eine neue Geburt, eine Rettung aus der Unterwelt, und immer ist die Langgesuchte die schicksalhaft Geliebte, die von Gott »Zugeführte«,[90] all dies zugleich und ineins: Heimat ist sie und Haus, Mutter und Engel, Schwester und Priesterin, und niemals gehört man sich selbst mehr als in der Ausgegossenheit des Herzens, in der seligen Selbstvergessenheit der Liebe. Vor allem im Märchen von der ›Kristallkugel‹, in der Geschichte dieses innerlich ganz und gar selbstflüchtigen, durch und durch entwurzelten und heimatlosen, dieses getriebenen und ausgelieferten, dieses zutiefst »Dostojewskischen« Menschen kann es auf Erden nur *eine* Kraft der Heilung geben: die Liebe zu einer Frau, die er sucht wie eine Königstochter aus einer anderen Welt. Aber es ist nicht möglich, daß dieser Prozeß gewissermaßen nur im eigenen Inneren allein durch Meditation und Selbstbebrütung sich ereignet. Gewiß, um ein Beispiel C. G. Jungs zur Verdeutlichung seiner Archetypenlehre zu gebrauchen: Jeder Webervogel trägt in sich den fertigen Bauplan seines Nestes – er lernt ihn nicht, er existiert in ihm, noch ehe er aus dem Ei schlüpft;[91] und doch findet der Webervogel den Plan seines Nestes erst, indem er ein wirkliches Nest baut. Dabei ist der Bauplan des Nestes kollektiv – alle Webervögel der jeweiligen Art bringen das spezifische Schema ihres Nestbaus mit sich. Ganz anders gerade in der Liebe.

Der Gedanke selbst ist märchenhaft genug, um den Zaubermärchen adäquat zu sein, es trage ein jeder nicht nur das eigene himmlische Wesensbild in seiner Seele, sondern er wisse gleichursprünglich in seinem Herzen auch um das Seelenbild seiner von Ewigkeit her Geliebten. Alles kommt dann darauf an, die Schönheit und Wahrheit dieses Gedankens nicht durch mechanistische oder kollektivistische Theorien zu verderben. Es ist ein ganz und gar personhaftes, individuelles, nur in einem einzigen Menschen zu erfüllendes Versprechen der Liebe, mit dem ein Mensch zur Welt kommt, und das Gelingen seines ganzen Lebens hängt davon ab, diesen einen Menschen zu finden; ihn aber, diesen einen, muß es wirklich geben, nicht nur als ein Gebilde aus Luft und Nebel, es muß ihn geben auch im Sinne der äußeren, bewußtseinsunabhängigen Realität. Wohl: Alles, was man an einem anderen Menschen lieben wird, wonach man bei ihm sucht und was man bei ihm immer tiefer und beseligender finden wird, ist immer auch ein Teil der eigenen Seele; wäre es nicht so, bliebe der andere uns völlig fremd und vermöchte niemals die Faszination auf uns auszuüben, die zur Liebe gehört – er ginge uns schlechterdings nichts an. Die Liebe hingegen ist gerade darin stark, daß sie das Eigene, nicht Gelebte, das Geschwisterbild des eigenen Ich in der Geliebten wiedererkennt, und so *muß* man sie finden, die Geliebte vom Gläsernen Berg, um zu sich selber zu gelangen. »Meine Schwester«, sagte deshalb im Alten Ägypten der Liebende zu seiner Geliebten,[92] um diese Seelenverwandtschaft der Liebe, diese Wesensverschwisterung im Ursprung der Suchwanderung zum »Schloß der goldenen Sonne« zu bezeichnen. Und wenngleich man in diesem »Schloß« auf dem »Gläsernen Berg« tiefenpsychologisch zweifellos auch einen Teil des eigenen Unbewußten erkennen muß, so sagt das Bild des Märchens von der ›Kristallkugel‹ doch auch an dieser Stelle etwas von der Liebe selber aus: der »Gläserne Berg« ist in den Mythen der Himmel, der Ort, an dem die Sonne zum Zenit steigt,[93] und die Symbolsprache des Märchens entstammt hier gewiß den Vorlagen der alten Naturmythologie mit ihren Erzählungen von der Hochzeit des Lichts, der Vermählung von Sonne und Mond auf dem Glasberg des Himmels. Sollte es so falsch sein, zu denken: Wirklich verfüge die Liebe über die Kraft, uns mitten im Leben, wenngleich noch auf Erden, geradewegs in den Himmel zu versetzen? Und schon jetzt schließe die Liebe uns die Wände der Endlichkeit auf und öffne die Pforten des Himmels zu dem reinen Licht unserer ewigen Bestimmung, zum Haus der Sonne, in dem die Geliebte wohnt? Ist sie doch selber in ihrer Gestalt und in ihrem Wesen so weit wie das Meer und so hoch wie die Wolken, so unendlich nah und so unendlich fern, so inwendig stark und so magisch bezaubernd! Wenn irgend es einen Himmel auf Erden gibt, einen wahren Ort des Paradieses, so in der Gegenwart der Geliebten, dieses einzigen reinen Abbildes Gottes im Herzen des Liebenden. Und die einzige Frage des Lebens ist nur, wie man sie findet, die einzigartig Zauberhafte, die unvergleichlich und unendlich Schöne, die lebende Pforte zum Geheimnis des Himmels.

Der Wünschhut der Riesen

Vermutlich ist es das größte psychologische Gebrechen (und das womöglich sogar moralisch größte Verbrechen) der bürgerlichen Gesellschaft, daß sie die Liebe in Gestalt der Ehe zu einem Normalfall sozialer Anpassung erklärt hat. Irgendein Zwanzigjähriger geht mit seinem Mädchen zum Standesamt und erwirbt dortselbst eine Urkunde, die ihn höchsteigentlich befähigt, bis zum achtzigsten Lebensjahr einen anderen Menschen sein »eigen« zu nennen,[94] und eben dieser vermeintliche Eigentumsanspruch auf das Leben eines anderen verbrieft ihm das Recht, in Sachen der Liebe ausgelernt zu haben, noch ehe er überhaupt anfängt, wirklich zu leben. Ehrlicherweise kann man nicht beides zugleich haben: eine bürokratische Beruhigung des Daseins im institutionell gesicherten Hafen der Ehe und das romantische Wissen der Märchen um das absolute Wagnis des Lebens, um das göttliche Geheimnis ständiger Verliebtheit, um das äußerste Abenteuer, das der Liebe innewohnt. Vielleicht sind es wirklich nur die nicht zu früh Beruhigten, die – ob in oder außerhalb der Ehe – Weitersuchenden, die Unruhig-Zerrissenen, die »Dostojewskischen« Menschen, die sich, wie im Märchen von der ›Kristallkugel‹, durchaus nur mit einer »Lösung« der Liebe zufriedengeben, die dem Urbild ihrer Sehnsucht entspricht, und so lange werden und müssen sie suchen, bis sie der Traumgestalt ihres Herzens begegnen. Ein ständiger Mut, eine heilige Nervosität, eine fast lebenslängliche Unbedingtheit des Suchens bis an die Grenzen des »Waldes«, der scheinbaren Aussichtslosigkeit und vermeintlichen »Abwegigkeit«, treibt diese Romantiker der Liebe, diese unendlich Liebenden an, und schwerlich scheinen sie gemacht, um sich in den Festlegungen des Endlichen zu beruhigen.[95] Sie, die nicht leben können ohne die Wogen eines starken Gefühls, ohne den Taumel der Begeisterung, ohne den Jubel des Entzückens, hören nie auf, Suchende zu bleiben, selbst wenn sie gefunden haben, vielmehr wird ihnen die Liebe selbst zum Ansporn, die Geliebte nur immer noch tiefer kennenzulernen, und wiederum geschieht es, daß die wachsende Erkenntnis des Wesens, der Wahrheit und der Würde der Geliebten die Gründe der Liebe nur immer noch weiter vermehrt – ein Ring des Glücks, der in alle Ewigkeit kein Ende findet. Nie wird im Bannkreis dieser wechselseitigen Steigerung von Liebe und Erkennen, von Erkennen und Liebe die wachsende Vertrautheit zur dreisten Vertraulichkeit, der ständige Alltag zur grauen Alltäglichkeit, die täglich sich vertiefende Gewöhnung aneinander zur Gewöhnlichkeit, sondern es formt sich ein magischer Kreis wechselseitig sich steigernder Faszination – ein »Wünschhut« der Liebe, wie das Märchen von der ›Kristallkugel‹ diesen Ring des Glücks einer immer größeren Annäherung symbolisch nennt.

Tiefenpsychologisch kann man auch bei dem recht häufigen Märchenmotiv eines solchen Wünschringes, Wünschsattels oder Wünschhutes vor stereotypen Verallgemeinerungen nur warnen. Von seiten der Freudschen Schule wird man in diesen Symbolen ausnahmslos »sexuelle« Anspielungen erkennen, wobei speziell der »Hut« mal als männliches, mal als weibliches Symbol zu deuten ist[96] – »unter die Haube zu kommen« wäre in diesem Sinne ein Bild für den sexuellen

Verkehr, und besonders die Vorstellung vom »Fliegen« an jeden beliebigen Ort ließe sich mit dem entsprechenden orgiastischen Erleben der Sexualität in Verbindung bringen.[97] In der Schule C. G. Jungs wäre der »Hut« seiner kreisrunden Form wegen zweifellos als ein Mandala-Symbol, als ein Bild des »Selbst« zu verstehen,[98] nicht anders als später die Kristallkugel, auf die er symbolisch bereits hinweist. Aber man muß sich hüten, bei solchen an sich richtigen, aber sehr abstrakten Begriffen und Redewendungen stehenzubleiben – sie sind selber eher »Wünschhüte« für jede mögliche Deutungsrichtung als eine wirkliche Interpretation.

Was das Symbol des »Hutes« angeht, so kann vielleicht ein Bild von Hieronymus Bosch die einfache Bedeutung dieser Chiffre veranschaulichen. Auf dem berühmten Triptychon ›Der Garten der Lüste‹[99] ist auf der rechten Seite, der Darstellung der Hölle, ein bleicher, verstohlen-lüstern blickender »Baummensch« zu sehen, den manche für ein Selbstbildnis des Malers halten wollten;[100] der Kopf dieses Mannes trägt einen riesigen kreisrunden Hut, dessen Aufsatz von einem mächtigen Dudelsack gebildet wird, den widerwärtige Vogel-, Fisch- und Eierungeheuer mit nackten Menschen an den Händen zu der unsichtbaren (wollüstigen) Musik des Dudelsacks im Kreis umtanzen. Samt und sonders, will dieses Bild offenbar besagen, »dreht« sich das Denken dieses zerquälten, zerrissenen Mannes um nicht endende sexuelle Phantasien, die als abgespaltene, sündige, ekelhafte, ängstigend-faszinierende Obsessionen seine ganze Vorstellungswelt ausmachen; selber vegetiert dieser »Baummann« mehr vor sich hin, als er existiert – ein echtes Konterfei der Hölle. Wendet man dieselbe Symbolik des »Hutes« indessen ins Positive, so entsteht vor den Augen des Betrachters eine selige Gefangenschaft aller Gedanken im Bannkreis der Liebe – gerade so, wie das Märchen von der ›Kristallkugel‹ sie beschreibt, ist doch die ferne, die überirdisch Geliebte, die Schöne vom Schloß der goldenen Sonne das einzige Sinnen und Trachten des »dritten Sohnes«. Eine andere Bedeutung braucht man mit dem Symbol des »Hutes« an dieser Stelle zunächst deshalb auch nicht zu verbinden.

Eigentümlicherweise aber befindet sich dieser »Wünschhut« der Liebe, dieses magische Kreisen aller Wünsche und Vorstellungen um die Geliebte, zunächst in den Händen zweier Riesen, die einander bekämpfen. Es ist kaum anders denkbar, als daß in diesen »Riesen« eine gewandelte Form des alten Urgegensatzes von »Adler« und »Walfisch« zum Vorschein kommt, nur jetzt auf einer neuen Stufe der psychischen Entwicklung.[101] Die beiden ursprünglichen Ungeheuer, die verzauberten Brüder, erscheinen nach wie vor als unbeherrschbare, unvernünftige, einander bekämpfende Kräfte im Rohzustand – die Ungeschlachtheit gehört zu ihrem Wesensmerkmal; und doch kommt es einem gewissen Fortschritt gleich, daß die beiden großen Antriebsenergien (Geist und Sinnlichkeit) für den Moment ihr tierisches Äußeres gegen eine menschenähnliche Gestalt eingetauscht haben; auch daß ein wirkliches Gespräch zwischen dem Ich und seinen beiden »Schattenbrüdern«[102] stattfindet, weist unwiderleglich auf einen höheren Grad an innerer Reife und Differenzierung hin. Gleichwohl ist das Problem der »Riesen« außerordentlich schwer zu lösen: Sie sind es, die den »Wünschhut« in Händen halten, und man bedarf ihrer unbedingt, wenn man auf dem Weg der Liebe vorankommen will. Andererseits führen die »Riesen« einen unsinnigen Kampf um diesen »Wünschhut«, den prinzipiell keiner von beiden gewinnen kann: Es darf nicht sein, daß einer von beiden isoliert für sich versuchen würde, die Geliebte in Besitz zu nehmen; denn weder das »Adlerdenken« noch die Triebhaftigkeit des »Walfischs« hat etwas mit Liebe zu tun. Und dennoch, sosehr die beiden »Riesen« sich um den »Wünschhut« auch streiten mögen, sind sie *gemeinsam* die eigentlichen Besitzer der einzigartigen Fähigkeit, aus der Sehnsucht der Liebe einen Weg des Lebens zu formen und das Bild der ewigen Geliebten zur Vorlage der Suchwanderung ins Zauberreich der Liebe zu nehmen. Wohlgemerkt, keiner der beiden Riesen käme für sich auf die Idee, sich zum Schloß der goldenen Sonne zu begeben; der bloße Intellekt würde ebenso wie die bloße Triebhaftigkeit ihre gewaltigen, ungebärdigen und ungebändigten Energien weiter verströmen, und alles kommt darauf an, daß sie ihre gemeinsame Macht, den »Wünschhut«, aus der Zerrissenheit dem Ich übergeben. Wie aber kann das ohnmächtige, schwache Ich Herr über die »Riesen« werden? Die Antwort des Märchens ist an dieser Stelle, mit Verlaub gesagt, genial zu nennen.

Beim ersten Lesen der Erzählung hat es den Anschein, als handle es sich bei dem Sieg des »dritten Bruders« über die »Riesen« um ein simples Betrugsmanöver, und man denkt unwillkürlich an die Überlieferung der germanischen Mythologie, wie der tricksterähnliche Gott Loki[103] nach dem Bau der Burg Asgard einen Riesen um seinen Lohn zu betrügen suchte, indem er ihm verweigerte, was er versprochen hatte: die Sonne und die Göttin Freya.[104] Tatsächlich wird man in der Königstochter vom Schloß der goldenen Sonne auf dem gläsernen (Himmels-)Berg eine späte »Tochter« der Göttin Freya sehen können; aber gerade der Vergleich mit der germanischen Mythologie macht den entscheidenden Unterschied deutlich: An sich müßte es darum gehen, den rohen Triebkräften, den »Riesen«, das Bewußtsein (die »Sonne«) und die Liebe (die Gemahlin Odins, Freya) zu schenken; wenn aber das Ich versucht, sich an seinen eigenen Antrieben vorbeizumogeln, kann eine solche »List der Vernunft«[105] nur katastrophische Folgen zeitigen: der uralte Kampf zwischen den »Göttern« und den »Riesen« beginnt von neuem und wird am Ende den Untergang der ganzen Welt, den Untergang sogar der »Götter« heraufführen. Demgegenüber schlägt das Märchen von der ›Kristallkugel‹ im Umgang mit den »Riesen« einen Mittelweg vor, der objektiv zwar verhindert, daß ihnen die Geliebte zur wohlfeilen Beute wird, subjektiv aber durchaus nichts Betrügerisches an sich hat. Wenn die »Riesen« von dem »dritten Sohn« schließlich um den kostbaren »Wünschhut« geprellt werden, so ist es eigentlich die Liebe selber, die diesen »Betrug« an den »Riesen« bewirkt. Und eben das ist es, was das Märchen der verängstigten Seele des so zerrissenen »dritten Sohnes« empfiehlt: einfachhin sich dem Traum der Liebe bis zur Bewußtlosigkeit, bis zum wörtlichen »Vergessen« der »Riesen« zu überlassen.

Im Bewußtsein kann es kaum anders sein, als daß sich auf dem Weg zur Liebe all die abgespaltenen Kräfte der Seele wie feindliche und ängstigende Widersacher in den Weg stellen: Soll man inmitten der seelischen Zerrissenheit hoffen, eines Tages auf dem Wege des Intellekts – zum Beispiel durch glänzende Prüfungen, hervorragende Leistungen, durch Ansehen, Macht und Erfolg – die Zuneigung der Traumgeliebten zu erringen? Dann müßte der »Riese«, in dem die »Adler«-Existenz fortlebt, so schnell wie möglich die Welt des Gefühls, den »Walfisch-Riesen« zu überholen suchen, um in den rechtmäßigen Besitz des »Wünschhutes« zu gelangen. Oder soll man auf den »Riesen« der Gefühle, der tiefen Leidenschaft, der vitalen Triebimpulse setzen? Dann müßte man förmlich wünschen, die geistigen Skrupel, die Zerstörungsarbeit des Geistes, das hemmende Nachdenken möglichst bald hinter sich zu lassen. Auch der »dritte Sohn«, das eigene Ich, vermag bezeichnenderweise von sich aus nur in derselben Alternative zu denken; er vermag die »Riesen« in ihrer Einseitigkeit weder zu bekämpfen noch zu versöhnen; er kann ihren Widerstreit nur als Tatbestand (meist jahrzehntelanger Erfahrung) hinnehmen und versuchen, das Beste daraus zu machen, indem er die beiden so verschiedenen Kräfte seiner Seele zu einer Art geordneten Wettkampfes aneifert, hoffend, daß auf diese Weise die psychischen Antagonismen wie von selbst einer Entscheidung zutreiben können. Doch gerade weil er die »Riesen« subjektiv weder zu bekämpfen noch zu hintergehen trachtet, ja weil er beinahe wie ein ehrlicher Makler zwischen ihnen auftritt, behält er den Kopf frei für sein einzig wirkliches Interesse, für seine träumerische Liebe. Die ständig quälende »Adler«-Frage – wer muß ich sein, wie hoch muß ich hinaus, was gilt es zu erreichen, um liebenswert und attraktiv zu werden – tritt ebenso zurück wie die ängstigende »Walfisch«-Frage: Was muß ich vermeiden, wovor muß ich mich hüten, was bedroht mich »von unten«? Und an die Stelle beider Fragerichtungen tritt zum erstenmal die Überlegung, die dem »Wünschhut« einzig gemäß ist: Wohin möchte ich selber, was ersehne ich am meisten, woran möchte ich selber mein Herz hängen? Wenn es etwas gibt, das die innere Zerrissenheit heilen könnte, meint dieses Märchen, so ist es offenbar diese Traumverlorenheit der Sehnsucht und der Liebe. Es handelt sich um eine Erfahrung, die in gleicher Weise jeder Psychotherapie zugrunde liegt:[106] nichts gilt es – oft über Jahre hin – zu »machen«; vielmehr kommt es »nur« darauf an, die Welt der »Riesen« mit ihren Ängsten und Überforderungen weder zu bekämpfen noch zu betrügen, sondern »einfach« hinter sich zu lassen. Das an sich so hilflose, schwache Ich verfügt doch über alle Möglichkeiten, wenn es sich bedenkenlos, wie selbstvergessen, der Welt seiner Träume überläßt und nichts anderes mehr vor sich sieht als das geschwisterliche Urbild der Geliebten im eigenen Herzen. Nur diese »Magie« der Liebe »trägt«, weil man, anders als in den magischen Ritualen, gar nichts auf Erden mehr beabsichtigt außer der Verbundenheit mit der Geliebten selber. Es ist die Zeit, in der das Wünschen hilft: Es klärt die eigene Seele, und es trägt »immer weiter«, bis daß man anlangt am Schloß der goldenen Sonne und das Herz geläutert genug ist, um dem Himmel nahe zu sein.

Der Zauberspiegel der Schönheit
oder: Die wahre Gestalt der Geliebten

So seltsam ist es eigentlich nicht, daß Menschen, die in sich schon kompliziert genug sind, unfehlbar für ihr Leben nur einen Menschen suchen und liebgewinnen werden, dessen Seele ähnlich vielschichtig organisiert ist wie sie selbst. Vermutlich sind es zwei Gründe, die daran mitwirken.

Zum einen ist die Vorstellung zu simpel, eine wirklich große Liebe beruhe auf einer bloßen Verwandtschaft der Seelen, denn das tut sie zwar, aber es muß zu dem Faktor der Gleichheit mindestens ein ebenso starker Faktor der Unterschiedenheit hinzutreten. Das »Geschwisterbild« der Liebe tritt zumeist in Erscheinung, indem zwei Menschen gewissermaßen ringförmig, von gemeinsamen Voraussetzungen her zunächst bis zur extrem spiegelbildlichen Gegensätzlichkeit sich auseinanderentwickeln, dann aber, von einem bestimmten Lebensalter an, um so intensiver aufeinander zuwachsen. Jeder von beiden tritt dann gewissermaßen als Retter des anderen auf – alles, was der eine entbehrt, lebt in dem anderen, der seinerseits förmlich verkörpert, was man selber zutiefst leben und sein möchte und doch bisher nicht zu realisieren vermochte; um so mehr bedarf man jetzt seiner, um mit sich selbst in Einklang zu kommen.

Dadurch erfüllt sich wie von selbst die zweite Bedingung einer solchen Liebe der wechselseitigen Erlösung. Denn das Gefühl, mit dem Einsatz der eigenen Existenz den anderen (bzw. sich selbst im anderen) retten zu können, ja unbedingt retten zu *müssen,* beruhigt die ständige Angst und das unvermeidliche Schuldgefühl, den anderen durch die eigene Person nur schädigen zu können. Insofern verdient es die größte Beachtung, daß beide Momente, die gegensätzliche Gleichheit und das Motiv der wechselseitigen Erlösung, im Märchen von der ›Kristallkugel‹ in vollendeter Weise in Erscheinung treten.

Die spiegelbildliche Kongruenz des »dritten Sohnes« und der »Königstochter« ergibt sich bereits aus der »Verzauberung«, unter der die beiden gleichermaßen leiden. Beide haben ihre menschliche Gestalt nicht verloren, aber beide sind in gewissem Sinne auf der Flucht vor sich selber. Der Fluch der Mutter hat es vermocht, daß der »dritte Sohn« in der Furcht lebt, als »Raubtier« allen anderen gefährlich zu sein; der Fluch des Vaters hat die »Königstochter« dahin gebracht, wirklich zu einer lebensgefährlichen Falle für einen jeden zu werden, der sich um sie müht. Dreiundzwanzig Männer, erzählt das Märchen von der ›Kristallkugel‹, haben bereits den Versuch gewagt, die Prinzessin vom gläsernen Berg von der Macht und dem Einfluß ihres Vaters zu befreien – sie alle sind kläglich gescheitert. So entsteht für die »Königstochter« das fast unauflösliche Paradox, daß sie einerseits mehr denn je sehnsüchtig auf ihren Erlöser harrt, aber auf der anderen Seite es nicht wagen darf, einen Mann, den sie wirklich liebgewinnen könnte, dem Risiko ihrer Liebe auszusetzen.[107] Gerade wenn jemand es wagen sollte, sich in ihre Nähe zu trauen und tiefere Gefühle der Zuneigung und Verbundenheit in ihr zu wecken, wird augenblicklich die Angst sie heimsuchen, den anderen tödlich zu gefährden; lieber wird sie deshalb in ihrer Unerlöstheit verharren, als den Geliebten zu verletzen oder zu schädigen. Gerade denjenigen, den die »Königstochter« am meisten liebt, wird sie daher versucht sein, am ehesten wegzuschicken, nur um ihn vor ihr selber zu bewahren. Es ist klar, daß es eine Rettung aus diesem Dilemma der Angst in der Tat nur gibt, wenn der »Königstochter« jemand begegnet, der auf seine Weise dasselbe Problem mit sich herumträgt, und stünde es nicht von vornherein fest, daß beide, der »dritte Sohn« und die Königstochter, einander absolut auf Sein oder Nichtsein bedürfen, so würde wohl keiner von ihnen sich getrauen, dem anderen bedingungslos die eigene Existenz zuzumuten.

Dabei scheint der »Königssohn« zunächst in der ungleich günstigeren Position – er tritt auf mit dem Anspruch des Helden und Retters. Doch der Schein trügt, und man müßte um seine uralte Wolfsangst nicht wissen, um seinen Mut nicht als Mut der Verzweiflung zu er-

kennen. Freilich vermeint er, wie blind vor Liebe, zunächst nur, die
»Prinzessin« vom Schloß der goldenen Sonne zu retten; aber es
wird nicht viel Zeit verstreichen, bis er merkt, daß er durch die Königstochter« mindestens in gleichem Maße von seiner eigenen Mutter erlöst wird, wie er diese von ihrem Vater befreit.

Es ist die alte Preisfrage aller tieferen psychotherapeutischen Beziehungen, wer eigentlich wem am meisten hilft: der Therapeut seiner »Klientin« oder die Klientin ihm. Am Ende, wenn die Liebe siegt, wird man nur sagen können, daß man sich wechselseitig zum Dasein verholfen hat, als würde jeder noch einmal des anderen Vater und des anderen Mutter.[108] Man mag von außen vielleicht über solche »Verflechtungen« lächeln oder sie unter den praktischen Begriffen von »Übertragung« und »Gegenübertragung« abhandeln;[109] aber wenn die »technische« Seite der »Therapie« nicht mehr auslangt, weil es nicht mehr um »Heilung«, sondern um »Erlösung« geht, wie sollen dann Menschen anders zueinander finden als unter dem Einsatz ihres Lebens, das sie entweder gemeinsam für immer verlieren oder gemeinsam auf ewig gewinnen? Es gehört jedenfalls ein bewundernswerter, auch echter Mut dazu, wenn der »dritte Sohn« gerade mit seiner Angst und Zerrissenheit entschlossen genug das Wagnis eingeht, die »Königstochter«, deren Liebe so viele vor ihm schon vergeblich zu erringen suchten, von ihrer unheilvollen »Verhextheit« zu befreien. Freilich: was er sich da vornimmt, ist kein geringes Werk.

Denn während bei dem »dritten Sohn« selber die Zerrissenheit des Geistes im Mittelpunkt seiner Problematik steht, so leidet die »Königstochter« zutiefst an der Ambivalenz der Schönheit. Schon dieses Spannungsgefälle selbst ist in sich zweideutig. Thomas Mann hat in den ›Bekenntnissen des Hochstaplers Felix Krull‹ die zynische Seite dieses Konfliktes gesehen und angedeutet, wenn er die exzentrische Diane Philibert dem »nichtigen«, aber schönen Felix gegenüber die sozusagen masochistische Theorie der Schönheit vorphilosophieren läßt: »Der Geist ist wonnegierig nach dem Nicht-Geistigen, dem Lebendig-Schönen dans sa stupidité, verliebt, oh, so bis zur Narrheit und letzten Selbstverleugnung und Selbstverneinung verliebt ist er ins Schöne und Göttlich-Dumme, er kniet vor ihm, er betet es an in der Wollust der Selbstentsagung, Selbsterniedrigung, und es berauscht ihn, von ihm erniedrigt zu werden.« – »Alle Schönheit ist dumm, weil sie ganz einfach ein Sein ist, Gegenstand der Verherrlichung durch den Geist.«[110] Diane erkennt selber, daß sie letztlich mit Betrachtungen dieser Art nur den Ödipuskomplex aus der Sicht der Mutter »rechtfertigt«: Sie als erwachsene Frau verkörpert den Geist, die Lebenserfahrung, die Vernunft, wohingegen der geliebte »Knabe« in seiner ewig jugendlichen Schönheit nur einfach »ist«. – »Und ihr? Was wollt ihr mit unseren Brüsten ... unserem Schoß ...? Wollt ihr nicht nur zurück zu ihnen ...? Ist es nicht die Mutter, die ihr unerlaubterweise im Weibe liebt?«[111]

Stünde es so zwischen der »Königstochter« und dem »dritten Sohn« (nur seitenverkehrt, indem der »Sohn« hier die Rolle des »Geistes« übernähme), so wäre in der Tat das Resümee einzig so zu ziehen, wie Thomas Mann es tut: »Die Liebe ist verkehrt durch und durch, sie kann gar nicht anders sein als verkehrt.« Glücklicherweise aber verhält es sich weder mit der »Schönheit« so geistlos, wie Diane Philibert es meint, noch ist der »Geist« so »unschön«, daß er sich nur zerstören könnte, um die Schönheit zu erringen; es wird vielmehr gerade darauf ankommen, die Schönheit als Ausdruck der Seele sehen zu lernen und den Geist als Wahrheit des Schönen zu leben – allerdings: bis dahin ist der Weg noch lang. Gleichwohl enthält die Beziehung, die Thomas Mann zur »ödipalen« Seite der Schönheit herstellt, für das Verständnis der verzauberten Prinzessin auf dem Schloß der goldenen Sonne einen an sich sehr wichtigen Hinweis.

Denn was bedeutet es für ein Mädchen, schön, auffallend schön, ja unvergleichlich schön zu sein? An sich einen unschätzbaren Vorzug, sollte man denken, wenn man die unter Umständen verwöhnenden und allzu nachsichtigen Reaktionen der Umwelt einmal beiseite stellt, die einem schönen Mädchen (oder, später, einer schönen Frau) manches gibt und vergibt, was sonst nur ungleich mühsamer erworben bzw. umgekehrt weil strenger geahndet würde. Die Schönheit eines Mädchens aber kann und muß wie ein Fluch wirken, wenn der eigene Vater sie durch seine übermächtige Person im Bann hält, und gerade diese Möglichkeit liegt im Märchen von der ›Kristallkugel‹ allem Anschein nach vor.

Es verdient bereits Beachtung, daß bei dem »dritten Sohn« von Anfang an die »Mutter« eindeutig als »Zauberin« namhaft gemacht wird; bei der »Königstochter« hingegen ist nur sehr allgemein von dem »Zauberer« die Rede. Es leidet an und für sich keinen Zweifel, daß dieser »Zauberer« der Vater der schönen Königstochter ist; aber es scheint eine merkwürdige Scheu in dem Märchen zu bestehen, den eigenen Vater als eine Art »Hexenmeister« zu entlarven und sich die Tragik der Vaterbeziehung in vollem Umfang deutlich zu machen.[112] Um so heftiger wird die Vaterambivalenz der Königstochter sein, und es ist nur desto mehr die Frage, wie man sich die Beziehung zwischen Vater und Tochter näherhin denken muß.

Wie es möglich ist, daß ein Vater seine Tochter mit Angst und Schuldgefühlen verunstaltet, läßt sich gewiß auf vielfältige Weise ausmalen; zu dem Problem der »Königstochter« auf dem »Gläsernen

Berg« aber paßt nur ein Verhalten seitens des Vaters, das sich zentral gegen die Schönheit der Königstochter als Frau richtet.[113]

Als Beispiel für eine solche Beziehung mag man etwa an einen Vater denken, der seine Tochter auf das herzlichste liebt, aber selber – ähnlich der Mutter des »dritten Sohnes« – an schweren Selbstwertzweifeln und Minderwertigkeitsgefühlen leidet. Seine Tochter verehrt er abgöttisch als sein ein und alles, und er hält sie wirklich wie eine »Prinzessin« und werdende Königin – alles Vornehme, Schöne, Edle und Verehrungswürdige läßt er sich angelegen sein, ihrem Empfinden so rein und schön wie nur irgend möglich einzuprägen. Und in der Tat findet er all seine Sorgfalt und Mühe reich belohnt durch die blumengleich sich entfaltende Anmut und Schönheit seiner Tochter. Aber so sehr er auch in allen Belangen das Wohl dieser einzig geliebten, seiner wunderschönen Tochter zu fördern versucht, so läßt sich nicht übersehen, wie sehr er ihr gerade mit seiner Liebe und Obhut von einem bestimmten Zeitpunkt an im Wege stehen muß. Der entscheidende Punkt ist, daß die Tochter im Grunde an seiner Seite kein Recht zu einem eigenen Leben erhält, sondern die Rolle des idealen Ichs ihres Vaters zu übernehmen hat;[114] sie ist nicht nur der ganze Stolz, sie ist sozusagen auch das beste Aushängeschild ihres von Minderwertigkeitsgefühlen allerart geplagten Vaters; was dieser im Leben an Anerkennung und Wertschätzung trotz aller Anstrengungen nicht zu erreichen vermochte, das gerade muß seine Tochter ihm sein, schenken und bedeuten. Viel zu früh muß auf diese Weise die Tochter zur Partnerin, zur Helferin und Gefährtin ihres Vaters werden – eine Aufgabe, durch die jedes Mädchen sich ein Stück weit geehrt, aber noch weit mehr überfordert fühlen muß; aus dem wunderschönen Mädchen wird sehr bald eine Frau, die trotz ihrer Schönheit »uralt« und insgeheim erfüllt von Traurigkeit ist.

Es gilt an dieser Stelle des Märchens zu bemerken, daß – wie bei dem »dritten Sohn« der Vater – so hier bei der Königstochter die Mutter »fehlt«; und man muß auch hier wohl zu einem ähnlichen Schluß kommen wie in der Entwicklung des »dritten Sohnes«: daß nämlich die Mutter nicht erwähnt wird, weil sie auf magische Weise verdrängt oder »getötet« wurde. Der Traum der Tochter könnte es etwa sein, selber für den Vater die Aufgaben der Mutter zu erfüllen. Der Haß bzw. die Konkurrenz gegenüber der Mutter kann dabei unter Umständen so groß werden, daß die Mutter tatsächlich von Vater wie Tochter als »nicht-existent« betrachtet wird, und man muß in diesem Falle voraussetzen, daß sich die (ödipalen) Bande zwischen beiden in der gemeinsamen Ablehnung der Mutter nur um so enger knüpfen werden. Gleichwohl sind die tragischen Verwicklungen dieses Arrangements von Anfang an vorgezeichnet, und sie müssen spätestens aufbrechen, wenn aus der Tochter das wird, was der Vater bis dahin mit aller Anstrengung (und viel zu früh!) betrieben hat: eine Frau, die im Bewußtsein ihrer Schönheit zum Leben erwacht. Von diesem Moment an ist die »Umwertung aller Werte«[115] im Leben der Königstochter nicht mehr vermeidbar.

Zum einen muß der Vater selbst nunmehr seine eigenen, zunehmend auch sexuellen Gefühlsregungen gegenüber seiner Tochter unterdrücken, und diese wiederum wird lernen müssen, in allem, was ihr bis dahin als schön, harmonisch, glücklich und rein erschien, etwas Gefährliches, Zweideutiges, Verführerisches, mindestens Zu-Kontrollierendes zu erblicken. Gleichwohl aber hört natürlich der Vater nicht auf, seine Tochter auf seine Art zu lieben, mithin ihre Zuneigung wie bisher, jetzt allerdings unter Verdrängung aller sexuellen Gefühlsinhalte, an seine Person zu binden. Voller Eifersucht und Mißtrauen muß er infolgedessen seine Tochter künftighin umlauern, auf daß sie nur ja keine Beziehungen zu anderen Männern anknüpft. Sie, die ihm selber mehr und mehr zum selbstgeschaffenen Idol, zur Königin und Göttin wird, gilt es jetzt vor der Besudelung und Schändung durch die unverschämte Zudringlichkeit und Dreistigkeit anderer Männer zu bewahren – die Rolle der »Gilda« in Verdis Oper ›Rigoletto‹[116] könnte nicht besser dieses Syndrom beschreiben. Jede Liebesregung der Tochter gerät auf diese Weise in den Bannkreis des Schuldhaften, Häßlichen, Perversen, Minderwertigen. Andererseits aber hat sie unverändert, wie bisher, ja sogar noch ausgeprägter die Pflicht, des Vaters Ehre und Wertschätzung zu vermehren: in Gesellschaft, bei Festlichkeiten und Bällen, bei allen Veranstaltungen, da der Vater seine Tochter (ganz im Sinne der Theorie Freuds vom Kind als »Penisersatz« im Umkreis des Kastrationskomplexes[117]) zum »Vorzeigen« braucht, hat die Tochter sich so weiblich, so attraktiv, so verführerisch wie nur möglich zu geben, freilich nur, um sogleich wieder ihre möglichen »Erfolge« als Schandtaten vorgehalten zu bekommen. Übrig bleibt unter diesen Umständen wirklich nur ein Leben auf dem »gläsernen Berg« – außerordentlich verlockend, temperamentvoll und bezaubernd schön nach außen und doch zugleich im Inneren gläsernspröde, marionettenhaft-gezwungen und in ständiger angstbesetzter Gefühlsabwehr – ein Himmel für andere und eine Hölle für sich selbst.

Ähnlich dem »Walfisch«-Anteil des »dritten Sohnes« schwankt demnach auch die »Königstochter« zwischen der regressiven Bindung an den Vater mit der Sehnsucht nach Liebe und Geborgenheit sowie der Angst und der Flucht vor dem Vater hin und her, nur daß es ihr, ganz anders als dem »dritten Sohn«, auch noch untersagt scheint, sich auf eigene Faust in die Welt zu getrauen.[118] Während der männliche

Teil im Märchen von der ›Kristallkugel‹ in seiner Ichflucht nach außen hin eher die Züge eines Globetrotters und Don Quijote annimmt, wird man die »Königstochter« sich eher als aktiv-wartend vorstellen müssen: Zwar kommen die Männer von allen Seiten zahlreich zu ihr, aber es scheint, als wenn sie selber daran nicht »schuldig« sein dürfte. Ja, sie muß offenbar, um ihren Vater zu schützen, sich selbst zum vollkommenen Opfer unbegreiflicher Einflüsse und Schicksalsmächte erklären, und lieber verzichtet sie voller Angst und Schuldgefühle immer wieder darauf, in der Liebe glücklich zu werden, als die »Verwünschung« ihres dämonischen Vaters zu durchbrechen. Spätestens an dieser Stelle schließt sich endgültig der Teufelskreis aus Liebesangst und Liebessehnsucht, aus latenter Resignation und demonstrierter Fröhlichkeit, aus ständiger Selbstverleugnung und geheimem Stolz – ein vollendetes negatives Gegenstück zu dem »Wünschhut« des »dritten Sohnes«.

In der Tat sind die spiegelbildlichen Entsprechungen zwischen der »Königstochter« und diesem »dritten Sohn« jetzt, wohin man schaut, so durchgehend und vollkommen sichtbar, wie nur irgend möglich, und zwar Gott sei Dank, muß man denken, denn nur durch die Kraft dieser umgekehrt symmetrischen Gemeinsamkeiten ist die Energie ihrer Zuneigung so absolut, nur deshalb auch ist das Lebenswagnis ihrer wechselseitigen Erlösung überhaupt vorstellbar. Aber wie soll man in einem solchen Kraftfeld wechselseitiger Anziehung und Angst, Sehnsucht und Scheu einander nahen können? Das ist die jetzt alles entscheidende Frage.

Der erste Schritt auf dem Wege eines gemeinsamen Glücks besteht darin, den gewissermaßen schwebenden, überirdischen Eindruck der Geliebten gegen die zunächst augenscheinlichen Gebrochenheiten und Enttäuschungen ihres Selbstbildes zu verteidigen. Denn sie, die Engelgleiche, Wunderschöne, traut sich im Banne des »Zauberers« gerade ihre eigene Schönheit nicht zu, sondern fürchtet sie wie etwas Schmutziges; sie, die über alles Geliebte und Liebenswerte, wagt nicht, ein einziges Gefühl wirklicher Liebe zuzulassen noch sich einzugestehen; unter den »Verwünschungen« ihres Vaters muß sie verneinen, was sie bejaht, und selber zerstören, was sie ersehnt. Am meisten aber fürchtet sie, die stets im Dienst ihres Vaters mit Bravour fremde äußere Rollen spielen mußte, daß sie in ihrer eigenen Wahrheit und Wirklichkeit als nicht königlich genug erscheinen könnte; vor nichts hat sie mehr Angst als vor dem Anblick aus der Nähe, stets fürchtend, man könne sich nur enttäuscht von der Wirklichkeit ihres Lebens abwenden. Alles hängt infolgedessen davon ab, der Geliebten das Gefühl ihrer ursprünglichen Reinheit, das Wissen um ihre unverfälschte Schönheit und die Gewißheit ihrer natürlichen Königswürde zurückzugeben, und das rechte Symbol dafür ist der »Zauberspiegel«.

Was ist Schönheit? Es gibt die buchstäblich »geistlose« Definition aus Thomas Manns Roman, an der die Liebe scheitert. Aber es gibt auch eine andere, bessere Definition, die alles das ausdrückt, was die »Königstochter« empfindet und was sie zur Liebe erlösen kann. »Schönheit«, meinte vor sechzig Jahren der bengalische Dichter Rabindranath Tagore, »ist das Lächeln der Wahrheit, wenn sie ihr eigenes Antlitz in einem vollendeten Spiegel erkennt.«[119] Schöner läßt sich kaum sagen, was in der Wirklichkeit des Lebens wohl auf Jahre hin bzw. das ganze Leben lang zwischen der »Königstochter« und ihrem Geliebten sich im folgenden begibt. Wer die »Königstochter« vom Schloß der goldenen Sonne erlösen will, muß sich selbst von ihr den Zauberspiegel reichen lassen, in dem ihr wahres, reines Bild zum Vorschein kommt, bzw. er muß, richtiger gesagt, sein eigenes Herz so rein, so offen, so wohlwollend, so wahrhaftig der Geliebten entgegenhalten, daß die eigene Wahrheit zu sehen ihr selber zum Wunsch, zur Freude, zur Beglückung wird und das »Lächeln der Wahrheit« im Herzen des Geliebten als ihre ewige Schönheit zu leuchten beginnt. All die Verleumdungen, Verfälschungen, Entmutigungen und Erniedrigungen von einst gilt es bewußt zu machen und zu revidieren, und es gibt gewiß kein treffenderes Bild für den langen Prozeß einer solchen wechselseitigen Erlösung in der Liebe als dieses wunderbare Symbol im Märchen von der ›Kristallkugel‹: Gemeinsam gilt es, in den Spiegel der Wahrheit zu schauen und zu glauben, daß die Geliebte ihre Wahrheit von jeher schon kannte und es nur noch darauf ankommt, ihr den Mut zu schenken, diese Wahrheit ungeschmälert für sich selber und ohne falsche Kompromisse nach außen hin auch wirklich zu leben.

Wohl am eindrucksvollsten hat wiederum Dostojewski geschildert, wie dieses Betrachten des Spiegels der Wahrheit, dieser Anblick der eigentlichen Schönheit der Geliebten, vorstellbar ist. In dem Roman ›Der Idiot‹ errät Fürst Lew Nikolajewitsch Myschkin vom ersten Moment an das Geheimnis der schönen, von allen als Lebedame umworbenen, aber zutiefst leidenden und unglücklichen Nastasia Filippowna. Ein Blick auf ihr Bildnis genügt dem Fürsten, um zu sehen: »Ihr Gesicht ist heiter, sie hat aber furchtbar gelitten.«[120] Tatsächlich ist Nastasia vor fünf Jahren von dem reichen Tozkij verführt und in ihrem Stolz tödlich gekränkt worden; als der Fürst erfährt, daß sie, nur um Tozkij eine »ordentliche« Ehe zu ermöglichen, mit dem hinterhältigen Gawrila Iwolgin verkuppelt werden soll,[121] und er sie zudem noch dem brutalen Kaufangebot des groben Rogoshin ausgeliefert sieht,[122] macht er Nastasia aus Mitleid selber einen Heiratsantrag,[123] obwohl er persönlich der jungen Aglaja Jepantschina weit eher Gefühle warmer Liebe entgegenbringt. Zu diesem Schritt bestimmt ihn erneut und wesentlich Nastasias sonderbares Bild: »Dieses Gesicht, das dank seiner Schönheit und noch etwas anderem, Undefinierbarem ungewöhnlich erschien, machte auf ihn jetzt einen noch stärkeren Eindruck. In diesem Gesicht schien ein grenzenloser Stolz und eine grenzenlose Verachtung, zugleich aber auch etwas Zutrauliches und außerordentlich Schlichtes zu sein ... ihre blendende Schönheit war fast unerträglich, diese Schönheit des bleichen Gesichts, der fast eingefallenen Wangen und der brennenden Augen; jene seltsame Schönheit!«

»Dieses Gesicht ... birgt viel Leiden«, erklärt der Fürst seinen unmittelbaren Eindruck der Faszination und des Mitleids.[124] Wie aber wirkt er selber auf die unglücklich-schöne Nastasia? Für sie hat der Fürst die Bedeutung, daß sie »in ihm zum erstenmal« in ihrem Leben »einen wahrhaft ergebenen Menschen gefunden« hat. »Er hat an mich auf den ersten Blick hin geglaubt...«,[125] gesteht sie, und wirklich hält der Fürst sie, anders als alle, für eine durch und durch »anständige« Frau, denn: »Sie«, sagt er, »haben ... gelitten und sind aus einer solchen Hölle rein hervorgegangen ... Warum schämen sie sich also?«[126] Es ist eine der erschütterndsten Stellen in Dostojewskis großem Roman, als der Fürst Nastasia förmlich anfleht, doch nicht aus Stolz und beleidigtem Ehrgefühl ihr ganzes Leben zu ruinieren und das Angebot des Glücks, das er ihr mit seinem Leben in die Hände legt, endgültig auszuschlagen: »Sie sind doch ganz unschuldig. Es ist nicht möglich, daß Ihr Leben ganz verloren sein soll... Sie sind stolz, Nastasia Filippowna, Sie sind aber vielleicht so unglücklich, daß Sie sich wirklich für schuldig halten ...«.[127] Dichter und intensiver läßt sich *das Betrachten des Spiegels* im Märchen von der ›Kristallkugel‹ nicht wiedergeben, dieses so äußerst sensible, hellsichtige und feinnervige Bemühen, einen Menschen, den man über alles liebt, im Grunde mit den Augen Gottes anzuschauen und ihm unter dem Anblick der ewigen Güte das Gefühl seiner verlorenen Unschuld zurückzugeben, oder was im Grunde dasselbe ist, ihm ein neues Empfinden für seine Schönheit, seinen Stolz, seine Würde, ja für seine Berechtigung zum Glück wiederzuschenken.

Ähnlich wie in den ›Brüdern Karamasoff‹ ist dabei auch im ›Idioten‹ der »dritte Sohn«, verkörpert in der Gestalt des Fürsten Myschkin, ein Mensch, der vor seiner »Wolfsnatur« flieht und lieber als Epileptiker alle Aggressionen gegen sich selber richtet, als einem anderen Menschen etwas zuleide zu tun; hier wie dort wird der »Retter« von dem primitiven »Walfisch« Rogoshin und dem lauernden »Adler« Iwolgin begleitet. Und doch muß Dostojewskis Roman, anders als das Märchen von der ›Kristallkugel‹, mit einer Tragödie enden, indem der Fürst die Lust an der Selbstzerstörung in Nastasia nicht zu mildern vermag; also kann er nicht verhindern, daß sie, wie um den Fürsten vor der Beschmutzung durch ihre eigene Person zu bewahren, sich schließlich dem Wüstling Rogoshin, ihrem schicksalhaften Mörder, ausliefert. Im Märchen von der ›Kristallkugel‹ sind die Voraussetzungen zur Erlösung der »Prinzessin« demgegenüber von vornherein günstiger; denn wohl versucht auch die Königstochter vom Schloß der goldenen Sonne den »dritten Sohn« vor sich selbst wie vor einer tödlichen Gefahr zu warnen; aber dennoch gibt sie ihm im gleichen Augenblick auch all ihr Leid und ihren Schmerz zu verstehen, während Nastasia Filippowna ihre tödliche Kränkung unter der furchtbarsten aller Masken: unter dem Gelächter, dem kalten Spiel geheimer Selbstverachtung und dem Gejohle und dem Beifall all der lustigen und witzigen Köpfe verbirgt, die ihren Untergang buchstäblich nichtsahnend mit ihrer Gefühllosigkeit wie zwangsläufig betreiben. »Selig sind die Weinenden« (Lk 6,21) – diese grausig-wahre Umkehrung des »gesunden« Menschenverstandes, auf den all die klugen, bürgerlichen Durchschnittscharaktere sich so viel zugute halten, ist förmlich die unerläßliche Bedingung zur Erlösung von einem Leben verängstigter Oberflächlichkeit und latenter zynischer Verzweiflung im Umgang mit sich selber. Gott sei Dank, so muß man sagen, hat die Königstochter vom Schloß der goldenen Sonne das Weinen noch nicht verlernt, und also hat sie doch den Glauben an ihr wahres Wesen noch nicht gänzlich verloren. Damit ist die wesentliche Bedingung der Erlösung, in wohltuendem Unterschied zu Dostojewskis ›Idioten‹ etwa, vollauf gegeben.

Noch entscheidender allerdings tritt jetzt der Unterschied zwischen der Person des »Retters« im Märchen von der ›Kristallkugel‹ und der tragischen Gestalt des Fürsten Myschkin selber in Erscheinung. Die Hauptdifferenz liegt bereits darin, daß der Fürst an sich zwar bereit ist, seine ganze Existenz für Nastasia zu verpfänden, aber dabei mehr von Mitleid als von Liebe geleitet wird, und dies ist der Punkt, an dem man, gestützt auf ein kleines Märchen, wohl sogar der Größe und dem Genie Dostojewskis widersprechen muß. Denn das Motiv des Mitleids, das den Fürsten bestimmt, ist in gewissem Sinne zu edel, zu selbstlos und selber in sich zu gespalten, um die Prinzessin zu erlösen, und Dostojewski selbst beschreibt denn auch die Tragödie des Mitleids mit quälender Genauigkeit. Wohl ist diesem überragenden russischen Dichter nur zuzustimmen: »Sanftmut« ist »eine furchtbare Macht«;[128] aber es ist nicht möglich, den Entscheidungskampf um die Königstochter zu bestehen, ohne die »tieferen« Affekte: Liebe und Haß miteinander zu verbinden. Bei allem, was der Fürst tut, ist nicht zu ersehen, was sein »Opfer« ihm selbst nützen könnte – schon deshalb kann eine so stolze Frau wie Nastasia das Angebot dieses heiligmäßigen und hochgesinnten Menschen nicht annehmen, ohne es letztlich doch als eine neuerliche Demütigung und Schande zu empfinden. Das »Selbstopfer« des Helden, das Risiko seines Lebens, bliebe nur so lange »fair«, wie deutlich wäre, daß er, wie im Märchen von der ›Kristallkugel‹, im Grunde keine andere Wahl hat: Der »dritte Sohn« muß die Königstochter erlösen, weil er sonst auf immer selber in seiner seelischen Zerspaltenheit verbleiben müßte; er selber bedarf der Königstochter, und der Kampf um ihre Erlösung bedeutet für ihn zugleich eine äußerste Auseinandersetzung mit sich selbst. Während man »normalerweise« gewohnt ist, die Liebe für eine Beziehung zwischen relativ »ausgereiften« Menschen zu halten,[129] die aneinander nichts wirklich Neues und Wesentliches mehr zu lernen haben, bewirkt die Liebe zwischen der »Königstochter« und dem »dritten Sohn« gerade, daß beide ihr Leben zum erstenmal bis in die Wurzel, bis in die Tiefe ihrer Leidenschaft und ihrer Sehnsucht hinein, gewinnen, und indem sie es aneinander verlieren, finden sie es auf ewig im anderen wieder. Das Symbol *dieser* entscheidenden Auseinandersetzung indessen ist im Märchen von der ›Kristallkugel‹ der uralte *Ritus des Stierkampfes*.

Der Kampf an der Quelle

Es kann hier nicht darum gehen, an der blutigen Praxis des (spanischen) Stierkampfes auch nur die Spur einer Rechtfertigung oder gar den Schimmer von etwas Bewunderns- und Rühmenswertem zu entdecken; selbst wenn man die entsetzliche Grausamkeit der industrialisierten Massentierhaltung und Fleischproduktion dagegenhält[130] – der Stierkampf ist und bleibt eine schreckliche Tierquälerei. Man lese Hemingways Kurzgeschichten ›In unserer Zeit‹[131] oder die Erzählung ›Der Unbesiegte‹,[132] um der blutigen, rohen und stupiden Wirklichkeit des Stierkampfes zu begegnen. Die »Tauromachie« ist ohne jede Beschönigung ein durch und durch archaisches, gewalttätiges Ritual, dessen Ursprünge vielleicht weit in die Eiszeit zurückreichen.[133] Gleichwohl hindert das nicht, sondern bedingt geradezu, daß die symbolische Innenseite, der geistige Gehalt dieses Bildes eine tiefe und vielschichtige Wahrheit enthält, so wie all die blutrünstigen, scheußlich anmutenden Opferpraktiken der Religionsgeschichte ihre sublime Wahrheit besitzen, wenngleich sie in der Projektionsgestalt ihrer äußeren Aufführung oft in der Tat nichts als menschliches Entsetzen erregen können.[134]

Gewiß verdichtete der Stierkampf ursprünglich eine tiefe und wahre Vision der Einheit bzw. des Übergangs von Leben und Tod im »Stirb und Werde« der Natur, und in diesem Umfeld sind auch gewisse

»sexuelle« Implikationen nicht zu übersehen. »Zeitlos«, meint M. Greenwood, »ist der Wunsch der Frau, der Mann möge der Gefahr und dem Tod ins Auge blicken und siegreich mit dem Beweis seines Mutes zu ihr zurückkehren, damit er seine Belohnung empfangen kann.«[135] »Während des Stierkampfes liebt die Frau den Stier und verlängert diese ihre Liebe später in den Armen des Stierkämpfers, wo sie – als das Symbol des Lebens – den Tod des Tieres rächt. Während der Matador seinen Feind liebt und seinen Bruder und Rivalen tötet, erweist sich das Publikum oft wilder als das wilde Tier selbst, und der Matador kämpft gegen zwei Feinde – gegen den Stier und gegen das Publikum! Dann fühlt die Frau vielleicht Mitleid mit dem Helden und verlangt danach, nach dem Kampf seine Narben zu liebkosen und mit dem schützenden Madonnenbildchen an seinem Hals zu spielen. Ihn, der gerade getötet hat, dazu zu bewegen, neues Leben zu zeugen, schließt symbolisch den Kreis von Leben und Tod, der mit dem Einmarsch in die Arena begonnen hat.«[136] Religionsgeschichtlich betrachtet, wird der »Stier« darüber hinaus zumeist als Symbol der dunklen Sonne bzw. des Mondes verstanden, die immer wieder am nächtlichen Himmel getötet werden müssen, um Morgen für Morgen wiederaufzuerstehen.[137] Auch gewisse inzestuöse Inhalte schwingen in der Stiertötung mit, so, wenn Ariadne auf Kreta bei der Ermordung ihres Bruders, des Minotauros, behilflich ist.[138] Und natürlich drückt sich im Stierkampf auch der Sieg des Menschen über das »Tier« aus – alles in allem ein ganzes Panoptikum möglicher psychologischer Bedeutungen, die sich alle wechselseitig bedingen und durchdringen, insgesamt aber einen gewissen ödipalen Unterton nicht vermissen lassen.

Aus zahlreichen Märchen und Mythen kennt man das Motiv der »Preisjungfrau« – die Forderung des Vaters, daß, wer auch immer um die Hand seiner Tochter anhalten sollte, zunächst eine (oder mehrere) Aufgabe(n) lösen müsse, die an sich wie gemacht scheinen, den Brautbewerber auf heimtückische Weise aus dem Wege zu schaffen und die Tochter mithin in der liebevoll-eifersüchtigen Zwangsobhut ihres Vaters zu belassen.[139] Oft genug verhängt der Vater, der »König« des Landes, höchstselbst die mörderische Klausel, und nicht selten ist er es auch, der in den tödlichen Konkurrenzkampf mit dem »Räuber« seiner Tochter eintritt.[140] Im Märchen von der ›Kristallkugel‹ ist das Problem ungleich innerlicher und in gewissem Sinne daher schwieriger zu lösen. Buchstäblich handelt es sich hier nicht um eine Auseinandersetzung mit »Fleisch und Blut«,[141] von Mann zu Mann, sondern um einen Kampf gegen Geister und Dämonen. Nicht der »wirkliche« Vater, sondern sein verinnerlichtes, unter endlosen Angst- und Schuldgefühlen aufbewahrtes Bild schafft, wie wir gesehen haben, im Unterbewußten die unheilvolle Verzauberung der Königstochter. Um sie zu ihrer ursprünglichen Unschuld zu erlösen, ist es daher unausweichlich, den »Zauberer« zum Kampf herauszufordern und seine schnaubende Wut, die Gefährlichkeit seiner stoßenden Hörner, vorangepeitscht durch die wuchtige Masse von fünfhundert Kilo muskelbepackten Fleisches, vis-à-vis zum Kampf herauszufordern, selber mit nichts bewaffnet außer dem funkelnden Degen, den es kühn und kalt auf den winzigen Punkt, briefmarkengroß, zwischen die Schulterblätter des Untieres zu lenken gilt. Es ist an dieser Stelle, daß die »furchtbare Macht der Sanftmut« des Fürsten Myschkin wirklich nicht mehr genügt. Denn es kommt, statt der »Sanftmut«, gerade darauf an, die aggressiven, sadistischen Schuldgefühle, mit denen der Vater jeden Versuch der Liebe seiner Tochter im Keim zu ersticken suchte, endlich an ihn selbst zurückzugeben. Die Königstochter vermag von sich aus diesen Schritt nicht zu tun; aber wer sie liebhat und ihre Liebe erringen will, muß den »Stier«, ihren Vater, bei den »Hörnern« packen und seiner Macht einen tödlichen Stoß versetzen. Es ist gewiß nicht verkehrt, wenn man das Eindringen des Degens in den Nacken des Stiers mit einer gezielten Psychoanalyse vergleicht – einer Zerstörung der fremden, im eigenen Ich sich austobenden Aggressionen durch einen funkelnden, scharfen Verstand, der sich nicht scheut, das Tötende zu töten, das Hassenswerte zu hassen und das Zerstörerische zu zerstören.

Deshalb genügt es nicht, unter dem Lastgewicht der eigenen Vaterangst, wie die Heiligengestalten Dostojewskis, wie Sosima, Alescha oder Myschkin, die eigene Aggressivität zu verdrängen und nur noch das gereinigte Wohlwollen, die universelle Güte, wie in der Aura eines epileptischen Anfalls, zum Leben zuzulassen[142] – niemals würde sonst der dunkle Schattenbruder Rogoshin von der Seite des Fürsten weichen, und immer bliebe Nastasia seiner rohen Mordgier ausgeliefert. Als »Erlöser« der Königstochter kommt nur jemand in Frage, der die Angst vor der Mordlust, dem Jähzorn, der Eifersucht, der Herrschgier seines eigenen Vaters verloren hat und der zugleich die Wahrheit besitzt, sich seinen eigenen Haß, seine eigene Verzweiflung, seinen eigenen Zorn gegen das Vaterbild einzugestehen – und sich ihm zu stellen. Nicht nur dem Vater der Königstochter, vor allem der Auseinandersetzung mit dem eigenen Vater gilt der Kampf mit dem »Auerochsen«, und es ist dieselbe Stoßkraft, die sich gegen diesen Verdrängten, Unbekannten im eigenen Ich wie gegen den dämonischen »Zauberer« in der Seele der Geliebten richtet. Ja, um so sicherer und kräftiger wird der »Retter« den Degen führen, als er seine Hand im Kampf gegen den »Auerochsen« seiner eigenen Kindertage geübt hat, und es braucht einen »Kämpfer«, keinen Dulder, um Nastasia, um die Königstochter, um die Traumgeliebte vom Schloß der goldenen Sonne zu erlösen. Schließlich hat jede Frau das Recht, daß der Mann, den sie über alles liebt, das Vaterbild in ihr zugleich belebt und besiegt, und nur wer die Kraft hat, sie aus den Händen ihres Vaters zu retten, verdient ihre Liebe.

In der Praxis wird man sich den Kampf mit dem »Ochsen« nicht anders vorstellen können, als all die Verbote, die Vorhaltungen, die Verwünschungen, die Flüche und Haßtiraden, mit denen die Geliebte in Kindertagen für jede Regung der Liebe von ihrem Vater überhäuft wurde, noch einmal auf den Plan zu rufen und den seit eh und je so aussichtslos erscheinenden Zweikampf mit dem Vater noch einmal aufzunehmen. Vielleicht, daß der Vater seinerzeit sogar wörtlich damit gedroht hat, sich selber zu ermorden oder seine Tochter zu erwürgen, wenn sie sich auch nur eines Kusses oder einer Umarmung mit einem anderen Mann getrauen sollte; dann wird man ihm nachgerade sagen müssen, daß er kein Recht hatte, sein eigenes Leben so sehr mit dem Leben seiner Tochter zu verschmelzen, daß diese darunter sich wie erdrückt fühlen muß(-te). Vielleicht, daß er es damals fertig bekam, seine Tochter mit psychosomatischen Symptomen, mit Asthmaanfällen oder Herzattacken, zu beeindrucken, sie als »Sargnagel« und »Vampir« zu beschimpfen und sie für seinen baldigen Ruin als Hauptverantwortliche schuldig zu sprechen; dann wird man ihm jetzt unzweideutig entgegensetzen müssen, daß er kein Recht hat, selber, schlimmer als ein Vampir, sein eigenes untotes Leben mit dem jungen Blut seiner Tochter zu ernähren, und daß es nur einen Weg gibt, den gewiß unbeabsichtigten Fluch vom Leben seiner Tochter zu nehmen: indem er ganz auf sich gestellt zu leben versucht. Vor allem aber wird man dem Vater erklären müssen, was offensichtlich jeder Art von patriarchalischer »Ordnung« im Verhältnis von Vater und Tochter, von Ehemann und Gattin am meisten widerspricht: daß die Seele der Geliebten frei ist, absolut frei, wie eine Taube am Himmel; wohl mag es riskant erscheinen, sie den Gefahren der »Welt« auszusetzen: dem Angriff des Bussards aus den Lüften, dem Vogelgift auf den Saatfeldern der Erde, den Energieströmen der Hochspannungsleitungen quer übers Land; aber schlimmer noch als der Tod ist das allmähliche, im Verlaufe der Jahre sich immer enger schnürende Ersticktwerden durch die Angst einer »Obhut« und »Aufsicht«, die den Körper der Seele entleert, nur um die »Gefahren des Fleisches« zu vermeiden. Ein Pferd mag man durch Angst und Einschüchterung zu der »Treue« eines gehorsamen Karrengaules dressieren; aber die Treue eines Menschen erwirbt man sich nur durch das Vertrauen in die Seele der »Taube«, die auf Wegen, die niemand kennt, aus noch so großer Entfernung, wie magnetisch angezogen, den Ort zu finden weiß, wo sie zu Hause ist,[143] und man richtet die Liebe zugrunde, wenn man ihr die

Flügel der Freiheit zerbricht. All die Indoktrinationen und Introjektionen der väterlichen Angst müssen hervorgezerrt werden, um am Fuße des »Gläsernen Berges« die »Quellen« eines ursprünglichen, spontanen, unverdorbenen und reinen Stromes der Gefühle wiederzuentdecken.

Aber noch eine andere Seite besitzt das Symbol des Stierkampfs für den »dritten Sohn«. Indem er gegen seinen eigenen wie gegen den Vater der Geliebten zum Kampf auf Leben und Tod in die Plaza tritt, kämpft er zugleich auch gegen ein bestimmtes Ideal von Männlichkeit, von hornochsenähnlicher Macho-Mentalität, von bulliger »Auerochsen«-Gesinnung. Immer noch scheint als ein rechter Mann zu gelten, wer weiß, was er »als Mann« will, so als wäre immer noch der griechische Gott Zeus das Vorbild aller Liebeskunst, als er, um die schöne, am Gestade des Meeres blumenpflückende Europa zu rauben, selber sich in einen brünstigen Stier verwandelte.[144] Die Königstochter, um es so klar wie möglich zu sagen, ist gerade keine zweite Pasiphaë, die, als Gemahlin des Minos, des Sohns der Europa, auf den Fluren von Kreta vor Liebe zu einem weißen Stier verging, den Zeus ihr zugesandt hatte, um von ihm den monströsen Minotauros zu empfangen.[145] Die Prinzessin vom Schloß der goldenen Sonne wartet gerade nicht auf einen »Stier« von Mann, sondern auf jemanden, der den »Stier« in sich getötet hat, und wiederum scheint gerade der »wolfsflüchtige« »dritte Sohn« mit seiner uralten Angst vor seiner eigenen Raubtiernatur wie geschaffen für diese Aufgabe. Ähnlich wie in der Bibel die unglückliche Sarah von dem dämonischen Einfluß ihres Vaters, dem bösen Geist Asmodi, nur erlöst wird, nachdem der junge Tobit an den Wassern des Tigrisstroms ein riesiges Fischungeheuer mutig angegriffen und getötet hat,[146] wird auch die Königstochter vom »Gläsernen Berg« nur errettet werden durch die Liebe eines Mannes, der die Gefahr des »Stieres« in sich überwunden hat. Gerade weil die »Prinzessin« vor nichts auf der Welt eine größere Angst in sich trägt als vor der Unkontrollierbarkeit männlicher Sexualität, wird sich der »Gläserne Berg« nur in den Himmel der Liebe verwandeln, wenn miteinander verschmilzt, was sonst fast immer auseinanderzufallen scheint: Kraft und Zärtlichkeit, Festigkeit und Sanftheit, Starkmut und Behutsamkeit, Strenge und Weichheit, Leidenschaft und Langmut, Verantwortung und Glück, die Ordnung des Herzens und die Weite der Seele, die Konzentration auf den Augenblick und der lange Atem der Geduld.[147] Im Herzen dieses so seelenzerrissenen »dritten Sohnes« muß sich vorweg »das« Männliche und »das« Weibliche vereinigen, ehe er selber der ewigen Verbundenheit und vollendeten Einheit mit der geliebten »Prinzessin« vom Schloß der goldenen Sonne würdig wird. Weder der Macho noch der Heilige aus Schwäche, weder der Bruto noch der Sanftmütige aus Mangel an Energie, weder der Toro noch der Verständnisvolle aus Angst vor der Auseinandersetzung wird die »Königstochter« retten; nur wer sich selbst in seiner Angst wie in seiner Leidenschaft zu besiegen gelernt hat, wird König im Schloß auf dem »Gläsernen Berg« sein.

Aber was ist hier Weg und was Ziel, was Einübung und was Ergebnis?

Der junge Tobit, als er sich auf den Weg nach Ekbatana machte, ohne von der wartenden Sarah auch nur zu wissen, durfte doch des Beistands eines Engels Gottes sich erfreuen. Der Mann am Fuße des gläsernen Berges, am Ort, wo die Quelle entspringt, steht in einsamer Traurigkeit und verzweifelter Entschlossenheit dem angreifenden »Stier« gegenüber; doch er hat als seinen Schutzengel das Versprechen der ewigen Liebe der über alles geliebten, von allem zu erlösenden »Königstochter«, die sich ihm hinhält in ihrer Liebe wie ein ewiges Geschenk des Himmels – Hoffnung und Belohnung zugleich, ein ewiger Traum und seine ewige Erfüllung, die Einheit von Himmel und Erde, ein Ort, da die Unendlichkeit des Himmels einbricht in die Zeit. Es ist das Vermögen der zauberhaften, der wesenhaft reinen, der überirdisch schönen Königstochter vom Schloß der goldenen Sonne, die Welt ihres Geliebten, ihres Retters, ihres lang ersehnten Erlösers zu befreien durch die Allmacht ihrer Schönheit, und es ist die sonderbare Macht des so sehr Zerrissenen, dieses »Dostojewskischen« Menschen, wenn er die Leidenschaft seiner Liebe paart mit der Energie seines Mutes und die Königstochter von dem unheimlichen Bannfluch ihres Vaters befreit; beide verfügen in ihrer Liebe wechselseitig über die Macht, der Schönheit zu ihrer Wahrheit zu verhelfen und die Zerspaltenheit des Herzens zu einen in der Faszination eines nicht endenden Liebreizes.

Die kristallene Kugel und die Vermenschlichung der Tiere

An sich könnte man glauben, daß mit der Tötung des »Stieres« das Finale dieses wunderbaren Zauber- und Erlösungsmärchens von der ›Kristallkugel‹ angebrochen sei. Aber weit gefehlt. Damit das Symbol von der kristallen »Kugel« in seine Wirklichkeit tritt, bedarf es einer Verschmelzung aller Gegensätze, des endgültigen Endes der Zerrissenheit, der völligen Einheit aller Triebkräfte und Strebungen in dem Bemühen um ein einziges Ziel: die kristallene Kugel zu gewinnen, die allein imstande ist, die Macht des zauberischen Vaters im Leben der Königstochter zu brechen.

Im Evangelium (Mt 13,45–46) wird einmal die ganze Aufgabe des

Lebens dahin zusammengefaßt, im Überschwang einer absoluten Entdeckung alles Hab und Gut zu verschleudern, um eine einzige kostbare Perle zu gewinnen, deren Besitz mehr wert ist als die ganze Welt. Entsprechend kennt man aus den magischen Praktiken den Gebrauch einer Glaskugel, in der die ganze Welt sich spiegelt und dem Kundigen das Schicksal jedes einzelnen offenbart.[148] Gewiß handelt es sich bei dieser »Perle« oder dieser »Kugel« um ein »Mandala«-Symbol, um ein Spiegelbild der Seele, die in ihrer Erstreckung und Weite sich sammelt und ordnet von einem vorgegebenen Zentrum aus, an dem das Herz durchsichtig wird und alle Schätze der Welt wie in einem Brennglas sich vereinigen.[149] Aber das Geheimnis der »kristallenen Kugel« liegt zufolge dieses Märchens offenbar in dem Wechselspiel der Liebe selbst begründet. Denn während die Prinzessin vom Schloß der goldenen Sonne ihrem Geliebten und Retter den Spiegel ihres wahren Bildnisses zeigt, verrät sie ihm zugleich den Weg, auf dem er die eigene »Mitte«, die eigene »Rundung«, die Vollkommenheit seines Wesens zu erlangen vermag, und beides ist unzweifelhaft ein und dasselbe: die Unschuld der über alles geliebten Königstochter gegenüber ihrem dämonischen Vater zu verteidigen und wiederherzustellen und ineins damit alle Kräfte der Seele im Herzen der Geliebten zu versammeln. Gerade die unvergleichliche Schönheit ihrer Wesensgestalt lenkt wie in einer hypnotischen Magie, ähnlich dem Wünschhut der »Riesen«, alles Interesse, alle Wahrnehmungsfähigkeit, alle Gedankentätigkeit, alle Phantasie, alle Träume und alles Vorstellungsvermögen auf ihr eigenes Herz hin, denn es gibt nur eine Weise, die Prinzessin vom Gläsernen Berg zu lieben: mit dem ganzen Herzen muß man es tun – anders kann man es nicht; doch gerade so begibt sich das Wunder der verzauberten Prinzessin, daß sie in ihrer Erlösung zur Wahrheit dem seelenzerrissenen Geliebten die Einheit seines Herzens zu schenken vermag – freilich ein letztes Mal durch ein Wagnis auf Leben und Tod. Denn recht hat das Märchen von der ›Kristallkugel‹, daß es keinesfalls genügt, die eigene Triebhaftigkeit »abzutöten«, wie es in einer rigoros asketischen Interpretation des Stierkampfmotivs erscheinen könnte; es kommt vielmehr darauf an, die Antriebe in den Tiefenschichten der Psyche zu integrieren, und das Märchen von der ›Kristallkugel‹ verdient in seiner Lebensweisheit in diesem Punkte sogar den Vorzug vor so großartigen Erzählungen wie der biblischen Geschichte von Tobit und Sarah mit dem Motiv der »Fischtötung«.

Die Königstochter vom Schloß der goldenen Sonne ist ja nicht nur unvergleichlich schön, sie besitzt auch ein überragendes Wissen um die Geheimnisse der menschlichen Seele, wenn sie betont, daß die »Tötung« des »Stieres«, mithin die Selbstbeherrschung, nur ein erster Anfang auf dem langen Wege zu sich selber und zur Liebe sein kann.

Schlimmer als die rohe Triebenergie kann die *verdrängte* Aggressivität und Sexualität sich Bahn brechen, ganz so, als entstünde – in der Symbolsprache des Märchens – aus dem »getöteten Stier« ein »Feuervogel«, dessen »Ei« die ganze Welt in Flammen zu setzen vermag.

Um zu verstehen, wovon in diesem phantastisch-genauen Bild vom »Feuervogel« die Rede ist, braucht man sich nur in die Biographie mancher »Heiliger« zu vertiefen oder sich selber den Spiegel der Wahrheit aus jenen Augenblicken vorzuhalten, in denen man seine Gefühle und Affekte absolut »unter Kontrolle« zu haben glaubte – welch ein Portrait erblickt man dann? Etwa das Bild einer gütigen, verständnisvollen, geduldigen und liebevollen Persönlichkeit? Wohl kaum. Eher das Bild eines Mannes, der diszipliniert, straff, herrisch, hochfahrend und rücksichtslos bestimmte Ideale verficht und ihnen alle Menschlichkeit rigoros unterordnet. Es wäre gefährlich, den »Stier« an der »Quelle« schnauben zu lassen; aber noch weit gefährlicher ist es, alle Triebenergien gewissermaßen »verdampfen« zu lassen, indem man sie in »Gedanken« übersetzt. All die Ideologien und Rechthabereien, die Glaubenskriege und Verketzerungen, die Fanatismen und Kreuzzugsideen lassen sich mühelos als Ausgeburten einer Geistigkeit deuten, die aus verdrängten Triebenergien, wie der Feuervogel aus dem toten »Stier«, sich erheben. Bernhard von Clairvaux zum Beispiel – welch eine Mischung aus verdrängter Sexualität und Marienmystik, aus verleugneter Aggressivität und flammender Kreuzzugsmentalität![150]

Keine Idee für sich allein könnte als Ausdruck geistiger Wahrheitssuche etwas Zerstörerisches an sich haben; Ideen aber, die aus verdrängten Haßgefühlen und unterdrückten Liebesregungen sich speisen, *müssen* gewalttätig, grausam und unmenschlich wirken, und sie sind nicht nur im Leben eines einzelnen brandgefährlich – sie können, wenn sie größere Menschenkollektive ergreifen, buchstäblich die ganze Welt in Rauch und Flammen aufgehen lassen. Statt des Egoismus rein triebhafter »Liebe« erhebt sich dann das narzißtische Unwesen der »Fernstenliebe«[151] oder der »Liebe zur Menschheit«, von der bereits Iwan Karamasoffs Adler-Intellektualität zu einem gut Teil gekennzeichnet war. Man hat es dabei mit Menschen zu tun, die ständig die Ideale der Aufopferung, der Selbstverleugnung, der »Ganzhingabe«, des absoluten »Gehorsams«, kurz, der Ichzerstörung im Munde tragen. Nie vernimmt man von ihnen Worte wie: »Ich möchte gern«, »ich könnte wünschen«, »ich liebe sehr«; stets heißt es bei ihnen: »Man muß aber doch«, »so geht das nicht«, »man kann doch nicht einfach...«, und in allem und für alles haben sie eine allgemeine Lehre zur Absicherung ihrer Rationalisierungen nötig – und also auch zur Verfügung. Sucht man für diese grausige Travestie des Menschlichen im Bild des Feuervogels ein Symbol der Religionsgeschichte, so fühlt man sich auf das lebhafteste an den Kalenderstein der Azteken erinnert, der den Sonnengott Tonatiuh als einen menschengesichtigen Raubvogel zeigte, dessen Zunge ein steinernes Opfermesser war, mit dem man den Opfergefangenen auf den Tempelpyramiden von Tenochtitlan die Brust öffnete, um ihnen ihr noch zuckendes Herz herauszuschneiden; in seinen Adlerklauen trug er blutende Menschenherzen, an denen er sich allmorgendlich nach der Entkräftung der Nacht zu neuem Sonnenaufstieg mästete;[152] es handelt sich um das Bild eines Gottes, der nur leben kann, solange Menschen darin einwilligen, sich für das Wohl des »Feuervogels« schlachten zu lassen – ein gefährliches Ungeheuer, das sich aus der Unterdrückung aller menschlichen Triebregungen erhebt und damit die verdrängten Neigungen auf geistige Weise nur um so bedrohlicher wiederbelebt und neu verkörpert.

Dennoch ist diese »Gefahr des Feuervogels« grundsätzlich nicht vermeidbar – sie ergibt sich vielmehr unmittelbar aus der »Tötung« des »Stieres« selbst. Als ganz normal zum Beispiel wird man den »Feuervogel« während der Zeit der Pubertätsaskese in Gestalt des so bewundernswerten jugendlichen Idealismus mit seinem Pathos der Unbedingtheit sich erheben sehen.[153] Aber die Gefahr liegt darin, daß ein notwendiges Moment der Entwicklung, ein Stadium auf dem Wege der Liebe, verfestigt und zum Endziel der seelischen Entfaltung erklärt wird. Es ist schlimm, auch im Erwachsenenalter noch Menschen vom Schlage eines Robespierre zu begegnen, die als »unbestechliche«,[154] mitleidlose Fanatiker einer moralistischen Diktatur und seelischen Schreckensherrschaft die menschlichen Regungen des Gefühls wirklich nicht verstehen können, da sie in ihrem eigenen Leben dergleichen prinzipiell nicht kennen noch zulassen wollen. Nie werden solche Menschen die einfachen Worte Jesu im Neuen Testament begreifen: »Geht erst einmal hin und lernt, was es heißt: Barmherzigkeit will ich und nicht Opfer« (Mt 12,7; 19,13). Sie, die täglich die Selbstabtötung üben, vermögen nur auf zwei Weisen gerettet zu werden: durch die Katastrophe oder durch die Liebe, sofern nicht beide Weisen ineinander greifen. Paulus etwa, als er vor Damaskus in einem epileptiformen Anfall zusammenbricht,[155] mag als Beispiel dafür stehen, wie schrecklich mitunter ein Mensch sich offenbar selber quälen und zerstören muß, ehe er die mörderische Natur des »Feuervogels« abstreift und das Glück eines einfachen Lebens im Umkreis von Milde, Verständnis und Güte zu lernen vermag. Der andere Weg ist zwar nicht ungefährlicher, aber gradliniger und glücklicher: der Kampf der Liebe um den Besitz der Kristallkugel, und er besteht in dem Zusammenspiel und in der Vereinigung all der bisher so widersprüchlichen und in sich zerrissenen Seelenkräfte.

Man kann die Zerstörungsmacht des »Feuervogel«-Idealismus nur bekämpfen mit derjenigen Energie, die ihr am meisten verwandt ist: mit der bisher so unmenschlich erscheinenden Kraft des »Adlers«. Denn es bedarf einer starken und scharfsinnigen Intelligenz, um den gefühlskalten Intellektualismus und den lieblosen Idealismus der »Feuervogel«-Mentalität abzubauen. Nicht als ob es falsch wäre, an bestimmte menschliche Werte bedingungslos zu glauben und sich dafür leidenschaftlich zu begeistern – gerade das Märchen von der ›Kristallkugel‹ meint, daß nur der »Feuervogel« das »Ei« abwerfen kann, in dem die Kristallkugel enthalten ist. Aber es gibt kaum etwas Schwierigeres zu lernen als die Klugheit, wie man den Geist mit Hilfe des Geistes vermenschlicht und dem »Feuervogel« seinen eigentlichen »Gehalt« »abjagt« – sämtliche einfach übernommenen und gelernten Begriffe bedürfen dazu einer unerbittlichen Nachprüfung.

Der Begriff der »Ehre« zum Beispiel – Ihm opfert in Fontanes ›Effi Briest‹ Herr von Innstetten bedenkenlos seine Liebe und seine Menschlichkeit; der Hohlheit des Ehrbegriffs folgt er bis zum Duell, bis zum Mord, und er rechtfertigt in seiner Unmenschlichkeit durchaus das harte, verzweifelte Urteil, das Effi schließlich über ihn ausspricht: »Ich habe geglaubt, daß er ein edles Herz habe, und habe mich immer klein neben ihm gefühlt; aber jetzt weiß ich, daß *er* es ist, er ist klein. Und weil er klein ist, ist er grausam. Alles, was klein ist, ist grausam... ein Schulmeister war er immer... Ein Streber war er, weiter nichts. – Ehre, Ehre, Ehre... Mich ekelt, was ich getan; aber was mich noch mehr ekelt, das ist eure Tugend.«[156] Selbst als Effi auf dem Totenbett ihren so klaren Vorwurf in reumütiger Resignation zurücknimmt (wie um ihren Protest stellvertretend an den Leser weiterzugeben), spricht sie doch die Worte, die einem Vernichtungsurteil über ihren Gemahl gleichkommen: »... er hatte viel Gutes in seiner Natur und war so edel, wie jemand sein kann, der ohne rechte Liebe ist.«[157] Um der Liebe willen käme es gerade darauf an, den Ehrbegriff zu relativieren zugunsten einer absoluten Ehrfurcht gegenüber der Geliebten; der Narzißmus der Geltung nach außen müßte ersetzt werden durch das ständige Bemühen, die Schönheit, die Würde, die Reinheit und Unschuld der geliebten »Königstochter« auf jede nur mögliche Weise zu suchen und zu fördern, aber eben davon kann bei Menschen von der Mentalität eines Barons von Innstetten keine Rede sein.

Oder der Begriff der »Treue«! – Er kann, veräußerlicht, als starres »Ideal«, die Voraussetzungen der Liebe, statt sie zu schützen, unmittelbar zerstören,[158] und vor allem eignet er sich über die Maßen dazu, gerade die Beziehungen der Liebe, noch ehe sie überhaupt reife und erwachsene Formen annehmen können, unter dem Druck einer Moral der Gesetzlichkeit festzuschreiben und jede seelische Weiterentwicklung zu boykottieren. – *Alle* Wertbegriffe könnte man auf diese Weise der Reihe nach durchgehen – sie alle bedürften zu ihrer Vermenschlichung einer Art kämpferischer »Adler«-Vernunft, durch deren Kritik sie aus ihrer Starre und Enge buchstäblich »zum Meer hin gejagt« würden – ins Endlose, Weite, bis sie sich erfüllen mit dem Wind, der vom Meer her landeinwärts weht, mit dem Atem der Unendlichkeit; denn erst dann werden sie ihren eigentlichen Wert, ihr »Ei«, abgeben.[159]

Dabei ist es nicht allein der geistige Inhalt, den es jetzt in seiner rationalisierten, im Überich erstarrten Form auf seine menschliche Tauglichkeit hin zu überprüfen gilt – dem Intellektualisieren, dem Herumtheoretisieren selbst ist nunmehr gerade mit den Mitteln der Vernunft der Kampf anzusagen. Im Umgang miteinander oder in psychotherapeutischen Gesprächen zeigt sich der Erfolg solcher inneren Auseinandersetzungen zumeist sehr beglückend daran, daß jemand zunehmend beginnt, von sich selber persönlicher zu sprechen: Die Verkleidung und Einkleidung seiner eigenen Wünsche und Gedanken mit allgemeinen Theoremen, Reflexionen und abgeleiteten Deduktionen läßt nach, das Bedürfnis nach allgemeinen Alibis, das Verstecken hinter der Anonymität des »man« oder hinter dem vorgeschobenen Urteilsspruch fremder Autoritäten geht mehr und mehr zurück, statt dessen aber gewinnt die Gestalt der eigenen Person an Profil. Und gerade diese Personalisierung aller Begriffe und Ausdrucksweisen ist auf dem Weg der Liebe unerläßlich; denn man findet einander nur in dem Wagnis der Zärtlichkeit einer Rede zwischen Ich und Du,[160] und wenn es auf Erden etwas gibt, das *keiner* Rechtfertigung bedarf, so ist es das Du der Geliebten und die Liebe zu ihr.

Indem die Energie des »Adlers«, der Scharfsinn des Intellekts somit, dazu verwandt wird, nicht weiter weltentrückt und haltlos am Himmel zwischen den »Wolken« zu schweben, sondern den Intellektualismus und den Rigorismus des »Feuervogels« mit allen Kräften zu bekämpfen, geschieht ein wirkliches Wunder sich verwandelnder Menschlichkeit: Der »Adler« erhält seine menschliche Gestalt zurück, er gibt seine tierische Zerrform auf und wird dem »dritten Sohn« im Kampf um die »Kristallkugel« dienstbar. Die erhebliche Intelligenz, die sich bisher in einer einsam-verängstigten Gefühlskälte verbrauchte, verliert dabei durchaus nichts von ihrer Klarsicht, ihrer Weite, ihrer Schärfe, aber sie untersteht, topisch gesprochen, fortan dem Ich, nicht mehr dem Überich, das heißt, sie gewinnt an Menschlichkeit, Realitätssinn, Konkretheit, Bodenständigkeit und Wärme; was bislang nur kalte Klugheit war, verwandelt sich zur Weisheit.

Allerdings meldet sich auf der Stelle gegenüber dieser Vermenschlichung des Denkens eine neue Angst: wenn es möglich ist, daß selbst die »ehernen« geistigen Prinzipien nicht mehr so wortwörtlich »absolut«, so »losgelöst« von der Welt der wirklichen Erfahrung gelten, ist dann nicht »alles« möglich? Droht dann nicht sogleich die Gefahr zahlreicher Jungmädchenträume: die Schreckvision der »brennenden Hütten«?[161] Wenn selbst das Denken, die geistige Zucht, die Regungen wärmerer Gefühle nicht mehr a priori ausschließt oder unterdrückt, droht dann die Liebe nicht zu einer alles verbrennenden Energie zu werden? Diese Gefahr droht in der Tat, und es zeugt erneut von dem Mut und der Weisheit der »Königstochter«, daß sie ihrem »Retter« nur empfehlen kann, sich der Unvermeidbarkeit dieses Risikos bewußt zu stellen. Es stünde wirklich zu befürchten, daß die »Frucht« (das »Ei«) der bisherigen Verstandeseinseitigkeit, kaum daß sie gelockert wird, einen »Flächenbrand« unkontrollierbarer Wünsche und Gefühle freisetzt, und manch einer könnte deshalb geneigt sein, den ganzen Kampf um die »Kristallkugel« für ein zu großes Abenteuer zu halten. Hat »man« es nicht schon immer gewußt, daß nichts in Ordnung kommen kann, wenn man nicht in »der« Ordnung bleibt? Sind nicht all die Guten, die Gerechten, die Ethisch-Allgemeinen so Beruhigten, die tadellosen Pharisäer von vornherein im Recht, wenn sie sich weigern, ihre gußeisernen Begriffe in Frage zu stellen und das Wagnis der Selbstfindung auf dem Weg der Liebe einzugehen?

Aber dagegen gefragt: hat denn der wirklich Liebende wirklich eine Wahl? Muß er nicht zwangsläufig »Feuer fangen«? »Ich bin gekommen«, sagt im Neuen Testament Christus, »um Feuer auf die Erde zu werfen, und was will ich anders, als daß es brennt?« (Lk 12,49).

Diese »Gefahr«, von der »Glut« der Liebe »angesteckt« zu werden bis hin zu dem Gefühl, innerlich »verzehrt« oder »verbrannt« zu werden, macht die Liebe gerade aus; wer diese »Gefahr« vermeiden will, mag ein rechtschaffener Bürger, ein zuverlässiger Hausgenosse und ein geselliger Skatbruder sein, aber von der Macht wirklicher Liebe wird er niemals eine Ahnung haben: Entweder wird er von der Existenz einer »Königstochter« auf dem Schloß der goldenen Sonne erst gar nicht Notiz nehmen und lieber nach dem »Vollzug« seiner standesamtlichen und kirchenrechtlich »wirksamen« Heirat seine Frau als ein »bekanntes Wesen« behandeln, dem er allenfalls Fairneß, »Treue« und Korrektheit, keinesfalls aber die Verehrung, die Poesie und die Romantik wie gegenüber einer Königin entgegenbringen wird, oder, wenn er wirklich das warme, wahre Wesen seiner Frau zu ahnen beginnt, wird er sich erschrocken abwenden und nach »Recht« und »Ordnung« rufen bzw. die »Pflichten« des bürgerlichen Alltags beschwören. Schließlich läßt es sich offenbar immer noch leichter mit einer gewissen angepaßten Form von Heuchelei leben als mit dem starken, alles verändernden Gefühl wahrer Liebe. Mag auch der »Walfisch« in der Tiefe weiter lauern – unter Umständen gilt dies als weniger bedrohlich als das Risiko eines tief empfundenen Gefühls. Wie in Ingeborg Bachmanns Hörspiel ›Der gute Gott von Manhattan‹[162] waltet in der gesellschaftlichen Moral Nachsicht mit den flüchtigen Triebdurchbrüchen und »Abenteuern« einzelner Nächte, aber unbarmherzig verfolgt man diejenigen, die auch im Morgendämmern des beginnenden Tages noch zu ihren Gefühlen zu stehen wagen; das verborgene Laster, die »Walfisch«-Existenz in der Tiefe, erscheint immer noch als erstrebenswerter denn die vermeintlich anarchische Kraft der Liebe.

Dabei wartet der »Walfisch« nur darauf, seine menschliche Gestalt zurückzugewinnen. Die »Sexualität« ist nach Meinung des Märchens von der ›Kristallkugel‹ offenbar durchaus nicht an sich eine gefährliche, chaotische oder tierhafte Naturgewalt, sie wird es lediglich in ihrer aus Angst und moralischem Druck erzwungenen Zerrform im Unbewußten. Das Wunder der Verwandlung, das die Liebe bewirkt, der Zauber einer leidenschaftlich empfundenen Zuneigung, besteht nicht zuletzt darin, daß sich in der Liebe alle Gefühle, Vorstellungen, Sehnsüchte, Wünsche und Empfindungen auf einen einzigen, über alles geliebten Menschen versammeln, und damit vereinigen sich zugleich auch die sonst so widersprüchlichen und zersplitterten Triebimpulse im Ich des Liebenden; sie hören auf, das Ich dem schicksalhaften Kommen und Gehen von vermeintlich rein »naturhaften« Kräften zu unterwerfen; sie gewinnen ihre Freiheit, ihre Menschlichkeit, ihre Schönheit zurück und veredeln sich zu Ausdrucksformen einer Leidenschaft der Sanftheit und der Zärtlichkeit; sie verlieren ihre bislang übermächtige, zwingende Allgewalt und unterstehen fortan den Möglichkeiten und Entscheidungen des eigenen Ich. Mit einem Mal ist es möglich, einander gut zu sein, ohne die ständige Angst, in ein unberechenbares »Tier« verwandelt zu werden.

Paradoxerweise aber ist es jetzt gerade das ursprüngliche »walfischartige« Übermaß an Sehnsucht und Verlangen, das die »Feuergefahr« der Liebe eindämmt und die Vermenschlichung des »Tiefseeungeheuers« einleitet. Was ehedem nur Not und Qual bedeutete, gewinnt jetzt durch die Macht der Liebe eine überaus beseligende Kraft, ja, es wird zur unerläßlichen Voraussetzung der Erlösung. Zu einem Drittel als »Adler« bzw als »Walfisch« leben zu müssen, hieß bislang, buchstäblich verwunschen und verflucht zu sein; nun aber zeigt sich, daß gerade die »Adler«-Stärke des Verstandes die angstbesetzten Einseitigkeiten zu revidieren vermag, und ebenso ist es jetzt die abgrundtiefe »Walfisch«-Stärke des Gefühls, die die tierhafte Zerrform der »Sexualität« beendet. Seichtere Charaktere als die »Walfischmenschen« besäßen niemals die ungeheure Energie und Leidenschaftlichkeit der Liebe, die nötig ist, um mit all den halben Lösungen aufzuräumen, die mittelmäßige Persönlichkeiten im Umgang mit sich selbst zu bevorzugen pflegen. Doch eben die enorme Spannweite an Höhe und Tiefe, gerade die extreme Abweichung von allem Durchschnittlichen, Alltäglichen und Oberflächlichen erlaubt es jetzt, sich vom Strom der Liebe bedenkenlos forttragen zu lassen und dadurch das Kostbarste zu gewinnen, das es auf Erden geben kann: die Durchsichtigkeit und Einheit der Seele im Bild der »kristallenen Kugel«.

Die schöne Prinzessin und ihr Erlöser

Der zweifellos tiefsinnigste und wahrste Gedanke des Märchens von der ›Kristallkugel‹ ist der zugleich wohl am meisten rührende: daß es allein die Liebe ist, die einen Menschen von dem Fluch seiner Kindheit zu erlösen vermag. Man hat sich daran gewöhnt, den Jenseitsweg der Schamanen, den Erlösungsweg der Seele, in die psychotherapeutischen Sprechstunden einiger hochbezahlter Fachleute und »Spezialisten« zu verlegen und damit die Aufregungen der Liebe im Grunde vom Leben fernzuhalten. Aber das Märchen von der ›Kristallkugel‹ bestreitet, daß man einen Menschen wirklich zu sich selbst befreien kann, solange man in kunstvoller psychotherapeutischer Distanz zu ihm verharrt, ohne sich selbst zu riskieren und alles zu wagen. Auf der anderen Seite kann man nur dann alles aufs Spiel setzen, wenn es zugleich auch für die eigene Existenz um Sein oder Nichtsein geht. Gerade die »Dostojewskischen« Menschen würden um ihrer selbst willen niemals soviel an Energie investieren, um aus der eigenen Zerrissenheit befreit zu werden; allein die Macht der Liebe und in gewissem Sinne das »Alibi«, einen anderen Menschen retten zu *müssen*, vermag sie zu einer Unbedingtheit des Gefühls zu treiben, bei der die inneren Gegensätze sich miteinander verbinden, indem wie in der alten persisch-gnostischen Mythologie[163] der Erlöser selbst zum Erlösten wird.

Was aber ist es mit der »Königstochter«? – Ihre Aktivität bei dem Erlösungsgeschehen erscheint in dem Märchen als so gering, daß sie zu einem Teil sich tatsächlich als eine bloße innerseelische anima-Gestalt deuten läßt; andererseits jedoch muß man bedenken, daß das Märchen von der ›Kristallkugel‹ den Erlösungsweg der Seele aus der Sicht des Mannes erzählt und auf die Gefühle der »Königstochter« nur mittelbar Wert legt; anders als beim Roman fällt es einem Märchen für gewöhnlich (zu) schwer, einen einzelnen psychischen Vorgang differenziert aus verschiedenen Perspektiven zu beschreiben, und so zentriert es die Handlung zumeist in einer einzelnen Hauptperson.

Gleichwohl lassen sich indirekt doch einige Rückschlüsse auch auf das Erleben der Königstochter ziehen.

Die wichtigste Voraussetzung, die sie selbst zur Befreiung von dem dunklen Schatten ihres Vaters beiträgt, liegt bereits darin, daß sie das Gefühl für ihre eigentliche Schönheit und Würde trotz all des jahrelangen Leids nicht gänzlich verliert. Wohl sind bereits, wie in der Mythologie der indischen Jainas,[164] dreiundzwanzig Männer bei dem Versuch, ihre Liebe zu erringen, an dem Fluch ihres Vaters gescheitert; aber eben deshalb weiß die Königstochter jetzt offenbar selbst, daß es diesmal endgültig um alles geht: Noch einen weiteren Versuch über dieses letzte Mal hinaus wird es nicht geben, und dieses Wissen verleiht ihr eine Tiefe des Leids, einen Ernst der Entscheidung und eine Stärke der Entschlußkraft, die ihr so ausgeprägt vermutlich nicht immer zu eigen waren. Erstaunlich ist vor allem ihre Hellsichtigkeit, mit der sie ihrem Geliebten die Gefahren auf dem Weg zu sich selber mitzuteilen weiß. Das einzige, was man wesentlich bei ihr vermißt, ist eine direkte Auseinandersetzung mit dem (Bild ihres) Vater(s). Psychologisch gesehen, wird die Macht des »bösen« Zauberers wirklich erst dann beendet sein, wenn die »Königstochter« sich selbst ein Stück weit weniger gefügig, dafür aber selbstbewußter, freier, notfalls auch kritischer und konfliktfähiger gegenüber allen väterlichen Autoritäten zeigt. Aber da der Schatten des Vaters nach der Schilderung des Märchens mit dem Besitz der »Kristallkugel« verschwindet, muß man annehmen, daß all diese vorteilhaften Ergebnisse auch wirklich eingetreten sind – allerdings, man wüßte es gerne auch vom Text selbst her.

Ganz entscheidend aber ist jetzt etwas, das der »dritte Sohn« und die »Königstochter« gemeinsam lernen und das in der Tat ihre Liebe vollendet und bestätigt: Beide verlieren endgültig die Angst, einander mit ihrer Gegenwart und Nähe nur zum Schaden zu gereichen. Gewiß gibt es besonders bei Menschen von einer solchen Sensibilität, Reflexivität und Leidenschaftlichkeit, wie das Märchen von der ›Kristallkugel‹ sie schildert, keine Angst, die marternder und quälender sein könnte als die ständige Befürchtung, dem anderen, gerade wenn man ihn von Herzen liebt, nur lästig, langweilig oder sogar schädlich und gefährlich sein zu können. Eine ganze Zeitlang wird diese Sorge am Anfang der Liebe zunächst mit der wachsenden Zuneigung womöglich eher noch zunehmen als abnehmen, und sie kann sehr leicht Ausmaße erreichen, die einem verzweifelten Selbstboykott der Liebe gleichkommen. Es gehört ein außerordentlich starkes, wiederum allein von der Liebe getragenes Vertrauen dazu, trotz all dieser Ängste einander nicht mehr loszulassen und schließlich zu glauben, daß man, statt des anderen Schaden oder Gefährdung, ganz im Gegenteil all sein Glück, seinen Frieden, seine Seligkeit, ja ganz wortwörtlich seine Rettung und Erlösung bedeutet und verkörpert.

Von daher ist es unerläßlich, kraft der Liebe auch an die eigene Liebenswürdigkeit und Glücksfähigkeit zu glauben. Insbesondere die Angst vor den eigenen »Tiefen« und »Depressionen«, die Angst Søren Kierkegaards zum Beispiel, den anderen mit der eigenen Liebe nur unglücklich machen zu können,[165] die Angst Franz Kafkas, mit der verborgenen »Unreinheit« die Geliebte nur beschmutzen und entehren zu können,[166] die Furcht der »Königstochter«, in den Augen des Geliebten vielleicht nicht gut oder schön genug zu sein – die ganze Hölle derartiger Ängste, die gerade von den Wogen der Liebe aus dem Bodensatz der Kindertage hochgespült werden, kann sich nur beruhigen durch die unendliche Leidenschaft einer Liebe, die es wagt, sich dem anderen bedingungslos und endgültig zuzumuten. Am Ende des Weges wird man der Liebe des anderen glauben, was man sich selbst gegen all die Verwünschungen der eigenen Angst niemals zugestehen würde: daß es so etwas gibt wie eine sichere Schönheit, Liebenswürdigkeit und Wahrheit, und auch dafür mag noch einmal das Bild der »Kristallkugel« stehen.

Wenn die mittelamerikanischen Indianer einen Menschen bestatteten, legten sie gern in seinen Mund ein Stück Jade;[167] sie wollten damit zum Ausdruck bringen, daß dieser Mensch ein Herz besessen habe, so rein und edel wie der grüne Edelstein. Kann es eine Vorstellung von der Liebe geben, die schöner und wahrer ist als diese, die in den Mythen der Völker wie in den Zaubermärchen lebt: Die Liebe sei das Vermögen, das Wesen der Geliebten wiederzuentdecken in seiner unvergleichlichen Würde, in seiner unverfälschten Schönheit und in seiner göttlichen Unsterblichkeit? Sie sei die Kraft, das Herz der Geliebten zu betrachten als die eine kristallene Kugel, in der alles Licht der Welt sich sammelt[168] und die ganze Ewigkeit sich spiegelt? Und sie sei die Energie eines Glaubens, der die Angst der Erde besiegt, weil ihre Füße schon mitten in der Zeit hintragen zu dem Gipfel des »gläsernen Berges«, zum Schloß der goldenen Sonne, zur sicheren Gewißheit eines ewigen Glücks? Um ewig bei Gott zu sein, bedürfen wir liebend einander, und ewig wird Gott die Kraft sein, die uns miteinander verbindet.

Rapunzel

Es war einmal ein Mann und eine Frau, die wünschten sich schon lange vergeblich ein Kind, endlich machte sich die Frau Hoffnung, der liebe Gott werde ihren Wunsch erfüllen. Die Leute hatten in ihrem Hinterhaus ein kleines Fenster, daraus konnte man in einen prächtigen Garten sehen, der voll der schönsten Blumen und Kräuter stand; er war aber von einer hohen Mauer umgeben, und niemand wagte hineinzugehen, weil er einer Zauberin gehörte, die große Macht hatte und von aller Welt gefürchtet ward. Eines Tags stand die Frau an diesem Fenster und sah in den Garten hinab, da erblickte sie ein Beet, das mit den schönsten Rapunzeln bepflanzt war; und sie sahen so frisch und grün aus, daß sie lüstern ward und das größte Verlangen empfand, von den Rapunzeln zu essen. Das Verlangen nahm jeden Tag zu, und da sie wußte, daß sie keine davon bekommen konnte, so fiel sie ganz ab, sah blaß und elend aus. Da erschrak der Mann und fragte: »Was fehlt dir, liebe Frau?« – »Ach«, antwortete sie, »wenn ich keine Rapunzeln aus dem Garten hinter unserm Hause zu essen kriege, so sterbe ich.« Der Mann, der sie liebhatte, dachte: »Eh du deine Frau sterben lässest, holst du ihr von den Rapunzeln, es mag kosten, was es will.« In der Abenddämmerung stieg er also über die Mauer in den Garten der Zauberin, stach in aller Eile eine Handvoll Rapunzeln und brachte sie seiner Frau. Sie machte sich sogleich Salat daraus und aß sie in voller Begierde auf. Sie hatten ihr aber so gut, so gut geschmeckt, daß sie den andern Tag noch dreimal soviel Lust bekam. Sollte sie Ruhe haben, so mußte der Mann noch einmal in den Garten steigen. Er machte sich also in der Abenddämmerung wieder hinab, als er aber die Mauer herabgeklettert war, erschrak er gewaltig, denn er sah die Zauberin vor sich stehen. »Wie kannst du es wagen«, sprach sie mit zornigem Blick, »in meinen Garten zu steigen und wie ein Dieb mir meine Rapunzeln zu stehlen? Das soll dir schlecht bekommen.« – »Ach«, antwortete er, »laßt Gnade für Recht ergehen, ich habe mich nur aus Not dazu entschlossen: meine Frau hat Eure Rapunzeln aus dem Fenster erblickt und empfindet ein so großes Gelüsten, daß sie sterben würde, wenn sie nicht davon zu essen bekäme.« Da ließ die Zauberin in ihrem Zorne nach und sprach zu ihm: »Verhält es sich so, wie du sagst, so will ich dir gestatten, Rapunzeln mitzunehmen, soviel du willst, allein ich mache eine Bedingung: Du mußt mir das Kind geben, das deine Frau zur Welt bringen wird. Es soll ihm gut gehen, und ich will für es sorgen wie eine Mutter.« Der Mann sagte in der Angst alles zu, und als die Frau in Wochen kam, so erschien sogleich die Zauberin, gab dem Kinde den Namen *Rapunzel* und nahm es mit sich fort.

Rapunzel ward das schönste Kind unter der Sonne. Als es zwölf Jahre alt war, schloß es die Zauberin in einen Turm, der in einem Walde lag und weder Treppe noch Türe hatte, nur ganz oben war ein kleines Fensterchen. Wenn die Zauberin hinein wollte, so stellte sie sich unten hin und rief:

»Rapunzel, Rapunzel,
laß mir dein Haar herunter.«

Rapunzel hatte lange prächtige Haare, fein wie gesponnen Gold. Wenn sie nun die Stimme der Zauberin vernahm, so band sie ihre Zöpfe los, wickelte sie oben um einen Fensterhaken, und dann fielen die Haare zwanzig Ellen tief herunter, und die Zauberin stieg daran hinauf.

Nach ein paar Jahren trug es sich zu, daß der Sohn des Königs durch den Wald ritt und an dem Turm vorüberkam. Da hörte er einen Gesang, der war so lieblich, daß er stillhielt und horchte. Das war Rapunzel, die in ihrer Einsamkeit sich die Zeit damit vertrieb, ihre süße Stimme erschallen zu lassen. Der Königssohn wollte zu ihr hinaufsteigen und suchte nach einer Türe des Turms, aber es war keine zu finden. Er ritt heim, doch der Gesang hatte ihm so sehr das Herz gerührt, daß er jeden Tag hinaus in den Wald ging und zuhörte. Als er einmal so hinter einem Baum stand, sah er, daß eine Zauberin herankam und hörte, wie sie hinaufrief:

»Rapunzel, Rapunzel,
laß dein Haar herunter.«

Da ließ Rapunzel die Haarflechten herab, und die Zauberin stieg zu ihr hinauf. »Ist das die Leiter, auf welcher man hinaufkommt, so will ich auch einmal mein Glück versuchen.« Und den folgenden Tag, als es anfing, dunkel zu werden, ging er zu dem Turme und rief:

>»Rapunzel, Rapunzel,
>laß dein Haar herunter.«

Alsbald fielen die Haare herab, und der Königssohn stieg hinauf.

Anfangs erschrak Rapunzel gewaltig, als ein Mann zu ihr hereinkam, wie ihre Augen noch nie einen erblickt hatten, doch der Königssohn fing an, ganz freundlich mit ihr zu reden, und erzählte ihr, daß von ihrem Gesang sein Herz so sehr sei bewegt worden, daß es ihm keine Ruhe gelassen und er sie selbst habe sehen müssen. Da verlor Rapunzel ihre Angst, und als er sie fragte, ob sie ihn zum Manne nehmen wollte, und sie sah, daß er jung und schön war, so dachte sie: »Der wird mich lieber haben als die alte Frau Gothel«, und sagte ja und legte ihre Hand in seine Hand. Sie sprach: »Ich will gerne mit dir gehen, aber ich weiß nicht, wie ich herabkommen kann. Wenn du kommst, so bring jedesmal einen Strang Seide mit, daraus will ich eine Leiter flechten, und wenn die fertig ist, so steige ich herunter, und du nimmst mich auf dein Pferd.« Sie verabredeten, daß er bis dahin alle Abend zu ihr kommen sollte, denn bei Tag kam die Alte.

Die Zauberin merkte auch nichts davon, bis einmal Rapunzel anfing und zu ihr sagte: »Sag Sie mir doch, Frau Gothel, wie kommt es nur, Sie wird mir viel schwerer heraufzuziehen als der junge Königssohn, der ist in einem Augenblick bei mir.« – »Ach du gottloses Kind«, rief die Zauberin, »was muß ich von dir hören, ich dachte, ich hätte dich von aller Welt geschieden, und du hast mich doch betrogen!« In ihrem Zorne packte sie die schönen Haare der Rapunzel, schlug sie ein paarmal um ihre linke Hand, griff eine Schere mit der rechten, und ritsch, ratsch waren sie abgeschnitten, und die schönen Flechten lagen auf der Erde. Und sie war so unbarmherzig, daß sie die arme Rapunzel in eine Wüstenei brachte, wo sie in großem Jammer und Elend leben mußte.

Denselben Tag aber, wo sie Rapunzel verstoßen hatte,

machte abends die Zauberin die abgeschnittenen Flechten oben am Fensterhaken fest, und als der Königssohn kam und rief:

»Rapunzel, Rapunzel,
laß dein Haar herunter«,

so ließ sie die Haare hinab. Der Königssohn stieg hinauf, aber er fand oben nicht seine liebste Rapunzel, sondern die Zauberin, die ihn mit bösen und giftigen Blicken ansah. »Aha«, rief sie höhnisch, »du willst die Frau Liebste holen, aber der schöne Vogel sitzt nicht mehr im Nest und singt nicht mehr, die Katze hat ihn geholt und wird dir auch noch die Augen auskratzen. Für dich ist Rapunzel verloren, du wirst sie nie wieder erblicken.« Der Königssohn geriet außer sich vor Schmerz, und in der Verzweiflung sprang er den Turm herab: das Leben brachte er davon, aber die Dornen, in die er fiel, zerstachen ihm die Augen. Da irrte er blind im Walde umher, aß nichts als Wurzeln und Beeren und tat nichts als jammern und weinen über den Verlust seiner liebsten Frau. So wanderte er einige Jahre im Elend umher und geriet endlich in die Wüstenei, wo Rapunzel mit den Zwillingen, die sie geboren hatte, einem Knaben und Mädchen, kümmerlich lebte. Er vernahm eine Stimme, und sie däuchte ihn so bekannt; da ging er darauf zu, und wie er herankam, erkannte ihn Rapunzel und fiel ihm um den Hals und weinte. Zwei von ihren Tränen aber benetzten seine Augen, da wurden sie wieder klar, und er konnte damit sehen wie sonst. Er führte sie in sein Reich, wo er mit Freude empfangen ward, und sie lebten noch lange glücklich und vergnügt.

Tiefenpsychologische Deutung

Der Mutter Wunschkind und der Hexe Eigentum

Mehr begreift von einem Menschen, wer versteht, daß man den Hintergrund der Eltern und der Kindheit kennen muß, um sich in das Wesen und die Eigenart seiner Persönlichkeit einfühlen zu können. Recht hat daher das Märchen von ›Rapunzel‹, wenn es mehr als ein Drittel der Erzählung gewissermaßen auf die Vorgeschichte der Geschichte verwendet: indem es in breiter Form den *Geburtsmythos* von Rapunzel entfaltet.[1]

In jeder psychoanalytischen Anamneseerhebung spielt die Frage nach der frühesten Kindheitserinnerung eine große Rolle; denn regelmäßig rankt sich um die frühe Kindheit ein Gewebe aus Dichtung und Wahrheit, das in historischem Sinne oft genug frei erfunden scheinen mag, während es psychologisch doch in symbolischer Verdichtung die Jahre der Jugend in der sprechendsten Weise darstellt und zusammenfaßt. Weiter noch als solche »Deckerinnerungen«[2] an die Kindheit reichen für gewöhnlich die »Familienromane«[3] vieler Menschen. Für jedermann stellt es eine reizvolle Frage dar, wie er sich vorstellen könnte, aus einer vorgeburtlichen Existenz in diese Welt gekommen zu sein; mit großer Sicherheit erweisen sich die Details einer solchen Geburtsphantasie als Zeitrafferaufnahmen vieler gleichgerichteter Kindheitseindrücke, die über viele Jahre hin den Charakter der jeweiligen Persönlichkeit auf das nachhaltigste geprägt haben. Zu einem eigentlichen Familienroman indessen werden solche Phantasien, wenn der Unterschied zwischen innerer und äußerer Wirklichkeit, zwischen psychischer und biographischer Wahrheit sich subjektiv zu verwischen beginnt, indem die Konflikte der frühen Kindheit in späterem Rückblick eine bestimmte symbolische Bearbeitung dem Bewußtsein förmlich aufdrängen. Zum Verständnis derartiger »Familienromane« ist immer wieder die gleiche Frage zu stellen: Was sagt jemand über sich selber: über sein Wesen, seine Vergangenheit, seine Lebenseinstellung aus, wenn er seine Abkunft und Herkunft in gerade dieser Weise schildert? Oder, unmittelbar nach dem Sinn des langen Familienromans von ›Rapunzel‹ gefragt: Mit was für einem Menschen haben wir es zu tun, wenn jemand seine Kindheit vollkommen zutreffend mit den Worten schildert: »Unmittelbar nach der Geburt wurde ich von meiner Mutter getrennt und in die Hände einer Zauberin gegeben, der ich versprochen wurde, um das Leben meines Vaters zu retten; denn dieser hatte sein Leben gewagt, um den unersättlichen Hunger meiner Mutter zu stillen, den diese während der Schwangerschaft auf gewisse Rapunzeln (Feldsalat) im rückwärtigen Garten jener Zauberin verspürte?« – Wer, das muß die erste Frage sein, steht in einem solchen »Familienroman« für die »Zauberin«?

Es ist zunächst nicht mehr als eine Hypothese, aber doch eine tiefenpsychologisch überaus naheliegende Annahme, daß wir es in Rapunzels Mutter und der Zauberin mit zwei Seiten ein und derselben Person zu tun haben. Ein und derselbe Mensch, so berichten die Märchen immer wieder, kann gleichzeitig und ineins Mutter und Hexe, Engel und Dämon, Leben und Tod verkörpern und bedeuten; ein und derselbe Mensch kann fürsorglich, liebevoll und lebenspendend und *zugleich* terroristisch, einengend und erstickend sein; in ein und demselben Menschen können Liebe und Haß, Güte und Egoismus, Freundlichkeit und Fremdheit sich miteinander untrennbar verpaaren, und wohl keine Erkenntnis ist verletzender und heilsamer für unsere Selbsterfahrung als die Einsicht in diese mögliche Doppelnatur unseres Wesens und Wirkens; keine Erkenntnis dürfte deshalb auch so sehr gemieden, verleugnet oder verdrängt werden wie dieser Blick in das Terrain unserer »Unter«- oder »Hinterwelt«. Schon allein deshalb bedürfen wir als Erwachsene so sehr der Symbolik der Märchen, weil gerade sie uns unverstellt den Spiegel unserer Wahrheit entgegenzuhalten vermögen; denn wir müssen – mit dem Märchen von ›Rapunzel‹ gesprochen – unbedingt durch das »kleine Fenster« in dem »Hinterhaus« unserer Wohnung in den »Garten« schauen, um die Kehrseite unseres bewußten Ichs wahrzunehmen und zu sehen, daß diese »prächtigen« Felder, bestanden mit den »schönsten Blumen und Kräutern«, uns selber zugehören, oder wir werden uns ewig fremd bleiben und auf immer der Psychodynamik des eigenen Unbewußten hilflos ausgeliefert sein.

Es geht ja nicht darum, mit Hilfe psychoanalytischer Einsichten Angst zu verbreiten und das Maß der Schuldgefühle zu vermehren, so als könnten wir von außen her im Ton des Vorwurfs und der Anklage objektivierend konstatieren: Rapunzels Mutter war (bzw. ist) von Anfang an identisch mit der bösen Zauberin, der Herrin des Gartens im Hinterhaus. Die Psychoanalyse taugt einzig zur Vermittlung von Wahrheiten, die dem einzelnen, den es angeht, von innen her zuwachsen können und müssen, wenn er sich in der Haltung eines größeren Vertrauens und in dem Klima einer tieferen Geborgenheit mit weniger Angst und Zwang zu betrachten vermag; sie taugt durchaus nicht dazu, die Menschen der Umgebung oder auch sich selber auf kalte Weise als »Fallgeschichten« zu sezieren und als Typenvarianten zu diagnostizieren. Nicht eine noch größere Aufspaltung zwischen Geist und Gefühl, zwischen Subjekt und Objekt, zwischen Ich und Welt ist das Ziel der Psychoanalyse, sondern gerade im Gegenteil: die Ermöglichung einer tieferen Einheit durch Einsicht in den eigenen Werdegang und in die Problematik mancher Wiederholungsängste und Übertragungen.[4] Infolgedessen geht es auch bei der Deutung eines Märchens wie der Geschichte von ›Rapunzel‹ nicht darum, auf die Mutter dieses Kindes mit Fingern zu zeigen, sondern eine Form tragischer Dialektik zu verstehen, unter der so viele Frauen (und umgekehrt so viele Männer) leiden.

Die Erzählung beginnt mit der Schilderung, wie Rapunzels Eltern sich so lange Zeit schon nach einem Kinde sehnen. Man könnte diese Mitteilung als »unverdächtig« einfach überlesen, gäbe nicht der ganze weitere Gang der Handlung darüber Aufschluß, daß Rapunzel nicht der Eltern, sondern vielmehr ganz und gar der Mutter Kind ist und zu sein hat. Schon der Name des Mädchens – die Bezeichnung seines Wesens also[5] – verrät, daß es eigentlich nur dazu auf die Welt gekommen ist, um der Mutter als »Nahrungsmittel« zu dienen, und man darf annehmen, daß der Heißhunger der Mutter während der Schwangerschaft nach den »Rapunzeln« bereits vorwegnimmt, wie diese Frau »im Hintergrund«, in ihrer »Hexengestalt«, ihr langersehntes Kind zur Sättigung ihrer ungestillten Gier nach einem wirklichen Lebensinhalt (ge)brauchen wird. Es wird demnach im wesentlichen wohl das Verlangen *der Frau* sein, das dem Kinderwunsch der »Eltern« zugrunde liegt, und die Rolle des Mannes wird darin bestehen, sich diesem Wunsch, so gut es geht, zu fügen.

Warum überhaupt bekommt eine Frau ein Kind? Aus Mutterliebe, selbstverständlich, möchte man denken. Aber so verhält es sich durchaus nicht immer. Wie oft entsteht das Motiv, ein Kind zu gebären, aus dem unerträglichen Gefühl der Leere, der Angst, der Einsamkeit, ja, einer verzweifelten Verlorenheit? Immer, wenn eine Frau nicht weiter weiß, kann sie die Neigung überkommen, die Schwierigkeiten, die in ihrem eigenen Leben unlösbar erscheinen, buchstäblich in einem *anderen* Leben lösen zu wollen: in Tod oder Geburt oder in beidem zugleich. Eine Frau, die selbst nicht leben kann, kann unter Umständen mit großem Verlangen sich nach einem Kinde sehnen, um in diesem Kind und für dieses Kind zu leben; aber ein derartiges Leben anspruchsloser Hingabe und scheinbarer Selbstlosigkeit setzt doch nur das alte Unleben fort, und eine Mutter, die ganz (in) ihrem Kinde leben will, nötigt, ob sie es will oder nicht, ihr Kind unfehlbar dazu, seinerseits ganz (in) der Mutter zu leben. Es gehört zu den schmerzlichsten Erfahrungen der Gegenfinalität des Unbewußten, wenn eine solche Frau erleben muß, daß sie mit allem Bemühen, mit all ihren Ängsten und schlaflosen Nächten, am Ende ihrem Kind das Leben zwar geschenkt, aber nicht ermöglicht, sondern im Gegenteil versperrt hat; doch gerade solch ein Ergebnis wird unvermeidlich sein, solange eine Frau die Lücken des eigenen Lebens dadurch zu schließen versucht, daß sie einem Kind das Leben schenkt. Die mangelnde Identität der Mutter gestattet es dem Kinde nicht, *seine* Identität zu entwickeln; vielmehr führt jede Abweichung des Kindes von der Eigenart seiner Mutter unter solchen Umständen zu einer schweren Verunsicherung und Infragestellung des eigenen Wesens, mit der Folge, daß die Mutter um so heftiger auf eine möglichst weitgehende Angleichung zwischen sich und der Wesensart ihrer Tochter drängen wird. – Der buchstäblich heißhungrige Wunsch der Mutter nach einem Kind könnte somit durchaus als ein erster Hinweis auf eine hintergründige Ambivalenz im Charakter dieser Frau verstanden werden, wie sie wenig später in der Dialektik von Mutter und Hexe tatsächlich in Erscheinung tritt.

Allerdings sollte man erwarten, daß eine solche innere Haltlosigkeit, wie wir sie bei Rapunzels Mutter annehmen dürfen, sich zunächst mit einer Reihe von Erwartungen an den eigenen Ehemann wenden und erst im Falle schwerer Enttäuschungen sich in die erlösende Hoffnung auf die Geburt eines Kindes verwandeln wird. In der Tat wird man nicht anders sagen können, als daß die Beziehung von Rapunzels Eltern zueinander höchst sonderbar anmutet, vorausgesetzt, man betrachtet den »Familienroman« des Mädchens wirklich als Verdichtung all der Faktoren, die auf Jahre hin seine Kindheit geprägt haben; das Verhalten von Rapunzels Eltern während der Schwangerschaft muß dann als symptomatisch für die Art ihrer Beziehung überhaupt betrachtet werden, und alsbald wird man in dem ehelichen Zusammenleben von Rapunzels Eltern auf eine ähnliche Dialektik stoßen, wie sie bereits in dem »Hunger« von Rapunzels Mutter sichtbar wurde.

Wenn Menschen wirklich einander lieben, wird das Gefühl sie beherrschen, wie von Ewigkeit her füreinander bestimmt und von der Hand Gottes zur rechten Zeit zusammengeführt worden zu sein. Umgekehrt ist Khalil Gibran zuzustimmen, wenn er schrieb: »Wie töricht sind die Menschen, die glauben, daß die Liebe die Frucht eines langen Zusammenseins ist und aus ständiger Gemeinsamkeit hervorgeht. Die Liebe ist vielmehr eine Tochter des geistigen Einverständnisses, und wenn dieses Einverständnis nicht in einem einzigen Augenblick entsteht, so wird es weder in Jahren noch in Jahrhunderten entstehen.«[6] Die Ehe zwischen Rapunzels Eltern gleicht bei Lichte besehen einem Amalgam schwerer Angst, wechselseitiger Bemühtheit und erpresserischer Schuldverantwortung. Wie lange müssen Menschen miteinander leben, ehe sie begreifen, daß aus Pflicht, Verantwortung und gutem

Willen allein Liebe nicht erwachsen kann? Im Zusammenleben zwischen Rapunzels Eltern jedenfalls erscheint es wohl am furchtbarsten, wie sehr der Mann auf das treueste sich bemüht, den Wünschen seiner Frau zu entsprechen, ohne ihnen doch in Wahrheit entsprechen zu können: Er ist seiner Frau vollkommen dienstbar, ringt sich das Äußerste ab, ja, er tut für diese Frau vieles, was er im Grunde gar nicht will oder was sogar seiner moralischen Überzeugung widerspricht; aber er tut dies alles nicht von innen heraus und in Freiheit, sondern er hat im Grunde gar keine Chance, sich anders zu verhalten. Denn täte er so nicht, müßte er augenblicklich von dem Gefühl heimgesucht werden, den drohenden Untergang und den schleichenden Tod seiner Frau mitzuverschulden: Sie »fällt ab«, sie droht zu sterben, und wenn ihr der Mann nicht selbst das Elixier zum Leben bringt oder, besser noch, sich selber in ein Lebenselixier für sie verwandelt, steht er, unwiderruflich scheinbar, als ein der fahrlässigen Tötung Angeklagter da. Mit anderen Worten: Es ist an der Seite einer Frau wie Rapunzels Mutter für einen solchen Mann prinzipiell nicht möglich, an irgendeiner Stelle erlaubtermaßen nein zu sagen, sich abzugrenzen oder sich selber hinter die Mauern jenes ominösen »Gartens« zurückzuziehen.

Die volle Wahrheit über die hintergründige Widersprüchlichkeit, ja, über die tragische Unheimlichkeit der Beziehung zwischen Rapunzels Eltern erfahren wir indessen erst, wenn wir die eingangs getroffene Vermutung einmal als gegeben setzen: daß es ein und dieselbe Frau ist, die nicht nur gegenüber ihrem Kind, sondern bereits gegenüber ihrem Mann in höchst ambivalenter Weise sowohl als werdende Mutter wie als drohende Zauberhexe in Erscheinung tritt, und zwar vornehmlich in der Art, wie sie die »Liebe« versteht. Wohl geschieht es gar nicht selten, daß eine Frau während der Schwangerschaft von den seltsamsten Nahrungswünschen heimgesucht wird; mitunter haben derartige Regungen symbolischen Charakter, basieren sie auf Erinnerungen an bestimmte trostreiche Szenen der Kindertage und beantworten sie die Angst vor den Gefahren der Geburt; mitunter macht sich auch einfach ein ernährungsphysiologisch sinnvoller (oder zumindest subjektiv als sinnvoll betrachteter) Appetit nach fehlenden Nährstoffen geltend. In dem Märchen von ›Rapunzel‹ aber handelt es sich in maßloser Steigerung solcher relativ normalen Bedürfnisse um ein Verlangen, das sich keinesfalls nur auf der Ebene von Appetit und Hunger verstehen läßt. Kein Zweifel: Dieser Frau geht es bei dem »Feldsalat« um Leben und Tod, und wir haben Grund zu der Annahme, daß der gierige Wunsch nach *den* Rapunzeln im Grunde nur das Verlangen nach *der* Rapunzel verdichtet und vorwegnimmt. So wie diese Frau ihre Schwangerschaft erlebt, so erlebt sie offenbar die ganze Existenz »ihres« Kindes: Sie hat es, wie man zu sagen pflegt, »zum Fressen gern«, sie lebt davon, und sie kann ohne dieses Kind nicht existieren. Aber auch umgekehrt: Wenn es denn stimmt, daß sie unter allen Umständen Rapunzeln essen muß, um eine »Rapunzel« zur Welt zu bringen, so wird man diese Nahrungsgier kaum anders deuten können denn als eine in die Schwangerschaft verschobene Empfängnisphantasie, und damit scheinen wir neuerlich auf ein zentrales Problem in der Beziehung der Eltern einer Rapunzel zu stoßen.

Man weiß durch die Psychoanalyse, daß gerade die aus Angst gehemmte und in früher Kindheit fixierte Sexualität einer sehr starken oralen Komponente auch späterhin im Leben eines Erwachsenen nicht entraten wird. Insbesondere die Analyse von Depressiven liefert immer wieder das Bild einer Verschiebung sexueller Wünsche in orale Bedürfnisse, und vor allem in der Phantasietätigkeit spielt die orale Sexualität eine (übergroße) Rolle.[7] Dabei stellt die Oralität die erste Form »sexueller« Empfindungen (im Freudschen Sinne) dar, und so kann es nicht verwundern, daß sich auch im Erleben eines Erwachsenen die frühesten Kindheitsphantasien über Zeugung und Geburt als orale Vorgänge wieder zu Wort melden, sobald unter dem Druck sexueller Gehemmtheit die frühkindlichen oralen Erlebnisformen regressiv wiederbelebt werden. Dementsprechend findet sich in den Mythen und den Märchen der Völker recht häufig das Motiv der oralen Konzeption, wie ein jungfräuliches Mädchen eine bestimmte Frucht, einen Tannenzapfen, einen Fisch oder dergleichen ißt und dadurch ohne Zutun eines Mannes schwanger wird.[8] Phantasien dieser Art dürfen schon deshalb als die urtümlichsten Sexualvorstellungen gelten, weil ein Kind ohne Kenntnis der genitalen Sexualität die Veränderungen der Mutter während der Schwangerschaft geradezu zwangsläufig nach dem Vorbild der eigenen spürbaren Veränderungen im Bauchraum bei der Nahrungsaufnahme zu deuten pflegt: Der Leib der Mutter schwillt an, und so steht aus infantiler Sicht zu vermuten, daß das Kind auf dieselbe Weise in ihren Leib gekommen sein wird, wie die Aufnahme von Nahrung den eigenen Körper anschwellen läßt, während der Vorgang der Geburt entsprechend der »Kloakentheorie« in Analogie zu den analen Ausscheidungsvorgängen gedeutet zu werden pflegt.[9] Im Unbewußten können derartige infantile Zeugungs- und Geburtsphantasien sich um so besser festsetzen, wenn die wirklichen Vorgänge der Sexualität unter Angst und Schuldgefühlen vom Bewußtsein abgespalten bleiben; und so werden wir bei der maßlosen Gier speziell von Rapunzels Mutter nach Feldsalat am ehesten denken müssen, daß diese Frau die gesamte Sexualität, insbesondere die Vorgänge der Empfängnis, in ein kindlich-orales Szenarium zurückdrängt. Versteht man die orale Erlebniswelt dabei nicht nur als eine »sexuelle« Triebregung, sondern als Verlangen nach Anklammerung,

Halt und Geborgenheit,[10] so wird man insgesamt sagen müssen, daß Rapunzels Mutter gerade in dem Augenblick, da sie sich anschickt, selber ein Kind zu empfangen, mit ihren oralen Wünschen persönlich sich am stärksten danach sehnt, selber ein Kind zu sein; gerade in dem Moment, da sie selber zur Mutter werden soll, wird ihre Sehnsucht nach der eigenen Mutter riesengroß, und der Wunsch, ein Kind zu haben, ist bei ihr eigentlich ein verdrängter Wunsch nach der Rückkehr in die eigene Kindheit. Die tragische Widersprüchlichkeit, in der Rapunzel heranwächst, hat hier ihr inneres Zentrum.

Unter den gegebenen Voraussetzungen wird möglicherweise jetzt auch die lange Zeit der *Unfruchtbarkeit* recht gut verstehbar, in der Rapunzels Eltern auf die Ankunft ihres Kindes warten; denn es könnte durchaus sein, daß eine Reihe psychosomatischer Störungen auf seiten von Rapunzels Mutter bislang eine frühere Schwangerschaft verhinderten. In jedem Falle wird man die hoch gespannte, ständig zwischen Tod und Leben hin und her schwankende Beziehung zwischen Rapunzels Eltern während der Zeit der Empfängnis und Schwangerschaft in ihrer ganzen Dramatik erst wirklich verstehen, wenn man mit der angenommenen Identität von Mutter und Hexe an dieser Stelle wirklich ernst macht und demgemäß sogar in dem »Garten« der »Hexe« und in den »Rapunzeln« ein Freudsches Symbol für den eigenen Körper sowie für die verborgene, buchstäblich gefährliche Erlebniswelt von Rapunzels Mutter erblickt. Gerade wenn die scheinbare Schwangerschaftsphantasie eigentlich als eine Zeugungs- bzw. Empfängnisphantasie zu lesen ist, erhält die entscheidende Szene in dem Familienroman von Rapunzel eine äußerst dramatische, aber zugleich sehr naheliegende und jetzt fast selbstverständliche Bedeutung, offenbart sich darin doch das ganze Dilemma zwischen Rapunzels Eltern. Auf der einen Seite wird der Mann von seiner *Frau* in Dienst genommen, auf daß er ihr die lebensnotwendigen Rapunzeln mitbringe, um »Rapunzel« zur Welt bringen zu können; auf der anderen Seite aber wird er von *der Hexe* tödlich bedroht, *weil* er es gewagt hat, die unentbehrlichen Rapunzeln aus dem Garten zu entwenden.

Einen vernünftigen Sinn in diesem eigenartig widersprüchlichen Verhalten der beiden Frauen findet man paradoxerweise nur, wenn es sich, entsprechend unserer Annahme, im Grunde in beiden Gestalten wirklich um ein und dieselbe Person handelt. Nur so verstehen wir, wie unentrinnbar die Zwickmühle für Rapunzels Vater an der Seite einer Frau wie Rapunzels Mutter gestellt ist: Er hat wunsch- und befehlsgemäß, allein schon aus Verantwortung für das Leben seiner Frau, in den »Garten« der »Hexe« einzudringen; er hat, mit anderen Worten, gerade das Terrain zu betreten, das von seiner Frau ihr Leben lang wie etwas Fremdes und Unheimliches abgespalten wurde, und er muß von dort das rettende Lebenskraut zur Wegzehr seiner Frau herbeiholen; entsymbolisiert gesprochen, muß er sich mithin gerade in die verdrängten Erlebnisbereiche seiner Frau vortasten, nur um auf der Stelle auf deren Gegenreaktion in Gestalt der »Zauberin« zu treffen, die als eigentliche Herrin des »Gartens« jeden Eintritt in diesen verborgenen Bereich von Körperlichkeit, Sexualität und wechselseitiger Liebe sich zürnend verbittet. Wenn wir eben noch sagten, man müsse Rapunzels Mutter in ihrem Verlangen nach einem Kind sich als eine Frau vorstellen, die jedes eigenen Lebensinhaltes und jeder Fruchtbarkeit in ihrem eigenen Dasein schmerzlich entbehre, so scheint die innere Aufspaltung ihres Wesens in Mutter und Hexe, mithin die vollkommene Verdrängung ihrer Bestimmung als Frau, den tieferen Grund für dieses unentrinnbare Dilemma zu bilden, an dem sie selber ihr Leben lang leidet und mit dem sie ängstigend und furchtbar ihren Mann bedroht, gerade wenn dieser tut, worum sie ihn den Worten nach auf Leben und Tod anfleht.

Deutlicher, als das Märchen es hier schildert, läßt sich dieser Konflikt nicht ausdrücken. Was im Leben von Rapunzels Mutter auf Jahre hin so gut wie undenkbar und unausgesprochen bleiben mußte, eben dazu wird ihr Mann jetzt aufgefordert; das all die Zeit Unfühlbare und Unwünschbare muß nunmehr sich vollziehen um des so sehr ersehnten Kindes willen. Aber sobald der Mann sich untersteht zu glauben, daß er damit seiner Frau als Person auch nur ein Stück weit werde näherkommen können, wofern er womöglich sogar wähnen sollte, er werde dadurch gemeinsam mit seiner Frau zum Vater eines gemeinsamen Kindes werden, da wird die »Hexe« vor ihm stehen und ihn entrüstet schuldig sprechen; denn wohl will diese Frau ein Kind, nicht aber die Liebe, wohl will sie einen Nachfolger, nicht aber einen Mann, wohl will sie eine Aufgabe, nicht aber einen Partner. Der Mann infolgedessen muß den »Garten« im »Hinterhof« seiner Frau betreten und ihr die »Rapunzeln« zu »essen« bringen, aber er darf sich ihr um keinen Preis als Gatte nahen; buchstäblich gilt das Verlangen seiner Frau nicht ihm, sondern nur dem »Saatgut«, das er aus dem »Garten« mitzubringen hat. Wie etwas Verstohlenes und Gestohlenes, des Nachts, voller Angst, als lebensrettende Maßnahme, ereignet sich somit, was eigentlich als ein Tun in Zärtlichkeit und Liebe wie selbstverständlich Ausdruck der Lebensfreude und des Mutes zur Weitergabe des Lebens sein sollte. Dieselbe Frau, die eben noch um die Speise der Fruchtbarkeit anhält, muß im gleichen Augenblick, da sich ihr Wunsch erfüllt, ihrem Mann als tödliche Gefahr entgegengetreten und ihm bedeuten, daß er nur dann wird weiterexistieren dürfen, wenn er in alle Zukunft auf seine Frau als Frau verzichtet und in ihr einzig und allein die Mutter sieht, die *ihr* Kind, nicht das seine, von Geburt an in Besitz nimmt.

Es ist unter solchen Umständen wahrscheinlich nicht zuviel behauptet, wenn man das Zusammenleben von Rapunzels Eltern mit manchen Paarungsbräuchen im Tierreich vergleicht, wo zum Beispiel die Gottesanbeterin (die Mantis religiosa) das Männchen unmittelbar nach dem Vorgang der Begattung zu fressen droht, wenn es sich nicht rasch genug den Armen seiner Partnerin entwindet.[11] Ganz ähnlich hier: Dasjenige, was der Mann, wenn schon nicht aus Liebe, so doch aus Verantwortung, für seine Frau tun zu müssen glaubt, wird ihm eher Abscheu und Verurteilung, ganz sicher jedenfalls nicht Liebe und Gemeinsamkeit eintragen. Ja, die Bedingung, unter welcher das ganze eheliche Arrangement zwischen Rapunzels Eltern überhaupt nur zustande kommt, lautet gemäß diesem Märchen völlig korrekt, daß nach dem scheinbaren Tun der Liebe fortan allein die »mütterliche« »Fürsorge« den Ton angeben wird. Um es etwas zugespitzt zu sagen: So wie der Mann seine Pflicht als Ehemann, so wird seine Frau künftig ihre Pflicht als Mutter tun; aber niemals wird es etwas geben, das die Enge der pflichtgemäßen »Handlungen« durchbrechen könnte, und selbst das Kind, das aus dieser Ehe hervorgeht, wird niemals das Kind seiner Eltern, sondern stets nur das Kind seiner Mutter zu sein haben. Sobald diese Frau in Gestalt von Rapunzel »ihr« Leben geboren hat, wird sie in diesem Leben als in dem wesentlichen Teil ihres Selbst zu leben versuchen, und der Mann wird auf immer unter dem Bannstrahl der »Zauberin« von der Seite seiner Frau wie seines Kindes zu verschwinden haben. Tatsächlich hält dieser Mann »Frau Gothel« gegenüber als »Entschuldigung« für seinen Diebstahl im Garten denn auch nur die Rechtfertigung bereit, daß er – immerhin – seiner Frau das Leben habe retten wollen, als er ihr die Rapunzeln brachte; nie aber wird seine bemühte Verantwortung imstande sein, in seiner Frau ein Gefühl der Gemeinsamkeit und der Zusammengehörigkeit zu erwecken oder sie gar von ihrer Angst zu befreien, die jedes wärmere und tiefere Gefühl zwischen den beiden schon im Ansatz verhindern muß.

Will man aus diesem Tatbestand die rechte Lehre ziehen, so wird man sagen müssen, daß es zur Liebe keinesfalls genügt, nur einfach »gut« und »pflichtgemäß« handeln zu wollen – eine zweifellos sehr bittere Lektion für alle Männer sittsamer Korrektheit und verantwortlicher Obsorge; es genügt auch nicht, sich in einem Leben der mitleidigen Betreuung einzurichten, ohne die Hintergründe aufzuarbeiten, die bis zur Umkehrung aller normalen Lebenswünsche dazu führen, daß lediglich ein Leben des Pflichtarrangements zustande kommen kann; es genügt noch weniger, einfach wie blind miteinander leben zu wollen, ohne zunächst einmal all die Barrieren beiseitezuräumen, die es verhindern, daß es jemals so etwas geben wird wie eine Einheit des Herzens und ein Verstehen der Seele. Und so muß Rapunzels Vater am Ende damit einverstanden sein, von der Geburt seiner Tochter an gegenüber seiner Frau und seinem Kind buchstäblich ein »Verlorener« zu sein, der nur die Rolle eines zufälligen Erzeugers zu spielen hat und der niemals dazu auserlesen sein wird, ein Gefährte des Lebens und der Liebe seiner Frau zu werden. Vom Tage an, da Rapunzel zur Welt kommt, wird er nicht mehr benötigt, und seine mutmaßliche Vaterrolle entpuppt sich als ein offenbares Mißverständnis. Die Kindheit des neugeborenen Kindes wird unter diesen Umständen einzig von dem Verhältnis zwischen Mutter und Tochter bestimmt sein.

Nun muß man freilich beachten, daß dieses Bild des elterlichen »Zusammen«-lebens sich allein im Spiegel des kindlichen Bewußtseins in derartiger Weise malt; es besitzt subjektiv eine unbedingte psychische und biographische Wahrheit, aber es muß nicht »wahr« sein im Sinne historischer Objektivität. Immer wieder, wenn man hört, wie Menschen ihre Kindheit (oder auch die Menschen ihrer gegenwärtigen Umgebung) schildern, muß man sich des Unterschiedes wohl bewußt bleiben, der zwischen dem subjektiven Erleben und Empfinden und der Wirklichkeit an sich besteht. Gleichwohl ist es zum Verständnis eines Menschen unerläßlich, seinen »Familienroman« aus seiner Sicht so gründlich wie möglich zu lesen und sich auf Schritt und Tritt zu fragen, was die dargebotene Geschichte für ihn selber besagen und über ihn selber aussagen will. Für eine Frau wie Rapunzel etwa bedeutet ein Familienroman, wie das Märchen ihn entfaltet, neben den genannten Faktoren wohl insbesondere, daß sie rückblickend vom ersten Tage ihres Lebens an sich in dem Bewußtsein wähnen muß, als *Retterin* ihrer Mutter auf die Welt gekommen zu sein.

Einzig von dieser Mentalität her versteht man offenbar ein Problem, das in der Interpretation besonders der Sagen und der Mythen eine erhebliche Rolle spielt.[12] Immer wieder nämlich bildet es einen Topos der Heroenerzählungen, daß der Held bzw. der Retter erst nach langer Zeit des Wartens und der Unfruchtbarkeit seiner Mutter auf die Welt gekommen ist. In naturmythologischer Bedeutung bezieht dieses Motiv sich zumeist auf die Hochzeit zwischen Himmel und Erde: Es ist in der Zeit der Dürre und der Trockenheit *die Mutter Erde*, die wartet, bis daß die Wolken des Himmels den befruchtenden Regen über das Land senden und aus ihrem Schoß das neue Leben erwekken.[13] Psychologisch hingegen wird man das Motiv von dem langen Warten auf die Geburt des »Helden« ganz wörtlich verstehen müssen: *Das* Kind ist ohne weiteres ein Retter und Erlöser, das die Mutter von der Unfruchtbarkeit und Ödnis ihres Lebens befreit und in gewissem Sinne ihrem Leben Jugend und Schönheit zurückschenkt; in ihm versammeln sich in der Tat alle Hoffnungen seiner Mutter, und wirklich scheint es nur zur Welt gekommen zu sein, um dem mütterlichen Bild der Sehnsucht und des Traumes Erfüllung zu schenken. Die lange Wartezeit selbst prädestiniert ein solches Kind förmlich zum Helden, Retter und Erlöser, und umgekehrt wird jeder, der als Kind bereits sich als Erlöser seiner Mutter (bzw. seines Vaters) fühlen mußte, sich das Mythem der langen Unfruchtbarkeit seiner Eltern, gleich, ob biologisch oder psychologisch, im Rückblick auf seine Kindheit in vergleichbarer Weise zurechtlegen mögen.

Freilich ist es nicht nur ein Vorzug, das ausgesprochene Wunschkind seiner Eltern zu sein, vielmehr muß ein derartiges Gefühl recht zwiespältig wirken. Einerseits wird ein Kind nur allzugern, ja, mit einem gewissen Stolz, diese Rolle sich aneignen, es wird naturgemäß eine gewisse Befriedigung darin erfahren, schon in sehr frühen Jahren als der einzige Besitz, als das ganze Leben, als die zentrale Kostbarkeit in den Augen seiner Mutter zu gelten; auf der anderen Seite aber muß ein solches Kind mit derartigen Erwartungen sich maßlos überfordert fühlen und in ständigen Ängsten und Schuldgefühlen sich gefangen sehen; denn gerade weil es ganz und gar in der *Dualunion* mit der Mutter aufzugehen hat, darf es niemals eine eigene Identität ohne seine Mutter oder womöglich sogar gegen seine Mutter aufbauen.

Das Paradox ist unvermeidlich, daß ein solches Kind von früh an, ganz wie vormals schon sein Vater, alles nur Erdenkliche für seine Mutter tun muß und ersatzweise ihr Leben zu sein und zu verkörpern hat, während es doch niemals ein eigenes Sein und Leben wird beanspruchen dürfen; umgekehrt nennt es eine Mutter sein eigen, die subjektiv bis zum Äußersten geht, um für ihr Kind, für ihr ein und alles, dazusein, nur daß wiederum dieses Übermaß an Aufmerksamkeit und Fürsorge das Kind mit maßlosen Schuldgefühlen dazu zwingt, sich seinerseits in allen möglichen Belangen dem Wohl der Mutter zu opfern, kaum daß es auf die Welt gekommen ist. Zwischen der Mutter einer »Rapunzel« und ihrer Tochter besteht mithin ein wechselseitiges Arrangement der Stellvertretung, indem jeder das Leben des anderen und folglich niemals sein eigenes Leben zu leben vermag. Dabei entwickelt gerade eine solche parasitäre Symbiose die Neigung, ja den Zwang, ein ganzes Leben lang bestehen zu bleiben, denn die ursprüngliche Angst, die in dieser merkwürdig zwiespältigen Dualunion zwischen Mutter und Tochter gebunden wird, müßte sofort wieder aufbrechen, sobald die Gefahr einer Auflösung dieser Beziehung drohen könnte, wird doch die Angst der Mutter sogleich zur Angst des Kindes und umgekehrt die Angst des Kindes zur »Sorge« der Mutter. Gleichwohl wird der Faktor der Angst auch innerhalb einer solchen »Rapunzel«-Beziehung sich nicht wirklich beseitigen lassen – er bestimmt vielmehr das gesamte Klima, er ist ständig gegenwärtig, er ist so vertraut wie das Ticken einer Standuhr, das sich gerade infolge seiner Regelmäßigkeit der bewußten Wahrnehmung entzieht.

Um ein Beispiel zu geben: Eine Frau, circa dreißig Jahre alt, deren Leben wie ein einziger Kommentar zu der bisher erörterten Problematik einer Rapunzel anmutet, berichtete, daß sie seit Kindertagen in Todesangst um das Leben ihrer Mutter habe leben müssen. Wohlgemerkt: Die Mutter dieser Frau lebt heute noch und erfreut sich, trotz jahrzehntelanger psychosomatischer Herzbeschwerden, einer verhältnismäßig rüstigen Gesundheit; für diese Frau selbst aber bestand bereits als Kind das Problem, wie sie mit aller Liebe, Aufopferungsbereitschaft und Sorgfalt von Tag zu Tag immer wieder von neuem ihrer Mutter buchstäblich das Leben retten könnte. Stets, wenn sie als Mädchen von der Schule nach Hause kam, mußte es angstvoll für ungewiß gelten, ob ihre Mutter noch lebte oder schon tot war; während andere Kinder draußen spielten, hatte sie an der Seite ihrer Mutter im Haushalt auszuhelfen, und die unablässige Todesdrohung der Mutter führte unausweichlich dazu, ständig nach weiteren Indizien zu suchen, ob erneut für Leib und Leben der Mutter Gefahr im Verzuge sei. Vor allem aber nötigte die unvermeidbare innere Enttäuschung, Empörung und Auflehnung gegen die Haltlosigkeit und Unzuverlässigkeit der Mutter schließlich dazu, daß diese Frau schon als Kind alle möglichen Gefühle von Zorn, Haß und Verachtung gegen sich selber richten mußte: Die chronische Angst, Mutter könnte sterben, beantwortete sie sehr früh schon mit ausgedehnten Phantasien vom eigenen Tod. Statt die ewig leidende und Mitleid heischende Mutter tot zu wünschen, sehnte sie in jedem Konfliktfall für sich selbst den Tod herbei; und die Angst, von der sterbenden Mutter im Stich gelassen zu werden, ersetzte sie sehr bald durch die Aussicht, nach dem Tode, im Himmel, bei Gott das so lang ersehnte Paradies der Kindheit wiederzufinden. Schließlich wurde ihr, in identischer Gleichförmigkeit zur Charakterart ihrer Mutter, der Wunsch zu sterben wichtiger als der Wunsch zu leben, bedeutete der Tod ihr doch nunmehr die Pforte zu einer endgültigen, enttäuschungsfreien Sicherheit und Geborgenheit. Lediglich das Gefühl der Pflicht, für ihre Mutter am Leben bleiben zu müssen, hinderte sie, ihren regressiven Vorstellungen freien Lauf zu lassen; aber noch längst vor der Pubertät sah diese Frau sich als Kind in eine vollendete Rapunzel-Situation gestellt: Sie mußte leben, um für ihre Mutter zu leben; aber im Grunde wollte sie gar nicht mehr leben, eben weil sie nur um ihrer Mutter willen leben mußte. Jede Art von berechtigter Selbstdurchsetzung und notwendiger Aggressivität wurde deshalb, in Umkehrung der mütterlichen Todesdrohung, durch eigene Todeswünsche ersetzt. »Bestimmt wird Gott mich bald schon zu sich nehmen« – dieser Gedanke bildete für sie beizeiten die einzige

Form, dem Druck ihrer Umgebung ein Nein entgegenzusetzen. Und wenn das Märchen von ›Rapunzel‹ meint, daß Gott *selbst* einer solchen Mutter (bzw. solchen Eltern) ein Kind gegeben habe, so versteht man wohl, daß es umgekehrt sehr bald schon zu dem stärksten Wunsch einer »Rapunzel« werden kann, Gott möge ihr das Leben sobald als möglich wieder nehmen.

Zu einer derartigen wechselseitigen Identifikation zwischen Rapunzel und ihrer Mutter gehört nun freilich nicht nur das Gefühl einer im Grunde tödlichen Überverantwortung; es zählt dazu im Umkreis einer totalen Usurpation aller Liebe und Aufmerksamkeit der Tochter auch eine außerordentliche Einengung speziell der sexuellen Erlebniswelt. Auch als Mädchen und Frau wird Rapunzel nicht anders sein dürfen denn das Abbild und der Widerschein seiner Mutter.

Von Sigmund Freud wissen wir, daß die Sexualentwicklung eines Mädchens von einem bestimmten Zeitpunkt an durch eine herbe Enttäuschung an der Mutter geprägt ist, indem die Liebe des Kindes normalerweise in der ödipalen Phase sich von der Mutter löst und sich dem Vater zuwendet;[14] gerade die übliche Konkurrenz und Rivalität zwischen Mutter und Tochter um die Gunst des Vaters führt in dieser Zeit dazu, daß das Mädchen erstmals seine eigene weibliche Identität im Unterschied und in Übereinstimmung mit dem Vorbild seiner Mutter zu definieren wagt, ehe dann die sogenannte Latenzzeit eine gewisse Ablösung auch von der Vaterbindung herbeiführt. In der Geschichte einer Rapunzel hingegen spielt der Vater, wie wir gesehen haben, von Anfang an nur die Rolle des Erzeugers, er tritt niemals als Gegenüber und Partner von Gefühlen der Zuneigung und Zärtlichkeit in den Augen seiner Tochter in Erscheinung, ja, er ist unter dem Anspruch der Mutter-Zauberin von vornherein als nicht-existent zu betrachten, so daß es zu einer eigentlichen Abwendung des Mädchens von seiner Mutter in Richtung einer wachsenden Liebe zu seinem Vater gar nicht erst kommen kann.

Natürlich kann ein solcher Ausfall des Vaters in der Biographie eines Mädchens von der Art einer »Rapunzel« auch bereits rein äußerlich bedingt sein. Als *ein* Beispiel für ein solches Schicksal, wie es Zehntausende erleben mußten, mag die Tragödie einer heute etwa vierzigjährigen Frau stehen, die in den letzten Kriegsmonaten zur Welt kam und deren Vater wenige Wochen nach der Geburt seiner Tochter bei einem Luftangriff auf tragische Weise ums Leben kam. Für ihre Mutter, die in ihrer noch jugendlichen Lebensunerfahrenheit gerade in dieser Zeit der Hilfe und des Beistandes ihres Mannes dringend bedurft hätte, bedeutete sein jäher Tod einen Schicksalseinbruch, mit dem sie ihr ganzes Leben lang nicht mehr zurechtkommen konnte. Sie hatte ihren Mann, der ebenso hilfsbereit, fürsorglich und verantwortungsbewußt auftrat wie unser vorliegendes Märchen Rapunzels Vater schildert, nahezu abgöttisch verehrt, und seine letzten Worte beim Abschied blieben ihr ewiges Vermächtnis: Sie solle die Tochter zu einem guten und frommen Menschen erziehen gemäß den Grundsätzen und Werten, nach denen sie selber ihre Ehe zu leben versucht hätten, und Gott werde ihr beistehen in allen Krisen und Nöten. Sich an dieses Memorial ihres verstorbenen Gatten zu halten, wurde zum Lebensinhalt dieser Frau. Früh schon fiel der Tochter deshalb die Aufgabe zu, der Mutter den fehlenden Gemahl zu ersetzen und dem Idealbild ihres Vaters nachzueifern. In ihrem ganzen Dasein hatte sie die Lebensleere ihrer Mutter zu füllen und ihre Traurigkeit zu trösten, indem sie nach und nach zu einem lebendigen Porträt ihres Vaters heranwuchs. Keine Freude der Mutter war größer, als wenn sie zu ihrer Tochter anerkennend sagen konnte: »Ganz wie dein Vater«, kein Schmerz aber focht sie bitterer an, als wenn sie mahnend und mit sorgenvollem Antlitz glaubte sagen zu müssen: »So wäre dein Vater nie gewesen.« – Der »Vater«, der in dem Rapunzelmärchen *fehlt*, ist somit als Wunsch, als Ideal, als Anspruch und Beurteilungsmaßstab für Rapunzel selbst stets gegenwärtig; seine faktische Nichtexistenz verleiht ihm durch die ungestillten Träume und Sehnsüchte der Mutter eine Dichte des Daseins, wie sie einem wirklich existierenden Vater nur schwerlich vergönnt sein dürfte.

Beispiele dieser Art ließen sich gewiß endlos variieren. Es müssen aber keinesfalls äußere, physische Gründe sein, die den Vater aus dem Bereich der lebendigen Erfahrung von der Seite seiner Tochter entfernen. Wirksamer noch als alle Trennungen des Raumes und der Zeit sind die Distanzen der Seele, die Menschen voneinander entfernen. In jedem Falle werden wir uns zum Verständnis des Familienromans einer »Rapunzel« beides zugleich denken müssen: Zum einen, daß die *fühlbare* Entfernung zwischen Vater und Mutter die Gestalt des Vaters, eben weil er fehlt, für die Tochter in geradezu phantastischen Dimensionen erscheinen läßt – wirklich wird es später als eines Partners der Liebe mindestens eines »Königssohnes« bedürfen, um die Zuneigung einer »Rapunzel« zu erringen. Zum anderen wird man den Alltag zwischen Mutter und Tochter sich wohl als eine unablässige narzißtische Überbesetzung des Ichs der Tochter vorstellen müssen: diese Tochter ist ihrer Mutter Liebstes, Eigenstes und Wichtigstes; sie ist ihr ganzer Stolz, sofern sie die Erwartung unterstützt, daß sie wie ihre Mutter ist und so zu werden verspricht, wie der Vater als Ideal ihr vor Augen gestellt wurde. Man muß davon ausgehen, daß es einer »Rapunzel« wirklich gelingt, derartigen Anforderungen zu entsprechen und darin sogar ein gewisses Glück zu finden; aber der Preis für ein solches Leben in erzwungenen Rollen ist hoch; denn die wichtigste Aufgabe im Leben: ein eigenes Ich auszubilden, muß einem solchen Kind unter der Last so vieler und widersprüchlicher Erwartungen naturgemäß unendlich schwer fallen.

Alles in allem können wir somit zu unserer Eingangshypothese von der Doppelrolle von Mutter und Zauberin im Charakter von Rapunzels Mutter zurückkehren: Um das Wesen und die Eigenart einer »Rapunzel« zu verstehen, müssen wir, ganz entsprechend dem Familienroman dieses Märchens, von einer wesentlich *vaterlosen* Kindheit ausgehen, in der die Mutter in ihrer Angst und Fürsorge ebenso dominant wie ambivalent ihrer Tochter gegenübersteht, indem sie in höchst zwiespältiger Weise *als Mutter* wünscht, daß ihre Tochter lebt, zugleich aber als »Zauberin« sich außerstande zeigt, ihre Tochter zu einem eigenen Leben sich entfalten zu lassen. Alle Konflikte des späteren Lebens sind in dieser eigentümlichen Konstellation bereits vorgezeichnet; aber die eigentliche Krise einer solchen Daseinsform der Überidentifikation und der Abhängigkeit bezüglich der im Positiven wie im Negativen übermächtigen Person der Mutter wird unfehlbar an jener Stelle aufbrechen, da Rapunzel (mit Beginn der Pubertät) zur Liebe heranreift und zum erstenmal wird wählen müssen zwischen dem Wagnis einer bedingungslosen Verbundenheit mit einem anderen Menschen, dessen Nähe das Herz weit macht bis zum Horizont, oder der Absicherung jener unbedingten Gebundenheit an die eigene Mutter, die das Leben in Angst und Enge erstickt, kaum daß es beginnen könnte.

Der Gesang der Einsamkeit

Wohl regelmäßig wird die Jugend einer Rapunzel unter den gegebenen Umständen vergehen wie ein Traumbild. Wo kein eigenes Leben sich entfalten kann, haftet auch keine eigene Erinnerung, und so gibt es im Leben von Rapunzel weder eine Vergangenheit noch eine Zukunft, nur ein Verdämmern im Augenblick. Viele Frauen, deren Lieblingsmärchen schon in Kindertagen die Geschichte der ›Rapunzel‹ gewesen sein mag, werden dementsprechend im Rückblick auf ihre Kindheit von sich sagen, daß in ihrer Jugend durchaus »nichts besonderes« sich ereignet habe, alles sei unauffällig und »normal« verlaufen, es gebe nichts, was sich ihrem Gedächtnis eingeprägt habe. Indessen verrät spätestens der Eintritt in die Pubertät, daß der Einfluß der Mutter ein unsichtbares Gefängnis um das Leben eines Mädchens wie Rapunzel errichtet haben muß: Wenn das Märchen sagt, die »Zauberin« habe Rapunzel, kaum daß sie zwölf Jahre alt geworden sei, in einen Turm gesperrt, so wird man denken dürfen, daß in dieser Zeit nicht etwas völlig Neues sich ereignet hat, sondern daß jetzt lediglich zum erstenmal bemerkbar wird, was entsprechend dem ganzen Familienroman von Rapunzels Jugend sich über Jahre hin schon vorbereitet hat: die Mythisierung der Rolle als Frau.

Unzweifelhaft greift das Märchen von ›Rapunzel‹ an dieser Stelle auf Motive der *Mondmythologie* zurück, wie um zu sagen, daß die Wirklichkeit des Lebens in Rapunzel sich mit Beginn der Pubertät auf sonderbare Weise spaltet zwischen Tag und Traum, zwischen Wissen und Wünschen, zwischen Rücksicht und Sehnsucht.[15] Ähnliche Motive kennt man aus vielerlei Erzählungen. In der Legende der hl. Barbara, der Patronin der Bergleute zum Beispiel,[16] wird berichtet, sie sei von ihrem Vater, dem reichen Heiden Dioskuros von Nikomedien, in einen Turm gesperrt worden, um sie vor der Welt und der Botschaft des Christentums zu bewahren; was väterliche Eifersucht dort, erreicht die mütterliche Obsorge hier. Wie der Mond in seiner prachtvollen, traumhaften Schönheit sich den Blicken der Betrachter zu Zeiten entzieht, so muß auch Rapunzel vor der Neugier (der Männer) in sicherem Gewahrsam versteckt werden;[17] gleichwohl fällt ihr goldenes Haar, wie die goldenen Strahlen des Mondes, einer Himmelsleiter ähnlich, auf die Erde herab und gewährt demjenigen Einlaß, der zu ihr hinaufsteigen möchte;[18] vollends an den Mond gemahnt das Motiv von den abgeschnittenen Haaren, die den Strahlenkranz des untergehenden Lichtgestirns versinnbilden[19] – ein entsprechendes Symbol überliefert zum Beispiel die Bibel in der Gestalt des Sonnenhelden Samson, dem seine ungetreue Frau Dalilah die Haare abschneidet, um ihn in diesem Zustand der Schwäche der Gewalt der Philister zu überantworten (Ri 16,16–21); auch das Motiv von der *Erblindung* des Königssohnes am Ende der Erzählung fügt sich als Motiv in die klassische Symbolsprache der uralten Mythe von der unglücklichen Liebe von Sonne und Mond,[20] die, wie Rapunzel und der Königssohn, nur in der Dunkelheit (bei Neumond) einander nahen können und zu ihrem Leidwesen (immer wieder) von einer grausamen Macht (der »Zauberin«) voneinander getrennt werden.[21]

Psychologisch weist dieses alte Mythenschema offenbar auf eine schicksalhafte Prädestination zum Unglück hin, auf ein Getto von Schuldgefühlen, das gleich von Beginn der Pubertät an Rapunzel unentrinnbar umgibt. Schon rein äußerlich läuft somit alles darauf hinaus, daß das Mädchen nicht anders zu leben hat als seine Mutter früher: Bewohnte diese ein Haus, das nur durch ein »kleines Fenster« einen Ausblick in den Garten der »Zauberin« freigab, so wird jetzt Rapunzel in einen Turm gesperrt, der, allseits völlig unzugänglich, nur durch »ein kleines Fensterchen« Kontakt und Einlaß gewährt. Deutlicher kann das Märchen kaum sagen, daß Rapunzels »Turm« nichts anderes darstellt als das Haus der Mutter, das sich, nunmehr »in einem Walde« liegend, in seiner unbewußten Wirklichkeit als ein Kerkerdasein ohne Anfang und Ende darbietet.

Eine solche Parallelisierung zwischen der »Architektur« des mütterlichen Wohnhauses und Rapunzels Gefängnis läßt sich jedoch nicht nur in *einer* Richtung, von der Mutter in bezug zur Tochter, lesen; sie erlaubt auch gewisse Rückschlüsse von dem Schicksal Rapunzels auf die Erlebniswelt ihrer Mutter – die Gleichheit der Gebäude markiert unzweifelhaft eine Vergleichbarkeit der Gefühle zwischen Mutter und Tochter, und wenn wir eingangs die Symbole des »Gartens« und der »Gier« der Mutter nach den »Rapunzeln« nur erst noch relativ hypothetisch auf ausgeprägte sexuelle Gehemmtheiten von Rapunzels Mutter gedeutet haben, so finden wir unsere Vermutungen jetzt vollauf bestätigt. Denn nicht nur, daß die Mutter das Erwachen ihrer Tochter zur Frau offenbar mit der größten Angst zu tabuisieren sucht, man wird annehmen müssen, daß sie auf ihre Tochter nicht viel anders reagiert, als sie selber ihr eigenes Leben hat zubringen müssen: als ein endloses, sehnsüchtiges Warten am Fenster, als ein Verhocken im Gefängnis lebensfeindlicher Ängste und Gehemmtheiten, als ein inneres und äußeres Dahinsiechen in dem Bergwerk endloser Rituale möglicher Schuldvermeidung. – Solche einander ergänzenden und wechselseitig kommentierenden Beziehungen bilden in jeder Märcheninterpretation natürlich ein äußerst wichtiges Indiz dafür, ob eine einzelne symbolistische Deutung in der Auslegung eines Märchens, eines Mythos oder eines Traumes als »richtig« betrachtet werden darf oder nicht.[22]

Um sich ein rechtes Bild von dem »Turm« zu verschaffen, in den Rapunzel gesperrt wird, darf man gewiß nicht einfach unterstellen, daß die »Zauberin« ihrer Pflegetochter die Entwicklung zu einer eigenständigen Frau schlechthin untersagen wollte. Gemäß der ambivalenten Gebrochenheit des gesamten Charakters von Rapunzels Mutter wird man vielmehr gerade in diesem zentralen Bereich der seelischen Entwicklung dieselbe Widersprüchlichkeit vorauszusetzen haben, die wir bislang in jedem Detail beobachten konnten. Rapunzel, versichert uns das Märchen, ist ein überaus schönes Kind, voller Anmut und Liebreiz, und die Mutter eines solchen Mädchens wird gewiß alles nur Erdenkliche unternehmen, um ihren Sonnenschein ins rechte Licht zu rücken: Von früh an wird sie das Mädchen auf das entzückendste und vorteilhafteste kleiden; mit ängstlichem Bedacht wird sie es in der Kunst unterweisen, sich selber geschmackvoll und apart in Szene zu setzen, und ohne es selber besonders zu merken, wird sie geneigt sein, allen möglichen Gefühlsregungen und Ausdrucksformen im Leben ihrer Tochter einen ebenso verheißungsvollen wie bedrohlichen Nebensinn beizumessen. Das ganze Leben Rapunzels wird auf diese Weise von Anfang an durchsexualisiert sein, ohne indessen jemals eine erlebbare sexuelle Empfindung oder Erfahrung zulassen zu dürfen;[23] denn käme es dazu, so müßte die Gettoschranke der mütterlichen Verbote augenblicklich Rapunzels Ich gefangennehmen.

»Ich mußte«, sagte diesbezüglich eine Frau einmal von ihrer Kindheit, »zu Hause stets die Rolle der Lilofee spielen; wagte ich aber mich einmal aus dem Reich der Träume in die Wirklichkeit, bekam ich tagelang Hausarrest.« Ganz ähnlich wird man sich Rapunzels Leben im »Turm« vorstellen müssen. – Arthur Kaufmann hat 1927 einmal das Bild ›Drei Mädchen am Fenster‹ gemalt: Es ist die Darstellung von zwei Schwestern, die eine hell, die andere dunkel gekleidet, die sehnsüchtig am offenen Fenster eines Hochhauses auf die Straße schauen; im Spiegel des Fensterglases sieht man einen Mann vorübergehen; durch die Gaze des Fenstervorhangs aber, mitten zwischen den beiden, erkennt man die Gestalt eines unbekleideten Mädchens, das sich gerade kämmt, mit trauriger Miene, ohne zu wissen, für wen. Ganz so, zerrissen zwischen Angst und Hoffnung, zwischen Vorsicht und Aussicht, zwischen üppiger Phantasie und schmerzlicher Leere, wird Rapunzels Jugend am »Fensterchen« ihres »Turmes« dahindämmern, nicht anders als Rainer Maria Rilke es in einem seiner Gedichte ›Von der Armut und vom Tode‹ im ›Stundenbuch‹ einmal beschrieb:

Da wachsen Kinder auf an Fensterstufen,
die immer in demselben Schatten sind,
und wissen nicht, daß draußen Blumen rufen
zu einem Tag voll Weite, Glück und Wind, –
und müssen Kind sein und sind traurig Kind.[24]

Besser als mit diesen Zeilen wird sich Rapunzels Jugend am Fenster nicht in Worte fassen lassen. Ähnlich heißhungrig wie Rapunzels Mutter nach den Rapunzeln wird Rapunzel mithin selber Ausschau halten nach dem verborgenen Garten der Liebe, und es wird kein Mittel geben, ihre Sehnsucht der Mutter begreifbar zu machen.

Allerdings kommt es an dieser Stelle sehr darauf an, die spezifische Form von Rapunzels sehnsuchtsvoller Traurigkeit und wartender Beengtheit genau genug zu verstehen, und dazu müssen wir die Art der Beziehung zwischen (Stief-)Mutter und Tochter noch ein Stück weit präziser zu beschreiben suchen. Am besten läßt sich dieses eigentümliche Verhältnis wohl im Vergleich mit einem sehr ähnlichen und eben doch ganz anderen Märchen, an der Geschichte von ›Schneewittchen‹, verdeutlichen.

Auch das Märchen von ›Schneewittchen‹ berichtet davon, wie eine hexenartige Stiefmutter ein wunderschönes Mädchen mit allen Mitteln daran hindern will, sich als Frau zu entfalten;[25] aber das Problem *dieses* Märchens entzündet sich an der Frage weiblicher Konkurrenz: Die Stiefmutter fühlt sich durch die Schönheit ihrer Tochter aufs äußerste gekränkt und zurückgesetzt, und so will sie ihre Tochter zunächst durch einen »Jäger« erschießen lassen – das heißt, sie erzeugt in ihrer Tochter eine solche Angst vor der männlichen Aggression, daß Schneewittchen zu den sieben »Zwergen« flieht, also in die Kindheit regrediert. Die Stiefmutter indessen sucht in der Folgezeit dreimal, als Krämerin verkleidet, Schneewittchen auf, angeblich um ihr zu zeigen, wie sie als Frau ihre Schönheit noch wirkungsvoller zur Geltung bringen kann. So schnürt sie das Mädchen, damit es »ordentlich« aussieht, in ein Korsett, zieht aber die Riemen so eng zusammen, daß Schneewittchen daran beinahe erstickt: Das Mädchen muß mithin immer wieder auf das verlockende Angebot hereinfallen, ganz nach dem Willen und Vorbild ihrer Stiefmutter sich schön machen zu dürfen und zu sollen; aber kaum daß sie sich, entgegen dem Rat ihres kindlichen Überichs (der »Zwerge«), auf die scheinbar so fürsorglichen Anweisungen ihrer Stiefmutter einläßt, wird sie von dieser (bzw. von ihren eigenen Schuldgefühlen) mit dem Tode bestraft. Desgleichen versucht die Stiefmutter Schneewittchens schwarze Haare »ordentlich« zu kämmen, aber der Kamm ist vergiftet, und es ist erneut für Schneewittchen ein und dasselbe, als Frau so schön sein zu wollen *und zu sollen* wie ihre Stiefmutter und für die Erfüllung dieses gehorsamen Wunsches auf der Stelle umgebracht zu werden. Als schließlich die Stiefmutter Schneewittchen gar einen Apfel zu essen gibt, der zur Hälfte weiß und genießbar, zur Hälfte rot und vergiftet ist, fällt Schneewittchen wie tot um und bleibt »lange, lange Zeit« in einem gläsernen Sarge liegen: Der Apfel der Liebe, dieses uralte Symbol des Sündenfalls,[26] hat demnach nur in seiner »weißen«, asexuellen, »unschuldigen« Seite für eßbar zu gelten, während die vitale »rote« Seite mit tödlichen Schuldgefühlen vergiftet ist, die jede weitere Entwicklung in einer unlebendigen Starre gefangenhalten.

Zwischen dem gläsernen »Sarg« Schneewittchens und dem »Turm« Rapunzels ist, symbolisch betrachtet, an sich gewiß kein Unterschied – beide Chiffren stehen für ein Leben, das kein Leben mehr ist, für ein Dasein in Einsamkeit und Gefangenschaft, für ein Unleben in völliger Blockierung aller Entwicklungsmöglichkeiten. Aber die Art und die Ursache der seelischen Einengung sind hier wie dort auf charakteristische Weise verschieden. Im Märchen von ›Schneewittchen« handelt es sich um ein Drama der Rivalität zwischen (Stief-)Mutter und Tochter, in dem bereits ein gewisses Maß an Selbständigkeit auf seiten des heranwachsenden Mädchens vorauszusetzen ist; insbesondere Schneewittchens Flucht zu den »Zwergen« verweist auf eine Form von Rückzug in die eigene Isolation und von innerer Emigration, für die bereits eine erhebliche Loslösung von der (Stief-)Mutter erforderlich ist. Demgegenüber ist das Märchen von »Rapunzel« weit stärker von depressiven Zügen durchsetzt, indem die Beziehung zwischen (Stief-)Mutter und Tochter hier nach Art einer Dualunion auf Identifikationen beruht, die noch weit unterhalb der Schwelle angesiedelt sind, an der es so etwas wie Konkurrenz und Eifersucht geben könnte. Das Gefühl eines »Schneewittchens« ist es, daß es zwar so sein muß wie seine Mutter, daß aber gerade seine Mutter ihm sogleich zur Feindin und Verfolgerin wird, wenn sie mit diesem Bemühen erfolgreich ist; eine »Rapunzel« demgegenüber unterliegt wohl auch der Pflicht, sich an ihre Mutter anzugleichen; aber solange ihr dies gelingt, ist sie in der Nähe ihrer Mutter mit ihrem Dasein buchstäblich »aufgehoben«; erst wenn sie von der Wesensart ihrer Mutter *abweicht* oder sich gar mit eigenen Gefühlen an einen anderen Menschen als ihre Mutter wenden sollte, droht ihr die Strafe der Verstoßung und Verbannung. Der seelische Terror einer »Rapunzel« richtet sich nicht dagegen, schön zu sein, vielmehr ist sie gerade in ihrer Schönheit der ganze Stolz ihrer Mutter; die schwersten Verfolgungsängste hingegen brechen aus, sobald eine »Rapunzel« jemanden liebt, der nicht ihre Mutter ist. Diese ihre Mutter aber ist mithin zugleich ihr Leben und ihr Tod, ihr Zuhause und ihr Kerker, ihr Paradies und ihr Grab, ihr Gott und ihr Dämon, ihr Himmel und ihre Hölle. – Nur schwerlich wird sich ein Konflikt zwischen einer Mutter und ihrer Tochter finden lassen, der dramatischer und tragischer wäre als dieser.

Und dennoch liegt gerade in der enormen Ambivalenz einer solchen Dualunion zwischen Mutter und Tochter wie im Märchen von »Rapunzel« auch eine merkwürdige Wechselseitigkeit von Bestätigung und Anerkennung, die sich nicht nur erneut von dem Rivalitätskonflikt (und dem entsprechenden Minderwertigkeitsgefühl auf seiten der Mutter) im Märchen von ›Schneewittchen‹ unterscheidet, sondern auch die Zähigkeit und Langlebigkeit einer solchen »Rapunzel«-Beziehung verständlich macht. Ein »Schneewittchen« wird dafür beinahe getötet, daß es wie seine Mutter werden könnte; eine »Rapunzel« hingegen hat nicht nur ihrer Mutter gleich zu sein, sie hat auch selbst ihren eigenen Stolz darein zu setzen, mit ihrer Mutter, im Unterschied zu allen anderen, *identisch* zu werden, ja, zunehmend sogar die Rolle mit ihrer Mutter zu tauschen. Auch so wird man das Symbol des »Turmes« verstehen müssen, in den Frau Gothel ihre (Stief-)Tochter einsperrt: daß Rapunzel in ihrer zwangsweisen Unnahbarkeit subjektiv turmhoch über allen anderen schwebt und mit fortschreitendem Alter sogar ihre Mutter bei weitem überragt. Es ist ein unerhört sprechendes Bild, das die innere Struktur dieser sonderbaren Beziehung zwischen Rapunzel und ihrer Mutter wohl am deutlichsten offenbar macht, wenn das Märchen erzählt, daß die »Zauberin« sich jeden Tag an den wunderschönen langen, goldenen Haaren des Mädchens »hochziehen« lasse. Buchstäblich bewahrheitet sich jetzt, was wir eingangs schon annehmen durften: daß diese Frau ohne ihre Tochter nicht leben kann und schon deshalb die größte Angst haben muß, Rapunzels Liebe zu verlieren. Sie blickt zu ihrer Tochter auf wie zu einer weltenthobenen Königin, und wirklich muß sie selber sich glücklich preisen, wenn sie an Rapunzels goldenen Haaren immer von neuem zu dem Niveau ihrer Tochter emporgehoben wird; ja, es vergeht bald schon kein Tag mehr, an dem diese Frau ihr Kind nicht darum bitten wird, es möge sich mit Hilfe seiner Haare zu ihr »herablassen« und ihr die Gunst gewähren, in dem selbstgeschaffenen Kerker ihrer Obhut Aufnahme zu finden. Spätestens vom Beginn der Pubertät an ist Rapunzel mithin vor aller Leute Augen die einzig wirkliche »Erhöhung« und Auszeichnung ihrer Mutter.

Nun ist diese Rolle Rapunzels, der (Stief-)Mutter Stolz und Wertschätzung zu verkörpern, nicht eigentlich neu – es war und ist die Rolle ihres Lebens –, und doch hat sich jetzt etwas Entscheidendes geändert, das in den goldenen Haaren selber seinen Ausdruck findet: Rapunzel ist eine liebenswerte, heiratsfähige Frau geworden; sie droht somit der Aufsicht und Kontrolle ihrer Mutter zu entgleiten, und, was am schlimmsten ist: Sie wird bald selbständig genug sein, um der fürsorglichen Abhängigkeit von ihrer (Stief-)Mutter an sich nicht länger mehr zu bedürfen. Der (Stief-)Mutter umgekehrt droht jetzt zunehmend der Boden zu entschwinden, auf dem das Zusammenleben mit ihrer Tochter jahrelang gegründet war. Was also kann sie anderes tun, als die Abhängigkeit ihrer Tochter zu ersetzen durch eigene Abhängigkeit? Je älter die Tochter wird, desto lobender und anerkennender wird deshalb die (Stief-)Mutter zu ihr und von ihr sprechen, ja, sie selber wird sich in dem Beifall für ihre Tochter geradezu demütigen, indem sie nunmehr offen ausspricht, was all die Jahre zuvor bereits zu vermuten stand: daß sie selbst nichts wäre ohne ihre Tochter, daß sie in ihrer Lebensleere dem Himmel förmlich dankt für ihre Tochter und daß diese ihre Tochter all ihre Freude, all ihr Glück und all ihr Hoffen ist – und folglich bleiben muß. Denn verhängnisvollerweise dienen die Abhängigkeitserklärungen der (Stief-)Mutter im Bild des »Hochziehens« an den Haaren der Tochter allein dazu, Rapunzel um so abhängiger von ihr zu halten. Wie könnte denn ein Mädchen, derartig überhäuft mit Verantwortung, sich ihrer Mutter verweigern? Sie ist schuldig, und sie hat sich schuldig zu fühlen, wenn ihre Mutter unglücklich ist, und wie also dürfte sie es wagen, womöglich durch das Glück eines eigenen Lebens das Unglück ihrer Mutter heraufzubeschwören?

Das Paradox ereignet sich mithin immer wieder, daß gerade diese so treusorgende, diese so wohlmeinende und liebevolle Frau, als die wir Rapunzels Mutter uns denken müssen, mit all ihrer sich sogar noch steigernden Hochachtung für ihre Tochter zur schwersten Behinderung und größten Last wird. Man muß zugeben, daß Rapunzels (Stief-)Mutter ein solches Ergebnis ihrer erzieherischen Bemühungen bewußt gewiß weder wünscht noch beabsichtigt; aber das Geheimnis der tragischen Gegenfinalität von Frau Gothels subjektiv durchaus gut gemeinten Anstrengungen ist hier wie allerorten dasselbe: Man kann nicht einen anderen Menschen wirklich leben lassen, wenn man es persönlich weder wagt noch gelernt hat, selber zu leben.

Wie oft zum Beispiel in schweren Ehekrisen, in ausweglosen Engpässen der Kindererziehung, in allen möglichen Aporien des Zusammenlebens trifft man auf die Klage: »Wir meinen es doch so gut. Warum nur müssen wir uns immer so quälen? Warum können wir nicht einfach glücklich sein? Wir bewohnen ein schönes Haus, wir besitzen einen herrlichen Garten, wir könnten leben wie im Paradies; warum kommt alles nur immer so ganz anders?« Die Antwort auf diese verzweifelt gestellte Frage muß regelmäßig lauten: weil man es nicht fertig bringt, mit sich selber etwas Gescheites anzufangen.

Wie etwa kann eine Frau glücklich sein, wenn sie sich bei jeder Beschäftigung fragen muß, wie ihr Mann schon wieder dreinguckt, was ihr Mann gleich bestimmt sagen wird, was sie erwidern kann, wenn er in spätestens einer halben Stunde zum tausendsten Mal die Frage aufwirft: »Warum haben wir eigentlich einander geheiratet? Wir leben so nebeneinander her.« Oder: wie kann ein Mädchen glücklich werden, wenn es bei jedem Besuch im Kino, bei jedem Abend mit seinem Freund, bei jedem Spaziergang zu zweit sich mit der Frage beschäftigen muß, ob seine Mutter nicht schon wieder unruhig werden wird, ob seine Mutter nicht schon wieder vor lauter Sorge um ihre Tochter schlaflos im Bett liegen wird, ob seine Mutter nicht wieder weinend oder schimpfend bei der Rückkehr am Fenster stehen wird. Man kann einander nur leben lassen, wenn man selber leben kann; das ganze Arrangement zwischen einer »Rapunzel« und ihrer (Stief-)Mutter aber basiert auf einem *System vertauschter Verantwortungen*, indem die Tochter sich stets Sorgen um ihre Mutter machen muß, die (Stief-)Mutter aber sich um ihre Tochter sorgt und keiner von beiden jemals dazu kommt, seine eigenen Angelegenheiten zu betreiben.

Einen Vorteil freilich bietet dieses ständige »Lebenmüssen, was die

Mutter lebt« für eine »Rapunzel«: Sie erhält sich ihr Gefühl der Unvergleichlichkeit, der Ausnahme, der hervorragenden Einzigartigkeit.[27] Als Turmbewohnerin ist Rapunzel der gemeinen Welt bis zu den Wolken hin enthoben, und so weit ihre Sehnsucht reicht, so weit ist sie den Niederungen der gewöhnlich Sterblichen entrückt. Bliebe eine Frau auch im weiteren Leben diesem Daseinsentwurf verhaftet, so fände man sie mit Vorliebe später in dem elfenbeinernen Turm zum Beispiel eines Klosters wieder, oder man sähe sie treusorgend um Unterhalt und Pflege ihrer fünfundsiebzigjährigen Mutter bemüht; in jedem Falle führte sie ein Leben der erstickten Träume, der unterdrückten Tränen und der unauffälligen, kleinen Tragödien, assistiert und sekundiert indessen von feierlichen Geboten und fürchterlichen Schuldgefühlen, gilt doch für eine »Rapunzel« unabdingbar das *vierte* Gebot: »Du sollst (Vater und) Mutter ehren«, und daneben zugleich das *sechste* Gebot, das die Ehe heiligt und die »Unreinheit« untersagt. Im übrigen gibt es immer eine Menge von Geboten, die sich anführen lassen, um Zwang, autoritäre Unterdrückung und eine nie endende Abhängigkeit aus Schuldgefühl und schlechtem Gewissen zu legitimieren und zu stabilisieren, und es ist subjektiv fast unmöglich, die Rationalisierungen uralter Kinderängste zu durchschauen. Wenn es aus Rapunzels »Turm« ein Entrinnen geben soll, so muß die Möglichkeit dazu schon von außen kommen. Und auch dies ist typisch für eine »Rapunzel«: keine Erlöserin ihrer Mutter, die nicht selbst auf ihren Erlöser warten und sich nicht sehnen würde nach einem Mann, der einzig ihrer würdig wäre, nach einem Königssohn, der durch den »Wald« in ihre Einsamkeit gelangte und sie mit sich nähme – nach Hause. Die alles entscheidende Frage einer »Rapunzel« stellt sich daher, wie ein solcher »Königssohn« sich finden läßt oder anders ausgedrückt: wie ein solcher Prinz auf eine »Rapunzel« aufmerksam werden kann.

Es ist ein wunderbares Motiv des Märchens von ›Rapunzel‹, daß es die Annäherung zweier Menschen in der *Liebe als die Wirkung einer verzaubernden Musik* beschreibt, in der die Seele des einen sich aussingt, bis daß sie widerklingt und widerschwingt im Herzen eines anderen. Noch hat der Königssohn Rapunzel nicht gesehen, da dringt doch der Gesang ihrer Sehnsucht an sein Ohr und zieht ihn wie mit Zauberhänden in den Bann. Nur die Worte der Liebe besitzen dem Märchen von ›Rapunzel‹ zufolge eine solche Poesie des Herzens, daß sie die ganze Existenz des Geliebten in eine derart magische Resonanz des Einklangs und der Harmonie versetzen, und umgekehrt ist es einzig die beseligende Macht der Liebe, die den Wohlklang der Seele hervorlockt. Inmitten einer Welt der Einsamkeit und der Entfremdung erscheint allein die Liebe wie ein Weg zurück in ein verlorenes

Paradies, und es ist offensichtlich die Musik, die die Erinnerung an diese Harmonie der Seele im Wesensursprung aller Dinge weckt und wachhält.

Sehr zutreffend hat der persische Mystiker Dschelal ad-din ar-rumi diesen Zusammenhang zwischen der Poesie der Liebe und dem Ursprung aller Religiosität einmal in die unvergeßlichen Worte gefaßt: »Wir haben alle diese hohen Melodien (den ›Gesang der wandelnden Welten‹, d. V.) im Paradies vernommen, das wir verloren, und obwohl uns (als wir geschaffen wurden, d. V.) die Erde und das Wasser niedergedrückt haben, behalten wir die himmlischen Gesänge in unserem Gedächtnis. Wer liebt, der nährt seine Liebe, indem er der Musik lauscht, denn die Musik erinnert ihn an die Freuden seiner ersten Vereinigung mit Gott ... Höre die Stimme der Flöte, die aus Schilfrohr geschnitten wurde, höre, was sie erzählt und worüber sie klagt. Seitdem man mich im Schilf am Moor geschnitten, so sagt sie, beklagen sich Mann und Frau bei meiner Musik. Mein Herz ist von der Verlassenheit zerrissen; dem ist so, damit ich den Schmerz ausdrücken kann, den die Sehnsucht bringt. Jeder, der weit von seinem Ursprung entfernt lebt, sehnt sich nach dem Tag der wiederkehrenden Vereinigung.«[28] Wo irgend die Worte eines Menschen so in unser Herz dringen, daß sie etwas Urvertrautes und Urverwandtes daraus hervorlocken, so als würde unser ganzes Wesen in all seinen Träumen und Möglichkeiten in die Wirklichkeit gerufen, da beginnt der Zauber der Liebe das Innere eines Menschen zu verwandeln und mit sich selbst und dem Partner seiner Liebe vollkommen zu verschmelzen. Alle Musik entstammt einer solchen Magie und Poesie der Liebe, und umgekehrt gibt es nichts Liebevolleres und Zärtlicheres als die Worte eines poetischen Zaubers, der im Herzen eines anderen Menschen sich zum Gesang erhebt.

Um indessen Rapunzels wehmütigen und sehnsüchtigen Klang in seiner ganzen Schönheit zu verstehen und aufzunehmen, bedarf es offenbar bereits einer eigenen Sehnsucht und eines eigenen Suchens nach Liebe. Eine wirklich große Zuneigung, die alle Hindernisse überwindet, ist niemals das Ergebnis nur von guten Vorsätzen und planvollen Bemühungen; sie beruht stets auf einer Art von Seelenverwandtschaft zwischen zwei Menschen, so als fügten sich die Seiten einer Partitur zu einer Symphonie des Einklangs aller Stimmungen und Regungen des Herzens zusammen. Den »Königssohn«, der eine »Rapunzel« erlösen wird, muß man sich daher unzweifelhaft als einen Menschen vorstellen, der mit den Gefühlen der Einsamkeit und den Eingebungen der Poesie auch von sich her zutiefst vertraut ist. Leichthin sollte man, von außen gesehen, denken, ein Königssohn besäße wahrlich andere Möglichkeiten, als irgendwo im Walde um ein einsa-

mes Mädchen im Turm anzuhalten; aber der rechte Prinzgemahl einer
»Rapunzel« kann unmöglich ein Mann des lauten Lebens und der
geräuschvollen Kulisse sein; er *muß* ein Mensch sein, der die »Wälder« liebt und der hellhörig genug ist, den Gesang der Sehnsucht und
der Einsamkeit zu vernehmen.

Noch einmal scheint es lohnend, ein solches Lebensgefühl sich von
Rainer Maria Rilke erklären zu lassen, der in gewissem Sinne sich
selber aussprach, als er in einem seiner Jugendgedichte schrieb:

> Du meine heilige Einsamkeit,
> du bist so reich und rein und weit
> wie ein erwachender Garten.
> Meine heilige Einsamkeit du –
> halte die goldenen Türen zu,
> vor denen die Wünsche warten.
>
> Ich liebe vergessene Flurmadonnen,
> die ratlos warten auf irgendwen,
> und Mädchen, die an einsame Bronnen,
> Blumen im Blondhaar, träumen gehn.
> Und Kinder, die in die Sonne singen
> und staunend groß zu den Sternen sehn,
> und die Tage, wenn sie mir Lieder bringen,
> und die Nächte, wenn sie in Blüten stehn.
>
> Warst du ein Kind in froher Schar,
> dann kannst du's freilich nicht erfassen,
> wie es mir kam, den Tag zu hassen
> als ewig feindliche Gefahr.
> Ich war so fremd und so verlassen,
> daß ich nur tief in blütenblassen
> Mainächten heimlich selig war.
>
> Am Tag trug ich den engen Ring
> der feigen Pflicht in frommer Weise.
> Doch abends schlich ich aus dem Kreise,
> mein kleines Fenster klirrte – kling –
> sie wußtens nicht. Ein Schmetterling,
> nahm meine Sehnsucht ihre Reise,
> weil sie die weiten Sterne leise
> nach ihrer Heimat fragen ging.[29]

Als einen solchen Liebenden der Nächte und der Einsamkeiten, als einen solchen Freund verträumter Elegien, als einen solchen Mann der sanften Zwischentöne wird man sich diesen »Königssohn« vorstellen müssen; und seine Seele wird wie eine Harfe sein, durch deren Saiten sich der Liebe Weisen spielen.

Frau Gothels Rückkehr

Unzweifelhaft braucht es eine außerordentliche Sensibilität und Zartheit, um einem Mädchen von solcher Scheu und solchem Stolz wie einer »Rapunzel« sich zu nahen. Eigentlich ist es in Rapunzels Leben überhaupt nicht vorgesehen, die Annäherung eines anderen Menschen zu dulden; vielmehr obliegt ihr die Pflicht, zugunsten ihrer Mutter jeden Zugang eines möglichen Kontaktes abzuriegeln und sich selber als turmhoch erhaben über die Niederungen der Liebe zu dünken. Man darf somit durchaus nicht auf ihre Worte, man muß schon auf den Gesang ihrer verschwiegenen Sehnsucht lauschen, um zu verstehen, daß Rapunzel in all ihrer narzißtischen Unberührtheit im Grunde nur darauf wartet, endlich aus dem Kerker der Einsamkeit entführt zu werden. Aber wie soll man die Mauern der Kontaktangst durchbrechen, um Rapunzels angstvoller Flucht in die Pose der Scheinüberlegenheit Einhalt zu gebieten? Es ist genial zu nennen, wenn das Märchen von ›Rapunzel‹ meint, die Kontaktangst und Gehemmtheit einer solchen Frau ließen sich nur überwinden, indem man das Bild ihrer Entstehung auf das getreulichste nachahmt.

Der junge Königssohn besäße in der Tat nicht die geringste Chance, sich der geliebten Rapunzel zu nahen, stünde ihm nicht das Vorbild von Rapunzels (Stief-)Mutter vor Augen. Nur indem er ihre Worte, den Klang ihrer Stimme und die Art ihrer Annäherung bis zur Verwechslung imitiert, gelingt es ihm, sich zu Rapunzel »hochzuarbeiten«. Wie die (Stief-)Mutter, muß auch der Königssohn sich förmlich demütigen und abhängig machen, um von Rapunzel ohne Angst eingelassen zu werden; wie sie muß auch er Rapunzel bitten, sich (bzw. ihre Haare) aus ihrer turmhohen »Überlegenheit« »herabzulassen«; und wie sie betritt auch er Rapunzels Gemach in der Erwartung und mit dem Anspruch einer absoluten Exklusivität – er ist Repräsentant und Inbegriff der ganzen Welt, die freilich in dem sehnsuchtsvollen Blick aus dem Fenster nur erst wie ein fernes, unerreichbares Desiderat erscheinen muß. Ein anderer Zugangsweg in den »Turm« der Mutterbindung Rapunzels erschließt sich jedenfalls gar nicht als dieser zögernde, behutsame Versuch des Königssohns, von sich aus an die Stelle der Mutter zu treten und ihre Rolle so genau wie möglich zu übernehmen. Und doch: So unerläßlich und so unvermeidbar diese einfühlende Nachahmung der (Stief-)Mutter auch sein mag – sie birgt doch als Methode bereits den Keim drohender Gefahr in sich: die Rückkehr von Frau Gothel (= Patin) selbst.

Es gibt, um diesen entscheidenden Punkt in Rapunzels Leben noch einmal am Beispiel einer anderen Märchenerzählung zu beleuchten, in Gestalt der Erzählung von ›Brüderchen und Schwesterchen‹ ein sehr ausdrucksstarkes, poetisches Pendant zu dieser Stelle des ›Rapunzel‹-Märchens. Auch in der Erzählung von ›Brüderchen und Schwesterchen‹ geht es darum, daß eine hexenartige Stiefmutter ihre Tochter (das »Schwesterchen«) und deren Sehnsucht nach Liebe (das »Brüderchen«) in die Einsamkeit verbannt und sogar alle »Quellen« (des Lebens) so sehr vergiftet, daß das »Brüderchen« (der Bereich des »animus«) in ein (ebenso scheues wie wagemutiges) »Reh« verwandelt wird;[30] als eines Tages der »König« jenes Landes auf die »Jagd« geht, bringen seine Jäger in Erfahrung, wo das »Rehlein« allabendlich seine Zuflucht nimmt, und als es am dritten Tage der Jagd, schon verwundet (vom »Pfeil der Liebe«), zum »Schwesterchen« heimkehren will, tritt der »König« an seine Stelle und bittet mit den nämlichen Worten, die das »Rehlein« zu sprechen pflegte, um Einlaß: »Lieb Schwesterchen, laß mich herein.« Offenbar besteht die ganze Kunst seelischer Verbundenheit und Zärtlichkeit darin, die Sprache der Geliebten so genau wie möglich zu erlernen und nachzubilden.[31] Alle Worte, ob »Mutter«, »Vater«, »Haus« und »Heimat«, »Kirche«, »Hügel«, »Baum« und »Stern«, tragen in ihrem Munde einen anderen Klang und eine andere Bedeutung als im Umfeld der eigenen Lebenserfahrung, und man muß sie sich nach und nach in ihrem fremdartigen Reichtum allererst vertraut machen, ehe man die »geschwisterliche« Nähe und Wesensverwandtschaft des anderen in allen Unterschieden wirklich versteht und begreift. Und dennoch, trotz solchen Einfühlungsvermögens, tritt auch im Märchen von ›Brüderchen und Schwesterchen‹, allerdings erst nach der Geburt des Kindes, erneut die »Stiefmutter« mit Macht auf den Plan und verdrängt das »Schwesterchen« durch ihre »rechte« Tochter.[32] Einzig in der Nacht, in der Sprache der Träume also, erscheint das »Schwesterchen« zu wiederholten Malen dem geliebten König – und es wäre unrettbar verloren, würde es diesem Späterwachten im letzten Augenblick nicht endlich doch gelingen, den »Betrug« der Stiefmutter zu entdecken; nunmehr zu allem entschlossen, befreit er das »Schwesterchen« aus seiner Schattenexistenz, verbrennt die »Hexe« und gibt dem »Rehlein« seine menschliche Gestalt zurück. Alle schuldbedingte Angst vor der Liebe vermag er mithin aus dem Herzen seiner geliebten »Königin« zu verbannen, indem er die Hypothek der Muttergestalt in dem »Schwesterchen« endlich »dingfest« macht und im Namen des Rechts auf Menschlichkeit aburteilt und beseitigt.

Die Geschichte von ›Rapunzel‹ hingegen mutet, an solchen Heldentaten gemessen, ohne Zweifel zunächst minder großartig an; doch dafür ist sie in gewissem Sinne menschlich »näher« gerückt – sie ist »alltäglicher«. Auf eine fast rührende Weise schildert das Märchen zum Beispiel die Überraschung Rapunzels, als diese feststellt, daß gar nicht die Mutter, sondern ein schöner, junger Mann zu ihr hereintritt. Zum erstenmal in ihrem Leben offenbar beginnt eine Ahnung von dem Glück erwachsener Liebe sich in Rapunzel zu regen und die kindliche Abhängigkeit von der Mutter ein Stück weit aufzulösen. Es ist ein Augenblick, in dem Rapunzel und der Königssohn ganz deutlich zu spüren glauben und einander sogar ganz sicher versprechen, daß ihre Liebe fortan das ganze weitere Leben bestimmen soll. Und doch handelt es sich dabei um ein Gelöbnis der Treue, das beide in diesem Moment durchaus noch nicht einhalten können – eine Tatsache, über deren Tragik nachzudenken ein Märchen wie ›Rapunzel‹ geradezu zwingt. Immer wieder, vor allem im Raum der katholischen Kirche, hört man die Meinung vertreten, das Eheversprechen zweier Brautleute sei etwas für alle Zeiten unwiderruflich Gültiges; ohne weiteres setzt man dabei voraus, daß ein solches Versprechen der Liebe und der Treue »frei und ungezwungen« zustande komme, und man vergißt dabei anscheinend vollkommen, daß es ganze Teile der eigenen Psyche gibt, die dem Bewußtsein weitgehend entzogen sind.[33] Gerade die Wege der Liebe sind in jungen Jahren niemals frei von unbewußten Übertragungen, die, je nachdem, eine ebenso starke Bindungsenergie wie Zerstörungskraft zwischen zwei Menschen entfalten können. Die Bibel jedenfalls hat vollkommen recht, wenn sie an entscheidender Stelle meint, die Liebe bestehe *wesentlich* darin, »Vater und Mutter« zu »verlassen« und der Person des anderen »anzuhangen«[34] (Gen 2,24) – ein Wechsel also von Abhängigkeit zu Anhänglichkeit, von Gebundenheit zu Verbundenheit, von Bewahrung zu Bewährung, der die vollständige Reifung eines Menschen zu sich selbst voraussetzt. Ehe ein solcher Wandel der gesamten Lebenseinstellung zugunsten einer reifen Entscheidungsfähigkeit und Freiheit *nicht* vollzogen ist, bleibt die Liebe, so sehr sie auch von zwei Menschen einander gelobt werden mag, vorerst nur mehr ein Versuch; sie bedeutet ein Versprechen, eine Verheißung, ist aber nicht schon selbst gelebte Wirklichkeit.

Auch für Erkenntnisse dieser Art sind mithin die Märchen hilfreich: Sie zeigen, wie hintergründig und vieldeutig menschliche Worte sein können und daß es niemals genügt, die Sprache der Worte zu hören, um der Wahrheit des Herzens nahe zu sein. Wohl wissen etwa Rapunzel und der Königssohn eigentlich recht genau, daß sie mit dem Gelöbnis wechselseitiger Liebe und Verbundenheit gewiß erst am Anfang ihres Lebensweges stehen und daß es zunächst unter allen Umständen darauf ankommt, der Gefangenschaft von Rapunzels (Stief-)Mutter zu entkommen; was sie aber nicht wissen, ist der Umstand, daß sie, fürs erste jedenfalls, komplett in der Falle sitzen, ja, daß sie mit dem guten Willen ihres Liebesversprechens eben gerade dabei sind, die tödliche Mechanik auszulösen, durch welche der Schlagbügel dieser Falle alsbald erbarmungslos zuschnappen wird.

Im ersten Anlauf zwar scheint es Rapunzel noch ganz gut gelungen zu sein, ihre Mutter gegen den jungen Königssohn auszutauschen; ja, wenn wir hören, daß sie später, als Vertriebene, in der Einsamkeit, zwei Kinder gebären wird, muß man wohl schließen, daß sie auch im »Turm« bereits die Angst vor der Zärtlichkeit und Nähe eines Mannes tapfer in sich bekämpft hat. Und doch lebt sie nach wie vor im Schatten ihrer (Stief-)Mutter. Wohl stellt es einen unerhörten Fortschritt dar, daß sie sich über alle Einschränkungen und Verbote hinweg getraut, ihren Geliebten bei sich einzulassen; aber auf der anderen Seite droht dieser erste, durchaus noch »halbherzige« Schritt ihre Psyche jetzt auf gefährliche Weise auseinanderzureißen. Tatsächlich ist ja der »Königssohn« nicht einfach nur an die Stelle der »Zauberin« getreten, er hat vielmehr durch den Zauber seiner Liebe das Herz Rapunzels buchstäblich wie über Nacht erobert, und Rapunzel steht nun vor dem Problem, wie sie die Wirklichkeit ihrer Liebe leben und zugleich vor den Augen ihrer (Stief-)Mutter verbergen kann. Allem Anschein nach empfindet Rapunzel für ihre Zuneigung zu dem Prinzen durchaus keine Schuldgefühle; sie hat lediglich Angst davor, daß Frau Gothel ihre Liebe entdecken könnte.

Auch dieser Eindruck bestätigt aus anderer Sicht, was wir bisher über das Verhältnis zwischen Rapunzel und ihrer (Stief-)Mutter gesagt haben: Um Schuldgefühle im eigentlichen Sinne zu empfinden, müßte Rapunzel weit selbständiger sein, als wir sie uns aufgrund der totalen Abhängigkeit von ihrer Mutter vorstellen. Zwar wird Rapunzel gewissermaßen aufgrund der Umstände in die Rolle einer Liebenden und Geliebten gedrängt, und sie folgt diesen »Umständen«, die der Königssohn macht, nur allzu gern, bis daß sie selber »in Umstände« kommt; aber sie lebt innerlich durchaus noch immer in der Turmgefangenschaft ihrer (Stief-)Mutter. Rapunzel entscheidet nicht selber, sie läßt an sich geschehen; sie setzt sich nicht durch, sie sitzt nach wie vor fest; sie löst den jederzeit drohenden und absehbaren Konflikt mit Frau Gothel nicht durch Klarstellung und Auseinandersetzung, sondern durch *Aufspaltung:* Während die (Stief-)Mutter *am Tage* zu Rapunzel kommt, findet der Königssohn *des Nachts* bei Rapunzel Einlaß, und während diese die Außenseite ihres Lebens – die Welt der Gebote und der Pflichten – beherrscht, gehören jenem die Wünsche und Träume Rapunzels. Am schlimmsten aber ist, daß es zwischen beiden Welten keine Vermittlung gibt! Es ist für Rapunzel durchaus nicht vorstellbar, daß Frau Gothel über die Liebe mit sich sollte reden lassen. Die gesamte Gefangenschaft in der Einsamkeit des »Turmes« macht ja nur den Sinn, daß es der (Stief-)Mutter unter allen Umständen gelingen soll, jedweden Außenkontakt ihrer Tochter im Keim zu ersticken. Was also wird man einer solchen Frau zutrauen können, wenn ihr Rapunzels Liebschaft ruchbar würde! Es ist sehr wichtig zu verstehen, daß Rapunzel gerade durch die Liebe zu dem Königssohn in einer ständigen Strafangst gegenüber ihrer (Stief-)Mutter lebt, und da sie es nicht wagen darf, Frau Gothel offen zur Rede zu stellen, versucht sie, die unvermeidliche Auseinandersetzung durch eine *Zweiteilung ihres Lebens* zwischen der pflichtweisen Abhängigkeit von der (Stief-)Mutter und der sehnsüchtigen Liebe zu dem »Königssohn« zu umgehen. Zwischen Wunsch und Pflicht, zwischen Es und Überich spaltet sich Rapunzels Persönlichkeit somit in einer Weise auf, die wohl vorübergehend eine gewisse Erleichterung bietet, in ihrer Unfähigkeit zur Durchsetzung des eigenen Ichstandpunkts aber äußerst gefährlich werden muß, sobald von außen her eine (verfrühte) Entscheidung erzwungen wird.

Gleichwohl – das ist sehr wichtig zu verstehen – läßt sich diese latent schizophrene Situation grundsätzlich nicht vermeiden, wenn überhaupt Rapunzel dem Gefängnis ihrer (Stief-)Mutter entrinnen soll. Natürlich wäre es höchst wünschenswert und an sich unerläßlich, wenn Rapunzel, mit Hilfe des geliebten Königssohnes womöglich, die (Stief-)Mutter zu einer offenen Aussprache veranlassen könnte. Aber ein solcher Weg scheitert an Rapunzels nur allzu berechtigter Angst vor der starren Unversöhnlichkeit und prinzipiellen Kompromißunfähigkeit ihrer (Stief-)Mutter: Nie wird Frau Gothel imstande sein, ihr vermeintliches Recht auf die Liebe ihrer Tochter zu teilen oder gar an den Königssohn abzugeben; Rapunzel selbst aber vermag sich aus eigener Unsicherheit und Ichschwäche von der (Stief-)Mutter nicht zu lösen. So bleibt sie zwischen Mutter und Königssohn hin- und hergerissen wie zwischen Vergangenheit und Zukunft, wie zwischen Fremdbestimmung und Selbstbestimmung, wie zwischen der Einheit eines Kindes mit seiner Mutter und der Freiheit einer erwachsenen Frau in der Liebe. Insbesondere aber sieht sich auch der Königssohn unter diesen Umständen völlig außerstande, von sich aus gegen Frau Gothel vorzugehen: Jeder Angriff auf Rapunzels (Stief-)Mutter müßte bei dem hohen Grad der Identifikation zwischen Tochter und (Stief-)Mutter zugleich auch als Angriff gegen Rapunzel selbst empfunden werden; beide sind voneinander nicht zu trennen, und man begreift wohl erst an dieser Stelle des Märchens die Bemerkung am Anfang, Frau Gothel sei eine »Zauberin..., die große Macht hatte und von aller Welt gefürchtet ward«.

Es ist das Wesen dieser unaufgelösten Dualunion zwischen (Stief-)Mutter und Tochter, daß sie als ein autarkes System immer weiter funktioniert und sich auf das heftigste gegen jede Störung von außen zur Wehr setzt. So sehr auch Rapunzel und der Königssohn einander lieben, so dürfte der junge Prinz im »Turm« der (Stief-)Mutter doch niemals mit Rapunzels Unterstützung rechnen, wenn er den Einfluß von Frau Gothel durch frontale Attacken zurückdrängen wollte. Auf unabsehbar lange Zeit obliegt ihm deshalb förmlich die Pflicht, seine Liebe zu Rapunzel wie einen nächtlichen Diebstahl, wie eine Art Einbruch, wie ein an sich unerlaubtes Provisorium zu behandeln, immer in Angst vor einer möglichen Entdeckung und stets nur als ein »Halbgeliebter« seiner geliebten Demivierge. – Wie viele Eheversprechen, gleich ob im Winkel oder vor dem Traualtar, mögen zwischen zwei Menschen abgelegt werden, in denen unbewußte Ängste und Gefühle der Abhängigkeit von der Mutter (oder dem Vater) jede stärkere Regung der Liebe als etwas sozusagen Ungehöriges und Ungehorsames verbieten! Immer wird dabei eine innere Zwiespältigkeit sowohl als Schutz wie als Symptom eine »Rapunzel« dazu zwingen, die Liebe eines anderen Menschen außerhalb der Mutterbindung gleichermaßen zu ersehen wie zu fliehen, und es ist dabei nicht abzusehen, wie lange ein solcher Zwischenzustand währen kann und wie er seine Auflösung finden sollte.

Zunächst scheint freilich bereits viel damit gewonnen, daß Rapunzel und der Königssohn überhaupt schon ernsthaft daran denken, gemeinsam dem mütterlichen Kerker zu entlaufen. In jeder Nacht, wenn der Prinz seine schöne Gefangene besucht, bringt er, bildhaft gesprochen, einen »Faden« mit, aus dem sich ein Seil der Freiheit flechten läßt. Nach Lage der Dinge verspricht dieses Vorgehen tatsächlich den einzig verbliebenen Ausweg. Denn natürlich könnte der Königssohn an sich auch sogleich eine fertige Leiter oder ein Seil mitbringen, um Rapunzel zu befreien; aber zu einer solchen »Entführung aus dem Serail« wäre Rapunzel durchaus (noch) nicht imstande;[35] es kommt vielmehr darauf an, zunächst nicht nur die Bande der Liebe immer fester und inniger zu knüpfen, sondern zugleich die Fesseln der Abhängigkeit von der Mutter zu lösen, und dieser Prozeß der Bindung und der Ablösung ist langwierig und braucht viel Zeit, Geduld und Sensibilität. Auch eine andere Möglichkeit, die theoretisch existiert, kommt für die zwei Verliebten nicht wirklich in Betracht: Rapunzel könnte sich selbst die wunderschönen goldenen, zwanzig Ellen langen Haare abschneiden und an ihnen wie an einem Seil ins Freie klettern; aber ein solcher Versuch würde voraussetzen, daß Rapunzel, um sich von ihrer Mutter zu lösen, das kostbarste Attribut ihrer Schönheit und Weiblichkeit opfern müßte; wohl würde sie dann dem Königssohn folgen, aber sie erhielte gemäß dem Sinn eines solchen Symbols doch niemals die Erlaubnis, an seiner Seite wirklich eine Frau zu sein; sie käme auf diesem Wege mithin zwar äußerlich von ihrer Mutter frei, aber sie bliebe trotzdem in der Tiefe ihres Empfindens nach wie vor beziehungslos und bindungsarm, ja, sogar unfähig zu jedem intensiveren Gefühl. – Vielleicht kann man deshalb wohl sagen, daß es für ein Mädchen von Rapunzels Art kein größeres Unglück gibt, als wenn man es zwingen wollte, sich zu rasch aus der Gefangenschaft seiner Mutter zu lösen. Wie vielen Studentinnen etwa begegnet man, die, entsprechend dem Trend der Zeit, auf der Stelle, sozusagen mit Semesteranfang, »freie«, »emanzipierte«, »unabhängige«, »selbständige«, »erwachsene«, »liebesfähige«, »aufgeklärte«, »offene«, »moderne« Frauen zu sein haben – Frauen, die ihre Ängste, statt sie zu lösen, tapfer verdrängen, aber zugleich von ihrer natürlichen Anmut und Schönheit so gut wie alles opfern müssen!

Andererseits muß man zugeben, daß es einen »richtigen« Weg in die Freiheit für Rapunzel im Grunde überhaupt nicht gibt. Man muß es tragisch nennen, wenn das Märchen von ›Rapunzel‹ erzählt, daß selbst der vorsichtige, schrittweise Versuch einer Loslösung von Rapunzels (Stief-)Mutter von Anfang an zum Scheitern verurteilt ist. Der Grund dafür liegt in der erzwungenen Zweiteilung Rapunzels selbst, die nach wie vor besteht und die von dem Königssohn nicht wirklich überwunden werden kann. Ohne Zweifel liebt Rapunzel den jungen »Prinzen« sehr, weit mehr jedenfalls als Frau Gothel, aber sie verfügt über keinerlei Möglichkeiten, dieser Liebe von sich her auch in der äußeren Wirklichkeit Ausdruck zu verleihen. Solange ihre »Gefangenschaft« anhält, bleibt alle Aktivität und Initiative folglich dem »Königssohn« überlassen: Er ist es, der Abend für Abend um Aufnahme bittet, während Rapunzel keinen Weg findet, buchstäblich aus sich »herauszugehen«. In der Realität muß man sich die Beziehung zwischen Rapunzel und dem »Königssohn« gemäß den bisherigen Symbolen wohl in der Weise vorstellen, daß der »Prinz« seiner Geliebten immer wieder versichert, wie sehr er sich durch sie »erhöht« und »erhoben« fühlt, wie sehr er Rapunzel dankbar ist, bei ihr Einlaß zu finden, und wie sehr er von der Reinheit und dem Wohlklang ihres »Gesangs« bezaubert ist. Umgekehrt aber wird Rapunzel ihre Liebe eher zögernd und gewissermaßen nur hypothetisch äußern; denn alles, was sie sagt und fühlt, gilt stets nur bis zu dem Punkt, daß Frau Gothel noch nicht erfahren hat, was sich Nacht für Nacht in ihrem Turm begibt. Wohl wird Rapunzel »Faden« um »Faden« mutiger und selbstbewußter werden, aber die entscheidende Auseinandersetzung mit ihrer (Stief-)Mutter wagt sie nach wie vor nicht einzugehen, und so enthält selbst die Hoffnung auf eine baldige gemeinsame Flucht ein noch unaufgeklärtes Maß an Angst, das die gesamte Zukunft zu vereiteln droht; ja, paradoxerweise wird es Rapunzel schließlich selber sein, die durch ihr eigenes Verhalten die schlimmsten Befürchtungen wahrmacht.

In der Tat gleicht die Liebe zwischen Rapunzel und dem »Königssohn« unter den gegebenen Verhältnissen einem Schneefeld am Steilhang, das mit der Erwärmung des Untergrundes sich zunehmend in eine Lawine verwandelt. Je mehr Rapunzel sich an die Nähe des Geliebten ihrer Nächte gewöhnt, desto unerträglicher muß ihr die Abhängigkeit von ihrer (Stief-)Mutter am Tage vorkommen, und der Augenblick der Entscheidung rückt somit unaufhaltsam näher. Andererseits bekommt es Rapunzel auch nicht fertig, ihre (Stief-)Mutter, wie beabsichtigt, einfach stehenzulassen. Sie hätte nicht ihr ganzes bisheriges Leben lang Frau Gothel gegenüber die Rolle der gehorsamen Tochter spielen dürfen, wenn sie sich jetzt, in dem entscheidenden Augenblick ihres Lebens, dem immer wieder anerkannten Kontrollrecht der (Stief-)Mutter gewissermaßen mit dem Mut der Verzweiflung entziehen könnte. Um ein wichtiges Geheimnis konsequent verbergen zu können, bedürfte es eines hohen Maßes an innerer Souveränität und Unabhängigkeit; Rapunzel aber war und ist ihrer (Stief-)Mutter derartig ausgeliefert, daß sie vor ihr vielleicht eine Zeitlang etwas verstecken, sicher aber nicht wirklich etwas verheimlichen kann. Von Tag zu Tag oder, besser von Nacht zu Nacht wächst somit in ihr der Zwang zum Selbstverrat, und je mehr sie den »Königssohn« in ihr Herz schließt, desto mehr muß sie unbewußt Frau Gothels Strafe herbeirufen.

Gewiß lebt in ihr wohl auch so etwas wie eine Hoffnung auf das Unmögliche: Ihre (Stief-)Mutter könnte den (narzißtischen) Anspruch auf ihre Tochter zumindest einschränken und Rapunzel ein gewisses Recht auf Selbstentfaltung und Freiheit, auf Glück und Liebe, auf Eigenständigkeit und Weite zugestehen; aber vermöchte sie Frau Gothel wirklich eine solche Bereitschaft zuzutrauen, so könnte sie ihr das brennende Geheimnis ihrer Liebe offen mitteilen,[36] und es bedürfte nicht eines solchen Geständnisses wider Willen, wie es Rapunzel unterläuft. Wohl verbirgt sich in einem solchen (nur scheinbar unbeabsichtigten) Selbstverrat aus Schuldgefühl immer auch ein starker Wunsch nach Verständnis, ja, sogar nach Erlaubnis, Duldung und Gewährung des bisher Verbotenen, und doch wird es im Leben immer wieder geschehen, daß infolge der eigenen Aufrichtigkeit gerade das eintritt, was man nur allzusehr – und sehr zu Recht! – befürchtete: Strafe statt Beistand, Strenge statt Verständnis, Zerstörung statt Unterstützung. Es ist wie eine furchtbare Bestätigung aller Ängste und Befürchtungen, die Rapunzel jemals gegenüber ihrer (Stief-)Mutter empfunden hat, wenn Frau Gothel auf das indirekte Geständnis ihrer Tochter hin wie eine Furie auf Rapunzel losgeht: Sie nennt sie ein »gottloses Kind«, so als sei die geplante Flucht aus ihrem Turmgefängnis zugleich ein Verstoß gegen die Majestät des Allerhöchsten; sie klagt Rapunzel des Betruges an, so als sei es nicht eben die Angst, die sie selbst verbreitet hat, die Rapunzel jede vertrauensvolle Mitteilung ihrer Gefühle all die Zeit über verwehren mußte; sie ist empört, weil sie ihr ganzes Lebenskonzept der Abschnürung und der fürsorglichen Gefangenschaft ihrer Tochter als gescheitert erkennen muß, doch sie verweigert sich jeder inneren Einsicht und inszeniert statt dessen ein absurdes Tribunal. Wie kann ein Mädchen sich von einer solchen »Hexe« lösen?

Immerhin begreift Frau Gothel ganz richtig, daß ihre Tochter nunmehr endgültig den Punkt überschritten hat, an dem man sie noch mit Aufsicht und Arrest von der Außenwelt abschnüren könnte. Nicht nur für Rapunzel hat das ganze Leben seit dem Erscheinen des Königssohnes sich geändert – auch für Frau Gothel stellt sich jetzt heraus, daß alles zu Ende ist, was sie im Leben für sich selbst und ihre Tochter hat erreichen wollen. Ihr einziger Lebensinhalt, ihr ganzes Lebensglück war allein ihre Tochter; alle Sorge und Aufmerksamkeit galt einzig diesem Kinde; ja, sie war, wie wir gesehen haben, schließlich sogar bereit, sich selber vor ihrer Tochter zu demütigen und von ihr abhängig zu machen, nur um sie weiterhin in Abhängigkeit zu halten. Wahrlich kann man verstehen, daß diese Frau sich aus ihrer Sicht jetzt auf hinterhältige Weise betrogen und hintergangen fühlt, und so absolut rabiat ihre Strafe auch erscheinen mag – für Frau Gothel handelt es sich dabei doch um ein echtes *jus talionis,* um eine bloße Bestätigung des inzwischen eingetretenen Zustandes auch von ihrer Seite aus: Innerlich hat sie ihre Tochter längst verloren – also wird sie selbst jetzt ihre Tochter eigenhändig verstoßen; nie mehr wird sie den überlangen Zopf Rapunzels dazu benützen können, um sich daran festzuhalten oder sich buchstäblich daran hochzuziehen – also wird sie selber ihrer Tochter jetzt den Zopf abschneiden; schmerzlich merkt sie, wie leer ihr Leben in alle Zukunft ohne Rapunzel sein wird – also wird sie selber ihre Tochter jetzt in alle Zukunft in eine Wüstenei verbannen.

Die Primitivität dieses »Wie Du mir, so ich Dir« muß zutiefst erschrecken, aber sie kann denjenigen an dieser Stelle doch nicht mehr überraschen, der die archaische Struktur der gesamten auf wechselseitigen Identifikationen beruhenden Beziehung zwischen Frau Gothel und ihrer Tochter bislang sich wirklich klargemacht hat; ihn kann es jetzt nicht wundernehmen, daß eine bis dahin scheinbar so überaus fürsorgliche, liebevolle und aufopfernde Frau sich nunmehr in eine sadistische Vettel verwandelt – für ihn wird vielmehr nur endlich auch nach außen hin sichtbar, wie angstbesetzt, tyrannisch und oral-verschlingend diese (Stief-)Mutter für ihre Tochter all die Jahre über war, indem jede Abweichung von ihrer eigenen Person und Wesensart als totale Zerstörung des so innig gewünschten Verhältnisses zwischen Mutter und Kind empfunden und dementsprechend mit einem totalen Entzug ihrer Liebe bestraft wird. »Wenn Du nicht mein Kind bleiben willst, lehne ich es ab, Deine Mutter zu sein« – nach dieser bedingungslosen Alternative kann Frau Gothel jetzt endgültig nur Rapunzels »Zopf« (bzw. die mütterliche Nabelschnur) mit der Schere abschneiden.[37] Was Rapunzel im Grunde von Kindheitstagen an wußte, zeigt sich jetzt in unverhüllter Deutlichkeit: daß mit ihrer (Stief-)Mutter kein Gespräch zustande kommen kann und daß es bei dieser Frau durchaus keinen Kompromiß zwischen totaler Identifikation und totaler Verstoßung gibt. Trotz dieser Einsicht aber (bzw. gerade wegen dieser Einsicht) durfte Rapunzel es niemals wagen, sich von ihrer Mutter auch nur ein Stück weit abzusetzen, und so hat sie von sich her niemals ein eigenes Leben aufzubauen vermocht. Infolgedessen mußte ihr der Verlust der mütterlichen Liebe in der Tat als eine schier vernichtende Drohung erscheinen, der es mit allen Mitteln, zunächst der Anpassung, dann der Täuschung, zuvorzukommen galt. Was aber geschieht nun, wo die stets gefürchtete und gemiedene Strafe wirklich über Rapunzels Haupt hereinbricht.

Immer noch verfügt Frau Gothel offensichtlich über eine ungeheure Macht. Sie war bislang – den Königssohn ausgenommen – die einzige Person in Rapunzels Leben; wenn sie sich jetzt von Rapunzel lossagt, so schickt sie ihre Tochter mithin wirklich »in die Wüste«, in ein menschliches Niemandsland.[38] Ohne die (Stief-)Mutter verliert Rapunzel nicht nur den gewohnten Schutz und Halt, sie hat auch bis zu diesem Zeitpunkt niemals lernen können, ihrem Leben selber Ziele und Inhalte zu geben; niemals hat sie von sich aus eigene Kontakte suchen oder gar eingehen dürfen; niemals hat sie gelernt, sich gegen eine als feindselig und gefährlich vorgestellte Umwelt durchzusetzen und zu behaupten. Überaus tüchtig als gehorsame Gehilfin ihrer (Stief-)Mutter, ist Rapunzel gewiß eine vollkommene Versagerin, wenn sie in eigenem Interesse und in eigener Regie tätig werden soll. – Oft kann man dieses merkwürdige Phänomen (etwa bei Sekretärinnen, Ordensfrauen, Lehrerinnen, Krankenschwestern und anderen) beobachten, daß manche Frauen (bzw. Männer) solange von überragender Kreativität, Einsatzbereitschaft und Tüchtigkeit sind, als sie auf (mütterliche) Anweisung hin handeln müssen, während die gleichen Personen sich völlig unfähig, verwirrt und verängstigt zeigen, sobald ihnen eine eigene Aufgabenstellung und Entscheidung zugemutet wird. Diese außerordentlichen Leistungsschwankungen einer »Rapunzel« zwischen Perfektion und Versagen stellen mit großer Regelmäßigkeit das genaue Pendant zu der enormen Gegensätzlichkeit von Identifikation und Isolation im Verhalten der Mutter dar, und es dürfte die schwierigste Frage im Leben einer »Rapunzel« sein, wie sie mit ihrem Leben zurechtkommen soll, wenn sie fortan buchstäblich »mutterseelenallein« dasteht.

Zu den Gefühlen der inneren »Wüstenei« Rapunzels zählt indessen gewiß nicht nur die Traurigkeit und die Niedergeschlagenheit, von der (Stief-)Mutter verstoßen worden zu sein; auch nicht nur die Angst vor dem Alleinsein und die Hilflosigkeit gegenüber der Ungewißheit einer völlig neuen Lebenssituation; am schwersten wird das Gefühl wiegen, im Grunde ganz *zu Recht* bestraft worden zu sein. Man kann sich nur schwer vorstellen, in welch einem Umfang im Erleben einer »Rapunzel« das Gefühl für Recht und Unrecht aus lauter Angst mit dem Erleben von schützender oder aggressiver Gewalt seitens der Mutter (bzw. des Vaters) gekoppelt ist. Wenn Sigmund Freud meinte, alle Moralität beruhe im Grunde auf verinnerlichter Aggression, so mag er damit das Wesen des Sittlichen in philosophischem Sinne nur unzureichend erfaßt haben; aber das Wesen einer »Rapunzel«, ihre verzweifelte Neigung, sich gegen jede eigene Überzeugung dem lautesten und wütendsten Schreier bedingungslos zu unterwerfen, ihre ohnmächtige Kapitulation vor jedem fremden Aggressor hat Freud anhand so vieler klinischer Beobachtungen vollkommen zutreffend wiedergegeben.[39] Es ist ein schrecklicher Anblick, mitansehen zu müssen, wie Rapunzel ohne jede Gegenwehr, ohne jede Widerrede, ohne jedes Aufbegehren wie willenlos und wehrlos die furchtbare Strafe endgültiger Verstoßung über sich ergehen läßt, so als ob sie selber schweigend den ergangenen Schuldspruch nur quittieren könnte. Kein Wort der Verteidigung, mit dem sie der (Stief-)Mutter die auf beiden Seiten verfahrene Lage erklären würde; kein Versuch, ihr die eigenen Motive begreifbar zu machen; noch weniger eine wenn auch noch so vorsichtige oder gar aggressive Infragestellung der mütterlichen Kompetenz. Offenbar ist Rapunzel in diesem zentralen Augenblick ihres Lebens völlig außerstande, ihre Situation zu durchschauen oder womöglich ihrer (Stief-)Mutter durchschaubar zu machen. Vor allem aber ist ihre verinnerlichte Strafangst, ihr resignatives Schuldgefühl gegenüber fremden Vorwürfen so stark, daß sie allem Anschein nach die mütterliche

Verurteilung nicht nur durch ihren Selbstverrat förmlich herbeiführen mußte, sondern dessen Konsequenzen in gewissem Sinne jetzt auch innerlich gutheißt.

Manches Mädchen und so manche erwachsene Frau gibt es, die sich plötzlich, wie in einem Akt zorniger Selbstbestrafung, die Haare auffallend kurz schneidet, und fast immer handelt es sich dabei um eine Art Bußritus aus Angst vor der Liebe. Wie die buddhistischen Mönche beim Ordenseintritt oder wie die Kleriker der katholischen Kirche beim Empfang der niederen Weihen[40] sich die Haare scheren lassen, um durch das sichtbare Opfer eines der sekundären Geschlechtsmerkmale ihren Verzicht auf den Wunsch nach menschlicher Zärtlichkeit und Nähe zu geloben und zu bekunden, so gilt das Abschneiden der Haare wohl auch an dieser Stelle dem Versuch, das Erscheinungsbild Rapunzels als Frau wie etwas Sündhaftes auszumerzen. Von den schönen, langen Haaren einer Frau wie Rapunzel geht eine eigentümliche Faszination aus, und gerade sie muß offenbar zerstört werden, wenn ein bestimmtes (mütterliches) Ideal von Sittlichkeit und Reinheit in Geltung bleiben soll. Indessen: Wenn es in jedem Falle schon grausam und unmenschlich ist, eine Frau zur Verleugnung ihrer weiblichen Identität zu zwingen, so wirkt Rapunzels Fall doch ungleich trauriger und tragischer, weil sinnloser und endgültiger als gewöhnlich. Denn anders als sonst zumeist kann Rapunzel noch nicht einmal durch das Opfer ihrer Haare sich ein ruhigeres Gewissen verschaffen, um ihre drakonischen Schuldgefühle zu besänftigen; im Gegenteil nimmt sie ihr geschorenes Haupthaar fortan wie ein Zeichen ihrer Erniedrigung und Schande mit hinaus in eine fremde, feindselige Welt – eine Entehrte, die subjektiv sogar noch meint, ihre Entehrung geradewegs zu verdienen, eine als Frau Vernichtete, die selbst davon überzeugt ist, als Frau nicht leben zu dürfen, eine nach dem Maß ihrer Mutter »Zurecht-Gestutzte«, die auch in der Einsamkeit zunächst durchaus nichts anderes sein kann als das Kind ihrer Mutter, freilich ohne jede Aussicht auf Vergebung und Versöhnung. – Es können Menschen in den Ansprüchen ihrer Moral sich schlimmer gebärden als die Dämonen der sogenannten »Primitiven«.

Tränen der Trauer und Tränen des Glücks

Bei all dem ist jedoch ein entscheidendes Moment noch gänzlich außer acht geblieben: Was tut in all der Zeit der Königssohn? Sein Auftreten hat den dramatischen Eklat zwischen Rapunzel und ihrer (Stief-)Mutter heraufbeschworen, seine Liebe müßte nun wie selbstverständlich als rettender Ausweg für Rapunzel offen stehen. Ginge es in der Erzählung gemäß der »normalen« Logik auch nur einigermaßen mit rechten Dingen zu, so müßte Rapunzel selber längst schon zu ihrer Verteidigung, erklärend und drohend, Frau Gothel darauf hingewiesen haben, *wen* sie eigentlich liebt und über welch eine Machtfülle ihr Geliebter verfügt: Er ist ein Königssohn! Soll man zudem denken, daß der künftige Herrscher eines machtvollen Reiches sich von einer alten, zänkischen und lieblosen Hexe derart den Schneid abkaufen läßt? Man kann mit einiger Mühe verstehen, daß er bisher, um Rapunzel zu schonen, die Flucht aus dem Kerker der »Stiefmutter« nur zögernd und langsam, Faden für Faden, in die Hand zu nehmen wagte. Aber jetzt, wo scheinbar alles verloren ist, sollten doch die letzten Bedenken dahinfallen. Unbedingt stünde schließlich zu erwarten, daß Rapunzel sich auf irgendeine Weise zu dem Schloß ihres geliebten Königssohnes durchschlüge und daß umgekehrt dieser mit allen zu Gebote stehenden Mitteln des Rechtes und der Macht gegen jene tyrannische Alte vorginge. Aber es zeigt sich hier wie allerorten in den Märchen, daß von »Königen« oder »Königssöhnen« stets nur in psychologischem, niemals in politischem oder sozialem Sinn die Rede ist – viele Fehlinterpretationen der Märchen gerade in den letzten Jahrzehnten hätten vermieden werden können, trüge man dieser einfachen Tatsache Rechnung: Niemals sprechen die Märchen, wenn sie von Königen (Adeligen), Soldaten (Rittern) und Bauern (Handwerkern) reden, von den drei Ständen feudaler Gesellschaften, vielmehr dient ihnen die soziale Gliederung lediglich als Symbol seelischer Wirklichkeiten. Ein »Königssohn« ist demgemäß im Märchen derjenige Mensch, dessen Person die größte Macht über das eigene Herz besitzt; eines solchen Königs Reich ist nie von »dieser Welt«, und sein »Schloß« ist kein Ort im Raum, sondern ein Bereich der Seele, ein Ort der Verwandlung, eine Wohnstätte der Liebe.

In diesem Sinne versteht man das Märchen von ›Rapunzel‹ sehr gut, wenn es von einem »Königssohn« erzählt, dessen »Macht« offenbar in nichts anderem besteht als in seiner ehrlichen Zuneigung zu einem im Schuldturm der Mutter gefangenen und in den Ängsten der Kindheit befangenen Mädchen; eine solche »Macht« der Liebe dürfte eigentlich darauf zählen, daß Rapunzel selber sich aus der »Abhängigkeit« ihrer Mutterbindung befreien und zur Liebe heranreifen möchte; aber der »Königssohn« hat bisher nur erreichen können, daß Rapunzel sich wie in zwei Hälften gespalten fühlen muß, die sich so sehr voneinander unterscheiden wie Tag und Nacht, wie Traum und Wahrheit, wie Wahn und Wirklichkeit. Der Augenblick läßt daher nicht auf sich warten, an dem, wie auf einer Drehbühne,[41] Rapunzels (Stief-)Mutter auch gegenüber dem »Königssohn« zum Vorschein kommen und die Stelle der Geliebten einnehmen wird. Für den »Königssohn« dürfte dieses Erlebnis vermutlich zu dem furchtbarsten Augenblick seines Lebens geraten, zu einem Augenblick der Wandlung scheinbar in Rapunzels ganzem Wesen, zu einem Moment, in dem alles widerrufen und für ungültig erklärt wird, was eben noch dem »Königssohn« Glück und Freiheit zu verheißen schien. Am schlimmsten aber wird es sein, daß es dem »Königssohn« nicht mehr ersichtlich sein kann, mit wem und womit er es jetzt eigentlich zu tun hat.

Man versteht die tragische Wirklichkeitsnähe des Märchens von ›Rapunzel‹ an dieser Stelle erst, wenn man begreift, daß der Auftritt von Frau Gothel sich in Wahrheit nicht (nur) *zwischen* Rapunzel und ihrer (Stief-)Mutter ereignet, sondern vielmehr *in* Rapunzel selber stattfindet. Mit wem reden wir eigentlich, wenn wir mit jemandem reden? Könnten wir die psychische Wirklichkeit äußerlich sichtbar machen, so müßten wir eine Szenerie ersinnen, wie Arthur Miller sie in dem Drama ›Der Tod eines Handlungsreisenden‹[42] entworfen hat: Eine Welt, in der jemand scheinbar mit seinem Gegenüber im Gespräch ist, während die Worte, die er sagt, in Wahrheit seinen Eltern, seinen Nachbarn, seinen Kindern, kurz: allen möglichen unsichtbaren Begleitern innerhalb des seelischen Erlebens, gelten. Ja, das Märchen von ›Rapunzel‹ geht noch einen Schritt weiter, indem es überhaupt die Person der Geliebten vollkommen hinter der Person der (Stief-)Mutter verschwinden läßt. »Die Katze hat ihn geholt« – den schönen »Vogel« der Liebe, dieses hämisch-bitterböse Wort von Frau Gothel trifft den wahren Sachverhalt genau, wenn man sich den Wechsel von Rapunzel zu Frau Gothel rein innerlich vorstellt, wie man wohl muß. Denn es geht gewiß nicht einfach darum, daß Frau Gothel die Liebe des Königssohnes entdeckt hätte und nun zornschnaubend Rechenschaft und Genugtuung fordern würde – mit einem solchen Fall müßte der Königssohn an sich erfolgreich umgehen können; wer ist schon diese Frau Gothel, daß ein Prinzgemahl ihr gegenüber sich nicht seiner Wesensart und Würde erinnern und sich bei ihr nicht mit Nachdruck in achtungsvollen Respekt zu bringen wüßte? Mit einer Frau Gothel, wie sie *äußerlich* existiert, ließe sich allemal fertig werden; wirklich zum Verzweifeln aber ist es, wenn wir annehmen, daß Rapunzel selber unter furchtbaren Schuldgefühlen sich aus einer zärtlichen Geliebten in Frau Gothel verwandelt und die Rolle einer rasenden Furie annimmt, die ihre Liebe zerstört, ihre Schönheit verwüstet und dem Königssohn buchstäblich die Augen auszukratzen droht.

Einen solchen ungeheuerlichen Wechsel in *Rapunzels Wesen* kann der Königssohn von sich aus wirklich nicht durchschauen. Wie denn sollte er verstehen, daß es ein und dieselbe Frau ist, die sich als seine

Geliebte nach ihm sehnt und die zugleich – oder besser: im »Wechsel« mit Frau Gothel – ihn gerade wegen seiner Liebe wie einen verführerischen Strauchdieb und einen gemeinen Mädchenschänder anschreit und anklagt? Daß es ein und dieselbe Frau ist, die ihn darum bittet, die Stunde ihrer Freiheit vorzubereiten, und die ihn im nächsten Augenblick voller Wut und moralischer Entrüstung von sich weist? Daß es in Rapunzel nicht nur ein Ich gibt, das mit allen Gefühlsregungen der Liebe auf den »Königssohn« antworten möchte, sondern auch ein Überich, das voller Eifersucht, Rachgier und Haß jede Regung der Liebe verfolgt und ahndet, wenn sie nicht ausschließlich der (Stief-)Mutter gilt? Gegenüber einer Frau Gothel, wohlgetrennt von seiner Rapunzel, könnte ein »Königssohn« sich durchsetzen. Wie aber, wenn Frau Gothel in Rapunzel selber wohnt und in ihr Gestalt gewinnt? Wie, wenn Rapunzel plötzlich und unerwartet, unter der Maske einer freien, selbständigen Frau von sich aus all die Worte ihrer Selbsterniedrigung und Selbstunterdrückung aus Frau Gothels Munde nachzureden beginnt, als wenn sie nie etwas anderes gewollt hätte als ihre Sklaverei und Entfremdung? Und wie, wenn der »Königssohn« mithin ebenso erschrocken wie hilflos feststellen muß, daß »Frau Gothel« gar nicht nur eine fremde Person ist, sondern vor allem eine seelische Macht in Rapunzel selber darstellt?

Alle psychiatrischen Begriffe, die eine schizophrene Psychose beschreiben, werden nicht entfernt den Schrecken wiedergeben können, der für alle Betroffenen, für Rapunzel ebenso wie für den »Königssohn«, mit einer derartigen Umkehrung der Persönlichkeit verbunden ist. Es gibt keine Angst, die schlimmer sein könnte als das Gefühl, die eigene Identität zu verlieren; aber eine Frau wie Rapunzel hat in der Identifikation mit ihrer Mutter bislang nie eine eigene Identität besessen, und ihre Liebe zu dem »Königssohn«, die zum erstenmal ihr eigenes Ich entfalten half, hat ihre Persönlichkeit zugleich von Grund auf zerspalten müssen. Was soll ein Mensch anfangen, der feststellen muß, daß er nicht etwa durch Treulosigkeit, Hinterhältigkeit oder Verrat, sondern gerade umgekehrt: durch die Zuverlässigkeit und Geduld seiner Liebe eben den Menschen, der ihm mehr wert ist als alles auf der Welt, in die schlimmste Krise seines Lebens geführt hat? Man berichtet, daß im 19. Jahrhundert ganze Eskimostämme durch den Kontakt mit europäischen Forschern umgekommen seien – ein einziger freundschaftlicher Händedruck genügte, und die Bewohner des ewigen Eises starben dahin, sie besaßen kein Immunsystem gegen das Grippevirus.[43] Ist es in analoger Weise möglich, daß auf Menschen, die ihr ganzes Leben in seelischer Kälte verbringen mußten, schon ganz normale Formen von Zuneigung und Liebe wirken wie eine geistige Krankheit? Die Psychoanalyse kennt den Begriff der Übertragungsneurose in dem Sinne, daß Menschen in einer neuen Beziehung sehr darunter leiden, starke Gefühle, die eigentlich bestimmten Personen oder Situationen der Vergangenheit gelten, so heftig zu empfinden, als wenn sie in der Gegenwart begründet und sinnvoll wären. Was aber geschieht in einem Fall wie dem »Verschwinden« Rapunzels, wenn jemand während seiner ganzen Kindheit in einer derart entfremdeten Weise leben mußte, daß die bloße Berührung mit Zärtlichkeit und Liebe in ihm zunächst keineswegs eine Ahnung von Weite und Freiheit, sondern eher eine bis zum Wahnsinn reichende Zerrissenheit und Widersprüchlichkeit erzeugen muß? Es scheint, als wenn Rapunzel in diesem Moment ihr inneres Gleichgewicht (das heißt ihre falsche Identität!) nur wiederherstellen könnte, indem sie ihr Glück, ihre Liebe, ihre gesamte neu erstandene Persönlichkeit dem verinnerlichten Diktat ihrer (Stief-)Mutter opfern würde. Rapunzel »überträgt« im Grunde nichts auf den »Königssohn«, sie findet nur keinen Weg, sich in eigener Zuständigkeit eine Liebe zu erlauben, die ihr seit eh und je auf das strengste verboten war.

Erst wenn man das Märchen von ›Rapunzel‹ in dieser ungeheuerlichen Zuspitzung auf sich wirken läßt, begreift man, warum nicht allein Rapunzel, sondern auch der »Königssohn« über keinerlei Mittel verfügen, sich gegenüber der rabiaten Art einer Frau Gothel durchzusetzen. Wohl gibt es in der Sammlung der Grimmschen Märchen ein berühmtes Vorbild, wie man Probleme dieser Art an sich lösen könnte: in der Geschichte vom ›Rotkäppchen‹ wird gleichermaßen erzählt, wie ein Mädchen, das zur Liebe erwacht, von seiner (Groß-)Mutter »gefressen« wird;[44] im ›Rotkäppchen‹-Märchen ist es in Gestalt des »Wolfes« der Triebwunsch selbst, der das Mädchen dazu verführt, vom Wege abzugehen und, wie zur Versöhnung, der (Groß-)Mutter einen Strauß »Blumen« zu »pflücken«; andererseits repräsentiert der »Wolf«, der die bis dahin so liebevolle, scheinbar todkranke (Groß-)Mutter auffrißt und sich damit selbst an ihre Stelle setzt, aber auch zugleich ein mörderisches Überich; denn indem der »Wolf« sich die Kleider der (Groß-)Mutter überstreift, verwandelt diese, symbolisch gesehen, sich selber in ein reißendes Ungeheuer, welches das »Rotkäppchen« »verschlingt« und wie »lebendig tot« in seinem Leib gefangenhält. Das Problem des »Rotkäppchens« findet seine Auflösung, indem ein »Jäger« (eine väterliche Gestalt also) dem schlafenden Großmutter-»Wolf« den Bauch aufschneidet und das »Rotkäppchen« nebst der (Groß-)Mutter aus dem Leibe des Untiers herausoperiert – ein Bild, das treffend bezeichnet, was jede gelungene Psychoanalyse im Kampf gegen die Allmacht derartiger raubtierhafter Gewissens-»bisse« tun und leisten kann. Im ›Rapunzel‹-Märchen hingegen geht es wohl auch um einen solchen Vorgang des »Verschlungenwerdens«, aber es gibt weit und breit niemanden, der, gleich dem »Jäger« des »Rotkäppchens«, wie neutral von außen die notwendige »Analyse« vornehmen könnte. Während »Rotkäppchen« zudem in gewissem Sinne »nur« an den eigenen Triebregungen scheitert und »nur« wegen dieser Triebregungen von ihren Schuldgefühlen (in Gestalt des »Großmutter-Wolfes«) »gefressen« wird, ist Rapunzel ihr Leben lang die Gefangene ihrer (Stief-)Mutter – insofern könnte das Bild des »Wolfsbauchs« für ihr ganzes Dasein stehen, und es ist überhaupt erst die Ankunft des »Königssohnes«, die die volle Wahrheit ihrer lebenslänglichen Kerkerhaft ans Tageslicht zu bringen vermag.

Es gäbe von daher theoretisch nur eine einzige Methode, um Rapunzel aus dem Getto ihrer (Stief-)Mutter zu erlösen: Man müßte gegenüber Frau Gothel einen Weg beschreiben, wie er in gewissem Sinne William Shakespeare's Petruccio in ›Der Widerspenstigen Zähmung‹ vorschwebte, als er die grimmig keifende Katharina beharrlich als sein »sanftes Kätchen« betrachten wollte und behandelte:[45] Es wäre unbedingt notwendig, »Frau Gothel« (bzw. Rapunzel in der Rolle der Stiefmutter) ihren schnaubenden Zorn *nicht* zu glauben und gerade aus der Heftigkeit ihres *übertriebenen* Hasses die verborgenen Töne einer Liebe herauszuhören, die unter Todesangst sich nur nicht selber mehr zu leben wagt; man dürfte die so endgültig herausgeschleuderten Worte bitterer Verletzung von Rapunzels (Stief-)Mutter *nicht* als Ausdruck ihrer wirklichen Gefühle verstehen, sondern man müßte sie durchaus als die äußersten Notrufe einer Verzweifelten betrachten; und vor allem Frau Gothels drohendes Geschrei: »... die Katze ... wird dir ... die Augen auskratzen«, müßte man als eine besonders notvolle Bitte gegenüber dem »Königssohn« verstehen, nur ja noch viel genauer hinzusehen.

Das eigentliche Problem aber liegt darin, daß solch ein Weg des Verstehens angesichts so vieler Irritationen nahezu utopisch anmuten muß. Welch ein wirklich Liebender verfügt in der Schutzlosigkeit seines Vertrauens über eine seelische Robustheit, wie ein Shakespearescher Held sie allenfalls aufbringen mag? Selbst wenn der »Königssohn« Rapunzels »Verschwinden« wirklich »nur« als eine furchtbare »Überlagerung« durch die Gestalt ihrer (Stief-)Mutter erkennen könnte, verfügte er dann auch schon über den Mut oder die Fähigkeit oder überhaupt auch nur über das Recht, seine Geliebte, allem Anschein nach sogar gegen ihren Willen, in eine bedingungslose Auseinandersetzung mit ihrer (Stief-)Mutter hineinzutreiben?

Hinzu kommt, daß wir die kurze Szene von Frau Gothels Auftritt, wie das Märchen sie erzählt, uns in der Wirklichkeit keinesfalls nur als einen einmaligen Vorgang denken dürfen. Was sich in dem Märchen von ›Rapunzel‹ in einem einzigen Augenblick verdichtet, wird sich im wirklichen Leben immer wieder, jäh und abrupt, unbegreifbar und unheimlich, verstörend und zerstörend zwischen Rapunzel und dem »Königssohn« ereignen[46] – ein allmählich fortschreitender Abnutzungskrieg der Angst, der schließlich alle Spontaneität und Freude aus der Beziehung zu nehmen droht. Es ist, wie wenn ein ständiger Gegenwille gerade in den Augenblicken, da ein vollendetes Glück der Liebe greifbar nahe wäre, mit unfehlbarer Konsequenz den strikten Befehl zur Verneinung geben würde: Es hat eine Liebe außerhalb der Mutterbindung für eine »Rapunzel« nicht zu geben, und wenn es sie schon geben sollte, so hat sie zumindest quälerisch und unglücklich zu sein.[47] Die Tricks, die Finten, die Vorwände und Ausreden der Angst sind dabei im Umkreis von »Frau Gothel« schier unerschöpflich – eine riesige Pulverkammer, die (unter günstigen Umständen!) zwar von außen nicht mehr nachgefüllt wird, deren Vorrat aber erst in Jahren endgültig sich entladen und verbrauchen kann. Wessen Augen sollten nicht *erblinden* im »Gestrüpp« solcher »Dornen« und schließlich in Nacht und Dunkel tauchen vor Trauer und Schmerz »angesichts« eines solch verletzenden Verwirrspiels der erklärten Pflicht zum moralischen Unglück? Gerade zu dem Zeitpunkt, als Rapunzels Fluchtplan beinahe zu gelingen scheint, ganz dicht schon am Ziel aller Mühen, findet der »Königssohn« seine Geliebte nicht mehr! Was also kann er nach allem noch tun? Voller Verzweiflung flüchtet er sich in einen »Absprung«, der anmutet wie ein Sturz in den Tod, wie ein unfreiwilliges Opfer der Angst, wie ein Akt gehorsamer Kapitulation, wie ein grausames »Wieder-auf-die-Erde-Kommen«. Nur zu gut kann man diese Reaktion verstehen. Denn woran soll der »Königssohn« jetzt sich noch halten und woran noch glauben? Es war Rapunzel, die seinem Leben buchstäblich so etwas wie eine dritte Dimension zu schenken vermochte und ihn mit dem Liebreiz ihrer goldenen Haare bis zu den Höhen des Himmels erhob; es war Rapunzel, die ihm das Dunkel der Nächte mit Freude erhellte und seine Tage mit Träumen erfüllte; und es war die Liebe zu Rapunzel, die ihm die Augen öffnete. Wenn es denn wahr sein sollte, daß immer wieder die Angst sich als stärker erwiese denn die Liebe, so müßte diese Welt unweigerlich sich schließen wie ein Grab, und die Erde wäre nur noch schweigend, schwarz und schwer. Aber eben so geartet ist das Lebensgefühl des »Königssohns« in diesem Augenblick, und wir hören, daß er auf Jahre hin im Zustand dieser »Blindheit«, im Dunkel dieser Aussichtslosigkeit und Düsternis gefangen bleiben wird. Kann es, das ist die wichtigste Frage jetzt, trotz allem noch so etwas geben wie eine neue Zukunft und ein gemeinsames Glück?

Man würde es nicht mit einem Märchen zu tun haben, wenn die Geschichte von »Rapunzel« nicht in allem scheinbar ausweglosen

Elend doch auch gewisse Spuren von Hoffnung aufzuzeigen vermöchte, und glücklicherweise sind diese Spuren durchaus glaubhaft. In der Tat nämlich kann gerade das Leid und der Schmerz am Rande der Verzweiflung eine Entwicklung einleiten und beschleunigen, die schließlich das Leben im ganzen bereichert und vollendet. So vernichtet Rapunzel sich zur Zeit auch fühlen mag, so ist es doch bereits als ein außerordentlicher Schritt nach vorn zu betrachten, daß sie endlich und ein für allemal von ihrer (Stief-)Mutter getrennt ist. Trotz allen Zorns und aller Verwünschungen hat Frau Gothel doch nicht verhindern können, daß Rapunzel nunmehr ein von ihr deutlich unterschiedenes und abgetrenntes Leben führt – sie hat ihre Tochter eben *nicht* – wie der Wolf das »Rotkäppchen« – zu »fressen« vermocht; und bei all ihrer verzweifelten Aggressivität kann sie doch nur die Trennung manifest machen, die Rapunzel mit ihrer Liebe zu dem »Königssohn« unwiderruflich eingeleitet hat. Wohl ist sie imstande, auf lange Zeit hin ihre Tochter zum Unglück zu zwingen, indem sie die geplante Flucht Rapunzels mit dem »Königssohn« in eine erzwungene Ausweisung deformiert und an die Stelle des ersehnten Glücks zu zweit das Unglück isolierter Einsamkeit über das Mädchen verhängt. Doch wie immer man es auch wendet: Es gelingt Frau Gothel nicht mehr, Rapunzels Freiheit rückgängig zu machen; es gelingt ihr einzig, Rapunzels zornig verfügte »Selbständigkeit« so traurig wie möglich zu gestalten. Aber Rapunzel *ist* jetzt eine selbständige Frau, und sie besitzt auch gewisse Fähigkeiten zum Glück, vorausgesetzt es gelingt ihr, nachgerade auch diese verordnete Pflicht zum Unglück noch zu durchbrechen. Alle Chance und alle Gefahr liegt für Rapunzel in diesem Zwischenzustand: Die *Gefahr* liegt darin, daß Frau Gothels Erbe sich unbewußt zu einem echten Wiederholungszwang für ihre Tochter auswächst, die *Chance* besteht darin, daß Rapunzel *erkennt*, wie gleichartig ihr eigenes Leben gerade in ihrer erzwungenen Einsamkeit dem mütterlichen Vorbild zu werden droht.

Vermutlich weiß Frau Gothel selber nicht, und jedenfalls beabsichtigt sie nicht, daß ihre Tochter das gleiche Los erdulden muß wie sie selbst seit Kindertagen. Für den aufmerksamen Leser eines Märchens wie der Erzählung der »Rapunzel« indessen kann es nicht verborgen bleiben, wie oft das Schicksal der Eltern, wenn man die meist symbolisch erzählte Vorgeschichte genügend analysiert, sich in dem Schicksal ihres Kindes wiederholt. Wie ein unabsehbares Verhängnis scheint die Person mindestens *eines* Elternteils die gesamte Zukunft des Kindes mit immer länger werdenden Schatten zu verstellen, und es ist ein unheimlicher Tatbestand, daß Menschen gerade in der besten Absicht und mit einem oft rührenden Bemühen ihren Kindern am Ende nichts anderes weiterzugeben vermögen als die Strukturen des eigenen Unglücks. An keinem Problem dürfte Rapunzels Mutter seit Kindertagen mehr gelitten haben als an der Unfähigkeit, die Liebe eines Mannes als einen wesentlichen Teil ihres Lebens zu akzeptieren; statt dessen muß sie in der Rolle der Frau Gothel, wie zum Ersatz für die vermißte Liebe ihres Gemahls, ihre Tochter geradezu abgöttisch geliebt haben, und eben diese einseitige Fixierung auf ihre Tochter muß für Rapunzel nun in unerbittlicher Logik das gleiche tragische Schicksal heraufführen, das bereits ihrer Mutter von Anfang an, sogleich nach Rapunzels Geburt, nahezu dämonische Züge verlieh. Auch in der Ferne wirkt dieser mächtige Zauber Frau Gothels offensichtlich noch fort; denn wohl hat die Identifikation zwischen Mutter und Tochter endlich ihr Ende gefunden, aber die Identität ihres Schicksals hört damit noch keineswegs auf. Wie ihre Mutter sieht auch Rapunzel sich gezwungen, den Mann ihrer Liebe fortzujagen und sich in innerer wie äußerer Einsamkeit, inmitten eines ansonsten inhaltslosen, leeren Lebens, der Pflege und Erziehung ihrer beiden Zwillingskinder zu widmen, in deren Doppelnatur wohl zugleich auch schon die Zwiespältigkeit von Rapunzels eigenem Wesen sich aussprechen dürfte.[48] Selbst im Unglück also wird eine »Rapunzel« das gehorsame Kind ihrer (Stief-)Mutter bleiben: genauso isoliert wie diese, genauso ambivalent wie diese, genauso fürsorglich wie diese, genauso unfähig zur Partnerschaft und Wechselseitigkeit wie diese: Frau Gothels Turm hat nunmehr unsichtbare Wände. Und doch ... der Tiefpunkt des Unglücks kann im Leben eines Menschen auch zum Wendepunkt zum Glück werden.

Wohl wird im sogenannten wirklichen Leben die Geschichte von Rapunzel oft genug an dieser Stelle zu Ende sein. Das Leben ist voll von zerbrochenen Träumen, gescheiterten Beziehungen, verfehlten Erwartungen und Formen sich ständig erneuernden Unglücks. Aber auch aus diesem Grunde bedürfen gerade wir Erwachsene unbedingt der Märchen, damit wir es lernen, diese Grenze der Aussichtslosigkeit niemals, in keinem Einzelfall, als endgültig hinzunehmen, sondern im Gegenteil, solange es irgend geht, der Macht der Liebe die Kraft zum Glück einzuräumen; ja, womöglich sind die Märchen in ihrer unzerstörbaren Hoffnung weit wahrer als jener zynisch desillusionierte Realitätssinn, der auf nichts mehr wartet und an nichts mehr festzumachen sich getraut. Offenbar liegen in der Seele eines jeden Menschen gewisse Gefühle, Bilder und Vorstellungen verborgen, die entgegen allen Widerständen nur darauf warten, geweckt zu werden.[49] Was an Verlangen nach Freiheit, Glück und Liebe einem jeden Menschen wesenhaft mit auf den Lebensweg gegeben wird, läßt sich vielleicht recht weitgehend unterdrücken, ganz sicher aber niemals völlig ausrotten. Man mag den Drang nach Freiheit anarchisch, die Erwartung nach Glück egoistisch, die Sehnsucht nach Liebe amoralisch nennen – man kann es verbieten, aber man kann es nicht verhindern, daß Menschen sehr wohl wissen, daß sie überhaupt nur dafür leben, sich frei zu entfalten, glücklich zu blühen und in Liebe zu reifen. Wenn man nicht glauben könnte, daß die Liebe stärker ist als die Angst, die Freiheit mächtiger als der Zwang, das Glück menschlicher als das Opfer, wozu lohnte es dann noch zu leben? Das wohl größte Geheimnis des Menschen besteht darin, daß er selbst inmitten der Verzweiflung, wenn er im Dunkel seiner Seelenumdüsterung oft nicht einmal mehr seine eigene Hand vor Augen sehen kann, gleichwohl ein bestimmtes Wissen um die beseligende Kraft der Liebe besitzt und auf eine gewisse visionäre Vorstellung von der Form seines Glücks niemals gänzlich verzichten kann.

Freilich kann Rapunzels »Erlösung« jetzt kaum noch durch sie selbst aus eigenen Kräften zustande kommen. Es bedarf, um sie aus der »Wüste«, in die sie verbannt ist, nach Hause zu führen, unbedingt der langen Suchwanderung des »Königssohnes«. Doch wonach eigentlich sucht ein Mann, den die Liebe gelehrt hat, dem Himmel nahe zu sein, und der so grausam auf die Erde geworfen wurde? Er mag in das Antlitz eines jeden Menschen schauen, und doch werden seine Augen niemals das Bild der Geliebten wiedererkennen; der einzige Mensch, den er liebt, ist ihm unerreichbar, fremd und wie entrückt, an einem »Ort« und Lebens-»standpunkt«, den er nicht begreifen kann – *das* muß es heißen, seine Augen seien »blind« geworden. Wenn ein solcher Mann nach etwas sucht, so ist es das Bild einer unauslöschlichen Erinnerung an ein Glück, das unwiederbringlich vergangen scheint und auf das er dennoch endlos und unbeirrbar immer weiter zugehen möchte.

Es ist eine erschütternde, aber vollkommen wahre Szene, wenn wir den »Königssohn« im Märchen von ›Rapunzel‹, wie im Kontrast zu Shakespeare's ›König Lear‹, blind vor Kummer und Traurigkeit »im Walde« »herumirren« sehen,[50] mehr aus Sehnsucht getrieben als auf der Suche nach dem, was »Rapunzel« jetzt ist. »Einige Jahre« lang, meint das Märchen, dauert dieser ziellos-zielbewußte Irrweg des »Königssohnes«, so als stünde die Zeit für ihn still. Auch dieses Zeitgefühl einer endlos leeren Dauer läßt sich gut mitvollziehen. Jeder Augenblick in der Ödnis des Lebens dehnt sich ins Ungemessene, und das Ungemessene dieser hohl gewordenen Zeit zerrinnt zu einem Nichts auf Grund seiner Gleichgültigkeit und Bedeutungslosigkeit. Während in der Liebe das Pendel der Zeit hin- und herschwingt zwischen Kommen und Warten, Erfüllung und Sehnsucht und jeder Augenblick, je nach der Nähe oder Entfernung der Geliebten, sich unterschiedlich dehnt oder verdichtet, löscht die Traurigkeit alle Unterschiede aus, und die Tage und Jahre zerfließen in ihr wie Sand. Es ist ein Leben jenseits dessen, was Menschen planen und »machen« können; und doch vermag sich gerade während einer solchen Zeit scheinbar aller enttäuschten Erwartungen und zerstörten Hoffnungen etwas Entscheidendes zu begeben, das man, entgegen dem Fluch des Wiederholungszwanges, den Segen der Wiedererinnerung bzw. das Geschenk des Wiedererkennens nennen mag.

Es geht dabei um das Wunder einer Wiederauferstehung der Liebe, in der alles, was war, wieder gegenwärtig wird und doch in erneuerter Gestalt zu leben beginnt. Die Art dieser Erneuerung aber wird man im Falle Rapunzels als ein *Ende der Autarkie* beschreiben müssen, indem der sublime Stolz ihrer turmhohen Entrücktheit endgültig dahingeschmolzen ist und sie fortan gewissermaßen »en parterre« zu leben gezwungen ist wie alle anderen Sterblichen auch. Wenn Frau Gothels Auftritt einen späten Sinn erfahren soll, so muß er darin liegen, daß Rapunzel es nunmehr lernt, mit einer Haltung zu brechen, die in der Nähe von Frau Gothel unerläßlich war, doch in der Menschenwüstenei, in die sie jetzt verstoßen ist, nur sinnlos quälend und vereinsamend wirken muß. Allerdings hat das Märchen von ›Rapunzel‹ nur zu recht, wenn es meint, daß ein solcher Verzicht auf die Haltung autarker Weltüberlegenheit Jahre in Anspruch nehmen wird, denn nichts dürfte einem Menschen schwerer fallen, als diejenigen Eigenschaften abzulegen, die er erwerben mußte, um in höchster Angst und Not zu überleben, und Rapunzel hat ihre Einsamkeit an der Seite von Frau Gothel gewiß nicht nur gehaßt, sondern paradoxerweise sicher auch geliebt. Sie galt ihrer (Stief-)Mutter als liebenswert, solange sie niemanden brauchte als Frau Gothel selbst; jetzt, nach dem furchtbaren Zerstörungswerk der »Zauberin«, wird es Rapunzels ganzer Stolz sein, überhaupt niemanden mehr zu brauchen; und gerade die Haltung, in die Rapunzel bisher ihre ganze Selbstachtung hat setzen müssen, kann die Liebe jetzt erneut wie eine zusätzliche »Erniedrigung« für sie erscheinen lassen.

Auf der einen Seite ist es gewiß ein gutes Zeichen und an sich höchst erstaunlich, daß Rapunzel das Leben in der Fremde, allein auf sich gestellt, überhaupt in solcher Weise meistert. Sollte es nicht insgeheim Frau Gothels letzte Hoffnung gewesen sein, ihre Tochter werde in der Bitternis der Trennung schon bald wieder resigniert und entmutigt zu ihr zurückkehren, dann aber bedingungslos und endgültig? Daß Rapunzel ihr Dasein weiterhin allein in der Wüste fristet und gerade nicht gebrochen und demütig nach Hause zurückkriecht, zeugt an sich von einem enormen Mut und Lebenswillen dieser Frau. Völlig überraschend ist diese Fähigkeit Rapunzels freilich nicht. Denn indem Rapunzel stets für ihre Mutter dazusein hatte, war es gewissermaßen ihre ständige Pflicht gewesen, bedürfnislos, überverantwortlich und auf niemandes Hilfe »angewiesen« zu sein. Zudem darf man nicht übersehen, daß Rapunzels Abhängigkeit von Frau Gothel im wesentlichen auf der Macht grausamer Schuldgefühle und Strafängste basierte – objektiv war es Frau Gothel selbst, die von ihrer Tochter im wörtlichen Sinne »abhängig« war. Nachdem dieses Band aus Pflicht und Verantwortung nun endlich durchschnitten ist, steht Rapunzel jetzt eine geradezu extreme Fähigkeit zur Verfügung, keinen Menschen in Anspruch nehmen zu müssen, um existieren zu können, und was ehemals durch schwere Ängste bedingt war, kann objektiv jetzt eine hervorragende Befähigung bedeuten. Andererseits ergibt sich gerade daraus nun ein alles entscheidendes Problem: die Frage nämlich, ob es Rapunzel möglich ist, den *Zwang* zur Autarkie aufzugeben. Ihr Leben lang war Rapunzel es gewohnt, alle anderen von sich abhängig zu machen, selber aber niemals abhängig zu werden, und in dieser Kunst bestand bislang sogar die einzige Kontaktform, die sie unter der Anleitung ihrer (Stief-)Mutter kennenlernen konnte. Wie soll Rapunzel es sich gestatten können, einen anderen Menschen zu *brauchen*, und wie soll sie es lernen, daß ein solcher »Egoismus« der Verwiesenheit und der Angewiesenheit auf einen anderen Menschen unabdingbar zur Liebe gehört? »Ich habe niemals jemanden bitten dürfen, mir zu helfen«, erklärte eine Frau von der Art einer »Rapunzel« einmal, »wenn ich das getan hätte, wäre meine Mutter tödlich beleidigt gewesen. ›Die nützen Dich nur aus oder legen Dich herein‹, sagte sie immer.« Würde eine »Rapunzel« bei dieser Einstellung bleiben, so müßte sie ihr ganzes Leben lang vor allen Menschen ebenso auf der Flucht bleiben, wie sie schon vor Frau Gothel fliehen mußte. Und doch, wenn die Begegnung mit dem »Königssohn« tief genug war, hat sie wenigstens einmal in ihrem Leben bereits die Erfahrung machen können, daß Angst und Mißtrauen zutiefst zerstörerisch, schädlich und überflüssig sind, und alles hängt jetzt davon ab, wie stark diese eine Erfahrung weiterwirkt. Neben dem Wunder eines an sich unzerstörbaren Glaubens an die Liebe, wie wir sie bei dem »Königssohn« beobachten konnten, ist dem menschlichen Herzen eine andere nicht minder wunderbare Kraft geschenkt: *die Kraft der Erinnerung.* Wenn es schon in der Geschichte der Menschheit gilt, daß im Reiche des Geistes nichts verloren gehen kann, so gilt diese Wahrheit im Leben des einzelnen noch weit mehr, und nirgendwo leuchtet sie klarer hervor als in der Erinnerungskraft, die die Liebe besitzt. Jahre mögen übers Land ziehen, in denen die ehemals Liebenden einander nicht sehen; und doch bedarf es oft nur eines winzigen Anlasses, um wie an einer langen Schnur die Wasser der Vergangenheit aus dem Brunnen der Erinnerung emporzuholen. Gerade eine Liebe, die von außen gewaltsam zerstört wurde, erschafft im Herzen der Liebenden nicht selten stehende Bilder, schmerzhaft versteinerte Figuren, die wie im Märchen vom ›Dornröschen‹ geradezu darauf warten, zu neuem Leben erweckt zu werden.[51] Irgendwo in der Tiefe arbeitet die Erinnerung weiter, und selbst unter dem äußersten Zwang von Pflicht, Angst, Schuldgefühl und Autarkie wird Rapunzel doch mehr und mehr spüren, wie wohltuend und sanft, wie stark und zart zugleich die Zuneigung des »Königssohnes« zu ihr war. Soll es für immer bei dem Zwiespalt ihres Wesens bleiben, stets das verneinen zu müssen, wonach sie im Grunde am meisten Verlangen trägt? Rabindranath Tagore hat in dem Gedichtband ›Der Gärtner‹ (Nr. 35) diesen ständigen Konflikt aus Verlockung und Tarnung in dem Wesen seiner Geliebten einmal mit den trostlos traurigen Worten geschildert:

> Damit ich dich zu leicht nicht kennenlerne, spielst du mit mir.
> Du blendest mich mit Blitzen deines Lachens, nur um deine Tränen zu verbergen.
> Ich kenne deine Kunst, ich kenne sie.
> Niemals sprichst du das Wort aus, das du sprechen möchtest.
>
> Damit ich dich nicht rühme, entweichst du mir in tausend Weisen.
> Damit ich dich mit andern nicht verwechsle, stehst du beiseite.
> Ich kenne deine Kunst, ich kenne sie.
> Niemals gehst du den Pfad, auf dem du gehen möchtest.
>
> Du forderst mehr, als andre fordern, und deshalb bist du schweigsam.
> Mit spielerischer Leichtigkeit vermeidest du, von mir beschenkt zu werden.
> Ich kenne deine Kunst,
> ich kenne sie.
> Niemals wirst du nehmen, was du nehmen möchtest.[52]

Aber stimmt dieses »niemals« für Rapunzel? Stimmt es jemals für einen Menschen, der mindestens ahnungsweise den Zauber der Liebe gespürt hat?

Einmal erfahren, wirkt die Erinnerung der Liebe weiter; sie verändert nach und nach das innere Erleben, schmilzt die Schutzhülle vereister Gefühle ab und macht alle Empfindungen merklich milder und wahrhaftiger. Wie in der Kühle des Hochgebirges, noch unter einer Schneedecke von mehr als 3,60 Meter, der Schnee-Hahnenfuß auf die ersten Anzeichen der Frühlingssonne hin seine zarten gelben Knospen zu öffnen beginnt,⁵³ so vermag inmitten einer Wüstenei der Kälte, der Einsamkeit und der Traurigkeit, verborgen im Untergrund, die Liebe von neuem ihre herrlichen Blüten zu treiben. Es gibt dieses *Wunder des Wiedererkennens*. Endlich (nach Jahren vielleicht) beginnt ein uralter, vertrauter »Ton« sich wiederzumelden, und alles in dem »Königssohn« schwingt ein in diesen wohlvertrauten Klang der Liebe; uralte Worte mit einem ganzen Feld von zärtlichen Erinnerungen, verdichteten Verweisungen und immer noch nicht eingelösten, traumhaft wartenden Verheißungen kehren mit einem Male wieder und tauschen sich, erst noch verhalten zögernd, dann immer rascher, wie ein Weberschiffchen wechselnd, zwischen den Verliebten aus und schaffen all die alten Muster neu. Sie war kein Irrtum und sie wird kein Intermezzo bleiben – diese Zeit der Liebe damals im »Es war einmal« der Märchen; sie war ein absoluter, nie mehr zu verleugnender, in alle Zukunft nicht mehr zu verdrängender Entscheidungspunkt im Leben beider Liebender, des »Königssohnes« ganz genauso wie Rapunzels. Denn selbst die Tränen der Trennung und des Unglücks der Einsamkeit beweisen doch, je länger desto stärker, daß beide, Rapunzel wie der Königssohn, niemals aufhören werden noch können, einander zu lieben, und daß es für sie lediglich die Wahl gibt, ob ihre Liebe zueinander ihr gemeinsames Verhängnis oder ihr gemeinsames Glück sein wird. Entscheidet sich Rapunzel jetzt endgültig und auf immer für die Liebe, so wird es niemals mehr eine Macht auf Erden geben, die sie noch zwingen könnte zu unterdrücken, was ihr Entzücken, zu verfluchen, was ihr Suchen, und zu vermeiden, was ihr Wesensauftrag, Wunsch und Wille ist: den »Königssohn« zu lieben und sich seiner Liebe zu getrauen.

Es handelt sich um eine »Einsicht«, welche die Tränen der Trauer für immer verwandelt in Tränen des Glücks und die den erblindeten Augen des Königssohnes den Lichtglanz des Himmels und das Strahlen der Sterne zurückschenkt. Nie sind die Augen von Menschen schöner, als wenn sie einander anschauen in dem schimmernden Glück zärtlicher Liebe, ist doch die Schönheit nach einem Wort von Khalil Gibran »das vollkommene Einverständnis zwischen Mann und Frau, das sich in einem Augenblick ereignet; in einer einzigen Sekunde kann dieses Gefühl entstehen, das alle Gefühle überragt. Und dieses geistige Gefühl ist es, das wir Liebe nennen.«⁵⁴ Immer aber ist diese Liebe eine Art Wiedererinnerung im Sinne Platons, eine Wiederbegegnung mit dem eigenen Wesensursprung,⁵⁵ eine Wiedergewinnung dessen, was in der eigenen Seele als Bild und Verheißung seit Ewigkeit lebt. Liebe, so meinen die Märchen, das ist eine solche Rückkehr in das verborgene Königreich der Seele, das ist eine solche gemeinsame Heimkehr an den Ort der wesenhaften Bestimmung, das ist das Ende des Suchens, die Erfüllung der Sehnsucht, der Anfang des Himmels. Und es ist die Liebe ein Leben in wechselseitiger Ergänzung, völliger Gleichberechtigung und innerer Verbundenheit – das gerade Gegenteil des alten Systems autarker Abhängigkeiten im Schatten von Frau Gothel. Denn eben darin besteht das Wesen und Geheimnis der Liebe: einander zu brauchen, ohne voneinander abhängig zu sein oder einander abhängig zu machen.

»Dein Freund«, erklärte Khalil Gibran einmal in gleichem Sinne, um das Geheimnis der Liebe zu erläutern, »ist die Antwort auf deine Not. Er ist das Feld, das du besäst mit Liebe und worauf du erntest mit Dankgebeten. Und er ist dein Tisch und dein Herd. Denn du kommst zu ihm mit deinem Hunger und du suchst bei ihm deinen Frieden. Äußert dein Freund frei seine Meinung, so fürchte nicht das ›Nein‹ in deiner Meinung, noch halte mit dem ›Ja‹ zurück. Und schweigt er, so lasse dein Herz nicht ab, auf das seine zu lauschen. Denn in der Freundschaft werden alle Gedanken, alle Wünsche und Erwartungen geboren und geteilt, ohne Worte, und mit einer Freude, die keines Beifalles bedarf ... Und deine Freundschaft verfolge kein weiteres Ziel als ein Vertiefen des Geistes. Denn Liebe, die etwas sucht außer der Offenbarung ihres eigenen Mysteriums, ist nicht Liebe, sondern ein ausgeworfenes Netz: und nur das Wertlose wird darin gefangen. Das beste, was du hast, sei für deinen Freund. Wenn er um die Ebbe deiner Flutzeiten wissen muß, so laß ihn auch um deren Hochwasser wissen. Denn was wäre dein Freund, so du ihn nur aufsuchtest, um Stunden totzuschlagen? Suche ihn stets nur, um Stunden mit ihm zu erleben. Denn er ist da, um das Fehlende in dir zu füllen, nicht deine Leere.«[56] »Und so du liebst und noch Wünsche haben mußt, so seien dies deine Wünsche: Zu schmelzen und zu werden wie ein fließender Bach, der sein Lied der Nacht singt. Zu kennen die Pein allzu vieler Zärtlichkeit. Wund zu sein von deinem eigenen Verstehen der Liebe ... Zu erwachen beim Morgenrot mit beschwingter Seele und Dank zu bringen für einen neuen Tag der Liebe. Zu rasten um die Mittagsstund' und nachzusinnen über der Liebe Verzückung. Heimzukehren in Dankbarkeit, wenn der Abend graut. Und dann einzuschlafen, mit einem Gebet für dein Lieb im Herzen und einem Lobgesang auf den Lippen.«[57]

Dat Mäken von Brakel

Et gien mal 'n Mäken von Brakel na de sünt Annen Kapellen uner de Hinnenborg, un weil et gierne 'n Mann heven wulle un ock meinde, et wäre süs neimes in de Kapellen, sau sank et:

> »O hilge sünte Anne,
> help mie doch bald tom Manne.
> Du kennst'n ja wull:
> he wuhnt var'm Suttmerdore,
> hed gele Hore:
> du kennst 'n wull.«

De Köster stand awerst hünner de Altare un höre dat, da rep he mit 'ner gans schrögerigen Stimme: »Du kriggst 'n nig, du kriggst 'n nig.« Dat Mäken awerst meinde, dat Marienkinneken, dat bie de Mudder Anne steiht, hedde üm dat to ropen, da wor et beuse un reip: »Pepperlepep, dumme Blae, halt de Schnuten un lat de Möhme kühren (die Mutter reden).«

Das Mädchen von Brakel

Einmal ging ein junges Mädchen von Brakel zur Sankt-Anna-Kapelle unter der Hinnenburg, und weil es gern einen Mann haben wollte und glaubte, es wäre sonst niemand in der Kapelle, sang es:

> O heilige Sankt Anne,
> verhilf mir doch bald zum Manne.
> du kennst ihn ja:
> Er wohnt vorm Suttmertor,
> hat blondes Haar:
> du kennst ihn ja.

Hinter dem Altar aber stand der Küster und hörte das; da rief er mit fisteliger Stimme: »Du kriegst ihn nicht, du kriegst ihn nicht!« Das Mädchen aber glaubte, die kleine Maria, die neben ihrer Mutter Anna steht, hätte ihm das zugerufen. Da wurde das Mädchen böse und rief: »Papperlapap, du dumme Göre, halt den Mund und laß deine Mutter reden!«

Tiefenpsychologische Deutung

Scheinbar alles an dieser Geschichte ist nicht recht in Ordnung. Eine Geschichte, die nicht historisch, doch gebunden ist an einen bestimmten Ort, heißt für gewöhnlich eine Sage. Brakel, bekanntlich, *ist* ein bestimmter Ort in Ostwestfalen, doch das Mädchen von Brakel ist alles andere als »sagenhaft«; es ist ein Kind aus Fleisch und Blut, doch auch wieder keine historische Person. Geschichten, die von wunderbaren Gebetserhörungen an heiligen Stätten berichten, gelten gemeinhin als Legenden; doch das Mädchen von Brakel möchte zwar in seinem Gebet erhört werden, der Witz dieser Geschichte aber liegt vor allem darin, daß es sich weigert, seine offenbare Nichterhörung noch länger mitanzuhören; nicht die verzichtfrohe Frömmigkeitshaltung der Legende, sondern der überraschende Protest gegen eine Religion, die der Liebe spottend im Wege steht, prägt diese Erzählung, die von den Brüdern Grimm zwar in die Sammlung ihrer Märchen aufgenommen wurde, die in dieser Umgebung aber doch nicht recht am Platze scheint. Märchen – da erwartet man phantastische, traumnahe, im Irrealen spielende Geschichten; doch nichts, was die Geschichte von dem Mädchen von Brakel erzählt, ist irreal, alles könnte in der realen Welt sich so und nicht anders zutragen oder zugetragen haben, und doch berichtet die Erzählung von jener absolut phantastischen Möglichkeit, die darin liegt, daß ein Mensch die engen Grenzen seiner Herkunft und Erziehung übersteigt und einen Schritt tut, der in dem Rahmen seines Lebens durchaus nicht vorgesehen war.

Wenn ein Mensch »aus dem Rahmen fällt«, sieht das für die Umstehenden zumeist sehr lustig aus, und gewiß ist das ›Mädchen von Brakel‹ ganz und gar die Geschichte einer einfachen, witzigen Pointe. Doch ist sie deshalb ein einfacher Dorfschwank? Ja und nein. Hier lacht ein ganzes Dorf über den »Mutterwitz« eines heranwachsenden Mädchens, und dabei, natürlich, könnte alles sein Bewenden haben; aus der Sicht des Mädchens aber handelt es sich um einen ganz entscheidenden geistigen Durchbruch, der eine bestimmte Art von Frömmigkeit ein für allemal der Vergangenheit überantwortet und der die einzige Weise darstellt, wie das Mädchen, indem es zu seinem Geliebten gelangt, auch zu seiner eigenen Weiblichkeit findet.

Hat man sich über den kurzen Spaß der Erzählung erst einmal hinweggesetzt, so wird bald deutlich, wie eigenartig eine Religion verfaßt sein muß, die solche Späße zuläßt und hervorbringt – keine Frage, daß die Geschichte ausschließlich im Katholizismus verstehbar ist! Da gibt es bestimmte Heilige in bestimmten Andachtskapellchen, die für bestimmte Gebetsanliegen anzurufen sind, da existiert wie selbstverständlich ein ausgeklügeltes Verteilungsnetz besonderer heiliger Zuständigkeiten, da gelten besondere Anrufungen insbesondere weiblichen Heiligengestalten, denen offenbar ein spezielles Verständnis gegenüber speziellen Wechselfällen menschlicher Not zugeschrieben wird. Das alles erinnert gewiß eher an heidnische Folklore als an das Christentum des Neuen Testamentes, doch mag es, psychologisch betrachtet, an sich recht munter dahingehen. Eine ganz andere Frage ist es, was derartige Vorstellungen psychisch mit den Menschen machen, die ihnen ausgeliefert sind. Das Thema, um das die Geschichte sich dreht, ist *die Sehnsucht der Liebe,* aber dieses Thema scheint eigentümlich verstellt. Wie findet ein Mädchen einen Jungen, den es lieben könnte und von dem es wiedergeliebt wird? Die Antwort scheint einfach: Es muß versuchen, Kontakte zu schließen und sich auf bestimmte Erfahrungen mit den Vertretern des anderen Geschlechtes einzulassen, und dazu ist erforderlich, nicht mit den Heiligen im Himmel als vielmehr mit recht unvollkommenen Menschen (Männern sogar!) auf Erden Zwiesprache zu pflegen. Anders hingegen das Mädchen von Brakel, das, statt unmittelbar mit seinem Geliebten zu reden, all seine Wünsche in die *Mutter Anna* projiziert, um von ihr erhört zu werden. Daß die Anrufung der Heiligen die Chancen der rechten Partnerwahl wirksam verbessern könnte, mutet mit irdischen Augen betrachtet nicht sehr wahrscheinlich an – ausgenommen, es sind die Heiligen selbst, die einem solchen Bestreben höchstselbst im Wege stehen!

Wie das geschehen kann? Nun, es kann Heilige geben, die in ihrer Person gewisse Ideale der Sittlichkeit und der Sittsamkeit in einer Weise verkörpern, daß ein junges Mädchen, das in der Verehrung solcher Vorbilder groß geworden ist, nicht mehr leicht auf den Gedanken kommen wird, sein Lebensglück auf das Glück geschlechtlicher Liebe zu gründen. Die Mutter Maria zum Beispiel, die das Jesuskind nach kirchlicher Vorstellung jungfräulich empfing und zur Welt brachte, wird man gewiß nicht ohne weiteres als Helferin auf dem Wege zu einer normalen Liebe zwischen Mann und Frau in Anspruch nehmen dürfen. Im Gegenteil. Es gibt katholische Märchen wie die Geschichte vom ›Marienkind‹ (KHM 3), in denen die Madonna, hebt man den Schleier der religiösen Symbolsprache über dem Märchen auf, ihr Pflegekind mit allen Herrlichkeiten des Himmels umgibt – solange es nur »unschuldig« bleibt und den Rausch der Liebe noch nicht kennengelernt hat; sobald es aber an die geheimnisvolle, verbotene Pforte der Wonnen zu rühren wagt und sein Finger, verräterisch genug, sich vergoldet, da wird es von der erzürnten Gottesmutter auf die Erde herabgeworfen und in einer undurchdringlichen Dornhecke, nackt und schutzlos, eingekerkert. Folgt man dem Märchen vom ›Marienkind‹, so ist es das Ideal der Madonna, der geschlechtlichen Unberührtheit als Frau (und als Mutter!) selbst, das dazu anhält, die unschuldigsten Gefühle eines heranwachsenden Mädchens schuldig zu sprechen und mit göttlicher Verurteilung zu ahnden. Ja, das »Marienkind« wird selbst als verheiratete Frau noch an der Seite eines »Königs« unter dem Schuldgefühl des Reinheitsideals der »Madonna« zur unausgesetzten Lebenslüge und Verleugnung all seiner wirklichen Gefühle gezwungen sein: Sein zur Strafe verschlossener Mund wird nie mehr mit einem Wort auch nur verraten, welch ein Gefühl der Lust dem Schock der lebenslangen Angst vor sich selber als Frau vorausging; und noch die eigenen Kinder, die das »Marienkind« Jahr um Jahr zur Welt bringen wird, holt die »Madonna« zu sich in den »Himmel« und entfremdet sie damit dem Einfluß einer normalen, »irdischen« Mutterliebe. Das Bild der ewig »reinen« jungfräulichen Mutter Maria ist als ethisches Ideal nicht nur widersprüchlich und unerreichbar, es belegt allem Anschein nach jede Regung der natürlichen Sexualentwicklung eines Mädchens mit unauflösbaren Strafängsten, Abspaltungen und Doppelbödigkeiten.

Doch es gibt, Gottlob, auch eine andere Seite. Mag das Ideal der »Madonna« auch noch so erhaben und hoch erscheinen, keine Religion oder Konfession, auch nicht der Katholizismus, kann es sich leisten, eine ganze Jugend auf derlei Ideale festzulegen, ohne die Gefahr eines baldigen Absterbens der gesamten Denkungsart gewärtigen zu müssen. Es muß Auswege geben, die bei allem Respekt vor der immerwährend jungfräulichen Mutter Maria auch noch andere, vergleichbar »normalere« Wege der Entwicklung von Menschen erlauben. Und so spaltet sich selbst im katholischen Frömmigkeitsleben das Bild der Mutter Gottes in zwei Personen, indem es sich zur Legende erweitert: Maria selber, so weiß die Überlieferung, angelehnt an die Geschichte der Hanna und der Geburt des Samuel im Alten Testament, kam als Tochter des schon betagten Joachim und seiner lange Zeit mit Kinderlosigkeit geschlagenen Frau Anna zur Welt. Doch während man den heiligen Joachim so gut wie niemals abgebildet findet, hat die Zweiheit der Mutter Anna mit ihrer Tochter Maria oder die Dreiheit von Anna, Maria und dem Jesuskind auf die Maler in Mittelalter und Neuzeit eine außerordentliche Faszinationskraft ausgeübt. Und man versteht tiefenpsychologisch, warum. Die »Mutter Anna« ist buchstäblich der Hintergrund, der Schatten, der die Strenge des madonnengleichen Keuschheitsideals ins Mütterliche, Weiblich-Gewährende überhöht und ergänzt. In der Mutter Anna und der Jungfrau Maria treten die beiden Seiten des Frauseins auf das deutlichste auseinander und bilden zugleich eine vollendete Widerspruchseinheit, indem auch die polare Zuordnung beider ihre sinnreiche Entsprechung findet: An der Seite der Mutter Anna, die eine alte Frau ist, bleibt die Jungfrau Maria den Bildern nach ein immer kleines Mädchen, und zwischen beiden Gestalten gibt es keine einheitliche vermittelnde Personifikation. Es gibt in diesem Vorstellungsschema keine Gestalt der Frau, die zwischen Kindheit und Greisentum eine vermittelnde Brücke zu schlagen vermöchte. Der Jungfrau Maria wird das Erleben der Sexualität unter der Einwirkung der göttlichen Liebe auf immer fremd bleiben, und die Mutter Anna ist alt genug, um gegenüber derlei Gefühlsregungen außer Versuchung gestellt zu sein. Was es mit anderen Worten *nicht* gibt, ist eine erlaubte Form erwachsener Weiblichkeit. Doch gerade in ihr liegt die Voraussetzung, um nach der Bitte des Mädchens von Brakel, »zu einem Manne zu gelangen«.

Es ist, immerhin, nicht wenig wert, daß es selbst unter den Bedingungen des katholischen Keuschheitsideals »mütterliche« Ausnahmegestalten wie die Mutter Anna gibt. Denn nur auf diese Weise ist es immerhin möglich, den Wunsch, selber Mutter zu werden, mit der Welt der Heiligen in Verbindung zu setzen. Mehr aber auch nicht! Jahrhundertelang, bis vor kurzem noch, ja eigentlich neuerdings schon wieder, war, ist und wird es die Lehrmeinung der katholischen Kirche sein, daß die Sexualität zwischen Mann und Frau nur dann für sittlich erlaubt gelten dürfe, wenn sie der Weitergabe von Leben diene oder doch zumindest für mögliche »Fruchtbarkeit« offen sei. Der Austausch von Zärtlichkeit und Gemeinsamkeit zwischen Mann und Frau darf dieser Vorstellung nach niemals zu einem »Selbstzweck« »entarten«, die Liebenden dürfen niemals so vermessen sein, nur einfach so, ohne höhere Aufgaben und Pflichten, miteinander glücklich sein zu wollen, – es bleibt bei dem Ausweg allein der Mutter Anna, der man nicht gerade zutrauen wird, daß sie außer bei der Empfängnis der Jungfrau Maria selbst noch darüber hinaus ein reichhaltiges und nachhaltiges Liebesleben gepflegt hätte.

Man darf, steht es so, zwar Mutter werden; doch wie soll es möglich sein, je eine Frau zu sein? Das ist die Frage des Mädchens von Brakel.

Es wendet sich mit seiner Bitte an die »Mutter« Anna; es hofft, zumindest bei ihr, auf so etwas wie Unterstützung und Verständnis; doch: was ihm wird, ist der bittere Hohn. Denn natürlich wirken Ideale nicht abstrakt, sondern nur mittels Menschen auf Menschen ein; selbst das erhabenste Gottesbild bedarf seiner Religionsdiener, um unter den Menschen sich durchzusetzen. Dabei in aller Regel gibt es eine seltsame Abfolge der Kompetenzen: An der Spitze einer (religiösen oder gesellschaftlichen) Gruppe werden die »Chefs«, die »Führer« stehen, die ohne viel Federlesen und Nachdenken den »Volkswillen« repräsentieren und auf sich vereinigen; wohin er freilich führt, dieser Volkswille, darüber Gedanken machen sich unterhalb der Alpha-Leute die Betas: sie sind zumeist die Reflektierteren, Gebrocheneren, die eben deshalb schon zur Machtausübung weniger Tauglichen; und unterhalb dieser kommen die Gammas, die Ausführenden, die Gehorchenden, das Fußvolk; hier wird gemacht, nicht nachgedacht, hier wird pariert, nicht räsonniert, hier wird geglaubt, nicht überlegt. Gerade auf der unteren Ebene seiner Amtsträger und Funktionäre wird ein religiöses System daher stets in der Gefahr stehen, zur Karikatur der Ungeistigkeit seiner selbst zu geraten und zu entarten. Eben deshalb wohl läßt das Märchen von dem Mädchen von Brakel zur Verkörperung aller sexualneurotischen Hinderungsgründe der Liebe in der katholischen Kirche feinsinnigerweise den »Küster« am Orte die Rolle des schwarzgekaftanten Widerlings spielen. Nicht, was da Päpste sagen oder Bischöfe schreiben – die einfache Erfahrungswirklichkeit im Umgang mit den Subalternen prägt das Klima einer Religion. Im Volke weiß man das. Und was man da weiß, unwiderlegbarer als jedes Theologendokument, das ist die hinterhältige, hinteraltarige Verhöhnung der Liebe bzw. der Sehnsucht nach Liebe bei einem heranwachsenden Mädchen. »Du kriegst ihn nicht, du kriegst ihn nicht« – diese ewige Sprache der Dreinrede, der Entmutigung, der Enttäuschung, der zerstörten Hoffnungen und des zerstörten, eben erst erblühenden Lebens ist die einzige Stimme, die selbst in der Gnadenkapelle der Mutter Anna für dieses Mädchen hörbar wird. Man mag über derlei Possenstück lachen; doch die es in ihrer Jugend erlebt haben, die haben nichts zu lachen.

Denn im Grunde muß man die Stimme des »Küsters« sich innerlich denken – als eine verinnerlichte Stimme des ewig schlechten Gewissens gegenüber jeder sich regenden Wunschvorstellung von Glück und Gemeinsamkeit. Das »du kriegst ihn nicht« bezieht sich ja nicht auf die realen Aussichten des Mädchens, bei seinem Geliebten Erhörung zu finden, sondern weit eher auf die moralisch erzwungene Blockade jedes freien Umgangs mit dem Jungen seiner Wahl. Es ist nicht, daß ein solches Mädchen für die Liebe nicht schön genug wäre; es ist ganz einfach, daß alles, was an ihm schön ist, für häßlich, weil verführerisch, für minderwertig, weil nur allzu sichtbar, für niedrig, weil aufreizend erklärt wurde. Kein Kind, das unter dem Diktat von Kirchenbeamten dieses Schlages aufwächst, hat eine Chance, auf geradem Wege eine Frau zu werden.

Was aber bleibt ihm dann? Die Antwort des Märchens ist von bestechender Einfachheit: Wenn die Rede des »Küsters« Geltung gewinnen sollte, dann spräche zu dem Mädchen von Brakel wirklich nur noch das »Marienkindchen« – eine ewige Miniaturausgabe der Weiblichkeit; würde man als letzte Auskunft glauben, was da in scheinbar höchster Autorität, vom Altare her, gesprochen wird, so bliebe das Mädchen dazu verurteilt, den Status eines kleinen, verängstigten, kirchengehorsamen, liebeentbehrenden, aber »jungfräulichen« Mädchens niemals zu verlassen. Das Mädchen von Brakel hingegen besitzt den Mut, diesem Bild der ewigen Jungfrau als etwas »Kindischem« *zu widersprechen;* es bringt den Mut auf, dem Kontrastbild seiner selbst entgegenzutreten; ja, es unternimmt das Wagnis, auf den Teil der gerade noch erlaubten Frömmigkeit zu setzen, den es in der Kirche doch auch gibt: *die Mutter Anna* soll reden, die erwachsene, die erfahrene Frau! Und, füge es Gott, vielleicht, daß im Schatten dieser gerade noch gestatteten Mütterlichkeit am Ende sogar eine gewisse Fraulichkeit nachreift! An dieser Stelle siegt die Natur über die Übernatur, die Menschlichkeit über den religiösen Aberwitz, die Liebessehnsucht über Verbot und Verhöhnung im Namen einer liebesfeindlichen Religion.

Kleines, mutiges Mädchen von Brakel, du bist nichts weiter als eine Legende. Doch du lebst in so vielen unbekannten tapferen Frauen, welche die heiligsten Gesetze lieber verleugnen als ihre Liebe. Kleines, mutiges Mädchen von Brakel, ich stehe nicht an zu sagen: Man sollte dich zählen unter die Kirchenlehrer. *Du* wärest ein Wallfahrtsort als Verkörperung der Wahrheit der Liebe selbst in Brakel und überall anderenorts. Feststeht jedenfalls: die Götter Griechenlands hätten dich lieb.

Meister Pfriem

Meister Pfriem war ein kleiner, hagerer, aber lebhafter Mann, der keinen Augenblick Ruhe hatte. Sein Gesicht, aus dem nur die aufgestülpte Nase vorragte, war pokkennarbig und leichenblaß, sein Haar grau und struppig, seine Augen klein, aber sie blitzten unaufhörlich rechts und links hin. Er bemerkte alles, tadelte alles, wußte alles besser und hatte in allem recht. Ging er auf der Straße, so ruderte er heftig mit beiden Armen, und einmal schlug er einem Mädchen, das Wasser trug, den Eimer so hoch in die Luft, daß er selbst davon begossen ward. »Schafskopf«, rief er ihr zu, indem er sich schüttelte, »konntest du nicht sehen, daß ich hinter dir herkam?« Seines Handwerks war er ein Schuster, und wenn er arbeitete, so fuhr er mit dem Draht so gewaltig aus, daß er jedem, der sich nicht weit genug in der Ferne hielt, die Faust in den Leib stieß. Kein Geselle blieb länger als einen Monat bei ihm, denn er hatte an der besten Arbeit immer etwas auszusetzen. Bald waren die Stiche nicht gleich, bald war ein Schuh länger, bald ein Absatz höher als der andere, bald war das Leder nicht hinlänglich geschlagen. »Warte«, sagte er zu dem Lehrjungen, »ich will dir schon zeigen, wie man die Haut weichschlägt«, holte den Riemen und gab ihm ein paar Hiebe über den Rücken. Faulenzer nannte er sie alle. Er selber brachte aber doch nicht viel vor sich, weil er keine Viertelstunde ruhig sitzenblieb. War seine Frau frühmorgens aufgestanden und hatte Feuer angezündet, so sprang er aus dem Bett und lief mit bloßen Füßen in die Küche. »Wollt Ihr mir das Haus anzünden?« schrie er. »Das ist ja ein Feuer, daß man einen Ochsen dabei braten könnte! Oder kostet das Holz etwa kein Geld?« Standen die Mägde am Waschfaß, lachten und erzählten sich, was sie wußten, so schalt er sie aus: »Da stehen die Gänse und schnattern und vergessen über dem Geschwätz ihre Arbeit. Und wozu die frische Seife? Heillose Verschwendung und obendrein eine schändliche Faulheit: sie wollen die Hände schonen und das Zeug nicht ordentlich reiben.« Er sprang fort, stieß aber einen Eimer voll Lauge um, so daß die ganze Küche überschwemmt ward. Richtete man ein neues Haus auf, so lief er ans Fenster und sah zu. »Da vermauern sie wieder den roten Sandstein«, rief er, »der niemals austrocknet; in dem Haus bleibt kein Mensch gesund. Und seht einmal, wie schlecht die Gesellen die Steine aufsetzen. Der Mörtel taugt auch nichts: Kies muß hinein, nicht Sand. Ich erlebe noch, daß den Leuten das Haus über dem Kopf zusammenfällt.« Er setzte sich und tat ein paar Stiche, dann sprang er wieder auf, hakte sein Schurzfell los und rief: »Ich will nur hinaus und den Menschen ins Gewissen reden.« Er geriet aber an die Zimmerleute. »Was ist das?« rief er. »Ihr haut ja nicht nach der Schnur. Meint ihr, die Balken würden geradstehen? Es weicht einmal alles aus den Fugen.« Er riß einem Zimmermann die Axt aus der Hand und wollte ihm zeigen, wie er hauen müßte, als aber ein mit Lehm beladener Wagen herangefahren kam, warf er die Axt weg und sprang zu dem Bauer, der nebenherging. »Ihr seid nicht recht bei Trost«, rief er, »wer spannt junge Pferde vor einen schwerbeladenen Wagen? Die armen Tiere werden Euch auf dem Platz umfallen.« Der Bauer gab ihm keine Antwort, und Pfriem lief vor Ärger in seine Werkstätte zurück. Als er sich wieder zur Arbeit setzen wollte, reichte ihm der Lehrjunge einen Schuh. »Was ist das wieder?« schrie er ihn an. »Habe ich Euch nicht gesagt, Ihr solltet die Schuhe nicht so weit ausschneiden? Wer wird einen solchen Schuh kaufen, an dem fast nichts ist als die Sohle? Ich verlange, daß meine Befehle unmangelhaft befolgt werden.« – »Meister«, antwortete der Lehrjunge, »Ihr mögt wohl recht haben, daß der Schuh nichts taugt, aber es ist derselbe, den Ihr zugeschnitten und selbst in Arbeit genommen habt. Als Ihr vorhin aufgesprungen seid, habt Ihr ihn vom Tisch herabgeworfen, und ich habe ihn nur aufgehoben. Euch könnte es aber ein Engel vom Himmel nicht recht machen.«

Meister Pfriem träumte in einer Nacht, er wäre gestorben und befände sich auf dem Weg nach dem Himmel. Als er anlangte, klopfte er heftig an die Pforte: »Es wundert mich«, sprach er, »daß sie nicht einen Ring am Tor haben, man klopft sich die Knöchel wund.« Der Apostel Petrus öffnete und wollte sehen, wer so ungestüm Einlaß begehrte. »Ach, Ihr seid's, Meister Pfriem«, sagte er, »ich will Euch wohl einlassen, aber ich warne Euch, daß Ihr von Eurer Gewohnheit ablaßt und nichts tadelt, was Ihr im Himmel seht: es könnte Euch übel bekommen.« – »Ihr hättet Euch die Ermahnung sparen können«, erwiderte Pfriem, »ich weiß schon, was sich ziemt, und hier ist, Gott sei Dank, alles vollkommen und nichts zu tadeln wie auf Erden.« Er trat also ein und ging in den weiten Räumen des Himmels auf und ab. Er sah sich um, rechts und links, schüttelte aber zuweilen mit dem Kopf oder brummte etwas vor sich hin. Indem erblickte er zwei Engel, die einen Balken wegtrugen. Es war der Balken, den einer im Auge gehabt hatte, während er nach dem Splitter in den Augen anderer suchte. Sie trugen aber den Balken nicht der Länge nach, sondern quer. »Hat man je einen solchen Unverstand gesehen?« dachte Meister Pfriem; doch schwieg er und gab sich zufrieden: »Es ist im Grunde einerlei, wie man den Balken trägt, geradeaus oder quer, wenn man nur damit durchkommt, und wahrhaftig, ich sehe, sie stoßen nirgend an.« Bald hernach erblickte er zwei Engel, welche Wasser aus einem Brunnen in ein Faß schöpften, zugleich bemerkte er, daß das Faß durchlöchert war und das Wasser von allen Seiten herauslief. Sie tränkten die Erde mit Regen. »Alle Hagel!« platzte er heraus, besann sich aber glücklicherweise und dachte: »Vielleicht ist's bloßer Zeitvertreib; macht's einem Spaß, so kann man dergleichen unnütze Dinge tun, zumal hier im Himmel, wo man, wie ich schon bemerkt habe, doch nur faulenzt.« Er ging weiter und sah einen Wagen, der in einem tiefen Loch steckengeblieben war. »Kein Wunder«, sprach er zu dem Mann, der dabeistand, »wer wird so unvernünftig aufladen? Was habt Ihr da?« – »Fromme Wünsche«, antwortete der Mann, »ich konnte damit nicht auf den rechten Weg kommen, aber ich habe den Wagen noch glücklich heraufgeschoben, und hier werden sie mich nicht steckenlassen.« Wirklich kam ein Engel und spannte zwei Pferde vor. »Ganz gut«, meinte Pfriem, »aber zwei Pferde bringen den Wagen nicht heraus, viere müssen wenigstens davor.« Ein anderer Engel kam und führte noch zwei Pferde herbei, spannte sie aber nicht vorn, sondern hinten an. Das war dem Meister Pfriem zu viel. »Tolpatsch«, brach er los, »was machst du da? Hat man je, solange die Welt steht, auf diese Weise einen Wagen herausgezogen? Da meinen sie aber in ihrem dünkelhaften Übermut, alles besser zu wissen.« Er wollte weiterreden, aber einer von den Himmelsbewohnern hatte ihn am Kragen gepackt und schob ihn mit unwiderstehlicher Gewalt hinaus. Unter der Pforte drehte der Meister noch einmal den Kopf nach dem Wagen und sah, wie er von vier Flügelpferden in die Höhe gehoben ward.

In diesem Augenblick erwachte Meister Pfriem. »Es geht freilich im Himmel etwas anders her als auf Erden«, sprach er zu sich selbst, »und da läßt sich manches entschuldigen, aber wer kann geduldig mit ansehen, daß man die Pferde zugleich hinten und vorn anspannt? Freilich, sie hatten Flügel, aber wer kann das wissen? Es ist übrigens eine gewaltige Dummheit, Pferden, die vier Beine zum Laufen haben, noch ein paar Flügel anzuheften. Aber ich muß aufstehen, sonst machen sie mir im Haus lauter verkehrtes Zeug. Es ist nur ein Glück, daß ich nicht wirklich gestorben bin.«

Tiefenpsychologische Deutung

Die Geschichte vom ›Meister Pfriem‹ findet sich zwar unter den Märchen der Brüder Grimm, doch handelt es sich nicht im eigentlichen Sinne um ein Märchen, sondern eher um eine Humoreske. Alles an der Gestalt dieses Mannes wirkt bizarr, grotesk und überspannt, und gewiß liegt die erste Absicht dieser Erzählung darin, uns über diesen Kauz von einem Schuster herzhaft lachen zu machen. Jedoch: beließen wir es nur bei Spott, Scherz und Satire, die diese Erzählung so reichhaltig enthält, so bliebe für uns die Person des Meister Pfriem (und mithin aller, die ihm gleichen) nichts anderes als ein unverbesserlicher Charakterclown. Tatsächlich schildert die Geschichte denn auch recht ausführlich, daß ein echter Meister Pfriem selbst von allen guten Geistern des Himmels nicht zu retten sein wird; und natürlich kann die Sache damit ihr Bewenden finden. Gleichwohl bleibt menschlich, jedenfalls bei den sensibleren Gemütern, ein ungutes Gefühl übrig, einen Menschen endgültig der Lächerlichkeit preisgegeben zu sehen, und so regt sich denn bald schon das Bedürfnis, die Wesensart eines Meister Pfriem nicht länger nur zu karikieren, sondern genauer zu portraitieren und entlang den Mitteilungen der Erzählung besser zu verstehen.

Wie mag es in einem Menschen aussehen, den all seine Mitmenschen so sonderbar ansehen? Wie hängen die Eigentümlichkeiten seines Verhaltens untereinander zusammen? Gibt es so etwas wie eine innere Struktur dieses merkwürdigen Charakters? Um Fragen dieser Art soll es im folgenden gehen, wobei wir zweierlei voraussetzen: Zum einen, daß Geschichten dieser Art gerade in ihrer groben Charakterzeichnung auf dem Hintergrund einfacher menschlicher Erfahrungen eine Präzision der Gestaltwahrnehmung erreichen können, wie sie in den Lehrbüchern der Psychologie und der Psychoanalyse in aller Regel abgeht. Scheint es auch möglich, die Vielfalt seelischer Formen auf einige wenige Grundmuster zu reduzieren, so scheint es umgekehrt doch unmöglich, aus den so gefundenen Bausteinen seelischen Lebens die Vielfalt der Erscheinungen selber abzuleiten; und an dieser Stelle gibt es offenbar einen unaufholbaren Erfahrungsvorsprung der »Märchen«-Erzähler vor den Psychologen. Zum anderen: Wir setzen voraus und lernen, daß einem »Märchen« zuzuhören unter Umständen nichts anderes bedeutet, als einen Menschen kennenzulernen; man darf freilich dabei nicht auf der Ebene der »Fakten« stehenbleiben, man muß vor allem zwischen den Zeilen lesen und sich immer wieder nicht nur fragen, was da geschildert wird, sondern was in einem Menschen vor sich geht, wenn er sich derart darstellt.

Die erste Hälfte der Geschichte von Meister Pfriem bietet eine szenische Personenbeschreibung; geht man indessen den einzelnen Beispielen zur Charakterisierung dieses sonderbaren Mannes näher nach, so stößt man, psychoanalytisch betrachtet, auf eine Variante, die speziell in einer *zwangsneurotischen Persönlichkeitsstruktur* enthalten sein kann und für die um Verständnis zu werben der Sinn der folgenden Betrachtungen sein mag.

Denn wirklich, es scheint nötig, für Meister Pfriem bei seinen Mitmenschen eine Lanze zu brechen; wirkt doch sein ganzes Wesen schon rein äußerlich ausgesprochen unangenehm und abstoßend. Seine ganze Physiognomie (pockennarbig, leichenblaß, struppig, grau mit kleinen stechenden Augen) erinnert eher an das Bild einer Ratte als eines angenehmen Menschen. Könnte es sein, daß ein Mensch, der als so ausgesprochen häßlich geschildert wird, von vornherein unter quälenden *Minderwertigkeitsgefühlen* leidet? Man stelle sich ein Kind mit »aufgestülpter Nase« vor, und man sieht vor sich den »Spaß«, den die »Kameraden« auf den Spielplätzen mit ihm treiben werden. Es genügt, in irgendeinem anatomischen Detail des Gesichtsbereichs eine kleine Abweichung von der Normalität aufzuweisen, und es kann allein dieses eine Merkmal schon so etwas wie ein ganzes Schicksal präformieren.

Vor allem Alfred Adler hat die Aufmerksamkeit der Tiefenpsychologie auf den Zusammenhang gelenkt, der zwischen körperlichen Mißbildungen und gewissen reaktiven Kompensationsversuchen insbesondere im Leistungsbereich zu bestehen pflegt. Geht man von dieser Annahme aus, so könnte speziell die innere Unruhe und das ständige Getriebensein des Meister Pfriem eine ebenso einfache wie eindringliche Erklärung finden. Jener Gehänselte der Spielplätze – was soll er anderes tun, als durch Tüchtigkeit, Leistung und Fleiß sich das Maß an Anerkennung und Wertschätzung zurückzuholen, das ihm von klein auf so ungerechterweise und unverdientermaßen vorenthalten wurde? Es ist aber – so die geniale Einsicht Alfred Adlers – nicht möglich, auf dem Wege einer solchen Kompensation in ein ruhiges Verhältnis zu sich selbst und zur sozialen Umgebung zu gelangen. In allem wird sich etwas Überdimensioniertes, Überschießendes, Unzweckmäßiges bezogen auf den jeweiligen Augenblick geltend machen; und eben dieses Moment der Überreaktion wird das eigentliche Ziel all der Anstrengungen und Mühen ins Gegenteil verkehren. Denn: was auch immer geschehen mag, es geschieht gegen die unsichtbare Mauer einer unübersteigbaren, stets gegenwärtigen Feindseligkeit. Eigentlich nur, um sie zu überwinden, beginnt die Flucht in die Leistung; doch wie soll ein übersteigerter Leistungsanspruch einen Menschen bei seinen Zeitgenossen beliebt machen? Er erneuert nur die alte Ablehnung, und sehr bald hat der Teufelskreis sich geschlossen.

Man kann, diese Perspektive einmal vorausgesetzt, sehr leicht eine Reihe von Einzelheiten in der Geschichte von Meister Pfriem verstehen, die sonst disparat nebeneinander liegen bleiben müßten. Da ist als erstes die Überhastigkeit bei allen Aktionen des Meisters. Schon der Titel »Meister Pfriem« sagt an sich genug: Denn er besagt, daß man nicht von Herrn Pfriem sprechen kann, ohne seine im Firmentitel beanspruchte *Meisterschaft* im Schusterhandwerk mitzuerwähnen; »Pfriem« aber klingt selbst schon wie ein Spottname für die bohrende, gequälte Art, seine Tätigkeit »meisterlich« auszuüben.

Einander gegenüber stehen also ein absoluter Anspruch auf perfekte Leistung und, eben dadurch bedingt, ein chronisches Unvermögen zu ruhiger, erfolgreicher Arbeit – ein Kontrast, der in der Tat bis zum Lächerlichen reicht; die Tragik dieses ganzen Lebensaufbaus aber liegt darin, daß gerade der Perfektionsanspruch selbst vermutlich überhaupt nur zustande kam, um die ursprüngliche Lächerlichkeit der Kindertage abzuarbeiten. Nichts auf Erden scheint so sehr geeignet, fremde Kritik zu widerlegen und latentem Spott zuvorzukommen, wie eine vollkommene Leistung. Mag man zuvor auch noch so über jemanden hergezogen sein, sobald er sich zu einer untadeligen Leistung imstande zeigt, wird der Wind umschlagen: »Man hat«, wird es heißen, »sich in dem Herrn Soundso doch wohl geirrt. In dem steckt mehr als vermutet. Der beweist all seinen Kritikern, daß sie ihn unterschätzt haben.« An die Stelle der Verachtung von einst beginnt die Hochachtung zu treten. Das jedenfalls steht zu hoffen, wenn nur, ja, wenn nur der Versuch Erfolg hat, es in irgendeinem wenn auch noch so bescheidenen Teil des Lebens zu wahrer Vollendung und Meisterschaft zu bringen.

Es stehe dahin, wie viele Chancen es gibt, mit einem solchen Lebenskonzept zu Erfolg und Ansehen zu gelangen: Wohl nur den wenigsten wird es gelingen, und diese ihrerseits werden für gewöhnlich dann untereinander in das Feld einer um so unerbittlicheren Konkurrenz eintreten. Den Meistern Pfriem jedenfalls gelingt es nicht. Es ist ihnen allemal zuzutrauen, daß sie es fachlich zu bedeutenden Fähigkeiten bringen – daß sie zum Beispiel alle möglichen Prüfungen mit Auszeichnung bestehen; woran es ihnen aber wesentlich gebricht, das ist der rechte Umgang mit sich selbst und mit anderen Menschen. Sie sind, wie es das »Märchen« ganz richtig schildert, nicht nur miserable Lehrer und Erzieher, sie verstehen es vor allem meisterhaft, jedes Motiv der Lernwilligkeit und Lernbereitschaft in ihren Schülern durch maßlose Kritik und persönliche Demütigungen aller Art schon im Keim zu ersticken. Denn was den Meister Pfriems notwendig entgeht, das ist die Ambivalenz ihres Perfektionsideals selbst. Wir wissen bereits: Es hat von vornherein den Zweck der eigenen Selbstdarstellung und mithin der Abwertung anderer. Die »Pfriems« werden stets bestrebt sein, für sich selber die höchste Vollkommenheit an Tüchtigkeit, Pflichtbewußtsein und Verantwortung zu verkörpern; doch eben deshalb darf es von vornherein niemanden geben, der die Gefahr heraufbeschwören könnte, es ihnen gleichzutun. Die wüsten Schimpfereien und Kritikastereien des Meister Pfriem dienen insgeheim dem Zweck, eine mögliche Konkurrenz zu sich selbst gar nicht erst aufkommen zu lassen; ja, wenn man so will, sind sie eine späte Rache für all die Verhöhnungen der Kinderzeit, doch jetzt in umgewandelter Form: Sie sind eben nicht mehr der bloße Ausdruck persönlichen Mutwillens, es teilt sich in ihnen, wie man glauben muß, vielmehr das klare Urteil des puren Sachverstandes mit.

Es ist nicht möglich, daß ein Meister Pfriem sagen könnte: »Dies und das gefällt mir nicht« – eine solche Feststellung erschiene in seinen Augen als viel zu individuell. Er, der selber gerade seiner Individualität wegen immer wieder nichts als Leid und Spott erlebt hat, wird so unvorsichtig niemals mehr sein, den anderen von sich selber etwas Persönliches, also: Lächerliches, mitzuteilen. Um den anderen etwas sagen zu können, das nicht lächerlich ist, muß es sich als erstes in etwas Vernünftiges, Objektives, Leistungsbezogenes, Richtiges, Maßstabförmiges verwandelt haben; freilich, ist das erst einmal zumindest dem Anschein und dem Anspruch nach geschehen, so wird, nur schlecht verhüllt, hinter der Fassade des sachlichen Urteils sich die persönliche Rachsucht für all die erlittene Schmach der Kindertage zu Wort melden, und es wird die erbrachte Leistung fortan zum Freibrief einer privaten Revanche-Kampagne ohne Maß und Ziel, buchstäblich gegen alles und jedes, ganz so wie vormals die Angreifer nicht als konkrete Individuen faßbar waren, sondern nur als Teile einer allseits kläffenden, allseits bedrohlichen Meute. – Wieviele hohe Würdenträger: Oberlehrer, Oberärzte, Oberkonsistorialräte, Oberleutnants, Professoren und Rektoren kennt man, die als wahre »Meister Pfriems« sich und ihren Mitmenschen tagaus, tagein das Leben zur Hölle machen, ohne auch nur entfernt zu begreifen, wie heillos bei ihnen die Ebenen des Persönlichen und des Allgemeinen vertauscht sind! Sie haben ihren »Beruf« zu ihrem Leben machen müssen, doch alle persönliche Verletztheit und Gekränktheit benutzt jetzt die Rolle des perfekten Berufsdieners, um die nie erledigten Themen der Jugend immer aufs neue, nicht: durchzuarbeiten, sondern nur endlos zu wiederholen!

Denn, was ein Meister Pfriem niemals verstehen wird, ist die für jeden anderen offenkundige Tatsache, daß bei diesem Lebenskonzept trotz aller Bemühungen am Ende der alte Spott sich wieder melden muß. Selbst nach Jahrzehnten der Qual, um der eigenen Kindheit zu entrinnen, hat sich im Grunde ja nichts geändert – das ist das Furchtbare. Es wird wieder das Tuscheln und das Feixen hinter dem Rücken geben, das Maulverziehen und hämische Grinsen, und es wird wieder niemanden geben, der es wagt, der Katze die Schelle anzubinden und mit Meister Pfriem ein klares Wort zu reden. Lediglich dies hat sich jetzt geändert: daß Meister Pfriem, der subjektiv grundlos Verachtete der Kinderspielplätze, jetzt Grund wähnt, die anderen recht gründlich von sich her verachten zu sollen: für ihre Faulheit, für ihre unverantwortliche Gleichgültigkeit, für ihren Leichtsinn und für ihren Schlendrian, für ihre unkorrekte Arbeit – kurz, für alles, was von dem verbohrten, zwanghaften Stil eines wahren Meister Pfriems abweicht. »Funktionaler Leidensdruck« ist die Bezeichnung der Psychoanalyse für dieses Leiden an der »Normalität« der Mitmenschen aufgrund der eigenen Charakteranomalien; es gehört aber zu diesem Leiden subjektiv das völlige Unvermögen, die Ursache für all die Unverträglichkeiten bei sich selber zu sehen oder zu suchen; denn nicht nur ist das Leiden selber viel zu groß, um noch einen Spielraum für neue Überlegungen offenzuhalten, es herrscht vor allem subjektiv eine unbezweifelbare Evidenz, daß die anderen im Unrecht sind. Die Maßstäbe, nach denen sie als verurteilens- und tadelnswert erscheinen, bilden vermeintlich das beste an der eigenen Person, sie sind ihr innerer Halt, sie verleihen ihr Ansehen und Würde; wenn nicht einmal sie zutreffend sein sollten, so fiele unweigerlich alles dahin, was mit so viel Anstrengung aufgebaut wurde. Und ehe dies eintreten sollte, muß jede Art von Schmerz und Leid an einer unverständigen und unverständlichen Umwelt immer noch wie ein wahrer Balsam der Seele erscheinen.

Dabei gäbe es an sich natürlich Hinweise in Überfülle, die auch und gerade einem Meister Pfriem Anlaß zum Nachdenken geben könnten. Dieses perfektionistische Herumnörgeln an allem und jedem macht die Meister Pfriems ja nicht nur zu einer apokalyptischen Heerschar für ihre Zeitgenossen, es führt sie auch im Umgang mit sich selbst zu einer Reihe höchst unglücklicher Reaktionsweisen. Niemand kann in Ruhe eine Arbeit verrichten, wenn er mit ihrer Hilfe sich und anderen im Grunde den Beweis abliefern muß, überhaupt ein Mensch zu sein; bei allem, was er tut, wird die Bedeutung, die er jedem Nadelstich zumessen muß, ins Ungemessene vergrößert; und wenn zudem inwendig immerzu eine Stimme mitläuft, die da sagt, im Echo all des spöttischen Gelächters der Kindertage: »Du bist doch nicht gut genug; schau, wie albern und lächerlich du aussiehst; nein, was für ein Tolpatsch auch«, so ist schon klar, daß in der Seele eines Meister

Pfriem keinerlei Ruhe und Gradlinigkeit herrschen kann und ihn die kleinste Aufgabe in ein zunehmend hilfloseres Nervenbündel verwandeln muß. All die Vorwürfe, die er so lautstark an die anderen zu richten pflegt, bilden als allererstes die Redensarten ab, mit denen er sich innerlich selbst zugrunde richtet.

Konkret: er fängt eine Arbeit an – im Format schon viel zu groß, wie das »Märchen« es schildert, mit riesig ausholenden Bewegungen –, da wird ihm der Abstand vom Ziel bereits unerträglich. Kein Perfektionist verträgt das Unfertige und Unvollendete, der Anfang aber ist die Unvollendetheit schlechthin; und der Druck, *fertig* zu werden und ein vollendetes Meisterstück selbst aus der kleinsten Arbeit hervorzubringen, kann so groß werden, daß es einem echten Meister Pfriem an jeder Geduld gebricht, die nötig wäre, mit der gestellten Aufgabe wirklich zu *beginnen*. Und so sehen wir den unglückseligen Titelhelden unseres »Märchens« denn auch sehr bald schon sich um alles mögliche bekümmern, nur nicht um seine Arbeit. Um sich selbst in seiner Kläglichkeit und Kleinheit nicht in die Augen schauen zu müssen, springen seine stechenden Blicke mal hierhin, mal dorthin, unablässig auf der Lauer nach eingebildeten oder wirklichen Mängeln beim Tun seiner Mitmenschen. Es ist paradox: Meister Pfriem, der die Menschen so fürchtet, nimmt doch aus Angst vor der Wirklichkeit des eigenen Daseins seine Zuflucht zu ihnen, das heißt, er »flieht« zu ihnen, indem er sie angreift. Die Art dieser merkwürdigen Kontaktform wird subjektiv von ihm zweifellos als »Verantwortung« erlebt, während sie sich nach außen hin als den reinen Psychoterror zu erkennen gibt. Immerzu gilt es in der Sicht des Meister Pfriem, einem drohenden Schaden zuvorzukommen, denn was immer ringsum auch geschieht, es wird in seinen Augen planlos, gedankenlos, oberflächlich, faul – in summa: voluminös betrieben, so daß er sich allerorten selbst auf den Plan gerufen fühlt, um durch seine Tatkraft und seinen Sachverstand das Schlimmste eben noch zu verhindern. Stets wähnt er sich in der Pflicht, den Menschen mahnend ihre Pflichtvergessenheit und ihren unbegreiflichen Schlendrian ins Gewissen zu reden, kurz, wir haben in Meister Pfriem den Typ des *Weltverbesserers* schlechthin vor uns. Es wäre tiefenpsychologisch aber gar zu einfach, eine derart überhöhte Verantwortungsbereitschaft hinzunehmen wie eine bloße Tatsache, die keiner weiteren Erklärung fähig oder bedürftig wäre. Die Frage muß lauten: Woher eigentlich stammt die ständige Katastrophenangst, die Meister Pfriem überkommt, sobald er den Taten seiner Mitmenschen zusieht?

Die Antwort kann nicht auf der sachlichen Ebene gesucht werden, denn was versteht ein Meister Pfriem schon vom Wäschewaschen der Mägde oder vom Hausbau der Maurer! Die »Katastrophe«, die eintreten könnte, hat ihren Grund nicht in den möglichen Fehlern anderer, sondern in der Gefahr, die Meister Pfriem droht, sobald auch andere als »meisterhaft« und »tüchtig« geehrt werden könnten; daß diese »Katastrophe« eintritt, muß Meister Pfriem mit allen Mitteln zu verhindern suchen, indem er sich nicht nur als Meister seines Faches, sondern buchstäblich als »Weltmeister« in allen Sparten aufspielt; und so gibt es durchaus nichts im Himmel und auf Erden, das ein Meister Pfriem nicht wissen, oder, wenn schon nicht wissen, dann doch zumindest *besser* wissen würde, so als lebte er von Hause aus ganz und gar nach dem Rate des Apostels: »Tritt auf, sei es gelegen oder ungelegen, rüge, mahne, weise zurecht in aller Geduld und Lehrweisheit« (2 Tim 4,2), das heißt, von »Geduld« kann bei Meister Pfriem wohl kaum die Rede sein, von »Weisheit« aber um so mehr; denn wirklich: wenn man seinen Darlegungen lauscht, möchte man glauben, mit ihm stürbe die Weisheit aus.

Erneut hat ein Mensch wie Meister Pfriem dabei keine Chance, von sich aus zu merken, wieviel an Aggression aus Gründen der eigenen Gekränktheit in seiner angemaßten Verantwortungshaltung liegt; ja, er wird nicht einmal realisieren, wie sehr man ihn für sein ständiges Dreinreden in anderer Leute Angelegenheit nur immer weniger ernst nimmt; subjektiv meint ein Meister Pfriem es nur gut mit aller Welt, in seinen eigenen Augen handelt er nur aus Sorge um das Wohl der anderen; und wenn er hören würde, was die anderen wirklich von ihm sagen, dann würde er sich gewiß schrecklich mißverstanden fühlen und im Zweifelsfalle die ganze Welt der Undankbarkeit und der Dummheit zeihen – weit eher, jedenfalls, als selber einmal einen Fehler oder ein Ungeschick einzugestehen.

Da können seine Lehrlinge ihm das eigene Werkstück vorlegen – ein Meister Pfriem wird daran etwas auszusetzen finden, wenn er nur glaubt, daß es von fremder Hand gemacht wurde; es genügt mit anderen Worten, daß andere überhaupt etwas tun und mithin etwas anders machen, als er selber es tun würde, so reicht diese Tatsache allein schon aus, um die schärfsten Verurteilungen auszusprechen. Nicht was wirklich geschieht, bildet den Kern der Pfriemschen Kritik, daß überhaupt etwas geschieht, und zwar ohne ihn und ohne zuvor seine Weisung eingeholt zu haben, muß schon für fahrlässig und falsch gelten. Man kann einen solchen Mittelpunktswahn in der Bedeutung des eigenen Selbstbildes wirklich nur verstehen, wenn man im Hintergrund von einem Empfinden ausgeht, wie wir es soeben zur Erklärung vorgeschlagen haben: Von einer Situation, in der jemand als Kind bereits wirklich im Mittelpunkt aller stand – in der Unentrinnbarkeit ihres Spotts und ihrer Verachtung. Meister Pfriem, der schon wegen seiner körperlichen Häßlichkeit im Mittelpunkt der Aufmerksamkeit aller sich befand, wird seine Mittelpunktsstellung beibehalten – um den Preis freilich schwerer charakterlicher Verformungen. Aus dem Gebrechen des Leibes ist ein Zerbrechen der Seele geworden.

Denn in welch eine Sackgasse Meister Pfriem sich selbst mit seiner Sicht der Dinge hineinmanövriert hat, läßt sich an seiner chronischen Unfähigkeit erkennen, einen Fehler begangen zu haben. Gewiß, jedes Versagen ist unverträglich mit seinem starren Perfektionsideal; doch was Meister Pfriem erlebt, ist mehr als nur der übliche Zorn eines Perfektionisten auf sich selber, wenn er erkennbar etwas falsch gemacht hat; in solchem Falle genügte es, unadressiert herumzuschimpfen und zu fluchen oder, nach dem Vorbild altsteinzeitlicher Magier, seine Wut an dem Werkstück (oder einem beliebigen anderen Gegenstand) auszulassen. Bei einem Meister Pfriem indessen geht es nicht um einen einfachen Jähzorn aus Enttäuschung – sein Rechtfertigungsbedürfnis treibt ihn immer wieder dahin, den anderen zu *beweisen*, daß es *ihr* Fehler war, wenn irgend etwas daneben gegangen ist. Da nennt er ein wassertragendes Mädchen einen »Schafskopf«, weil es ihn nicht von hinten hat herankommen sehen; da sind grundsätzlich die anderen schuldig an seiner Schuld, und man versteht plötzlich, daß die chronische Überverantwortung des Meister Pfriem für andere eine eigentümliche Kehrseite besitzt: Während er sich selbst als zuständig und verantwortlich für alles und alle begreift, erklärt er sich selber in jedem Einzelfalle, sobald es um ihn geht, für unzuständig und nichtverantwortlich; da sind alle anderen verantwortlich für ihn, der selber nur ein Opfer ist.

Es ist ein umgekehrtes Leben, das Meister Pfriem zu führen gezwungen ist: gleichzeitig überverantwortlich nach außen und völlig unverantwortlich nach innen, ein ganz und gar außengelenktes Leben, das nie den Mut hat, sich selber zu begegnen, aus Angst vor der eigenen Schande. Jeder, der seine maßlosen Vorwürfe hört, die doch nur die eigenen Fehler und Unsicherheiten verdecken sollen, wird wirklich irgendwann anfangen, über Meister Pfriem zu lachen, und so wird am Ende genau das eintreten, was er mit all seinen Selbstrechtfertigungen vermeiden möchte: die alte Ausgesetztheit im Spott der Menge. Wer aber wird schon hinter der Grimasse einer überzogenen Ernsthaftigkeit erkennen, daß hier ein Mensch um sein Leben kämpft – um das bißchen Anerkennung, das er benötigt, zu sein?

Daß Meister Pfriem dabei ist, sich auch *physisch* zu ruinieren, wirkt demgegenüber wie ein bloßer Nebeneffekt, denn zu der geheimen Selbstverachtung tritt die ständige Mißachtung körperlicher Bedürfnisse, ja, man kann sagen, daß ein Meister Pfriem mit seinem Körper auf ständigem Kriegsfuß lebt, nur wieder: ohne es zu merken. Alles, was er tut, folgt einem permanenten Streßprogramm, das ein Quälgeist für ihn nicht trefflicher hätte zusammenstellen können. Die »Streßfaktoren« ergeben sich zwangsläufig aus seiner ganzen Lebensanlage: innere Unruhe und Sprunghaftigkeit, enorme Gereiztheit und eine förmliche Ärgersucht, eine absolut einseitige Fixierung auf Leistung und Tüchtigkeit bei gleichzeitig ausgedehnten Frustrationen in eben diesen Bereichen, eine völlige Unfähigkeit zu gesunder Entspannung und Erholung, die moralisch als Faulheit abqualifiziert werden, kompletter Ausfall einer differenzierteren Unterscheidungsfähigkeit zwischen Wichtigerem und Unwichtigerem, zwischen Näher- und Fernerliegendem, zwischen Dingen, die »dran« sind, und solchen, die warten können, Unübersichtlichkeit in allen Aktionen und Gedankenabläufen, eine unbedingte Ungeduld in allen Ansprüchen und Handlungen, ein totales Unvermögen, etwas genußvoll aufzunehmen oder anzunehmen, eine permanente Feindgetöntheit aller menschlichen Beziehungen, Mißtrauen und Ablehnung als Grundeinstellung zu allen Menschen, Überbürdung mit Weltverantwortung und Weltverbesserei, totale Humor- und Freudlosigkeit, eine Überforderung auch der äußeren Motorik, die bis zu Fahrigkeit und Koordinationsverlust reichen kann – kurz, kein Teufel möchte auf die Dauer so leben wie der arme Meister Pfriem, und es scheint nur eine Frage der Zeit, wann die Galle und die Leber, wann die Koronargefäße auf dem Wege der Krankheit ein letztes Mal zur Besinnung rufen werden. Doch selbst für diesen Fall läßt sich mit hoher Wahrscheinlichkeit vorhersehen, was die Antwort eines echten Meister Pfriem sein wird: Er wird sich als das unschuldige Opfer einer Welt empfinden, die da meint, in ihrem dünkelhaften Übermut, alles besser zu wissen. Und am schlimmsten wäre es, wenn sich ein Arzt, ein Therapeut, ein Freund einfinden wollte, der es einem Meister Pfriem ans Herz legte, die Ursache all des Mißbehagens und der Unleidlichkeiten bei sich selbst zu suchen: Ein solches Ansinnen müßte ihm unfehlbar als der Gipfel eben dieser unverschämten Besserwisserei erscheinen, von der er sich allseits in die Enge getrieben sieht. Wie auch sollte er merken, daß es die eigenen Fehlsteuerungen sind, die ihm die Fahrbahn seines Lebens als so uneben erscheinen lassen? Daß es die inneren, nicht die äußeren Strukturen der »Welt« sind, die ihn derart quälen und bedrängen.[2]

Doch selbst damit sind wir noch lange nicht an das Ende der fatalen Mißhelligkeiten gelangt, mit denen ein Meister Pfriem sich herumzuschlagen hat. Zu einem zwangsneurotischen Erleben gehört unfehlbar ein übertriebenes Motiv der *Sparsamkeit*. Es ist nicht eigentlich Geiz, was einen Meister Pfriem auszeichnet, wenn er die »Verschwendungssucht« zum Beispiel seiner Frau beim Anlegen des Küchenfeuers oder der Mägde beim Waschen mit geharnischten Worten abkanzelt.

»Geiz« zielte auf persönliche Bereicherung; ein Meister Pfriem jedoch will keinen privaten Vorteil in Geldangelegenheiten erreichen; ihm geht es um das Prinzip, keine materiellen Mittel unnötig zu vergeuden. Er, der bezüglich seiner Seele und seiner Gesundheit jede Art von Raubbau und Verschwendung als unerläßlich und normal betrachtet, kann gleichzeitig aus der Haut fahren, sobald er den Grundsatz der Sparsamkeit im Umgang mit äußeren Stoffen verletzt sieht; er, der psychisch ständig am Rande seiner Möglichkeiten existiert, merkt erneut nicht, daß er das Gebot der Sparsamkeit, das in seinem eigenen Seelenhaushalt dringlich vonnöten wäre, einfach nach außen projiziert und damit in eine unsinnige Maxime verwandelt.

Ständig lebt Meister Pfriem in einer Welt des Mangels; doch was ihm wirklich fehlt, ist nicht das Geld für Brennmaterial, sondern ein Gefühl wärmender Liebe. Es gehört indessen zu der Gefühlsversperrtheit und Kargheit eines Meister Pfriem, daß er Gefühle nicht nur nicht wahrnimmt, sondern durch »Sachverhalte« und »Notwendigkeiten« der »Vernunft« ersetzt; und auch so verhindert er konsequent, daß er jemals erreicht, wonach er wirklich sucht: Grantigkeiten und Querelen müssen ihm die so sehr fehlenden Töne von Anerkennung und Einverständnis ersetzen. Es ist aus »Sparsamkeitsgründen« schließlich in der Tat zu verbieten, daß es im Hause eines Meister Pfriem jemals ein bißchen »wärmer« würde.

Man mag sich zwischendrein überhaupt wundern, wie Meister Pfriem wohl an eine Frau gekommen sein sollte. Das »Märchen« erwähnt davon kein Wort und trägt damit offenbar der gefühlsmäßigen Nebensächlichkeit des ganzen Themas Ehe und Liebe im Leben eines Meister Pfriems gebührend Rechnung. Gleichwohl lassen sich doch gewisse Vermutungen über das Eheleben im Hause der Pfriems anstellen. Eine Frau, die sich von einem Meister Pfriem heimführen läßt, mag zunächst gerade von denjenigen Zügen ihres Gatten am meisten beeindruckt sein, die sich auf die Länge der Zeit am unangenehmsten auswachsen werden: von seiner Gradlinigkeit und Korrektheit, von seiner vermeintlichen Ehrlichkeit und Zuverlässigkeit, von seinem Können und Wissen, von seiner Prinzipientreue und seinem Verantwortungsgefühl – wem immer es zur Liebe genügt, einen »Mann von Grundsätzen« vor sich zu sehen, der wird in dem häßlichen und struppigen Meister Pfriem sehr wohl auch liebenswerte Seiten entdecken können. Nur wird er in aller Regel nicht ahnen, wie unfähig ein Meister Pfriem seiner ganzen Art nach zu Partnerschaftlichkeit und Dialog sein muß. Denn es ist klar: Seine Meinung duldet keinen Widerspruch; alles von seinen Vorstellungen Abweichende ist in seinen Augen eine Beleidigung der menschlichen Vernunft; es gibt im Grunde nur eine Art der Begegnung mit einem Meister Pfriem, das ist der unbedingte Gehorsam. Unter diesen Umständen wird eine Frau an seiner Seite es niemals weiterbringen können als bis zu der Stelle einer Dienstmagd oder Hausangestellten, und was immer sie an Liebe und Wärme, an Schönheit und Reichtum in das Haus ihres Gatten zu tragen versucht, wird ihr beizeiten als überflüssiger Luxus und unverantwortlicher Mehraufwand hinweggeschimpft werden. Es ist am Ende ein rein tödliches, gefühlskaltes Leben, auf das ein Meister Pfriem sogar so etwas wie einen rechtmäßigen Anspruch erheben wird.

Dabei zeitigt das Perfektionsideal des Meister Pfriem eine wichtige Besonderheit auch im *Umgang mit der Zeit*. Fast möchte man meinen, es gelte auch für ihn die Formel, die der amerikanische Autohersteller Taylor im Namen aller kapitalistischen Zwangsneurotiker erfunden hat: Zeit ist Geld. Doch noch einmal: um Geld ist es einem Meister Pfriem nicht zu tun. Sein Problem ist die Zeitvergeudung, nicht die Nutzung der Zeit. Alles geht ihm zu langsam, die Menschen sind zu faul, statt zu arbeiten, wird nur geredet; Meister Pfriem selber überhastet alle Dinge so sehr, daß er schließlich mit Notwendigkeit der Zeit *hinterherläuft*. Zeit – das ist für ihn *Arbeits*zeit, eine andere kennt er nicht; und wenn man in der Newtonschen Mechanik Leistung als Arbeit in der Zeiteinheit definiert, so besitzt für einen Meister Pfriem Zeit allein die Bedeutung, so viel an Arbeit abzuleisten, wie es irgend möglich ist. In der Zeitstruktur der Welt eines Meister Pfriem erscheinen alle Menschen wie Zahnräder innerhalb einer schlecht geölten, quietschenden und klappernden Maschinerie, die ständig in Tätigkeit ist, ohne daß irgendein menschlicher oder doch wenigstens materieller Nutzen daraus erfließen würde.

Die mechanisierte, ja, sadistische Unpersönlichkeit des Umgangsstils eines Meister Pfriem zeigt sich nicht zuletzt an der Art, wie er mit seinen Lehrjungen umspringt. Von einem Lehrherren sollte man erwarten, daß er situationsbezogen und wenigstens einigermaßen persönlichkeitsgerecht auf einen anderen Menschen einzugehen wüßte; von einem Meister Pfriem wäre es unbillig, derlei auch nur zu vermuten. Wenn Meister Pfriem schimpft – und das tut er ständig, wir wissen es schon –, so wird er alle Fehler auf einmal begehen, die einem Erzieher pädagogisch unterlaufen können: Statt einen Fehler zu lokalisieren und als eine an sich vermeidbare Ausnahme inmitten einer im ganzen brauchbaren Leistung hinzustellen, erblickt Meister Pfriem in jedem Fehler nur den Beweis für das generelle Unvermögen seiner Mitmenschen; die Fehler, die er sieht oder zu sehen meint, bestätigen nur sein längst vorweg gefaßtes Urteil von der Untauglichkeit aller Menschen, die Fehler der anderen – oder was immer ihm dafür scheinen mag – stellen insofern nur *das Typische* an ihnen dar, das er doch immer schon gewußt hat. Hier soll überhaupt nicht mehr erzogen, angeleitet und gebessert werden, hier wird nur noch festgestellt und festgeschrieben, abgeurteilt und exekutiert, verbal und – körperlich! Schon die Art, wie Meister Pfriem mit seinen Lehrlingen redet, ist ein unablässiges Draufschlagen mit Worten; doch man muß es dem Meister zutrauen, daß er in seinem Zorn ohne Rücksicht zur Brachialgewalt schreiten und mit Stock, Prügel, Peitsche oder Riemen, was immer ihm gerade in die Hände fällt, auf Menschen draufschlagen wird, als wäre ihr Rücken nicht fühlendes, schmerzempfindendes Fleisch und Blut.

Der unverhüllte Sadismus in dem »Erziehungsstil« eines Meister Pfriem erscheint subjektiv indessen wiederum nicht als das, was er ist. Ein Meister Pfriem erlebt nicht, daß er in seiner Wut eine Art persönlicher Rechnung begleicht, er erlebt weit eher, daß er, wie der Scharfrichter am Tower in London, der *Gerechtigkeit* endlich Genugtuung schafft. Auf der anderen Seite sind die Straf- und Jähzornsattacken eines Meister Pfriem so offenkundig hilflos, fahrig und unüberlegt, daß von einer höheren Ordnung und Gerechtigkeit weit und breit nichts zu bemerken ist. Was bleibt, ist die Selbstdarstellung eines ewig geprügelten Kindes, das nun, in der Rolle des Meisters, die Kinder anderer Leute, solange sie ihm unterstehen, so behandelt, wie er selbst früher behandelt wurde – eine neue Spirale des immer gleichen Teufelskreises. »Solange Kinder geschlagen werden, solange werden Menschen Kriege führen«, meinte einmal der Schweizer Kinderpädagoge und Psychoanalytiker Hans Zulliger. Wer geschlagen wird, wird gedemütigt, und er lernt nicht die Macht des Rechtes kennen, sondern gerade umgekehrt: Er lernt, daß, wer Macht hat, eben dadurch auch schon Recht hat, ja, daß der Machthaber das Recht selber ist. Inmitten einer solchen rechtlosen und schutzlosen Welt sind die Privatkriege der Meister Pfriems gegen den Rest der Welt wohl noch die harmlosesten, weil hilflosesten unter all den zwangsneurotischen Möglichkeiten von Machterringung und Machtausübung. Denn vor allem: die erzieherischen Marotten eines Meister Pfriem sind zu unleidlich, als daß man es nicht jedem Schüler oder Lehrling milde nachsehen wollte, wenn er in der Schule eines solchen Lehrherrn beizeiten das Weite sucht.

Es gibt in der ganzen Geschichte von Meister Pfriem indessen einen Zug, der in der Kaskade witziger Pointen, die das Portrait dieses Charakterkopfes bilden sollen, nur allzu leicht überlesen wird, während er doch so etwas wie eine Blitzlichtaufnahme des Wesens dieses sonderbaren Mannes darstellt; gemeint ist *die Bemerkung über den Karrengaul*. Sie klingt zunächst nicht anders als all die anderen vorangegangenen Dreinreden des Meister Pfriem gegen Hausfrauen, Wäscherinnen, Maurer und Zimmerleute, und doch unterscheidet sie sich von ihnen allen durch ein neues Motiv: hier allein tritt so etwas hervor wie ein *Gefühl des Mitleids* mit der geschundenen Kreatur. Zwar drängt auch hier das Argument der Nützlichkeit sich vor: Es wäre des Fuhrmanns eigener Schaden, wenn er sein Pferd durch übergroße Anstrengungen zuschanden richten würde; wirklich durchschlagend aber ist an dieser Stelle das Engagement des Meister Pfriem für das geprügelte, überforderte Tier. Immer wieder, in der Weltliteratur ebenso wie in der Wirklichkeit, taucht dieses Motiv des *Mitleids mit dem Pferd* auf. Der russische Dichter Fjodor M. Dostojewski beispielsweise, als er das Empfinden des Studenten Raskolnikow zu schildern sucht, ehe er, der völlig Verzweifelte, Gefühlsentwurzelte, zwischen Selbstverachtung und Genieträumen Schwankende, zum Mörder an zwei alten Frauen wird, nur um sich zu beweisen, daß er ein Mensch, keine »Laus« ist – Dostojewski schickt der entscheidenden Tat seines Antihelden einen Traum voraus, in dem Raskolnikow, als ein kleiner Junge, mitansehen muß, wie ein vor dem Wagen zusammengebrochenes Pferd von einem rohen Kutscher brutal zusammengeschlagen wird; tiefenpsychologisch liegt es nahe, in dem gequälten Tier Raskolnikow selbst zu vermuten, wie er erbarmungslos auf sich einprügelt, um eine Last tragen zu können, die viel zu groß für ihn ist. Von Friedrich Nietzsche, dessen Psychologie vielen der Dostojewskischen Gestalten so überaus ähnlich ist, wird berichtet, er habe kurz vor seinem Nervenzusammenbruch in Turin auf offener Straße ein Pferd umarmt. Das Mitleid mit den mißhandelten Geschöpfen, das Mitgefühl mit den bis zum Zusammenbruch überanstrengten Lasttieren steht da wie ein Bild für den inneren Zustand all dieser Meister Pfriems: Am Ende bitten sie um ein Erbarmen zumindest für die Tiere und ahnen selber nicht, daß sie damit stellvertretend um Mitleid für sich selber bitten.

Wie also erlöst man einen Meister Pfriem von seinem unglückseligen Wesen? Das wird jetzt die alles entscheidende Frage. Längst haben wir ja aufgehört, die Geschichte bzw. das Schicksal der Pfriems nur lustig und witzig zu finden; längst haben wir Augen bekommen für ihre geschundene Haut, für ihre gequälte Seele, für ihre strapazierten Nerven und für ihr verborgenes Leiden an sich selbst, das sie so vehement nach außen tragen. Was aber ist jetzt zu tun?

Ehe wir dazu kommen, diese Frage zu beantworten, greift die Geschichte vom Meister Pfriem zu einem Trick, indem sie die zweite Hälfte der Erzählung dazu verwendet, in Form eines *Traumes* so etwas darzustellen wie eine mißlungene Selbstheilung. Es ist erstaunlich, mit welcher Sicherheit die Grimmsche Geschichte an dieser Stelle die Einsicht der Psychoanalyse von dem komplementären Charakter der Träume vorwegnimmt, indem sie wie selbstverständlich beschreibt, daß die Welt, die Meister Pfriem im Traume zu sehen bekommt, das genaue Gegenbild seiner bewußten Lebenseinstellung enthalten wird. Denn tatsächlich befindet sich Meister Pfriem im Traume im Himmel, es ist aber der Himmel, bezeichnend genug, der »Ort«, an dem es unter Strafe sofortiger Ausweisung den Pfriems verboten ist, in das Laster ihrer Kritikasterei zurückzufallen. Meister Pfriem, mit anderen Worten, könnte sich augenblicklich wie im Himmel fühlen, wollte er nur die Sucht der Mäkelei über alles und jedes besiegen. Nichts mehr tadeln zu müssen – es wäre der Himmel auf Erden. Ja, man darf ruhig so weit gehen und unterstellen, daß dieser Himmelstraum im Grunde den eigentlichen Wunsch aller Pfriems aufgreift, sich endlich in einer »Welt« vorzufinden, die endgültig so ist, wie sie sein sollte, eine göttlich perfekte, eine himmlische Welt eben. Doch die Frage stellt sich, inwieweit die Botschaft eines Traumes auf das Bewußtsein eines Meister Pfriem Einfluß gewinnen kann. Die Aussichten dafür, versichert das »Märchen«, sind absolut ungünstig; und zwar nicht, weil der Traum selbst, den Meister Pfriem träumt, zu wenig klar wäre, sondern weil er so klar sein könnte, wie er sollte – ein Meister Pfriem ist seinem ganzen Wesen nach vollkommen außerstande, auf seine Träume zu hören oder gar seine Alltagswelt von ihnen her korrigieren zu lassen.

Was der Traum einem Meister Pfriem zeigen könnte, ist (abweichend von den meisten echten Träumen) an dieser Stelle sogar überdeutlich. Da wird ihm gezeigt, wie er sich (immer wieder!) an der Pforte zum Glück die Finger blutig klopft, einzig infolge seiner Ungeduld und seines allzu hitzigen Ungestüms. Da wird ihm (im Sinne von Mt 7,1–5) illustriert, wie er immer wieder dabei ist, den Splitter aus dem Auge seines Bruders herauszuziehen, während er den Balken im eigenen Auge buchstäblich mit sich herumschleppt wie ein Brett vor dem Kopf – es müßte wirklich schon eine himmlische, von Engeln regierte Welt sein, wo man mit dieser »Transportart« durchkommen könnte. Da wird ihm die Quelle der Fruchtbarkeit aller Welt im Himmel gezeigt, ein wahrer »Paradieses«-Ort also; ein Meister Pfriem aber vermag auch hier nichts zu erkennen als Faulenzerei und Schlendrian; wie sollte er auch merken, daß es ein Wachstum gibt, das sich den Gesetzen der »praktischen Vernunft« entzieht? Ja, man demonstriert ihm eindringlich die unerträgliche Last der »frommen Wünsche«, was für Meister Pfriem heißen müßte: der unerfüllbaren Ideale und Zielsetzungen; doch statt von all diesen Bildern zu lernen, gibt Meister Pfriem bei dieser Gelegenheit nur eine letzte Probe seiner Unbelehrbarkeit – indem er, statt sich selbst in dem Spiegel der »himmlischen« Symbole wiederzuerkennen, sogar die Engel des Himmels für notorische Besserwisser erklärt, die nur leider nicht auf ihn, den allweisen

Meister Pfriem, zu hören belieben. Das Problem der Pfriems ist dabei nicht einmal ein Mangel an gutem Willen, sich zu ändern; unser »Meister« versucht wirklich, auf die Ermahnung des Petrus hin seine Kritiksucht zu unterdrücken, und es gelingt ihm sogar ein- oder zweimal; indessen: über kurz oder lang muß der alte Fehler unweigerlich wieder durchbrechen, und Meister Pfriem, selbst wenn ihm der Himmel darüber einstürzt, wird unfehlbar seinem Unmut über die unbegreifbare (Un-)Ordnung des Himmels freien Lauf lassen. Es kann nicht anders sein, eben weil ein Meister Pfriem zwar empfänglich für moralische Belehrungen, nicht aber für symbolische Wahrheiten ist.

Sein endgültiger »Abschied« vom »Himmel« vollzieht sich jedoch bezeichnend genug, angesichts des Symbols des Flügelpferdes, des berühmten Pegasus. Um den verfahrenen Karren mit den »frommen Wünschen« wieder flottzumachen, versuchen die Engel mit Hilfe von vier Flügelpferden, den Wagen in die Höhe zu heben – Grund genug für Meister Pfriem, gleich zweimal Beschwerde zu führen: Man spannt, so weiß er, Pferde nicht vor und hinter den Wagen, sondern nur vor den Wagen; doch selbst als er sieht, wie man *im Himmel* derlei Probleme löst, kann er nicht umhin, noch einmal zuzulegen: er hat nicht gewußt, was im Himmel richtig ist, das steht diesmal sogar in seinen Augen fest, aber – selbst sein Fehler noch trägt seinen Grund in der Tölpelei der himmlischen Einrichtungen. Flügelpferde! So ein Unsinn! Entweder ein Zugtier hat Beine *oder* Flügel – beides zusammen ist unnütz, befindet der so schmählich verkannte Meister aller Dinge, und er wacht mit dieser Feststellung auf, indem er sich unrettbar auf der Erde wiederfindet.

Wie sollte es auch anders sein? Wenn Meister Pfriem aus seinem Traume etwas lernen sollte, so müßte er imstande sein, zwischen Fakten und Symbolen einen Unterschied zu sehen, und dazu würde er eine vollkommen andere, *mehrdimensionale Weltsicht* benötigen, in welcher der Begriff der Wirklichkeit nicht auf die lineare Ebene »vernünftiger« Tatsachen flachgedrückt ist. Die »Erlösung« eines Meister Pfriem könnte damit beginnen, daß er Augen für Realitäten gewänne, die nicht geplant, gemacht, befohlen oder herbeigezwungen werden müßten, sondern die in sich selbst bestehen und nur zu finden, nicht zu erfinden sind. *Das Glück* ist eine solche Realität, *die Liebe* ist eine solche Realität, *der Friede* ist eine solche Realität, *alles*, was ein Meister Pfriem *nicht* besitzt und als Meister Pfriem niemals besitzen wird, gehört zu dieser anderen Ebene der Wirklichkeit, die sich zuvor symbolisch anzeigen und vermitteln, nicht aber »begreifen« und »handhaben« läßt.

Das Bild von den Flügelpferden enthielte dabei wirklich die ganze Lösung des unseligen Lebens eines Meister Pfriem; denn solange sein

Denken, seine Weltsicht rein in der Horizontalen verbleibt, wird er mit all seinen frommen Wünschen nur immer tiefer in den Sumpf abgleiten, und all seine Anstrengungen werden ihn nicht einen Zentimeter voranbringen. Wie aber, wenn es gelänge, eine neue Dimension des Daseins dazuzugewinnen, eben jene Dimension, in welcher die »Flügelpferde« zu Hause sind? Daß es Wesen gibt, die auf zwei oder vier Beinen über die Erde gehen, das ist kein Wunder; daß es Wesen gibt, die wie die Vögel mit den Wolken fliegen, auch das ist kein Wunder; daß es aber Wesen gibt, die beides können: mit festem Schritt über die Erde gehen *und* sich aufschwingen in den Himmel, das ist das eigentliche Wunder der menschlichen Existenz, das ist die paradoxe Wirklichkeit des »Pegasus«. Wie anders denn als geschundenes Arbeitstier, als vor dem Wagen erschöpftes »Pferd« könnte Meister Pfriem leben, gäbe es für ihn einen Zugang zu der Welt der *geflügelten* Pferde! Seine Seele könnte sich weiten unter dem Lastgewicht des ewigen Einerlei von Pflicht und Ärger und sich aufrichten in die Sphäre von Poesie, Schönheit, Phantasie und Humor; ja, die Entdeckung wartete auf ihn, daß all seine Quälereien und Qualen ihren gemeinsamen Grund wesentlich in der Ausblendung all der Elemente von Freude und Spiel haben, die doch das Leben überhaupt erst lebenswert machen.

Jede Zwangsneurose besteht, daseinsanalytisch betrachtet, in der Reduktion des Daseins auf die »Notwendigkeit« bzw. umgekehrt in der angstvollen Verleugnung der Dimension des Möglichen. Das *Mögliche* allein wäre imstande, das Verlies all der selbstgeschaffenen Zwänge zu öffnen, in denen Menschen von der Art eines Meister Pfriem das Dasein von Fronsklaven und zu ewiger Zwangsarbeit Verurteilten führen. Sie wissen oder glauben zu wissen oder, noch richtiger, sie glauben zu jedem beliebigen Zeitpunkt wissen *zu müssen,* was jeweils zu machen ist; die Sphäre der Flügelrösser hingegen erhebt sich über dem Terror des »Müssens«, des Verpflichtetseins, des vermeintlich unbedingt Notwendigen und setzt frei zu dem Erleben des Könnens, des Dürfens, des Mögens und des Dankbarseins. In der Tat: Meister Pfriems Himmelstraum enthält alle Einsichten, die an sich nötig sind, um sein mit lärmenden Vorwürfen zermartertes Dasein doch noch zu einer stillen Zufriedenheit mit sich selbst und den Menschen ringsum zu öffnen; doch wie soll ein Meister Pfriem Erkenntnisse dieser Art zulassen? Das Problem der Wahrheit des menschlichen Lebens besteht nicht darin, daß wir *intellektuell* außerstande wären, zu erkennen, was uns leben ließe, es besteht wesentlich darin, daß uns die menschlichen Erfahrungen fehlen, die uns die richtigen Organe zur Wahrnehmung der Wahrheit schenken könnten.

Um einen Meister Pfriem in seinem Wesen und Gehabe zu verändern, müßte man wohl als erstes aufhören, sich von ihm einschüchtern zu lassen und von ihm bedroht zu fühlen; man dürfte ihm als erstes die ganze Rolle nicht glauben, auf die er einen solchen Wert legt: die des Oberzensors aller Vorkommnisse. Soll man sich aber offen gegen den besessenen Machtanspruch eines Meister Pfriem zur Wehr setzen und ihm das ganze Ausmaß seiner Arroganz und Dummheit demonstrieren? Um Himmels willen nein! Oder man würde nur Meister Pfriem mit Meister Pfriem austreiben. Das einzige, was wirklich weiterführen kann, ist ein ehrlicher, konsequent geführter Angriff auf die Fehleinstellungen des guten Meisters, der aber – das ist entscheidend – nicht dem Willen, ihn zu ändern oder zu bessern, sondern dem deutlich spürbaren Gefühl des Mitempfindens, ja, der Sympathie mit ihm entstammen muß. Es muß von Anfang an deutlich sein und bleiben, daß es nicht darum geht, einem Menschen, der in solcher Weise an sich selber und der Welt im ganzen gelitten hat und leidet, noch obendrein Vorwürfe zu machen; im Gegenteil: vonnöten wäre, daß endlich geschähe, was noch niemals war: Meister Pfriem müßte *gelobt* werden für seine Verantwortung und für sein Engagement! Zum ersten Mal in seinem Leben müßte er *Anerkennung* finden für all seine Schufterei und Malocherei, und dann erst, *erst dann* ließe sich nach und nach darüber verhandeln, wie er es sich einfacher und leichter machen könnte. Das, unbedingt, muß der Akzent sein; nicht daß er endlich aufhören sollte, auf alle Menschen ringsum einen heiligen Psychoterror auszuüben, ist als Motiv zu vermitteln, sondern daß er sich nicht immerzu weiter in dieser Art zu quälen braucht.

Ein Meister Pfriem wird aber erst dann seinen moralischen Feldzug gegen den Rest der Welt einstellen, wenn man ihn allmählich dahin lenkt, zunächst bei sich selber etwas *gelten zu lassen* und gut zu finden; seine ins Negative verformte Sehnsucht nach der Anerkennung anderer wird ihr rechtes, ihr weniger frustrierendes Maß erst finden, wenn es zumindest zu Anfang so etwas gibt wie eine gewisse Anerkennung und Zufriedenheit mit sich selbst. Ehe die verinnerlichte Maschinerie der Selbstablehnung aus Kindertagen nicht bewußt gemacht und abgearbeitet worden ist zugunsten einer gerechteren, das heißt positiveren(!) Selbsteinschätzung und Selbstwahrnehmung, wird sich an dem fahrigen und gefährlichen (Un-)Wesen eines Meister Pfriem niemals etwas ändern.

Mit dem Beginn eines gewissen Selbstvertrauens aber wäre die Voraussetzung auch für den nächsten und wichtigsten Schritt gegeben: Meister Pfriem könnte lernen, auch in seine Mitmenschen ein gewisses Maß an Vertrauen zu setzen. Es wäre hier der Ort, die enorme Angstgetöntheit und Feindseligkeit all seiner Kontakte zur Sprache zu bringen und die Frage zu erneuern, ob er selbst, ein anerkannter Meister seines Faches inzwischen, wirklich immer noch eine solche Angst vor den anderen empfinden muß wie damals als ein kleiner Junge inmitten einer spöttischen Jugendbande von archaischer Grausamkeit. Es wäre an der Zeit, jetzt endlich aufzuatmen und den ganzen Spuk der Jugend ein für allemal abzublasen. Und *dann* wäre möglich, was sich im Leben so vieler beobachten läßt, die in der ersten Hälfte ihres Lebens unter unerhörten Anspannungen und Leiden haben um ihr Dasein ringen müssen: Sie haben unter all den geweinten oder ungeweinten Tränen so viel an menschlichem Wert gewonnen, daß sie bis zu ihrem Ende, während der ganzen zweiten Lebenshälfte, davon die Zinsen und Zinseszinsen werden abheben können. Die Kämpfe und Schwierigkeiten, die anderen Menschen mit einer leichteren Jugend vielleicht jetzt erst bevorstehen, haben sie längst hinter sich, und alles, was jetzt noch kommt, kann eigentlich nur leichter und besser werden.

Und warum auch sollte ein Meister Pfriem auf die Dauer nicht sogar fähig werden, den Pegasus zu *reiten*, statt ihn zu bestreiten? Er ist in Sachen Phantasie an sich nicht unbegabt – im Ausmalen von Horrorszenerien und Alpträumen war er schon bisher wirklich als Großmeister zu achten. Wäre es nicht möglich, daß er eines Tages zu einer weicheren, lyrischeren Art hinfände, in der womöglich die alte Strenge durch einen milderen Humor ersetzt würde? Auch an, freilich unfreiwilliger, Komik gebrach es Meister Pfriem all die Zeit bisher nicht, und alles, was er zu sagen hatte, wäre wohl längst schon auf offenere Ohren gestoßen, wenn er es nicht gar so grimmig in sie hineingeschrien, statt in humoriger Art hineingeflüstert hätte. Der Humor, sagt man, lebt von der Fähigkeit, die Gebrochenheit des Daseins wahrzunehmen und aus ihr ein Moment der Dankbarkeit für das Vorhandene zu gewinnen. Wie brüchig all das ist, was Menschen treiben, weiß wirklich niemand besser als ein Meister Pfriem; doch dieses Wissen nun, gepaart mit etwas Güte, ergäbe eine erstaunliche Mischung von Weisheit, Duldsamkeit und Witz.

Allerdings: auch ein solcher idealer »Behandlungsplan« eines Meister Pfriem darf nicht in sich selbst schon wieder »pfriemig« verstanden werden. Es gibt, allen psychoanalytischen Behandlungsschilderungen zum Trotz, kein systematisches Wissen um die Bedürfnisse und Möglichkeiten eines Menschen, es gibt noch viel weniger eine garantiert erfolgreiche Abfolge richtiger Therapieschritte und Maßnahmen; das einzige, was es wirklich gibt, ist die Einsamkeit, die Verzweiflung, die Verbitterung, das Unverstandensein und das Leiden an sich selbst auf seiten eines Meister Pfriem, und was es manchmal daneben auch gibt, das ist ein Mensch, der beginnt, den anderen liebzugewinnen in seiner Not, und ihm nach und nach einen Ort schenkt, um auszuruhen, und ihm ein Gefühl verleiht für eine träumerische, poetischere Sicht der Welt. Was einen Menschen wirklich heilt, ist letztlich nur die Liebe. Sie aber läßt sich auch durch ein ständiges »müßte« und »würde« nicht herbeireden. Sie ergibt sich in der Begegnung zweier Menschen, reift und gestaltet sich aus und wird zu ihrer beider gemeinsamem Schicksal, oder sie ereignet sich nicht, und dann kann auch die beste analytische Therapie die Gefühle der Einsamkeit, der Hilflosigkeit und der Verkehrtheit in allem wohl nur vergrößern, nicht überwinden.

Indessen: es gibt in der griechischen Antike ein ganz wunderbares Beispiel, wie ein geborener Meister Pfriem *auch* aussehen kann. Die Portraits, die wir von dem athenischen Weisen Sokrates besitzen, zeigen allesamt einen Silen von markanter, grotesker Häßlichkeit: eine Knollennase auch hier, ein unaufgefordert pfriemartiges Herumbohren in anderer Leute Angelegenheit auch hier, der chronische Versuch, allen anderen zu beweisen, wie dumm und unverantwortlich sie sind, gleichermaßen auch hier, aber, entscheidend jetzt: Wir lernen Sokrates als einen dicklichen, gemüthaften Menschen kennen, voller Esprit, Charme, Witz und Ironie, denn: Sokrates weiß nicht nur, daß die anderen nichts wissen, er weiß auch, daß er selbst nichts weiß. Und er vermag über die Unwissenheit der Menschen zu lachen. Geld – es war ihm so gleichgültig geworden; Leistung und Tüchtigkeit in bürgerlichem Sinne – er fand sie albern. Einzig ein Traum war Sokrates geblieben: Die Vision über den Menschen im Bilde des Pegasus. Inmitten aller Nichtigkeit und Armseligkeit, inmitten des Staubs trüge ein jeder, und wäre er auch der geringste von allen, schon weil er ein Mensch ist, eine unsterbliche Seele, die das Antlitz des Himmels geschaut hat und schauen wird. Und alle irdische Welt wäre nichts als ein Widerspiel und Abbild jener ewigen Sphäre des Lichts und der Liebe, zu der wir berufen sind und uns als Staubgeborene erheben können. Wir hätten, wenn es so steht, in der Tat keinen Grund mehr zu klagen. Wir dürften, wenn es so steht, beginnen, in Ruhe zu leben, zu lieben und glücklich zu sein. Es wäre das wirkliche Ende der Geschichte von Meister Pfriem.

Der Herr Gevatter

Ein armer Mann hatte so viel Kinder, daß er schon alle Welt zu Gevatter gebeten hatte, und als er noch eins bekam, so war niemand mehr übrig, den er bitten konnte. Er wußte nicht, was er anfangen sollte, legte sich in seiner Betrübnis nieder und schlief ein. Da träumte ihm, er sollte vor das Tor gehen und den ersten, der ihm begegnete, zu Gevatter bitten. Als er aufgewacht war, beschloß er, dem Traume zu folgen, ging hinaus vor das Tor, und den ersten, der ihm begegnete, bat er zu Gevatter. Der Fremde schenkte ihm ein Gläschen mit Wasser und sagte: »Das ist ein wunderbares Wasser, damit kannst du die Kranken gesund machen, du mußt nur sehen, wo der Tod steht. Steht er beim Kopf, so gib dem Kranken von dem Wasser, und er wird gesund werden, steht er aber bei den Füßen, so ist alle Mühe vergebens, er muß sterben.« Der Mann konnte von nun an immer sagen, ob ein Kranker zu retten war oder nicht, ward berühmt durch seine Kunst und verdiente viel Geld. Einmal ward er zu dem Kind des Königs gerufen, und als er eintrat, sah er den Tod bei dem Kopfe stehen und heilte es mit dem Wasser, und so war es auch bei dem zweitenmal, aber das drittemal stand der Tod bei den Füßen, da mußte das Kind sterben.

Der Mann wollte doch einmal seinen Gevatter besuchen und ihm erzählen, wie es mit dem Wasser gegangen war. Als er aber ins Haus kam, war eine so wunderliche Wirtschaft darin. Auf der ersten Treppe zankten sich Schippe und Besen und schmissen gewaltig aufeinander los. Er fragte sie: »Wo wohnt der Herr Gevatter?« Der Besen antwortete: »Eine Treppe höher.« Als er auf die zweite Treppe kam, sah er eine Menge toter Finger liegen. Er fragte: »Wo wohnt der Herr Gevatter?« Einer aus den Fingern antwortete: »Eine Treppe höher.« Auf der dritten Treppe lag ein Haufen toter Köpfe, die wiesen ihn wieder eine Treppe höher. Auf der vierten Treppe sah er Fische über dem Feuer stehen, die britzelten in der Pfanne und backten sich selber. Sie sprachen auch: »Eine Treppe höher.« Und als er die fünfte hinaufgestiegen war, so kam er vor eine Stube und guckte durch das

Schlüsselloch, da sah er den Gevatter, der ein paar lange Hörner hatte. Als er die Türe aufmachte und hineinging, legte sich der Gevatter geschwind aufs Bett und deckte sich zu. Da sprach der Mann: »Herr Gevatter, was ist für eine wunderliche Wirtschaft in Eurem Hause? Als ich auf Eure erste Treppe kam, so zankten sich Schippe und Besen miteinander und schlugen gewaltig aufeinander los.« – »Wie seid Ihr so einfältig«, sagte der Gevatter, »das war der Knecht und die Magd, die sprachen miteinander.« – »Aber auf der zweiten Treppe sah ich tote Finger liegen.« – »Ei, wie seid Ihr albern! Das waren Skorzenerwurzel.« – »Auf der dritten Treppe lag ein Haufen Totenköpfe.« – »Dummer Mann, das waren Krautköpfe.« – »Auf der vierten sah ich Fische in der Pfanne, die britzelten und backten sich selber.« Wie er das gesagt hatte, kamen die Fische und trugen sich selber auf. »Und als ich die fünfte Treppe heraufgekommen war, guckte ich durch das Schlüsselloch einer Tür, und da sah ich Euch, Gevatter, und Ihr hattet lange, lange Hörner.« – »Ei, das ist nicht wahr.« Dem Mann ward angst, und er lief fort, und wer weiß, was ihm der Herr Gevatter sonst angetan hätte.

Tiefenpsychologische Deutung

Das Grimmsche Märchen von dem »Herrn Gevatter« ist eine Art *Parabel* auf den Arztberuf, ohne ihn beim Wort zu nennen; und es tut gut daran, gewissermaßen zu verschweigen, *was* es sagen möchte. Denn redete es offen über den Beruf der Ärzte, so hätte es wohl kaum die Chance, sich verständlich zu machen. Was wir heute als »Ärzte« bezeichnen, verdankt sich wesentlich der Instrumentalisierung technischer Vernunft. Die Medizin ist eine Abteilung der Naturwissenschaften geworden. Ihre Domäne bilden diejenigen Krankheitsformen, die als rein körperliches Geschehen, *objektiv,* mit den Mitteln der Physik, Chemie und Biologie zu behandeln sind. Demgegenüber tritt die subjektive Seite des Krankheitsgeschehens: die Erlebnisweise, die Bedeutung bzw. der »Sinn« der Krankheit in den Hintergrund.[1] Wie der Aufstieg dieser Art von Medizin bereits in der Mitte des 19. Jahrhunderts empfunden wurde, machte seinerzeit unübertrefflich der Roman des russischen Dichters Iwan Turgenjew ›Väter und Söhne‹ deutlich: Der junge Medizinstudent Basarow, der im Geiste des Vulgärmaterialismus, wie er damals herrschte, durch Sektionsübungen zu beweisen sucht, daß es so etwas wie eine (unsterbliche) Seele nicht gibt, verkörperte zum erstenmal in der Weltliteratur den Typ des gefühlsmäßig wie zerstört wirkenden, zur emotionslosen Objektivität sich zwingenden Forschers, der Leid und Schmerz nur als ein besonderes Phänomen der Natur gelten lassen will.[2]

Immer wieder taucht seither in Literatur und Kunst diese *Karikatur* der möglichen Schattenseite des Arztes auf, zumeist in der Konfrontation eines Übermaßes menschlicher Qual mit jener unbeteiligten Gelehrtendistanz, die allem Mitgefühl wie enthoben zu sein scheint. Den *krassesten* Ausdruck dafür hat zweifellos Otto Dix in seinem Porträt des Dermatologen und Urologen Dr. Hans Koch (1921) gefunden. Gleichgültig, was für ein Mensch der Düsseldorfer Arzt persönlich war – das Bild von Otto Dix tritt uns als ein reines Horrorgemälde entgegen. Da steht vor uns ein etwa vierzigjähriger Arzt in offenem weißem Kittel, die Ärmel über die wurstprallen Unterarme gekrempelt, in der linken Hand ein Katheter, in der rechten die fertig aufgezogene Spritze. Unwillkürlich wandert der Blick über die Knopfleiste der Jacke, entlang der Wölbung des mächtigen Embonpoint über die bizarr geknotete Krawatte hinauf – da wird unversehens ein Gesicht erkennbar, dessen sadistische Arroganz und dummschlaue Selbstgewißheit den Triumph beamteter Herrschaft über alles Menschenleid bis zum Grad des Zynischen verkörpert. Unter den jugendlich gelockten dunklen Haaren springt eine flachköpfige Stirn vor, die in eine rüsselartige Nase einmündet, flankiert von zwei büschelähnlichen Brauen. Die Augen, selbst schon in porzellanener Starrheit, werden von einem Kneifer mit riesigen Gläsern verdeckt, der, nebst der Nase, seinen Halt an den rundgesichtigen rötlichen Backen findet, deren rechte Seite von dem tüchtigen »Schmiß« eines studentischen Paukanten geziert wird – dem Gütezeichen der wehrhaften, »schlagenden Verbindungen« der Kaiserzeit. Am schlimmsten aber erscheint der zu einem lustvollen Grinsen verbogene, lüstern gespitzte Mund, der ein perverses Liebesabenteuer mit seinem Patientenopfer vermuten läßt. Und in der Tat: Im Hintergrund steht schon drohend der Behandlungsstuhl bereit, ein Folterwerkzeug von düsterer Präzision: aufragend an den beiden Seiten die schalenförmigen Halterungen für die auseinanderzuspreizenden Beine, die dem Urologen Koch das Organ seiner Zuständigkeit am praktischsten feilbieten sollen, Kurbeln und Schrauben, die es erlauben, diesen Stuhl der menschlichen Selbstauslieferung in Rückenlehne und Fußgestell in jede gewünschte Lage zu drehen, ein Infusionsständer mit zwei Flaschen und Schläuchen, im Hintergrund ein Regal mit obskuren Tinkturen und Essenzen, ein gläserner Desinfektionsschrank, auf dem eine Gummiblase liegt, im Vordergrund ein Glastisch mit dem Behandlungsbesteck: Messer, Pinzetten, Stichel... Wer immer einem solchen Arzt inmitten eines solchen Interieurs begegnet, der wird nicht anders können, als in panischem Schrecken wie vor dem Kerker der Heiligen Inquisition auf das schnellste Reißaus zu nehmen. Es besäße aber das Bild von Otto Dix nicht eine derart makabre Faszination, enthielte es nicht in der extremen Stilisierung karikaturhafter Darstellung eine offenbarende Aussage über eine jederzeit mögliche *und vielfach erlebte* Zerrform der ärztlichen Kunst. Gerade die Nähe der Medizin zum naturwissenschaftlichen Denken kann im Umgang mit lebenden, fühlenden Menschen (und Tieren)[3] zu einer gefühlskalten Anwendung einer rein mechanischen, großtuerischen, sich allwissend dünkenden Routine entarten, die »menschlich« allenfalls noch darin ist, daß sie die Hilflosigkeit und den Schmerz der ihr Ausgelieferten frohlockend als Bestätigung der diagnostisch zu erwartenden Verhaltensreaktionen wertet. Man kann nicht leugnen, daß dieser Zerrspiegel ärztlicher Tätigkeit immerhin einen Teil der wirklichen Erfahrung von Menschen mit dem Stand der »Mediziner« wiedergibt; dann aber wird deutlich, wie sehr wir heute einer Geschichte bedürfen, die wie das Grimmsche Märchen eine *andere*, gegenläufige Seite des Arztseins zeigt; freilich auch diese aus *älterem* menschheitlichem Wissen geformte Erzählung enthält in schockierenden Bildern die Warnung vor den möglichen Gefahren, die gleichermaßen an dieser Nachtseite des Lebens lauern, doch was besäße ein Märchen, das wie ein Medikament gegenüber einer gewissen Einseitigkeit des Bewußtseins wirken soll, für einen Wert, wenn es nicht selbst, in Überdosis genossen, sich in Gift verwandeln könnte!

Vielleicht sind es wirklich *die Dichter,* die man als erste befragen muß, um zu erfahren, was Krankheit und Arztsein menschlich bedeuten. Noch vor dem eigentlichen Siegeszug der Gerätemedizin in den Reparatur- und Sterbefabriken der modernen Krankenhäuser schrieb warnend Rainer Maria Rilke von den Hospitälern in den Städten:

> Dort ist der Tod. Nicht jener, dessen Grüße
> sie in der Kindheit wundersam gestreift, –
> der kleine Tod, wie man ihn dort begreift:
> ihr eigener hängt grün und ohne Süße
> wie eine Frucht in ihnen, die nicht reift.
>
> O Herr, gib jedem seinen eignen Tod.
> Das Sterben, das aus jenem Leben geht,
> darin er Liebe hatte, Sinn und Not.
>
> Denn wir sind nur die Schale und das Blatt.
> Der große Tod, den jeder in sich hat,
> das ist die Frucht, um die sich alles dreht.[4]

Wie ist es möglich, dem »großen Tod« zu begegnen und das Leben von dieser Begegnung her zu gestalten? Gott sei Dank sind wenigstens *die Märchen* und *die Träume* der Menschheit zur Beantwortung dieser Frage imstande.

Alles im Märchen von dem ›Herrn Gevatter‹ beginnt mit der Armut eines Mannes, der in der Not über die Vielzahl seiner Kinder nicht weiß, wen er zum Paten seines Jüngsten bitten soll. Dieser Mann empfängt in der Nacht eine Traumbotschaft, in welcher ihm gewiesen wird, vor das Tor zu gehen und den ersten, der ihm begegnet, zum Gevatter zu bitten. Der Arme tut das und trifft als ersten – *den Tod;* als diesen jedenfalls müssen wir den »Herrn Gevatter« betrachten, so sehr das Märchen auch bestrebt sein mag, das Inkognito des »Fremden« vor der Stadt ungelüftet zu halten. Immer in den Märchen und Mythen ist der Gott bzw. die geistige Macht identisch mit dem, was sie gibt: ein Gott, der den Menschen im Wein erscheint wie der griechische Dionysos, ist der Weingott selbst,[5] ein Gott, der im Brot sich den Menschen gibt wie der ägyptische Osiris, ist der Korngott selbst;[6] ein »Fremder« also, der »dem Armen« ein *Zauberwasser* reicht, um an jedem Krankenbett eines Menschen den Tod sehen zu können, ist, dieser Logik zufolge, *der Tod* selbst. Er ist, wenn man so will, *der wahre Gott der Armen,* ihr wirklicher Helfer und Beistand, ihr letzter Trost. Wohl bleibt sein Wesen auch ihnen fremd und verborgen, ja, er erscheint am Ende vollends als unheimlich und dämonisch, und doch ist gerade er den Armen besonders vertraut, ihr letzter sicherer Trost in allem Elend und gewissermaßen ihr einziger Reichtum, jedenfalls dann, wenn man die Kunst erwirbt, mit Hilfe der Vertrautheit des Todes das Leben zu schützen.

Wie gelangt ein Mensch zu der Fähigkeit, Kranke zu heilen? Durch die Ableistung eines Studiums und durch eine kassenärztlich geregelte Zulassung, müßte die Antwort lauten, die wir uns *heute* gesellschaftlich geben. Im Gegensatz dazu steht die uralte religiöse Überzeugung, man könne Macht über Krankheit und Tod nur gewinnen aus einer inneren Schau. Die Stammeskulturen auf der Stufe der Jäger und Sammler kannten die Institution der Schamanen: Menschen, die bereits im Alter von acht bis zehn Jahren durch einen Großen Traum auf ihre Aufgabe vorbereitet wurden. Der letzte indianische Schamane vom Stamme der Ogalalla-Sioux zum Beispiel erzählte um 1920, wie er als Kind tagelang in koma-ähnlichem Zustand im Zelt lag und im Traum auf einen hohen Berg entführt wurde; ihm wurde ein Kraut gezeigt, mit dem er später alle krank darniederliegenden Zweibeiner würde heilen können.[7] Es wäre indessen nicht richtig, dieses Heilkraut für das Entscheidende an der Heilkunst eines indianischen »Medizinmannes« zu halten. Die eigentlichen »Medizinmänner« sind vielmehr unsere Ärzte, die ihre ganze Wirksamkeit an die Verwendung bestimmter Medikamente binden. Für die indianische »Medizin« hingegen stand nicht das Heilkraut, sondern die psychische bzw. traumsymbolische Seite des Krankheitsgeschehens und des Behandlungsverfahrens im Vordergrund.[8] Nur wer es lernte, der Vision seiner Träume zu folgen, gewann die Fähigkeit, die geistigen Mächte am Lager eines Kranken zu erkennen und zu besiegen.

Eine davon historisch unabhängige, sachlich aber verwandte Auffassung lag auch der Religion des berühmtesten Heilgottes der griechisch-römischen Antike, dem Kult des Gottes Asklepios zugrunde. Der Name »Asklepios« bedeutete im vorgriechischen mediterranen Sprachraum wohl soviel wie der »Aufscheinende«,[9] und dementsprechend erzählte die Geburtsmythe des Gottes, wie der Gott des Lichtes und des Verstandes, der tageshelle Apoll, sich mit der hell-dunklen Mondnymphe Aigle-Koronis paarte und der Hirte Aresthanas im thessalischen Trikka in der Nacht den neugeborenen Gottessohn fand; ein Lichtschein vom Himmel umspielte das Kind, und eine Stimme verkündete, Asklepios werde Macht besitzen über Krankheit und Tod.[10] Was die Mythe von der Geburt des Gottes berichtet, verdichtet nicht nur seinen Namen und sein Wesen, sondern auch die

Art seines Wirkens. Als ein Kind der Nacht und des Tages steht Asklepios wesentlich für den Übergang zwischen Wunsch und Wirklichkeit, vom Unbewußten zum Bewußtsein, vom Traum zum Tag. Das Heilverfahren der Priester des Gottes in Epidauros bestand folglich auch in einer Technik, die in etwa dem Bemühen der Psychoanalyse heute analog ist: Sie ließen die Patienten im Heiligtum des Gottes *schlafen* und werteten die Träume, die sie des Morgens erzählten, als einen göttlichen Hinweis auf die Krankheitsursache und auf die rechte Behandlungsform.[11] Es ist ein jahrtausendealtes, *menschheitliches* Wissen, daß Krankheit und Tod in Tiefen des Erlebens reichen, die weit unterhalb der Stelle des Bewußtseins liegen, und daß es schon von daher nötig ist, bis in diese Schichten der Seele vorzudringen, wenn man einen Menschen heilen will.

Ein Wissen dieser Art setzt das Märchen von dem ›Herrn Gevatter‹ offenbar voraus, wenn es den armen Mann *durch einen Traum* zu jenem wundersamen Trank des Todes gelangen läßt. Mag es von Hause aus eine gewisse Nähe der Armut zum Tode geben – um wirklich »sehend« zu werden, muß man sich einlassen auf den Bruder des Todes, *auf den Schlaf*, erst dann wird das Wissen um den Tod wirklich heilbringend sein können. Man spricht mitunter gern von sogenannten »Traumberufen« und meint damit Berufe, die man sich von Herzen wünscht, während sie in der Wirklichkeit wie unerreichbar scheinen. Der Wunsch, ein »Arzt«, ein »Totenseher« im Sinne dieses Märchens zu werden, sollte gewiß einem solchen »Traumberuf« gelten. Nie sollte es geschehen, daß jemand einen Patienten zu heilen versucht ohne innere Eingebung und Begabung. Es bietet aber in dem Märchen der »Traum« des »Herrn Gevatters« nicht nur die Zielvorgabe eines ärztlichen Berufes, der Meinung des Märchens nach ist der Traum, *die Vision*, zugleich der bleibende Grund, ihn auszuüben. Nur wer den Tod am Lager eines Kranken zu *sehen* vermag, wird imstande sein, vermittels des »Zauberwassers« die Krankheit zu besiegen. Die Macht des Heilers am Krankenbett ist also nicht unbegrenzt. Es sieht vielmehr nur so aus, als *bekämpfe* der Arzt gemeinsam mit seinem Patienten den Tod; in Wirklichkeit ist er nicht Herr über seinen unsichtbaren Freund oder Gegner, im Sinne des Märchens ist ein Arzt lediglich der privilegierte Zögling des Todes selbst. Nicht durch ein besonderes »magisches« Mittel, durch dessen Hilfe er den Tod besiegen könnte, erlangt er zufolge dieses Märchens seine Macht; sein Können ist ganz und gar daran gebunden, daß er die rechte *Konstellation* des Todes, seine Stellung zu dem jeweiligen Kranken zu erkennen vermag; einzig in der Rücksichtnahme auf die »Einstellung« des Todes gegenüber dem Kranken gewinnt der Arzt den Spielraum seines Handelns, und das »Medikament«, das »Zauberwasser«, dessen er sich bedient, *heilt* eigentlich nicht, es dient nur dem Zweck, das geheime Wissen über die »Stellung« des Todes auch dem Kranken »einzuflößen«. Ein »Arzt« in diesem Sinne ist derjenige, der den Tod ständig vor Augen hat und der im Gehorsam gegenüber seinem »Gevatter« die Partei des Lebens ergreift – solange der Tod sie ihm läßt.

Alles konzentriert sich daher auf die Frage: Wie *sieht* man den Tod?

In seinem Buch ›Eine andere Wirklichkeit‹ läßt der amerikanische Schriftsteller Carlos Castaneda seinen Meisterschamanen Don Juan einmal sagen: »... ein Mensch, der sich auf den Weg der Zauberei begibt, erkennt nach und nach, daß das normale Leben für immer hinter ihm liegt, daß das Wissen tatsächlich eine beängstigende Sache ist, daß er sich nicht mehr durch die Mittel der normalen Welt schützen kann und daß er eine neue Art zu leben lernen muß, wenn er überleben will ... Sobald das Wissen zu einer furchterregenden Angelegenheit wird, erkennt der Mensch gleichzeitig, daß der Tod als unersetzlicher Partner neben ihm auf der Matte sitzt. Jedem Stück Wissen, das Macht wird, wohnt der Tod als zentrale Kraft inne. Der Tod gibt die letzte Prägung, und was vom Tod geprägt wird, verwandelt sich in wirkliche Macht. – Ein Mensch, der dem Weg der Zauberei folgt, ist bei jedem Schritt mit seiner drohenden Vernichtung konfrontiert, und so wird er sich unausweichlich seines Todes deutlich bewußt. Ohne das Bewußtsein des Todes wäre er nur ein normaler Mensch, der sich mit normalen Taten abgibt. Es würde ihm die notwendige Potenz, die notwendige Konzentration fehlen, die unsere alltägliche Zeit auf Erden in magische Macht verwandelt. – Darum muß ein Mann, um ein Krieger zu sein, in erster Linie mit seinem Tod vertraut sein ... Die Furcht vor dem Tod zwingt jeden von uns, sich auf unser Selbst zu konzentrieren, das schwächt uns. Das nächste, was ein Krieger braucht, ist daher das Losgelöstsein. Der Gedanke an den bevorstehenden Tod verliert dann alles Beängstigende und wird etwas Gleichgültiges.«[12] »Nur der Gedanke an den Tod verhilft einem Mann zu einer so hochgradigen Gelöstheit, daß er sich an nichts mehr hingeben kann. Ein solcher Mann ersehnt nichts, denn er hat eine ruhige Freude am Leben und an allen Dingen des Lebens erlangt. Er weiß, daß der Tod hinter ihm schreitet und ihm nicht die Zeit läßt, sich an irgend etwas zu klammern. Und so versucht er alles und jedes, ohne sich jedoch daran zu hängen. – Ein losgelöster Mann, der weiß, daß es keine Möglichkeit gibt, dem Tod zu entkommen, hat nur eines, worauf er sich stützen kann: die Macht seiner Entscheidungen ... Seine Entscheidungen sind endgültig, einfach weil der Tod ihm nicht Zeit läßt, sich an irgend etwas zu klammern.«[13]

Das muß es heißen, den Tod zu »sehen als eine ständige Wirklichkeit«: Es bedeutet, den Tod zum Lehrmeister zu nehmen und das

Haften an den Dingen aufzugeben, um in dieser Freiheit gegenüber einer Welt, in welcher der Tod der Jäger ist, ein schamanischer »Krieger« zu werden – oder ein *Arzt*. Es bedeutet, mit dem Tod *leben* zu lernen und das verbleibende Leben aus den Händen des Todes zu empfangen wie eine unverdiente Gunst, die es auszukosten gilt, so lange sie währt. Der Tod erscheint in dieser Weltsicht nicht als Gegner, er ist der Begleiter des Lebens, und nur wer im Schatten des Todes zu *sehen* lernt, wird die wenigen Jahre des Daseins recht zu gestalten vermögen.

So verhält es sich bereits, wenn man Augen gewinnt, um den Tod als Gefährten des Lebens, als »Gevatter« des eigenen Daseins, zu sehen.

Doch was das Märchen von dem ›Herrn Gevatter‹ meint, geht über eine solche sozusagen »metaphysische« Einsicht weit hinaus, das heißt es taucht zumindest weit konkreter in die persönliche Erfahrung ein. Wäre es uns zum Beispiel vergönnt, etwa nach Art eines Zweiten Gesichtes das künftige Schicksal von Menschen zu schauen, so würden wir oft erschrocken sein, wie nahegerückt der Tod einem scheinbar noch blühenden Leben sein kann. Dabei kennen wir seine Vorboten zumeist recht genau: die langsam voranschreitende Müdigkeit des Körpers, das Ringen nach Atem schon beim Besteigen weniger Treppen, das Schlafferwerden der Haut, die Trübung der Augen, die Schwäche der Zähne, der beginnende chronische Schmerz an bestimmten Körperpartien – das Leben wird enger, je dichter der Tod ihm kommt. Zu dem »Sehen« eines Arztes zählt, so betrachtet, eigentlich nicht der Anblick des »Kleinen Todes« in der Sprache Rilkes, der sich ereignet wie eine Schicksalsfügung von außen: die ärztliche Wahrnehmung gilt dem »Großen Tod«, der mit uns wächst und in uns heranreift, bis seine bittere Frucht die Schale zersprengt. Die Konstellationen des Todes zu *sehen* – steht er am Kopfe des Kranken als sein Beschützer und Wächter oder steht er zu seinen Füßen, bereit, ihn fortzutragen nach der Weise des Leichenbestatters – die Fähigkeit zu einem solchen *Sehen* entscheidet nach der Meinung des Märchens von dem ›Herrn Gevatter‹ über die »Berufung« eines schamanischen Arztes. Ein solcher Arzt wendet den Tod nicht *ab*, er wendet sich ihm *zu*, und er versucht, dem Kranken das Lebenselixier der Hoffnung wie einen Zaubertrank einzuflößen: Noch steht der Tod im Rücken des Patienten; noch sieht der Kranke selbst den Tod nicht vor sich; noch kann er sich also aufrichten und den Tod buchstäblich hinter sich lassen – noch dürfen seine Füße ein Land betreten, in dem der Tod ihm nicht schon entgegenkommt.

Ein geheimes Wissen trennt in dieser Sicht der Dinge den Arzt von seinem Patienten: Der Arzt sieht deutlich, was der Patient nicht sehen kann und oft genug auch gar nicht sehen *darf;* er weiß um die ständige Nähe des Todes, und sein Heilen besteht gerade darin, *die Frist* auszunutzen, die der Tod ihm noch läßt. Einen endgültigen Sieg wird es nie geben. Wie aber beteiligt der Arzt den noch in unnötigen Ängsten oder in wahnhaften Hoffnungen Befangenen an seinem Wissen? Wieviel an Wahrheit darf er noch mitteilen, wieviel bereits muß er verschweigen?[14]

Die Qual, die es bedeutet, den Tod *zu Füßen* eines Menschen anzutreffen, den man von Herzen liebt, hat auf erschütternde Weise die französische Schriftstellerin Anne Philipe beschrieben. In ihrem Buch ›Nur einen Seufzer lang‹ schildert diese hochsensible, von tiefer Trauer gezeichnete Frau das lange Sterben ihres Gatten, des berühmten Filmschauspielers Gérard Philipe, der an Krebs unrettbar erkrankt war. Der Tod stand ihm »zu Füßen«, doch die Ärzte versuchten nach wie vor das Äußerste. Die Erinnerungen und Betrachtungen der Anne Philipe geraten unter diesen Umständen zu dem unablässigen Gespräch mit einem Verstorbenen, der unter den beschwörenden Worten des Schmerzes in jeder einzelnen Szene des Abschieds vor dem geistigen Auge noch einmal wie magisch zum Leben ersteht, – zum Beispiel in jenem furchtbaren Augenblick, da man den Körper des Kranken zur Operation aus dem Zimmer hinausfuhr. »Ein Krankenpfleger kam ihn holen. Er ließ ihn aus dem Bett auf die Trage gleiten. Wir sahen uns an. Man wollte nicht, daß ich mit ihm ging. Ich blieb an der Türschwelle. Der Pfleger verdeckte mir den Blick auf ihn. Ich hörte seine Schritte und das Rollen der Trage, aber mir war, als würde sie nie das Ende dieses langen, glänzenden Korridors erreichen.

In gewissem Sinne hatte ich dich jetzt für immer verlassen. Dieser Anblick – du in eine Decke gehüllt – war für mich der letzte Augenblick des Glücks. Kaum eine Stunde später fand ich dich schlafend, das Haar wirr, das Gesicht bleich. Was ist Zeit? Ist sie diese Wanduhr, die eine Stunde mehr anzeigte, oder dieser unabwendbare Bruch? Die Erde hatte geschwankt. Millionen von Jahren lagen zwischen den beiden Bildern von dir. Du schliefst, und doch wagte ich nicht, dich anzusehen, ich warf dir nur kurze, verstohlene Blicke zu. Ich rührte mich nicht; Schwestern und Ärzte kamen und verschwanden, sie gingen ihrer Arbeit nach, und ich wünschte deinen Tod. Schnell sollte er kommen, wie ein Blitz oder wie ein Dieb. Das also war die Liebe? Zu allem bereit sein, damit du lebst, und eine Stunde später deinen Tod herbeiwünschen. Ich hatte eben noch darum gefleht, daß man dich nicht wecke. Was war gut, was böse?

Die Nacht verrann Tropfen um Tropfen. Ich lag auf dem Bett und starrte an die Decke. Auf sie projizierte ich meine quälenden Gedanken. Er wird sterben, er wird sterben. Ich kämpfte, bis mir alles weh tat, ich stieß den Feind zurück, er zermalmte, erstickte mich, warf mich zu Boden. Ich stellte mich ihm, trieb mir den Gedanken in Kopf und Fleisch und tauchte mit ihm bis zum Mittelpunkt der Erde hinab. Ja, er wird sterben. Er wird verwesen. Das gilt es zu wissen, zu erkennen. Vielleicht würde es mir helfen, den Kopf zur Seite zu wenden. Die Wand war weiß, noch stand nichts auf ihr geschrieben. Sie war ein unbeschriebenes Blatt. Ich wollte ein unbeschriebenes Blatt wie gestern, wollte vierundzwanzig Stunden zurückgehen. Ich machte den ganzen Weg noch einmal. Du wirst operiert werden. Wir sind allein im Zimmer. Draußen geht der Gärtner schweigend hin und her. Unsere Füße berühren sich auf deinem Bett. Deine rechte Hand hält meine linke. Nur wenn wir die Seiten in unseren Büchern umschlagen, lassen wir uns los. Welche Stille! Manchmal schlummerst du ein wenig ein und wendest mir deinen Kopf zu. Es ist drei Uhr, zwei Stunden bleiben uns.

›Ich will nicht, daß du da bist, wenn man mich wieder hinunterbringt; man ist häßlich, wenn man gerade operiert worden ist und noch schläft. Versprichst du mir, daß du nicht da sein wirst?‹ – ›Nein, ich bleibe nebenan, aber häßlich wirst du nicht sein. Ich sehe dich doch auch, wenn du schläfst.‹ – ›Das ist nicht dasselbe.‹ – ›Gut, ich verspreche es dir.‹ Der Pfleger kam und brachte dich fort. Ich machte Ordnung im Zimmer. Weit öffnete ich das Fenster. Der Himmel hing tief und schwer wie Schiefer. Ich ging in das Wartezimmer. Man rief mich. Ich fuhr mit einer Schwester im Fahrstuhl hinauf. Sie öffnete die Tür und bat mich in einen sehr kleinen Raum, in dem ich nur Stühle sah. Ich hörte Schritte, die vier Ärzte traten ein. Der eine schob mir einen Stuhl hin. Ein Schweigen entstand. Ich sah sie an. Wer von ihnen hat gesprochen? Wer hat mir fest in die Augen geblickt? Genau vor dieser Sekunde muß man das Schicksal beschwören, die Zeit anhalten. Es gibt keine weißen Wände mehr. In jedem Winkel, auf der abgeblätterten Farbe, auf der Lampe, in den Lichtstreifen, die über der Tür eindringen, überall steht geschrieben: ER WIRD STERBEN. Du warst neben mir, in einer unerreichbaren Welt. Du schliefst, du warst verurteilt worden, und ich war der Komplize des Henkers. Wie ich gehört habe, läßt man in Schlachthöfen immer ein Tier am Leben, das seine Artgenossen zum Marterort führen muß. Was konnte ich anderes tun?«[15]

In solchen Stunden möchte man allmächtig sein; man kommt sich so unfähig, allein gelassen und schwach vor, und man möchte am liebsten einen jeden um Hilfe anflehen, während man doch weiß, daß er nicht helfen kann. Es ist das Gefühl der Liebe selbst, das in solchen Momenten die eigene Nichtigkeit wie ein Versagen offenbar macht. Und doch: Vielleicht noch weit mehr als für eine Frau wie Anne

Philipe, die in quälender Langsamkeit der Zerstörungsarbeit des Todes am Krankenbett ihres Mannes beiwohnen muß, wird *das Gefühl der Ohnmacht* für einen Arzt zu dem beherrschenden Problem werden. Jeder, der nicht als Arzt, sondern »nur« als ein fühlender Mensch von der Nähe des Todes bedrängt oder verletzt wird, erlebt sich schon aufgrund seiner Unerfahrenheit gegenüber der Bedrohung des »Herrn Gevatters« als ausgeliefert; da er nicht weiß, was er tun kann, wird er sich notgedrungen auf das Bitten und Wünschen verlegen oder zu magischen Ritualen seine Zuflucht nehmen. Der Arzt aber »sieht«, und er muß oder möchte doch wenigstens aus seiner Einsicht heraus wirken und wirksam sein; er ersieht und ermißt aus den Konstellationen des Todes die Möglichkeiten, die ihm verbleiben, und so mischt sich in die Art seines Gehorsams immer auch etwas wie Nicht-Einsehen und Protest: Warum steht der Tod so oft und so unabwendbar *am Fußende* des Kranken? Man mag noch gerade begreifen, *daß* es so ist, doch *warum* und *wozu* es so ist, entzieht sich auch und gerade dem Sehen des Arztes. Er, der täglich und stündlich bereitsteht, dem Tod in die Augen zu schauen und ihn um die Erlaubnis zu bitten, das vom Tode bedrohte Leben noch einmal erhalten und retten zu dürfen, er weiß zugleich auch um die endgültige Aussichtslosigkeit all seiner Anordnungen und Verordnungen: Mag auch der Tod jetzt noch einmal zu Häupten eines Kranken gestanden sein; irgendwann wird der Tod »seinen«, den tödlichen Standpunkt einnehmen, und dann verbleibt nur noch, den Verstorbenen zur Tür seines Hauses und zum Tor seiner Stadt hinaus zur Beerdigungsstätte hinüberzutragen. Alles ärztliche Bemühen ist nichts als ein Aufschub, ein »Gerade jetzt geht's noch«, ein »Bald schon zu spät«. Je mehr ein Arzt mit dieser Gewißheit zu leben beginnt, desto fragwürdiger und unheimlicher, ja desto absurder muß ihm der stete Kampf um die Spanne an Zeit erscheinen, die er für seinen Patienten zu gewinnen hofft; desto drückender auch muß ihm die Last der Verantwortung werden, den Standpunkt des Todes vielleicht doch nicht genau genug betrachtet zu haben: wie, wenn er aus Unachtsamkeit eine Chance übersehen und eine günstige Konstellation ungenutzt hätte verstreichen lassen!

»Sie müssen sich vorstellen«, sagte vor einer Weile der Oberarzt einer internistischen Abteilung zu mir, »wie unübersichtlich allein schon der normale Betrieb in so einem Krankenhaus sich gestaltet. Da kommen immer wieder Fehler vor. Vermeidbare Fehler. Die ich zu verantworten habe. Und jeder dieser vermeidbaren Fehler, die ich zu verantworten habe, kann einem Menschen das Leben kosten. Dieser Tage zum Beispiel starb eine Frau, die Mutter von vier Kindern, weil ich eine bestimmte Verdachtsdiagnose nicht hatte untersuchen lassen. Meine Kollegen sahen den Fall als harmlos an, und ich bin erst seit kurzer Zeit in der Abteilung angestellt, ich wagte nicht, sie alle mit einer bloßen Vermutung, die mir zufällig kam, in Trapp zu bringen und mich dabei vielleicht lächerlich zu machen. Meiner Feigheit und Unentschlossenheit wegen ist diese Frau gestorben – an genau der Krankheit, die ich vermutete. Und so geht es relativ oft. Viel zu oft. Am Abend sitze ich dann am Schreibtisch und gehe den Tag noch einmal durch: Ich notiere all diese Fälle, überlege, was passiert ist, wie man die Zusammenarbeit, das Überbringen von Mitteilungen, den Pflegedienst und vieles andere verbessern kann; mir geht das alles nach, und ich werde es bis in die Nächte hinein nicht los. Es kann immer noch vorkommen, was vor ein paar Wochen geschah: daß ein junger Türke mit perforiertem Magen starb, nur weil in der Aufnahme niemand Türkisch konnte. Mich erdrücken jetzt schon die Erinnerungen an all die Fehler, durch die Menschen geschädigt wurden oder umgekommen sind. – Du mußt, je älter du als Arzt wirst, mit einem Heer von Gespenstern leben, die dich alle verklagen, sie hätten deinetwegen gelitten oder sie hätten deinetwegen früher als nötig sterben müssen – so sagte mir kürzlich der Chefarzt. Aber ich werde mit der Last der Verantwortung nicht fertig. Und doch muß ich immer weitermachen.«

Wann je ist es einem Arzt erlaubt, mit dem Tode am Krankenbett eines Patienten vor Augen die Augen zu schließen und das rettende »Wasser des Lebens« womöglich *nicht* zu verabreichen? Wann irgend dürfte er von seinem »Beruf« lassen, Leben zu heilen und dem Zugriff des Todes zu entziehen, solange es geht? Und dennoch geschieht dies alles in dem klaren Wissen um die Vergeblichkeit allen menschlichen Mühens. Das Märchen von dem ›Herrn Gevatter‹ schildert an einem kleinen Beispiel, was ein Arzt immer wieder erleben wird: Er geht zu einem Kind, einem *Königskind* in seiner blühenden Jugend und Schönheit, er bewahrt es einmal und noch einmal vor dem Tode, nur um dann zu erleben, wie der »Herr Gevatter« seine Stelle am Fußende des Krankenlagers eingenommen hat. Was spielt sich in einem Menschen ab, der so etwas erlebt?

Der algerische Dichter Albert Camus hat in seinem Roman ›Die Pest‹ beschrieben, was es für einen Arzt bedeutet, *ohnmächtig* das Sterben eines unschuldigen *Kindes* mitansehen zu müssen, und sein Kommentar mag uns helfen zu verstehen, was das Märchen vom ›Herrn Gevatter‹ an Gefühlen immerhin andeutet, wenn auch nicht schildert: »Da ja die Seuche (die Pest, d. V.) seit Monaten wütete und ihre Opfer nicht auswählte, hatten sie schon Kinder sterben sehen, aber noch nie Minute auf Minute ihr Leiden verfolgt, wie sie es jetzt seit dem Morgen taten. Und wohlverstanden war ihnen der Schmerz, den diese Unschuldigen erdulden mußten, nie als etwas anderes erschienen, als was er in Wahrheit war, nämlich eine empörende Schmach. Aber bisher hatten sie sich wenigstens gewissermaßen nur abstrakt empört, weil sie noch nie so lange dem Todeskampf eines Unschuldigen zugeschaut hatten.

Eben zog sich das Kind mit einem Stöhnen wieder zusammen, als wäre es in den Magen gebissen worden. Während langer Sekunden blieb es so gekrümmt, von Schauern und krampfartigem Zittern geschüttelt, wie wenn sein zarter Leib von dem wütenden Pestwind geknickt würde und unter dem feurigen Atem des Fiebers zerbreche. Wenn der Sturm vorüber war, entspannte es sich ein wenig, das Fieber schien sich zurückzuziehen und es schwer atmend auf einem feuchten und vergifteten Ufer liegen zu lassen, wo die Ruhe schon dem Tode glich. Als die glühende Flut das Kind zum dritten Mal erreichte und es ein wenig emporhob, kauerte es sich zusammen, kroch voll Entsetzen vor der sengenden Flamme tiefer ins Bett hinein, bewegte den Kopf wie irrsinnig und warf die Decke von sich. Dicke Tränen drangen unter den entzündeten Lidern hervor und rollten über das bleifarbene Gesicht; als der Anfall vorüber war, nahm das erschöpfte Kind mit seinen verkrampften, knochigen Armen und Beinen, die in achtundvierzig Stunden vollständig abgemagert waren, im zerwühlten Bett die groteske Stellung eines Gekreuzigten ein.«[16]

Wer immer wieder solche Szenen kreatürlichen Grauens vor Augen gestellt sieht, der wird bald schon wie von selbst dahin gelangen, das Leben insgesamt als ein endloses, hilfloses, hoffnungsloses Sterben zu betrachten, und gerade so ergeht es in der Grimmschen Erzählung dem Arzt, dem Patenkind des Todes. Bei der Lektüre des Märchens ›Der Herr Gevatter‹ klingt es scheinbar wie beiläufig, daß der »Arzt« den Tod eines »Königskindes« habe miterleben müssen, ehe er beschloß, »doch einmal seinen Gevatter« selbst zu besuchen; in Wahrheit aber wird man, wie oft in Träumen und Märchen, die *zeitliche* Abfolge der Ereignisse als ein *ursächliches* Nacheinander verstehen müssen;[17] dann wird man gewahr, daß der Anblick des sterbenden Kindes den jungen Arzt unausweichlich dahin drängt, den Tod gewissermaßen »persönlich«, auf höchst »intime« Weise kennenzulernen und ihn sozusagen in seiner eigenen Behausung aufzusuchen. Doch was sich dort nun begibt, trägt nach Auskunft des Märchens allerdings die Züge eines makabren Horrorstücks, bei dessen Ausgang man bereits nicht mehr weiß, ob diese Welt vom Tod oder vom Teufel beherrscht wird – oder ob vielleicht beide gar ein und dasselbe sind. Es handelt sich um »Einsichten«, deren symbolische Verdichtungen in dem Märchen Zug um Zug einem Maximum an Angst entgegensteigen, die aber offenbar eine wesentliche Seite des Arztberufes beschreiben wollen und daher besonderer Aufmerksamkeit bedürfen.

Was die Grimmsche Erzählung meint, wenn sie beim »Emporsteigen« zur »Wohnung« des Herrn »Gevatters« die Wahrnehmungen des »Arztes« als eine Kaskade funebrer Schreckensvisionen schildert, läßt sich am besten wohl vorweg in einem *Kulturvergleich* erläutern, der vor allem die unterschiedliche Einstellung gegenüber dem Tode verdeutlichen kann.

Unter den heute lebenden Kulturen dürfte es keine geben, deren Lebensgefühl so sehr von der Nähe des Todes geprägt ist wie die Seele *Mexikos,* die sich in ihrem indianischen Erbe bereits in den Lehren von Castanedas »Don Juan« aussprach. Insbesondere der mexikanische Dichter Octavio Paz hat das Wesen und Empfinden seines Volkes im Gegenüber zu der Lebensweise und Lebensanschauung der US-Amerikaner zu beschreiben versucht und dabei gerade die unterschiedliche Einstellung gegenüber dem Tod zu dem zentralen Charakteristikum erhoben. »Einer der auffälligsten Charakterzüge des Mexikaners«, schreibt er, »ist seine Bereitwilligkeit, auch das Schreckliche im Leben sehen zu wollen – und er ist nicht nur daran gewöhnt, sondern er empfindet sogar Befriedigung dabei.« »Unser Todeskult ist zugleich auch Kult des Lebens, so wie in der Liebe Lebensdrang und Todessehnsucht vereint sind. Unser Hang zur Selbstzerstörung ist nicht nur eine Folge unserer Neigung zum Masochismus, sondern sie entspringt einer bestimmten Art von religiösem Gefühl.« »Die Amerikaner sind leichtgläubig – wir sind gläubig; sie lieben Märchen und Detektivgeschichten, und wir lieben Mythen und Legenden. Der Mexikaner lügt entweder, weil er seine Phantasie gerne spielen lassen will, oder aus Verzweiflung, oder aber weil er seinem rastlosen Alltag entfliehen will, der Amerikaner hingegen erzählt zwar keine Lügen, aber er setzt ein soziales Wunschbild an die Stelle der eigentlichen, bittern Wirklichkeit. Wir betrinken uns, um uns aussprechen zu können – sie betrinken sich, um zu vergessen. Sie sind Optimisten, und wir sind Nihilisten – mit dem Unterschied, daß unser Nihilismus nicht dem Intellekt, sondern dem Instinkt entstammt und deshalb unerschütterlich ist. Wir sind mißtrauisch – sie sind vertrauensvoll. Wir sind traurig und sarkastisch – sie sind dagegen immer gut gelaunt und zum Scherzen aufgelegt. Amerikaner wollen immer alles verstehen, während wir alles betrachten wollen. Sie sind Aktivisten, und wir sind Quietisten; wir genießen unsere Wunden, und sie genießen ihre Erfindungen. Sie glauben an Hygiene, Gesundheit, Arbeit und Zufriedenheit; aber vielleicht kennen sie noch nicht das berauschende Erlebnis echter Freude. Der Trubel und die Stimmung bei einer Fiesta gleichen einem Feuerwerk: Leben und Tod sind hier miteinander vermischt. Die Vitalität der Amerikaner hingegen drückt sich in einem immer gleichen Lächeln aus, das zwar Alter und Tod verleugnet, das Leben selbst aber zu Stein erstarren läßt.« »Die Kunst, Feste zu feiern, wird nirgends so gepflegt wie in Mexiko. Nur an wenigen Stellen der Welt kann man noch etwas ähnliches wie unsere großen religiösen Fiestas miterleben: zu den grellen Farben, den bizarren Kostümen und Tänzen, den Zeremonien und dem Feuerwerk kommen noch tausenderlei Überraschungen hinzu, wie das Obst, die Süßigkeiten, die Spielzeuge und was sonst noch alles an diesen Tagen auf allen Plätzen und Märkten verkauft wird.« »Die Fiesta ist... eine Revolte, eine plötzliche Hingabe an das grenzenlose, reine Dasein... Wir werfen die Bürden der Zeit und des Verstandes ab.« »Für den modernen Menschen hat der Tod weder einen über ihn hinausweisenden Sinn, noch deutet er auf irgendwelche Werte. Meistens ist der Tod nichts weiter als der unabänderliche Vollzug eines natürlichen Vorgangs. In einer Welt von Fakten ist der Tod nur noch ein weiteres, aber sehr unangenehmes Faktum, das unserer Auffassung vom Leben und unseren Wertmaßstäben so sehr widerspricht, daß die Philosophie des Fortschritts versucht, ihn wie durch Zauber verschwinden zu lassen und vorzutäuschen, daß er gar nicht existiert. Alles in der modernen Welt funktioniert so, als ob es den Tod nicht gäbe.« »Der Gegensatz zwischen Leben und Tod war für den Azteken nicht so unüberbrückbar wie für uns. Der Bereich des Lebens reichte noch bis in den des Todes hinein und umgekehrt. Der Tod war nicht der natürliche Abschluß des Lebens, sondern nur eine Phase eines ewigen Kreislaufs. Leben, Tod und Auferstehung waren Stadien eines sich immer wiederholenden kosmischen Vorgangs... Ihr Leben wurde von der Religion und dem Schicksal bestimmt, so wie unseres durch Freiheit und Moral bestimmt wird. Wir leben unter dem Zeichen der Freiheit, und alles, von der Nemesis der alten Griechen bis hin zur göttlichen Gnade bei den Theologen, ist mit dem Auserwähltsein und der Anstrengung des einzelnen verbunden. Den Azteken blieb einzig der Versuch, den unergründlichen Willen der Götter zu erforschen. Nur die Götter waren frei, nur sie konnten wählen und demzufolge auch – in einer tieferen Bedeutung – sündigen.« »Der Tod bedeutet für den Christen den Übergang vom Diesseits ins Jenseits; für den Azteken war er die bedeutungsvollste Art, an der kontinuierlichen Erneuerung der schöpferischen Kräfte des Lebens teilzunehmen, die zu versiegen drohten, wenn sie nicht durch die heilige Nahrung des Blutes gespeist wurden. In beiden Religionen sind weder Leben noch Tod isoliert zu betrachten, sondern als zwei Gesichter ein und derselben Realität. Sie verweisen auf unsichtbare Wahrheiten.« »Aber obwohl wir dem Tod keinen transzendenten Charakter mehr beimessen, ist er immer noch Bestandteil unseres täglichen Lebens geblieben. In New York, Paris oder London spricht man das Wort ›Tod‹ nicht aus, weil es die Lippen verbrennt. Der Mexikaner hingegen ist mit dem Tod vertraut: er kann über ihn Witze machen, ihn liebkosen, mit ihm schlafen und ihn feiern. Der Tod ist eins seiner liebsten Spielzeuge und seine beständigste Leidenschaft. Zugegeben, seine Haltung verbirgt vielleicht genausoviel Angst wie die der andern, aber wenigstens versteckt der Mexikaner sich nicht vor dem Tod, sondern er schaut ihm ins Angesicht, sei es mit Ungeduld, Verachtung oder Ironie.«[18]

Ein Stück dieser *Ironie,* dieser burlesken Fiesta-Mentalität, dieses Kinderschreckens der Jahrmärkte haftet auch dem Grimmschen Märchen von dem ›Herrn Gevatter‹ noch an, wenn es nunmehr, im zweiten Teil, davon berichtet, wie der »Mann« das »Haus« seines »Gevatters« betritt und dort eine grotesk vertauschte Welt antrifft, die Stufe für Stufe das Ausmaß des Schreckens im Anblick des Todes buchstäblich »eskaliert«. Was in der »indianischen« Sehweise der Mexikaner in all seiner Strenge und Grausamkeit doch einmündet in ein taumelndes Fest der Majestät des ewigen, bewußtlosen Tanzes des Todes und des Lebens, das wird in der Grimmschen Erzählung zu einer Steigerung grausiger und gräßlicher Versatzstücke, die ihre Parallele in der Geschichte von der ›Frau Trude‹ (KHM 43) haben – einer Kinderschreckgeschichte, die in fragwürdiger Pädagogik »ein kleines Mädchen« mit der Höllenstrafe bedroht, wenn es »eigensinnig und vorwitzig« und ungehorsam sein sollte; auch an die eher lustige Geschichte von dem Aufstand der Tiere und der Dinge gegen den Menschen in ›Herr Korbes‹ (KHM 41) erinnert diese Staffelung nicht endender Kuriositäten des Makabren in der Geschichte des ›Herrn Gevatter‹. Und doch haben wir es unter all diesen Verkleidungen mit einem zutiefst tragischen, ja verzweifelten Stück zu tun, das von der Totentanzfreude mexikanischer Fiesta-Stimmung sich so weit entfernt wie nur möglich. Octavio Paz hat schon recht: Das europäisch-christliche bzw. das »nordamerikanische« Lebensgefühl besitzt nicht den Mut, dem Tod ins Auge zu schauen – lachend, wenn's geht; es verdrängt lieber die stete Nähe des Todes durch die lärmende Larmoyanz eines mittelmäßigen Vergnügens und eines mittelmäßigen Leidens. In unserer Kultur und Gesellschaft sind es einzig die Dichter, manchmal die Priester, notgedrungen jedenfalls die »Ärzte«, die zum Tod sehenden Auges Stellung beziehen *müssen*. Was aber *tut* ein Arzt, wenn er tagaus tagein Menschen dahinsterben sieht, Junge und Alte, Große und Kleine, Gesunde und Kranke, wahllos und sinnlos, ob er will oder nicht? Für die Azteken war der Tod nur ein Übergang innerhalb des rätselvollen Kreislaufs der Natur; er galt ihnen als ein notwendiges Moment steter Erneuerung und Regeneration; sie konnten getrost dem Tod mitten im Leben ins Angesicht schauen, da sie selbst in der Skelettgestalt des Todes nur die schon beginnende Kontrastseite des wiedererstehenden Lebens erblickten. Es ist eine ungeheuerliche Vision, deren Eindringlichkeit trotz aller scheinbaren Fremdheit uns zumindest zeigen kann, was uns fehlt, und die wir schon deshalb noch etwas näher betrachten sollten.

Kein Bild gibt die aztekische »Anschauung« des Todes eindrucksvoller wieder als das Bild auf den Seiten 56 und 73 des Codex Borgia, der schönsten und am besten erhaltenen indianischen Bilderhandschrift des präkolumbianischen Mexikos aus dem Gebiet von Cholula-Tlaxcala-Huexotzinco. Dargestellt ist auf Blatt 56 des Codex der Zyklus des in zehn mal sechsundzwanzig Tage geteilten aztekischen Jahreskreises, des sogenannten *tonalpohualli*, das in zwei Hälften zu je dreizehn Spalten aufgegliedert ist; links und rechts befinden sich die Zeichen der Anfangstage der zwanzig Dreizehnheiten, von unten rechts beginnend, immer im Wechsel von rechts nach links und umgekehrt, schließlich oben links endend; ihre Namen lauten: *cipactli* (Kaiman), *ocelotl* (Jaguar), *maçatl* (Hirsch), *xochitl* (Blume), *acatl* (Rohr), *miquiztli* (Tod), *quiauitl* (Regen), *malinalli* (Gras, das aus Totenschädel wächst), *coatl* (Schlange), *tecpatl* (Feuerstein), *oçomatli* (Affe), *cuetzpalin* (Eidechse, Iguana), *olin* (Bewegung), *itzcuintli* (Hund), *calli* (Haus), *cozcaquauhtli* (Königsgeier), *atl* (Wasser), *eecatl* (Wind), *quauhtli* (Adler), *tochtli* (Kaninchen). Ohne die Einzelheiten des aztekischen Kalenders erläutern zu wollen, verdeutlicht doch bereits die Anordnung dieser Bilder die indianische Philosophie der Zeit, indem sie in den Mittelpunkt des Jahresumlaufs zwei Göttergestalten setzt, die, Rücken an Rücken, das Leben und den Tod als Widerspruchseinheit der irdischen Existenz verkörpern. Beide teilen sich die Herrschaft über den Ablauf des Jahreszyklus und zeigen damit, daß die Abfolge der Zeit nur dadurch zustande kommt, daß etwas vergeht und etwas entsteht: Der Tod des Alten ist die Voraussetzung des Neuen, und es gibt keine Zeit ohne die Einheit von Nichts und Sein in einem ständigen Prozeß des Werdens[19] – ein Gedanke, der Hegels ›Logik‹ entnommen sein könnte.[20]

Als der Gott des Lebens erscheint in der Darstellung der Windgott Quetzalcoatl, die Gefiederte Schlange, der dem ersten Teil des *tonalpohualli* vorsteht. Er trägt einen roten kegelförmigen Hut *(copilli)* und eine Stirnbinde, »die durch ein Köpfchen und durch ein Federgesteck zu einem Schmetterling oder Vogel ausgestaltet ist«.[21] Im Codex Borgia ist dieser Lederriemen »regelmäßig in besonderer Weise, mit schwarzen Stufenmäandern oder eckigen Wickeln auf weißem Grund gemustert... Diese Art Kopfriemen... ist offenbar, gleich anderen Trachtbestandteilen, dazu bestimmt, den Gott als den Wirbelnden zu kennzeichnen«.[22] Das Gesicht des Gottes ist halb schwarz, halb rot und wird bedeckt von einer roten, »von langem gelbem Barte umsäumten vogelschnabelartigen Maske«.[23] In seiner Kopfbinde trägt Quetzalcoatl die beiden Kasteiungswerkzeuge: die Agaveblattspitze *(uitztli)* und den Knochendolch *(omitl)*, dessen herabtropfendes Blut durch eine Blume veranschaulicht wird. Mit dem Hut verbunden ist ein Nackenschmuck aus schwarzen Federn, den die Spanier als »ein Mäntelchen aus Rabenfedern« beschrieben. »Charakteristisch ist ferner das auf dem Bilde sehr deutlich gezeichnete, hakenartig gekrümmte, weiße Ohrgehänge«, das aus einer Muschelschale gefertigt wurde, sowie ein Halsband aus spiralgedrehten Schneckengehäusen. Auf der Brust trägt der Gott einen Schmuck, der aus dem Gehäuse einer großen fünfstrahligen Flügelschnecke geschliffen wurde und den Pater Bernardino de Sahagun das »spiralgedrehte Windgeschmeide« nannte.[24] Deutlich zu sehen ist auch die schwarze Körperbemalung. »Sie besteht nicht im einfachen Schwarz der Priester, der schwarze Grund ist mit grauen Kreisen belebt. Von allergrößtem Interesse jedoch sind die Zähne und Augen an Knien und Ellenbogen; eine Eigentümlichkeit, die sonst der Erdgöttin zukommt. Der Gott hält eine gekrümmte Wurfkeule in der Hand.«[25] Sein Mit- und Gegenspieler indessen, die andere Seite des Lebens, ist der Totengott Mictlantecutli. Bei ihm »sind die geknickte Handfahne in der Scheitelrosette, die Hand als Ohrpflock und das Herz, das wie ein Geschmeide aus den Rippenbögen heraushängt, bemerkenswert. Er hält einen Rasselstab mit einer Hand als Abschlußknauf«.[26] Der Kopf des Totengottes ist als Schädel gezeichnet, aus dessen fleischlosen Zahnreihen sich gierig rot die Zunge vorstreckt. Die Körperbemalung dieser knöchernen Gestalt besteht aus gelben Flecken »mit roten Punkten auf weißer Grundfarbe«,[27] dem Zeichen der Syphilis. An dem Schädel in der Schläfengegend bezeichnet ein besonderer Fleck wohl das Loch, »durch das zur Aufbewahrung der Schädel Geopferter die Stange des Schädelgerüstes *(tzompantli)* gesteckt wurde.«[28] Mictlantecutli als der Herr des zweiten *tonalpohualli*-Abschnittes kniet gemeinsam mit Quetzalcoatl »auf einem umgekehrten Totenschädel«,[29] »der wohl die Erde« oder, besser, die irdische Existenz bezeichnen soll.[30] »Er ist ... an der Stirnseite mit der Hieroglyphe *chalchiuitl* ›grüner Edelstein‹ gezeichnet, – eine Hieroglyphe, die ... das zum Opfer Bestimmte oder die Opferstätte bezeichnet ... Auf unserem Blatte 56 endlich sind neben diesem großen, die Erde bezeichnenden Skelettkopfe auf der Seite Quetzalcoatls ein Paar mit Daunenfederbällen bestecke Netzmäntel oder Netzdecken *(ayatl)*, einer schwarzer, einer blauer Farbe, wie sie Quetzalcoatl selbst um die Hüften gebunden hat, angegeben, auf der Seite *Mictlantecutlis* ein Paar *malinalli*-Grasröckchen, die das gewöhnliche Hüfttuch, das der Todesgott auch hier trägt, darstellen.«[31]

»Fragen wir nun nach der Bedeutung dieser Bilder, so ist klar, daß diese beiden mythischen Gestalten, Rücken an Rücken gelehnt, die beiden Seiten des Daseins, Leben und Tod, zur Anschauung bringen ... Diese beiden Doppelbilder muten an wie eine Übersetzung, eine bildliche Wiedergabe des Ausdruckes *Youalli-eecatl* ›Nacht und Wind‹, der bei den Mexikanern eine Bezeichnung oder geradezu ein Name der Gottheit war.«[32] Es mag sein, daß dieses Doppelbild, wie Seler meinte, auch mit dem *Mond* assoziiert war, wofür besonders auch der huaxtekische Schmuck des Quetzalcoatl sprechen könnte.[33] Wichtiger aber ist, daß hier das gesamte irdische Dasein als eine Art ständiger Opferstätte dargestellt wird, als ein Ort, da nach einem Wort des Jesaja (Jes 40,6–8) alles Fleisch »wie Gras« ist und wo von der Schönheit und Vitalität der Kreaturen nichts anderes bleiben wird als Krankheit, Verwesung und Modergebein. Es ist bei Bildern solcher Art freilich »immer zu bedenken, daß *Totengebein* für den Mexikaner keineswegs jene grauenvolle Bedeutung hat, die ihm etwa die frühe europäische Neuzeit beilegte. Totenknochen sind in Mexiko Samenkörner künftigen Lebens.«[34] Sie sind wie das starr daliegende, ausgedörrte Land im Sommer, über welches der Windgott Quetzalcoatl die dunklen Wolken, in deren Farbe er selber gekleidet ist, zur rechten Zeit treiben wird, um durch den befruchtenden Regen neues Leben zu wecken. Totengebeine, die zu leben beginnen, wenn der göttliche Atem sie berührt – es ist das naturhafte, archaische Vorbild der geschichtsallegorischen Vision des Ezechiel (Ez 37, 1–28), die hier ihre unübertroffene Illustration findet.[35]

Dabei versteht der Codex Borgia jedoch keineswegs nur das *irdische* Dasein als eine Widerspruchseinheit von Leben und Tod; auf Seite 71 derselben Bilderhandschrift werden noch einmal Quetzalcoatl und Mictlantecutli nebeneinander gezeigt, wie sie *im Himmel* Rücken an Rücken die Gesamtheit des Daseins verkörpern. Es ist ein *ewiges* Gesetz, dieses Stirb und Werde, soll diese Darstellung offenbar besagen; es ist ein Gesetz, das immer und überall gilt, im Himmel wie auf Erden; und es ist unentrinnbar für alles, was lebt. So ist alle Freude und alles Glück nur möglich als Ergebnis von Leid und seinerseits wieder nur der Anfang von Leid, umgekehrt aber ist alles Leid nur möglich als der Schmerz eines verlorenen Glücks, und es trägt in sich bereits den Keim der Hoffnung auf künftige Erfüllung. Der Tod, auch er, gerade er, hat mit anderen Worten seinen Stellenwert in der Ordnung des Seins, in der ewig rollenden Bewegung eines unablässigen Werdeprozesses.[36]

Ganz anders hingegen muß der Tod erscheinen, wenn wir von der mexikanischen Mythologie zu der Erlebnisweise des Märchens von dem ›Herrn Gevatter‹ zurückkehren. Wohl ist es wahr: Uns wird bereits selbst die integrale aztekische Sicht des Todes als unerträglich wild, barbarisch und roh anmuten; wir vertragen kaum mehr die schreckliche, buchstäblich nackte Wahrheit, die uns zeigt, wie dicht in unserer Existenz Tod und Leben nebeneinandersitzen und wie unabtrennbar beide zusammengehören; uns gilt die Janusköpfigkeit des Daseins selbst als skandalös, und wir bekämpfen sie mit medizinischen Mitteln, so gut wir können. Doch um so mehr läßt sich verstehen, daß unter dem Blick eines »Arztes« das Gleichgewicht von Tod und Leben sich sehr leicht verschieben kann. Selbst wenn wir die »schamanische« Konzeption ärztlicher Berufung, wie das Grimmsche Märchen sie in Erinnerung ruft, voraussetzen, nimmt der ärztliche Gesichtspunkt doch stets die Perspektive dessen ein, der unter der Geißel von Krankheit und Tod *leidet,* der um sein Leben ringt und der nicht sterben will. Niemals ist es dem Arzt vergönnt, in philosophischer Distanz bzw. in erkenntnistheoretischer Neutralität dem Tod gegenüber zu verharren; indem er Partei für den Patienten ergreift, muß ihm der Tod immer unheimlicher erscheinen, und gerade das ist es, was das Märchen von dem ›Herrn Gevatter‹ jetzt schildert: Es zeigt, wie der Tod sich »Stufe um Stufe« zu einer Spukgestalt wandelt, zu einer Macht, die das Leben am hellichten Tag zu verdunkeln vermag und in allem, was ist, nur noch den Aspekt der Vergänglichkeit hervorscheinen läßt.

Dabei beginnt alles scheinbar ganz harmlos. Das Grimmsche Märchen schildert es als reines Mitteilungsbedürfnis des »Arztes«, daß er sich »doch einmal« zu seinem »Gevatter« begeben will, um ihm zu erzählen, »wie es mit dem Wasser gegangen war«. Was aber *bedeutet* es, den Tod an seiner Wohnstatt aufzusuchen und den Herrschaftsbereich »Mictlantecutlis« zu betreten? Beim Wort genommen, geht es um nicht mehr und nicht weniger als um einen Abstieg (oder »Aufstieg«!) in das Totenreich. Es ist, als wenn die Atmosphäre für einen »Arzt« dabei immer dünner würde, je näher er der verborgenen Macht im Hintergrund seines Wirkens kommt, und als wenn er, spätestens nach dem Tod des »Königskindes«, zunehmend den Tod als seinen wirklichen und eigentlichen Gesprächspartner entdecken würde. Alles beginnt fortan eine andere Gestalt anzunehmen, indem es die Erklärung des harmlosen Anscheins an der Oberfläche abstreift und den Blick in den Abgrund der Tiefe freigibt. Die »wunderliche Wirtschaft«, die der »Arzt« im Hause seines »Gevatters«, des *Todes,* antrifft, versteht man somit recht gut; man muß nur die späteren »Erklärungen« des »Gevatters« für *die* Ebene der Wirklichkeit nehmen, auf der die Welt sich scheinbar »realistisch« darbietet: als relativ heiter und ungefährlich, während die Art, wie der »Arzt« die Dinge sieht, diejenige Ebene des Lebens berührt, auf der die ganze Welt sich nach und nach in einen Alptraum verwandelt.

Die erste Szene: der Streit von Schippe und Besen, respektive von Knecht und Magd. – Jedes Kind, dem man diese Geschichte als ein einfaches Gruselmärchen vorträgt, wird zunächst einen Schrecken bekommen, wenn es hört, wie die toten Gegenstände ein Eigenleben zu führen beginnen, wie die Totenfinger und Totenköpfe auf der Treppe des Herrn Gevatters zu reden anfangen und wie schließlich die Fische in der Bratpfanne sich selber backen und Antwort geben; und es wird jeweils erleichtert auflachen, wenn es die »Erklärung« des Herrn Gevatters vernimmt, wonach sich scheinbar alles ganz harmlos darstellt: Es ist augenscheinlich nur die »Einfalt« dieses Mannes gewesen, das heißt seine überhitzte Phantasie, die ihn Schreckvisionen erleben ließ, wo in Wahrheit nichts ist als die einfache, beruhigend alltägliche Normalität. So einfach oder jetzt wirklich »einfältig« aber verhält es sich nicht; auf den »Arzt« jedenfalls wirken die Erklärungen seines Herrn »Gevatters« alles andere als beruhigend. Er stürzt am Ende wie in Panik aus dem Haus, und das Märchen am Schluß gibt ihm recht: »Wer weiß, was ihm der Herr Gevatter sonst angetan hätte.« Denn offen gestanden: dieser »Gevatter« erscheint am Schluß des Märchens nicht länger mehr nur als der Tod, er ist, zumindest in der Gestalt, die der »Arzt« von ihm zu Gesicht bekommt: mit langen Hörnern (und vermutlich auch Bocksfüßen, die er nur schnell unter der Bettdecke versteckt hält) – *der Teufel* selber. *Flucht* ist das einzige Mittel der Rettung, doch man erfährt nicht, wohin; der »Arzt«, der anderen so oft am Krankenbett Aufschub verschaffte, muß jetzt sich selbst in Sicherheit bringen, indem er wegflieht vom Lager des Todes, und niemand weiß, ob er nach Anblick des Todes je sich in der »Wirklichkeit« wieder zurechtfinden wird oder ob er nicht letztlich «wahnsinnig« wird, ein den eigenen Bildern und Träumen Erlegener, ein ewig Angstgejagter, ein rastloser Flüchtling des Todes inmitten einer unentrinnbar tödlichen Welt.

Was also *sieht* man, wenn man im Hause des »Herrn Gevatters« den »Knecht« und die »Magd« miteinander zanken sieht? Daß »männlich« und »weiblich« als »Schüppe« und »Besen« symbolisiert werden können, ist aus der Traumpsychologie gut bekannt und bis in die sexuellen Ausdrücke der Gossensprache hinein geläufig.[37] Worum es *hier* aber offenbar geht, ist die umgewandelte Wahrnehmung, die in Menschen, *die streiten*, so etwas erkennt wie die Reduktion auf bloße Geräte zur Beseitigung von Abfall und Schmutz. Es ist eine Wahrnehmungsform, die wiederum Albert Camus zutiefst geprägt hat: Schon allein die Tatsache, meinte der französische Schriftsteller, daß jeder Mensch über kurz oder lang, ob nach dreißig, fünfzig oder siebzig Jahren, kein anderes Schicksal zu gewärtigen hat, als sterben zu müssen, macht das menschliche Dasein in seiner ganzen Absurdität offenbar, ja es scheint die einzig menschlich sinnvolle Haltung zu sein, gegen den gemeinsamen Feind aller: *gegen den Tod,* gemeinsam Front zu machen und sich zu verbünden und zu verbrüdern in einer metaphysischen Revolte gegen die »blutige Mathematik« über unseren Köpfen.[38] Um so schmerzlicher aber ist es zu sehen, wie ein Mensch über den anderen herfällt und den Tod, statt gemeinsam gegen ihn zu kämpfen, als »Magd« und »Knecht«, als Sklave im Hause des Todes, in ein Instrument der Todespraxis *gegen* den anderen verwandelt. Das grausigste Bild einer solchen Vision hat der spanische Maler Francesco Goya gezeichnet:[39] Zwei Männer, die, selber bis zu den Knien in einen blutigen, graubraunen Schlamm versunken, mit Keulen bewehrt einander gegenüberstehen, jeder darauf lauernd, wann er den anderen mit einem tödlichen Schlag treffen und vernichten kann. Menschen, die so handeln, lernen offensichtlich aus der Nähe des Todes gerade das Falsche: Indem sie in ihrer Angst vor der ständig gegenwärtigen Todesdrohung sich selber des Todes bedienen, um ihr Leben gegen den Menschen an ihrer Seite zu schützen, werden sie nur erleben, daß sie selber nichts sind als Staub.

Insbesondere der Streit zwischen Mann und Frau, zwischen »Magd« und »Knecht«, droht den Menschen des letzten Schutzes gegen den Tod zu berauben: der Liebe zwischen den Geschlechtern, dieses wärmsten und vitalsten Trostes, den der Körper selber gegen seine sichere Vergänglichkeit zu schenken vermag. Der handfeste Streit zwischen Mann und Frau ist in der Tat wie die Ouvertüre zum Eingang in das Domizil des Todes – alle Metaphysik vom Kampf der Geschlechter, wie sie August Strindberg in seinen Dramen vorschwebte,[40] läuft auf eine solche Beschwörung der verzweifelten Todverfallenheit des Menschen inmitten einer kalten, trostlosen Welt hinaus. Was für ein Aspekt vom Menschen aber bleibt in einem solchen Feld der radikalen Feindschaft aller gegen alle übrig, wenn nicht, daß er nach kurzer Zeit schon wie bloßer Unrat buchstäblich mit »Schüppe« und »Besen« beiseite geschafft wird und aus der sklavischen Dienstbarkeit eines Hausangestellten und Handlangers des Todes niemals entlassen wird?

Der englische Regisseur Norman Stone hat vor Jahren in einem sehr eindringlichen Film mit dem Titel ›Späte Liebe‹ diesen Zusammenhang einmal thematisiert.[41] Gezeigt wird in der Person des C. S. Lewis ein Mann, der mit gut christgläubigen Fernsehkommentaren und mit Kinderbüchern sich eine große Leser- und Zuschauergemeinde erobert hat. Nur sein Bruder bemerkt kritisch zu ihm: »Du hast keine Frau und sprichst über die Liebe. Du hast keine Kinder und sprichst über Erziehung. Ich frage mich, woran du glaubst, wenn du von Gott sprichst.« Zum Glück lernt Lewis eines Tages eine jüdische Dichterin kennen, die er aus Angst vor den eigenen Gefühlen zunächst nur standesamtlich heiratet, um sie vor dem Zugriff der britischen Einwanderungsbehörde zu schützen. Bald schon stellt sich jedoch heraus, daß sie unheilbar an Krebs erkrankt ist, und jetzt beginnt Lewis sie wirklich zu lieben. Er möchte sie kirchlich heiraten, doch der Geistliche, sein langjähriger Freund, erklärt sich dazu außerstande: Sie lebt in Scheidung, und eine Wiederverheiratung Geschiedener erkennt die Kirche nicht an. Es ist das erste Mal, daß für Lewis die kirchlichen Paragraphen unwichtig werden; erst später findet er einen jungen Kaplan, der das ungleiche Paar trotz allem traut. Ein paar Monate des Glücks beschert der Sommer den beiden nach längerem Krankenhausaufenthalt; dann wird die Frau bettlägerig; das Warten auf den Tod beginnt. Wieviel gelten jetzt die alten trostreichen, medienwirksam verhökerten Tröstungen: »Die Erde ist nur ein Schatten der Wirklichkeit«; »Der Tod ist das Tor zum ewigen Leben«; und: »Denen, die glauben, wird das Leben im Tod gewandelt, nicht genommen«? Es ist unzweifelhaft *die Sprache der Liebe,* wenn die todkranke Gemahlin ihm auf dem Sterbelager gegen alle Zweifel zu versichern sucht: »Ich werde auf dich warten. Ganz bestimmt. Das kann mir keiner nehmen.« Aber ist es auch die Sprache des Glaubens? – Am Ende des Films sitzt Lewis dem Stiefsohn aus der ersten Ehe seiner verstorbenen Gattin gegenüber und beginnt, wie um sich selbst an eine Hoffnung zu erinnern, die kaum noch besteht, die Worte von früher zu wiederholen: »Die Erde ist nur ein Schatten...« – »Das glaube ich nicht«, antwortet der Junge; »Ich möchte sie wiedersehen.« – »Das möchte ich auch«, entgegnet Lewis, sich mühsam der Tränen erwehrend. Die letzten Bilder des Films greifen die alten Motive vermeintlichen Trostes noch einmal auf. Ein Spaziergang am Fluß. Dünner Schnee liegt noch auf den Feldern. Und doch: die Zweige treiben schon Knospen. Der Fluß trägt Schollen von Eis hinweg. Das ewige Wunder der Natur vom Sieg des Tages über die Nacht, des Sommers über den Winter – des Lebens über den Tod? Die Fragen bleiben. Denn wie die Liebe die Gesetze und Ordnungen der Kirche und der Gesellschaft zerbricht, so zerbricht sie auch die vermeintlichen Gewißheiten des Glaubens. Oder *schenkt* sie uns allererst wirkliche Hoffnung? Oder betrügt sie uns? Sind wir vielleicht doch nichts weiter als Abfall – ein Endprodukt für »Schüppe« und »Besen«, ohne ein »himmlisches Recycling«, wie einer von Lewis' Freunden zynisch bemerkt? Dann wäre unser Schmerz nur ein natürlicher Zustand ohne Ziel, Sinn oder Zweck, inmitten einer Natur, die blind und taub ist gegenüber dem Leid der Kreaturen, die sie selber hervorgebracht hat. Und auch das Aufbrechen der Knospen unter dem Schnee erschiene dann als nichts weiter denn als ein Trick des Lebens im Kampf um das

Überleben. Doch wie, wenn es so wäre? Wie viele Versuche der Natur endeten nicht schon als mißlungene Experimente? »Als Arzt«, sagte vor Jahren ein alter Schulfreund zu mir, »beginnt man von einem bestimmten Zeitpunkt an das Leben nur noch unter der Perspektive von Leid, Krankheit und Tod zu betrachten. In jedem lebenden Organismus steckt schon das Ende, und die Vergänglichkeit grinst uns an sogar schon aus dem blühenden Antlitz eines lachenden Mädchens, einer lächelnden Frau. All unser Tun ist nichts als ein Aufschub. Ein Architekt mag von sich denken, er schaffe ein Bauwerk, das hundert Jahre länger besteht, ein Priester mag denken, er begleite jemanden auf dem Weg zur Ewigkeit, wir Ärzte halten nur den Zerfall um eine kurze Zeitspanne auf, wir lindern den Schmerz, wir wecken Hoffnung, wo kaum noch Hoffnung besteht, wir sind und bleiben im letzten Handlanger des Todes. *Er* erscheint am Ende allgegenwärtig.«

Und in diese Richtung, in welche bereits die Verwandlung des todversklavten Menschen in »Schüppe« und »Besen« verweist, geht es Stufe um Stufe jetzt höher hinauf, ein mühsamer Weg »fortschreitender« Erkenntnis. In der Traumsymbolik Sigmund Freuds gilt das Treppensteigen als ein Symbol stetig sich steigernder, atemlos werdender, orgastischer Lust;[42] *hier,* in dem Grimmschen Märchen, bedeutet das Treppensteigen jedoch allenfalls die Atemlosigkeit einer immer grausiger und gräßlicher erscheinenden Welt. Die Hände von Menschen, sonst ein Bild für Begrüßung, Annäherung und Zärtlichkeit, dieses unübertroffene Meisterwerk der Natur, dieses behende Organ, das den Sinn des gesprochenen Wortes zu untermalen und zu akzentuieren vermag, erscheint jetzt als ein bedrohliches Greiforgan des Todes selber: Seine knöchernen Finger sind wie der Gestalt gewordene Würgegriff dieses »grausamen Würgers aller Menschen«;[43] so mindestens in der Sicht sterblicher Menschen. Doch in der Sichtweise des »Herrn Gevatters« selbst handelt es sich keinesfalls um Totenfinger, die auf der Treppe zu seiner Wohnung liegen, sondern geradezu um Lebensmittel, um »Skorzonerewurzeln«. Sogar die Speise, die man ißt – so muß man dieses Bild wohl deuten –, erscheint in den Augen des »Arztes« als ein Pharmakon des Todes, als Teil seiner schrecklichen Greifhand. Und ist es nicht so? Alles Leben besteht in Stoffwechselvorgängen und Austauschprozessen mit der umgebenden Welt. Doch am Ende wird die ärztliche Diagnose oder Autopsie erweisen, was alles zu dem Tod des Patienten beitrug: das Fleisch, das er aß, das Salz, mit dem er würzte, die Früchte, die er zu sich nahm, die Luft, die er atmete, das Wasser, das er trank – alles, alles war nicht nur ein Lebensmittel, sondern auch ein Werkzeug des Todes, ein Teilmoment des Verschleißes und der Zersetzung. Wir essen den Tod, kein Zweifel. Dabei ist speziell die Schwarzwurzel (Skorzonera hispanica)⁴⁴ an sich als ein wirkliches Heilmittel zu betrachten, das aufgrund seiner Zusammensetzung vor allem als Aufbaumittel für den Gesamtorganismus und als Nahrungsmittel der Gehirnfunktion gilt. Doch was hilft's – auch sie erscheint in der Blickrichtung der Angst, unterwegs auf der »Treppe« zum »Hause« des Todes, wie ein Vorbote des Verfalls und der Verwesung, und wenn auch die Schwarzwurzel selbst sich erhält, indem sie sich hineinsenkt in die Erde, so wird sie doch damit zugleich zu einem Symbol für das Schicksal des Menschen: Eines baldigen Tages wird man ihn in der Erde vergraben.

Und erst recht die Totenschädel, die der »Herr Gevatter« für harmlose Krautköpfe erklärt. Sie sind das Schreckenszeichen des Todes schlechthin. »Ach armer Yorick«, hört man Shakespeare's ›Hamlet‹ klagen. »Ich kannte ihn, Horatio; ein Bursch von unendlichem Humor, voll von den herrlichsten Einfällen. Er hat mich tausendmal auf dem Rücken getragen, und jetzt, wie schaudert meine Einbildungskraft davor! mir wird ganz übel. Hier hingen diese Lippen, die ich geküßt habe, ich weiß nicht wie oft. Wo sind nun deine Schwänke? deine Sprünge? deine Lieder, deine Blitze von Lustigkeit, wobei die ganze Tafel in Lachen ausbrach? Ist jetzt keiner da, der sich über dein eigenes Grinsen aufhielte? Alles weggeschrumpft? Nun begib dich in die Kammer der gnädigen Frau und sage ihr, wenn sie auch einen Finger dick auflegt: so'n Gesicht muß sie endlich bekommen; mach sie damit zu lachen! – Sei so gut, Horatio, sage mir dies eine ... Glaubst du, daß Alexander in der Erde solchergestalt aussah? ... Zu was für schnöden Bestimmungen wir kommen, Horatio! Warum sollte die Einbildungskraft nicht den edlen Staub Alexanders verfolgen können, bis sie ihn findet, wo er ein Spundloch verstopft? ... Zum Beispiel so: Alexander starb, Alexander ward begraben, Alexander verwandelte sich in Staub; der Staub ist Erde; aus Erde machen wir Lehm: und warum sollte man nicht mit dem Lehm, worein er verwandelt ward, ein Bierfaß stopfen können?

Der große Cäsar, tot und Lehm geworden,
Verstopft ein Loch wohl vor dem rauhen Norden.

O daß die Erde, der die Welt gebebt,
Vor Wind und Wetter eine Wand verklebt!«⁴⁵

Der grinsende Totenschädel, die leeren Augenhöhlen dort, wo zuvor die Seele selbst hervorzulugen schien, die bleckenden Zahnreihen, wo vormals zwischen der Süße der Lippen die Perlenkette der Zähne hervorschimmerte, die starrenden Backenknochen an der Stelle der weichen, schmiegsamen Wangen, der kahle Schädel dort, wo ehedem der wogende Kranz der Haare im Wind spielte – jede Größe, aller Ruhm – nichts ist dem Tode heilig oder kostbar. Er muß es verwüsten, er muß das Ebenbild Gottes in das Ebenbild seiner eigenen Fratze verwandeln. Der Totenkopf selbst ist schließlich der Inbegriff aller Schrecken. So malten die Azteken zwei gekreuzte Knochen auf den Rock ihrer Erdgöttin Tlaçolteotl,[46] und sie schufen damit zusammen mit dem Totenschädel ihres Gottes Mictlantecutli das Vorbild der Piratenflagge der Seeräuber in der Karibik: der Schrecken des Todes als der instrumentalisierte Terror tödlicher Bedrohung, das kreatürliche Entsetzen vor der Grimasse des Todes als Mittel der Einschüchterung – der Totenschädel ist das wüsteste Sinnbild der Verwüstung des menschlichen Antlitzes im Verwesungsatem des Todes.

Doch es ist noch eine Steigerung denkbar – die Vision der vierten Treppe nach der Meinung des Märchens: der Anblick der Fische, die sich selber braten und die, wie man bald schon erfährt, sich selber dem Tod zur Mahlzeit auftragen. Man muß zum Verständnis dieses gespenstischen Symbols daran erinnern, daß vor allem in den buddhistischen Märchen das Selbstopfer der Tiere geläufig ist. So wird vom Buddha erzählt, daß er aus Mitleid mit den Menschen, um ihnen die Schuld zu ersparen, ein Tier töten zu müssen, sich selbst als Hase ins Feuer stürzte und demütig opferte.[47] Doch mehr noch: bereits bei den alten Ägyptern galt der *Abedju-Fisch* als die erste Werdegestalt eines Verstorbenen,[48] und der kleine *Inet-Fisch* war die letzte Verwandlungsform vor der Auferstehung;[49] bis in die Bildersprache der frühen Kirche hinein ist diese Verknüpfung des Fischsymbols mit dem Gedanken der Überwindung des Todes erhalten geblieben.[50] Anders jedoch in dem Grimmschen Märchen auf der vierten Stufe zum Hause des Todes. Die »Fische« stehen hier ganz und gar in seinem Dienst; sie bilden seine willfährige Nahrung; sie gehorchen mühelos und schwerelos seinen Wünschen. Die stete Verwandlung von Totem in Leben, wie sie immer wieder in den großen Kreisläufen der Natur sich ereignet, ist an dieser Stelle mithin nicht als ein Bild für die Aufhebung oder Überwindung des Todes zu betrachten, sondern gerade im Gegenteil: sie liefert dem Tod die nötige Nahrung, um sich daran gütlich zu tun. Von dem ewigen Zyklus aus Tod und Leben profitiert infolge diesem Märchen schließlich einzig der Tod selbst; er erhält sich davon am Leben, *er mästet* sich daran, und alles Leben, das die Natur hervorbringt, erscheint in dieser Perspektive nur als Schlachtvieh für den unersättlichen Magen des Todes.

Wer aber ist dann der Herrscher der Welt? Man versteht die Kette der Schreckvisionen des »Arztes« auf dem Weg zu seinem »Herrn Gevatter« erst wirklich, wenn man sie von dem Finale her: aus der Perspektive des *Blicks durch das Schlüsselloch* betrachtet. Wer durch die Wand, die den Blick auf die hintergründige und abgründige Wirklichkeit des Lebens verstellt, zu sehen wagt – was wird der erblicken? Er wird, meint das Märchen bitter genug, erschauen, wie der »Herr Gevatter«, *der Tod,* sich in Wahrheit *als Teufel* präsentiert. Der Tod erscheint den Augen des »Arztes« nicht länger mehr als eine bloße Teilkraft innerhalb des natürlichen Lebenskreislaufs, er gilt ihm nicht länger mehr als ein Diener des Lebens, er tritt ihm nunmehr entgegen als der wahre Herrscher der Welt, als ein Nachfahre alter heidnischer Kulte: Der Ziegenbock galt im griechischen Mythos als das Reittier der Liebesgöttin Aphrodite,[51] der dionysische Hirtengott Pan war bocksgesichtig[52] – der Bock war die Verkörperung der männlichen Zeugungskraft, eine verkleinerte Ausgabe des Stiers gewissermaßen; zum »Teufel« wurde der Ziegenbock jedoch erst durch die christliche Mission unter den germanischen Stämmen, die ihrem Kriegs- und Wettergott Wotan Ziegenböcke zum Opfer brachten.[53] An der Stelle unseres Märchens indessen müssen wir denken, daß die Gestalt des »Herrn Gevatters« in den Augen des »Arztes« gerade dadurch wirklich sich als »teuflisch« erweist, daß sie als der Tod sich mit den Attributen der Vitalität und der Zeugungskraft paart: Wäre es wahr, wir liebten uns und brächten durch die Verschmelzung der Leiber neues Leben einzig dazu hervor, um es auszuwerfen als Saatgut des Todes, und es wären unsere besten Kräfte und Energien mithin nichts weiter als Organe der endlosen Blutmühle des Todes, der sadistisch und wollüstig genug ist, selbst die Begegnung von Mann und Frau umzufunktionieren in die Beschaffung der Nahrungsmittel seines unersättlichen Hungers? Es mag sein, daß der Tod seine wirklich teuflische Maske verhüllt, indem er einen Moment lang sich selber ins Bett legt und sich vor den Augen seines Patenkindes, des »Arztes«, wie »schlafend« stellt; doch diese Geste ist nichts als Täuschung: was der »Arzt« soeben zu sehen bekam, erscheint ihm selbst jetzt als die wahre, als die grausige Rückseite der Wirklichkeit. In einer Welt, die der Tod regiert, ist *der Teufel* der Herr, und zwischen Zeugung und Tod liegt offenbar sowenig ein Unterschied wie zwischen Tod und Teufel selber. Wenn die Maskeraden fallen und die Wirklichkeit in ihrer Nacktheit sich zeigt, offenbart sie ihr scheußliches Bocksgesicht – einen Totenkopf mit Hörnern, ein dämonisches Ungeheuer, das zeugt und zerstört, hervorbringt und hinwegschlingt, aussät und jätet, in ewigem Kreislauf.

»Das ist nicht wahr«, erklärt der Tod selber am Ende des Grimmschen Märchens. Doch wie wird man den grausigen Anblick der Wirklichkeit des Todes wieder los, wenn man als »Arzt« immer wieder mit dem Tod konfrontiert wird? Der »Arzt«, dieses Patenkind des Gevatters Tod, flieht hinaus in die Welt, um nicht ganz und gar den

Verstand zu verlieren. Er stürzt sich ins Leben aus Angst – ein Mann auf der Flucht, der nur leben kann im Vergessen. – Ernst Wiecherts ›Das einfache Leben‹[54] ist die Beschreibung eines solchen Versuchs, die Vision der Offenbarung des Todes in all seiner Schrecklichkeit zu *vergessen,* indem man sich an die Erde *klammert:* den Garten bestellt, sein Pfeifchen raucht, an den Abenden Mozart spielt – und eines Gottes *vergißt,* der das Leiden der Menschen offenbar nicht weiter beachtet. Man schüttelt in einem solchen Leben die Angst nie mehr ab. Man hört nicht auf, dieser stummen Opferung der Lebewesen beizuwohnen, dieser nicht endenden »Missa sine nomine«,[55] dieser namenlosen Opferfeier eines unbekannten Gottes, bei dem sich nicht mehr unterscheiden läßt, ob er als Tod oder als Teufel diese Welt beherrscht. Am Ende gibt es gegen den Glauben an einen Gott nur einen einzig wirklichen Einwand: Die Natur als die Schöpfung eines allmächtigen Gottes genügt nicht dem menschlichen Mitleid, dem letztlich ohnmächtigen ärztlichen Verlangen, helfen zu wollen im Angesicht des Todes. In den Gesängen der mittelamerikanischen Azteken gibt es kein Thema, das so oft und so wehmütig beklagt und besungen worden wäre, wie gerade die Trauer über die Sterblichkeit des Menschen. Es ist dieser Schmerz, mit dem das Grimmsche Märchen von dem »Herrn Gevatter« ausklingt, der in den indianischen Liedern als die ewige Totenklage des menschlichen Daseins Gestalt gewinnt:

> Je mehr ich weine, desto mehr bin ich betrübt.
> Wenn auch mein Herz es niemals wünscht,
> muß ich nicht, wenn alles gesagt ist,
> in das Land des Geheimnisses gehen?
>
> Hier auf Erden sagen unsere Herzen:
> O meine Freunde, wären wir doch unsterblich,
> o Freunde, wo ist das Land, wo man nicht stirbt?
> Muß ich dorthin gehen?
>
> Lebt dort meine Mutter? Lebt dort mein Vater?
> In das Land des Geheimnisses? Mein Herz erzittert.
> O, möchte ich nicht sterben, nicht untergehen.
> Ich leide, ich fühle Schmerz.
>
> Du hast deine Stätte, die ruhmreiche, verlassen,
> o Fürst Tlacauepantzin.
> Hier sind wir doch nur Sklaven.

Die Menschen bleiben nur vor ihm, vor Ipalnemoa
(dem Schöpfergott, d.V.).

Geburt kommt, Leben kommt auf Erden.
Für eine kleine Weile ist uns geliehen
der Ruhm Ipalnemoas.
Geburt kommt, Leben kommt auf Erden.

Wir kommen nur zu schlafen,
wir kommen nur zu träumen:
Nicht wirklich kommen wir zu leben
auf die Erde.

Frühlingsgras sind wir geworden,
es kommt, flattert, schlägt Knospen aus.
Unser Herz, die Blume unseres Leibes,
öffnet ein paar Blätter; dann schwindet sie dahin.[56]

Warum? Diese radikale metaphysische Frage steht am Ende dieses Grimmschen Märchens. Sie steht zugleich am Anfang des parallelen Grimmschen Märchens ›Der Gevatter Tod‹.

Der Gevatter Tod

Es hatte ein armer Mann zwölf Kinder und mußte Tag und Nacht arbeiten, damit er ihnen nur Brot geben konnte. Als nun das dreizehnte zur Welt kam, wußte er sich in seiner Not nicht zu helfen, lief hinaus auf die große Landstraße und wollte den ersten, der ihm begegnete, zu Gevatter bitten. Der erste, der ihm begegnete, das war der liebe Gott, der wußte schon, was er auf dem Herzen hatte, und sprach zu ihm: »Armer Mann, du dauerst mich, ich will dein Kind aus der Taufe heben, will für es sorgen und es glücklich machen auf Erden.« Der Mann sprach: »Wer bist du?« – »Ich bin der liebe Gott.« – »So begehr ich dich nicht zum Gevatter«, sagte der Mann, »du gibst dem Reichen und lässest den Armen hungern.« Das sprach der Mann, weil er nicht wußte, wie weislich Gott Reichtum und Armut verteilt. Also wendete er sich von dem Herrn und ging weiter. Da trat der Teufel zu ihm und sprach: »Was suchst du? Willst du mich zum Paten deines Kindes nehmen, so will ich ihm Gold die Hülle und Fülle und alle Lust der Welt dazu geben.« Der Mann fragte: »Wer bist du?« – »Ich bin der Teufel.« – »So begehr ich dich nicht zum Gevatter«, sprach der Mann, »du betrügst und verführst die Menschen.« Er ging weiter, da kam der dürrbeinige Tod auf ihn zugeschritten und sprach: »Nimm mich zum Gevatter.« Der Mann fragte: »Wer bist du?« – »Ich bin der Tod, der alle gleich macht.« Da sprach der Mann: »Du bist der rechte, du holst den Reichen wie den Armen ohne Unterschied, du sollst mein Gevattersmann sein.« Der Tod antwortete: »Ich will dein Kind reich und berühmt machen, denn wer mich zum Freunde hat, dem kann's nicht fehlen.« Der Mann sprach: »Künftigen Sonntag ist die Taufe, da stelle dich zu rechter Zeit ein.« Der Tod erschien, wie er versprochen hatte, und stand ganz ordentlich Gevatter.

Als der Knabe zu Jahren gekommen war, trat zu einer Zeit der Pate ein und hieß ihn mitgehen. Er führte ihn hinaus in den Wald, zeigte ihm ein Kraut, das da wuchs, und sprach: »Jetzt sollst du dein Patengeschenk empfangen. Ich mache dich zu einem berühmten Arzt. Wenn du zu einem Kranken gerufen wirst, so will ich dir jedesmal erscheinen; steh ich zu Häupten des Kranken, so kannst du keck sprechen, du wolltest ihn wieder gesund machen, und gibst du ihm dann von jenem Kraut ein, so wird er genesen; steh ich aber zu Füßen des Kranken, so ist er mein, und du mußt sagen, alle Hilfe sei umsonst, und kein Arzt in der Welt könne ihn retten. Aber hüte dich, daß du das Kraut nicht gegen meinen Willen gebrauchst, es könnte dir schlimm ergehen.«

Es dauerte nicht lange, so war der Jüngling der berühmteste Arzt auf der ganzen Welt. »Er braucht nur den Kranken anzusehen, so weiß er schon, wie es steht, ob er wieder gesund wird oder ob er sterben muß«, so hieß es von ihm, und weit und breit kamen die Leute herbei, holten ihn zu den Kranken und gaben ihm so viel Gold, daß er bald ein reicher Mann war. Nun trug es sich zu, daß der König erkrankte; der Arzt ward berufen und sollte sagen, ob Genesung möglich wäre. Wie er aber zu dem Bette trat, so stand der Tod zu den Füßen des Kranken, und da war für ihn kein Kraut mehr gewachsen. »Wenn ich doch einmal den Tod überlisten könnte«, dachte der Arzt, »er wird's freilich übelnehmen, aber da ich sein Pate bin, so drückt er wohl ein Auge zu: ich will's wagen.« Er faßte also den Kranken und legte ihn verkehrt, so daß der Tod zu Häupten desselben zu stehen kam. Dann gab er ihm von dem Kraute ein, und der König erholte sich und ward wieder gesund. Der Tod aber kam zu dem Arzte, machte ein böses und finsteres Gesicht, drohte mit dem Finger und sagte: »Du hast mich hinter das Licht geführt: diesmal will ich dir's nachsehen, weil du mein Pate bist, aber wagst du das noch einmal, so geht dir's an den Kragen, und ich nehme dich selbst mit fort.«

Bald hernach verfiel die Tochter des Königs in eine schwere Krankheit. Sie war sein einziges Kind, er weinte Tag und Nacht, daß ihm die Augen erblindeten, und ließ bekanntmachen, wer sie vom Tode errettete, der sollte ihr Gemahl werden und die Krone erben. Der Arzt, als er zu dem Bette der Kranken kam, erblickte den Tod zu ihren Füßen. Er hätte sich der Warnung seines Paten erinnern sollen, aber die große Schönheit der Königstochter und das Glück, ihr Gemahl zu werden, betörten ihn so, daß er alle Gedanken in den Wind schlug. Er sah nicht, daß der Tod ihm zornige Blicke zuwarf, die Hand in die Höhe hob und mit der dürren Faust drohte; er hob die Kranke auf und legte ihr Haupt dahin, wo die Füße gelegen hatten. Dann gab er ihr das Kraut ein, und alsbald röteten sich ihre Wangen, und das Leben regte sich von neuem.

Der Tod, als er sich zum zweitenmal um sein Eigentum betrogen sah, ging mit langen Schritten auf den Arzt zu und sprach: »Es ist aus mit dir, und die Reihe kommt nun an dich«, packte ihn mit seiner eiskalten Hand so hart, daß er nicht widerstehen konnte, und führte ihn in eine unterirdische Höhle. Da sah er, wie tausend und tausend Lichter in unübersehbaren Reihen brannten, einige groß, andere halbgroß, andere klein. Jeden Augenblick verloschen einige, und andere brannten wieder auf, also daß die Flämmchen in beständigem Wechsel hin und her zu hüpfen schienen. »Siehst du«, sprach der Tod, »das sind die Lebenslichter der Menschen. Die großen gehören Kindern, die halbgroßen Eheleuten in ihren besten Jahren, die kleinen gehören Greisen. Doch auch Kinder und junge Leute haben oft nur ein kleines Lichtchen.« – »Zeige mir mein Lebenslicht«, sagte der Arzt und meinte, es wäre noch recht groß. Der Tod deutete auf ein kleines Endchen, das eben auszugehen drohte, und sagte: »Siehst du, da ist es.« – »Ach, lieber Pate«, sagte der erschrockene Arzt, »zündet mir ein neues an, tut mir's zuliebe, damit ich meines Lebens genießen kann, König werde und Gemahl der schönen Königstochter.« – »Ich kann nicht«, antwortete der Tod, »erst muß eins verlöschen, eh ein neues anbrennt.« – »So setzt das alte auf ein neues, das gleich fortbrennt, wenn jenes zu Ende ist«, bat der Arzt. Der Tod stellte sich, als ob er seinen Wunsch erfüllen wollte, langte ein frisches großes Licht herbei; aber weil er sich rächen wollte, versah er's beim Umstecken absichtlich, und das Stückchen fiel um und verlosch. Alsbald sank der Arzt zu Boden und war nun selbst in die Hand des Todes geraten.

Tiefenpsychologische Deutung

Die Fassung dieses Märchens bietet als erste Gelegenheit, einmal exemplarisch auf ein Problem einzugehen, das sich bei der Interpretation von Märchen, Mythen und Träumen immer wieder stellt: das Problem der Vielschichtigkeit der Überlieferung bzw. der Dubletten. Es ist offenkundig, daß die Geschichte von dem ›Gevatter Tod‹ im Grunde nur eine Variante der Erzählung von dem ›Herrn Gevatter‹ darstellt. Die Parallelen sind rasch aufgezählt: Hier wie dort erwählt sich ein armer Mann den Tod zum Gevatter seines Kindes; hier wie dort verleiht der Tod seinem Patenkind die Fähigkeit, die Stellung des Todes am Krankenbett wahrzunehmen und den Patienten mit Hilfe eines Medikaments aus den Händen des Todes zu heilen; hier wie dort droht nach anfänglichem Erfolg das Kind des Königs zu sterben; hier wie dort trifft am Ende das Patenkind den Gevatter Tod. Kein Zweifel, bei einer so weitgehenden Übereinstimmung müssen beide Geschichten aus ein und derselben Wurzel hervorgegangen sein.

Was aber soll daraus folgen? – In historischer Absicht müßte man versuchen, entweder die eine Geschichte auf die andere zurückzuführen oder aber eine gemeinsame Ausgangsform beider Erzählungen zu rekonstruieren. Den Ansatz dazu können allein die Unterschiede zwischen den beiden Geschichten liefern, die in der Tat, trotz aller Ähnlichkeiten, recht erheblich sind. In der Geschichte ›Der Gevatter Tod‹ ist vor allem die »Einleitung« geradezu dramatisch verändert: nicht in einem Traum, sondern durch aktives Suchen findet der arme Mann den Tod als den rechten Paten seines Kindes, nachdem er zuvor den »lieben Gott« sowohl wie den »Teufel« abgelehnt hat. Daß der Tod seinem Patenkind *hier* statt des heilenden Wassers ein Kraut übergibt, erscheint demgegenüber als nur geringfügige Abweichung; die Art hingegen, wie der Tod mit seinem Patenkind in den Wald geht und ihm den Gebrauch des Krautes erklärt, ist deutlich prägnanter gefaßt als in der Geschichte von dem ›Herrn Gevatter‹. Dafür verzichtet das Märchen von dem ›Gevatter Tod‹ seinerseits auf das Stilmittel der dreimaligen Wiederholung: statt daß des Königs Kind zweimal tödlich erkrankt, um beim drittenmal unwiderruflich zu sterben, schildert das Märchen von dem ›Gevatter Tod‹, daß des Todes Patenkind *einmal* den König des Landes gegen den Willen des Todes rettet und schließlich, trotz aller Warnung, sogar ein *zweites* Mal den Akt seines Ungehorsams gegenüber dem Gevatter Tod erneuert, indem es des Königs Tochter, in der Hoffnung, sie zur Belohnung heiraten zu dürfen, vor dem Tode bewahrt. Der Inhalt beider Märchen ist *an dieser Stelle* so unterschiedlich, daß einzig das auffallende Motiv von der Stellung des Todes am Krankenbett in beiden Fassungen noch übereinstimmt. Insbesondere der Schlußteil des Märchens vom ›Gevatter Tod‹ fällt demgemäß sehr anders aus als in der Erzählung von dem ›Herrn Gevatter‹: Wohl begegnet auch hier der »Arzt« dem Tod, aber es ist nicht er, der den Tod aufsucht, sondern umgekehrt: er selber wird vom Tod heimgesucht und hinweggerafft. Eben darin liegt denn auch die entscheidende Differenz zwischen den beiden Märchen: während die Geschichte von dem ›Herrn Gevatter‹ im Grunde einen »Arzt« zeigt, der an der Allmacht des Todes, die er bis zum Alptraumartigen *akzeptiert,* seelisch zerbricht, schildert das Märchen vom ›Gevatter Tod‹ einen Menschen, der gegen den Tod revoltiert, und sei es um den Preis des eigenen Untergangs. Beide Märchen beschreiben somit zwei grundverschiedene Weisen, wie man unter an sich gleichen Ausgangsbedingungen auf den Tod zu reagieren vermag: Gehorsam und Flucht auf der einen Seite, Ungehorsam und Untergang auf der anderen Seite. – Was, so muß man sich existentiell weit mehr als historisch fragen, ist »früher«: das eine oder das andere?

Es ist bezeichnend, daß die Frage nach einer früheren Fassung des Märchens sich mit *philosophischen* Mitteln allein nicht beantworten läßt: Es ist nicht möglich, die eine Märchenfassung für »früher« zu erklären als die andere. Gleichwohl läßt sich immerhin beobachten, daß die Geschichte vom ›Gevatter Tod‹ weit genauer und detailfreudiger erzählt ist als das Märchen von dem ›Herrn Gevatter‹. Was dort mehr angedeutet als bezeichnet wird, nennt das Märchen vom ›Gevatter Tod‹ ohne Zögern beim Namen: Der arme Mann, der für sein Kind um einen Paten nachsucht, hat nicht »viele« Kinder, sondern exakt zwölf, und sein Sorgenkind ist das dreizehnte; der Gevatter selbst bleibt nicht auf merkwürdige Weise unbestimmt – als »der erste, der ihm begegnete« –, sondern er tritt von Anfang an klar in Erscheinung als »der dürrbeinige Tod«; die Tätigkeit des Patensohns wird nicht unter Vermeidung einer eindeutigen Berufsbezeichnung lediglich als Tatbestand geschildert; es wird präzis gesagt, daß er »der berühmteste Arzt auf der ganzen Welt« ward; vor allem tritt die Eigenaktivität des Todes gegen Ende der Geschichte viel genauer in Erscheinung. Doch bedeutet all das schon, daß die Geschichte von dem ›Gevatter Tod‹ etwa aus der Erzählung von dem ›Herrn Gevatter‹ herausgesponnen wäre? Wohl kaum. Dafür ist vor allem der Schluß von der »Bestrafung« des ungehorsamen Patenkindes durch den Tod viel zu eigenständig; überhaupt wirkt die Geschichte von dem ›Gevatter Tod‹ weit geschlossener, in sich besser gefügt und spannender erzählt als das Märchen von dem ›Herrn Gevatter‹; dieses zerfällt im Grunde in zwei Teile, deren zweiter trotz des Motivs von dem Sterben des Königskindes eher als äußerlich angehängt erscheint – erst die Interpretation kann zeigen, daß der Besuch des Patenkindes bei seinem Herrn Gevatter sich aus dem Erleben des Todes selbst ergibt. – So betrachtet, ist eigentlich nur das Motiv von dem *Tod als Gevatter* selbst als der gemeinsame Ursprung beider Geschichten anzusehen sowie das Motiv von dem Beachten der Konstellation des Todes am Krankenbett, eine Kunst, die in beiden Märchen als die spezifische Befähigung eines Arztes betrachtet wird. Auf eine Abhängigkeit des einen Märchens von dem anderen indessen läßt sich unter diesen Umständen nicht schließen.

Wie wenig zwischen den Märchenfassungen literarische Abhängigkeiten sich konstruieren lassen, läßt sich zusätzlich an einer dritten Variante des Märchens zeigen. Denn wie um die Sache noch ein bißchen zu verkomplizieren, überliefert Ludwig Bechstein unter dem Titel ›Gevatter Tod‹ ein weiteres Märchen, das sich als eine recht genaue, nur etwas weitschweifiger erzählte Abwandlung der Grimmschen Erzählung erweist;[1] lediglich in einem nicht unwichtigen Detail ist die Bechsteinsche Fassung in ihrer dramatischen Gestaltung der Grimmschen Geschichte literarisch überlegen: Als der König des Landes zu sterben droht, berichtet Bechstein, da sah der junge, ob seiner Erfolge weltberühmte Arzt »zwei Gestalten an dessen Lager stehen, zu Häupten die schöne weinende Königstochter, und zu Füßen den kalten Tod. Und die Königstochter flehte ihn so rührend an, den geliebten Vater zu retten, aber die Gestalt des finsteren Paten wich und wankte nicht.« In dieser Situation, aus Mitleid mit der schönen Königstochter und aus Liebe zu ihr, beschließt der »Arzt«, den König zu retten, indem er das Bett, darauf der Kranke liegt, umdrehen läßt; als wenig später dann die Königstochter selbst erkrankt und der Tod erneut, in Bereitschaft, ihr Leben zu fordern, sich an das Fußende ihres Krankenlagers stellt, wendet der »Arzt«, »in Liebe entbrannt gegen die reizende Königstochter«, noch einmal die gleiche List an – und büßt für die Rettung des fremden geliebten Lebens mit seinem eigenen.

Hält man alle drei Fassungen des Motivs von dem »Tod als Gevatter« nebeneinander, so gibt es überlieferungsgeschichtlich tatsächlich entfernt ein frühes isländisches Vorbild, das »auf den 1339 verstorbenen Bischof Jon Halldorrsson zurückgeführt wird. Nach dieser Erzählung ›Der Königssohn und der Tod‹ gewinnt ein König Mors, den Tod, für seinen Sohn als Weisheitslehrer. Mors vermittelt seinem Schüler die Kunst, am Krankenbett aufgrund der Stellung des Todes Leben oder Sterben des Patienten vorherzusagen. Der Königssohn überlistet den Tod, als dieser ihn selbst holen will, und stirbt schließlich im Alter von zweihundert Jahren freiwillig und lebenssatt. Von

Gevatterschaft und von einem armen Manne ist hier noch nicht die Rede.«[2] Vor allem aber ist das entscheidende Motiv der Grimmschen und der Bechsteinschen Fassung von ›Gevatter Tod‹: die Rettung des Königskindes gegen den Willen des Todes und die Bestrafung dafür, in dieser frühen Erzählung noch nicht enthalten; es scheint tatsächlich gegenüber dem »egoistischen« Bestreben, sich selbst vor dem Tode zu schützen, sekundär zu sein. Das Motiv hingegen, »daß ein Arzt, Heilkundiger oder Wahrsager den Tod, mit dem er im Bunde steht, am Krankenlager sehen kann und mit Hilfe dieser Fähigkeit den in der Regel vergeblichen Versuch macht, den Tod zu überlisten«, besitzt »zahlreiche Parallelen in inner- und außereuropäischen Kulturen bis hin nach China«.[3] Hier also haben wir es mit relativ altem, ursprünglichem Traditionsmaterial zu tun. Was aber soll aus diesem Befund folgen? Es gibt, philologisch gesehen, Motive, Anklänge, Parallelen des Motivs von dem »Tod als Helfer«, doch erscheint es als unmöglich, literarkritisch eine der Erzählvarianten aus der anderen abzuleiten oder eine allen gemeinsame Stammform erschließen zu wollen; statt dessen stehen wir vor der Aufgabe, jede der einzelnen Geschichten in ihrer Eigenart zu interpretieren und dabei die verschiedenen Fassungen nicht in Konkurrenz gegeneinander zu stellen, sondern ihre Verschiedenheit als einen wechselseitigen Kommentar zueinander zu verstehen, der die Aussagebreite des Grundmotivs möglichst zu komplettieren hilft. Nicht eine reduzierte Urform, sondern eine facettenreich komponierte Gesamtform zu erstellen muß daher das Ziel einer adäquaten Deutung sein.[4] Wir werden dann sehen, daß die beiden Märchen von dem ›Herrn Gevatter‹ und dem ›Gevatter Tod‹ einander ergänzen wie die linke und die rechte Hand, indem sie die beiden möglichen Einstellungen des Menschen gegenüber dem Tod alternativ formulieren: zwischen Geborgenheit und Protest, zwischen Wahnsinn und Untergang, zwischen psychischem oder physischem Scheitern an der unbesiegbaren Daseinsmacht Tod.

Im Vergleich der verschiedenen Fassungen lernen wir als erstes aus der Bechsteinschen Variante des Märchens vom ›Gevatter Tod‹, was *sein Titel* wirklich bedeutet und woher die Vorstellung von dem *Tod als Gevatter* stammt. »Und am Sonntag«, heißt es in der Fassung von Bechstein, »kam richtig der Tod, und ward ein ordentlicher Dot, das ist Taufpat des Kleinen.«[5] »Das verbreitete Dialektwort ›Dot‹ für ›Gevatter‹ bzw. ›Taufpate‹ ist ... heute noch aus dem Fränkischen in der Form ›dott‹ und dem Schwäbischen in der Form ›dote‹ geläufig. Diese beiden Worte miteinander in Verbindung zu bringen, wie es in unserem Märchenstoff geschehen ist, legte sich desto mehr nahe, als in der Aussprache der beiden Worte für das Ohr des Laien nur geringe Unterschiede bestehen und die Schreibweise im 16. Jahrhundert sogar gleich sein konnte. Hans Sachs schreibt in seinem Nürnberger Fränkisch auch das Wort für den ›Tod‹ in der Form ›dot‹; ja es läßt sich gelegentlich nicht einmal endgültig entscheiden, welches der beiden Worte gemeint ist – Tod oder Dot, so am Schluß seines Meisterlieds:

> Der arczt loff rab, sprach sein gepete,
> Der Dot (Gevatter oder Tod?) im pald sein Hals umdrehte,
> Sprach: ›Nun pistu mein aygen gar.‹
> Darumb ist das alt sprichtwort war,
> Keyn kraut sey fuer den Dot gewachsen;
> Wirt auch verschonen nit Hans Sachsen.«[6]

Fragt man nach der Bedeutung, die ein solches Wortspiel von Tod und Dot (Gevatter) historisch einmal besessen haben mag, so läßt sich an die Zeit der Täuferbewegung um 1525 denken: Wer damals nicht einen Dot (Paten) zur Kindtaufe holte, den konnte selber der landesherrlich verfügte Tod holen.[7] Ganz unwahrscheinlich scheint es jedoch, daß in dem Grimmschen (und Bechsteinschen) Märchen derartige historische Anspielungen noch mitgemeint sein sollten, kommt es in der Erzählung der Brüder Grimm doch gerade *nicht* darauf an, zwischen Tod und Taufpaten zu *wählen,* sondern im Gegenteil: es gilt, den Tod geradewegs als den rechten Paten eines (jeden?) Arme-Leute-Kindes zu erkennen.[8] Damit stehen wir allerdings bei der für ein Grimmsches Märchen völlig singulären Einleitung der Geschichte vom ›Gevatter Tod‹: Bei der Entscheidung des armen Mannes, in der Wahl zwischen den drei Gestalten: Gott, Teufel und Tod, einzig den letzteren sich als Paten seines dreizehnten Kindes zu erwählen.

Die Ouvertüre des Märchens ist von einer unerhörten sozialkritischen Wucht, die uns hilft, auch die Einleitung des Märchens von dem ›Herrn Gevatter‹ rückblickend noch ein Stück besser zu verstehen. Während wir dort die Patenschaft des Todes über das Kind armer Leute als eine einfache Tatsache, buchstäblich mit »traumhafter« Sicherheit hinnehmen mußten, setzt das Märchen vom ›Gevatter Tod‹ eine klar getroffene, bewußte Entscheidung des »armen Mannes« an den Anfang: Er lehnt den »lieben Gott« als Taufpaten seines Kindes ab, weil, so hält er Gott vor, »du gibst den Reichen und lässest den Armen hungern«. Wenn irgend in einem Märchen konkrete Spuren von Gesellschaftskritik und Religionskritik sich finden lassen, so enthält die Geschichte vom ›Gevatter Tod‹ in diesem einen Satz die Zusammenfassung aller Gefühle der Ohnmacht, des Zorns, der Resignation und der Gleichgültigkeit, mit denen die »armen Leute« seit eh und je den »Tröstungen« der Theologen und der Ideologen aus Kirche und Gesellschaft gegenüberstehen.

Da ist zum einen das typische Problem der Armut, das noch heute vor allem in den Ländern der Dritten Welt katastrophale Ausmaße und Auswirkungen erlangt: die viel zu hohe Kinderzahl. Kinder, sagt das Sprichwort, sind das Brot der Armen; sie ersetzen in Gesellschaften, denen jedwede Form von Sozialversicherung, Altersversorgung, Krankenhausgeld, Arbeitslosenunterstützung und ähnliches prinzipiell fremd ist, die mangelnde Hilfe sowohl in den unvorhersehbaren wie in den absehbaren Krisenfällen des Lebens. Verständlich daher, daß aus der Armut ein Zuviel an Kindern und aus dem Zuviel an Kindern wiederum ein noch Mehr an Armut hervorgeht – ein unablässiger Teufelskreis, der offensichtlich schwer zu durchbrechen ist;[9] das Unheil und Unglück aber, das diesem circulus vitiosus entsteigt, findet eine nahezu zynische Begründung und Bestätigung noch heute in den Lehren zum Beispiel katholischer Moraltheologen, die alle Verfahren künstlicher Empfängnisverhütung als »schwere Sünde« kennzeichnen und mit höchster Autorität selbst in Ländern wie Nigeria oder Indonesien, die von dem enormen Bevölkerungszuwachs förmlich erstickt werden, den Leuten in unverdrossenem Gottvertrauen zu noch mehr Kindern »Mut zusprechen«.[10] Das Grimmsche Märchen beschreibt eindringlich, wie der arme Mann »Tag und Nacht arbeiten« muß, um seine zwölf Kinder mühsam zu ernähren, und wie er der Geburt des dreizehnten Kindes schließlich völlig hilflos gegenübersteht; dieses Kind bedeutet schon der Zahl nach für ihn soviel wie das leibhaftige Unglück. Wieviel Zorn und Erbitterung muß das Volk in den Jahrhunderten der Ausbeutung und der Unterdrückung durch Kleriker und Feudalherren in sich aufgenommen haben, daß dieses Grimmsche Märchen vom ›Gevatter Tod‹ meint, die armen Leute würden aus der Hand des »lieben Gottes«, selbst wenn er ihnen auf der Straße begegnete und ihnen alle Hilfe anböte, durchaus kein Stück Brot mehr annehmen! Zu oft haben offenbar die Theologen der Kirche den Leuten im Namen Gottes gepredigt, was sie zu tun haben und was sie nicht zu tun haben, und all ihr Reden hat das Elend nicht verhindert, sondern nur vermehrt.

In dieser Perspektive betrachtet, scheint es eine erwiesene Tatsache zu sein, daß »Gott« *ein Gott der Reichen* ist: für die Leute, denen es gut geht, gibt es einen »lieben« Gott, und alles, was dieser »liebe« »Gott« zu sagen hat und durch seine kirchlichen Bediensteten sagen läßt, dient offensichtlich nur dazu, die Reichen immer reicher und die Armen immer ärmer zu machen, indem er den einen alle Rechte, den anderen alle Pflichten zuteilt. »Im Jahre 1834«, schrieb beispielsweise Georg Büchner im ›Hessischen Landboten‹, just zur Entstehungszeit der Grimmschen Märchensammlung, »sieht es so aus, als würde die Bibel Lügen gestraft. Es sieht aus, als hätte Gott die Bauern und

Handwerker am fünften Tage und die Fürsten und Vornehmen am sechsten gemacht, und als hätte der Herr zu diesen gesagt: ›Herrschet über alles Getier, das auf Erden kriecht‹, und hätte die Bauern und Bürger zum Gewürm gezählt. Das Leben der Vornehmen ist ein langer Sonntag: Sie wohnen in schönen Häusern, sie tragen zierliche Kleider, sie haben feiste Gesichter und reden eine eigene Sprache; das Volk aber liegt vor ihnen wie Dünger auf dem Acker. Der Bauer geht hinter dem Pflug, der Vornehme aber geht hinter ihm und dem Pflug und treibt ihn mit den Ochsen am Pflug, er nimmt das Korn und läßt ihm die Stoppeln. Das Leben des Bauern ist ein langer Werktag; Fremde verzehren seine Äcker vor seinen Augen, sein Leib ist eine Schwiele, sein Schweiß ist das Salz auf dem Tische des Vornehmen.«[11]
Und Gott im Himmel? Die Angehörigen des Ersten Standes, die Abgeordneten der Kirche haben versichert und werden versichern, daß es so Sein Wille sei, daß es so die staatliche Ordnung verlange und daß als ein Anarchist gelten müsse, wer daran etwas ändern wolle. Am Ende wird es zu einer Frage der Selbstachtung, inwieweit man einen solchen »Gott«, der stets nur »lieb« ist zu den Reichen, noch weiter anzubeten willig ist. Es ist nicht so, als ob der »Arme« des Grimmschen Märchens im Sinne des aufgeklärten Atheismus an keinen Gott mehr glauben würde, er kennt den »lieben Gott«, aber er wagt es, diesem »Gott« die Anerkennung zu verweigern, und zwar nicht im Namen einer anderen, besseren Religion, sondern einzig gestützt auf das Gefühl, daß dieser Gott nichts weiter ist als ein parteilicher und ungerechter Gott, dessen »Drohung« darin besteht, der Ausbeutung und dem Unrecht feierliche Namen der Rechtfertigung zu verleihen.
Man muß, um diese Mentalität sich wirklich klarzumachen, all die Menschen vor sich sehen, die in ihrer Not und in ihrer Armut aus der Kirche, aus der offiziellen Religion, vertrieben worden sind; sie kennen keinen anderen Ort, an dem sie zu Hause sein könnten; sie sind außerstande, geistig eine eigene Position gegenüber den Lehrmeinungen der Kirche aufzubauen; sie wissen nur ganz einfach, daß ihnen, sobald dieser Gott zu ihnen redet oder sobald von ihm die Rede an sie geht, chronisch Unrecht geschieht und daß sie es sich selber schon von daher schuldig sind, einem solchen Reiche-Leute-Gott sich strikt und energisch zu verweigern. Ihr Standpunkt ist für theologische Gedankenführungen absolut unerreichbar. Sie sagen sich nicht, wie Büchner es im ›Hessischen Landboten‹ lehren wollte: Ein Gott, der stets auf seiten der Reichen steht, ist kein Gott; Gott, wenn es ihn gibt, ist der Gott *aller* Menschen, und insbesondere nimmt er sich der Armen an und will nicht, daß sie von den »Vornehmen« gequält und geschunden werden. Sie sprechen allenfalls wie Büchners »Woyzeck« zugunsten seines unehelichen Kindes zu seinem Hauptmann: »Herr Hauptmann,

der liebe Gott wird den armen Wurm nicht drum ansehen, ob das Amen drüber gesagt ist, eh er gemacht wurde. Der Herr sprach: Lasset die Kleinen zu mir kommen.«[12] In solchen Worten spricht sich eine Güte aus, an die man glauben muß, um zu leben, an die man aber nicht glauben mag, weil sie erfahrbar nicht existiert. Es ist, wenn man so will, ein *verzweifelter* Glaube an einen Gott, den es geben müßte, der aber nicht wirklich erfahrbar wird, sondern nur als ein aussichtsloses Gedenken gegenwärtig ist. »Sehen Sie, Herr Hauptmann«, fährt deshalb Büchners Woyzeck fort, »Geld, Geld! Wer kein Geld hat. – Da setz einmal eines seinesgleichen auf die Moral in die Welt! Man hat auch sein Fleisch und Blut. Unsereins ist doch einmal unselig in der und der andern Welt. Ich glaub, wenn wir in Himmel kämen, so müßten wir donnern helfen.«[13] »Sehen Sie – wir gemeine Leut, das hat keine Tugend, es kommt einem nur so die Natur; aber wenn ich ein Herr wär und hätt ein' Hut und eine Uhr und eine Anglaise und könnt vornehm reden, ich wollt schon tugendhaft sein. Es muß was Schönes sein um die Tugend, Herr Hauptmann. Aber ich bin ein armer Kerl.«[14]

Dieses Gefühl einer endgültigen Verlorenheit in Zeit und Ewigkeit charakterisiert wohl am besten die Haltung des »armen Mannes« mit seinen dreizehn Kindern in dem Grimmschen Märchen. Nur von diesem Empfinden her ist verstehbar, was sonst ganz widersinnig scheinen müßte: daß der Arme das Hilfsangebot des »lieben Gottes« bedenkenlos in den Wind schlägt. An sich sollte man glauben, daß ein Habenichts und Hungerleider wie dieser Arme froh wäre um jede Hilfe, die ihm geboten wird – und nun gar die Hilfe des »lieben Gottes« selber! Aber es ist bereits der Tonfall und die Sprache, in welcher der »liebe Gott« redet, die beleidigend, weil herablassend wirken muß: Es trieft von »christlicher Barmherzigkeit«, wenn der »liebe Gott« erklärt: »Armer Mann, du dauerst mich, ich will dein Kind aus der Taufe heben, will für es sorgen und es glücklich machen auf Erden.« Was dem Armen zusteht, ist nicht Mitleid und «Bedauern«, sondern die Erfüllung seines Anspruchs auf Recht und Gerechtigkeit. Nicht ein gnädiges Almosen, sondern die Anerkennung seines Wertes als Mensch und des Wertes seiner Arbeit würde eine wirkliche »Hilfe« für ihn bedeuten. Und auch der »liebe Gott« scheint in dem Grimmschen Märchen erst einmal lernen zu müssen, daß man von »Güte«, »Mitleid« und »Nächstenliebe« nicht sprechen kann, solange man einem Menschen die elementaren Rechte der Gleichberechtigung und der Gleichwertigkeit verweigert. Es ist gerade die Mischung aus objektiver Erniedrigung und Ausbeutung, drapiert mit den Ausnahmewerken christlicher Mildtätigkeit aus *Erbarmen*, versetzt noch zusätzlich mit der bigotten Kanzelsprache des Klerikerdeutschs (»Du dauerst mich«), die dem Armen auf die Dauer die Galle hochtreibt. Sein Stolz und seine Würde sind ihm schließlich mehr wert als die Speichelleckerei einer ewig geschuldeten Dankbarkeit gegenüber der »Ungeschuldetheit« göttlicher Gnade.[15] – Freilich, das ist der Standpunkt des *Armen*. Die beamteten Diener des »lieben Gottes« werden ihm alsbald erklären, daß er jetzt erst recht ein unmoralischer, undankbarer, trotziger und unverantwortlich bösartiger Mensch sei: Wie kann er im Anblick seiner hungernden Kinder die angebotene Hilfe aus der Hand des allmächtigen Gottes anzunehmen sich weigern! Solch einen Hochmut *müssen* die Hochstehenden strafen, im Namen des allerhöchsten Gottes. Aber ist der »Arme« wirklich ein böser Mensch? Ist er, der Gott verwirft, deswegen schon ein Parteigänger des Bösen und ein Kind der Hölle?

Das Erstaunliche an dem Grimmschen Märchen vom ›Gevatter Tod‹ ist nicht allein der Widerspruch des Armen gegenüber dem Hilfsangebot des »lieben Gottes«, mindestens ebenso erstaunlich ist die wie selbstverständliche *Moralität*, die der Arme sich bewahrt, indem er den Teufel zurückweist. Man hat gemeint, die Gestalt des Teufels sei an dieser Stelle erst von den Brüdern Grimm nachträglich eingetragen worden, um den Protest des Armen gegen den Gott der Reichen unter dem Druck der Restauration seit dem Wiener Kongreß von 1815 abzuschwächen,[16] und dafür scheinen tatsächlich einige Indizien zu sprechen. So kennt die Erstfassung des Märchens von 1812, welche die Brüder Grimm nach einer hessischen Überlieferung publizierten, die Begegnung des Armen mit dem Teufel noch nicht, und der Gedanke liegt daher wirklich nahe, daß die Brüder Grimm seine Gestalt später eingetragen haben, um die ursprüngliche Gotteskritik der Erzählung abzuschwächen. Für eine solche Annahme spricht zudem, daß die Brüder Grimm bereits in der Fassung von 1819 die Worte, mit denen der Arme das Hilfsangebot Gottes ausschlägt, im Sinne der christlichen Dogmatik auf ihre Weise mit dem Einschub zurechtrücken: »Das sprach der Mann, weil er nicht wußte, wie weislich Gott Reichtum und Armut verteilt. Also wendete er sich von dem Herrn ab.« Mit anderen Worten: Die Haltung des Armen ist eine *Sünde,* sie ist ganz wörtlich »Abwendung vom Herrn«,[17] und sie ist geboren aus einer Blindheit und Torheit, die nicht sehen will noch kann, wie gütig und gerecht die Ordnung des Schöpfers der Welt und des Gestalters der menschlichen Geschichte doch ist. Auch die Fassung des Märchens bei Ludwig Bechstein unterstreicht diese Tendenz: Während ursprünglich (1812) in dem Grimmschen Märchen der Arme den »lieben Gott« einfach stehenläßt, »wendet er sich« in der Fassung von 1819 in besagter Form »von dem Herrn ab«; aber ist es möglich, muß man sich nun doch theologisch fragen, daß *ein Mensch* sich *von Gott* lossagt? Kein Zweifel, es muß sich umgekehrt verhalten: bei Ludwig Bechstein ist es konsequenterweise Gott selber, der von dem Armen fortgeht – zur Strafe für seine Undankbarkeit; daß es dem Armen so schlecht geht, ist mithin als Folge seiner Gottlosigkeit zu verstehen, und recht geschieht ihm, soll man denken, wenn auf einem solchen Menschen der Segen Gottes (in Gestalt von Reichtum und Wohlstand) nicht ruht. – Es ist offensichtlich, wie mit solchen Überarbeitungen das Märchen vom ›Gevatter Tod‹, das ursprünglich ein Arme-Leute-Märchen war und den Protest der sozialen Unterschicht gegen Kirche und Obrigkeit ausdrückte, eben diesen armen Leuten weggenommen wird, indem es in ein »Kinder- und Hausmärchen« der Bürgerstuben verwandelt wird.

Doch trotz alledem scheint das Auftreten des Teufels selbst noch einen anderen Grund zu haben, als den »lieben Gott« von dem Vorwurf der Ungerechtigkeit freizusprechen, ja das folgende Gespräch mit dem Teufel nimmt in gewissem Sinne die eben getroffene theologische Verurteilung des Armen sogar auf eine erstaunliche Weise wieder zurück. Wer Gott widerspricht, wer ihm den Rücken kehrt, ja wer auf den Beistand des »lieben Gottes« buchstäblich verzichten zu können glaubt, von dem müßte man nach christlicher Vorstellung auf der Stelle erwarten, daß er fortan ein Kind des Teufels wird bzw. daß er sein eigenes Kind dem Teufel überantwortet. Entsprechend diesem Denken ist es nicht möglich, Gott zu verlassen, ohne vom Bösen heimgesucht zu werden; der Mensch kann nicht gut sein ohne Gott, das ist der Kern der christlichen Erbsündenlehre.[18] Und doch: Der *arme Mann kann es!* Sein Dasein setzt nicht nur das Reden der christlichen Theologen von *Gott* außer Kraft, es straft auch ihre Ansichten über den *Menschen* Lügen. Man kann, was hier auf dem Spiel steht, sich gar nicht deutlich genug klarmachen: Es handelt sich um nichts Geringeres als um die Geburtsstunde einer Moral der einfachen Humanität, einer Moral ohne Gott. Es waren zutiefst moralische Vorwürfe, mit denen »der arme Mann« seinen »lieben« Herrgott abfertigte, und es ist, wohlgemerkt, das unverdorbene Empfinden der »einfachen« Leute für Recht und für Unrecht, das ihren praktischen Atheismus begründet – begründen *muß*, weil der »liebe Gott« der Theologen, gemessen daran, nichts weiter ist als eine Zwecklüge zum Erhalt der Privilegien der Reichen und Begüterten. Aber ist es denn möglich, muß man sich fragen, daß die Begriffe von Gut und Böse, Recht und Unrecht, Tugend und Laster, Lohn und Strafe überhaupt noch einen Sinn machen, wenn man ihnen die religiöse, die metaphysische Begründung in Gestalt der Gottesvorstellung entzieht? Muß nicht, wer mit Absicht an Gott vorbeigeht, augenblicklich dem Chaos anheimfallen? Es ist äußerst wichtig, zu sehen, daß nach der Ablehnung Gottes entsprechend dem christlichen Denken im Grunde *folgerichtig* nunmehr *der Teufel* auftreten muß; es ist ganz einfach die konventionelle christliche Meinung, die sein Erscheinen an gerade dieser Stelle verlangt. Doch um so mehr muß es dann wundernehmen, daß der »arme Mann« sich auch dem Teufel verweigert! Er ist keineswegs »dem Bösen« ausgeliefert, nur weil er den »Herrgott« auf der Straße stehenläßt, er widerlegt vielmehr durch sein Beispiel gerade die zwangsneurotisch zu nennende Logik der christlichen Moral, wonach abseits ihrer göttlichen Wahrheiten und Rechtsame nur der Abgrund und die Hölle warten könnten.[19] Mit derselben Selbstverständlichkeit und Souveränität, mit welcher der »arme Mann« soeben noch die Ungerechtigkeit der göttlichen »Ordnung« beim Namen nannte, läßt er sich nun auch von den Versprechungen des »Teufels« nicht korrumpieren. Wohl stellt ihn der »Teufel«, ähnlich der biblischen Versuchungsgeschichte (Mt 4,1–11),[20] »Gold in Hülle und Fülle und alle Lust der Welt dazu« in Aussicht, aber der »Arme« läßt sich trotz seiner Not auch von dem »Teufel« nicht verlocken.

Es gibt Märchen, in denen der »Pakt mit dem Teufel« sich rein psychologisch verstehen läßt;[21] in solchen Erzählungen repräsentiert der »Teufel« all das verdrängte Material der Psyche, das integriert werden muß, wenn ein Mensch zu sich selbst finden will. *Hier*, in der Geschichte vom ›Gevatter Tod‹, läßt sich die Gestalt des »Teufels« *nicht* psychologisch auflösen, es sei denn, man erblickt in ihr die Verkörperung der jederzeit naheliegenden Versuchung aller »armen« Leute, nach der Devise zu leben: Not kennt kein Gebot, und auf jede nur mögliche Weise sich zu ergaunern und zu erbeuten, was das Leben bietet. Doch gerade dann scheinen der Teufel und der liebe Gott in gewissem Sinne unter einer Decke zu stecken. Wie denn, wenn nicht durch Lug und Trug, wären die »Vornehmen« zu ihrer Stellung gelangt? Statt zwischen »Gott« und dem »Teufel« zu wählen, gilt es in den Augen des »Armen« vielmehr zu begreifen, daß sie beide Komplizen innerhalb eines Reiches trügerischer Phantasmagorien sind, indem das »Mitleid« des »lieben Gottes« nur das Mäntelchen der Gaunerei des wahren Herrn allen »Goldes«: des Teufels selber, darstellt. Selbst innerhalb der Psychologie der Versuchung muß man den »Teufel« in dem Märchen von dem ›Gevatter Tod‹ mithin als eine moralische, nicht als eine psychische Instanz verstehen.

Dann aber ist es mehr als bewundernswert, mit welcher Gelassenheit der »Arme« das Angebot des »Teufels« ablehnt: »Du betrügst und verführst die Menschen.« Der *Betrug* des »Teufels« bezieht sich dabei gewiß nicht nur auf die Art und Weise, mit welcher er die Menschen lehrt, möglichst viel »Gold« und »Lust« für sich zu erobern, sondern mehr noch auf den wahrhaft »teuflischen« Trug, den

Menschen weiszumachen, daß der Besitz von »Gold« und die Empfindung »aller Lust der Welt« das Entscheidende im Leben darstellten. Es ist immerhin ein Sprichwort gerade der »einfachen« Leute, das da lautet: »Geld beruhigt, doch es macht nicht glücklich.« Und dasselbe »einfache« Volk weiß auch, daß »Lust« noch lange nicht so viel bedeutet wie Freude. Gleichwohl argumentiert der arme Mann gegenüber dem Teufel nicht mit der unterschiedlichen Ranghöhe bestimmter Werte und Lebensinhalte, er stellt nur nüchtern fest, was ihn das Leben gelehrt hat. Es ist nicht sein Idealismus, es ist der *Realismus* seiner Erfahrung, der ihn davor bewahrt, sich dem »Teufel« auszuliefern, und wenn es an dieser Stelle philosophisch oder religiös etwas zu lernen gibt, so ist es diese Form einer Moralität, die sich auf nichts weiter gründet als auf die Vorurteilsfreiheit und Unbestechlichkeit eines gesunden Menschenverstandes, der sich weigert, Unrecht für Weisheit zu erklären und Teufeleien aller Art für den Himmel auf Erden auszugeben.

Zur Realität freilich gehört vor allem die unumstößliche Tatsache, daß wir eines Tages werden sterben müssen. Nach den »Geistermächten« des ungerechten »lieben Gottes« und des reichen »bösen Teufels« verbleibt als die einzig reale Macht dieser Welt *der Tod*. Er ist es eigentlich, mit dem der »arme Mann« rechnet und dem er sich zugehörig fühlt. Dabei handelt es sich nicht etwa um eine Art »buddhistischer« Läuterung der Lebensinteressen im Angesicht des Todes, so als ob die eben noch vom »Teufel« in Aussicht gestellten irdischen Glücksversprechungen durch die Gewißheit des Sterbens als »Betrug« entlarvt würden;[22] es ist im Gegenteil nichts weiter als ein materialistischer Realismus, mit dem der »arme Mann« die Tatsache des Todes akzeptiert. Allenfalls so etwas wie Genugtuung und Schadenfreude klingt an, wenn der Arme sich mit dem Tod als Paten seines Kindes ohne weiteres noch vor dem Versprechen, das Kind »reich und berühmt« zu machen, einverstanden erklärt: »Du holst den Reichen wie den Armen ohne Unterschied.« Inmitten einer Welt des Unrechts und der Schlechtigkeit kommt es einer wirklichen Befriedigung gleich, zu wissen, daß die Herrschaft der Reichen an der Seite des »lieben Gottes« ebenso wie die der Bösewichter an der Seite des »Teufels« im Leben eines jeden über kurz oder lang unfehlbar ihr Ende finden wird. Zumindest im Tod hören all die scheinbar so wichtigen Unterschiede zwischen den Menschen endgültig auf. Spätestens dann sind alle einander gleich. – *So* aus der Sicht des »armen Mannes«. Und soweit zugleich das religionskritische Element des Grimmschen Märchens – eine eigentümlich »erwachsen« anmutende[23] »weltanschauliche« Mischung aus illusionsloser Tapferkeit, unvoreingenommenem Witz und natürlicher Selbstachtung.

Und aus solchen Anlagen wird ein Arzt geboren? Nach Meinung des Märchens offenbar, und zwar wesentlich. Wir würden die Geschichte von dem »armen Mann« in der Einleitung der Grimmschen Erzählung gewiß zu kurz interpretieren, wenn wir in ihr lediglich ein Zufallsporträt des Vaters jenes weltberühmten Arztes erblicken wollten, den das Märchen im folgenden uns vorstellt. Eine wichtige Interpretationsregel lautet, daß die Vorgeschichte einer Person in Märchen, Mythen, Sagen und Legenden vor allem als ein *symbolisches Wesensbild* des Betreffenden verstanden werden muß.[24] In unserem Falle bedeutet dies, daß wir die gesamte Einleitung des Märchens vom ›Gevatter Tod‹ als eine bildhafte Darstellung des Erlebnishintergrundes bzw. der *geistigen* Grundeinstellung eines ›Arztes« interpretieren müssen, denn nichts sonst, als daß er *ein Arzt* ist, wird uns von dem dreizehnten Kind des »Armen« als dem rechten Patenkind des Todes mitgeteilt.

Allerdings, soviel erfahren wir bereits durch die knappen Einleitungsbemerkungen des Märchens schon: Ein »Arzt« ist jemand, der wesenhaft das Unglück seines Daseins, das er an sich schon durch die Tatsache seiner Geburt den engsten Angehörigen bereitet, in Hilfe und Segen für andere umwandelt; ein Arzt ist jemand, der aus der Nähe zum Tode Leben und Rettung gewinnt; und er ist jemand, der aus der Erfahrung tiefster Armut für sich selbst Erkenntnis und Reichtum zu schaffen vermag. »*Armut*« ist dabei gewiß nicht nur materiell zu verstehen. Was ein Arzt ständig und immer wieder vor sich sieht, ist *die unabänderliche Armut,* die es bedeutet, auf dieser Erde als Mensch zu leben, im Wissen, nichts anderes zu sein als Kreatur. Diese Einsicht, die sich in dem Märchen von dem ›Herrn Gevatter‹ am Ende bis zum Alptraumartigen auswuchs, steht in der Erzählung vom ›Gevatter Tod‹ am Anfang, und das Problem lautet jetzt: Wie kann man in einer Welt der verrinnenden Zeit Zeit gewinnen, wie inmitten einer Situation des Mangels Mangel überwinden, wie unter der Herrschaft des Todes dem Tod ein Schnippchen schlagen? Der ganzen Mentalität nach ist an dieser wichtigen Stelle das Märchen vom ›Gevatter Tod‹ von der Geschichte des ›Herrn Gevatter‹ grundverschieden, ja es bildet gegenüber diesem Märchen sozusagen die unerläßliche Ergänzung zu dem deprimierenden, chaotisch-psychotischen Ausgang der »Flucht« des »Arztes« vor seinem Herrn Gevatter in die Welt hinein. Wie wäre es, scheint das Märchen vom ›Gevatter Tod‹ zu fragen, wenn wir die Haltung eines widerspruchsfreien Gehorsams gegenüber den Mächten des Schicksals, gegenüber dem Tod insbesondere, fahren ließen, und wir hätten den Mut, den Verstand zu *gebrauchen,* statt ihn über dem unaufhörlichen Anblick der Fülle von Leid und Elend am Ende zu *verlieren*?

Den Verstand zu gebrauchen! Das heißt im Märchen vom ›Gevatter Tod‹ nicht länger, einem Traum zu folgen, der uns den Tod als Helfer zeigt, das bedeutet als erstes, den »lieben Gott« *hinter* sich zu lassen.

Es ist in diesem Zusammenhang nicht ohne Nutzen, ein wenig der *Geschichte der Medizin* zu gedenken, die, wenn man so will, wirklich darin bestand und besteht, den »lieben Gott« fortschreitend außer Kraft zu setzen. Vom Alten Ägypten[25] an bis zum Beginn der Neuzeit verstanden sich die Ärzte als Mittler und Diener bestimmter Gottheiten; »der Arzt ist aus Gott«, dieser Satz des Paracelsus[26] mag als Formel dieser Einstellung gelten. Wohl gab es den Geist der griechischen Aufklärung und die uns heute schier unfaßbar modern anmutenden Versuche des Hippokrates,[27] Gesundheit und Krankheit aus natürlichen Ursachen zu erklären und aus der Erforschung der Gründe der Leiden entsprechende empirisch begründete Heilverfahren abzuleiten; doch im Volke blieb das religiöse Verständnis von Heil und Unheil, Krankheit und Heilung bis heute erhalten. Die objektive Ohnmacht des Menschen, konfrontiert mit dem ganzen Ausmaß an Schmerz, Leid und Tod, nötigte immer wieder die Gläubigen, mit Gebeten, Bußwerken, Wallfahrten und Opfern den Himmel um Gnade zu bestürmen, und die Kirche tat alles, um diesen Zustand der Unwissenheit, der ihr Einfluß und Einkommen sicherte, nach Kräften zu erhalten, wo nicht zu fördern. Man kann sich nur schwer klarmachen, welch einen Einschnitt es für das Denken und Fühlen bedeutete, als die Mediziner des 16., 17. Jahrhunderts sich anschickten, das menschliche Elend in Krankheit und Tod ebenso nüchtern und unbeteiligt, so objektiv distanziert zu erforschen wie die Beschaffenheit eines sonderbaren Gewächses oder einer besonderen Tierart.[28] Allein schon den Körper eines Verstorbenen zu untersuchen galt den frommen Gemütern seinerzeit als Leichenschändung und schamloser Frevel gegen Gottes Ordnung. Eine Kirche, die noch bis weit in die Mitte des 20. Jahrhunderts die Feuerbestattung als Leugnung des Auferstehungsglaubens mit der Strafe der Exkommunikation belegte,[29] sah allein schon durch die Pietätlosigkeit, mit welcher die Ärzte der Renaissance-Zeit sich dem menschlichen Körper zuwandten, ihre eigene ebenso gottesfürchtige wie machtbewußte Stellung bedroht. Der Gegensatz ist ganz buchstäblich himmelschreiend: Da ziehen zum Beispiel in den Tagen der Pest, im 14. Jahrhundert,[30] die Gläubigen sich kasteiend und betend durch die Städte; da mahnt die christliche Caritas dazu, die Menschen in den Siechenanstalten, so gut es geht, zu versorgen; und dann entdeckt man Jahrhunderte später unter dem Mikroskop, daß die »Geißel Gottes« nichts anderes ist als ein kleiner Bazillus, der sich durch Ansteckung überträgt,[31] und man folgert daraus, die hygienischen Verhältnisse zu verbessern, Quarantäne-Stationen einzurichten, die staatlichen Grenzen zu kontrollieren und die Ratten aus den Dörfern und Städten zu verdrängen ... Man lernt, daß weder das menschliche Mitleid noch die Güte eines »lieben Gottes« an Epidemien und Seuchen irgend etwas ändern, wohl aber die fortschreitende Kenntnis der Naturzusammenhänge. Man lernt, den menschlichen Schmerz für nichts weiter zu nehmen als für die Verarbeitungsform eines Signals der Nervenbahnen im Gehirn und ruhig und kühl dabeizusitzen, um weiterzuforschen, um mehr zu erkennen. Vor allem: Man hat begriffen, daß man die tödlichen Gegner: Krankheit, Alter und Leid, niemals frontal angreifen darf, sondern nur indem man ihre »Logistik« im Hinterland auskundschaftet und gewissermaßen vom Rücken her zerstört. Einsichten und Erfahrungen, die mit dem Krankheitsgeschehen durchaus nichts zu tun haben: der Bau besserer Linsen in der Optik, verfeinerte Techniken der Röntgenologie, verbesserte Meßmethoden in der Chemie – alles, was hilft, die Natur zu erkennen, wird irgendwann auch helfen, Krankheit, Alter und Leid zu bekämpfen. Aber kein »lieber Gott« wird uns dabei helfen, es sei denn, wir wollten ihn dafür preisen, daß er uns ein so wunderbares Geschenk wie das menschliche Gehirn überantwortet hat. Uns selbst wird nichts anderes bleiben als der mühsame Weg der Erkenntnis und das Risiko der Verantwortung des eigenen Handelns. In den Händen des Arztes allein liegt tagaus, tagein das Schicksal von Menschen, und er ist schon von daher für seine Patienten wirklich so etwas wie ein »Herrgott in Weiß«. Ja, wenn es früher im Verständnis der Schamanen zur Rolle eines Heilers gehörte, die Funktion eines »göttlichen Arztes« zu übernehmen,[32] so hat die Neuzeit die Rolle des zumindest methodisch »gottlosen Arztes« zur förmlichen Berufspflicht am Krankenbett erhoben. Noch ein Mann wie Reinhold Schneider weigerte sich, krebskrank, wie er war, einen Arzt herbeizuziehen,[33] aus Furcht, damit Gott ins Handwerk zu pfuschen. Und hatte er damit so unrecht? In der Tat, das tun sie, die Ärzte: Sie spielen jeden Tag Fatum, sie pfuschen der »Obersten Majestät« in den Plan, sie handeln stets so, als wenn da ein Gott nicht wäre. Es ist nicht erforderlich, daß sie Gott leugnen; sie rechnen nur nicht mit ihm, er ist ihnen zu launisch, zu ungerecht, zu blind gegenüber der wirklichen »Armut« des Menschen. Und so haben sie gelernt, daß menschlich zum Menschen einzig der Mensch sein kann. Das jedenfalls ist offenbar der unvermeidliche Standpunkt aller »armen« Leute, denen das Leid den Gottesglauben zernagt.

Doch so wenig wie mit dem »lieben Gott« tragen die Ärzte der Neuzeit auch mit dem »Teufel« im Sinn. Vorbei sind die Zeiten, da man, wie in den Tagen der Bibel, den Dämon der Krankheit bekämpfte, indem man ihm drohte, ihn anschrie, vor ihm ausspuckte oder

Beschwörungen murmelte.[34] Was immer an dem alten Dämonglauben in Zusammenhang mit Krankheit und Leiden berechtigt sein mochte, hat in die psychoanalytische Therapie und in die psychosomatische Medizin Eingang gefunden;[35] im übrigen wird sich die moderne Medizin den Deibel um den Teufel scheren. Sie wird nicht länger in Alter und Krankheit den Fluch einer urzeitlichen Sündenstrafe für die Verfehlungen schon des ersten Menschenpaares erblikken,[36] sie wird ganz einfach die Hypothek der Endlichkeit allen Lebens als einen notwendigen Teil der Evolution und der Vielfalt der Arten betrachten. Es gibt Erbkrankheiten, gewiß; aber sie sind eine unvermeidbare Folge des Motors aller biologischen Entwicklung: des zufälligen Spiels der Mutationen. Ein Tier frißt das andere, und eins lebt vom anderen, und schon deshalb scheint unserem Mitgefühl ein grausames, böses Prinzip allem Leben eingeprägt; doch: was würde aus der Welt werden, wenn nicht die eine Tierart die andere »kurz« hielte, wenn die Löwen aufhören würden, die Gazellen zu jagen? Es gäbe bald so viele Gazellen, daß ihre Äsungsflächen überweidet wären, und sie selber würden sterben und mit ihnen viele andere Tierarten. Es ist nur gut, daß der Löwe die Gazelle frißt... Freilich: das menschliche Mitleid sieht lauter »Teufel«, wo keine sind. Ein Arzt jedenfalls muß so »gottlos« sein, selbst den Teufel »stehen«zulassen.

Aber der Tod! Er wirklich ist der rechte Pate und Partner des Arztes. Mit ihm muß er rechnen. Auf ihn muß er achten. In seinem Dienst steht der Arzt und ist doch eigentlich sein Gegner. Das Beste daher, was ein Arzt tun kann, wird darin bestehen, sich einen klaren Blick zu bewahren und zu akzeptieren, welch einen »Standpunkt« der Tod zu einem Menschenleben eingenommen hat. Das Erzählmotiv selbst, wie der »Arzt« den »Gevatter Tod« am Krankenbett sieht, ist in den beiden Grimmschen Märchen von dem ›Herrn Gevatter‹ und ›Gevatter Tod‹ ein und dasselbe, und doch ist die Art des »Sehens« hier wie dort grundverschieden: *dort* ging es um die Fähigkeit einer inneren Schau, einer schamanischen Vision, *hier* handelt es sich eher um eine vorurteilsfreie Einsicht in die faktische Realität, die es zu respektieren gilt – auch und gerade für den Arzt; *dort* hatten wir es mit einer »traumhaften« Wahrnehmungsfähigkeit der Innenansicht von Krankheit und Tod zu tun, *hier* geht es ganz im Gegenteil um einen unerschrockenen Wirklichkeitssinn und um die Kraft, die Sprache der Tatsachen anzuerkennen. Insofern ist in dem Märchen vom ›Gevatter Tod‹ der »Arzt« wirklich nichts weiter als das »Patenkind« des Todes. In der Erzählung von dem ›Herrn Gevatter‹ drohte der »Arzt« an dem Überdruck seiner inneren Gesichte zu zerbrechen; in dem Märchen vom ›Gevatter

Tod« indessen wird sich die Frage stellen, wie der »Arzt« mit der Form einer äußeren Realität zurechtkommt, in welcher der Tod die beherrschende Stellung einnimmt.

Dieser Unterschied zwischen der sozusagen »schamanischen« und der »medizinischen« Sicht des »Arztes« wird freilich gemildert durch die Art, wie der Tod in dem Märchen vom ›Gevatter Tod‹ seinem »Patenkind« das »Kraut« (nicht das »Wasser«) übergibt, das die Kranken unfehlbar gesund machen wird, falls der Tod *zu Häupten* des Patienten steht: Deutlich sind es die Relikte typischer *Schamanenberufung* auch hier, wenn wir hören, wie der Tod sein Patenkind »hinaus in den Wald« führt und »ihm ein Kraut, das da wuchs«, zeigt.[37] Ein entscheidender Teil der ärztlichen Kunst, meint auch das Märchen vom ›Gevatter Tod‹, wird gestaltet von den Kräften des Unbewußten; ja wollte man im Sinne der alten Schamanenweisheit den »Ort« bestimmen, wo der »Wald« sich befindet, in dem jenes »Kraut des Lebens« wächst, so müßte man ihn unzweifelhaft suchen am »Mittelpunkt der Erde«,[38] am »Nabel der Welt«. Nur ein Mensch, der in sich selber richtig »zentriert« ist, im Einklang mit der Ordnung der Natur, vermag, entsprechend dieser Vorstellung, in sich Kräfte zu erwecken, die andere Menschen heilen können.[39] »Krankheit« bedeutet in dieser Sichtweise soviel wie eine Störung der Harmonie, ein Herausfallen aus der inneren Einheit, und nur jemand, der in einer Sphäre der Harmonie und der Einheit lebt, wird über die Krankheit eines Menschen Macht gewinnen. Freilich berichtet das Märchen vom ›Gevatter Tod‹ von diesen Zusammenhängen mit keinem Wort mehr, und so verleitet es selber zu dem (Aber-)Glauben, das heilende Kraut für die entscheidende »Medizin« zu halten; obwohl es durchaus noch darum weiß, daß jenes Heilkraut des Todes nicht eigentlich ein *Medikament*, sondern lediglich ein symbolischer *Indikator* der Konstellationen des Todes ist, macht es den unaufmerksamen Leser ebenso wie den hilfesuchenden Patienten glauben, es sei der Besitz des »Heilkrautes« selbst, dem der Kranke seine Genesung verdanke. Die bittere Wirklichkeit lautet demgegenüber: Ein Arzt besitzt nur eine *geliehene* Kraft, und sie wird ihm einzig auf kurze Zeit *verliehen*. Wir Menschen sind nichts als geborgtes Dasein. Kein Arzt wird an diesem Wesentlichen unserer *Armut* etwas ändern; er wird vielmehr ein um so besserer Arzt sein, je mehr er sich der »Einsicht« in das Unabänderliche beugt.

Doch kann er das? – Solange er Menschen gegenübersteht, mit denen er nur beruflich verbunden ist, kann ein Arzt sich darauf beschränken, in den Kranken nichts weiter zu sehen als »Patienten« und in ihren Krankheiten nichts weiter als »Fälle«. Sie sind, nicht zuletzt, *Mittel* für ihn, zu Ruhm und Reichtum zu gelangen. Gewiß lebt in einem solchen Arzt, wie das Märchen vom ›Gevatter Tod‹ ihn schildert, noch sehr viel mehr an Kreativität und Intuition als in einem Arzt »modernen Typs«, und insofern ist auch seine Beziehung zu den Kranken, die er zu behandeln versucht, unzweifelhaft weit intensiver, als es zum Beispiel der »Betrieb« in einem heutigen Krankenhaus erlauben würde. »Als Arzt bin ich ja gewissermaßen nur ein reproduzierender Künstler«, beschrieb ein niedergelassener Arzt vor kurzem einmal seine Tätigkeit; er meinte damit, daß er in der Tat nichts weiter zu »praktizieren« und zu verantworten habe als die korrekte Anwendung standardisierter und normierter naturwissenschaftlicher Behandlungsmaßnahmen. Daran gemessen, steht der »Arzt« des Grimmschen Märchens unzweifelhaft in einem weit persönlicheren Verhältnis zu den Menschen, die ihn um Hilfe anrufen. Gleichwohl spricht das Märchen von all diesen Behandlungs-»Fällen« denkbar pauschal, und es trifft damit wohl recht genau die Erlebnislage dieses Arztes: Ihm gilt in der Ausübung seines »Berufes« offenbar eine ganze Zeitlang einzig der unvergleichliche Erfolg seiner »Diagnosen« und »Therapien« als das Wichtige; die einzelnen Menschen spielen demgegenüber für ihn anscheinend nur eine statistische Rolle. Er bekleidet den Status eines Arztes, wie andere Baumeister, Feldherren oder Komponisten sind: zur Vermehrung seines Ansehens und seines Einkommens.

Diese Lage ändert sich erst, als das Patenkind des Todes mit dem Anstieg des Ruhms und der Verbreitung seiner Erfolge zu immer bedeutsameren Aufgaben gerufen wird. Einen Moment lang könnte man glauben, daß die Folgen der Erkrankung des »Königs« und der »Königstochter« rein symbolisch: als ein Bild für die zunehmend gefährdete Seelenlage des Arztes selber, zu verstehen seien,[40] wie es in vielen anderen Märchen unstreitig der Fall ist.

Recht deutlich zum Beispiel erzählen die Märchen davon, daß der König eines Landes zu sterben droht, und tiefenpsychologisch liegt in solchen Fällen die Deutung recht nahe, daß unter dem Bild des sterbenden Königs eine Person an der Einseitigkeit ihrer Bewußtseinseinstellung innerlich krank zu werden drohe;[41] oder es erzählen die Märchen, daß eine Königstochter krank oder sonstwie erlösungsbedürftig sei;[42] sie berichten womöglich auch davon, daß der »Held« der Geschichte, um die »Prinzessin« zu retten, mit geheimnisvollen Mächten einen Pakt schließen müsse: der Arzt Dr. Faustus zum Beispiel muß sich mit dem Teufel verbünden, um das »Gretchen« zur Geliebten zu gewinnen.[43] Tiefenpsychologisch gesehen, ist in der »Königstochter« zumeist ein Bild des verdrängten Anteils der eigenen Seele, der »anima«, zu erkennen,[44] in welcher sich all das verkörpert, was auf dem Wege der Berufsanpassung bzw. beim Aufbau der sozialen Rolle als unbrauchbar liegengelassen werden mußte.

Deutungen dieser Art könnte man an sich sehr gut auch auf das

Patenkind des Todes in der Erzählung der Brüder Grimm vom ›Gevatter Tod‹ beziehen. Es ließe sich leicht denken, wie unter dem wachsenden Bekanntheitsgrad der unvergleichlichen Erfolge jenes »Arztes« das Maß seiner Aufgaben schon rein zahlenmäßig immer umfangreicher sich gestaltet und wie der Grad der Komplikationen und Schwierigkeiten, deren Lösung man von ihm erwartet, immer mehr ansteigt. »Nichts ist so erfolgreich wie der Erfolg«, pflegt man zu sagen; doch nichts auch verschleißt einen Menschen so sehr wie das Stehen in der Öffentlichkeit unter dem *Druck* des Erfolges: Die Ansprüche nehmen immer mehr zu, immer mehr Energien müssen aufgewandt werden, nur um selbst auf dem laufenden zu bleiben; der allmähliche Verschleiß an Substanz schreitet rapide voran – alles Vorgänge, die tiefenpsychologisch sehr treffend in dem Bild von dem zu Tode erkrankten König ihren Ausdruck finden könnten: Es ist die Überanspannung der Bewußtseinseinstellung selbst, die in eine gefährliche Krise hineintreiben kann, indem das Leben unter der täglichen Routine von Pflicht, Verantwortung und Leistung zusehends ausgezehrt wird.

Und parallel dazu, zeitlich nur ein wenig später, erkrankt, im Verständnis dieser Bildersprache, scheinbar notgedrungen auch die »Königstochter«: Es ist nicht nur, daß die geistige Spannkraft bedrohlich nachläßt, es zeigt sich auch, daß der gemüthafte Teil der Persönlichkeit mit dem eingeschlagenen Tempo nicht mehr mitkommt. Hört man vielen Ärzten auch nur eine Viertelstunde lang zu, so gerät man immer wieder in eine Mischung aus Bewunderung und Mitleid über den ungeheuren Streß, unter dem speziell diejenigen Ärzte leben müssen, deren Fähigkeit, Menschen zu helfen, sich herumzusprechen beginnt. Jeder Kranke besitzt ein gewisses Recht zur »Pathozentrik«: Er denkt als erstes, getrieben von Not und Schmerz, einzig an sich; nicht entfernt auch nur kann er sich vorstellen, wie die Summierung menschlichen Leids im Leben eines einzelnen Arztes zusammenfließt; hinzu kommt auf seiten der Patienten ein Vertrauen, das nicht darauf vorbereitet ist, durch an sich vermeidbare Fehler enttäuscht zu werden. Mit anderen Worten: Dieselben Leute, die von früh bis spät im Dienste der Gesundheit anderer auf den Beinen sind, leben selbst ersichtlich ungesund, erholen sich viel zu wenig, leisten sich allenfalls einen infarktgefährlichen »Blockurlaub«, lesen und hören kaum noch etwas außerhalb ihres Tätigkeitsbereichs und wissen am Ende kaum noch, wer sie selber sind.

Nicht ohne Folgen für die Bewußtseinseinstellung (den »König«) noch auch für die Haltung des Gemüts (die »Königstochter«) ist zudem das ständige Gefälle der Macht: Ein Arzt gibt sich verpflichtet, gegenüber seinem Patienten als der Wissende, als der »Sehende« zu erscheinen; er verfügt über die Kenntnisse, die im Leben eines Kranken über Leben und Tod entscheiden können; den Anweisungen des Arztes ist daher pünktlich und sorgfältig Folge zu leisten – Molière hat in seiner Komödie ›Der eingebildete Kranke‹[45] diese Tyrannei der Angst, die Arzt und Patient miteinander verkoppelt, gültig beschrieben. Am Ende lebt der Arzt tatsächlich in einer Welt, in der er göttergleich das Sagen hat und in der alle Mitmenschen sich nach seinen einzig »gesunden«, »hygienischen« und »diätetischen« Anweisungen richten müssen. Ein kranker König, eine kranke Königstochter – Arzt, heile dich selbst, möchte man mit der Bibel sagen (Lk 4, 23).

Doch so plausibel diese symbolische Deutung der Krankheit des »Königs« und der »Königstochter« vor allem im Kontext anderer Märchen auch erscheinen mag und so berechtigt eine entsprechende Deutung der »berufsspezifischen« Gefährdungen im Leben eines Arztes an sich auch ist, so liegt in dem Grimmschen Märchen vom ›Gevatter Tod‹ in solchen Erwägungen doch gewiß nicht die eigentliche Aussage der Erzählung. Wäre dies der Fall, so müßte die Geschichte selber, analog zu den entsprechenden Märchen, im folgenden eine ganz andere Gestalt gewinnen: Es müßte etwa erzählt werden, wie der »Arzt« selber »erkrankt« an der Krankheit des »Königs« und der schönen »Königstochter«, und das Finale solcher Geschichten könnte nur sein, daß der »Arzt« durch die Rettung der Prinzessin (seiner »anima«) selber dem Leben zurückgegeben wird. Statt dessen haben wir es in unserem Märchen keinesfalls mit dem üblichen Symbolweg der Rückgewinnung der »verlorenen Seele« zu tun, die entsprechend dem Faust-Motiv auch wohl am besten vom »Teufel«, nicht vom »Tode« bedroht werden sollte. Im Märchen vom ›Gevatter Tod‹ *verwirkt* der junge Arzt vielmehr sein Leben, als der den »König« und die »Königstochter« zu retten versucht. Es geht also nicht um die Frage, was die Heilung des »Königs« oder der »Prinzessin« symbolisch in der psychischen Entwicklung eines Menschen bedeuten kann, es geht allein darum, daß der Arzt die Schranken seines Handelns, die der Tod gesetzt hat, *überschreitet* und dafür bestraft wird.

Wenn man so will, hat man es mit einem klassischen Motiv der antiken Tragödie zu tun: mit der Übersteigerung des Menschlichen und der Wiederherstellung der Ordnung durch die Strafe des Schicksals: Hybris (Überheblichkeit) und Ate (Verblendung) nannten die Griechen dieses Oszillieren des menschlichen Daseins zwischen Angst und Hoffnung, zwischen Vermessenheit und Verzweiflung,[46] nirgendwo aber erblickten sie dieses tragische Gesetz menschlichen Handelns so widersprüchlich verkörpert wie in der Gestalt des Heilgottes Asklepios. Wir erwähnten bereits,[47] wie ihn, das Kind des Apoll und der Aigle-Koronis, des Nachts der Hirt Aresthanas fand; das Wesen dieses göttlichen Arztes sprach sich bereits aus in der Person seines

Vaters und seiner Mutter – ein Zwitter zu sein zwischen Traum und Tag, zwischen Schlafen und Wachen, zwischen Sterben und Reifen; doch wozu Asklepios gegenüber den sterblichen Menschen berufen ward, verkündete laut im Moment der Geburt des Gottes eine Himmelsstimme, die sagte, dieses Kind werde Krankheiten heilen und den Tod besiegen.[48] Krankheiten zu heilen verstand der Gott: Tag um Tag offenbarten die Ärzte im Heiligtum zu Epidauros in der blühenden Ebene der Argolis die Macht des »aufscheinenden Lichtes« in der Gestalt des Asklepios. Die Herrschaft über den Tod aber blieb ihm versagt; die Gabe der Unsterblichkeit war nicht das Geschenk des thessalischen Gottes, sie ward nur den Eingeweihten zuteil, die durch die Mysterien der Erdgöttin Demeter in Eleusis in das Geheimnis der geschnittenen Ähre eingeführt wurden:[49] wie das Weizenkorn sterben muß, um, ausgesät im Schoße der Erde, neues und reicheres Leben zu zeugen (vgl. Joh 12, 24),[50] so verhält es sich auch mit dem Leben der Menschen. Gleichwohl versuchte der Arztgott Asklepios nach dem Zeugnis der Mythen auch den Tod zu überwinden; Zeus selbst aber, erzürnt über die Überhebung des Heros, schleuderte zur Strafe seinen Blitz gegen ihn und tötete ihn.[55] Der Überwinder des Todes ward selbst überwunden – *vom Tod*.

Was die griechische Mythe im Schicksal des Asklepios auf diese Weise wie einen christlichen Antitypos formulierte, ist Wesensauftrag und Wesensversuchung wohl jedes Arztes an den Grenzen menschlicher Möglichkeiten. Ein Arzt muß und möchte das Leben eines jeden leidenden Menschen verteidigen gegen den Schmerz, gegen das Altern, gegen die Zeit, gegen den Tod – gegen das unaufhaltsame Schicksal des irdischen Daseins selbst; zugleich aber ist er unentrinnbar bei all seinem Tun an eben die Gesetze gebunden, die er am liebsten aufheben möchte – aus Mitleid mit einem einzelnen Menschen, den die Natur in ihrem ewigen Spiel der wechselnden Formen von Aufbau und Abbau, von Regeneration und Degeneration, von Zufall und Zerfall nicht weiter beachtet. Ein Arzt muß im letzten etwas zu erreichen suchen, das er nicht erreichen *darf,* wenn die Welt weiterbestehen soll: die individuelle Unsterblichkeit der irdischen Existenz, ein Reifen ohne den Preis des Schmerzes, ein Wachsen ohne die Schranken der Zerstörung, ein Dasein, das es nicht nötig hat, sich wie in den rätselvollen Mysterien der Demeter erst aus Kummer und Klage zur Freude zu läutern, in Verzicht und Absterben Weisheit zu lernen und aus den Krisen des Untergangs die Kraft eines neuen Anfangs zu sammeln. In allem, was er unternimmt, widerlegt ein Arzt scheinbar den Glauben an die Allmacht der Schicksalsmacht Tod, und dennoch wird er, je länger je mehr, in jedem Detail am Ende vom Tod widerlegt. Es gibt für einen Arzt kein Ausweichen vor der widersprüchlichen Berufung seines Daseins, des Todes *ungehorsames* Patenkind zu sein – eine Existenz im Absurden, ohne Erlösung in dem Bemühen um Rettung, ohne Vollendung angesichts des hereinbrechenden Endes, ein Leben im Fragment mitten in dem Bestreben, immer von neuem die zerbrechenden Teile des menschlichen Daseins zusammenzufügen.

Zwei Gründe sind es, die einen Arzt vor allem für seinen Dienst am Leben, für seinen unablässigen Kampf gegen den Tod gefangennehmen, und beide schildert das Grimmsche Märchen vom ›Gevatter Tod‹ in den zwei Bildern von der Heilung des »Königs« und der Heilung der »Königstochter«. Die beiden Motive sind das kostbarste Gut unseres Lebens. Sie heißen: *Verantwortung und Liebe*.

Scheinbar heiter hat das Märchen vom ›Gevatter Tod‹ bisher erzählt, wie der junge Arzt durch seine Heilerfolge zu Ruhm und Reichtum gelangt, und so könnte man meinen, es müsse ihm auch jetzt, bei seiner Berufung an das Krankenlager des Königs, allein darum zu tun sein, das Ansehen seiner Person endgültig zu befestigen. Ganz ausschließen läßt sich eine solche Annahme natürlich nie – im wirklichen Leben sowenig wie bei der Interpretation eines Märchens. In der Grimmschen Geschichte aber spricht *gegen* diese Möglichkeit vor allem die Tatsache, daß wir mit keiner Silbe etwas davon erfahren, wie der Arzt seinen Erfolg bei der Heilung des Königs persönlich für sich genutzt hätte; insbesondere die Bechsteinsche Fassung des Märchens führt uns auf einen ganz anderen Zusammenhang. Wir erfahren dort, daß die Trauer der schönen Königstochter am Sterbebett ihres Vaters den Arzt bewogen habe, sich gegen die »Stellung« des Todes zu entscheiden. In der Tat scheint der Arzt mit der Erkrankung des Königs gerade durch seine phänomenalen Erfolge in eine Situation gestellt worden zu sein, in der es erstmals nicht länger genügt, nur an das eigene Wohl und Wehe zu denken. Wenn *ein König* zu sterben droht, so ist das Schicksal eines ganzen Volkes davon betroffen. Ein König ist nicht eine Privatperson unter anderen, er ist so etwas wie die Korporativperson aller,[52] und solange es in der menschlichen Geschichte Könige gibt oder gab, umhüllt(e) sie der Schimmer von Gottesebenbildlichkeit und Gottesgnadentum. Wer als Arzt dem drohenden Sterben eines Königs beiwohnen muß, ergreift daher selber, ob er will oder nicht, die Fäden des Schicksals. In einem solchen Augenblick muß er entscheiden nicht allein über das Leben seines Patienten, sondern über die Geschicke aller. Selbst wenn man die eher private Rücksichtnahme auf die Not der Prinzessin in der Bechsteinschen Variante hinzunimmt, so genügt doch allein das Motiv der Verantwortung, um den Arzt zu bestimmen, dem Tod in einem äußersten Wagnis die schon sichere Beute zu entreißen. Jetzt oder nie kommt es darauf an, die wie schicksalhaft eingetretene Lage in wörtlichem Sinne »umzudrehen«.

Mag der Tod stehen, wo er will, die Frage ist, wie die Menschen zu ihm stehen. Corriger la fortune – wie, wenn es möglich wäre, dem Tod eine lange Nase zu drehen? Unzweifelhaft jedenfalls, daß zum erstenmal jetzt die Patenschaft des Todes sich zu einer schwer erträglichen Hypothek auswächst. Wann je vertragen die Interessen der Menschen sich mit den Interessen des Todes? Wenn aber ein König vor der Zeit zu sterben droht, so ist es keinem Arzt der Welt erlaubt, dem Tod gehorsam sich zu fügen. Er hat im gewissem Sinne die Pflicht, alles, buchstäblich alles zu tun, um das schon gewonnene Spiel des Todes nach Möglichkeit noch einmal zu durchkreuzen. In einer solchen Lage muß ein Arzt handeln wie eine »trickster« in den Mythen der Völker:[53] er muß mit Witz und Schläue Rat sinnen, wo kein Rat mehr ist; er muß versuchen, den Zeiger der Uhr anzuhalten; er muß alle Anstrengung einsetzen, die schon verlorene Partie doch noch zu »kippen«.

In der Sinndeutung des Todes waren manche Kulturen, die wir als »primitiv« zu betrachten gewohnt sind, unserer modernen Zivilisation unstreitig überlegen. Die mittelamerikanischen Indios zum Beispiel, deren Wissen um die Widerspruchseinheit von Leben und Tod wir bereits gebührend hervorgehoben haben, verstanden das Dasein als eine Art Ballspiel der Götter,[54] das an bestimmten Tagen durch sterbliche Menschen zu seiner Aufführung gelangte: Zwei Mannschaften stritten darum, in Nachahmung des Laufes von Sonne und Mond einen Kautschukball, der mit der Hand nicht berührt werden durfte, durch gezielte Bewegungen von Beinen und Hüften durch einen steinernen Ring zu treiben; es war ein Spiel auf Leben und Tod, an dessen Ende die Angehörigen der Verlierermannschaft den Göttern geopfert wurden.[55] Was wir heute *Sport* nennen, stellt, wenngleich abgemildert, unzweifelhaft eine Nachfolgeform solcher *Lebensspiele* dar, deren hoher Reiz auf ihrer dramatischen Symbolik beruht: In einem einzigen Augenblick kann sich alles entscheiden; so zum Beispiel heute beim Tennis: Ein einziger Aufschlag kann das scheinbar schon sichere Aus noch einmal abwenden und, wer weiß, am Ende sogar noch den Sieg bringen, wenigstens geht der Kampf noch weiter, ein, zwei Stunden womöglich. Und ist das nicht das Wichtigste: in einem Spiel, das prinzipiell nicht zu gewinnen ist, dem Tod den Sieg so schwer als möglich zu machen, indem man so gut, so listenreich, so lang anhaltend Widerstand leistet, wie es geht?

Aber es geht nicht nur um das Motiv der »Verantwortung«. Entscheidend an der Geschichte vom ›Gevatter Tod‹ ist (zumindest in der Bechsteinschen Fassung) die Feststellung, daß mit der Verantwortung des Arztes für das Leben des »Königs« zugleich seine Liebe zu der »Königstochter« erwacht und wächst, und sie noch vielmehr drängt jetzt zum Äußersten. Denn es ist wahr: Sobald man beginnt, sich für einen einzelnen Menschen wirklich zu engagieren, gerät man irgendwann in die Gegnerschaft des Todes; man hört auf, die Gesetze noch akzeptieren zu wollen, die dem irdischen Dasein die engen Grenzen einer unaufhaltsam verrinnenden Zeit auferlegen; man empfindet den Tod fortan nicht mehr nur als einen patenonkelhaften Wohltäter, man schaut mit einem Mal unverstellt in sein »böses und finsteres Gesicht«; ja obwohl man ganz sicher weiß, daß man über kurz oder lang selber vom Tod eingeholt werden wird, ist man dennoch geneigt, sich um so mehr an den Rest des verbleibenden Lebens zu klammern – und mithin an die Liebe! Sie ist die eigentliche Gegenmacht des Todes, seine wirkliche Kampfansage und Herausforderung. Im Gefühl der *Verantwortung* mag man mit dem Tod in Konflikt treten, weil der »Herr Gevatter« sich zur Unzeit an das Fußende eines Krankenlagers gestellt hat, und man wird gegen ihn kämpfen mit dem Ziel des »So nicht« oder des »Jetzt nicht«. Die Liebe aber schleudert dem Tod ihr leidenschaftliches »Niemals« entgegen; ihre kompromißlose Leidenschaft rüttelt an der Ordnung der Welt; ihre Unbedingtheit verlangt stets ein Spiel auf Sein oder Nichtsein, um Alles oder Nichts.

Wenn wir, statt eines Märchens, die Erzählung vom ›Gevatter Tod‹ in der Form einer Novelle oder eines Romans vorliegen hätten, so wären wir jetzt wohl als erstes darauf gespannt, zu erfahren, was die Erkrankung der schönen Königstochter für den soeben genesenden König selber bedeutet: Wozu, wird er mutmaßlich klagen, soll das Leben denn dienen, wenn seine Verlängerung das ersehnte Glück nur sogleich wieder in unerwartetes Leid verwandelt? Wäre es nicht besser gewesen, der Tod hätte *ihn* mit sich fortgetragen, statt daß er jetzt dem schrecklichen Sterben seines eigenen Kindes beiwohnen muß? Und was soll aus den Interessen der Thronnachfolge werden, wenn die Kraft seines eigenen Kindes zu früh sich verzehrt, um im Dienste der Dynastie noch fruchtbar zu werden? Und insgesamt: Ist es recht, ein Menschenkind, ein Königskind, so vorzeitig dem Kreis der Lebenden zu entreißen, daß es außer der Trauer der engsten Angehörigen keinerlei Spuren im Treibsand der Zeit zu hinterlassen vermag? – Es gehört zu den Gattungsmerkmalen eines Märchens, daß es als »Kleinliteratur« derlei Schilderungen nicht zu geben vermag, indem es niemals auf verschiedenen Handlungsebenen spielt, sondern die Welt nur aus einer einzigen Perspektive: aus der Sicht der zentralen Person der Erzählung,[56] betrachtet; und so deutet das Märchen vom ›Gevatter Tod‹ allein die Gefühle an, die *in dem Arzt* aufsteigen, als *er* den Tod zu Füßen des Krankenlagers der Prinzessin erblickt. Da ist als erstes »die große Schönheit der Königstochter« zu nennen, die er nicht, wie bisher, mit den diagnostizierenden Augen des Arztes anschaut, sondern zum erstenmal mit den bewundernden Blicken eines Liebenden.

Es mag an dieser Stelle dahinstehen, wie man in der Ästhetik den Begriff der *Schönheit* philosophisch definiert;[57] in jedem Falle bedeutet er ein Zusammenspiel von Wohlgestalt und Körperlichkeit, von vollendeter Form und leibhaftiger Präsenz – ein Ineinanderfließen von Licht und Schatten zu einem Gewebe aus Anmut und Liebreiz. Kein Kontrast könnte deshalb größer sein als das schmerzhafte Zusammentreffen der Schönen mit dem Tod, der sinnlichen Fülle vibrierenden, glutvollen Lebens mit der skeletthaften Dürre der Vergänglichkeit. Ein Anblick entsteht, wie er voller Erschrecken im Jahre 1893 unter dem Titel ›Der Tod und das Mädchen‹ Edvard Munch zum Vorbild gedient hat, als er in einem Ölgemälde ein Mädchen darstellte, das der Tod als sein eigentlicher Geliebter in die knöchernen Arme schließt, sein linkes Bein in obszöner Direktheit zwischen die Schenkel der jungen Frau gestemmt, als wollte er in einem Akt brutaler Vergewaltigung die ihm willenlos Preisgegebene in einer perversen *danse de funèbre* mit seinem eigenen Unleben begatten und schwängern. Wer in die Liebe einwilligt, scheint der von Todesphantasien und -ängsten zeit seines Lebens geplagte norwegische Maler mit diesem Bild sagen zu wollen, der umfängt letztlich den Tod, der tritt ein in den unabänderlichen Kreislauf von Geburt und Sterben, Kommen und Gehen, Blühen und Welken. Doch wie schmerzlich berührt es, mitansehen zu müssen, daß der Tod buchstäblich in die Mitte eines noch blühenden Lebens tritt und es hinwegrafft, noch ehe es Zeit fand, in der Pracht seiner Schönheit zu reifen? Aller menschlichen Erwartung von Sinn und Gerechtigkeit spricht die blinde, augenlose Gestalt des Todes auf empörende Weise Hohn, und wen eben noch die Schönheit zur Liebe verlocken mochte, in dem kann die Grimasse des »Gevatter Tod« mit dem Drohen seiner dürren Faust nichts als Widerwillen und Widerspruch erregen. Für jeden, der einen Menschen aufgrund seiner Schönheit zu lieben beginnt, erscheint der Tod als Erzfeind und Gegner, den es mit allen Kräften zu bekämpfen gilt.[58]

Was aber bedeutet es dann für den jungen Arzt, wenn er am Krankenlager der schönen Prinzessin dem Gefühl seiner Zuneigung *mehr* an Gehorsam entgegenbringt als den Drohgebärden seines Gevatters? In ihm selber, so müssen wir denken, begibt sich in diesem Moment eine Wandlung, die alles verändert, was ihm bisher als Leben gelten mochte. In diesem Augenblick tritt der Arzt unwiderruflich aus seiner Gelehrtendistanz heraus; er hört auf, nur in der Rolle des Arztes den Menschen zu begegnen und an ihrer Seite im Grunde die Farce eines dienstbaren Handlangers des Todes zu spielen; er gibt ein für allemal die tödliche Gleichgültigkeit und Gleichmütigkeit des begüterten und angesehenen Patenkindes des Todes preis und läßt sich ein auf die Welt wirklicher Empfindungen und menschlicher Leidenschaften. Er selber legt am Krankenlager der Geliebten endgültig die Berufsmaske des Arztes ab und wird ein verletzbarer, das heißt ein fühlender, weil mitfühlender, ein leidender, weil mitleidender, ein sympathischer, weil sympathetischer Mensch. Es ist wesentlich diese menschliche Seite an seinem Arztsein, es ist diese Vermenschlichung seiner selbst, die den jungen Arzt zu dem Akt des Ungehorsams gegen den Machtanspruch seines Herrn Gevatter treibt. Der Unterschied ist deutlich. Mag er als Arzt bisher auch noch so viele Menschen von ihren Krankheiten geheilt haben, er handelte doch stets im Einklang mit der Naturmacht des Todes, er handelte niemals aus der Kraft des eigenen Herzens; mag er mit seinen Erfolgen bislang noch so viel Geld und Ansehen gewonnen haben, jetzt geht es darum, in gewissem Sinne sein eigenes Leben zu gewinnen, indem er zugleich mit der Liebe sich auch zu sich selber, zu einem eigenen Anspruch ans Leben, zu einem eigenen Wohl und Wollen entscheidet.

Denn da ist der andere Punkt, den das Märchen zugleich mit der Schönheit der Königstochter erwähnt: Die sichere Hoffnung des Arztes auf »das Glück, ihr Gemahl zu werden«. Gewiß, an sich könnte man diese Bemerkung so auslegen, als wenn es dem Arzt auch jetzt noch lediglich um Karriere und Prestigegewinn, wie bislang, zu tun sei; doch dagegen spricht ganz entschieden eben dieses Motiv von der »Schönheit« der Königstochter. Nicht Macht und Reichtum mehr, sondern die Liebe ist es, die den Arzt »leichtsinnig« gegenüber den Warnungen und Drohungen seines »Gevatters« macht. Aber wie soll man nun denken? Soll man glauben, daß es dem Taumel der Verliebtheit bekanntermaßen eigentümlich sei, unvorsichtig zu werden und die gesetzten Schranken der Realität zu überschreiten? Dann wäre das Märchen vom ›Gevatter Tod‹ an dieser zentralen Stelle nichts weiter als eine Parabel von deprimierender Moral: Dem Arzt, müßte man denken, geschähe ganz recht, wenn der Tod ihn bestraft – er hätte sich nun einmal an die Regeln seines »Herrn Gevatters« halten müssen. Aber: Soll darin die Weisheit des Lebens bestehen? Soll es zum Gehorsam gegenüber dem Tod gehören, auf die Liebe zu verzichten und niemals *mehr* vom Leben zu verlangen, als im Schatten des Todes ein erkleckliches Einkommen und Auskommen zusammenzutragen? Sollte es wirklich diese Art von »Realismus« sein, zu welcher der Tod uns erzieht, daß wir jene Distanz zu den Menschen niemals aufgäben, die allein uns unempfindlich machen kann gegenüber den Schmerzen der Liebe im Angesicht des Todes? Nein und abermals nein!

Mit menschlichen Augen betrachtet, ist es nicht nur verständlich, sondern geradewegs notwendig, daß der junge Arzt in diesem Augenblick der Entscheidung über Leben und Tod dem stärksten Antrieb seines Herzens: der Liebe und eben nicht der Angst vor dem Tod, Folge leistet. Ist nicht ein einziger Moment wirklichen Lebens unendlich viel mehr wert als ein Dasein mediokrer Langeweile, das zu nichts anderem taugt, als im stetigen Starren auf die Allmacht des Todes das eigene Leben so lang hinzuziehen, als es nur geht? Und ist dieser selige Moment des Triumphes der Liebe über den Tod nicht geradezu ein Zeugnis mutiger, endlich erwachender Menschlichkeit?

Die Antike kannte Mythen und Legenden genug, die davon erzählten, wie eine Frau: eine weibliche Göttin oder eine vollkommen Liebende in der Gestalt der Inanna,[59] der Isis[60] oder der Alkestis,[61] sich in die Unterwelt begab, um den Geliebten: Tammuz, Osiris oder Admetos aus dem Totenreich zurückzuholen; und die Religion des Orpheus mochte ein solches Wunder der Liebe auch einem Manne, dem thrakischen Sänger Orpheus,[62] zutrauen, der den Weg in das Schattenreich des Hades nicht scheute, um die geliebte Eurydike zurückzugewinnen. In all diesen Erzählungen war es bis zum Ende nicht ausgemacht, ob wirklich die Liebe den Sieg über den Tod davontragen könnte: Inanna (Ischtar) mußte nach Überwindung der sieben Pforten der Unterwelt nackt der Totengöttin Ereschkigal entgegentreten, Orpheus war es bekanntlich nicht vergönnt, Eurydike zu retten, und Alkestis mußte das eigene Leben aufs Spiel setzen, um den verstorbenen Gatten zu retten, und hätte nicht Herakles mit seiner Kraft den griechischen Todesgott Thanatos in die Knie gezwungen, so hätte Alkestis das Reich des Hades niemals verlassen dürfen.[63] – Die Vielzahl der Varianten dieses Motivs von dem Wagnis der Liebe gegenüber dem Tod lehrt durch sich selbst wohl bereits das Entscheidende; sie scheint es verbieten zu wollen, daß man *den Ausgang* der Geschichte für das Wesentliche nimmt. Mag es doch enden, wie das Schicksal es will, *wenn nur ein Mensch sich ein Herz faßt und im Angesicht des Todes die Liebe riskiert!* Lieber die Geliebte retten, als das eigene Leben liebeleer verlängern! Man möge die Handlungsweise des jungen Arztes ruhig *unbedacht* nennen, doch wer im Ernst wollte ihn tadeln, daß er keine Bedenken trug, des Todes zu spotten, wo es galt, die Geliebte zu retten? Einzig durch diese Entscheidung wandelt sich der Arzt von einem bloßen Patenkind des Todes in einen Diener der Liebe, *in einen wirklichen Menschen.*

Freilich kommt die Liebe einem Sündenfall der Erkenntnis gleich.[64] In dem Grimmschen Märchen liest es sich wie eine spontane Reaktion der Rache, wenn der Tod jetzt unverzüglich »mit langen Schritten auf den Arzt zu« geht und ihm zornig entgegenschleudert: »Es ist aus mit dir, und die Reihe kommt nun an dich.« Was in den Mythen sonst den

Preis für den Freikauf der Geliebten darstellt: der bittere Gang in die »unterirdische Höhle« des Todes, das ist hier das Ergebnis der gelungenen Rettung der Königstochter. Doch man tut gut daran, sich die »Strafe« des Todes nicht als einen kurzen Augenblick physischer Sterblichkeit vorzustellen, sondern daran zu denken, daß der Weg, auf dem der Tod »mit seiner eiskalten Hand« den jungen Arzt widerstandslos hinwegzerrt, einen Prozeß innerer Reifung beschreibt, der zwar mit dem Augenblick des Widerstandes der Liebe gegen den Tod begann, der jedoch fortan das ganze weitere Leben bestimmt. Erst einem Menschen, der »töricht« genug ist, sich inmitten einer Welt der Sterblichkeit zu verlieben, erscheint der Tod als Problem: Nie wird er festhalten können, was er eben noch gerettet sah. Sein Blick muß sich öffnen für die gespenstische Rückseite des Daseins: Was ist das Leben der Menschen anders als ein Heerzug verglimmender Lichter von unterschiedlicher Länge! Um jedes möchte man schützend die Hände breiten, auf daß es nicht von einem allzu jähen Windstoß ausgelöscht werde; doch bei aller Sorge und Sorgfalt weicht niemals die bittere Gewißheit der Kürze des Daseins: Über kurz oder lang wird das Lebenslicht eines jeden zur Neige gehen! Biochemisch beinahe exakt können heute die Ärzte die innere Uhr in den Zellen eines lebenden Organismus ablesen: die Anzahl möglicher Zellteilungen und damit die Dauer des Lebens scheint vom ersten Augenblick an für jedes Lebewesen festgelegt. Doch es ist eines, um diese Tatsache zu wissen, und ein ganz anderes, mit ihr zu leben. Einzig die Liebe macht uns anhänglich an das Leben; nur sie lehrt uns, so etwas zu spüren wie eine allgegenwärtige Trauer der Vergänglichkeit; nur sie fordert uns auf, das kreatürliche Schicksal empörend zu finden. Sie ist es, die uns zugleich mit der Freude über die Gegenwart des Geliebten das Wissen um den unaufhaltsamen Abschied des Todes ins Herz legt. O ja, mit dem Verstand begreifen wir sehr wohl die Weisheit der Natur in der Höhle des Todes, mit der sie verfügt, daß für jedes neu angezündete Licht ein anderes verlöschen muß: Diese Welt hat nicht Raum für beliebig viele neue Lichter, und wer ihr das Ungleichgewicht eines stetig expandierenden Lebens zumuten will, der spielt am Ende erst recht dem Tod in die Arme.[65] Und doch gehört es zum menschlichen Leben, wenn es zur Liebe erwacht, daß es aus dem Strom des Allgemeinen auftaucht und nicht einwilligen mag in das Flackern und Verglühen der Lebenslichter der Menschen.

Es sei dahingestellt, woher das Bild von dem »Lebenslicht« selbst kommt; gewiß nicht von der Vorstellung der alten Ägypter, wonach die Seele des Menschen dem göttlichen Licht der Sonne am Himmel entstammt, das sich reflektiert an den irdischen Dingen und wieder zurücksteigt zu den Gestirnen der Nacht auf den Bahnen der Sonne,[66] denn Bilder dieser Art kündeten nicht von der Angst der Vergänglichkeit, sondern im Gegenteil von der Gewißheit der Berufung allen Lebens zur Unsterblichkeit. Weit eher haben wir es in der Szenerie des Grimmschen Märchens mit einer Vorstellung zu tun, wonach die Seele des Menschen so etwas ist wie ein Funke, der dem Herzschlag entspringt, wie es das biblische Buch der *Weisheit* beschreibt (2,2): Leben ist dieser Vorstellung nach nichts weiter als Wärme und Atemhauch, als ein kontrollierter Verbrennungsvorgang – irgendwie bietet die moderne Biologie sogar so etwas wie eine späte Rechtfertigung dieser Ahnungen.

Aber es liegt keinerlei Trost noch Hilfe in solchen Betrachtungen. Das Ende des Märchens vom ›Gevatter Tod‹ läßt weitaus mehr Fragen offen, als es zu beantworten vermag. Wie wenn er nicht einmal mehr die Kraft besäße, sich an die Rettung seiner Geliebten zu erinnern, sehen wir den Arzt am Ende gänzlich dem Zwinggriff des Todes ausgeliefert: Er ringt und fleht um nichts weiter als um die Verlängerung seines Lebens – jetzt, wo er sein Glück in Händen zu halten glaubte! Wir werden, schmerzlich genug, zu Zeugen des haltlosen Egoismus des eben noch Liebenden inmitten seiner Todesangst, ja sogar seines bedingungslosen Kampfes um den Erhalt des eigenen Daseins auf Kosten anderer: Möge ersatzweise für ihn sterben, wer will, der junge Arzt gäbe alles darum, würde ihm nur selber ein neues Lebenslicht aufgesteckt! Er fände jetzt nichts mehr dabei, ein fremdes Leben zu verkürzen, wenn es nur ihm selber zustatten käme! Es ist ein bitteres Bild von der wirklichen Allmacht des Todes: von der *Todesangst*, die durch nichts mehr beruhigt wird.

Ein jeder Arzt kennt solche Szenen. »Es ist makaber«, sagte vor einer Weile eine Frau zu mir, die, selber noch nicht vierzig Jahre alt, auf der Warteliste für eine Nierentransplantation stand; »ich bin froh, daß es bald Sommer wird; im Sommer verunglücken mehr junge Leute auf ihren Motorrädern und in ihren Autos; ich möchte nicht so denken, aber es ist einfach so: nur durch den Tod anderer erhöhen sich meine Chancen.« Es ist ein unbarmherziges, grausames, grausiges Leben, das sich in der Höhle des Todes den Augen der Sterblichen darbietet. Zusammengebrochen scheint das Gefühl der Verbundenheit der Menschen miteinander gegen den Tod, und geblieben ist nichts als die verzweifelte Bitte nach Verlängerung des eigenen Lebens um jeden Preis. Schon daß der Tod imstande ist, alle Interessen auch des Arztes selbst auf nur noch diesen einen Gedanken zusammenzudrücken, muß jeden erschüttern, der soeben noch denselben Mann in der Kraft seiner Liebe ebenso mutig wie leichtsinnig dem Tode Paroli bieten sah. Nichts scheint geblieben von dem witzigen Übermut, der sich getraute, den »Herrn Gevatter« hinters Licht zu führen. Jetzt, im

Anblick der Lichter des Todes, ist dieser Arzt, dieser große Liebende einer dem Leben zurückgegebenen Königstochter, nichts weiter als die gestaltgewordene klägliche Klage, ein wimmerndes Etwas, das, jeder Selbstachtung vergessend, den Tod anfleht, das eigene Lebenslicht parasitär an fremdem Leben zu erneuern. Man kann nicht anders sagen. Es geschieht dem jungen Arzt nunmehr ganz recht, wenn der Tod, im Gefühl seiner absoluten Überlegenheit, mit seinem Patenkind geradeso spielt wie dieses vorhin mit ihm: Der Tod stellt sich, wie wenn er dem Drängen seines Patensohnes nachkommen wollte, doch was von diesem als ein neues Arrangement des Lebens gedacht war, ist und bleibt ein Gemächte des Todes. Wie oft wähnen wir einen Aufschub noch dort, wo nur um so rascher das Ende sich naht! In Wahrheit »tut« der Tod gar nichts. Er »hintergeht« und »betrügt« nicht einmal, er steht nur ganz einfach da und zeigt dem verschüchterten Menschen, was ist. »Lehre mich, Herr, das Maß meiner Tage, daß ich erkenne, wie vergänglich ich bin. Siehe, nur handbreit hast du meine Tage gemacht, und meine Lebenszeit ist wie nichts vor dir. Ja, ein Hauch nur ist alles, was Mensch heißt. Nur wie ein Schatten geht der Mensch einher, macht Lärm um ein Nichts, häuft zusammen, und weiß nicht, wer einsammeln wird ... Schau weg von mir, daß ich noch einmal aufblicke, eh ich dahinfahre und nicht mehr bin«[67] (Ps 39,5–7.14). So die Worte der Bibel. Die Frage bleibt offen: Wie leben wir menschlich im Gegenüber des Todes, und was tun wir, wenn wir, wie der griechische Meleagros, die Anzahl unserer Lebensjahre deutlich erkennen?[68] Es ist eine Frage, die sich aus ärztlicher Sicht nicht mehr beantworten läßt, denn sie stellt sich erst, wenn das Patenkind des Todes selber zu leben beginnt und es wagt, die Liebe zu lernen. Wenn nichts mehr zu »machen« ist, wie leben wir dann, und: wer *sind* wir dann? Eine Antwort darauf enthält nicht das Doppelmärchen vom ›Gevatter Tod‹ und von dem ›Herrn Gevatter‹, eine Antwort darauf versucht die Grimmsche Erzählung von ›Fundevogel‹.

Fundevogel

Es war einmal ein Förster, der ging in den Wald auf die Jagd, und wie er in den Wald kam, hörte er schreien, als ob's ein kleines Kind wäre. Er ging dem Schreien nach und kam endlich zu einem hohen Baum, und oben darauf saß ein kleines Kind. Es war aber die Mutter mit dem Kinde unter dem Baum eingeschlafen, und ein Raubvogel hatte das Kind in ihrem Schoße gesehen: da war er hinzugeflogen, hatte es mit seinem Schnabel weggenommen und auf den hohen Baum gesetzt. Der Förster stieg hinauf, holte das Kind herunter und dachte: »Du willst das Kind mit nach Haus nehmen und mit deinem Lenchen zusammen aufziehn.« Er brachte es also heim, und die zwei Kinder wuchsen miteinander auf. Das aber, das auf dem Baum gefunden worden war, und weil es ein Vogel weggetragen hatte, wurde Fundevogel geheißen. Fundevogel und Lenchen hatten sich so lieb, nein so lieb, daß wenn eins das andere nicht sah, ward es traurig.

Der Förster hatte aber eine alte Köchin, die nahm eines Abends zwei Eimer und fing an, Wasser zu schleppen, und ging nicht einmal, sondern vielmal hinaus an den Brunnen. Lenchen sah es und sprach: »Hör einmal, alte Sanne, was trägst du denn so viel Wasser zu?« – »Wenn du's keinem Menschen wiedersagen willst, so will ich dir's wohl sagen.« Da sagte Lenchen, nein, sie wollte es keinem Menschen wiedersagen, so sprach die Köchin: »Morgen früh, wenn der Förster auf die Jagd ist, da koche ich das Wasser, und wenn's im Kessel siedet, werfe ich den Fundevogel 'nein und will ihn darin kochen.«

Des andern Morgens in aller Frühe stieg der Förster auf und ging auf die Jagd, und als er weg war, lagen die Kinder noch im Bett. Da sprach Lenchen zum Fundevogel: »Verläßt du mich nicht, so verlaß ich dich auch nicht.« So sprach der Fundevogel: »Nun und nimmermehr.« Da sprach Lenchen: »Ich will es dir nur sagen, die alte Sanne schleppte gestern abend so viel Eimer Wasser ins Haus, da fragte ich sie, warum sie das täte, so sagte sie, wenn ich's keinem Menschen sagen wollte, so wollte sie es mir wohl sagen; sprach ich, ich wollte es gewiß keinem Menschen sagen; da sagte sie, morgen früh, wenn der Vater auf die Jagd wäre, wollte sie den Kessel voll Wasser sieden, dich hineinwerfen und kochen. Wir wollen aber geschwind aufsteigen, uns anziehen und zusammen fortgehen.«

Also standen die beiden Kinder auf, zogen sich geschwind an und gingen fort. Wie nun das Wasser im Kessel kochte, ging die Köchin in die Schlafkammer, wollte den Fundevogel holen und ihn hineinwerfen. Aber als sie hineinkam und zu den Betten trat, waren die Kinder alle beide fort; da wurde ihr grausam angst, und sie sprach vor sich: »Was will ich nun sagen, wenn der Förster heimkommt und sieht, daß die Kinder weg sind? Geschwind hintennach, daß wir sie wieder kriegen.«

Da schickte die Köchin drei Knechte nach, die sollten laufen und die Kinder einlangen. Die Kinder aber saßen vor dem Wald, und als sie die drei Knechte von weitem laufen sahen, sprach Lenchen zum Fundevogel: »Verläßt du mich nicht, so verlaß ich dich auch nicht.« So sprach Fundevogel: »Nun und nimmermehr.« Da sagte Lenchen: »Werde du zum Rosenstöckchen und ich zum Röschen darauf.« Wie nun die drei Knechte vor den Wald kamen, so war nichts da als ein Rosenstrauch und ein Röschen obendrauf, die Kinder aber nirgend. Da sprachen sie: »Hier ist nichts zu machen«, und gingen heim und sagten der Köchin, sie hätten nichts in der Welt gesehen als nur ein Rosenstöckchen und ein Röschen obendrauf. Da schalt die alte Köchin: »Ihr Einfaltspinsel, ihr hättet das Rosenstöckchen sollen entzweischneiden und das Röschen abbrechen und mit nach Haus bringen, geschwind und tut's.« Sie mußten also zum zweitenmal hinaus und suchen. Die Kinder sahen sie aber von weitem kommen, da sprach Lenchen: »Fundevogel, verläßt du mich nicht, so verlaß ich dich auch nicht.« Fundevogel sagte: »Nun und nimmermehr.« Sprach Lenchen: »So werde du eine Kirche und ich die Krone darin.« Wie nun die drei Knechte dahin kamen, war nichts da als eine Kirche und eine Krone darin. Sie sprachen also zueinander: »Was sollen wir hier machen, laßt uns nach Hause gehen.« Wie sie nach Haus kamen, fragte die Köchin, ob sie nichts gefunden hätten; so sagten sie, nein, sie hätten nichts gefunden als eine Kirche, da wäre eine Krone darin gewesen. »Ihr Narren«, schalt die Köchin, »warum habt ihr nicht die Kirche zerbrochen und die Krone mit heimgebracht?«

Nun machte sich die alte Köchin selbst auf die Beine und ging mit den drei Knechten den Kindern nach. Die Kinder sahen aber die drei Knechte von weitem kommen, und die Köchin wackelte hintennach. Da sprach Lenchen: »Fundevogel, verläßt du mich nicht, so verlaß ich dich auch nicht.« Da sprach der Fundevogel: »Nun und nimmermehr.« Sprach Lenchen: »Werde zum Teich und ich die Ente drauf.« Die Köchin aber kam herzu, und als sie den Teich sah, legte sie sich drüber hin und wollte ihn aussaufen. Aber die Ente kam schnell geschwommen, faßte sie mit ihrem Schnabel beim Kopf und zog sie ins Wasser hinein; da mußte die alte Hexe ertrinken. Da gingen die Kinder zusammen nach Haus und waren herzlich froh; und wenn sie nicht gestorben sind, leben sie noch.

Tiefenpsychologische Deutung

Auf den ersten Blick ähnelt diese Geschichte einer Vielzahl anderer Märchen und verleitet deshalb auch zu entsprechenden Deutungen. Das Motiv der zwei Kinder, die vor der bösen Stiefmutter auf der Flucht sind, kennen wir zum Beispiel aus ›Brüderchen und Schwesterchen‹,[1] ebenso auch das Verwandlungsmotiv bzw. die magische Flucht mit dem befreienden Finale der Vernichtung der Hexe;[2] allenfalls erfahren wir über das Verhältnis von »Vater« und »Mutter« (von »Jäger« und »Köchin«) spezifische Details der Geschichte, wie zum Beispiel, daß die »Köchin« keine Angst hat, den »Fundevogel« zu kochen, wohl aber sich vor dem »Jäger« fürchtet, weil ihr die Kinder entlaufen sind. In tiefenpsychologischer Deutung müßte man aus solchen scheinbar grotesk wirkenden Widersprüchen den Schluß ziehen, daß die »Stiefmutter« sich aufs äußerste abhängig fühlt von den Weisungen ihres »Arbeitgebers« und daß sie mit ihrer angstbesetzten Überfürsorge für die Kinder erstickend und verschlingend wirkt, ganz so als wenn sie die Kinder im »Wasser« (im Mutterschoß) festhalten wollte;[3] das Schlußbild, wie die »Köchin« von der »Ente« getötet wird, stellt denn auch die adäquate Strafe dar: Gleiches für Gleiches – die böse Stiefmutter wird im Wasser ersäuft, ganz so wie sie den »Fundevogel« im Wasser hatte kochen wollen.[4] Aus alldem ginge hervor, daß das Märchen vom ›Fundevogel‹ eine Entwicklungsgeschichte darstellte, die von den Schwierigkeiten der Loslösung eines Kindes von seiner überfürsorglichen Mutter erzählte und dabei das charakteristische Problem der psychischen Spaltung, verkörpert in den zwei Kindern, in den Mittelpunkt der Handlung rückte.[5] Auf Schritt und Tritt ergäben sich dabei Parallelen zu dem Märchen von ›Brüderchen und Schwesterchen‹, bis auf den Umstand, daß diese Geschichte aus der Perspektive eines heranwachsenden *Mädchens* erzählt wird, während im ›Fundevogel‹ der *Junge* als die zentrale Persönlichkeit anzusehen ist; war dort das »Brüderchen« als die Gestalt des »animus« zu deuten,[6] so ist hier das »Lenchen« in dem Fundevogel-Märchen als ein Bild der »anima« zu lesen. Im großen und ganzen läßt sich mit solchen Deutungen das Märchen recht gut verstehen; kein Wunder deshalb, daß in der Literatur das Märchen vom ›Fundevogel‹ immer wieder als ein Beispiel für die Problematik von Mutter und Sohn bzw. für die Schwierigkeiten der Loslösung des Kindes von der Mutter angesehen wird.[7]

Und dennoch müssen Betrachtungen dieser Art im letzten ungenügend bleiben. Gerade die Parallele zu dem Märchen von ›Brüderchen und Schwesterchen‹ zeigt den entscheidenden Unterschied: Keine Entwicklungsgeschichte im Märchen kann darauf verzichten, neben der *Loslösung* von den Eltern die *Erlösung* durch die Liebe eines Königs(sohnes) oder einer Königstochter zu schildern; wo ein solches Motiv *nicht* auftaucht, muß man in aller Regel allein schon darin einen Hinweis erblicken, daß das betreffende Märchen etwas ganz anderes erzählen will als die psychische Entwicklung eines Kindes. So liest sich zum Beispiel das Märchen von der ›Frau Holle‹ äußerlich ebenfalls als die Entwicklungsgeschichte zweier Kinder; in Wahrheit aber handelt es sich bei der Geschichte um eine religiöse bzw. philosophische Parabel zu der ewigen Problematik der Gerechtigkeit und der Ungerechtigkeit der Weltordnung, die in der germanischen Göttin »Hulda« verkörpert ist;[8] einzig in *dieser* Betrachtung versteht man, warum das Märchen auf die sonst übliche Liebesgeschichte völlig verzichten kann. Ganz ähnlich erscheint auch die Erzählung vom ›Fundevogel‹ nur so lange als »unvollständig«, wie man sie mit den Mitteln der Tiefenpsychologie als eine Entwicklungsgeschichte zu interpretieren sucht; das Bild ändert sich indessen vollkommen, wenn man das Märchen als eine symbolische Gleichniserzählung auf die menschliche Existenz angesichts der ständigen Bedrohung durch den Tod versteht; kein Teil des Märchens erscheint dann noch als nebensächlich oder überflüssig, und vor allem: Es gibt nichts mehr, was man an dem Erzählverlauf für fehlend oder ergänzungsbedürftig halten müßte. Wenn irgend die Regel gilt, daß ein Märchen erst dann wirklich verstanden ist, wenn es als eine organische Ganzheit in Erscheinung tritt,[9] so läßt sich die Geschichte vom ›Fundevogel‹ nicht als psychologische Entwicklungsgeschichte, sondern nur als eine existentielle Symbolerzählung in der Nähe zum Mythos begreifen.

Wie lebt man als Mensch an der Seite des Todes? Das ist nach dem bisher Gesagten unsere Ausgangsfrage. Es ist möglich, im Umgang mit dem Sterben anderer als »Arzt« den Tod schließlich als den wahren Herrscher dieser Welt zu betrachten und zwischen Tod und Teufel nicht mehr ein noch aus zu wissen – so zeigte uns das Märchen von dem ›Herrn Gevatter‹; es ist auch möglich, dem Tod, belehrt durch die Liebe, nach Kräften entgegenzuarbeiten und eher den eigenen Tod zu riskieren als das fremde Sterben widerspruchslos hinzunehmen, – so das Märchen vom ›Gevatter Tod‹. In keinem Falle aber ist es möglich, nach dem Vorbild von Albrecht Dürers Bild von ›Ritter, Tod und Teufel‹ aus dem Jahre 1513 an der Unheimlichkeit der Welt hoch zu Roß, in Harnisch gepanzert, vorüberzuziehen, ohne von der Unheimlichkeit der Welt weiter Notiz zu nehmen, im Vertrauen etwa auf das Christuswort im Neuen Testament: »So jemand mein Wort wird halten, der wird den Tod nicht sehen ewiglich« (Joh 8,51).[10] Im Gegenteil bleiben wir Menschen verletzliche, gebrechliche Wesen, Wanderer zwischen zwei Welten, Heimatlose, die sich in diesem Leben niemals ganz geborgen fühlen werden.

Den Grund für diese eigentümliche Natur des Menschen gibt das Märchen vom ›Fundevogel‹ gleich zu Beginn der Erzählung in einem außerordentlich dichten Bild zu verstehen, dessen Bedeutung uns sogleich einleuchtet, wenn wir es einmal nicht nur in psychoanalytischer Methodik als »Familienroman«[11] bzw. als »Deckerinnerung«[12] der frühen Kindheit interpretieren, sondern in angegebener Weise wesentlich als ein Symbol des menschlichen Daseins zu verstehen suchen; deutlich wird dann zugleich auch, daß und wie die »existentiale« Auslegung eines Märchens das tiefenpsychologische Verständnis der jeweiligen Bilder sowohl voraussetzt wie übersteigt.[13]

Psychoanalytisch wird man in dem Motiv von dem geraubten Kind den typischen Beginn von der »Geburt des Helden« erkennen[14] müssen und auf die *ödipalen* Gefühlsinhalte dieses Bildes verweisen: Der eigene Vater ist gar nicht der Vater – er hat das Kind nur *gefunden,* er ist ein Stiefvater; aber auch die Mutter an der Seite dieses »Stiefvaters« ist nicht die wirkliche Mutter. Diese ist in einem bestimmten Augenblick unaufmerksam genug gewesen, sich das Kind durch einen furchtbaren Raubvogel entwenden zu lassen, und eine »alte Köchin« ist an ihre Stelle getreten. In seinen Bemerkungen zu einer Kinderphantasie Leonardo da Vincis hat Sigmund Freud die kastrativen Momente dieser Raubvogelsymbolik herausgearbeitet.[15] Bereits im Kontext solcher Deutungen treffen wir unmittelbar auf ein ganzes Ensemble von Gefühlen, die ersichtlich den Erlebnishintergrund auch der Geschichte vom ›Fundevogel‹ durchziehen: Einsamkeit und Fremdheit, Verlassenheit und Unverstandensein, Gefühlskälte im emotionalen Bereich, gepaart mit einer »köchinnenhaften« materiellen Verwöhnungshaltung der »Mutter« – alles in allem ein Gemisch von Gestimmtheiten, die den späteren Lebensweg eines Kindes zwischen Bindung und Ablösung, Nähe und Distanz, Abhängigkeit und Freiheit äußerst widersprüchlich gestalten müssen. Vor allem das Grundgefühl, eine allenfalls *geduldete* Existenz zu führen, dürfen wir nicht überhören: der »Fundevogel« muß froh sein, daß wenigstens der »Förster« sich seiner erbarmt hat, indem er auf sein Wimmern in den Zweigen des Baumes achthatte und die Güte besaß, ihn mit sich nach Hause zu tragen, um ihn an der Seite seiner rechten Tochter, des »Lenchens«, aufzuziehen. Und doch kann eine rein psychologische Betrachtung dieser Erzählung nicht genügen. Dafür spricht ein wichtiger Umstand: In all diesen Bildern haben wir es mit Themenstellungen zu tun, die in den Mythen der Völker immer wieder auftauchen und sich keinesfalls auf bestimmte Ausformungen des »Ödipuskomplexes« festlegen lassen. So erzählen beispielsweise die Hopi-Indianer die Geschichte von Omaomana, einem Jungen, der sich, verstoßen von seinem Volk, nach Tagen des Aufenthalts in der Wüste in einen Adler verwandelte, und sie begehen ein eigenes Fest zu Ehren dieses Sohnes des Adlers.[16] Oder, um einen Beleg aus einer ganz anderen Zeit und aus einer ganz anderen Welt herbeizuziehen: die Alten Ägypter berichteten, wie der verstorbene Osiris von seiner Gemahlin Isis in der Gestalt des falkenköpfigen Horus wiedergeboren wurde.[17] Etwas, so scheinen diese Mythen in menschheitlichem Zeugnis sagen zu wollen, ist im Menschen selber »vogelhaft«: die Schwingen breitend, die Schwerkraft verlassend und grenzenlos frei; es ist aber diese Vogelnatur des Menschen nicht nur sein Segen, sondern oft auch seine Gefahr, ja manchmal sein Fluch, denn es ist sehr die Frage, wie ein Mensch sich auf Erden zurechtfinden mag, der schon als »Kind« (das heißt seinem ganzen Wesen nach!)[18] als ein Raubvogelentführter zu leben gezwungen war (das heißt *ist*).

Desgleichen besitzt das Motiv von dem Leben auf dem Baum bzw. von der *Baumgeburt* eine menschheitliche Verbreitung.[19] Die Menschen sind von den Bäumen auf die Erde gekommen – das ist nicht nur ein Reflex der Entwicklung des Menschen aus baumbewohnenden Primaten, es verleiht auch den Bäumen selbst eine stark mütterliche Symbolbedeutung.[20] So zeigt etwa die berühmte Bilderhandschrift der mittelamerikanischen Mixteken, die der Genealogie des Königreiches von Tilantongo gewidmet ist,[21] wie am Anfang die Menschen *aus einem Baum* hervorgehen, und eine wichtige Jenseitshoffnung der Azteken richtete sich auf den himmlischen Baum Tamohuanchan, der als die Milchstraße am Nachthimmel erscheint und der insbesondere die Kinder ernähren wird, die schon als Säuglinge sterben mußten.[22] Auch wenn die Märchen erzählen, wie zum Beispiel ›Brüderchen und Schwesterchen‹ auf der Flucht vor der »bösen Stiefmutter« in einem »Baum« übernachteten, so darf man darin eine ausgesprochene Mutterleibsphantasie erblicken.[23] Für die Geschichte vom ›Fundevogel‹ aber ergibt sich aus solchen Hinweisen der Völkerkunde ein Wesensbild der menschlichen Existenz von erstaunlicher Treffsicherheit und innerer Gespanntheit.

Denn die Geschichte eines *jeden* Menschen müßte man so erzählen: Er wird geboren aus den schlummernden Kräften der Welt, er ist das Kind seiner schlafenden Mutter, der Erde; und es entspräche ganz und gar seiner Sehnsucht nach mütterlicher Wärme und Geborgenheit, sein ganzes Leben lang nichts weiter zu sein als das Kind dieser »Mutter«, die aus sich selber gebiert, jungfräulich, ohne Dazutun des »Mannes«,[24] in einer Einheit, die sich selber vollzieht, ohne zu wissen, was durch sie geschieht. Zu einem bestimmten Zeitpunkt indessen bricht eine Macht in sein Leben ein, die ihn unwiderruflich seiner Erdgebundenheit entreißt und ihn zwingt, buchstäblich zwischen den Wolken zu leben. Das Bild des »Raubvogels« bedeutet in den Mythen und Märchen sehr oft die Sphäre des Geistigen,[25] die wie eine Naturgewalt das kindliche Leben seiner naturhaften Geborgenheit entreißen kann. Nichts ist mehr selbstverständlich, sobald dieser »Raubvogel« zustößt; die scheinbar einfachsten Tatsachen – das bloße Faktum, auf Erden zu sein, rückt mit einemmal in die Höhe einer schwindelnden Rätselhaftigkeit bzw. einer abgründigen Fragwürdigkeit: Warum lebt ein Mensch, worauf gründet sich sein Dasein, aus welchen Wurzeln existiert er – auf keine einzige dieser Fragen, die sich unausweichlich stellen, sobald ein Mensch zu »Geist« erwacht und seiner selbst bewußt wird, gibt es eine annähernd befriedigende oder gar befriedende Antwort. Es ist wirklich so, als sei der Geist ein *feindliches Gegenprinzip*, ein Antagonist des kreatürlichen Daseins, ein »Widersacher der Seele« in der Sprache des Philosophen und Psychologen Ludwig Klages,[26] eine Gegenmacht jedes kindlichen Glücks. Vor allem scheint ein bestimmter Typ von Intellektualität als völlig unvereinbar mit wirklicher »Erdverbundenheit« und »Bodenhaftung«. Es ist in diesem Zusammenhang, symbolisch gelesen, gewiß kein Zufall, daß gerade ein »Jäger« bzw. ein »Förster« den »Fundevogel« auf dem Baum findet. Man muß vor Augen haben, daß es keine Berufstätigkeit gibt, die seit unvordenklichen Zeiten so sehr *männlich* geprägt, weil von Männern ausgeübt, war und ist wie das »Waidhandwerk«.[27] Auf die Jagd zu gehen stellte (neben der kriegerischen Eroberung und der Verteidigung eines bewohnbaren Reviers für die eigene Sippe) von den Tagen der Menschwerdung an bis heute die zentrale Aufgabe des Mannes dar;[28] Jagd und Krieg haben dementsprechend bis in die Körperstatur hinein, physisch wie psychisch, die männliche Mentalität zutiefst geformt.[29] Zu erlegen und zu zerlegen, was ihn umgibt, stellt denn auch nach wie vor die Hauptbeschäftigung aller Aktivitäten des Mannes dar, und die Art von Intelligenz, die ein solches Tun ermöglicht, ist durch und durch die eines »Jägers« geblieben.[30] Es ist eine wesentlich zergliedernde, isolierende, fixierende, »tötende« Vernunft, die auf keine wirkliche Frage des Lebens eine Antwort zuläßt, sondern die im Gegenteil, je länger je mehr, die tragenden Kräfte des Lebens selber angreift und auflöst.

Insofern darf man sagen, daß das klagende, schreiende »Kind« auf dem »Baum« von dem »Jäger« nicht nur gefunden und als sein Stiefkind großgezogen wird, sondern daß der »Jäger« (entsprechend der »ödipalen« Phantasie) als der wirkliche »Vater« des »Fundevogels« betrachtet werden muß. Ein Wesen, das zwischen Himmel und Erde schwebt, unbehaust zwischen den Sternen und heimatlos auf der Welt, ein sich selbst durch die Macht des Bewußtseins Geraubter und Entführter, ein ewiges Kind, das weinend und jammernd nach einem Halt und nach einer Hilfe sucht, die es nicht gibt – *das* ist der Mensch, sobald er der Lage seiner irdischen Existenz innewird, und es bedarf bereits der jägerhaft-männlichen, der analytischen Vernunft, um zu begreifen, daß es sich so verhält. Wie aber bringt der »Jäger« den »Fundevogel« nach »Hause«, wie gelangt der Mensch mit anderen Worten aus dem Zwischenreich seines »Baumlebens« wieder auf die Erde? Das ist die entscheidende Frage.

Es ist erstaunlich, daß der »Jäger« sich Rat weiß, indem er sich an sein »Lenchen« erinnert, mit dem gemeinsam er den »Fundevogel« aufzuziehen gedenkt. Offenbar ist die Berufsbezeichnung »Förster« für ihn doch korrekter als »Jäger«, denn vorrangig für *diesen* Beruf ist nicht das Töten von Tieren, sondern das Bemühen, das lebendige Gefüge »des Waldes« zu pflegen und, so gut es geht, zu erhalten, und nur im Rahmen dieses Auftrags ist auch die »Jagd« sein Werk; das »Lenchen« aber steht, analog zu zahlreichen anderen Geschwister- (oder Stiefgeschwister-)Märchen, für den Teil des »Fundevogels«, den dieser in sich (wieder-)findet, wenn er zur »Erde« zurückkehrt.[31] In dem »Lenchen« verkörpert sich die gesamte Welt des »weiblichen«, des stärker emotionalen, wärmeren Anteils der menschlichen Psyche, der ganzheitlicher mit dem Leben verbunden ist als die »männliche« Welteinstellung. Beide »Kinder« werden einander vorgestellt als fremde, von ganz verschiedenen Eltern stammende Wesen, und dennoch gehören sie so eng und unverbrüchlich zueinander, »daß wenn eins das andere nicht sah«, es traurig ward. Ein vergleichbares Motiv taucht in der Erzählung von ›Schneeweißchen und Rosenrot‹ auf, der Geschichte zweier Kinder, die trotz ihres grundverschiedenen Temperamentes zu einer überaus glücklichen Einheit von Unschuld und Leidenschaft, Reinheit und Liebe, Selbstbewahrung und Selbsterfahrung finden, indem sie immer wieder, eines die Hand des anderen fassend, sich wechselseitig versichern, niemals voneinander zu lassen.[32] Was dort als Absicht und Wirklichkeit, erscheint in dem Märchen vom ›Fundevogel‹ als Gefühl und Erfahrung; in beiden Märchen aber geht es um das Problem, wie sich eine *Einheit* des Psychischen gegen die Gefahr des jederzeit möglichen Zerfalls erhalten und aufrechterhalten läßt. Soviel jedenfalls ist in dem ›Fundevogel‹-Märchen von vornherein klar: Ohne das Bündnis mit seinem Stiefgeschwister, dem »Lenchen«, wäre der »Fundevogel« ganz und gar verloren.

Denn, so berichtet die Grimmsche Erzählung: »Der Förster hatte ... eine alte Köchin ...« Es muß an dieser Stelle eigentlich wundernehmen, daß von des »Försters« Frau bzw. von des »Lenchens« Mutter kein Sterbenswort erwähnt wird; doch das Erstaunen schwindet sogleich, wenn wir das Märchen vom ›Fundevogel‹ eben nicht als eine Familiengeschichte, sondern in der vorgeschlagenen Weise als eine Art symbolischer Parabel auf die menschliche Existenz lesen. Gerade die zentrale Gestalt der »Köchin«, die im folgenden die gesamte Geschichte bestimmt, erscheint dann als ein äußerst sprechendes Bild für die Kehrseite der »Mutter Erde« im Hintergrund bzw. im Untergrund unseres Daseins,[33] und man kann der Wahrheit dieses Bildes nicht widersprechen. Sieht man genau hin, so verbirgt sich in allem, was lebt, mitten in der scheinbar so friedlichen Sonnenuntergangsstimmung an einem Dorfteich, zwischen den Gräsern einer in mildem Grün sich hinbreitenden Wiese oder im Wurzelgeflecht der mächtigen Bäume des Waldes ein ewiger Kampf um das Recht auf Leben, ein unablässiger Wechselkreislauf von Fressen und Gefressenwerden, der alle Glieder der endlosen Nahrungskette des Lebens als Opfer und Opferer wider Willen untrennbar miteinander verknüpft, ganz so als sei die Natur selber Schlachthof und Küche, »Köchin« und Konsumentin, ständig in einem.

In ihrer symbolistischen Erzählung ›Proserpina‹ hat vor allem Elisabeth Langgässer diese unheimliche Wahrheit der Erneuerung allen Lebens aus dem Reiche des Hades unter den Händen der Demeter (Ceres) einmal mit bewegenden Worten geschildert:

»Proserpina stand jetzt dicht vor der Pforte; und zum erstenmal fühlte die Tochter der Ceres, daß der holde und liebevolle Schoß der Dinge zugleich Ursprung aller Ungeheuer und Grab der Lebendigen ist.

Einst war voll tiefer Beruhigung alles Sichtbare gewesen und hatte eine Mauer gebildet gegen das Nichtsein und den Abgrund hin: Musik im Glase, klirrte das Löffelchen; Brot und Milch und die graue Abendsuppe verbürgten ein ewiges Leben, und wie das Antlitz Gottvaters neigte sich der Kinderarzt über sie. Es war tröstlich, in bunten Büchern jene Menschen zu sehen, die den Wein tranken und aus gehäuften Schüsseln aßen, und von Knaben zu hören, die das wilde, starke und ungestüme Leben der Gesunden führten; doch noch viel süßer schien es ihr, in die rosigen Farben der letzten Amselstunde langsam und feierlich ihr Lieblingslied zu sagen und jenen frommen Worten noch lange nachzutönen, welche die Welt als eine stille Kammer bezeichnen und von der Dämmerung Hülle traulich und hold umfriedet wissen.

Denn nur das Ungreifbare war Bedrohung: Schlaf, Träume und die feurigen Brände des Blutes – und mit mächtigen Flügeln stand bis hierher eine helle und strahlende Tageswelt um die Zitternde und verbarg vor ihr die brauende Geisterschar.

Nun aber dunkelte das Mutterland. Nicht länger war der Mond ein guter Schäfer und der Schlaf ein weißes Sandkorn, das unter die Lider fällt; der braune Kuchen des Lebens ward nicht mehr gebacken aus Butter, Zucker, Mehl und heimatlichen Gewürzen; und aus der Obhut der vierzehn Engel war das Kind schon lange entlassen.

Wenn die Frauen auf gleitenden Füßen durch das Zimmer gingen, verwandelte sich ihre Gestalt vor den Augen des Mädchens: Sie waren Bäume, die es mit grünen, dicht belaubten Armen umstrickten; Weiden, die ihre Zweige tropfend und wie hinter ewigen Wasserwolken auf das dampfende Kinderbett niedersenkten, und wie ein Feuersalamander saß die kleine Seele der Entrückten unter ihren Wurzeln und dem zitternden Bogen der Äste.

In jener Zeit geschah es häufig, daß das Kind die Mutter nach ihrer Herkunft fragte, und wenn die Gütige dann mit leuchtenden Augen erzählte, schien sie ihm eine jener Melusinen zu sein, welche an den Ursprung einer Quelle oder an das Mark eines Baumes gebunden sind. Es umklammerte ihre Hand und flehte sie an, nicht in den Wald zurückzukehren – eine Bitte, welche die Mutter mit schmerzlicher Bestürzung aufnahm und unerwidert ließ.

Dann sank wohl das Mädchen zurück, blieb lange unbeweglich liegen und sehnte sich mit der Kraft eines leidenschaftlichen und totgeweihten Herzens nach den gefährlichen Liebkosungen der Natur; es erinnerte sich der aufgewühlten Gartenwege, an denen jetzt bald die sommerlich heißen Blumen hervorbrechen mußten, und des Springbrunnens, dessen Feuchte den Rasen tränkte. Nun die Hülle des Sichtbaren einmal gefallen war, konnte nichts mehr es halten, und wie ein Schiff, dessen Strömung von einem Ungeheuer aufgetrunken wird, wurde es in den Mund der Schöpfung hinabgezogen.«[34]

»Dort, wo der üppige Rasen des Gartens von der Nässe der Brunnenwasser getränkt wurde und in tauben Binsen aufzuschießen begann, lagen Grottensteine, unter denen die feuchten und dämmerfarbenen Tiere der Erdmutter hausten: hastige Käfer, welche mit schauerlicher Süße die grabenden Hände besuchen, Unken, deren wimpernlose Augen die Feuer der Tiefe zu bergen scheinen, Puppen, Eier und Larven.

Hier war das Gedränge der Unfertigen und die Maskerade des Werdenden. Aus der hohlen Schale des Todes kroch das weiße Fleisch der Maden, das Verhärtete starb ab wie eine Hülsenfrucht, welche die Göttin entgegennimmt, um sie zwischen den Handflächen zu öffnen; und wie lebendiger Same floß die Vorgeburt durch die Erde. Doppeldeutig war das blinde Dasein dieser Tiere, und von den gärenden Toten unterschied sich ihre Verwandlung nicht. Hier entsprang das Geschlecht und war Sprung in dem Leben, Schärfe und Milde, Mann und Weib. Arachnes Bräutigam zitterte und rollte als erstarrtes Liebeslos unter die Felsen, wilde Pfade zog die hermaphroditische Schnecke, und nach verschiedenen Seiten krümmte sich, wenn das Eisen ihn traf, der Wurm davon.

Dies war die Aussaat des Hades, und es schien, als ob er selber hindurchgestiegen sei, um sich klein und rührend in den Augen eines Kindes zu spiegeln.

Denn es war nun stark, aber noch schmal genug, sein Haupt zwischen die Steine zu legen, während rings das hohe Gras es beschattete und sein Körper langsam in den Blick gezogen wurde wie eine Raupe, deren Leib dem Ziel der Taster sich hinzukrümmen scheint. Proserpina saß auf den Knien, die Schläfen bedeckt von dem Vorfall der Locken, und ruhte bei den Tieren.«[35]

Es ist dieses Ruhen im Schoß der Erde ersichtlich ein Ausruhen, das in kindlicher Verschmelzung ebenso dicht der Ekstase des Reifens wie der Fäulnis der Verwesung verschwistert ist. Nichts zu sein als ein Teil der Natur: Es ist der Alptraum der menschlichen Existenz ebenso wie ihre mythische Sehnsucht, einzugehen und aufzugehen in den Gesetzen des Alls. Aber wer ist das All, die Mutter Natur? Das furchtbare Schreckbild einer Naturmacht tritt vor unsere Augen, die unablässig gebiert und verschlingt, hervorbringt und zurücknimmt, verdaut und ausspeit und immer wieder in endlosen Spiralen von Leid und Schmerz sich emporringt zu höheren Stufen, auf denen lediglich mit neuen Mitteln und nach verfeinerten Regeln das alte Spiel von Geburt und Tod sich von neuem gestaltet, und dieses Bild läßt in der Tat, wie im Märchen vom ›Fundevogel‹, die »Mutter Natur« als eine »Stiefmutter« des Menschen, ja als eine kannibalische »Köchin« erscheinen, die ihre »Pflegekinder« jederzeit zu »kochen« und zu fressen gewillt ist. Was kann ein Mensch tun, dem die drei »Knechte« der »Köchin«, die Boten des Todes, ein Leben lang auf den Fersen sind? – Das ist die eigentliche Frage der Grimmschen Erzählung.

Wie wenig das Grimmsche Märchen rein psychologisch zu verstehen ist, zeigt sich an dieser Stelle besonders an der Widersprüchlichkeit des Verhaltens der »Köchin« gegenüber dem »Lenchen« und gegenüber dem »Förster«. Es mag noch angehen, daß die alte »Sanne«, wie die »Köchin« genannt wird, an einem bestimmten Abend auffallend viel Wasser vom Brunnen ins Haus trägt, obwohl es bereits merkwürdig bleibt, warum sie ihre bedeutsamen Maßnahmen vor den Kindern nicht besser verbirgt. Gänzlich ungereimt aber und völlig unverständlich erscheint ihre Schwatzhaftigkeit gegenüber den Fragen des »Lenchen«. Wie denn – es sollte einzig der »Köchin« bisher entgangen sein, wie eng die Freundschaft zwischen dem »Lenchen« und dem »Fundevogel« gediehen ist? Und es sollte allen Ernstes diese »Köchin« denken können, sie dürfte ihre schrecklichen Pläne dem

Kind mitteilen, ohne daß das »Lenchen« augenblicklich dem »Förster«, immerhin doch seinem Vater, Mitteilung davon machen würde – von der unverzüglichen Benachrichtigung des »Fundevogels« ganz zu schweigen? Doch es kommt noch »besser«. Wir sollen es offenbar für ganz normal finden, daß das »Lenchen« erst einmal in heiliger Einfalt schlafen geht und dabei so selig der Nachtruhe pflegt, daß es getrost am Morgen seinen Vater zur Jagd ziehen läßt, ehe es selbst den »Fundevogel« in den Mordplan der »Köchin« einweiht und mit ihm die Flucht ergreift. Ja, als schließlich die »Köchin« merkt, daß die Kinder ihr entlaufen sind, scheint es einzig ihre Angst vor dem »Förster« zu sein, die sie zu der Verfolgungsjagd der Kinder motiviert; dieselbe Frau also, die gerade noch keinerlei Bedenken trug, den »Fundevogel« in heißem Wasser wie ein Suppenhuhn gar zu kochen, fürchtet jetzt, wo ihr die Kinder glücklich entflohen sind, die Reaktion des »Försters«. Man muß schon sagen: Es gibt keine Psychologie der Welt, die imstande wäre, Absurditäten solchen Kalibers plausibel zu machen.

Die Sache stellt sich jedoch als ganz »vernünftig« dar, wenn wir, wie gesagt, die Darstellung des Märchens als Ausdruck einer symbolischen Metaphysik des menschlichen Daseins deuten. Wir begreifen dann schon, daß von einem bestimmten Zeitpunkt an eine Ahnung in dem »Lenchen« zu reifen beginnt, wie gefährdet das Dasein des »Fundevogels« in den Händen der »Köchin« sich ausnimmt. Irgendwo wohnt in einem jeden Menschen ein instinktives Wissen um die stete Bedrohung des Todes, doch es liegt zunächst einmal wirklich, je jünger ein Mensch sich noch fühlt, durchaus nahe, dieses instinktive Wissen zu *verschlafen* und vorerst nicht die geringste Folgerung daraus zu ziehen. »Es gibt zwar den Tod, doch er geht mich nichts an«, so in etwa läßt sich *der Standpunkt der frühen Jugend* gegenüber dem Tod wiedergeben; seine Tatsache ist zwar bekannt, doch sie wird ignoriert, sie belastet nicht das Bewußtsein – der »Fundevogel« selber, das eigene Ich, weiß nichts davon. Und genauso wenig weiß davon der »männliche« Verstand, der »Förster«; er mag auf alles eine Antwort haben – für das Problem des Todes weiß er keine Lösung, er hält sich buchstäblich abseits, im »Walde« auf, wenn die »Köchin« ihren tödlichen Anschlag vorbereitet; ihr Treiben könnte und kann er wirklich nicht hindern, und doch ist *er* es eigentlich, um dessentwillen die »Köchin« schließlich die Verfolgungsjagd der entronnenen »Kinder« überhaupt aufnimmt. Man wird dieses Paradox am einfachsten so interpretieren können, daß die »Mutter Natur« es irgendwo ohnedies auf ihre (Stief-)Kinder abgesehen hat, daß aber die Art ihres Tötungsplanes die Gestalt einer unablässigen Verfolgung erst annimmt in Reaktion auf die planende »männliche« Vernunft: Erst wenn es so etwas gibt wie ein zielgerichtetes Überlegen und Handeln, beginnt das Leben sich »auf den Weg« zu machen; gerade dann aber muß das sichere Schicksal des Todes wie ein ständig verfolgender Schattenbegleiter auf Schritt und Tritt hinterdrein kommen und das ganze Leben in eine Fluchtbewegung vor den »Boten« der »Köchin« verwandeln; und da sich rational bzw. pragmatisch an dieser Grundsituation des menschlichen Daseins durchaus nichts ändern läßt, verstehen wir, so betrachtet, auf einmal sehr gut, warum die Gestalt des »Försters«, diese Symbolfigur der männlichen Vernunft, im folgenden keine weitere Erwähnung findet: Alles, was sich fortan begibt, spielt zwar innerhalb des Widerspruchs zwischen der dumpfen Naturmacht der »Köchin« und der Geistigkeit des »Försters«, und doch geschieht es erst nach dem Weggang des »Försters«, in seiner *Abwesenheit* ganz wortwörtlich: Was die Natur im Rahmen ihrer Gesetze mit den Menschen macht, läuft im Grunde, der Darstellung des Grimmschen Märchens zufolge, auf den erklärten Gegensatz zu aller menschlichen Vorstellung von Sinn, Planung und Ordnung hinaus, und doch kann die menschliche Vernunft in keinem Detail die Verfolgungsjagd der Naturmacht im Hintergrund des menschlichen Daseins verhindern oder aufhalten. Alle Bilder der Grimmschen Erzählung, die in rein psychologischer Betrachtung als unauflösbar widersprüchlich erscheinen müssen, erschließen sich wie von selber, wenn wir in ihnen Symbole der menschlichen Reifung angesichts der ewigen Frage des menschlichen Daseins gegenüber der alles verschlingenden »Köchin« Natur erkennen. – Was aber bleibt dann dem Menschen, wenn er an sich nicht mehr ein noch aus weiß und nur noch in die Welt hinein zu fliehen vermag, um ein Leben zu erobern, das immer wieder vom Tode eingeholt zu werden droht? Das ist der Kern der Problematik des menschlichen Daseins, wie das Grimmsche Märchen sie jetzt schildert.

Ganz entscheidend ist bereits, daß das »Lenchen« und der »Fundevogel« jetzt, im Augenblick des beginnenden Todesbewußtseins und inmitten der Angst, geschwisterlich zusammenhalten und sich *gemeinsam* auf die Flucht begeben. Schlimmer noch als der Tod, so deutet es das Grimmsche Märchen in dieser Szene an, ist für einen Menschen unzweifelhaft der drohende Zerfall seiner Persönlichkeit, oder, umgekehrt gesagt: das beste Mittel gegen die Bedrohung der menschlichen Existenz durch die Todesangst besteht in einem noch stärkeren Zusammenhalt von »anima« und ›Ich‹, von Gefühl und Bewußtsein, von Instinkt und Wahrnehmung – des »Lenchen« und des »Fundevogels« also. Es ist ein unvermuteter, aber äußerst wichtiger Gedanke, daß als erstes das »Lenchen«, um ganz sicherzugehen, den »Fundevogel« nach seiner unerschütterlichen Treue fragt und erst, als es dieser gewiß sein kann, ihm den mörderischen Anschlag der »Köchin« entdeckt.

An sich möchte man glauben, daß das »Lenchen« in seinem Wissen um die drohende Gefahr dem »Fundevogel« helfend und rettend zur Seite stehen würde und daß es sich jedenfalls vorerst nicht zu fürchten brauchte, seinerseits von ihm verlassen zu werden; gleichwohl besteht diese Gefahr gerade jetzt! Denkbar wäre durchaus, daß der »Fundevogel« sich auf die Mitteilung seiner Stiefschwester hin in panischem Schrecken aus dem Staube machen und das »Lenchen« im Hause der »Köchin« allein zurücklassen würde; für ein solches Vorgehen spräche immerhin, daß das »Lenchen« selber von der »Köchin« bislang erkennbar nicht bedroht wird. Gleichwohl zeigt das flehentliche Fragen des »Lenchen«, daß mit der möglichen *Trennung* von dem »Fundevogel« mehr auf dem Spiel steht als die bloße Sorge, den Stiefbruder zu verlieren. Tiefenpsychologisch und existentiell begreift man sehr gut, welch eine Gefahr darin liegen muß, wenn unter der Zerreißprobe der Angst das »Lenchen« und der »Fundevogel« als symbolische Verkörperungen von »anima« und »Ich« voneinander getrennt würden. Gerade wenn das »Lenchen« mit seiner Person für den Bereich des Unbewußten steht, gilt nach einer alten Feststellung Sigmund Freuds, daß es den Tod oder genauer eine Begrenzung durch ein »Nein« für sich selber nicht kennt;[36] wohl vermag das »Lenchen« sehr genau und sensibel, weit früher als das Bewußtsein (als der »Fundevogel«), die Gefahr des Todes zu *ahnen*, es selbst aber bleibt von den mörderischen Vorbereitungen der »alten Sanne« offenbar ausgenommen. Der Grund für diese Darstellung ergibt sich aus der Struktur des Unbewußten selbst, das als ein kollektives, überzeitliches Element in die individuelle Existenz eingelagert ist und mit dem Untergang des Ichs durchaus nicht zu Ende geht. Gerade deshalb aber läßt sich unvermeidbar im Leben eines jeden Menschen, der zu sich selbst erwacht, ein Zeitpunkt voraussehen, an dem die »Köchin« den »Fundevogel« seiner (Stief-)Schwester zu entreißen droht. Ja, wenn es ihr gelänge, das »Lenchen« auf ihre Seite zu ziehen, so wäre es in der Tat um den »Fundevogel« augenblicklich geschehen. Die Situation gestaltet sich indessen psychisch gänzlich anders, wenn das »Lenchen« und der »Fundevogel« sich voneinander gerade *nicht* trennen lassen, sondern gemeinsam Front machen gegen die gemeinsame Todesdrohung. Zwar sind sie, auch gemeinsam, nicht imstande, die »Köchin« frontal anzugreifen, aber sie können doch gemeinsam versuchen, vor ihr zu fliehen, und als Fliehende werden sie lernen, die Diener der »Köchin« zu täuschen und am Ende sogar die »Köchin« selbst zu besiegen. Die entscheidende Voraussetzung dafür ist freilich, daß das »Lenchen« und der »Fundevogel« auf Gedeih und Verderb *zusammenhalten*.

Stelle um Stelle, dreimal noch, wird im entscheidenden Moment das »Lenchen« seine Anfrage und seine Beistandserklärung an den »Fundevogel« erneuern: »Verläßt du mich nicht, so verlaß' ich dich auch nicht«, und der »Fundevogel« wird sagen: »Nun und nimmermehr.« Dieses immer wieder beteuerte Versprechen der Zusammengehörigkeit der beiden »Kinder« beschreibt nicht nur den Versuch, an keiner Stelle des Lebensweges über die Angst vor dem Tode die innere Einheit und Geschlossenheit preiszugeben, es spricht sich inhaltlich darin auch die einzige Form einer seelischen Haltung aus, die es erlaubt, dem Tod auf eine menschliche Weise zu entkommen.

Nichts eigentlich bedroht so sehr ein mögliches Gelingen seelischer Ganzheit als die Angst, letztlich die Angst vor dem Tode. Um den quälenden Anblick der jederzeit möglichen Gefährdung des Daseins zu vermeiden, erscheint es als überaus naheliegend, sich entweder in den einen oder in den anderen Pol der Existenz zu flüchten. Es ist möglich, den Tod gewissermaßen zu verleugnen, indem man das »Lenchen« erklären läßt, daß es mit ihm nichts zu tun habe; alles auf Erden, wenn es bei dieser Einstellung des Unbewußten bleibt, ist nichts als unwirklicher Schein, das individuelle Leben eine Illusion, real offenbar nur das sich vollziehende Leben in seinen endlos wechselnden Gestaltungen, der Tod mithin überall und nirgends – in Wahrheit gibt es ihn gar nicht. So in etwa läßt sich eine Lebensanschauung formulieren, in welcher nur das »Lenchen« sich ausspricht, indem die Weite des Unbewußten sich selbst als eine metaphysische Unendlichkeit reflektiert. Umgekehrt ist es möglich, den Tod als einen Teil der Realität zu verleugnen, indem das Ich so zu leben versucht, als wenn es ihn nicht gäbe. Nehmen wir die Gestalt des »Fundevogels« als eine Verkörperung des Ichs, so müssen wir feststellen, daß das Bewußtsein überhaupt erst durch seine Verbundenheit mit dem »Lenchen« von den bedrohlichen Machenschaften der »Köchin« Kunde erhält; allein auf sich gestellt, müßte das Ich gegenüber der im Hintergrund lauernden Todesgefahr vollkommen blind bleiben, und ganz entsprechend müßte auch das Leben eines solchen »Fundevogels« erscheinen: Er würde sein Leben in etwa so einrichten, wie es der griechische Philosoph Epikur empfahl, nach der Devise: »Bin ich, ist der Tod nicht. Ist der Tod, so bin ich nicht. Also geht er mich nichts an.«[37] Aber ein Ich, das die Endlichkeit des Daseins ignoriert, läuft geradewegs blind dem Tod in die Arme, es lebt selber auf eine gefährliche Weise an der Wirklichkeit vorbei. Wie sollte der Tod uns nichts angehen, wenn er buchstäblich auf uns zukommt bzw., wie in dem Grimmschen Märchen, hinter uns herläuft? Es kommt sehr darauf an, daß das »Lenchen« und der »Fundevogel« gerade nicht durch die Todesangst voneinander getrennt werden, sondern fest zusam-

TIEFENPSYCHOLOGISCHE DEUTUNG

menhalten, indem das Fühlen und das Denken, die Unendlichkeit des Es und die Begrenztheit des Ich, das Kollektive und das Individuelle eine *gemeinsame* Antwort auf das Problem des Todes formulieren, das sie nur gemeinsam erkennen und nur gemeinsam lösen können.

Zu der Weisheit der Märchen gehört es, daß sie die Antworten auf mögliche Lebensfragen nicht in Form von Gedanken oder in Gestalt von immer richtigen (und deshalb niemals wirklich verbindlichen) Auskünften geben, sondern daß sie in Bildern bestimmte Schritte der Reifung skizzieren und vorschlagen, die stufenweise eine Frage beantworten helfen, für die es mit den Mitteln der Logik keine Lösung gibt.

Wie antwortet man *ganzheitlich* auf die Drohung des Todes? Gewiß, wir alle sind auf der Flucht, und ein jeder für sich versucht, dem Tod, solange es geht, zu entlaufen. Aber die Art, mit der Grundgefährdung des Daseins umzugehen, stellt sich in den verschiedenen Lebensabschnitten recht unterschiedlich dar, und die Grimmsche Erzählung beschreibt sie, zeitlich geordnet, in drei sehr eindringlichen Bildern.

Da ist zum ersten die Verwandlung der beiden »Kinder« in ein »Rosenstöckchen« und in ein »Röschen«. Das gesamte menschliche Leben besteht entsprechend dem Märchen vom ›Fundevogel‹ in nichts anderem, als der fressenden »Köchin« Natur zu entfliehen – wohl wahr. Doch immer wieder werden die »Knechte« der »Köchin«, werden die Häscher des Todes uns einholen und das Leben in Frage stellen. Alles hängt mithin davon ab, sich Lebensabschnitt für Lebensabschnitt zu *wandeln,* indem man vor der entscheidenden Herausforderung des Todes nicht länger mehr wegläuft, sondern innehält und innerlich die Antwort zu geben versucht, die jeweils an der Stelle des bisherigen Lebensweges möglich und notwendig ist. So zu Beginn *die Antwort der Jugend:* Es ist die unmittelbarste, fröhlichste und heiterste Reaktion auf die Nähe des Todes, sich seinen Augen zu entziehen in dem Blühen und Reifen jugendlicher Schönheit. Wir würden früh schon ersterben ohne den unbekümmerten Mut der Jugend, sich so vital und intensiv wie möglich dem Leben anheimzugeben. Keine erklügelte, vom Ich überlegte, willentlich vorgesetzte »Maßnahme« ist hier zu treffen, – es ist bezeichnenderweise das »Lenchen«, das eigene Unbewußte, das spontan das Richtige findet: Leben! So üppig und innig, als nur geht! Es gilt, sich mit der Erde zu verwurzeln und das Wachstum der Blumen zum Vorbild zu nehmen. Es kommt darauf an, einfach zu *sein* und die Kräfte im Inneren sich entfalten zu lassen, bis die Gestalt in uns heranreift, zu der wir berufen sind. Wie viele Menschen werden diesen Jahren der Jugend hinterhertrauern, nur weil sie damals nicht richtig gelebt haben bzw. nicht richtig haben leben dürfen, und infolge des ungelebten Lebens werden die Schattenhände des

Todes: Unerfülltheit und Schwermut, nach dem späteren Dasein greifen. Die »Knechte der Köchin« müssen indessen unverrichteter Dinge wieder abziehen, sobald wir uns ungehemmt in das Gewand des »blühenden Lebens« kleiden.

Wer das Bild des »Rosenbäumchens« und des »Rösleins« vor sich sieht, mag wohl unwillkürlich an die »rote Rose Leidenschaft« erinnert werden, die von den Dichtern so gern besungen wird, an die Wonne und das Glück einer zum erstenmal alle Hüllen sprengenden Liebes- und Lebenslust und an die juniheiße Wärme liebedurchfluteter Sommertage. Es ist ein Leben, wie Theodor Fontane es in seinem Gedicht ›Guter Rat‹ einmal besungen hat:

> An einem Sommermorgen
> Da nimm den Wanderstab.
> Es fallen Deine Sorgen
> Wie Nebel von Dir ab.
>
> Des Himmels heitere Bläue
> Lacht Dir ins Herz hinein,
> Und schließt, wie Gottes Treue,
> Mit seinem Dach Dich ein.
>
> Rings Blüten nur und Triebe
> Und Halme von Segen schwer,
> Dir ist als zöge die Liebe
> Des Weges nebenher.
>
> So heimisch alles klinget
> Als wie im Vaterhaus,
> Und über die Lerchen schwinget
> Die Seele sich hinaus.[38]

Gewiß, man kann selbst eine solch heitere Lebenseinstellung noch als einen »Hedonismus« der Verzweiflung mißdeuten, indem man darin nichts weiter sieht als eine Haltung nicht des spontanen Standhaltens vor dem Tod, sondern der verborgenen Todesfurcht und Todesflucht, ja es kann sein, daß beide Halterungen sich äußerlich mitunter sogar sehr ähnlich sehen. So vernehmen wir beispielsweise im Buch der Weisheit (2,4–9) Ratschläge, die der »sommerlichen« Weisung Fontanes sehr ähnlich sehen, ohne es wirklich zu sein:

> Unser Leben geht vorüber wie die Spur einer Wolke,
> und wie ein Nebel wird es sich verflüchtigen,

der vertrieben wird von den Strahlen der Sonne
und von ihrer Wärme zum Sinken gebracht wird.
Denn eines Schattens Vorüberziehen ist unsere Lebenszeit,
und nicht gibt es eine Wiederholung unseres Endes,
weil es versiegelt ist und keiner wiederkehrt.
Herbei denn, laßt uns genießen der vorhandenen Güter
und laßt uns geschwind die Welt ausnutzen als in der Jugendzeit.
Mit kostbarem Wein und Salben wollen wir uns füllen,
und nicht möge eine Frühlingsblume uns entgehen.
Bekränzen wir uns mit Rosenknospen, ehe sie verwelken!
Keine Wiese möge es geben, die wir nicht schwelgend
   durchstreifen.
Niemand von uns entziehe sich unserem ausgelassenen Treiben;
überall wollen wir zurücklassen Erinnerungszeichen unserer
   Lustigkeit,
weil dies unser Teil und dies unser Los.[39]

Solche Maximen klingen zwar anakreontisch-verwegen,[40] aber gerade deshalb haben sie nichts zu tun mit der unverfälschten Verwandlung der Jugend in den Zauber erblühender Schönheit und unbezähmbarer Sehnsucht nach der Fülle des Lebens. Nichts von der resignierten Müdigkeit überalteten Welkens findet sich in dem Bilde des »Rosenbäumchens« und des »Rösleins«, in welche in dem Grimmschen Märchen sich das »Lenchen« und der »Fundevogel« vor den »Knechten der Köchin« verwandeln. Man höre zum Vergleich nur einmal die »Weisheitsworte« aus dem Buch des Predigers (9,4–20), das sich mit zahlreichen gleichlautenden Ansichten der Alten Ägypter[41] zu der vollkommenen Aussichtslosigkeit des irdischen Daseins bekennt, um daraus die desperate Folgerung eines um so intensiveren Lebensgenusses zu ziehen:

> Wer noch zur Schar der Lebenden gehört, der hat noch etwas zu hoffen; denn ein lebender Hund ist besser als ein toter Löwe. Die Lebenden wissen doch, daß sie sterben müssen, die Toten aber wissen gar nichts, sie haben auch keinen Lohn mehr; denn ihr Andenken ist vergessen. Auch ihr Lieben und Hassen und Neiden ist längst dahin, und sie haben an nichts mehr teil von allem, was unter der Sonne geschieht. Geh, iß mit Freuden dein Brot und trink deinen Wein mit fröhlichem Herzen; denn längst hat Gott dein Tun gebilligt. Trage allezeit weiße Kleider und laß deinem Haupt das Öl nicht mangeln. Genieße des Lebens mit dem geliebten Weibe alle die Tage des flüchtigen Daseins, das dir verliehen ist unter der Sonne; denn das ist dein Teil am Leben

und für die Mühe, mit der du dich abmühst unter der Sonne. Alles, was du tun kannst, das tue nach deinem Vermögen; denn in der Unterwelt, wohin du gehst, gibt's nicht Schaffen noch Planen, nicht Erkenntnis noch Weisheit mehr.[42]

Der Jugend bzw. dem jugendlichen Erblühen, wie das Grimmsche Märchen es schildert, sind derartige Räsonnements der Resignation vollkommen fremd. Auch die Jugend lehnt es ab, sich mit dem Tod weiter zu befassen, aber ihre Antwort ist das spontane organische Reifen selbst, nicht die Entschlossenheit, mit der das Alter sich ein letztes Mal noch an die Erde zu klammern sucht. Die Jugend wurzelt selbst in den Kräften der Erde – das ist etwas vollkommen anderes als der immer matter werdende Haftversuch späterer Jahre; sie hört ganz einfach auf, vor dem Tod noch länger wegzulaufen – gerade darum ist sie für ihn unerreichbar; sie lebt in üppiger Verschwendungsbereitschaft – darum stirbt es sich eher leicht in der Jugend. Über allem liegt in den Tagen der Jugend der erfrischende Tau von Morgenfrühe und Sonnenaufgang, und ihre Kräfte scheinen unbesiegbar in den Strahlen des Lichtes, das sie ins Dasein ruft. Noch weiß sie kaum um den sich verströmenden Reiz ihrer eigenen Pracht, um die beneidenswerte Unverfälschtheit ihrer Gebärden, um die offene Klarheit ihrer schimmernden Augen.

> Mein Leben lang hab ich das Paradies gesucht,
> das hier einst war
> und gefunden hab ich seine Spur
> nur auf den Lippen der Frauen
> und auf der Rundung ihrer Haut,
> die warm ist von Liebe,

meinte der tschechische Dichter Jaroslav Seifert.[43] Die Jugend, wenn sie mit all ihren Kräften zum Leben erblüht, kennt nicht den Tod, und der Tod erkennt sie nicht. Unverrichteter Dinge müssen daher die »Knechte der Köchin« wieder abziehen vor dem überraschenden Wunder einer Verwandlung, die ihnen keinerlei Handhabe bietet. Die Jahre der Jugend sind in sich selber ein einzigartiger Triumph über den Tod.

Und dennoch ist selbst die Jugend nur *eine* Wegmarke auf der Flucht des menschlichen Daseins vor dem Zugriff des Todes; sie ist eine erste gültige, doch keine letztgültige Antwort. Wohl ist es entscheidend, was das »Lenchen« und der »Fundevogel« erreicht haben: ihr immer neu bestätigter Zusammenhalt ist es, der jetzt erlaubt, eine innerlich einheitliche Gestalt dem Tod entgegenzustellen und gegenüber seinen Anschlägen in gewissem Sinne unangreifbar zu werden. Die »Köchin« hat insofern ganz recht: Um das Leben in dem Erblühen der Jugend zentral zu gefährden, müßte man »das Rosenstöckchen entzweischneiden und das Röschen abbrechen und mit nach Haus bringen«; doch genau das kann ihren »Knechten« nicht gelingen: das »Lenchen« und der »Fundevogel« *lassen* sich nicht auseinanderreißen, ja die »Knechte der Köchin« kommen gar nicht erst auf die Idee, es zu versuchen. Es ist ein Vorrecht der Jugend, so »konsistent« zu existieren, daß es jeden Gedanken an Zergliederung und Aufspaltung von sich abweist. Dabei wüßte die »Köchin« eigentlich schon, wie zu verfahren wäre: Man müßte das »Lenchen«, das die Gestalt einer Rose angenommen hat, wieder »nach Hause« zurückholen und den »Fundevogel«, der in dem Rosenstock verkörpert ist, zerstören; es müßte, mit anderen Worten, gelingen, das gewissermaßen »pflanzliche«, organische Reifen der Jugend bis in die Wurzeln hinein »entzweizuschneiden« und damit gerade die Gefahr zu verstärken, die in dem »Fundevogel« ohnedies angelegt ist: das Leben zu zergrübeln und zu zergliedern, statt es mit aller Kraft einzugehen und durchzustehen. Es ist ein wichtiger Erfahrungssatz der Psychotherapie, daß insbesondere Jugendliche, die immer wieder angstvoll vom Tode sprechen, eigentlich »nur« Angst haben vor dem Leben;[44] gerade eine bestimmte Form der Geistigkeit aber neigt ohnedies dazu, das Leben in ein Geflecht von Mutmaßungen, Hypothesen und Möglichkeiten zu verwandeln; bei jedem Schritt *ins* Leben regt sich die Angst *vor* dem Leben und setzt eine Art überreflektierter Todesstarre an die Stelle lebendiger Entwicklung.[45]

So erzählte vor einiger Zeit ein heute etwa fünfzigjähriger Mann von den Erinnerungen seiner Jugend. »Ich war damals, mit etwa achtzehn Jahren«, gestand er, »ein wüster Hagestolz. Ich hatte Angst vor allem, insbesondere vor der Nähe eines Mädchens. Die einzige Art, mit jemandem zu reden, war das Problematisieren von allem und jedem. Gott und die Welt, die Entwicklungsländer und der Artenschutz, Politik und Meteorologie – mir fiel immer etwas ein, um von mir abzulenken und die Nähe des anderen zu meiden. Ich dachte und dachte, eigentlich nur, um die Wirklichkeit zu pulverisieren, damit sie mich nicht verletzen könnte. Ich hatte ständig Angst vor dem Tod, aber ich glaube, ich war damals selbst wie der Tod. Ich bestand nur aus Gedanken, und unter dem Gegrübel zerbröselte und zerfaserte alles in der ›Gewißheit der Endlichkeit‹, wie ich das nannte, in der fast schon vertrauten Nähe des Verlöschens.« So ähnlich wird man sich das »Entzweischneiden« des »Rosenstöckchens« durch die »Knechte der Köchin« vorstellen müssen. Erst dann wird deutlich, daß der »Fundevogel« wirklich nur gerettet werden kann durch die unzertrennliche Einheit mit dem »Lenchen«. Allein die Nähe der »weiblichen« Logik wärmerer Gefühle kann verhindern, daß die Geistigkeit, die der »Fundevogel« verkörpert, schutzlos und isoliert sich selber preisgegeben bleibt. Das Denken eines Mannes ändert sich strukturell, je nachdem, ob es wesentlich auf eine Frau bezogen ist oder nicht, und ohne die notwendige Ergänzung durch die Eigenart des Weiblichen gerät die männliche Mentalität nur allzu rasch auf den Weg der Selbstzerstörung.[46]

Aber auch umgekehrt. Ohne die Einheit mit dem »Fundevogel« würde das »Lenchen« nichts weiter sein als ein wurzelloses, vom Stamm geschnittenes »Röslein«, das, kaum erblüht, im Schatten der Köchin« dahinwelken müßte. Um gegen den allzufrühen Tod der Jugend zu bestehen, genügt nicht die Schönheit und Vitalität allein, es muß zu einer geistigen Überzeugung werden, was als Erleben in den Tagen der Jugend sich meldet, es muß gedacht werden, was im Gefühl sich regt, es muß einen inneren Halt bekommen, was als verlockende Pracht sich nach außen meldet. Der Tod ist tödlich erst, wenn es ihm gelingt, im Erleben der Angst die seelischen Kräfte voneinander zu trennen, deren innere Einheit allererst so etwas wie Wachstum und Reife ermöglicht. Wie viele »Röslein« mitten in der Blüte jugendlicher Schönheit werden abgeschnitten und verwüstet nicht, wie Goethes Gedicht es dem »Knaben« zur Last legt, von dem unvorsichtigen Zugriff fremder Begehrlichkeit,[47] sondern von dem Diktat einer Moral der ständigen Angst. Wie oft besteht nicht die Erziehung gerade eines besonders schön heranwachsenden Mädchens in einer solchen Abtrennung der »Blüte« vom »Stamm«, indem jedes tiefere Empfinden von Glück und Verlangen als Sünde und Schande verhöhnt und verpönt wird![48] Am Ende hält man eine Schönheit in Händen, die so reglos und leblos ist wie eine Papierrosette – nichts mehr ist in ihr von der Ursprünglichkeit des Erlebens.

Die »Einheit« des »Lenchens« und des »Fundevogels« ist mithin eine erste wichtige Leistung, die erfüllt werden muß, wenn die Jugend sich durchsetzen will gegen den Tod, und sie kommt nur zustande, wenn jemand es wagt, sich selber mit geistigen Mitteln ein Recht zum Leben, zum Wachsen, zum Blühen zuzusprechen. Nur so wird es gelingen, eine Form der Schönheit auszubilden, die in sich selber unangreifbar ist. Eine Gestalt entsteht, die wirkt wie das Gemälde aus der Hand eines vollendeten Künstlers: Niemand wird wagen, es »besitzen« zu wollen; durch das blendende Licht seiner Schönheit umgibt es sich mit einem Schutzkreis bewundernden Abstands; und wie von selber tritt es heraus aus den vordergründigen Ziel- und Zwecksetzungen der Oberfläche. Die Schönheit, wenn es so steht, braucht den Geist nicht zu fürchten noch dieser die Schönheit zu fliehen, vielmehr widerlegt das Bild des Grimmschen Märchens von dem »Rosenstock« und der »Rose« das alte Problem Thomas Manns,[49] indem die Schönheit den Geist inspiriert und der Geist selber die Schönheit hervortreibt. Wo immer es gelingt, mit der Kraft der Jugend die Verwandlung des »Lenchens« und des »Fundevogels« in das Bild eines aus Geist und Leben erblühenden Daseins zu vollziehen, da wird der Tod seine Ohnmacht erweisen; da ist das Leben gerettet. Für diesmal zumindest. Denn nichts ist endgültig.

Kaum zurückgekehrt, werden *ein zweites Mal* die »Knechte der Köchin« ausgesandt, um die fliehenden »Kinder« einzufangen und zu vernichten. An sich wird man sich über den Zorn und die Enttäuschung der »Köchin« nicht wundern dürfen, als ihre »Knechte« unverrichteter Dinge zu ihr zurückkehren. Eins aber ist an ihren Worten besonders bemerkenswert: daß sie glaubt, ihre Häscher träfen die »Kinder« unverändert in dem gleichen Zustand der Verwandlung an wie bisher. Man mag diese Einstellung bezeichnen als den Stillstand der Zeit; man muß in dieser Haltung jedoch ein charakteristisches Merkmal der »Köchin« selber erblicken. Es gehört wesenhaft zu den Gedanken des Todes, das Leben für etwas Feststehendes und Unwandelbares zu halten und ihm eine wirkliche Veränderung oder Verwandlung nicht zuzutrauen.[50] Wie es eben noch war, so wird es auch jetzt noch sein, so wird es auf immer bleiben – eine solche Mentalität bewirkt nicht nur Tod, sie *ist* der Tod selbst. Sie macht jede beliebige Bewegung starr, sie fixiert jedes »Fortschreiten« des Lebens auf einen festen Standpunkt, und was eben noch als ein wirksames Hilfsmittel gegen den Tod erscheinen mochte, droht unversehens zu einem Instrument des Todes selbst zu werden. Eben noch sind das »Lenchen« und der »Fundevogel« stehengeblieben, um dem Tod standzuhalten, und zwar, wie wir erleichtert bemerken, *mit Erfolg,* da taucht bereits die Gefahr auf, daß sogar das Standhalten sich in ein Stillstehen verwandeln kann. Würden die beiden »Kinder« auch nur um ein weniges zu lange in ihrer Verwandlungsgestalt von Rosenstock und Rose verharren, so müßte die baldige Rückkehr der Todesboten ihnen zur größten Gefahr werden: Stillstand, so lernen wir, ist in sich selbst etwas Tödliches; im Leben, anders gesagt, gibt es kein zweites Mal.[51] Leben, das heißt sich aufmachen und weitergehen, immer weiter, zu neuen Gestaltungen und Reifungsverwandlungen, wie sie bislang noch nicht einmal vorstellbar waren. Leben, das ist der ständige Aufbruch, die unaufhörliche Änderung, das Annehmen immer neuer Formen, so überraschend, daß es von außen selbst für die »Knechte« des Todes nicht wiederzuerkennen ist. Immer zu spät kommt der Tod *nur* dem sich Wandelnden. Eine große Gefahr aber liegt bereits darin, daß eine Stufe der Wandlung, gerade weil sie sich eben noch als nützlich und erfolgreich erweisen mochte, selber so lange sich zu erhalten sucht wie möglich, alle gegenwärtigen Religionsformen zum Beispiel leiden unter der zunehmend unbezahlbaren Hypothek ihrer nur allzu erfolgreichen Vergangenheit, indem sie, wie etwa der Katholizismus, selbst gegen Ende des 20. Jahrhunderts strukturell immer noch tief in der Glanzzeit des Mittelalters verwurzelt sind,[52] und ähnliches ließe sich sagen vom Hinduismus, vom Islam, vom Buddhismus.[53] Es ist so schwer, etwas aufzugeben, das ersichtlich so schön und reich (gewesen) ist; und doch *muß* es geschehen, wenn das Leben weitergehen soll. Wenn die Boten des Todes von neuem zurückkehren, so müssen sie einer neuen, ihnen unbekannten Gestalt begegnen, oder sie werden den furchtbaren Befehl der »Köchin« unerbittlich ausführen.

Es ist daher ganz entscheidend, daß in dem Märchen vom ›Fundevogel‹ die beiden »Kinder«, kaum daß die »Knechte der Köchin« fortgegangen sind, sich wieder auf den Weg machen, um den gewonnenen Vorsprung nach Möglichkeit auszubauen. Sie verlassen damit unausweichlich den so glücklichen Zustand der blühenden Schönheit der Jugend, und doch verlieren sie nichts, sondern sie sind nur unterwegs zu einer neuen nicht minder prächtigen Wandlungsform, die im Unterschied zu der naturhaft-vitalen Verwandlung am Anfang nunmehr vollständig dem Bereich von Kultur und Religion zugehört. Es handelt sich jetzt offenbar um eine Antwort, wie sie gegenüber den Annäherungen des Todes spätestens von der *Mitte des Lebens*[54] an gefunden werden muß, falls das Leben nicht in eine schwere, womöglich tödliche Krise geraten soll.

Konkret gesehen, kündigt sich von den anstehenden Konflikten manches schon bei der Preisgabe der »Rosenbäumchen-Existenz« an. Für viele *Frauen* insbesondere bricht eine oft panische Angst bereits bei dem bloßen Gedanken an das beginnende Alter aus: Sie haben ihre Jugend womöglich in ständiger Angst verbringen müssen; sie haben sich nie unbeschwert ihrer leiblichen und seelischen Schönheit freuen können; doch um so mehr fürchten sie sich nun, um die fünfundvierzig herum, schon des Morgens vor dem Blick in den Spiegel. Obwohl man sie als Mädchen schon gelehrt hat, den eigenen Körper gegenüber den Augen der Männer eher zu schützen als zu schätzen, heftet sich doch insgeheim ein um so stärkeres Selbstvertrauen oder Minderwertigkeitsgefühl an bestimmte Körperteile und Körpermaße. Wird man je noch geliebt werden, wenn die Haare brüchig zu werden beginnen, wenn um die Augen herum sich die ersten Fältchen bilden oder wenn die Hüften voller und der Busen schwerer zu werden beginnt? Fragen dieser Art mögen jemanden, der sie nicht selber durchlitten hat, vielleicht als banal und belanglos anmuten, für denjenigen aber, der ihnen buchstäblich leibhaftig ausgeliefert ist, können sie die Hölle bedeuten, indem sie zu einem ständigen Kampf um das schier Unwiederbringliche nötigen. Worauf es jetzt ankommt, ist nicht mehr und nicht weniger als ein vollständiger Umbau der gesamten Existenz; er ist nötig, allein schon, um die körperlichen Veränderungen des beginnenden Alterns in ein inneres Reifen umzuwandeln, und er gelingt nur, wenn sich das vitale Aufblühen der Jugend auf einer neuen Ebene geistig in ein Gefühl für den Wert, den Auftrag und die Bedeutung der eigenen Persönlichkeit transformieren läßt. Der französische Dichter Eugène Ionesco, der sein Leben lang an Todesangst gelitten hat, schildert diese ihm selber schier unlösbar dünkende Aufgabe in seinem ›Tagebuch‹ einmal so: »Manchmal leide ich an Schlaflosigkeit. Im Dunkeln schlage ich die Augen auf. Doch dieses Dunkel ist wie eine andere Helligkeit, wie ein negatives Licht. Im schwarzen Licht erscheint mir mit unbestreitbarer Evidenz ›die Enthüllung des Unheils, der Katastrophe, des Unabwendbaren, des absoluten Scheiterns‹. Alles scheint mir verloren. – Die Kindheit ist die Welt des Wunders und des Wunderbaren: Es ist, als erstehe die Schöpfung ganz frisch und neu und erstaunlich aus der Nacht. Sobald die Dinge nicht mehr erstaunlich sind, ist die Kindheit vorüber. Sobald die Welt einem wie ›schon dagewesen‹ erscheint, sobald man sich an die Existenz gewöhnt hat, ist man erwachsen. Die Welt des Feenhaften, des Neuen und Wunderbaren wird Banalität, Klischee. Das eben ist das Paradies, die Welt des ersten Tages. Aus der Kindheit verjagt werden heißt, aus dem Paradies verjagt werden, heißt erwachsen werden. Es bleibt die Erinnerung, die Sehnsucht nach dem Augenblick, einer Gegenwart, einer Fülle, die man mit allen Mitteln wiederzufinden sucht. Das alles wiederfinden oder einen Ersatz dafür. Mich quälte und mich quält die Angst vor dem Tode, das Grauen vor der Leere, und zugleich empfinde ich den glühenden, ungeduldigen, dringenden Wunsch zu leben. Weshalb will man leben? Was heißt leben? Ich habe auf das Leben gewartet. Leben wollen heißt nicht hoffen, das große Staunen wiederzufinden, das nur der Kindheit oder sehr unschuldvollen und luziden Geistern gegeben ist. Statt dessen suchen wir nach Befriedigung. Befriedigt ist man nie, kann man nicht sein. Die guten Dinge des Lebens sind nicht das Leben.«[55]

Ja, wenn man so will, besteht das Reifen bereits in der Mitte des Lebens in dem *Abschiednehmen* von den »guten Dingen« der Jugend,[56] und wer nicht all dies zurückläßt: den schmerzhaft vermißten Zauber des Anfangs, die träumende Poesie, die jede Wolke, jede Straße, jedes Haus in ein Bild der Liebe und des Liebreizes der Geliebten verklären konnte, die Fröhlichkeit und Unbeschwertheit, die wie frischer perlender Tau über allem neu Entdeckten lag, der wird in der Sehnsucht nach dem, was er war, sich dem Tod immer dichter, immer verängstigter gegenüber sehen. Doch soll das heißen, wir müßten den Zauber und die Poesie der Liebe und des Glücks der Jugendtage zerbrechen oder sie als zerronnene Illusionen selber wie mutwillig zerstören? Keineswegs. In dem Märchen vom ›Fundevogel‹ gelingt es der »Köchin« eben *nicht*, die Rosenblüten der Jugend abzuschneiden und verdorren zu lassen; es muß also möglich sein, alles, was man je war, auf den Lebensweg mitzunehmen und es wiederzugewinnen, indem man es *wiederholt* in einer neuen vergeistigten Gestalt. Es war der dänische Religionsphilosoph Søren Kierkegaard, der den Begriff der *Wiederholung* als die eigentliche Kategorie eines gelingenden Lebens, als den Inbegriff einer gläubigen Existenz sogar, bezeichnet hat.[57] Und in der Tat ist das Bild der Verwandlung, das im Grimmschen Märchen vom ›Fundevogel‹ sich nun vor unseren Augen entfaltet, durch und durch *religiös* besetzt. Erneut versichern die beiden Kinder als erstes sich ihrer wechselseitigen Zugehörigkeit und Zusammengehörigkeit; doch dann, als schon die »Knechte« der »Köchin« ganz in der Nähe sind, macht wiederum das »Lenchen« den alles entscheidenden Vorschlag: »Werde du eine Kirche und ich die Krone darin.«

Wer heutzutage von »Kirche« reden hört, denkt wohl unweigerlich zunächst an »die« Kirche, und es kann sein, daß sich ihm dabei die absonderlichsten Erinnerungen und die verquertesten Erfahrungen zu Wort melden, bis dahin, daß er womöglich das ganze Märchenbild als kindischen Kitsch zu verwerfen geneigt ist. Aber Märchensymbole sind »älter« und tiefer verwurzelt als die Aneignungsformen einer bestimmten religiösen Lehrtradition oder kirchengeschichtlichen Praktik, und im Ursprung ist eine »Kirche« nicht ein bestimmtes Gebäude zum Zwecke liturgischer Feiern, sondern ein Heiligtumsraum, der wie eine Asylstätte der Geborgenheit die Menschen aufnimmt und sie der Sphäre des Absoluten zurückgibt. Eine »Kirche« ist so etwas wie ein künstliches Nachbild des verlorenen Paradieses; in ihr weht uns etwas entgegen von dem Atem des Schöpfungsmorgens, als die Menschen unverfälscht hervorgingen aus den Händen Gottes. Sie mochten dem Stoff nach, dem sie entstammten, nichts weiter sein als ein Gebilde aus Wasser und Lehm (aus Kohlenwasserstoff, wie wir heute sagen), und doch brauchten sie ihrer Armut und Nichtigkeit sich durchaus nicht zu schämen, in dem Bewußtsein, den Lebenshauch Gottes in sich zu tragen, und dieses Gefühl ließ sie leben.[58] Es war ein Bewußtsein, beabsichtigt und gewollt zu sein unter den Augen einer unsichtbaren, doch spürbar überall gegenwärtigen Macht, die sie in gerade ihrer Eigenart auszeichnete und wählte. Eben deswegen gehören zu einer »Kirche« all die Symbole von Neuanfang und Wiedergeburt im Zeichen der »Taufe«, von Heimkehr und Geborgenheit im Zeichen der »Höhle« des Kirchengewölbes und der Krypta, von der Einheit mit dem Heer der Sterne und der Weite des Himmels im Bild der zwölf »Apostelleuchter«, entsprechend den zwölf Tierkreiszeichen des Jahres, von der Versammlung des Herzens an dem Ort, da der Himmel die Erde berührt, in dem Symbol des Altares und des Kreuzes – des Weltenberges und der Weltenachse also;[59] ein Ort der Sammlung und der absoluten Seinsberechtigung ist eine »Kirche«, wenn sie verkörpert, was sie sein soll; sie ist die steingewordene Erfahrung einer unbedingten Geltung und Akzeptation, und man »verwandelt« sich nur in ihre Gestalt, man wird selbst mit der eigenen Existenz zur »Kirche« nur, wenn man gegen die flüchtende und flüchtige Unrast des Lebens sich dem Tod ein zweites Mal in aller Ruhe stellt, getragen von dem Vertrauen, umfangen und beschützt zu sein und eben darin noch ganz anders und doch ebenso »verwurzelt« und der Erde nahe wie vormals das »Rosenstöckchen«, dessen Bild der »Fundevogel« bei der ersten Infragestellung durch den Tod zu seinem Schutz annahm. Es ist möglich und angesichts des Todes offenbar unbedingt nötig, in dieser zweiten Verwandlung in der Mitte des Lebens wie eine gotische Kathedrale zu werden: mächtig in der gesamten Erstreckung von Längsschiff und Querschiff auf der Erde zu ruhen und doch mit den Türmen zum Himmel zu streben und die Sterne zu streifen, es ist möglich und nötig, die Wände zur Welt so stabil und fest zu machen, daß sie den Jahrhunderten trotzen, und doch so durchlässig und zart, daß sie in den Rosetten und Bogenfenstern in dem flimmernden Glassturz aus Farbe und Licht den Schimmer der Ewigkeit hindurchfließen lassen, auf daß er das ganze Innere mit seiner Verheißung durchflute und die ersten Bilder einer unendlichen Sehnsucht und Ahnung von einer anderen Welt vor unseren Augen sichtbar mache.[60] Was ist der Tod, wenn unser Leben solch ein Gebilde zu werden vermag, in dem der tote Stein durchlässig wird zum Licht und zwischen Festigkeit und Klarheit, zwischen Konsistenz und Transzendenz, zwischen Erdverbundenheit und Himmelsheimkehr kein Gegensatz mehr ist? Und die »Krone«, in die das »Lenchen« sich wandelt! Man muß zum Verständnis dieses Bildes etwa die Szene vor sich sehen, wie Jeanne d'Arc in der Kathedrale von Reims im Jahre 1428 den Dauphin Charles VII zum König über Frankreich salben ließ und ihre heiligen Visionen und Stimmen zur Wirklichkeit durchbrachen, indem sie ein ganzes Volk, das sich bereits geschlagen wähnte, an seine Freiheit zu glauben lehrte.[61] Ein jeder Mensch, wenn er auf seinem Lebensweg *zum zweitenmal* den Abgesandten des Todes begegnet, bedarf dieser Umwandlung der drohenden Niederlage eines schon geschlagenen »Königs« in den Mut, das Zeichen der eigenen Würde zu ergreifen und zu verteidigen. Was, beginnend mit dem Alten Ägypten,[62] in der Gestalt des »Königs« sich im Verlauf der Geschichte anfanghaft meldete, war und ist im Grunde das Wesensbild eines jeden Menschen:[63] Ein jeder Mensch ist der Souverän seines eigenen Lebens, ein jeder besitzt in sich selbst eine unableitbare Würde und Größe, und jeder ist autonom in seinem eigenen Fühlen und Denken, sobald seine Stirn sich ziert mit dem Diadem ihrer Freiheit. Ein jeder Mensch, der zu sich selber erwacht, ist im wörtlichen Sinne ein königliches Wesen. Er ist nicht dazu bestimmt, als dienstbarer Knecht und weisungsabhängiger Untertan sein Dasein zu verhocken, er verfügt jederzeit über die Chance, sich in dem geweihten Tempelbezirk eines Seins »von Gottes Gnaden« zu seinem eigenen Format zu bekennen. Es geht exakt um das Problem, das Ionesco so formuliert hat: »Die Frage lautet: Sind wir einzigartige, das heißt unsterbliche Wesen? Denn was nur einmal existiert, bleibt einzig für immer. Oder sind wir vielmehr nur ein Gefäß für namenlose Mächte, die sich in uns zusammenfinden, sich verknüpfen, um sich wieder zu lösen und zu zerstreuen? Die Materialisten sind für die zweite Hypothese. Ärgerlich ist, daß auch die Metaphysiker und die Religionen zu dieser zweiten Hypothese neigen. Nur die jüdische und die christliche Lehre bringen den Mut zum Personalismus auf.«[64] Was hier »Personalismus« heißt, umschließt den gesamten Erfahrungsbereich von Selbständigkeit, Individualität, Unvertauschbarkeit und Kostbarkeit, von Einzigkeit und Einzigartigkeit – von einem »Königtum«, das jeder in sich trägt und das sogleich wirklich zu werden beginnt, wenn jemand sich wandelt in das, was er ist: eine Königin und ein König inmitten eines »Ortes« der Gottesebenbildlichkeit und der Gottunmittelbarkeit. Im Akt einer solchen »Verwandlung hört ein Mensch auf, sich von seiner Umgebung weiter bestimmen zu lassen; er hört, konkret gesprochen, damit auf, wesentlich als Vater und Mutter, Büroangestellter und Stenotypistin, Handlungsreisender und Hostesse zu existieren; ein Schritt der Reifung beginnt, bei dem in der Mitte des Lebens die Frage noch einmal ganz neu auf Leben und Tod sich zu Wort meldet: Wer bin ich selber? Wohin hat mich das Leben geführt? Und was ist mein eigener Entwurf für die Zukunft? Keine dieser Fragen beantwortet sich jetzt mehr durch die gewohnten Pflichten und Festlegungen gewisser Umstände. Auf dem Grunde der *eigenen* Existenz entdeckt sich die eigene Zuständigkeit für das eigene Leben. Es läßt sich nicht länger delegieren, was man selber ist; ja, das Leben selbst erlaubt nicht auf die Länge der Zeit eine nur abgeleitete, fremdgesteuerte Form des Daseins, und es ist der Tod selber, der dazu zwingt, das Dasein in seine Eigentlichkeit zu rufen.

Gedanken dieser Art erinnern sehr stark an die Existenzanalysen Martin Heideggers,[65] der immer wieder das »Vorlaufen« des Daseins auf den Tod als einen Mahnruf der »Sorge« um das eigene und eigentliche Sein interpretierte. Es war schon vor einem halben Jahrhundert der Vorschlag des deutschen Philosophen, von »Gott« am besten eine ganze Weile lang gar nicht mehr zu sprechen, um erst einmal frei von allen falschen Assoziationen in den Erfahrungsraum des »Heiligen« einzutreten und zu lernen, was es heißt, an den »Ort« zu gelangen, da das Dasein zu seiner inneren Einheit zu finden vermag.[66] Ganz entsprechend läßt sich die Verwandlung des »Fundevogels« und des »Lenchens« in eine »Kirche« und in eine »Krone« verstehen: es geht nicht um eine ausdrückliche Form von Religiosität, wohl aber um eine Frömmigkeit des Daseins, die an sich selber »heil« und »heilig« macht. Oder, noch klarer formuliert: es ist der Raum des Göttlichen, der in die Selbstfindung führt, und es ist umgekehrt der Schritt einer neuen Stufe der Selbstfindung, der den Raum des Göttlichen erschließt. Welch eine spezifische Form von Religion daraus folgt, ist nicht mehr Inhalt dieses Märchens, bis auf die Tatsache, daß die Art des »Heiligen« durch und durch personal gestaltet sein muß, um als Antwort auf die Infragestellung des Todes Gültigkeit besitzen zu können.

Und noch ein anderes läßt sich an dieser Stelle zeigen. Oft ist der Vorwurf vor allem gegenüber der Tiefenpsychologie C. G. Jungs zu hören, daß die Psychologie archetypischer Bilder zu »unhistorisch« und »unpolitisch« sei.[67] Wie sehr indessen das Gegenteil der Fall ist, zeigt zum Beispiel dieses Bild der Königsverwandlung in dem Grimmschen Märchen. Jahrtausendelang in der Geschichte der Menschheit war der »König« der einzig Freie in seinem Volke;[68] seit dem Beginn des Neolithikums vor etwa fünftausend Jahren begann man zu ahnen, daß der Abstand von Mensch zu Mensch größer sein kann als zwischen Mensch und Gott.[69] Aber diese Ahnung blieb all die Zeit über *äußerlich;* sie projizierte sich in die Institution eines einzigen, dessen Absolutheit und Souveränität alle anderen zu Unfreien und Abhängigen erniedrigte. Es bedeutete einen entscheidenden Durchbruch der Vernunft, eine absolute Kulturschwelle des Geistes, als man vor zweihundert Jahren im Gefolge der Aufklärung die Könige stürzte und den Menschen selber, den Dritten Stand, den »einfachen« Bürger zum Souverän erhob.[70] Die Tiefenpsychologie versucht nichts anderes, als diesen Schritt innerlich nachzuarbeiten; sie steht nicht im Widerspruch zur politischen Freiheitsgeschichte, sie vollzieht lediglich psychologisch nach, was sich in der äußeren Geschichte als Möglichkeit darbietet. Und dieser psychische Nachvollzug ist außerordentlich wichtig. Ein Mensch wird nicht dadurch frei, daß man ihn in der Konstitution eines Staates für frei und mündig *erklärt,* er ist es erst wirklich, wenn er die Verwandlung seines Lebens in seine eigene Königsgestalt hinein am eigenen Leibe, in der eigenen Seele mitvollzieht, und insofern ermöglicht die Tiefenpsychologie gerade im Umgang mit dem Archetypus des »Königs« allererst, daß sich zu realisieren vermag, was in projizierter, veräußerlichter Gestalt der Verwirklichung des Inhaltes dieses symbolischen Bildes geradezu im Wege stehen muß: die Königswürde und die Absolutheit der individuellen Existenz. Nichts mehr kann der Tod einem Menschen anhaben, der nach der Entdeckung seiner Vitalität in einem zweiten Schritt zu seiner eigenen Geistigkeit gefunden hat. Nichts – außer dem physischen Tod selbst.

Denn das wird nun *die dritte*, die endgültige Frage des Grimmschen Märchens sein: Was können Menschen tun, wenn im vorrückenden Alter zum drittenmal nun nicht mehr nur die »Knechte der Köchin«, sondern die grausame »Mutter Natur« selber ihren »Kindern« nachstellt und die Fliehenden einholt? Wie läßt sich leben mit der absoluten Gewißheit, die über allem steht, was wir sind oder tun: eines Tages wird der Tod uns einholen und seine Hand nach uns ausstrecken? Es ist ein wunderbares Bild voller uralter religiöser Erfahrung und Weisheit, wenn das Grimmsche Märchen erzählt, wie der »Fundevogel« und das »Lenchen« vor dem Herannahen der »Köchin«, nachdem sie ein letztesmal sich ihrer Zusammengehörigkeit versichert haben, die Gestalt eines *Sees* und einer *Ente* annehmen.

Eine symbolische Vision der Alten Ägypter vom Anbeginn der Welt taucht in dieser Szene auf. Speziell in der Weltentstehungsmythe von Hermopolis nahm man an, daß die Stadt selber auf dem Urhügel der Welt erbaut sei. »In einem zum Tempel von Hermopolis gehörenden Park war ein heiliger See, der ›Meer der zwei Messer‹ genannt wurde. Aus diesem, so hieß es, sei die ›Insel der Flammen‹ aufgetaucht, die als Urhügel galt. Diese Insel war ein berühmter Wallfahrtsort und Stätte vieler kultischer Feste. Vier verschiedene Fassungen des in Hermopolis erzählten Schöpfungsmythus waren mit diesem See und dieser Insel verbunden. Der einen Variante nach ist die Erde in einem kosmischen Ei entstanden (eine Vorstellung, die der vom allumfassenden Nun – dem Urgewässer, d. V. – nicht unähnlich war). Dieses Ei war auf dem Urhügel gelegt worden, und zwar von der himmlischen Gans, die zuerst das Schweigen der Welt brach und ›Großer Schnatterer‹ genannt wurde. Das Ei enthielt Re, den Vogel des Lichts, der die Welt erschaffen sollte ... Die zweite Version dieses Mythus ähnelt der ersten; nur hat in diesem Fall ein Ibis das Ei gelegt, der Vogel des Thot, der der Gott des Mondes und der Weisheit war.«[71] Den beiden anderen Fassungen zufolge entstand die Sonne als ein kleines Kind aus einer Lotusblume, die den Wassern des Teiches von Hermopolis entstieg, und aus den Tränen dieses Sonnenkindes bildeten sich der Überlieferung nach die Menschen. Der »See« und die »Gans« (bzw. die »Ente«) sind diesem Mythos zufolge ursprünglich als Bilder für das Geheimnis der Entstehung des Alls aus dem Nichts zu verstehen.

Legen wir diese Symbolbedeutung von »See« und »Ente« zugrunde, so geht es an dieser Stelle des Grimmschen Märchens jetzt nicht mehr nur um eine Widerlegung des Todes mitten im Leben, es geht um das Symbol einer Verwandlung, die den Tod selber zu töten vermag, indem sie *das Wunder der Schöpfung der Welt* im Leben eines einzelnen Menschen erneuert und ihn, der in der Zeit aus dem Nichtsein entstand, aus der Vergänglichkeit der Zeit in ein Dasein jenseits von Zeit und Raum entläßt. Ohne von der Hoffnung auf Unsterblichkeit ausdrücklich zu sprechen, stellt dieses Schlußbild der Grimmschen Erzählung doch gerade den Ausdruck und die Vermittlungsform dieses Versprechens der Religionsformen aller Zeiten dar; es gibt diese Hoffnung jedoch auf eine »religiösere« Weise wieder, als es die Sprache reflektierter Theologie zu tun vermöchte: Es *redet* nicht davon, es stellt keine *Doktrin* darüber auf, es führt keine Wortgefechte um Begriffe und Begriffsverknüpfungen, es versucht lediglich eine »Aussicht«, eine »Evidenz« zu begründen durch ein ebenso einfaches wie komplexes Bild, das den Anfang der Welt im ganzen mit dem Ende und Neubeginn der individuellen Existenz verbindet.

Den Sinn einer solchen bildhaften Überredungskunst muß man in etwa so wiedergeben: »Du fürchtest dich beim Herannahen des Todes? Du hältst ihn für ein Hinabgezogenwerden in das Meer des Verlöschens und des Nichtseins? Du fragst dich, warum du gelebt hast, wenn nichts von dir bleiben wird, um zu überleben? Aber ist es denn so falsch, was die Religion den Menschen an allen Orten und in allen Kulturen seit jeher zu vermitteln versucht: Ein Mensch werde im Tod nicht hinweggerafft, es löse vielmehr seine Seele sich nur aus den Fesseln von Raum und Zeit, sie verlasse das Gefängnis der irdischen Existenz und sie verlange danach, zurückzukehren zu ihrer ewigen Heimat unter die Sterne? Du fragst dich, wie so etwas möglich sei. Ob es überhaupt so etwas wie eine ›Seele‹, getrennt vom Körper, geben könne? Nun, auch wenn es keine ›geistige Substanz‹ geben mag, die sich vom Körper trennen ließe, so gibt es doch deine eigene Person, und warum soll sie nicht von denselben Kräften, die dich unter den Voraussetzungen dieser irdischen Welt ins Leben riefen, am Ende deines Lebens noch einmal hervorgebracht werden? Ein solches Wunder wäre nicht geringer, als daß du überhaupt existierst, und selbst wenn du ganz richtig sagst: Ich kann mir ein Leben nach dem Tod durchaus nicht vorstellen, so bleibt doch die Frage: Wie hättest du jemals dir vorstellen können, es sollte dich oder die ganze Welt geben, als du und die ganze Welt noch gar nicht bestanden?« – Solcher Art sind die »Argumente«, die das Märchen vom ›Fundevogel‹ zugunsten der »Tötung« des Todes in den Bildern von »See« und »Ente« geltend macht; doch handelt es sich wohlgemerkt um »Argumente« in Form symbolischer Bilder, nicht in Form intellektueller Begriffe; es handelt sich nicht um Beweise einer bestimmten Überzeugung, sondern um Hinweise einer bestimmten Art, die Welt zu sehen, und diese Hinweise wollen eher meditativ als diskursiv angeeignet werden.

Das Bild von »See« und »Ente« ist den meisten Lesern wohl geläufig durch das bekannte Märchen von ›Hänsel und Gretel‹ (KHM 15),[72] an dessen Ende eine Ente die Kinder über ein »großes Wasser« nach Hause zu ihrem Vater zurückträgt, nachdem sie die böse, menschenfressende Hexe im Feuer getötet haben. Das Märchen von ›Hänsel und Gretel‹ erzählt von der Loslösung zweier Kinder (bzw., in subjektaler Deutung, eines Jungen) von dem negativen Anteil der Mutter(-Imago); das Märchen von dem ›Fundevogel‹ hingegen schildert an dieser Stelle in einem an sich analogen Symbol den Sieg über die tödliche Macht der »Mutter Natur«, der kannibalischen »Köchin«, und so sind »See« und »Ente« *hier* keine »Transportmittel« mehr, um über das »Meer« des Unbewußten nach Hause zu gelangen, sondern Verwandlungsformen, in welche die »Kinder« sich kleiden müssen, um den Tod zu töten und das Leben unsterblich zu machen.

Ein entscheidendes Problem religiöser Unterweisung liegt darin, bestimmte Bilder existentieller Erfahrung so zu vermitteln, daß sie sich selber als Wirklichkeit setzen. Man besiegt den Tod, besagt das Bild vom »See«, indem man die eigene Seele so weit macht wie die Urflut zwischen den Horizonten. Es gilt, ein Gefühl zu gewinnen für die Unendlichkeit des Seins, eine immer deutlichere Empfindung für das Wunder des Daseins und eine wachsende Dankbarkeit für die unerhörte Gnade des Lebens.

Eine oft rührende Sanftheit der Weltbetrachtung läßt sich in dem Verhalten mancher *älter gewordener Leute* ganz in diesem Sinne beobachten: Ihre Enkelkinder verspotten sie vielleicht ein wenig des Kanarienvogels oder der Katze wegen, mit denen sie leben, aber in Wirklichkeit bedeuten diese Tiere, die sie sehr lieben, für sie so etwas wie eine Brücke zum Universum. Sie verkörpern ihnen ein Stück von der wunderbaren Schönheit der Welt; sie lehren sie etwas von dem Anrecht eines jeden noch so hinfälligen Lebewesens auf ein kreatürliches Glück; sie verweisen einfach durch ihre Existenz auf den rätselvollen Zusammenhang, der alles Leben miteinander verbindet. »Manchmal«, sagte mir vor Zeiten ein Mann, »tröstet mich bei dem Gedanken an den Tod die Vorstellung, daß in Jahrtausenden nach mir in den Felsspalten der Berge wie seit eh und je die Bergkristalle sich aufbauen werden, in den unterirdischen Tropfsteinhöhlen werden die Stalagmiten und Stalagtiten einander entgegenwachsen, Schildkröten werden nach Tausenden von Kilometern zu dem Eiland ihrer Geburt zurückkehren,[73] und in den Weiten des Weltalls werden aus kosmischem Staub neue Sterne zu glühen beginnen und alternde Sterne die Last der schweren Elemente, die in ihrem Inneren zusammengeschweißt wurden, an den unendlichen Raum des Kosmos abgeben.[74] Alles wird weitergehen. Früher hat mich dieser Gedanke traurig gemacht. Heute tröstet er mich. Die Welt und die Erde brauchen uns gar nicht. Sie möchten nur, daß wir sie nicht immer wieder durcheinanderbringen.«

Zu einer solch ruhigen, betrachtenden Einstellung kann man wohl nur gelangen, wenn man den »jugendlichen« Willen, die Welt nach eigenem Gusto zu gestalten, nach und nach aufgegeben hat. Solange man glaubt, etwas »machen« zu müssen, schrumpft das ganze Weltall auf das Format des Laufställchens unserer kindlichen Geh- und Greifversuche zusammen; zum Handeln brauchen wir Maßstäbe, die so klein sind, daß sie den Ansprüchen dessen, was wir »Verantwortung« nennen, einigermaßen entsprechen. Erst wenn wir das Prinzip des Tuns verlassen und uns stärker in der Einfachheit des Seins verankern, wird unser Blick frei für die Weite der Welt. Sie ist ein wirklicher Schutz vor dem Tod; denn sie zeigt uns, daß es den Tod im Grunde nicht gibt. Was es gibt, ist ein unendlicher Austausch in unendlichen Formen, ein Fließen und Sichdurchdringen von Kräften und Stoffen, die in immer neuen Strukturen und Mustern die Tendenz in sich tragen, alles, was an Komplexität und Schönheit nur irgend hervorgebracht werden kann, auch wirklich hervorzubringen. Dieses sich bis an den Horizont und darüber hinaus dehnende Vertrauen in die Güte der Welt nimmt der Nähe der »Köchin« jedes Moment von Angst und Gefahr. Ihr Antlitz versinkt buchstäblich in dem »See« der Welt und der menschlichen Seele, in den der »Fundevogel«, die Größe des menschlichen Geistes, sich selbst verwandelt hat – sich selber verwandeln kann.

Gleichwohl bleibt daneben immer noch die Angst vor dem persönlichen Tod erhalten. Gewiß, es gibt in der Natur keinen Tod, sondern nur ein endloses Umgestalten und Spielen in neuen Formen; und doch – auf der individuellen Ebene erscheint dieser »Kochtopf«-Aspekt der Natur nach wie vor als grausig und unwürdig. Kein Mensch, der lebt, kann damit einverstanden sein, daß er nichts anderes gewesen sein soll als ein chemisches Substrat von relativ kurzfristiger Zusammensetzung, und es ist durchaus kein Trost, zu vernehmen, daß dieselben Stoffe, die den eigenen Körper am Leben erhielten, Eingang finden werden in neue Verbindungen und Zusammensetzungen; denn das werden sie freilich, aber es hat absolut nichts zu tun mit dem, was wir als Personen sind oder gewesen sind. Und eben deshalb ist das

Bild der »Ente« (bzw. der »Gans« der Alten Ägypter) so wichtig. Mit ihrem Vermögen, in die Luft zu fliegen, verkörpert die »Ente« *die vertikale Orientierung* in die Höhe. Es gilt mit anderen Worten, getragen von der Erstreckung ins Horizontale, sich in die Luft zu erheben und den Blick in die Weite des Himmels zu werfen, und zwar nach »ägyptischem« Vorbild.

Die Seele des Menschen galt den Alten Ägyptern als ein goldener Vogel, der im Moment des Todes sich von der sterblichen Hülle des Leibes löst und zu den Sternen emporfliegt, um an der Seite der Sonne Platz zu nehmen.[75] Der Seelen-Vogel der Ägypter, der »Ba«, trug das Gesicht des nur scheinbar Verstorbenen, des in Wahrheit in das Land der Ewigkeit Hinübergegangenen,[76] und vor ihm abgebildet wurde gern ein Weihrauchgefäß, dem eine Wolke von Wohlduft entstieg.[77] »Das, was zu Gott macht« (śnṯr) nannten die Ägypter den Weihrauch,[78] und ebenso: als etwas, das den Menschen wie Weihrauch zum Himmel trägt und ihn erhebt in die Sphäre des Göttlichen, galt ihnen die menschliche Seele. Erst eine solche Vorstellung von der Größe des menschlichen Daseins, wie sie sich in dem »Ba«-Vogel bzw. in der »Gans« der Alten Ägypter ausspracht und in dem Grimmschen Märchen durch das Seelenbild der »Ente« Gestalt gewinnt, vermag den Todesaspekt der Natur, die Todesgestalt der »Köchin«, endgültig in den Fluten der Unendlichkeit zu ertränken. Und erst so, als Gerettete jenseits der Angst, finden die fliehenden Menschen »herzlich froh« »nach Haus«, wie das Grimmsche Märchen betont. Was sonst als ein bloßer Formelvers auf die überzeitliche Gültigkeit und zeitlose Schönheit der Märchen erscheinen mag, *hier* steht es zu Recht, dieses: »Und wenn sie nicht gestorben sind, (dann) leben sie noch (heute).« Denn eben dies, daß Menschen niemals »gestorben sind«, wenn sie sterben, ist der Sinn und der Abschluß dieser erstaunlichen Erzählung der Brüder Grimm vom ›Fundevogel‹.

Vielleicht läßt sich daher die Interpretation dieses Märchens am besten mit der Betrachtung eines Bildes abschließen, das dem altägyptischen Papyrus Ani entstammt, einem ›Totenbuch‹ aus der 19. Dynastie (um 1300 v. Chr.), das dem »wirklichen königlichen Schreiber« Ani und seiner Frau Tjutju, der Tempelsängerin des Amun, ins Grab gegeben wurde.[79] Das Bild, das den Papyrus beschließt, zeigt die Göttin Hathor in Gestalt der Himmelskuh Mehet Weret (mḥt wrt), wie sie zwischen den Hörnern die Sonnenscheibe trägt; um den Hals trägt sie den breiten Schmuckkragen mit dem »Menat«, dem Gegengewicht, auf dem Rücken. Als die »Große Flut« ist sie das Urwasser; »als Kuh, die aus dem Wasser aufsteigt, gebiert sie den Sonnengott und erhebt ihn auf ihren Hörnern zum Firmament. So wird sie zur Himmelskuh, die den beiden Ewigkeiten zugehörig ist.«[80] Das Auge der Hathor-

Kuh ist das Wedjat-(Uzat-)Auge, das den Himmel unter seinen drei Aspekten darstellt. »Das menschliche Auge mit der Augenbraue entspricht der Himmelsgöttin Nut, die sich von Horizont zu Horizont über die Erde beugt. Der vom linken Augenwinkel senkrecht abwärts gehende Strich ist ein Merkmal des Falkenauges – die Vorstellung vom Himmelsfalken ist ebenfalls uralt. Die in einer Spirale endende Linie, die nach rechts abwärts verläuft, ist kennzeichnend für das Auge des Geparden. Die Vorstellung vom Himmel als Raubkatze dürfte noch älter sein als die des Himmelsfalken.«[81] Der »Himmel«, mit anderen Worten, verkörpert wohl den Schmerz des raubtierhaften Gefressenwerdens, denn nur durch den Tod gelangt ein Mensch hinauf zur Sphäre der Hathor; er verkörpert aber auch die gütige, mütterliche Welt der Nut, die jeden Morgen neu die Sonne und damit das Leben hervorbringt; und er tritt uns entgegen in der Gestalt des wiedergeborenen Lebens, in der Person des falkenköpfigen Horus. Hathor (der »Horus im Tempel«), tritt hervor »aus dem von Papyrus bestandenen Westgebirge.«[82] Die Mehet Weret, »die Urflut, aus der alles Sein entstanden ist, die die Sonne gebar und sie zum Himmel hob, tritt jetzt als die Große Mutter aus dem ›schönen Westen‹ hervor, um Ani schützend aufzunehmen, damit er fortan als Gott beiden Ewigkeiten angehöre.«[83] So erscheint die Göttin auf dem Bild ein zweites Mal, entsprechend der Verbindung mit der Urflut, in der Gestalt eines Nilpferdes, das vor zwei blumengeschmückten Opfertischen und einer Blumenvase steht und, mit dem Kuhgehörn auf dem Haupt, die Sonnenscheibe trägt. In der rechten Hand hält Hathor eine Fackel, offenbar um die Opfergaben in Brand zu stecken, in der linken Hand hält sie das Anch-Kreuz des Lebens, ein Symbol, das eigentlich den Schoß einer Frau darstellt,[84] und stützt sich dabei auf die Hieroglyphe mit dem Lautwert s^3 = »Schutz«. Leben und Geborgenheit sind gewissermaßen die Gegengaben, welche die Göttin dem Opfer des menschlichen Lebens zu bieten bereit steht. Und so befindet sich zu Füßen des Westgebirges, über dem das Haupt der Himmelskuh sich erhebt, die kleine Pyramide, die sich über dem Grab des Ani wölbt. Das Grab des »wirklichen königlichen Schreibers« wird mithin selber der Ort sein, da er aufsteigt zum Himmel und sich wandelt ins Licht, da aus der Urflut die Sonne sich erhebt und die Welt sich gestaltet, da die Seele eines sterblichen Menschen sich gleich einem Vogel emporschwingt zu den Sternen, um auf ewig zu verschmelzen mit der sanften Kühle der sternenschimmernden Nächte und der glühenden Hitze der lebenspendenden Tage. An der Seite der Sonne, als Gefährte des Lichts, wird Ani fortan Platz nehmen in der Barke der Sonne, um in den zwölf Stunden der Nacht die Unterwelt zu durchfahren und die böse Schlange Apophis[85] zu bekämpfen und in den Stunden des Tages den Siegeslauf der Sonne am Himmel zu begleiten. Es ist, diesen Bildern zufolge, das Wesen des Menschen selber, sein Schicksal und seine Bestimmung, welche die Alten Ägypter in solchen Bildern bewahrten und bewahrheiteten, im Tod nicht zu »sterben«, sondern aufzuerstehen und wiedergeboren zu werden als Kind des Lichtes, als Gefährte der Sonne, als »Säugling« der ewigen Güte des Himmels, die sich in Hathor verkörpert.

Der Mensch, als »Fundevogel« geboren, stets angesiedelt zwischen Erde und Himmel, dieser ewige Wanderer zwischen zwei Welten, hat seine Heimat einzig im *Haus der zwei Ewigkeiten:* der *Nechech*-Ewigkeit des ewigen Kreislaufs der Sonne zwischen den Horizonten, und der *Djet*-Ewigkeit der Vertikalen, wenn der Mensch selber wird zum »Rückgrat des Osiris«,[86] zu der inneren Achse zwischen dem Staub der Erde und den strahlenden Sternen des Himmels. Nur wenn beides zusammenkommt: die bis zum Horizont sich weitende Fläche des »Sees«, in welcher der Himmel sich spiegelt, und die Vogelgestalt, die der menschlichen Seele Flügel verleiht, um sich über alle Welt hinauszuschwingen ins Licht, vergeht die »Köchin«, die ewige »Fresserin«, die nur scheinbare Allmacht des Todes.

Denn so lautet der Text, den die Alten Ägypter über die ganze Szene als Lobpreis der Hathor und als Hoffnung des Menschen setzten:[87]

ḥ(w).t-Ḥr	Hathor,
nb.t jmnt.t	Herrin des Westens (des Totenreichs),
jmj.t wr.t	die ist im Großen (Lande),
nb.t t³ dśr.t	Herrin des machtvollen Landes (der Nekropole),
jr.t Rᶜ jmj.t ḫ³.t-f	das Auge des Re, befindlich auf seiner Stirn
nfr.t ḥr m wj³	die schönen Antlitzes (sitzt) in dem Boot
n ḥḥ	der (Jahr-)Millionen
ś.t ḥtp n jr(t)	Der Sitz des Friedens (ist sie), um zu tun
m³ᶜ.t m ḫnwt	die Wahrheit inmitten
n ḥsjj.w	der (dem Gotte) Wohlgefälligen
t³ s.t	Diese Frau (ist die richtige)
r jr(t)	um zu machen
nš(m).t wr.t	die heilige Barke des Osiris groß,
r d³(t) p³ m³ᶜ.t	um überzusetzen die Wahrheit.

Anmerkungen

Schneeweißchen und Rosenrot

1 Zum *Motiv der unterschiedlichen Geschwister* vgl. E. Drewermann: Strukturen des Bösen. Die jahwistische Urgeschichte in exegetischer, psychoanalytischer und philosophischer Sicht, 3 Bde., Paderborn ⁴1982, 2. Bd., 247–256; 3. Bd., 280–283; E. Drewermann: Frau Holle, in: Lieb Schwesterlein, laß mich herein, München 1992, Anm. 14; 15; 16; O. Rank: Der Doppelgänger (1914), in: Psychoanalytische Literaturinterpretation. Aufsätze aus ›Imago‹, Zeitschrift für Anwendung der Psychoanalyse auf die Geisteswissenschaften 1912–1937, hrsg. u. eingel. v. J. M. Fischer, Tübingen/München 1980, 104–188. Den Zusammenhang von ›Schneeweißchen und Rosenrot‹ mit dem Erleben der Natur betont sehr schön R. Meyer: Die Weisheit der deutschen Volksmärchen, Stuttgart 1969, 58: »Unserem von der Naturgrundlage losgerissenen Denken und Empfinden ist es kaum noch begreiflich, in welchem Maße Sommer und Winter für alles alte Geist-Erleben bestimmend war. Im Pendelschwung der Jahreszeiten erlebte die Menschenseele die Werdegesetze ihres eigenen Wesens und des Weltalls: wie sie mit dem Sprießen und Erblühen der Pflanzenwelt selber auch in ihrem Sinnenwesen für die Weltenschönheit aufgeschlossen wurde und wie sie mit dem Welken und Fruchten der Natur wiederum in sich selbst zurückgehen mußte.« In »Schneeweißchen« und »Rosenrot« sieht R. Meyer demnach zu Recht das »Geheimnis der Jahreszeiten« verkörpert. – J. Grimm: Deutsche Mythologie (1835), Frankfurt, Berlin, Wien 1981, 2 Bde.; Bd. 2 633; 635; 737, wies darauf hin, daß »Sommer« und »Winter« noch heute als Eigennamen verwandt werden; allerdings treten »Sommer« und »Winter« bei uns als *männlich* auf und befinden sich »im Kampf gegeneinander« – sehr im Unterschied zu dem weiblichen Einklang des Märchens von ›Schneeweißchen und Rosenrot‹. – Den *Gegensatz* der Geschwister als Sommer und Winter schildert in der Mythologie der Selknam auf Feuerland M. Gusinde: Nordwind – Südwind. Mythen und Märchen der Feuerlandindianer, Kassel 1966, 11–20. – In der *griechischen* Mythologie war der Kampf zwischen Prometheus und Zeus ein Urbild des Daseins; K. Kerényi: Niobe (1946), in: Werke, hrsg. v. K. Kerényi, Bd. IV: Apollon und Niobe, München, Wien 1980, 271, deutete diesen Gegensatz als Kampf zwischen Sonne und Mond.

2 Zur Gestalt der *Großen Mutter* in der Vorgeschichte vgl. E. Neumann: Die Große Mutter. Eine Phänomenologie der weiblichen Gestaltungen des Unbewußten, Zürich 1956; Neudruck: Olten, Freiburg 1974, ⁵1981, 99–122; E. Drewermann, I. Neuhaus: Frau Holle, Olten, Freiburg 1982, Anm. 17; 20; 21; 22; 23; 24; 25. An der Herkunft aus dem Reich der Großen Mutter dürfte es liegen, daß *die Mutter* von »Schneeweißchen« und »Rosenrot« als »Witwe« vorgestellt wird – die Große Mutter existiert ohne Mann und gebiert als Herrin des Lebens aus sich heraus, jungfräulich. Es wäre an dieser Stelle also falsch, eine Psychologie über die Witwenrolle der »Mutter« zu entwerfen und ihre Fürsorge um die

Kinder etwa aus dem Fehlen eines Mannes zu erklären. Sie repräsentiert mehr das mütterliche Klima des Vertrauens und der Geborgenheit an sich, als daß ihr in dem Märchen eine eigene psychologische Entwicklung zugeschrieben würde (im Unterschied etwa zum Märchen der ›Rapunzel‹, KHM 12). Sir Galahad (d.i. Helene Diener): Mütter und Amazonen. Liebe und Macht im Frauenreich, Berlin ²1962; München, Berlin 1975, 11–28, schilderte in der Nachfolge J. J. Bachofens treffend das Geheimnis der Parthenogenese und des schwarz-weißen Doppelcharakters der »Eimütter« im Zusammenhang mit dem Animismus und resümierte: »Animismus und unbefleckte Empfängnis gehören offenbar zusammen.« (16) Die Universalität der Großen Göttin zeigt das Bild der ägyptischen Isis, von der es in der Römerzeit hieß: »Ich bin die Mutter der ganzen Natur, die Herrin aller Elemente, Anfang und Ursprung der Jahrhunderte, die oberste Gottheit, die Königin der Toten, die erste der Bewohner des Himmels, das einzigartige Vorbild der Götter und Göttinnen. Die lichtvollen Höhen des Himmels, die heilsamen Lüfte des Meeres, das quälende Schweigen der Unterwelt – ich bin es, die all das nach ihrem Wunsch und Willen leitet.« G. Posener: Dictionnaire de la Civilisation Égyptienne; dt.: Lexikon der ägyptischen Kultur; übers. v. J. u. I. Beckerath; Wiesbaden o. J., 113. Auf die »freundliche rein weibliche Welt, in der alles so sanft und rosenrot ist, in der nie gestritten wird«, weist im Rahmen ihrer Interpretation des Märchens M.-L. V. Franz hin: The Feminine in Fairy Tales, New York 1974; dt.: Das Weibliche im Märchen; übers. v. J. v. Graevenitz, Stuttgart 1970, 60. Dieses Paradiesesbild aber gehört zur Welt der Großen Göttin. – Zur Gestalt der Mutter Erde bei den Römern vgl. Lukrez: De rerum natura. Welt aus Atomen. Lat. u. deutsch, übers. v. K. Büchner, Stuttgart 1973, 408–413; Buch V 782–845, wo Lukrez die Natur als ein Weib schildert, das alles aus sich gebiert und sich in seinen Geburten erschöpft. K. Kerényi: Urmensch und Mysterium (1947), in: Werke, Bd. IV, 293–298. – Das Gegenbild zu der friedlichen Welt von »Schneeweißchen« und »Rosenrot« im Haus von Mutter Natur bildet die extrem patriarchalische Erzählung ›Die zwei Brüder‹ (KHM 60), in der die beiden Zwillingsbrüder offenbar allein von ihrem Vater großgezogen werden. Auch im ›Brüdermärchen‹ geht es um die Gemeinschaft mit den Tieren und die Auseinandersetzung mit einem übermächtigen »Untier«, aber der Weg zur Liebe, den das matriarchalische Märchen von ›Schneeweißchen und Rosenrot‹ so harmonisch schildert, verwandelt sich in dem männlichen ›Brüdermärchen‹ Stufe um Stufe in einen Kampf auf Leben und Tod. Zur Deutung des Brüdermärchens vgl. H. von Beit: Symbolik des Märchens, 2 Bde.; 1. Bd.: Symbolik des Märchens. Versuch einer Deutung, Bern 1952; 2. Bd.: Gegensatz und Erneuerung im Märchen, Bern 1956, 331–334.

3 T. C. Mc Luhan: Touch the Earth, 1971; dt.: ... wie der Hauch eines Büffels im Winter. Indianische Selbstzeugnisse; übers. v. E. Schnack; Hamburg 1979, 70.

4 So die Ansicht von F. W. J. Schelling: Über Mythen, historische Sagen und Philospheme der ältesten Welt, in: Memorabilien. Eine philosophisch-theologische Zeitschrift der Geschichte und Philosophie der Religionen, dem Bibelstudium und der morgenländischen Literatur gewidmet; hrsg. v. H. E. G. Paulus, Leipzig 1793, 1–68; Neudruck in: F. W. J. Schelling: Werke, hrsg. v. W. G. Jacobs, J. Jantzen, W. Schieche, 1. Bd., 204, wo Schelling in den Mythen den »Geist der Kindheit« gestaltend am Werke sieht.

5 Zur Beschreibung des »Welthauses« vgl. W. Müller: Die Religionen der Waldlandindianer Nordamerikas, Berlin 1956, 296–317; ders.: Glauben und Denken der Sioux. Zur Gestalt archaischer Weltbilder, Berlin 1970, 130–161.

6 Vgl. W. Müller: Die heilige Stadt. Roma quadrata, himmlisches Jerusalem und die Mythe vom Weltnabel, Stuttgart 1961, 53–114 (für den germanischen Bereich).

7 B. Johnston: Qjibway Heritage, Toronto 1976; dt.: Und Manitu erschuf die Welt. Mythen und Visionen der Ojibwa; übers. v. J. Eggert; Düsseldorf, Köln 1979, 29.

8 T. C. Mc Luhan: ... wie der Hauch eines Büffels im Winter, 60.

9 B. Johnston: Und Manitu erschuf die Welt, 30–31.

10 Zur *Naturfremdheit* bes. des abendländisch-christlichen Weltbildes vgl. E. Drewermann: Der tödliche Fortschritt. Von der Zerstörung der Erde und des Menschen im Erbe des Christentums, Regensburg (Engagement) ²1982, 79–84; 90–110.

11 Zitiert nach W. Müller: Geliebte Erde. Naturfrömmigkeit und Naturhaß im indianischen und europäischen Nordamerika, Bonn 1972, 29.

12 Ein Ausdruck, mit dem man F. Schillers Dramengestalten Max Piccolomini und Thekla von Friedland bezeichnet, die sich beide gegen die Macht des »Schicksals«, das nur Menschenfügung und -intrige ist, auf das Zeugnis ihres Herzens berufen (F. Schiller: Die Piccolomini, 3. Aufz., 8. Auftritt; 5. Aufz., 1. Auftritt). Während bei Schiller der Gegensatz von Schicksalspflicht und Herzenspflicht nur tragisch – also gar nicht – zu vermitteln ist, stellt sich im Grunde die Frage, woher diese Kluft zwischen der »Kinderreinheit« und der Tragik des Erwachsenenlebens stammt und wie sich wenigstens die Pflicht des Herzens unverstellt und rein auch ins Erwachsenenleben hinüberretten läßt. Thekla z. B., die ihren kindlichen Klostergehorsam in einem tieferen Gehorsam gegenüber der Stimme ihres eigenen Wesens überwindet, zeigt diese Art erwachsener »Kindlichkeit« und reifer, selbstbewußter Unschuld.

13 Zu dieser *Einheit von Mensch und Pflanze* vgl. die Studie von A. E. Jensen: Die getötete Gottheit. Weltbild einer frühen Kultur, Stuttgart 1966, 47–52, wo er den polynesischen Mythos der Wemale auf Ceram von der *Hainuwele* erörtert, die als Kokospalme und Mond verehrt wird; vgl. E. Drewermann: Strukturen des Bösen, 2. Bd., 603–610. – Insbesondere gilt die Große Mutter als »Herrin der Pflanzen«; E. Neumann: Die Große Mutter, 229–253. Verschiedene ägyptische Göttinnen wie Isis und Hathor konnten der Seele des Verstorbenen aus einem Baum heraus Brot und Lebenswasser reichen. Vgl. V. Ions: Egyptian Mythology, London 1968; dt.: Ägyptische Mythologie; übers. v. J. Schlechta, Wiesbaden 1968, 22, Abb.; E. Drewermann: Strukturen des Bösen, 3. Bd., Abb. 1; ein Gott wie Nefertem (»Schön ist Atum«) entstammte der Lotusblume. – Entsprechend verbreitet ist das Motiv der weiblichen (Urzeit-)Bäume, aus denen die Menschen hervorgegangen seien. Zum Motiv der *Baumgeburt* in *Afrika* vgl. H. Baumann: Schöpfung und Urzeit des Menschen im Mythus der afrikanischen Völker, Berlin 1936; Neudruck: 1964, 224–235. Von »Baummenschen« erzählen die australischen Eingeborenen; A. W. Reed (Hrsg.): Aboriginal Myths. Tales of the Dreamtime. Aboriginal Legends. Animal Tales, Sydney; dt.: Am Anfang war die Traumzeit. Die Legenden und Mythen der Aboriginals;

übers. v. S. Fendel; Köln 1981, 169–181. – *Zur Baumursprungsmythe* in *Mittelamerika* vgl. E. Drewermann: Die Symbolik von Baum und Kreuz in religionsgeschichtlicher und tiefenpsychologischer Betrachtung, unter besonderer Berücksichtigung der mittelamerikanischen Bilderhandschriften, Schwerte (Veröffentlichungen der Akademie Schwerte, Nr. 2) 1979, 10–13. – Die Einheit des Baumsymbols mit der Welt der Großen Mutter zeigt sich in den Kulturen des Adonis, Attis, Agdistis etc.; vgl. K. Kerényi: Arbor intrat (1947), in: Werke, Bd. IV, 420–426. – Auch manche Namen wie »Liane«, »Rosa«, »Margret«, »Erika« oder »Iris« verweisen auf die alte Vorstellung der Pflanzenherkunft und Blumenverwandtschaft des Menschen, vor allem der Mädchen. Der ägyptische »Sinuhe« z. B. heißt wörtlich »Sykomorensohn« (s' – nht) (A. Erman: Ägyptische Grammatik mit Schrifttafel, Literatur, Lesestücken und Wörterverzeichnis, Berlin 1894, 17*); und der biblische Ijob nennt eine seiner Töchter Kezia, »Zimmetblüte« (Ijob 42,24). – Bei den Azteken wurden die Jungen oft auf Tiernamen, die Mädchen auf Blumennamen getauft. H. Helfritz: Amerika. Land der Inka, Maya und Azteken, Wien 1965, 145. Ähnliche Beispiele aus der Ethnologie ließen sich endlos vermehren. – Zu ägyptischen Pflanzennamen für Frauen vgl. S. Schott: Altägyptische Liebeslieder. Mit Märchen und Liebesgeschichten, Zürich ²1950, 103.
14 B. Johnston: Und Manitu erschuf die Welt, 40.
15 B. Johnston: Und Manitu erschuf die Welt, 40–41.
16 Schwarzer Hirsch (Black Elk): Black Elk speaks, hrsg. von J. Neihardt, New York 1932; dt.: Ich rufe mein Volk. Leben, Visionen und Vermächtnis des letzten großen Sehers der Ogalalla-Sioux; übers. v. S. Lang; Olten, Freiburg ⁶1981, 184.
17 V. Ions: Ägyptische Mythologie, 22; 85; 133–134; S. 42 Abb.; S. 74 Abb.; S. 75 Abb.
18 V. Ions: Ägyptische Mythologie, 21; 23; 45; 123. Das Symbol des Mistkäfers für die aufgehende Sonne entstammt nicht nur dem Brutpflegeverhalten des Tieres, sondern beruht auch auf der Übertragung der Konsonanten ḫpr – »Käfer« auf das Wort ḫpr – »werden«. A. Erman: Ägyptische Grammatik, 14.
19 Vgl. zu den Paradiesesvorstellungen der Bibel E. Drewermann: Strukturen des Bösen, 1. Bd., Paderborn ³(erw.) 1982, 365–378; vgl. auch E. Drewermann: Frau Holle, in: Lieb Schwesterlein, laß mich herein, München 1992, 384–389. E. Drewermann: Der tödliche Fortschritt, 104–110.
20 A. Fol, I. Marazov: Goldene Fährte Thrakien. Porträt einer schriftlosen Hochkultur, Thaur, o. J., 30.
21 Liä Dsi: Das wahre Buch vom quellenden Urgrund. Die Lehren der Philosophen Liä Yü Kou und Yang Dschu (ca. 350 v. Chr.); aus dem Chines. übertr. v. R. Wilhelm; Düsseldorf, Köln 1972, 68–69.
22 W. von den Steinen und M. Kirschstein (Übers.): Franz von Assisi: Die Werke, Hamburg 1958, S. 7; 93–95; 122–124. Aber auch Franziskus sah in den Tieren eher christologische Symbolträger als Wesen mit eigenen Lebensrechten neben dem Menschen; vgl. E. Drewermann: Der Krieg und das Christentum. Von der Ohnmacht und Notwendigkeit des Religiösen, Regensburg (Engagement), 1982, 185–194.
23 M. Lüscher: The Lüscher Color Test, New York 1969; dt.: Der Lüscher Test.

Persönlichkeitsbeurteilung durch Farbwahl, Hamburg 1971, 54. Speziell zur *roten* Farbe als einem weiblichen Sexualsymbol vgl. W. Stekel: Die Sprache des Traumes. Eine Darstellung der Symbolik und Deutung des Traumes in ihren Beziehungen zur kranken und gesunden Seele, München ³1927, 125–126. Zu dem Gegensatz von Rot und Weiß ist ein Traum interessant, den S. Freud: Die Traumdeutung (1900; mit Zusätzen bis 1935), in: Gesammelte Werke, Bd. 1/2, London ¹1942, 324, aufführt, in dem die Träumerin sieht, wie sie mit einem blühenden Zweig in den Händen über ein Geländer steigt. Auf Grund der Assoziationen (eine Fronleichnamsprozession weißgekleideter Mädchen und die rote Farbe der Kamelienblüten) deutete Freud den Traum als Hinweis auf »die sexuelle Unschuld ... und auf ihr Gegenteil«: die »Kameliendame« und die Anspielungen auf die weibliche Periode stehen im Kontrast zu den Bildern der sexuellen Unberührtheit. – Das »Röslein rot« als Bild der erwachenden Liebe ist in J. W. v. Goethes Gedicht ›Heideröslein‹ auf ebenso unsterbliche wie tragisch-traurige Weise besungen worden; das Röslein wird gegen seinen Widerstand von dem Knaben gebrochen, und das in sich gebückte, unbekannte Veilchen, das sich danach sehnt, als Zierde der Liebe gepflückt zu werden, muß damit zufrieden sein, von der jungen Schäferin, wo nicht gepflückt, so wenigstens zertreten zu werden (J. W. v. Goethe: Gedichte. Hrsg. u. komm. v. E. Trunz, München 1974, 78–79). – Die ursprünglich weibliche Einheit von Rot und Weiß im Bild der Rosenbäumchen stellt sehr schön ein Traum dar, den G. Büchner dem von Schizophrenie unheilbar geplagten Lenz in den Mund legt, »wie ihm die Nacht seine Mutter erschienen sei; sie sei in einem weißen Kleid aus der dunklen Kirchhofmauer hervorgetreten und habe eine weiße und eine rote Rose an der Brust stecken gehabt; sie sei dann in eine Ecke gesunken, und die Rosen seien langsam über sie gewachsen...« G. Büchner: Lenz (1836), in: Gesammelte Werke, hrsg. v. H. Honold; München, o. J., 87–88. – In den beiden Rosenbäumchen lebt die Polarität des Weiblichen in seinen äußersten Entfaltungsmöglichkeiten. Etwas zu allgemein, wenngleich dem Sinn nach richtig, ist deshalb die Feststellung von R. Meyer: Die Weisheit der deutschen Volksmärchen, 58–59, wenn er in »Schneeweißchen« und »Rosenrot« den Gegensatz zwischen »Sinnespol« bzw. »den Unterschied des in sich gekehrten Denkens und des weltaufgeschlossenen Wahrnehmens gespiegelt« findet. – Das Problem, »Rot« und »Weiß« miteinander zu versöhnen, bildet im Grunde eine religiöse Aufgabe: die indischen Anhänger des Gottes Shiva weisen darauf hin, indem sie die Außenmauern der Tempel ihres Gottes mit roten und weißen Streifen überziehen, um den Gegensatz von Frömmigkeit und Fruchtbarkeit, von Innerlichkeit und Äußerlichkeit, von Gottesliebe und Menschenliebe, von Religiosität und Weltlichkeit als Einheit in dem Gott des Widerspruchs von Schöpfung und Zerstörung darzustellen.

24 C. G. Jung: Über die Energetik der Seele (1928), in: Gesammelte Werke, Bd. 8: Die Dynamik des Unbewußten, Olten, Freiburg 1971, ³1979, 43–52, stellte den Gegensatz von Introversion und Extraversion den psychischen Bewegungen von Regression und Progression bzw. dem Dualismus von Thanatos und Eros bei S. Freud gleich. Die Extraversion definierte C. G. Jung als »eine Hinausverlegung des Interesses aus dem Subjekt auf das Objekt«, in der Introversion sah er »eine negative Beziehung des Subjektes zum Objekt«. »Jemand, der introver-

tiert eingestellt ist, denkt, fühlt und handelt in einer Art und Weise, die deutlich erkennen läßt, daß das Subjekt in erster Linie motivierend ist, während dem Objekt höchstens ein sekundärer Wert zukommt.«: Definitionen, in: Gesammelte Werke, Bd. 6: Psychologische Typen, Olten, Freiburg 1971, [13]1978, 467; 480.

25 N. Hartmann: Ethik, Berlin 1926, [4]1962, 414–415 begründete die Antinomie von »Reinheit und Fülle« als eine widersprüchliche Verwiesenheit aufeinander. »Es gibt die ewige Sehnsucht des in der Fülle Stehenden nach der Reinheit zurück, die er verloren, die Sehnsucht des sittlich Gereiften und Erfahrenen überhaupt, nach dem idealen Urstande kindlicher Unschuld, Einfalt, Unbefangenheit. Und es gibt ebenso die Sehnsucht des noch in der Reinheit Stehenden nach der Fülle, der er entgegenreift, die Sehnsucht des Kindes nach dem vollen, reichen Menschentum des Erwachsenen – eine Sehnsucht, die gerade auf den dunkel geahnten Ernst des Konfliktes der Verantwortlichkeit, ja der Lebenstragik geht.«

26 Die tödliche Ambivalenz dieses Konfliktes wird geschildert bei M. Proust: Die Beichte eines jungen Mädchens, in: Tage der Freuden, Berlin 1977, 89–162; referiert bei E. Drewermann: Strukturen des Bösen, 1. Bd., [3](erw.) 1981, 402–405. – Sehr lesenswert ist demgegenüber die Erzählung von P. Gallico: Love of Seven Dolls; dt.: Kleine Mouche, in P. Gallico: Kleine Mouche. Die Schneegans, Pepino; übers. v. J. u. Th. Knust; München, o. J., 6–99, in der gleichermaßen geschildert wird, wie ein in sich ganz und gar harmonisches Mädchen »die letzte Schwelle zwischen Kindheit und Weibtum überschritt« (97) und dabei hinter der Widersprüchlichkeit verschiedener Rollen die eine Person des Geliebten zu entdecken lernte. P. Gallicos Thema ist nicht der angeblich notwendige Sündenfall des »Guten« auf dem Wege zum Erwachsensein, sondern im Gegenteil: die mögliche Bewahrung der inneren Harmonie und Herzensreinheit und die Erlösung des »Bösen«, das »nicht leben« kann »ohne das Gute« (96). P. Gallicos Erzählung wurde 1952 unter dem Titel ›Lili‹ durch Charles Walters verfilmt (Hauptrolle: Leslie Caron).

27 C. G. Jung: Gesammelte Werke, Bd. 6, [13]1978, 364–365 beschrieb die Hysterie als »die weitaus häufigste Neurose des extravertierten Typus«, gekennzeichnet »durch einen übertriebenen Rapport mit den Personen der Umgebung«, durch »die geradezu imitatorische Einpassung in die Verhältnisse« sowie durch »die beständige Tendenz, sich interessant zu machen«, schließlich durch »die sprichwörtliche Suggestibilität« und eine außerordentliche »Mitteilsamkeit«. Allerdings steht die Typenlehre C. G. Jungs bei manchen seiner Schüler und Adepten sehr in der Gefahr, hinter der phänomenologischen Deskription den genetischen Gesichtspunkt als bloßen »Reduktionismus« oder »Kausalismus« außer acht zu lassen. Die »Typen« fallen nicht vom Himmel, sondern sie ergeben sich unter dem eng umschriebener frühkindlicher Erlebnisse.

28 Im Sinne von F. Schiller: Über Anmut und Würde (1793), in: F. Schiller: Werke; hrsg. v. P. Stapf; 2 Bde., Wiesbaden o. J.; Bd. 2, 505: »Anmut ist eine Schönheit, die nicht von der Natur gegeben, sondern von dem Subjekt selbst hervorgebracht wird.« Die Schönheit sah Schiller in der Mitte »zwischen der Würde, als dem Ausdruck des herrschenden Geistes, und der Wollust, als dem Ausdruck des herrschenden Triebes«. »Wenn nämlich weder die über die Sinnlichkeit

herrschende Vernunft noch die über die Vernunft herrschende Sinnlichkeit sich mit Schönheit des Ausdrucks vertragen, so wird ... derjenige Zustand des Gemüts, wo Vernunft und Sinnlichkeit, Pflicht und Neigung zusammenstimmen, die Bedingung sein, unter der die Schönheit des Spiels erfolgt« (526). Nach dieser Terminologie ist das Märchen von ›Schneeweißchen und Rosenrot‹ ein durch und durch »schönes« Märchen.

29 So deutete vor allem K. Kerényi die griechische Mythe der Göttin Nemesis als »das Widerstreben der ungebrochenen weiblichen Natur, das artemisische Verhalten der Ur-Weiblichkeit dem allbezwingenden Manneswillen gegenüber«, und er fügte hinzu: »Die Gestalt der Göttin Nemesis ... ist völlig unverständlich, wenn man etwa vom Begriff der Vergeltung und nicht von dieser urweiblichen Wirklichkeit ausgehen will.«: K. Kerényi: Die Geburt der Helena (1937), in: Werke, Bd. I, 1966, 57. »Nemesis« bedeutet griechisch den »gerechten Zorn, der sich gegen diejenigen richtet, die eine Ordnung ... durchbrochen haben«, der Zorn aber, den Nemesis verkörperte, richtete sich gegen das Urbild griechischer Männlichkeit, gegen Zeus selbst, der die Fliehende bis ins Meer hinein verfolgte, wo beide sich in Fische verwandelten. »Auf dem Festland nahm sie (Nemesis, d. V.) die Gestalt von Erdentieren an, um dem verfolgenden Gott zu entkommen. Schließlich verwandelte sich Nemesis in eine Gans, Zeus nahm die Gestalt eines Schwanes an und vereinigte sich mit ihr. Sie gebar das Ei, aus dem das schöne Weib hervortrat, das für die Menschen so verhängnisvoll werden sollte ... die Zeustochter Helena.«: K. Kerényi: Die Mythologie der Griechen, 2 Bde., München 1966, 1. Bd.: Die Götter- und Menschheitsgeschichten, 85–86. Auch Helena erduldet – als Mondgöttin – erneut Raub und Flucht, ja das Motiv der »magischen Flucht« der verfolgten Frau kann sogar zum Grundmotiv kosmogonischer Mythen werden (K. Kerényi: Werke, Bd. I, 53).

30 Selbst in der christlichen Theologie ist die Auffassung offenbar unausrottbar, die menschliche Geschichte sei nur als Folge eines »Sündenfalls« verstehbar. Vgl. dazu E. Drewermann: Strukturen des Bösen, 3 Bd., 148–166.

31 H. Diels: Die Fragmente der Vorsokratiker. Nach der 8. v. W. Kranz hrsg. Aufl., eingef. v. G. Plamböck, Hamburg (rk 10) 1957, S. 28: Heraklit, Fr. 80: »Man soll aber wissen, daß der Krieg gemeinsam (allgemein) ist und das Recht der Zwist und daß alles geschieht auf Grund von Zwist und Schuldigkeit.« (Vgl. Fr. 53: »Krieg ist aller Dinge Vater, aller Dinge König ...«) Einzig Gott sah Heraklit den Widersprüchen enthoben bzw. als Einheit aller Gegensätze, wie Fr. 67 anzeigt: »Gott ist Tag Nacht, Winter Sommer, Krieg Frieden, Sattheit Hunger. Er wandelt sich aber gerade wie das Feuer, das, wenn es mit Räucherwerk vermengt wird, nach dem Duft eines jeglichen heißt.« M. a. W.: Gott allein ist eine unvergängliche und unveränderliche Kraft, die errichtend und vernichtend in allem sich erhält und in sich alles unterhält; die menschliche Geschichte und der Gang der Welt aber sind das Ergebnis von Widersprüchen, teils solchen, die in der Natur liegen, teils solchen, die die Menschen von sich selbst her in die Welt hineintragen; aber selbst das Denken in Widersprüchen ist nur ein Gebilde des menschlichen Geistes und der Gottheit fremd. Vgl. Fr. 102: »Für Gott ist alles schön und gut und gerecht; die Menschen aber haben das eine als ungerecht, das andere als gerecht angenommen.«

32 Zu G. W. F. Hegels Geschichtsphilosophie im Gegensatz zu der Sündenfaller-

zählung der Bibel vgl. die Kritik bei E. Drewermann: Strukturen des Bösen, 3. Bd., S. 166–177.
33 Dschuang Dsi: Das wahre Buch vom südlichen Blütenland; aus dem Chines. übers. v. R. Wilhelm (1912); Köln, Düsseldorf 1972, 290.
34 L. von Bertalanffy, W. Beier, R. Laue: Biophysik des Fließgleichgewichts, Braunschweig ²(bearb. u. erw.) 1977.
35 B. Johnston: Und Manitu erschuf die Welt, 28–29.
36 Dschuang Dsi: Das wahre Buch vom südlichen Blütenland, 243–244.
37 Zu dem religiösen Grundgefühl der Geborgenheit als Voraussetzung eines paradiesischen Welterlebens vgl. die Interpretation der biblischen Paradieserzählung bei E. Drewermann: Strukturen des Bösen, 1. Bd.: Die jahwistische Urgeschichte in exegetischer Sicht, erg. durch ein Nachw.: Von dem Geschenk des Lebens oder: das Welt- und Menschenbild der Paradieserzählung des Jahwisten, 356–413.
38 Der »Engel« entspricht tiefenpsychologisch zunächst der positiven Seite der Vater- und Mutterimago, im Gegensatz zum »Teufel«, der die negative Seite des introjizierten Elternbildes vertritt. E. Drewermann: Der Teufel im Märchen, in: Archiv für Religionspsychologie, Bd. 15, 1982, 104ff. – Reaktiv können sich in den »Engel« (bzw. in den »Teufel«) diejenigen Einstellungen projizieren, die das Ich unter dem Anspruch des kindlichen Überichs ausprägen muß. Der »Engel« vertritt dann nicht nur das Ichideal, sondern auch das ideale Bild des Ichs von sich selbst. So im vorliegenden Falle. Darüber hinaus aber kann die *archetypische* Gestalt des Engels auch das eigene *Wesen* verkörpern und tritt in den Märchen, Mythen und Legenden dann zumeist als Seelenbegleiter auf dem Wege zu sich selbst auf, wie im biblischen Buch Tobit oder in dem Märchen vom ›Mädchen ohne Hände‹ (KHM 31); vgl. auch: Lieb Schwesterlein, laß mich herein, München 1992, Anm. 31. Das beste Abbild – und auch wohl die religionshistorische Vorform – für diese Vorstellung des »Engels«, die auch die christliche Anschauung stark beeinflußt hat, ist die ägyptische Anschauung der »Ka-Seele«, die auf den Darstellungen beim Totengericht hinter den Verstorbenen tritt und in den Gräbern in einer eigenen Nische beim Leibe des Verstorbenen weilt. Das Ka ist an sich die schöpferische Kraft, die das Leben des einzelnen wie das Leben der Natur durchzieht, eine Art göttlichen Geistes in allen Dingen; individuell ist es das geistige Urbild, das dem Leben zugrunde liegt und am Ende des Lebens wie ein »Todesengel« den einzelnen erwartet. »Zu seinem Ka gehen« bedeutet dann soviel wie Sterben. G. Posener: Dictionnaire de la Civilisation Égyptienne; dt.: Lexikon der ägyptischen Kultur; übers. v. J. u. I. v. Beckerath; Wiesbaden o. J. (1960), 118–119.
39 Zum mythischen Gedanken der Urschuld und seinen religionshistorischen und tiefenpsychologischen Gründen vgl. E. Drewermann: Strukturen des Bösen, Bd. 2, 594–615; Bd. 3, 43–53; 148–166.
40 Zum Symbol der Dreizahl vgl. E. Drewermann: Der goldene Vogel, in diesem Band, S. 75; Anm. 16; 17.
41 Wilde Tiere gelten allgemein als Triebsymbole. Zur Tiersymbolik im Traum vgl. W. Stekel: Die Sprache des Traumes. Eine Darstellung der Symbolik und Deutung des Traumes in ihren Beziehungen zur kranken und gesunden Seele, München ³1927, 102–121. Daß aber die einbrechende Sexualität im Märchen von

›Schneeweißchen und Rosenrot‹ gerade in der Gestalt eines Bären symbolisiert wird, könnte eine alte Erinnerung an den Bärenkult darstellen, dessen Anfänge bereits im Moustérien zu liegen scheinen. Vgl. G. Constable: The Neanderthals, New York 1972; dt.: Die Neandertaler; übers. v. Ch. u. H. Wiemken; bearb. v. K. Lorenzen und J. Volbeding, Reinbek 1977, 115–120. Allerdings ist das Fundmaterial vorsichtig auszuwerten – manche »Anordnungen« der gefundenen Bärenknochen könnten auf natürliche Weise von den Bären selbst geschaffen worden sein. Vgl. A. Leroi-Gourhan: Les religions de la préhistoire, Paléolithique, Paris 1964; dt.: Die Religionen der Vorgeschichte. Paläolithikum; übers. v. M. Bischoff; Frankfurt 1981, 37–43. Auch vor Rückschlüssen aus den rezenten ethnologisch verbreiteten Beispielen des Bärenkultes auf die religiösen Vorstellungen des Paläolithikums kann man nur warnen; vgl. H. Müller-Karpe: Geschichte der Steinzeit, München ^{2}(erg.) 1976, 263. Gleichwohl scheint der Bär innerhalb des altsteinzeitlichen »Animalismus« eine große Rolle gespielt zu haben. – Ethnologisch hat J. G. Frazer: The Golden Bough, 10 Bde., London ^{3}1911–1935; abgek. Ausg. 1922; danach dt.: Der goldene Zweig. Das Geheimnis von Glauben und Sitten der Völker; übers. v. H. v. Bauer; Leipzig 1928, 734–753, ein reichhaltiges Material für den Kult und die Tötung des heiligen Bären vorgelegt. Interessant ist dabei vor allem die Verbindung von Bärenkult und Astralreligion, wie sie z. B. in dem sibirischen Märchen von der Mos-Frau zum Ausdruck kommt. Vgl. J. Gulya: Sibirische Märchen. I. Bd.: Wogulen und Ostjaken; übers. aus dem Ungarischen v. R. Futaky; Düsseldorf, Köln 1968, 26–36; 284–285. Nach diesen Vorstellungen opfert sich der Bär, indem er im Gehorsam gegenüber dem Willen des Himmelsvaters Torem sich den Menschen überliefert und in den Tod gibt; seine Tatzen aber werden an einem Fluß beigesetzt, und er selbst erscheint als Sternbild des Großen Bären am Himmel. – Vor diesem Hintergrund hat R. Meyer: Die Weisheit der deutschen Volksmärchen, Stuttgart 1969, 61 nicht unrecht, wenn er das Auftreten des Bären in ›Schneeweißchen und Rosenrot‹ mit dem winterlichen Eindruck des Fixsternhimmels in Verbindung bringt und an die finnische Erzählung des Kalewala-Epos erinnert, wo Linda, »die in der Wiek, dem westlichsten Kreis des Landes, bei ihrer verwitweten Mutter lebte«, von vielen Freiern umworben wird, darunter der Mond, die Sonne, der Sternenknabe, der Wasserfreier und der Wind; aber Linda weist sie alle ab und erwählt nur den riesenkräftigen Kalev; A. V. Löwis of Menar (Hrsg.): Finnische und estnische Märchen, Düsseldorf, Köln 1962, 283; in Kalev muß man den Polarstern erkennen, »ihn, im Glanz der sieben Sterne, seiner ewigen Gefährten«. R. Meyer: a. a. O., 61. Der Nordstern als »Freier der Jungfrau Menschenseele« (a. a. O., 62) scheint auch für den Bären in dem Märchen von ›Schneeweißchen und Rosenrot‹ als archetypisches Vorbild zu dienen. – Zudem scheint der Bär eine gewisse Verbindung zur Welt der Großen Mutter zu besitzen; vgl. J. J. Bachofen: Der Bär in den Religionen des Altertums (1863), in: Ges. Werke in 10 Bdn., hrsg. v. K. Meuli; Bd. 5, Basel 1982 – auch von daher könnte sein Erscheinen in dem rein weiblichen Umkreis von ›Schneeweißchen und Rosenrot‹ motiviert sein. – In der griechischen Antike stand besonders die Göttin Artemis mit dem Bären in enger Beziehung; daß Mädchen als »Bärinnen« der Artemis Brauronia dienen mußten, erwähnt Aristophanes: Lysistrate, 645, in: Aristophanes: Sämtliche Komödien, hrsg. v. H. J. Newiger, überarb. Übers. v. L. Seeger, München 1976, 390. Manche Etymologen wollten in Artemis geradewegs die »Bärengöttin« und Stammutter der »Bärenmänner«, der »Arkades«, erkennen; aber wenn ihr Name auch wohl eher die »hohe, große Göttin« bedeutet, so ist doch gewiß, daß sie in theriomorpher Weise in Gestalt eines Bären erscheinen konnte: von der Jungfrau Kallisto wird berichtet, daß sie die schönste Jägerin war und jungfräulich bleiben wollte – eine Tochter des Nykteus, des »Mannes der Nacht«; aber Zeus verführte sie, in der Gestalt der Artemis, als Bärin, sich mit dem Gott zu verbinden. »Nach den späteren Visionen entdeckte Artemis beim Baden die Schwangerschaft der Gefährtin und verwandelte sie aus Zorn in eine Bärin.« K. Kerényi: Die Mythologie der Griechen, 1. Bd.: Die Götter- und Menschheitsgeschichte, München 1966, 117. Artemis erschien auch in der jungfräulichen Jägerin Atalante, die von einer Bärin im Parthenion-Gebirge großgezogen wurde; K. Kerényi: Die Mythologie der Griechen, 2. Bd.: Die Heroengeschichten, München 1966, 98. – Psychologisch wichtig zum Verständnis des Bärensymbols der Artemis ist die vernichtende »Gier der jungfräulichen Göttin nach der Lebenskraft ihres männlichen Partners«, die dem Begehren der Göttin nach immer neuen blutigen Opfern entspricht. K. Ziegler, W. Sontheimer: Der Kleine Pauly. Lexikon der Antike, 5 Bde., Bd. 1, München 1979, 622. – Im Unterschied zu dem *verschlingenden* Aspekt des Bären als eines Symbols der Unersättlichkeit eines unbefriedigten, jungfräulichen Liebesverlangens ist im Märchen von ›Schneeweißchen und Rosenrot‹ gerade die *Harmlosigkeit* des »Bären« zu beachten. – Zum Motiv des hilfreichen Bären und seiner Verwandlung in wohlmeinende Menschen und Liebesgefährten vgl. L. Mackensen: Handwörterbuch des deutschen Märchens, hrsg. v. L. Mackensen unter Mitwirkung von J. Bolte; Berlin, Leipzig 1930/33, Bd. I 157–159. – Der Wolf im Märchen von ›Rotkäppchen‹ (KHM 26) etwa, der gleichfalls als Verkörperung der erwachenden Sexualität in eine rein weibliche Welt einbricht, ist Triebmacht und Verkörperung des Überichs zugleich; E. Fromm: The forgotten Language, 1951; dt.: Märchen, Mythen, Träume. Eine Einführung in das Verständnis einer vergessenen Sprache; übers. v. L. u. E. Mickel; Gesamtausgabe in 10 Bdn., Bd. 9: Sozialistischer Humanismus und Humanistische Ethik, Stuttgart 1981, 295–297; E. Drewermann: Der Teufel im Märchen, in: Archiv für Religionspsychologie, Bd. 15, 103–104. Der »Bär« in ›Schneeweißchen und Rosenrot‹ hingegen besitzt nirgendwo etwas von »berserkerhafter« Wut und Wildheit (dies gegen: M.-L. V. Franz: Das Weibliche im Märchen, 57–59). Die Art, wie die Kinder ihn streicheln, erinnert eher an das Gedicht von J. W. v. Goethe: Lilis Park, in: Gedichte, hrsg. u. komm. v. E. Trunz, München 1974, 98–101, wo Goethe die Zauberverwandlung des Geliebten in einen täppischen Bären schildert.

»Ein Ungeheuer! doch drollig!
Für einen Bären zu mild,
Für einen Pudel zu wild,
So zottig, tapsig, knollig!
Sie streicht ihm mit dem Füßchen übern Rücken;
Er denkt im Paradiese zu sein.

Wie ihn alle sieben Sinne jücken!
Und sie – sieht ganz gelassen drein.«

Zum Motiv des Tierbräutigams auf dem Weg weiblicher Reifung in ›Schneeweißchen und Rosenrot‹ vgl. B. Bettelheim: The Uses of Enchantment, New York 1975; dt.: Kinder brauchen Märchen; übers. v. L. Mickel u. B. Weitbrecht; Stuttgart 1977, 272–273. – An sich ist die Bärenverwandlung in zweierlei Richtung möglich: Es kann der Bär sich in einen Menschen verwandeln, es kann aber auch die Triebmacht einen Menschen in einen Bären verwandeln, wobei ethnologisch bestimmte totemistische Vorstellungen maßgebend sein können. Vgl. die Erzählung bei W. Haberland: Donnervogel und Raubwal. Die indianische Kunst der Nordwestküste Nordamerikas, Hamburg 1979, 125. – In der Bibel schickt der Prophet Elisäus vor Zorn zwei Bären auf spottende Kinder (2 Kön 2,24). – Die Tierverwandlung des Bären im Märchen von ›Schneeweißchen und Rosenrot‹ geht indessen nicht von der Macht des Es, von der Aggressivität oder der Sexualität selber aus, und »Schneeweißchen« und »Rosenrot« sind keine rächenden Zauberinnen wie die flechtenschöne Göttin Kirke in Homers Odyssee (X 212f. 388–396), die den Gefährten des göttlichen Dulders Odysseus mit Zauberkräutern in Wölfe, Löwen und Schweine verwandelt; die Bärenverwandlung *hier* geschieht durch den Zwerg, der das kindliche Überich verkörpert (s. u. Anm. 60). – Das Thema von ›Schneeweißchen und Rosenrot‹ hat deshalb auch nichts zu tun mit der Erlösung des (männlichen) Unholdes durch die Macht der Liebe im Sinne des Motivs von der »Schönen und dem Tier«, wie es in ›Das singende springende Löweneckerchen‹ (KHM 88) und, aus der Sicht des Mannes, in ›Der Bärenhäuter‹ (KHM 101) vorkommt. – Einen interessanten Kommentar zu der Begegnung des Mädchens mit dem Tiergemahl hat Edvard Munch 1909 in dem satirisch-melancholischen graphischen Zyklus von ›Alfa og Omega‹, den »ersten Menschen auf der Insel«, gestaltet. Das Mädchen Omega wird zuerst von einer riesigen Schlange heimgesucht, die Alpha tötet, dann von einem Bären. »Sie erschauerte, als das weiche Fell ihren Körper berührte. Sie legte ihren Arm um den Hals des Bären, und ihr Arm verschwand in den dichten Haaren.« Dann begegnet sie der Dichter-Hyäne, deren banale Liebesworte sie nicht rühren; ein Tiger nähert sich ihr, der mit dem Bären kämpft, so daß sich beide zerreißen. W. Timm: Edvard Munch. Graphik, Berlin-O., 1969, 76–83. – Erst im Kontrast zu einem solchen Anti-Märchen dieses wohl größten Malers menschlicher Angst läßt sich die eigentliche »Botschaft« des Märchens von ›Schneeweißchen und Rosenrot‹ von der »Ungefährlichkeit« der Liebe inmitten eines »mütterlichen«, angstfreien Welterlebens ganz ermessen.

Das Motiv des Verkehrs einer Frau mit einem Bären wird auch in ›1001-Nacht‹ erzählt: E. Littmann (Übers.): Die Erzählungen aus den tausendundein Nächten, nach der Calcuttaer Ausgabe von 1839 übers. in 12 Bdn., Bd. 5, Frankfurt 1976, 341–347, indem der Fleischer Wardan einer Frau nachgeht, die täglich bei ihm Fleisch einkauft; er entdeckt, wie sie in einer unterirdischen Kammer einen Bären füttert bis zur Trunkenheit. »Darauf entkleidete sie sich und legte sich nieder. Der Bär aber erhob sich und warf sich auf sie, und sie gewährte ihm das Beste, was den Menschenkindern gehört ... bis er es zehnmal getan hatte.« Wardan tötet den Bären, doch als die Frau ihn dafür schilt und seinen Heiratsantrag abweist, schneidet er auch ihr die Kehle durch. Diese Variante des Motivs von dem Tierbräutigam reflektiert offenbar die Angst des Mannes vor der vermeintlich »tierischen« Unersättlichkeit der Frau und die entsprechenden männlichen Potenzphantasien und Insuffizienzgefühle. Ähnlich ist die ›Geschichte von der Prinzessin und dem Affen‹ (a. a. O., 347–350), wo die Frau nach ihrem Verkehr mit einem wollüstigen Affen hexenähnliche Züge annimmt (vgl. auch VIII 762–765). In dem ägyptischen Raum, in dem diese Geschichten entstanden, könnten noch Erinnerungen an den Ritus mitschwingen, bei dem der Bock von Mendes, den Herodot mit dem griechischen Pan identifiziert, eine Frau zu begatten pflegte (Herodot: Historien II 46); der »Widder« ist in der ägyptischen Schrift auch das Zwei-Konsonanten-Zeichen für »Ba«, Seele, und er zählte zu den acht Urgöttern. In dieser mythischen Variante geht das Motiv des Tiergemahls in den breiten Kreis der Fruchtbarkeitsriten über (vgl. Pasiphae und Minotauros, Zeus und Europa etc.). – Auf ähnlichem Hintergrund ist auch das Motiv der »Eselshochzeit« zu verstehen, das in dem Märchen ›Das Eselein‹ (KHM 144) auftaucht und in der Antike bei L. Apulejus: Der goldene Esel, ins Deutsche übertragen v. A. Rode, München 1961, 188–190 (10. Buch) und bei Juvenal: Satiren 6, 334 (übers. v. H. C. Schnur, Stuttgart 1969, 65) sowie bei Petronius: Das Gastmahl des Trimalchio, 24 erwähnt wird. Der ägyptische Gott Seth ist als Verkörperung des Bösen wohl das Vorbild dieser zumeist obszönen Schilderungen einer »tierischen« Mischung aus Dummheit und Geilheit der »Eselshochzeit«.

42 Ursprünglich ist die Taube der heilige Vogel der Liebes- und Fruchtbarkeitsgöttin Astarte. »Von dort übernahmen sie die Griechen kaum vor dem 4. Jh. in den Kult der Aphrodite, die Römer in den der Astarte.« K. Ziegler, W. Sontheimer, H. Gärtner: Der Kleine Pauly, Bd. 5, München 1979, 535. In der christlichen Vorstellung, in der die Taube zu einem Symbol des (alles belebenden) Heiligen Geistes wird, scheint eine Art Gegenbesetzung vorzuliegen, indem das Symbol der Fruchtbarkeit in ein Symbol der sexuellen Unschuld umfunktioniert wird. Allerdings scheint bereits der vermeintlich zärtliche und gewaltlose Charakter der Taube dazu beigetragen zu haben, daß die Taube »im Sprichwort zum Inbegriff von Liebe und Sanftmut, aber auch von Ängstlichkeit« wurde. A. a. O., 536.

43 Vgl. S. Freud: Über den Traum (1901), in: Gesammelte Werke, Bd. II–III, 697.

44 Vgl. S. Freud: Vorlesungen zur Einführung in die Psychoanalyse (1917), in: Gesammelte Werke, Bd. XI, London 1940, 156–157; ders.: Die Traumdeutung (1900), in: Gesammelte Werke, Bd. II–III, 399–400. – Im Sinne der Fallträume versteht man auch die drei Versuchungen, die im Neuen Testament (Mt 4,1–11) Jesus am Anfang seines öffentlichen Wirkens zu bestehen hat: Während die Versuchung von Hunger und Macht deutlich auf die Triebbereiche von Oralität und Analität hinweist, enthält die Versuchung, sich von der Tempelzinne herabfallen zu lassen, eine symbolische Sexualphantasie. Passenderweise berichtet denn auch Mk 1,13 von dem paradiesischen Tierfrieden und der Einheit mit den »Engeln«, von der Integration der Triebansprüche ebenso wie der Überich-Ansprüche. – Die Szene der spielenden Kinder am Abgrund war im übrigen eine Lieblingsszene des religiösen Kitsches – ein Bild dieses Themas hing am Anfang dieses Jahrhunderts in unzähligen Kinderschlafzimmern. Die »Reinheit« des

»Engels« wird hier zum Konterfei verdrängter Sexualphantasien, wie sie in den Engelvorstellungen des Barock bereits vorbereitet werden, in denen die »Engel« als Putti erscheinen – nackte pralle Mädchen, die auf eine recht ansehnliche Sexualentwicklung hoffen lassen, aber eben noch »unschuldige« Kinder sind.
45 S. Freud: Die Traumdeutung (1900), in: Gesammelte Werke, Bd. II–III, 371; ders.: Vorlesungen zur Einführung in die Psychoanalyse (1917), in: Gesammelte Werke, Bd. XI, 158; 197 deutete den »Wald« als Symbol der weiblichen Schambehaarung.
46 Wie stark das Erleben von Höhlen und »Abgründen« schon in der Steinzeit weiblich erfahren wurde, betont R. Fester: Die Steinzeit liegt vor deiner Tür. Ausflüge in die Vergangenheit, München 1981, 144–145. Die sexualsymbolische Bedeutung teilen die »Schluchten« und »Höhlen« mit allem Hohlen: mit Gefäßen, Schachteln, Häusern etc. Vgl. S. Freud: Die Traumdeutung (1900), in: Gesammelte Werke, Bd. II–III, 359–369.
47 E. Borneman: Sex im Volksmund. Der obszöne Wortschatz der Deutschen. Bd. 1: Wörterbuch von A–Z, Reinbek 1974.
48 Vgl. P. Federn: Über zwei typische Traumsensationen, in: Jahrbuch der Psychoanalyse, hrsg. v. S. Freud, Bd. VI, Leipzig, Wien 1914, 89–134. S. o. Anm. 44.
49 Das Ende einer solchen Verfestigung pubertärer Sexualangst beschreibt J. Green: Le Mauvais Lieu, Paris 1977; dt.: Louise, übers. v. G. Heller; Frankfurt 1980; Frankfurt 1982: die Geschichte eines Mädchens, das vor den erotischen Neigungen und Nachstellungen, die es in seiner Umgebung provoziert, in die Kälte hineinflieht: »... das Kind auf den dunklen Wegen unserer Welt suchen zu wollen, war ganz und gar nutzlos. Die Unschuld war verschwunden in dem Element, das ihr am meisten glich: im Schnee.« A.a.O., 261. Der französische Schriftsteller hat in all seinen Romanen das Zerbrechen des Menschen an dem Ideal sexueller »Reinheit« geschildert, ohne dieses »Ideal« jemals zu hinterfragen. Gemessen an der Angst und Verkrampfung aller Romangestalten dieses zutiefst religiösen, von den Moralauffassungen des Katholizismus geprägten Dichters wirkt das Märchen von ›Schneeweißchen und Rosenrot‹ wie eine befreiende Provokation. – Einen ähnlichen »Ausweg« der Erkaltung aller Fähigkeiten zur Liebe aus Angst beschreibt die Erzählung des norwegischen Schriftstellers T. Vesaas: Is – Slottet, Oslo; dt.: Das Eis-Schloß; übers. v. A. Leonhardt; Einsiedeln-Zürich-Köln 1965, in dem die Freundschaft zweier Mädchen aufgrund der sich andeutenden homoerotischen Neigungen der frühen Pubertätszeit zerstörerisch endet: Während die junge Ann sich in ihrer Einsamkeit bedingungslos an die allseits beliebte Siß zu binden sucht, erschrickt ihre Freundin vor der Heftigkeit des sich andeutenden Gefühls und läßt die verzweifelte Ann unwissentlich in dem tödlichen »Eisschloß« zurück, in einer »Grube voll Weinen« (64) und erstarrender Kälte, deren Eis sich zu einem drohenden Auge formt, das unablässig auf Ann gerichtet ist.
50 R. Schindler: Die Bedeutung der Angst für die Entwicklung (1962), in: Fortschritte der Psychoanalyse. Internationales Jahrbuch zur Weiterentwicklung der Psychoanalyse, Bd. II, Göttingen 1966, 201–210, betrachtete Angst als Folge einer »Entwicklungsdissoziation im Ich«, die ihre Ursache darin habe, daß das Realitätsprinzip und das Gestaltprinzip sich asynchron entwickelten. Angst tritt

demnach immer ein, wenn das Ich sich mit Aufgaben konfrontiert sieht, für die es noch keine Lösung hat. Zur psychoanalytischen Angsttheorie vgl. E. Drewermann: Strukturen des Bösen, 2 Bd. ²(erw.) 1980, 152–155.

51 Dan 6,1–28. Ein anderes entsprechendes biblisches Bild ist das der Jünglinge im Feuerofen: Dan 3,19–30.

52 Im weiteren Sinne kann jedes »Pelz«-Tier als entsprechendes Symbol dienen. S. Freud: Die Traumdeutung, Werke II–III, 90; ders.: Fetischismus (1927), in: Werke XIV, London 1948, 314. Das berühmte Buch von L. von Sachermasoch: Venus im Pelz (1869), mit einer Studie über den Masochismus von G. Deleuze, Frankfurt 1968; Neudruck: Frankfurt 1980, darf als die klassische Verdichtung dieses Stoffes dienen. Masoch liebte es, in seinen Liebesspielen »den Bären oder den Räuber (zu) machen« (a.a.O., 166).

53 Zu der symbolischen Gleichung von »Fuß« und »Penis« vgl. S. Freud: Die Traumdeutung, Werke II–III, 364; ders.: Vorlesungen zur Einführung in die Psychoanalyse, in: Gesammelte Werke, Bd. XI, 41; 157; ders.: Fetischismus, Werke XIV, 314.

54 Zu der symbolischen Äquivalenz von »Stab«, »Stange«, »Stock« etc. mit dem männlichen Phallus vgl. S. Freud: Die Traumdeutung, in: Gesammelte Werke, Bd. II–III, 232; 359; 385; 697; ders.: Vorlesungen zur Einführung in die Psychoanalyse, in: Gesammelte Werke, Bd. XI, 156. – Besonders das Grimmsche Märchen von ›Aschenputtel‹ (KHM 21) bliebe ohne diese Erklärung unverständlich; denn ausdrücklich wünscht sich Aschenputtel vom Vater ein Reis von einem Haselbusch, das es auf seiner Mutter Grab pflanzt und von dem es die königliche Kleidung empfängt, in der es schließlich die Liebe des Königssohnes erringt. Es handelt sich deutlich um eine ödipale Phantasie mit der entsprechenden Ambivalenz gegenüber der Mutter, der ausgeprägten Rivalität gegenüber der »Stiefmutter« und den Geschwistern und den zunächst sehr starken Schuldgefühlen für die eigene Liebessehnsucht.

55 S. Freud: Die Traumdeutung, in: Gesammelte Werke, Bd. II–III, 385, deutet einen Traum Bismarcks aus dem Frühjahr 1863, in dem dieser sich auf einem sich verengenden Alpenpfad reiten und mit einer immer länger werdenden Gerte in der linken Hand gegen die glatte Felswand schlagen sah, als Onanieäquivalent. Ders.: Ein Kind wird geschlagen. Beitrag zur Kenntnis der Entstehung sexueller Perversionen (1919), in: Gesammelte Werke, Bd. XII, London 1947, 208–215, zeigte, wie Kinder in ihrer Onaniephantasie »auf die prägenitale, sadistisch-anale Organisation des Sexuallebens« regressiv zurückgreifen können, so daß die Schlagephantasie sich nicht nur als »Strafe für die verpönte genitale Beziehung«, sondern auch als regressiver Ersatz dafür zu erkennen gibt. Ders.: Einige psychische Folgen des anatomischen Geschlechtsunterschiedes (1925), in: Gesammelte Werke, Bd. XIV, London 1948, 25–26, ergänzte diese Feststellung durch die Bemerkung, daß die Schlagephantasie »ein Relikt aus der phallischen Periode der Mädchen« zu sein scheine. – Tatsächlich ergibt das spielerische Schlagen der Kinder im Märchen von ›Schneeweißchen und Rosenrot‹ eine erste teils aggressiv-unsichere, teils zugewandt-zärtliche Annäherung an die Welt des Mannes. In der Realität drückt sich darin die Zeit der beginnenden Pubertät aus, in der die Jungen – noch oder schon – mit Schneebällen hinter den Mädchen herwerfen und diese den Jungen eine lange Nase zu drehen pflegen.

56 Jedes Spiel basiert auf einer Kombination feststehender, unveränderlicher Kodizes und einer Vielfalt flexibler, variabler Strategien, um zu einem bestimmten Ziel zu gelangen. Vgl. A. Koestler: Janus. A Summing Up, London; dt.: Der Mensch – Irrläufer der Evolution. Die Kluft zwischen unserem Denken und Handeln – eine Anatomie menschlicher Vernunft und Unvernunft, übers. von J. Abel, München 1978, 51. In der Biologie deuteten M. Eigen, R. Winkler: Das Spiel. Naturgesetze steuern den Zufall, München, Zürich 1975, 12–13, die gesamte Evolution als Spiel, dessen Elemente sich aus Zufall und Regel, aus Freiheit und Notwendigkeit zusammensetzen. – Zur religiös-kultischen Bedeutung des Spiels vgl. E. Drewermann: Der Krieg und das Christentum, Regensburg 1982, 284–290.

57 Zum ›Rotkäppchen‹-Märchen s. o. Anm. 41.

58 Zum Symbol des »Goldes« als Bild für den Übergang des Unbewußten in das Bewußte, Helle, Sonnenhafte vgl. C. G. Jung: Kommentar zu ›Das Geheimnis der Goldenen Blüte‹ (1929), in: Gesammelte Werke 13, Olten, Freiburg 1978, ²1982, 31–32. Auch das Symbol des »Königs«, das stets mit »Gold« koaliert, weist subjektal auf das Bewußtsein hin. Vgl. E. Drewermann: Der goldene Vogel, in diesem Band, S. 72; 370, Anm. 6. – Auf ein ähnliches Motiv weist V. Kast: Die grüne Jungfer. Der Archetyp des Weiblichen im Umbruch, in: M. Jacoby, V. Kast, I. Riedel: Das Böse im Märchen, Fellbach 1978, 126, in dem Bild des »Goldenen Hirsches« hin, das sie zu Recht gleichfalls als »das junge Männliche ... im Bereich der großen Mutter« deutet.

59 Zum Begriff der »Pubertätsaskese« vgl. A. Freud: Das Ich und die Abwehrmechanismen (1936), München, o. J., 119–123, die darunter »die unterschiedslose, primäre und primitive angeborene Feindschaft zwischen Ich und Trieb« verstand (a. a. O., 123).

60 Die »Wichte«, »Elbe« und »Zwerge« verkehren stets nur »durch Zufall oder Drang der Umstände« mit den Menschen, vor denen sie eigentlich zurückscheuen, weil diese ihnen leiblich überlegen sind. Gleichwohl haftet ihnen etwas Übermenschliches an, und sie besitzen die Kraft, »dem Menschen zu schaden und zu helfen«. J. Grimm: Deutsche Mythologie (1835), Berlin 1981, Bd. I, 363. Die eigentliche Herrin der Elbe scheint die Frau Holle zu sein (a. a. O., 377). Wie Frau Holle das Spinnen beherrscht und selbst verworrene Haare trägt (E. Drewermann: Frau Holle, in: Lieb Schwesterlein, laß mich herein, München 1992, S. 473, Anm. 17), so »wickelt der Nachtalb, Nachtmar, Haar der Menschen, Mähne und Schweif der Pferde in Knoten oder kaut sie durch« (J. Grimm: a. a. O., 384). »Alle Zwerge und Elbe sind diebisch« (385). Vor allem entwenden sie Kinder aus der Wiege und legen ihre eigenen häßlichen Kinder an die Stelle. Sie verfügen über die Gabe der Weissagung. Am meisten aber unterscheiden sie sich von den Menschen durch die Fähigkeit, zu verschwinden und – mittels einer Tarnkappe – unsichtbar zu werden (382–383). – Das übliche Klischee von den Zwergen, die hervorragende Goldschmiede sind und allerlei Kunstfertigkeiten beherrschen, unterlegt M.-L. v. Franz: Das Weibliche im Märchen, 62, ihrer Deutung der Stelle, indem sie den Zwerg in seiner negativen Erscheinung als »die zerstörerische Kraft der ungelebten Kreativität« bzw. als den »streitsüchtigen Animus« der Frau versteht. Aber so versteht man nicht die verzaubernde Macht des »Zwerges« über den »Bären«, und wenn v. Franz den

»Zwerg« noch mit gewissen Ehemännern in Verbindung bringt, die einem Zwerg ähneln – »neurotisch oder suizidal oder ein Frauenfeind mit negativem Mutterkomplex« –, so verkennt sie, daß der »Zwerg« gerade dafür sorgt, daß eine wirkliche Partnerbeziehung gar nicht erst zustande kommt. Zudem ist die dreimalige Befreiung des Zwergs durch die Kinder für v. Franz nur ein Akt mitleidiger Schwäche ohne Sinn – kurz, ihre ganze Interpretation vergewaltigt den Text und berücksichtigt kein einziges konkretes Detail. – Richtiger weist R. Meyer: Die Weisheit der deutschen Volksmärchen, 62–63, darauf hin, daß die Zwerge »ihrem Wesen nach fast nur Kopfnatur« sind. »Sie waren weise, ehe noch der Mensch zum wachen Verstande heranreifte. Als Bewahrer uralten Geisteslichts vermögen sie dem Menschen die Pfade in Ätherwelten zu erhellen... Aber als Kopfwesen erliegen die Gnomen auch den verhärtenden Weltenkräften; sie werden egoistisch und seelenlos in ihrer Verstandeswachheit.« Aber auch der Begriff der »Kopfnatur« ist zu allgemein; denn nicht um Verstandeseinseitigkeit geht es hier, sondern um ein Denken, das menschlich zu klein geblieben ist und *deshalb* einen zu langen »Bart« hat. Die einfache Metaphorik des Bildes wird sinnlos verkompliziert, wenn M.-L. v. Franz: a.a.O., 66–67, nach weitschweifigen Darlegungen über »Haare« als etwas »Primitives, Instinktives, Tierartiges«, näherhin im Barthaar den »unkontrollierbaren unbewußten Fluß des Logos« erkennt. Nicht »Logos«, sondern »Kindlichkeit« verkörpert der »Zwerg« im Kontext und Entwicklungsgang des Märchens. – Auch in anderen Märchen steht das Bild des »Zwergs« für die kindliche Erlebnisweise, die hindernd oder wegweisend dem erwachsenen bzw. erwachenden Ich entgegentritt. Im Märchen von ›Schneewittchen‹ (KHM 53) z.B. führt die beginnende Sexualentwicklung am Anfang der Pubertät unter dem eifersüchtigen Druck der (Stief-)Mutter zu einer Regression ins Reich der »Zwerge«, d.h. in die Zeit der »unschuldigen« Kindheit. Das »Nicht-Erwachsensein«-Wollen und das Bündnis mit den anderen Geschwistern gegen die Stiefmutter wird hier in den »Zwergen« verkörpert. Vgl. J. F. Grantduff: Schneewittchen. Versuch einer psychoanalytischen Deutung (1934), in: Märchenforschung und Tiefenpsychologie, hrsg. v. W. Laiblin, Darmstadt 1975, 95. – Im Märchen vom ›Wasser des Lebens‹ (KHM 97) stellt der »Zwerg« demgegenüber im positiven Sinn die Kleinheit und Demut dar, die den hochmütigen Königssöhnen so sehr fehlt; nur wer auf das »Kleine«, Unentwickelte der Psyche hören lernt, wird den sterbenden »König«, die Verstandeseinseitigkeit des Bewußtseins, durch die Liebe erlösen können. Der »Zwerg« verkörpert hier so wenig wie in ›Schneeweißchen und Rosenrot‹ den »Logos«, er ist sogar in gewissem Sinne dessen Gegenkraft. – Im Märchen von ›Rumpelstilzchen‹ (KHM 55) tritt der »Zwerg« wiederum als Verkörperung der psychischen Seelenteile auf, die bei den ehrgeizig-ängstlichen Überforderungen der Müllerstochter im Schatten des äußeren Erfolges zu klein bleiben mußten und sich im Unbewußten gegen die Entfaltung der eigenen Persönlichkeit richten, wie es das Bild von dem »Kinderdiebstahl« des Gnomen ausdrückt. Das »Kind« steht dabei für die beginnende Entfaltung des Selbst. Vgl. C. G. Jung: Zur Psychologie des Kinderarchetypus (1940), in: Gesammelte Werke 9/I: Die Archetypen und das kollektive Unbewußte, Olten, Freiburg 1976, ⁴1980, 175; 178. – In all diesen Fällen verkörpert der »Zwerg« die zu klein gebliebenen Seelenanteile, die beschützend, erneuernd, hindernd oder verzaubernd die Ent-

faltung der Persönlichkeit beeinflussen. Die tatsächliche Bedeutung des Zwergsymbols erhellt einzig aus seiner Funktion innerhalb des einzelnen Märchens.
61 Zur Entstehung des Schuldgefühls aus sozialer Angst vgl. E. Drewermann: Strukturen des Bösen, Bd. 2, 182–183, 203–207; 223–226.
62 Vgl. S. Freud: Die »kulturelle« Sexualmoral und die moderne Nervosität (1908), in: Gesammelte Werke, Bd. VII, London 1941, 141–167.
63 Für S. Freud: Die Traumdeutung (1900), in: Gesammelte Werke, Bd. II–III 362, ist der Fisch (natürlich) ein Symbol für das männliche Genitale. Ders.: Vorlesungen zur Einführung in die Psychoanalyse (1917), in: Gesammelte Werke, Bd. XI 157. C. G. Jung: Aion. Beiträge zur Symbolik des Selbst (1951), in: Gesammelte Werke 9/II, Olten, Freiburg 1976, ⁴1980, 163–164, deutete das Symbol des Fischfangs im Traum einer Patientin als archetypische Chiffre: Das Flußufer stellt sozusagen die Schwelle zum Unbewußten dar. Das Fischen ist ein intuitiver Versuch, unbewußte Inhalte (Fische) zu »angeln« beziehungsweise zu erfassen. – Entsprechend zum Thema der Bewußtwerdung trägt der Fisch mitunter (wie der »Bär« in ›Schneeweißchen und Rosenrot‹) ein Goldstück in sich, wie im Märchen ›Die Goldkinder‹ (KHM 85) oder in der Bibel in Mt 17,27. – In anderer Betrachtung kann das Symbol von »Fisch« und »Wasser« auch ein weibliches Symbol sein, wie der verschlingende Fisch, der den Propheten Jona aufnimmt; vgl. H. Dieckmann: Märchen und Symbole. Tiefenpsychologische Deutung orientalischer Märchen, Fellbach 1977, 65. Beide Aspekte ergänzen sich, denn es ist in ›Schneeweißchen und Rosenrot‹ das *weibliche* Unbewußte, dem der »Fisch« als phallisches Symbol zu einer verschlingenden Gefahr wird. – Daß in dem Märchen die Kinder Fische fangen, so wie sie zuvor im Wald Beeren sammelten, läßt sie kulturhistorisch noch als *Sammler und Jäger* erscheinen, wobei derartige Reminiszenzen allerdings nicht konsequent durchgeführt werden – der Messingkessel, den »Schneeweißchen« im Winter goldblank putzt, spricht ebenso dagegen wie die »Stadt«, in welche die Kinder später geschickt werden (s. u. Anm. 64). Auf der Kulturstufe der Jäger kommt es im übrigen zu einer Gleichsetzung von Mensch und Fisch, wie sie bei den Pflanzern mit bestimmten Nahrungspflanzen zu beobachten ist. Die Fische sind – wie die meisten Tiere – innerhalb des »Animalismus« Götter bzw. »Menschen in Verkleidung«. W. Haberland: Donnervogel und Raubwal. Die indianische Kunst der Nordwestküste Nordamerikas, Hamburg 1979, 35, berichtet von den umfangreichen Riten, die bei den Indianern der Nordwestküste nötig waren, um die Skelette der gefangenen Lachse in Lachsmenschen zu verwandeln, die im nächsten Jahr wiedererscheinen konnten.
64 Die Stadt kann ein Bild des Selbst sein bzw. ein Symbol für die »Rückkehr in den Mutterleib«. C. G. Jung: Symbole der Wandlung. Analyse des Vorspiels zu einer Schizophrenie (1952), in: Gesammelte Werke, Bd. 5: Symbole der Wandlung, Olten, Freiburg 1973, ³1981, 268. Religionspsychologisch sind die alten Städtegründungen tatsächlich so etwas wie künstliche Paradiesesnachbildungen; s. o. Anm. 6; vgl. E. Drewermann: Strukturen des Bösen, Bd. 2, 526–529; ebenso E. Drewermann: Der goldene Vogel, in diesem Band, S. 375, Anm. 34. Die Stadt kann aber auch ein Bild der Entfremdung von der Natur und ein Symbol für die Künstlichkeit des Lebens sein – eine Ambivalenz, die in der Bibel etwa in dem Gegensatz des himmlischen Jerusalems und der »Hure« Babylon zum

Ausdruck kommt. Apk 17,1–18; 21,1–21. Kulturhistorisch hat L. Mumford: The City in History, 1961; dt.: Die Stadt. Geschichte und Ausblick; übers. v. H. Lindemann; Köln, Berlin 1963; München 1979, 1. Bd., 104, beschrieben, daß die frühen Stadtkulturen von Mesopotamien und Ägypten die Ausformungen von zwei Möglichkeiten darstellen, die bis heute erhalten geblieben sind: die Möglichkeiten von Stadt oder Dorf, von Ausbeutung oder Symbiose, von Gewalt oder Kooperation. Vgl. E. Drewermann: Der Krieg und das Christentum, 1982, 28, Anm. 15. Die ablehnende Haltung gegenüber der Stadt spricht sich am deutlichsten aus bei R. M. Rilke: Das Stundenbuch (1899: 1. Buch; 1901: 2. Buch; 1903: 3. Buch: Das Buch von der Armut und vom Tode), in: Sämtliche Werke, hrsg. v. Rilke-Archiv in Verb. mit R. Sieber-Rilke, besorgt v. E. Zinn, 6 Bde.; 1. Bd., Frankfurt 1955, 345–346. – Diese dunkle Warnung am Anfang dieses Jahrhunderts kann und konnte nicht verhindern, daß bis zum Ende dieses Jahrhunderts fast 4 Milliarden Menschen, also etwa die gesamte heutige Weltbevölkerung, in Städten leben werden. Vgl. E. Drewermann: Der tödliche Fortschritt, 1981, 13–14.

65 Zum Symbol des Vogels vgl. E. Drewermann: Der goldene Vogel, in diesem Band, S. 371, Anm. 13. Der Adler war in der Antike der Vogel des Zeus, ja der Gott selber verwandelte sich in einen Adler, um der schönen Asterie nachzustellen, wie Ovid: Metamorphosen, VI 108, berichtet. In seiner Verkörperung von Hoheit und Macht ist der Adler auch in der Völkerkunde als Wappentier bekannt, wobei besonders die totemistische Verwandtschaft von Adlern und Adlermenschen hervorzuheben ist. Vgl. W. Haberland: Donnervogel und Raubwal. Die indianische Kunst der Nordwestküste Nordamerikas, Hamburg 1979, 71. – Die Azteken kannten die beiden Kriegerorden der Adler und Jaguare. H. Helfritz: Amerika. Land der Inka, Maya und Azteken. Wien, Heidelberg 1965, 87–88. – Es ist zu beachten, daß alle wesentlichen Tiersymbole des Märchens (Adler, Fisch, Bär) auch als *Sternbilder* geläufig sind (s. o. Anm. 41). – Wie man sich die »Adlerintelligenz« in der Praxis vorstellen muß, dokumentierte ein Theologiestudent, der mit höchster Angst einer Prüfung entgegensah, weil der Professor jeden Fehler mit unnachsichtigem Hohn zu kommentieren pflegt; die Prüfung fand statt über »Gnadenlehre«.

66 Ein gewisses Maß an *Intellektualismus* gehört normalerweise zur Pubertät und bildet lediglich eine Parallelerscheinung zu der schon erwähnten Pubertätsaskese, s. o. Anm. 59. Vgl. A. Freud: Das Ich und die Abwehrmechanismen (1936), München, o. J., 123–129. Aber in der Intellektualisierung liegt, wenn sie vereinseitigt bleibt, die Gefahr, daß die Triebwünsche sich nur auf dem Umweg über Scheinrechtfertigungen und Ideologiebildungen zum Leben Zugang verschaffen können: das Denken wird dann gefühlsmäßig fanatisiert und das Gefühl zynisch verachtet bzw. zwanghaft zergrübelt. Das Wissen verwandelt sich auf diese Weise in ein Instrument dessen, was M. Scheler: Die Formen des Wissens und die Bildung (1925), in: Philosophische Weltanschauung, Bern, München 1954, 42, das *Herrschafts-* oder *Leistungswissen* nannte.

67 Zum Symbol der Perle vgl. Ph. Rech: Inbild des Kosmos. Eine Symbolik der Schöpfung, 2 Bde., Salzburg 1966; 1. Bd., 173–206, die besonders den mystischen Lichtursprung der Perle (180) hervorhebt. In der religiösen Sprache ist die Perle nicht nur ein Bild der Bewußtwerdung, des Selbst, sondern zugleich ein

Bild für die Vereinigung mit Gott: die zwölf Tore, die zum himmlischen Jerusalem führen, sind Perlen (Apk 21,21), und das Gleichnis von der kostbaren Perle (Mt 13,44–45) macht einzig die Suche nach der Herrschaft Gottes im Herzen des Menschen zur Aufgabe des Lebens.

68 Zur *Heiligen Hochzeit* vgl. E. Drewermann: Strukturen des Bösen, 2. Bd., 332–354.

69 Eine solche Ausnahme bildet z. B. die Erzählung vom ›Mädchen ohne Hände‹ (KHM 31), in dem gerade die Schwierigkeiten der Übertragungsliebe *nach* der Hochzeit des Mädchens mit dem Königssohn geschildert werden; vgl. E. Drewermann, Das Mädchen ohne Hände, in: Lieb Schwesterlein, laß mich herein, München 1992. Ein anderes Beispiel liefert das Märchen ›Die kluge Else‹ (KHM 34), das vom Ausbruch einer schizophrenen Psychose in der Ehe berichtet.

70 Zum Aufbau von Märchenerzählungen vgl. E. Müller: Psychologie des deutschen Volksmärchens, München 1928, 106, der die »Kristallform« der Märchenstruktur hervorhebt – ein für die Struktur von ›Schneeweißchen und Rosenrot‹ sehr treffender Ausdruck.

Der goldene Vogel

1 »L'Éducation sentimentale«; Titel eines Hauptwerkes von Gustave Flaubert, das dieser zwischen 1843 und 1845 in einer ersten und zwischen 1864 und 1869 in einer zweiten Fassung schrieb; dt.: Lehrjahre des Herzens; übers. v. W. Widmer; München 1957.

2 E. Siecke: Die Liebesgeschichte des Himmels. Untersuchungen zur indogermanischen Sagenkunde, Straßburg 1892, 11, deutete namentlich die Gans oder den Schwan in zahllosen Märchen und Mythen als »die Sichel des zunehmenden oder abnehmenden Mondes«.

3 E. Siecke: Über die Bedeutung der Grimmschen Märchen für unser Volksthum, Hamburg 1896, 15, zählt die möglichen Gestalten der Sonnen- und Mondmythologie auf als goldenes Roß, goldener Adler, Geier oder Falke, als goldenes Rad, Mühlstein etc. Auch der Fuchs und seine Zerstückelung ist im allgemeinen ein lunares Motiv; vgl. die Inkamythe von Coniraya bei W. Krickeberg: Märchen der Azteken und Inkaperuaner, Maya und Muisca (1928), Düsseldorf, Köln 1968, 218–223.

4 *Die badende Göttin* im Weltmeer ist ein sehr beliebtes Motiv der Mondmythologie; »so wird Aphrodite von Erymanthos, dem Sohn des Apollo, im Bade erblickt; Artemis von Aktäon; Nanna von Balder; nach der Völsunga-Sage erblickt Ragnar Sigurds, des Fafnirtödters, Tochter Aslög, ›als sie sich wusch‹.« E. Siecke: Über die Bedeutung der Grimmschen Märchen, S. 22. Vgl. in der Bibel die Geschichte von Susanna im Bad, Dan 13,1–66. Im Reinigungsbad gewinnt die Mondgöttin Hera ihre »Jungfräulichkeit«, d. h. den alten Strahlenglanz zurück; K. Kerényi: Zeus und Hera. Urbild des Vaters, des Gatten und der Frau, Leiden 1972, 102. In den Grimmschen Märchen vgl. z. B. das Märchen von der »Gänsehirtin am Brunnen« (KHM 179) oder, parallel dazu, die Ge-

schichten von den Taubenfrauen, L. Frobenius: Atlantis. Volksmärchen und Volksdichtungen Afrikas. Veröffentlichungen des Forschungsinstitutes für Kulturmorphologie, München (Frankfurt), Bd. 2: Volksmärchen der Kabylen, Teil 2: Das Ungeheuerliche, Jena 1922, 171–176; ähnlich in der Erzählung von Hassan aus Bassora in der 395.–397. und 405–407. der ›Geschichten aus 1001 Nacht‹: I. Dreecken: Tausendundeine Nacht. Eine Sammlung phantasievoller orientalischer Liebes-, Abenteuer-, Gauner- und Schelmengeschichten; übers. v. G. Weil nach der Breslauer Handschrift (1838–1841); Neufassung von I. Dreekken, Wiesbaden o. J., Bd. 2, 166–173, 190–198.

5 Zum Weltenberg vgl. E. Drewermann: Strukturen des Bösen. Die jahwistische Urgeschichte in exegetischer, psychoanalytischer und philosophischer Sicht, 3 Bde., Paderborn ³1981, Bd. 2, 53; 512; W. Laiblin: Wachstum und Wandlung. Zur Phänomenologie und Symbolik menschlicher Reifung, Darmstadt 1974, 260. – Die Siebenzahl wird schon in einem dem Heraklit zugeschriebenen Fragment mit dem Mond in Verbindung gebracht: »Nach dem Gesetze der Zeiten aber wird die Siebenzahl bei dem Monde zusammengerechnet...« (Fr. 126 a); H. Diels, W. Kranz: Die Fragmente der Vorsokratiker; eingef. v. G. Plamböck, Hamburg 1957, 31; entsprechend griffen die Mondmythologen des 19. Jhdts. die Bedeutung der Siebenzahl auf: E. Siecke: Über die Bedeutung der Grimmschen Märchen für unser Volksthum, Hamburg 1896, 23; nach G. Hüsing ist die Sieben – neben der Neun – eine alte Mondzahl, die aber bereits das Sonnenjahr voraussetzt: G. Hüsing: Die iranische Überlieferung und das arische System, Leipzig 1909; Mytholog. Bibl., hrsg. v. d. Gesell. f. vergl. Mythenforsch., 2. Bd., Heft 2, S. 18; E. Drewermann: Strukturen des Bösen, II 79. – Zum goldenen Apfel am (Welten-)Baum als Symbol des Mondes vgl. E. Siecke: Drachenkämpfe. Untersuchungen zur indogermanischen Sagenkunde, Leipzig 1907; Mytholog. Bibl., 1. Bd., Heft 1, S. 92. – In der Reihenfolge des Märchens vom ›Goldenen Vogel‹ beschreiben der geraubte Apfel, der Vogel, das Pferd und die Jungfrau im Bad demnach die vier Stadien des wiederscheinenden Mondes.

6 Der »König« ist, subjektal gedeutet, die regierende Instanz der Psyche; er kann als »übergeordnete Persönlichkeit« mit der Gestalt des Alten, des Weisen verschmelzen und das »Selbst« verkörpern: C. G. Jung: Zum psychologischen Aspekt der Korefigur (1941/1951), in: Gesammelte Werke, Bd. IX 1, Olten, Freiburg 1976, 204; öfter noch ist er in den Märchen jedoch die Verkörperung einer Ich-Einstellung, die nur die beherrschbare Welt des Bewußtseins anerkennen will; der »König« vertritt dann sowohl den einseitig herrschenden Teil der Psyche als auch ihren Anspruch an sich selbst. In dieser Bedeutung wird der »König« oft als krank geschildert, wie im Märchen vom »Wasser des Lebens« (KHM 97), oder er herrscht über ein Terrain, das auf einen winzigen bekannten Bereich beschränkt ist und von einem Wald voller ungeheuerlicher Gefahren umgeben wird, wie im Märchen vom ›Eisenhans‹ (KHM 136). Zum Motiv »Der König stirbt« (E. Ionesco) vgl. C. G. Jung: Über die Archetypen des kollektiven Unbewußten (1935/1959), in: Gesammelte Werke, Bd. IX 1, S. 43–44.

7 Das Problem des in Not geratenen »Königs« reflektiert stets die Krise eines Erwachsenenlebens – ein deutliches Zeichen, daß viele Märchen ursprünglich weder für Kinder noch von Kindern erzählen.

8 C. G. Jung: Die Lebenswende (1931), in: Gesammelte Werke, Bd. VIII, Olten,

Freiburg 1967, 441–460, unterscheidet die expansive, auf Weltaneignung gerichtete erste Lebenshälfte von der intensiven, auf Verinnerlichung und Sinnfindung zielenden zweiten Lebenshälfte. Ders.: Über den Archetypus: Der Animabegriff (1936/1954), in: Gesammelte Werke, Bd. IX 1, Olten, Freiburg 1976, S. 87, meint, nach der Lebensmitte bedeute »lauernder Animaverlust eine zunehmende Einbuße an Lebendigkeit, Flexibilität und Menschlichkeit«; es entstehe Erstarrung, Eigensinn und Prinzipienreiterei oder Resignation, Müdigkeit, Neigung zu Alkohol, Unverantwortlichkeit usw.

9 G. Sheehy: Passages – Predictable Crisis of Adult Life, New York 1974; dt.: In der Mitte des Lebens. Die Bewältigung vorhersehbarer Krisen; übers. v. E. Ortmann; München 1976; Neudruck: Frankfurt 1978, 287–288, spielt vor allem auf die Krise der »Senkrechtstarter« um vierzig an. – Als typische Äußerung einer solchen Krise sagte jemand einmal dem Vf. etwa dem Sinn nach, was viele ähnlich sagen könnten: »Alles wird für mich zu Krampf und Anstrengung ... In Frieden leben kann ich nur in den relativ wenigen Zeiten, in denen sich die Frage nach dem Sinn des Ganzen nicht stellt; stellt sie sich aber quälend, ist die Antwort meist: mit *dieser* Situation werde ich schon fertig – aber daß ich erst vierzig bin und also noch dreißig Jahre ›machen‹ muß, bringt mich manchmal zum Stöhnen. Dabei könnte ich mich durchaus als ›glücklich‹ bezeichnen; jedenfalls hätte ich allen Grund dazu: beruflich ›normal bis erfolgreich‹, allgemein nicht unbeliebt, ›funktionierende‹ Ehe, materiell eher zu gut als zu schlecht versorgt... Ich kenne die Ursache meines Problems überhaupt nicht. Ich bin doch sonst immer fertig geworden.« Aber eben dies, immer »fertig« geworden zu sein, ist jetzt das Problem.

10 Zu »Baum« und »Früchten« als weiblichen Symbolen vgl. E. Drewermann: Die Symbolik von Baum und Kreuz in religionsgeschichtlicher und tiefenpsychologischer Betrachtung (unter besonderer Berücksichtigung der mittelamerikanischen Bilderhandschriften), Schwerte 1979 (Veröffentlichungen der kath. Akademie Schwerte, hrsg. v. G. Krems), S. 13–21; ders.: Strukturen des Bösen, Paderborn ³1981, Bd. II 52–69; G. van der Leeuw: Phänomenologie der Religion, Tübingen, 2. durchges. u. erw. Aufl. 1956, 42–46; vgl. E. Drewermann: Das Mädchen ohne Hände, in: Lieb Schwesterlein, laß mich herein, München 1992, Anm. 2; 21.

11 Vgl. Yvan Goll: Gedichte 1924–1950; ausgew. v. H. Bienek, München 1976, 121: Johann Ohnelands Identität: »Urenkel ich vom Tantalidenstamme / Der seinen Hundert fremden Gärten klagt / An leeren Augen starb die Herzensflamme / Die nur entschwundner Liebe nachgejagt // ... Noch immer ohne Land nach all den Fluchten / Ich bin nicht Kronprinz trotz des Königs Tod / Da stehst du vor mir mit verfaulten Früchten / Baum der Erkenntnis und ich bin ohne Brot.«

12 C. G. Jung: Zur Empirie des Individuationsprozesses (1934/1950), in: Gesammelte Werke, Bd. IX 1, Olten, Freiburg 1976, 324; ders.: Mandalas (1955), in: Gesammelte Werke, Bd. IX 1, S. 411–414.

13 So sagte der Oglala-Schamane Schwarzer Hirsch: »Es ist gut, hier zu erwähnen, daß es nicht ohne Bedeutung ist, daß wir Menschen zusammen mit den Fliegenden zweibeinig sind, denn ihr seht die Vögel die Erde mit ihren Schwingen verlassen, und wir Menschen können diese Welt auch verlassen, nicht mit

Schwingen, aber im Geist.« Black Elk: The sacred pipe, written by J. E. Brown; dt.: Schwarzer Hirsch: Die heilige Pfeife. Das indianische Weisheitsbuch der sieben geheimen Riten; übers. v. G. Hotz; Nachw. v. F. Schuon u. H. Läng; Olten, Freiburg, 2. erw. Aufl. 1978, S. 84. – Entsprechend kommt im Neuen Testament der Geist wie eine Taube auf Christus herab (Mk 1,10). Wie das Vogelmotiv in der Mond- und Sonnenmythologie meist als Lichtsymbol zu deuten ist (s. o. Anm. 3), so ist es tiefenpsychologisch als ein innerer Lichtträger, als ein Seelenbild zu verstehen. Diese Vorstellung liegt auch wohl den Mythen zugrunde, daß bestimmte Vögel, wie der afrikanische Senufo-Vogel, als Überbringer des Lebens gelten; A. Lommel: Schätze der Weltkunst, 1. Bd.: Vorgeschichte und Naturvölker, Gütersloh 1967, 155. In der Schule Freuds wurde der Vogel als phallisches, erektives Symbol gedeutet, und »die sehnsüchtige Tendenz«, die »Aufhebung der Schwere«, die das Vogelsymbol verkörpern sollte, wurde zunächst körperorganisch gedacht: P. Federn: Über zwei typische Traumsensationen, in: S. Freud (Hrsg.): Jahrbuch der Psychoanalyse, Bd. VI, Leipzig, Wien 1914, S. 128. – C. G. Jung: Symbole der Wandlung (1952), in: Gesammelte Werke, Bd. V, Olten, Freiburg 1973, 444–445; 449–450, sah in dem Vogel ein Symbol der Wiedergeburt, des Heraustretens aus dem Unbewußten. Zur Verbreitung des Glaubens an Seelenvögel vgl. O. Dähnhardt (Hrsg.): Natursagen. Eine Sammlung naturdeutender Sagen, Märchen, Fabeln und Legenden, Bd. III: Tiersagen, 1. Teil, Leipzig, Berlin 1910, 483–485. – Erinnert sei vor allem an die ägyptische Vorstellung von dem Ba-Vogel, G. Roeder (Übers.): Zauberei und Jenseitsglaube im Alten Ägypten, Zürich 1961, S. 335.

14 Der Baum als mütterliches, chthonisches, dunkles, naturhaftes Symbol, aus dem das goldene Licht hervorbricht, verbunden mit dem Vogel als Geist-Symbol, wurde beschrieben von C. G. Jung: Zur Empirie des Individuationsprozesses (1934/1950), in: Gesammelte Werke, Bd. IX 1, Olten, Freiburg 1976, 352; 354; 357. Auf die Verbindung des »Vogels« mit der anima weist H. von Beit hin: Symbolik des Märchens. Versuch einer Deutung, Bern 1952, 470–471.

15 Vgl. C. G. Jung: Versuch einer psychologischen Deutung des Trinitätsdogmas (1942), in: Gesammelte Werke, Bd. XI, Olten, Freiburg 1963, S. 119–218.

16 C. G. Jung: Psychologische Typen (1921), in: Gesammelte Werke, Bd. VI, Olten, Freiburg 1960, 61; 65; 441; ders.: Psychologische Typologie (1928), a. a. O., Bd. VI 599–600. Die Dreizahl steht zumeist für eine Männlichkeit, die auf der Suche nach dem weiblichen Vierten ist; vgl. C. G. Jung: Zur Phänomenologie des Geistes im Märchen (1946), in: Gesammelte Werke, Bd. IX 1, Olten, Freiburg 1976, 259–261; ders.: Antwort auf Hiob (1925), in: Gesammelte Werke, Bd. XI, Olten, Freiburg 1963, 495–503. – In der Mondmythologie sind es oft drei Schwestern, die als Arsinoe, Hilaeira und Phoibe die drei Mondphasen verkörpern: K. Kerényi: Der göttliche Arzt. Studien über Asklepios und seine Kultstätten, Darmstadt 1975, 90–93. – In der Sonnenmythologie steht die Dreieinigkeit z. B. bei den Ägyptern für den Sonnenlauf in den Gestalten Chepre, Re und Atum.

17 So z. B. im ›Wasser des Lebens‹ (KHM 97), in der ›Kristallkugel‹ (KHM 197) oder bei dem ›Armen Müllersburschen und dem Kätzchen‹ (KHM 106) u. ä. – H. von Beit, die in den beiden älteren Söhnen zu Recht die Rolle des »Schattens« repräsentiert sah, hat den König und die drei Söhne denn auch entsprechend als

Ich-Bewußtsein (König), die zwei Hilfsfunktionen (ältester und zweiter Sohn, rechter und linker Weg) und als unterentwickelte Funktion (jüngster Sohn, Held, mittlerer Weg) aufgefaßt: H. von Beit: Symbolik des Märchens. Versuch einer Deutung, Bern 1952; 352–353; 417. Vgl. E. Drewermann: Das Mädchen ohne Hände, in: Lieb Schwesterlein, laß mich herein, Anm. 13; 14.

18 Es gilt die Regel: »... der Befreier oder Erlöser... kommt aus dem Untersten«: C. G. Jung: Zur Phänomenologie des Geistes im Märchen (1946), in: Gesammelte Werke, Bd. IX 1, Olten, Freiburg 1976, 265; a.a.O. ist der Erlöser z.B. ein Schweinehirt, wie in dem Gleichnis Jesu vom »Verlorenen Sohn« (Lk 15,11–32), in dem die beiden Brudergestalten offensichtlich einander in ihrer Gegensätzlichkeit bedingen und zur Erlösung zueinander finden müßten.

19 Clemens Alexandrinus (Paed. III 1, 3) z.B. folgerte aus Jes 52,14; 53,2.3, daß der Messias von mißgestalteter Körperlichkeit gewesen sei, ein Mann »ohne Gestalt noch Schönheit« – eine Ansicht, die der heidnische Philosoph Celsus im 2.Jh. benutzte, um den Christenglauben lächerlich zu machen: Origines: Gegen Celsus, VI 75; übers. v. P. Koetschau, München 1927; BKV Bd. 53; Origines, Bd. 3, 198–199.

20 C. G. Jung: Symbole der Wandlung. Analyse des Vorspiels zu einer Schizophrenie (1952; Neubearbeitung von »Wandlungen und Symbole der Libido«, 1912), in: Gesammelte Werke, Bd. V, Olten, Freiburg 1973, 404; 422; 476–477, führte den Begriff der »schwer erreichbaren Kostbarkeit« ein, um das wiedergeborene, eigentliche Leben nach der Erneuerung im »Schoß der Mutter«, im Meer des Unbewußten, in der von Gefahren verstellten Höhle im Wald etc., zu bezeichnen.

21 Mt 13,45–46; das Motiv der Perle, die auch als Mandala-Symbol gilt, begegnet zum erstenmal als Blume des Lebens im sumerischen Dilmun-Mythos; G. Bibby: Looking for Dilmun, New York 1969; dt.: Dilmun. Die Entdeckung der vergessenen Hochkultur; übers. v. G. Kilpper; Reinbek 1977, 169.

22 Der Wald ist ein Symbol des Unbewußten, Dunklen, ein Ort der Wiedergeburt; C. G. Jung: Die psychologischen Aspekte des Mutterarchetypus (1939), in: Gesammelte Werke, Bd. IX 1, Olten, Freiburg 1976, 96; vgl. E. Drewermann: Das Mädchen ohne Hände, in: Lieb Schwesterlein, laß mich herein, Anm. 12.

23 Tiere waren für S. Freud generell Symbole für (sexuelle) Triebregungen; S. Freud: Die Traumdeutung (1900–1901), in: Gesammelte Werke, Bd. II/III, Frankfurt ¹1942, 362; 414. Ähnlich meint F. Lenz, Bildsprache der Märchen, Stuttgart 1971, 288, der Fuchs repräsentiere »jene Schlauheit, die zunächst als ein selbstverständlicher Trieb im Menschen sich etwas hintergründig darlebt«. Aber diese Bestimmung trifft eher auf das »Pferd« zu (s.u. Anm. 41), in dem Lenz ein »Symbol des instinktiven Verstandes« sieht (S. 291); im vorliegenden Märchen verhält es sich gerade umgekehrt: der »Fuchs« weist und lenkt den Weg der Vermenschlichung, das »Pferd« ist nur ein Teil der Psyche.

24 So bei Äsop: Fabeln, Nr. 4; 7; 9; 29; 72; 137; 151; 167; und bei Phädrus: Äsopische Fabeln, I. Buch, Nr. 13 (die berühmte Fabel vom Fuchs und dem Raben); 28; IV. Buch, Nr. 3 (vom Fuchs und den Weintrauben); 9 (vom Fuchs und dem Ziegenbock); ins Deutsche übers. v. W. Binder u. J. Siebelis, München (GGTb. 591) o.J. Zur Verbreitung der Fuchsmärchen vgl. O. Dähnhardt (Hrsg.), Natursagen, Bd. IV: Tiersagen, 2. Teil, bearb. v. O. Dähnhardt und A. v. Löwis of Menar, Leipzig, Berlin 1912, 217–262.

25 C. G. Jung sah in den Tieren die angeborenen Instinkte, oft auch Repräsentanten der Eltern als den ausschlaggebenden Mächten der Kindheit, und er meinte, je nach der Bewußtseinseinstellung erschienen die unbewußten Kräfte als angsterregend oder hilfreich; C. G. Jung: Symbole der Wandlung (1952), in: Gesammelte Werke, Bd. V, Olten, Freiburg 1973, 227; tatsächlich ist der »Fuchs« eine Macht, deren Leitung sowohl instinktiv als auch absolut schicksalbestimmend ist. Richtig meinte W. Laiblin, der Fuchs repräsentiere »Erdenklugheit«, »weibliche Klugheit«, »Instinktsicherheit« – gegen die männlich-intellektuelle Hochnäsigkeit; W. Laiblin: Wachstum und Wandlung, Darmstadt 1974, 277. – Zur Verbreitung des Motivs vom helfenden Fuchs und dem Lohn, getötet zu werden, vgl. L. Mackensen (Hrsg.): Handwörterbuch des deutschen Märchens, Berlin 1934/1940, II 281–290.

26 Im Sinne der Definition M. Heideggers, die das Gewissen von den gewöhnlichen kategorialen Gewissensvorstellungen abhebt: »Das Gewissen ist der Ruf der Sorge aus der Unheimlichkeit des In-der-Welt-Seins, der das Dasein zum eigensten Schuldigseinkönnen aufruft.« Damit verbindet Heidegger sehr richtig die »Bereitschaft zur Angst« und das Ende des »Geredes« im »Man«: »Das Gewissen ruft nur schweigend, das heißt, der Ruf kommt aus der Lautlosigkeit der Unheimlichkeit und ruft das aufgerufene Dasein als still zu werdendes in die Stille seiner selbst zurück.« M. Heidegger: Sein und Zeit (1926), Tübingen [10]1963, 289, 296. – Den schweigenden Ruf jenseits des menschlichen Geredes von außen, *gegen* die Angstbetäubung, drückt das Märchen sehr treffend in der Forderung des Fuchses aus, nicht in das prächtige Wirtshaus einzukehren. – Das sprechende Tier als Wesensgewissen ist in den indogermanischen Mythen meist ein Pferd, wie in ›Ferenand getrü und Ferenand ungetrü‹ (KHM 126) oder in ›Die Gänsemagd‹ (KHM 89).

27 Aristoteles, der alles Seiende als zusammengesetzt aus Form und Materie ansah, faßte die geistige Form als das Verwirklichende und Bestimmung Gebende (entelecheia) auf, während er die Materie als bloße Möglichkeit bestimmte; in allen Dingen erkannte er daher eine Wesensform, ein »Was-es-ist-dies-zu-sein«; »was du also bist, insofern du bist, das ist dein Was-es-ist-dies-zu-sein«. Aristoteles: Metaphysik 1029 b 15, übers. u. hrsg. v. F. F. Schwarz, Stuttgart 1970, 169.

28 So in der biblischen Geschichte vom Engel Raphael, der den Sohn des blinden Tobit zu der verwunschenen Jungfrau nach Ekbatana geleitet, oder von dem Engel, der dem eingekerkerten Petrus den Weg ins Freie weist: Apg 12,1–17. Die indianische Mythologie kennt das Engelphänomen als Kaschina; vgl. F. Hetmann: Kindergeschichten der Indianer, Frankfurt 1975, S. 118.

29 Zu diesem Vorwurf vgl. E. Drewermann: Von der Unmoral der Psychotherapie – oder: von der Notwendigkeit einer Suspension des Ethischen im Religiösen, in: Arzt und Christ, Wien 1982.

30 Das konkrete Symbol des Wirtshauses wird unterschlagen, wenn H. von Beit es einfachhin mit dem häufigen Motiv vom Kreuzweg des Lebens identifiziert: H. von Beit: Symbolik des Märchens, Bern 1952, 480. Es kommt hier besonders auf den äußeren Kontrast zur bisherigen Lebenseinstellung an, auf das Zusammenbrechen der überzogenen und überangepaßten Ich-Erwartungen, das den Hintergrund zahlreicher Formen von Asozialität bildet.

31 Vgl. C. G. Jung: Gut und Böse in der analytischen Psychologie (1959), in: Gesammelte Werke, Bd. X, Olten, Freiburg 1974, 497–510.
32 Richtig sagt H. von Beit: »Das Reiten auf dem Tier ist allgemein ein Sich-Tragen-Lassen vom Unbewußten«, und sie hebt besonders die Beziehung gerade des Dummlings, des dritten Sohnes, zum Fuchs hervor; H. von Beit: Symbolik des Märchens, Bern 1952, 480–481. Das Sich-tragen-Lassen ist im Grunde identisch mit einer Haltung innerer wie äußerer Bescheidenheit und *Demut*. Sehr zutreffend und wahr hat Ernst Wiechert gerade diese Einstellung in den Mittelpunkt seiner lesenswerten Nachdichtung ›Der goldene Vogel‹ gestellt. E. Wiechert: Der Vogel Niemalsmehr. Zwölf Märchen. Eine Auswahl, Frankfurt, Berlin, Wien 1973, 90–103.
33 Homer: Odyssee V, 356–364; E. Drewermann: Strukturen des Bösen. 3 Bde., Paderborn ³1981, Bd. 2, 425.
34 Zum Symbol der Stadt und des Mittelpunktes der Welt vgl. W. Müller: Die heilige Stadt. Roma quadrata, himmlisches Jerusalem und die Mythe vom Weltnabel, Stuttgart 1961, bes. 179–195: Der Berg Zion und der Schöpfungsfelsen; zur Schloß- und Stadtsymbolik als Mandala vgl. C. G. Jung: Über Mandalasymbolik (1938/1950), in: Gesammelte Werke, Bd. IX 1, Olten, Freiburg 1976, 384–385; zum Begriff des Selbst vgl. E. Drewermann: Das Mädchen ohne Hände, Anm. 17.
35 In dieser Einheitsgestalt von Mensch und Tier wurde z. B. der Zentaure Chiron als Wunderarzt verehrt: K. Kerényi: Der göttliche Arzt. Studien über Asklepios und seine Kultstätten, Darmstadt 1975, 96–100; ders.: Die Mythologie der Griechen, Bd. I: Die Götter und Menschheitsgeschichten, München 1966, 113–115.
36 Das »Schloß« als Gegenbild eines nur vom Intellekt geprägten Bewußtseins ist in dem Anti-Märchen-Roman Franz Kafkas zum Schlüsselbild für die Not und Entfremdung unserer Zeit geworden: F. Kafka: Das Schloß, Berlin 1935; von daher muß man einer solchen Erzählung wie der vom ›Goldenen Vogel‹ wohl eine besondere Aktualität zuerkennen, wie es M. Buber bei Kafkas Roman tat: Zwei Glaubensweisen (1950), in: Werke I: Schriften zur Philosophie, München 1962, 774–776.
37 S. o. Anm. 13: Es ist niemals möglich, eine bestimmte Symboldeutung starr oder apriorisch durchzuführen; vielmehr muß man stets darauf achten, wie die einzelnen Symbole in den Märchen, Mythen und Träumen sich gegenseitig definieren und komplettieren. Das setzt allerdings voraus, daß man in der Staffelung von Vogel, Pferd und Frau eine innere Entwicklung erkennt; dies gg. W. Laiblin: Wachstum und Wandlung, Darmstadt 1974, 281, der hier stereotyp nur die an sich richtige Gegensätzlichkeit von Yin und Yang, männlich und weiblich, am Werke sieht. – Zur Symbolik des Pferdes vgl. C. G. Jung (Hrsg.): Der Mensch und seine Symbole (1964), Olten, Freiburg 1968, 174.
38 Das Wort *Geist* ist ursprünglich so leibhaftig und dynamisch, daß es noch im Mittelalter seinen Zusammenhang mit »Gischt« nicht verloren hat; gerade die Verdünnung des Geistbegriffs zur bloßen Intellektualität und Leibferne ist kennzeichnend für den »Geist« der Neuzeit; vgl. M. Buber: Die Schrift und ihre Verdeutschung (1936 u. 1962), in: Werke II: Schriften zur Bibel, München 1964, 1126–1128.
39 Zur Dialektik des An-sich-Seins bei G. W. F. Hegel vgl. E. Drewermann: Strukturen des Bösen, 3. Bd., Paderborn, 2. erw. Aufl. 1980, 78–83.

40 Das Beispiel ist, wie üblich, nur der inneren Realität nach exakt wiedergegeben; die äußeren Angaben sind aus Gründen der Diskretion fingiert; es kann sich also auch um einen Zeugen Jehovas oder einen parteigebundenen Politiker o. a. handeln.
41 Zum Pferd als weisendem Tier vgl. W. Laiblin: Wachstum und Wandlung, Darmstadt 1974, 276. – Zur Verwendung des Pferdes als Reittier durch indogermanische Völkerstämme des südlichen Rußland um 1500 v. Chr. vgl. F. Trippett: The First Horsemen, New York 1974; dt.: Die ersten Reitervölker; übers. v. J. Abel; bearb. v. J. Volbeding; Hamburg 1978, 44–59. – Das Pferd als Triebsymbol ist am eindrucksvollsten wohl von Edvard Munch dargestellt worden in dem Bild »Galoppierendes Pferd« (1902); Abb. in Th. M. Messer: Edvard Munch, aus dem Engl. übers. v. H. Schuldt, Köln 1976, 144–145. R. Meyer: Die Weisheit der deutschen Volksmärchen, Stuttgart 1969, 209, meint, das *goldene* Pferd verkörpere die »Seele . . ., wenn sie sich der Sinnesnatur entrungen hat« und sich von »Weltgedanken tragen lassen« könne; dann wäre das »Pferd« aber nur eine andere Gestalt des »Vogels« und nicht ein notwendiges Zwischenglied auf dem Weg zur »Jungfrau«.
42 S. o. Anm. 4.
43 Zum Brautraubmotiv vgl. K. Kerényi: Das göttliche Mädchen. Die Hauptgestalt der Mysterien von Eleusis in mythologischer und psychologischer Beleuchtung, Amsterdam, Leipzig 1941; zus. mit C. G. Jung; Albae Vigiliae, Heft VIII–IX 41; 67–68. Beispiele aus der griechischen Mythologie liefert das Schicksal der Marpessa, der Tochter des Euenos, die von Idas entführt, von ihrem Vater verfolgt und schließlich von Apollon überfallen wird und, zwischen ihrem göttlichen und menschlichen Liebhaber vor die Wahl gestellt, sich für die menschliche Liebe entscheidet: Apollodor, I 60.
44 W. Laiblin: Wachstum und Wandlung, Darmstadt 1974, 266–267; zu den naturmythologischen Erscheinungsformen der anima vgl. E. Jung: Die anima als Naturwesen (1955), in: W. Laiblin (Hrsg.): Märchenforschung und Tiefenpsychologie, Darmstadt 1975, 237–283; E. Drewermann: Das Mädchen ohne Hände, in: Lieb Schwesterlein, laß mich herein, München 1992, Anm. 16.
45 Obgleich die soziale Verteilung der Rollen von Mann und Frau durch ihre enorme Variationsbreite eine eindeutige Definition »des« Männlichen und Weiblichen beträchtlich erschwert, hat doch die Arbeitsteilung auf der Stufe der frühen Sammler und Jäger, wonach der Mann auf die Jagd geht und die Frau vorwiegend der Sammlertätigkeit und der Kinderaufzucht sowie der Sorge für Lagerstelle und Feuer nachkommt, eine für alle Menschen bestimmende Differenzierung der männlichen und weiblichen Eigenschaften mit sich gebracht; vgl. R. E. Leakey, R. Lewin: Origins, London 1977; dt.: Wie der Mensch zum Menschen wurde. Neue Erkenntnisse über den Ursprung und die Zukunft des Menschen; übers. v. A. Sussdorff, Hamburg 1978, 230–237; K. J. Narr: Kulturleistungen des frühen Menschen, in: G. Altner (Hrsg.): Kreatur Mensch. Moderne Wissenschaft auf der Suche nach dem Humanum, München 1969; Neudruck: München 1973, 66. Hinzu kommen bestimmte biologisch festgelegte Verhaltensweisen der Revierverteidigung, des Paarungsverhaltens etc., die auch von M. Mead etwa anerkannt wurden; M. Mead: Male and Female; dt.: Mann und Weib. Das Verhältnis der Geschlechter in einer sich wandelnden Welt;

übers. v. A. Holler; gek. Ausg. 1949; Hamburg 1958, 148; W. Wickler: Stammesgeschichte und Ritualisierung. Zur Entstehung tierischer und menschlicher Verhaltensmuster, München 1970; München 1975, 259. – Mit gewissen Einschränkungen vor allem gegenüber der rein biologisch-genetischen Sichtweise wird man wohl die Liste für brauchbar halten dürfen, in welcher der Schweizer Psychoanalytiker L. Szondi die weiblichen Moll-Strebungen den männlichen Dur-Strebungen gegenübergestellt hat:

Mollsyndrom	Dursyndrom
1. Forderung der Zärtlichkeit	1. Fehlen der Personenliebe; Natur- und kollektive Liebe
2. Hingabe, Demut	2. Aktivität, Aggression
3. starkes Gewissen	3. Aufstauung von Wut, Haß, Zorn und Rache
4. schamhaftes Benehmen	4. Geltungsdrang
5. Fehlen der realistischen Interessezensur	5. starke realistische Interessezensur
6. Besessenheit von Ichidealen	6. Fehlen der geistigen Besessenheit von Ichidealen
7. Kleben am alten Objekt	7. Erwerbungsdrang
8. Anklammerungstendenz	8. Abtrennungstendenz

L. Szondi: Triebpathologie, I: Elemente der exakten Triebpsychologie und Triebpsychiatrie, Bern 1952, 114. Zu den psychischen Geschlechtsunterschieden vgl. auch D. E. Zimmer: Unsere erste Natur. Die biologischen Ursprünge menschlichen Verhaltens, München 1979, 260–265.

46 Auch insofern stellt die anima-Suche ein Problem der *zweiten* Lebenshälfte dar. So schrieb C. G. Jung: »Das, was dem jugendlichen Menschen als Regression gelten muß, nämlich die Weiblichkeit des Mannes (partielle Identität mit der Mutter) und die Männlichkeit der Frau (partielle Identität mit dem Vater), gewinnt in der zweiten Lebenshälfte eine andere Bedeutung. Die Assimilation der gegengeschlechtlichen Tendenz wird zur Aufgabe, die gelöst werden muß, um die Libido in Progression zu erhalten.« – »Auf dieser Stufe bezieht sich das Muttersymbol nicht mehr rückwärts auf die Anfänge, sondern auf das Unbewußte als die schöpferische Matrix der Zukunft. Das ›Eingehen in die Mutter‹ bedeutet dann: eine Beziehung zwischen dem Ich und dem Unbewußten herstellen.« C. G. Jung: Symbole der Wandlung. Analyse des Vorspiels zu einer Schizophrenie (1912/1952), in: Gesammelte Werke, Bd. V, Olten, Freiburg 1973, 387. – Berühmte und sehr lesenswerte Beispiele für die Begegnung des Mannes mit der anima bzw. der Frau mit dem animus sind in der Literatur etwa S. Zweig: Vierundzwanzig Stunden aus dem Leben einer Frau (Die Verwirrung der Gefühle, 1927), in: Meisternovellen, Frankfurt 1970, 265–325; oder: J. Roth: Stationschef Fallmerayer, in: Die Erzählungen, Köln 1973, 100–130; oder die schöne Nachdichtung von R. Schirmer: Lancelot und Ginevra. Ein Liebesroman am Artushof, Zürich 1961; sowie J. Bédier: Der Roman von Tristan und Isolde; übers. v. R. G. Binding, Frankfurt 1979; H. Hesse: Der Steppenwolf (1927), Frankfurt 1955, 95–109, die Episode der Begegnung Harrys mit der

Dirne Marie; ders.: Klein und Wagner (1931), in: Innen und Außen. Gesammelte Erzählungen, Bd. 4, 1919–1955; Frankfurt 1977, 34–56. – Vgl. daneben C. G. Jung (Hrsg.): Der Mensch und seine Symbole (1964), Olten, Freiburg 1968, 177–195, zu den Gestaltungsmöglichkeiten der anima. – Als Beispiel der Historie mag das bekannte Verhältnis zwischen Admiral Nelson und Lady Hamilton gelten. – Als Filmbeispiel sei an Fellinis »8½« erinnert, in dem ein ausgebrannter Regisseur sich in Kur von einem Mädchen an der Quelle das Wasser des Lebens reichen läßt, ehe er dahin gelangt, sich selbst innerhalb seiner eigenen Grenzen zu akzeptieren.

47 H. von Kleist: Das Käthchen von Heilbronn (1808), in: H. Sembdner: Gesamtausgabe III: Dramen, 3. Teil, München 1964, 11.
48 A. a. O., 77.
49 A. a. O., 80; 81.
50 A. a. O., 44–45.
51 A. a. O., 83; 91–92.
52 S. o. Anm. 4; daß dieses Motiv hier *fehlt,* beweist, daß man das Märchen vom ›Goldenen Vogel‹ *nicht* zentral von dem bekannten Motiv der Rettung der erlösungsbedürftigen Jungfrau her interpretieren kann: gg. W. Laiblin: Wachstum und Wandlung, Darmstadt 1974, 266; erlösungsbedürftig ist nicht eigentlich die Jungfrau, sondern der »König«.
53 Zu den religionspsychologischen Implikationen der Wiedergeburtssymbolik von Wasser und Jungfrau vgl. C. G. Jung: Symbole der Wandlung. Analyse des Vorspiels zu einer Schizophrenie (1912/1952), in: Gesammelte Werke, Bd. V, Olten, Freiburg 1973, 284–290. Zur Wassersymbolik vgl. E. Drewermann: Das Mädchen ohne Hände, in: Lieb Schwesterlein, laß mich herein, München 1992, Anm. 30.
54 S. o. Anm. 47, dort S. 44.
55 Ähnlich ist es z. B. in dem verwandten Märchen vom ›Wasser des Lebens‹ (KHM 97). Richtig deutet H. von Beit den »Abschied« der Prinzessin von den Eltern als »die regressive Tendenz des Helden selber«, als Verweigerung der Notwendigkeit, sich vom Unbewußten zu lösen: H. von Beit: Symbolik des Märchens, Bern 1952, 487. – Von der Gefahr, in der Regression steckenzubleiben, meinte C. G. Jung: »Bleibt die Libido im Wunderreich der inneren Welt hängen, so ist der Mensch für die Oberwelt zum Schatten geworden, er ist so gut wie tot oder wie schwerkrank. Gelingt es aber der Libido, sich wieder loszureißen und zur Überwelt emporzudringen, dann zeigt sich ein Wunder: die Unterweltsfahrt war ein Jungbrunnen für sie gewesen, und aus dem scheinbaren Tod erwacht neue Fruchtbarkeit.« C. G. Jung: Symbole der Wandlung (1912/1952), in: Gesammelte Werke, Bd. V, Olten, Freiburg 1973, 376.
56 Zum Regressionsbegriff vgl. E. Drewermann: Das Mädchen ohne Hände, in: Lieb Schwesterlein, laß mich herein, München 1992, Anm. 32; 33.
57 Das archetypische Bild für die Regression ist das der »Sintflut«; vgl. E. Drewermann: Strukturen des Bösen. Paderborn ²1980, Bd. 2, 417–430.
58 S. Freud: Bemerkungen über die Übertragungsliebe (1915), in: Gesammelte Werke, Bd. X, Frankfurt ¹1946, 318–319.
59 Dichterisch gestaltet ist das Motiv von dem schlafenden bzw. *erwachenden* Vater in der Kurzgeschichte von F. Kafka: Das Urteil (1913), in: Sämtliche

Erzählungen, hrsg. v. P. Raabe, Frankfurt 1970, 23–32. – Im Alten Testament spielt dieses Motiv eine große Rolle in der Erzählung von Noahs Weinrausch und Fluch: Gen 9,18–27; vgl. E. Drewermann: Strukturen des Bösen. Paderborn ²1980, Bd. 2, 469–476.

60 Der Begriff des »Eltern-Ichs« ist real identisch mit dem Begriff des »Über-Ichs« bei Freud; während das Freudsche »Über-Ich« aber vorwiegend strafende Züge (aus dem Kastrationskomplex) trägt, erlaubt der Begriff des »Eltern-Ichs« die Unterscheidung in ein stützendes oder kontrollierendes Eltern-Ich; vgl. E. Berne: What Do You Say After You Say Hello?, New York 1972, dt.: Was sagen Sie, nachdem Sie »Guten Tag« gesagt haben? Psychologie des menschlichen Verhaltens, übers. v. W. Wagmuth, München 1975, 111.

61 Die Belege für die Gefahr, die dem (Schwieger-)Sohn von seiten des (Schwieger-)Vaters drohen, fand Freud bei J. G. Frazer: The golden Bough, London ³1911, 12 Bde.; abgek. Ausg. 1922; danach dt.: Der goldene Zweig. Das Geheimnis von Glauben und Sitten der Völker, übers. v. H. v. Bauer, Leipzig 1928, 383–413; vgl. E. Drewermann: Strukturen des Bösen. Paderborn ²1980, Bd. 2, 430–436. Daß die Inzestneigung als regressive Bewegung der Libido auch ohne die gesellschaftlich bedingten Konstellationen des Ödipuskomplexes ihre Gefahren und ihre Angst besitzt, hat vor allem C. G. Jung gezeigt; vgl. dazu an der Symbolik von Schlange und anima-Gestalt E. Drewermann: a. a. O., Bd. 2, 124–133.

62 S. o. Anm. 5: Der »Berg« ist auf der Ebene des Mythos zweifellos als »Weltenberg« zu verstehen; es ist aber gleichwohl nicht richtig, dieses Motiv, wie W. Laiblin es getan hat, zum Mittelpunkt und Schlüssel auch des Märchens zu machen, wo es nur als eines unter vielen Motiven auftaucht; gg. W. Laiblin: Wachstum und Wandlung, Darmstadt 1974, 261–265. Der Königssohn steigt ja nicht nach Schamanenart auf den Stufen des Berges zum Himmel empor (vgl. E. Drewermann: Strukturen des Bösen, 2. Bd., 504–514, zur Symbolik des Himmelsaufstiegs), sondern er soll den Berg gerade zum Verschwinden bringen; der Berg ist im Märchen nicht die Weltenachse, sondern ein einfaches Symbol für das, was ganz wörtlich die »Aussicht« versperrt. Allerdings ist Laiblin darin sehr zuzustimmen, daß die Regression bis zur Welt der anima selbst an die Grenze zum Reich des Todes und der Erneuerung führt, für die auch der Weltenberg selbst an sich als Motiv stehen kann. – Zum Weltenberg der Schamanen und dem Ort des Paradieses vgl. I. Lissner: So lebten die Völker der Urzeit (Aber Gott war da, Olten, Freiburg 1958), München 1979, 292–293.

63 Laotse: Tao te king, Nr. 24; übers. v. R. Wilhelm (1910), Köln 1957, 64. Eine dichterisch und völkerkundlich gleichermaßen kostbare Szene beschreibt R. B. Hill in ihrer Indianer-Saga ›Hanta Yo‹, als der junge Indianerschamane Ahbleza um die Gunst der Frau anhält, die er liebt; er legt alle Gewänder ab, schenkt restlos all seine Habe fort und begibt sich nackt aus der Reichweite des Lagers; seine Geliebte aber, die ihn als einen sieht, der nichts hat, »schenkte sich ihm als Ersatz für alles, was er von sich geworfen hat«. R. B. Hill: Hanta Yo, New York 1979; dt. übers. v. K. H. Hansen; Hamburg 1980, 597–602. Das Vertrauen der Armut zu lernen ist gleichbedeutend damit, die Liebe zu lernen.

64 Die Einheit von Pferd, Vogel und Frau, die auf dem Rückweg hergestellt werden muß, hat zahlreiche Bilder gefunden. In der griechischen Mythologie gibt es die Vorstellung von dem Ritt der Mondgöttin Helle, die auf dem goldenen

Widder mit Phrixos durch die Luft nach Kolchis entfliehen möchte, wo Helios seine Pferde hält; R. V. Ranke-Graves: The Greek Myths, 1955; dt.: Griechische Mythologie. Quellen und Deutung, übers. v. H. Seinfeld, 2 Bde., Hamburg 1960, Bd. 1, 204; 207. – Die indische Mythologie kennt den Ritt, den Vishnu und die schöne Göttin Lakshmi auf dem Reittier Garuda, dem König der Vögel, unternehmen; Abb. bei v. Ions: Indische Mythologie; übers. aus dem Englischen v. E. Schindel; Wiesbaden 1967, 99. – Pferd und Vogel, Mann und Frau bilden ein vierfaches Einheitssymbol von Trieb und Geist, Oben und Unten. Zur Einheit von Oben und Unten im Symbol eines Vierbeiners und eines Vogels vgl. Black Elk: The sacred pipe, hrsg. von J. E. Brown; dt.: Schwarzer Hirsch: Die heilige Pfeife. Das indianische Weisheitsbuch der sieben geheimen Riten; übers. v. G. Hotz; Olten, Freiburg, 2. erw. Aufl. 1978, 14–15.

65 Zum Begriff des Selbst vgl. E. Drewermann: Das Mädchen ohne Hände, in: Lieb Schwesterlein, laß mich herein, München 1992, Anm. 17. – Die gewaltsame Rückkehr deutet W. Laiblin als magische Flucht: Wachstum und Wandlung, Darmstadt 1974, 287; das ist insofern zutreffend, als die Selbstfindung einer Art innerer »Magie« gleichkommt; aber zur magischen Flucht gehört eigentlich, daß es einen Verfolger, einen Menschenfresser z. B., gibt, der durch rückwärts geworfene Gegenstände oder durch bestimmte Verwandlungsformen der Verfolgten aufgehalten wird, wie etwa in dem Entwicklungsmärchen von ›Fundevogel‹ (KHM 51); gerade das aber ist im ›Goldenen Vogel‹ nicht der Fall. Zum Begriff und Material der magischen Flucht vgl. L. Frobenius: Das Zeitalter des Sonnengottes, Berlin 1904, 408–411.

66 Und sei es nur in der kuriosen, aber regelmäßigen Prahlerei mit der Anzahl der auf der Couch abgelegenen Analysestunden!

67 L. Szondi: Schicksalsanalyse. Wahl in Liebe, Freundschaft, Beruf, Krankheit und Tod, Basel, Stuttgart, 3. neu bearb. u. stark erw. Aufl. 1965, 338; 359–360.

68 Schon aufgrund seiner Verwandtschaft zu den verdrängten, gedemütigten Anteilen der Psyche; s. o. Anm. 17; 18; 19.

69 Zum Symbol der Heiligen Hochzeit vgl. E. Drewermann: Das Mädchen ohne Hände, in: Lieb Schwesterlein, laß mich herein, München 1992, Anm. 65.

70 Den »Nutzen« des Ungehorsams gegen die Weisungen des »Fuchses« betonen H. von Beit: Symbolik des Märchens, Bern 1952, 481 und W. Laiblin: Wachstum und Wandlung. Zur Phänomenologie und Symbolik menschlicher Reifung, Darmstadt 1974, 293–294.

Die Kristallkugel

1 Vgl. W. Scherf: Lexikon der Zaubermärchen, Stuttgart 1982, S. XI: »Zaubermärchen sind im wesentlichen zweigliedrige Erzählungen, in deren erstem Teil sich die Hauptgestalten als Heranwachsende von ihren Eltern lösen, um ihren eigenen Weg zu gehen. Die erste Partnerbindung, die sie auf ihrem Weg zu sich selbst erleben, zerbricht jedoch wieder an ihrer Unreife; es bedarf eines außerordentlichen Einsatzes, Thema des zweiten Teiles, um sich endlich doch als

verläßlicher Partner zu erweisen und die Bindung für ein Leben tragfähig zu machen. – Diese Erzählungen heißen mit Recht Zaubermärchen, weil sie wie in einem Traum oder Tagtraum zauberisch Irreales mit Realem verbinden und sich niemals über Sprünge und scheinbar Ungereimtes wundern.« Vgl. E. Drewermann: Tiefenpsychologie und Exegese, 1. Bd.: Die Wahrheit der Formen. Traum, Mythos, Märchen, Sage und Legende, Olten 1984, S. 141–146.

2 Vermutlich liegt die Unbekanntheit mancher Zaubermärchen in dem falschen Vorurteil begründet, Märchen seien Erzählungen für Kinder. Zahlreiche Märchen schildern ganz im Gegenteil die Probleme beim Eintritt ins Erwachsenenleben und sollten von Erwachsenen gelesen werden.

3 Vgl. H. Findeisen, H. Gehrts: Die Schamanen. Jagdhelfer und Ratgeber, Seelenfahrer, Künder und Heiler, Köln 1983, 26–46, wo die Vorstellung von den »Tiermüttern« und den tiergestaltigen Hilfsgeistern im Schamanentum mit dem »altmenschlich-jägerischen Tiererlebnis« in Verbindung gebracht wird. – Zu den Flugreisen zum »Sonnentor« vgl. J. Halifax: Shaman – The wounded Healer, London 1982; dt.: Schamanen. Zauberer, Medizinmänner, Heiler, übers. v. U. Richter, Frankfurt 1983, 23–26; 86–87; 90–91. Vgl. M. Eliade: Mythes, Rêves et Mystères, Paris; dt.: Mythen, Träume und Mysterien, übers. v. M. Benedikt u. M. Vereno, Salzburg 1961, 144–159 (der magische Flug).

4 Vgl. die sehr differenzierte Untersuchung bei H. Meyer: Der Mensch und das Tier. Anthropologische und kultursoziologische Aspekte, München 1975, 104–147. E. Drewermann: Der tödliche Fortschritt. Von der Zerstörung der Erde und des Menschen im Erbe des Christentums, Regensburg³ (erw.) 1983, 90–110. – Die Tierverwandlung spielt eine große Rolle vor allem in der altägyptischen Eschatologie; vgl. E. Hornung: Das Totenbuch der Ägypter, Zürich, München 1979, S. 156–157; 170–178, Spruch 76; 77; 78; 83; 84; 85; 86; 87; 88.

5 Zu dieser »participation mystique« vgl. L. Lévy-Brühl: Les fonctions mentales dans les sociétés inférieures, Paris 1912; dt.: Das Denken der Naturvölker, übers. u. eingel. v. W. Jerusalem, Wien, Leipzig 1921, 51–82.

6 J. Illies: Anthropologie des Tieres. Entwurf einer anderen Zoologie (1973), München 1977, 130 fragt zu Recht mit Bezug zur Symbolik der Schlangen und Drachenungeheuer: »Gibt es überhaupt Zonen jenseits der realen Wirklichkeit des Physischen, des Materiellen, der Anthropologie und der Zoologie?« – Die in den Märchen so oft erwähnte Tierverwandlung hat ihre religionsgeschichtliche Parallele im Nagualismus, in der mystischen Schicksalsgemeinschaft von Mensch und Tier. Das Wort *Nagual* selbst entstammt dem Aztekischen »naualli« = »etwas Verborgenes, Verhülltes« und ist verwandt mit »Tonal«, von Aztekisch tonalli = »jemandes Schicksal, Seele«. Eng verbunden ist mit dem Nagual die Vorstellung vom alter ego. W. Hirschberg (Hrsg.): Wörterbuch der Völkerkunde, Stuttgart 1965, 308.

7 Zu den Klassifikationssystemen mittels Tier- und Pflanzennamen vgl. C. Lévi-Strauss: La pensée sauvage, Paris 1962; dt.: Das wilde Denken, übers. v. H. Naumann, Frankfurt 1968, 237 ff. Nach Lévi-Strauss ist der »Totemismus« kein Phänomen sui generis, sondern ein besonderer Fall im allgemeinen Rahmen der Beziehungen zwischen dem Menschen zu den Elementen seines natürlichen Milieus«. Ders.: Le Totémisme aujourd'hui, Paris 1962, dt.: Das Ende des Totemismus, übers. v. H. Naumann, Frankfurt 1965, 43.

8 Vgl. R. Dithmar: Die Fabel. Geschichte, Struktur, Didaktik, Paderborn 1974, 62–66.
9 E. Zola: La Bête humaine, Paris 1890, in: Les Rougon-Macquart, Bd. 17; dt.: Das Tier im Menschen, übers. v. G. Krüger, München 1977.
10 H. Hesse: Der Steppenwolf, Montagnola 1955; Frankfurt 1971.
11 Vgl. W. Müller: Indianische Welterfahrung, Stuttgart 1976, 6–14, der das indianische »pathozentrische« Denken der Naturfremdheit der europäischen Begriffswelt gegenüberstellt.
12 Vgl. z. B. W. Stekel: Die Sprache des Traumes. Eine Darstellung des Traumes in ihren Beziehungen zur kranken und gesunden Seele für Ärzte und Psychologen, München ³1927, 102–121. Vgl. S. Freud: Die Traumdeutung (1900–1901), in: Gesammelte Werke, Bd. II–III, London ¹1942, 362; 414.
13 Das ursprüngliche Mitgefühl und Interesse eines jeden Kindes gegenüber den Tieren wird auf dem Wege zum Erwachsenenalter z. T. durch neurotische Ängste vor bestimmten Tieren ersetzt, indem die Tiere sich in symbolischen Phobieauslöser verwandeln, z. T. aber auch durch die grausame Lehre verdrängt, daß man Tiere als »Nahrungsmittel« zu »halten«, zu töten und mit Appetit zu verzehren hat. Vgl. E. Drewermann: Der tödliche Fortschritt (s. o. Anm. 4), 90–110. Der Schock, den Kinder regelmäßig erleiden, wenn man ihnen die häuslichen Spielgefährten in roher Brutalität als totes Festmahl serviert, wird sehr eindrucksvoll in der berühmten Szene des Films ›Gone with the Wind‹ (Vom Winde verweht) von V. Fleming (1939) in der Szene von dem geschlachteten Truthahn gezeigt, freilich auch dort nur, um sich über den kindlichen Unverstand lustig zu machen, der weint, wenn ein Tier getötet wird – die Zeit des Bürgerkrieges wird im weiteren Fortgang der Handlung schon bald noch ganz andere Formen des Tötens zur stolzen Pflicht erheben.
14 I. A. Otto: Der Traum als religiöse Erfahrung, untersucht und dargestellt am Beispiel der Irokesen, Wiesbaden 1982, 135–143.
15 So in der ägyptischen Vorstellung von dem seelengeleitenden schakalköpfigen Gott Anubis, der in etwa dem »Fuchs« in dem Grimmschen Märchen vom ›Goldenen Vogel‹ entspricht. Vgl. E. Drewermann: Der goldene Vogel, in: Lieb Schwesterlein, laß mich herein, München 1992, Anm. 23–26. Vgl. H. Kees: Totenglauben und Jenseitsvorstellungen der Alten Ägypter, Berlin ³1977, 25.
16 S. o. Anm. 5.
17 Bes. M. Heidegger: Sein und Zeit (1926), Tübingen ¹⁰1963, 326 erklärte »die ›Zeit‹ des vulgären Zeitverstehens« als »ein abkünftiges« Verstehen der Existentialität der Zeit. Er griff damit Gedanken auf, die H. Bergson: Essai sur les données immédiates de la conscience, Paris 1889 (dt.: Zeit und Freiheit, 1911) bereits geäußert hatte. Zu dem Zeitbegriff der modernen Physik vgl. L. de Broglie: Die Anschauungen der modernen Physik und die Bergsonschen Begriffe der Zeit und der Bewegung, in: Licht und Materie. Beiträge zur Physik der Gegenwart, ausgew. v. G. Eder, übers. v. R. Tüngel u. R. Gillischewski, Frankfurt, Hamburg 1958, 166–181.
18 Von einem eigentlichen »Wunschhut« Odins kann man nur unter der Hypothese sprechen, daß man seine Gestalt mit älteren schamanistischen Vorstellungen in Verbindung setzt. Odin (Wotan) gilt in der germanischen Mythologie

als »Wanderer, vom blauen Mantel umkleidet«, der »einen großen Schlapphut, tief in die Stirn gezogen«, trägt, »um seine Einäugigkeit zu verbergen«. Er reitet »auch auf seinem achtfüßigen Grauschimmel Sleipnir in schaurigen Sturmnächten«. E. Nack: Germanien. Länder und Völker der Germanen, Wien, Heidelberg 1958, 111. Es könnte sein, daß der achtfüßige Sleipnir die vier Himmelsgegenden symbolisiert, der blaue Mantel das Himmelszelt, die Einäugigkeit den Verlust des Mondes, und daß das Wandern Odins die Bewegungen des (solaren) Himmelsgottes am Firmament darstellt; sein »Hut« könnte dann, wie im Märchen von der ›Kristallkugel‹, das rechte Mittel darstellen, um sich auf den Gläsernen Berg, die Himmelskuppel, zu versetzen. – Parallelen zu einer solchen magischen »Himmelsreise« enthalten die Grimmschen Märchen: ›Die Rabe‹ (KHM 93) und ›Der Trommler‹ (KHM 193). Vgl. auch B. Schulz (Hrsg.): Märchen aus Niedersachsen, Frankfurt (Fischer Tb. 2822) 1979, 38–42 (›Der Mann ohne Leib‹, wo der Kampf mit dem Riesenungeheuer sowie die Tierverwandlungen als Zauberfähigkeiten geschildert werden), und S. 60–66 (›Die Rabe‹, wo der Glasberg, die Riesen u. a. erwähnt werden).

19 Zum Symbol des Schlosses vgl. E. Drewermann: Der goldene Vogel, in diesem Band, S. 377, Anm. 36. Das »goldene Schloß« auf dem »Gläsernen Berg« erinnert an die alte Vorstellung der Ägypter von dem »Lichtberg der Sonne«, als welchen der Pharao Echnaton seine Stadt Achet-Aton, »Lichtberg der Sonnenscheibe«, errichtete. Vgl. E. Dondelinger: Der Jenseitsweg der Nofretari. Bilder aus dem Grab einer ägyptischen Königin, Graz ²1977, 20. – Zu dem Motiv von der Befreiung einer verwunschenen Jungfrau vom goldenen Berg vgl. KHM 92: Der König vom goldenen Berge. Vgl. E. Siecke: Drachenkämpfe. Untersuchungen zur indogermanischen Sagenkunde, Leipzig 1907, 110 mit weiteren Beispielen.

20 Vgl. C. Sagan: Cosmos, New York 1980; dt.: Unser Kosmos. Eine Reise durch das Weltall, übers. v. S. Summerer u. G. Kurz, München 1982, 271: »So ist für ihn (sc. den Hinduismus, d. V.) das Universum... nur eines Gottes Traum, der nach hundert Brahmajahren in traumlosen Schlaf übergeht, mit dem sich auch das Universum auflöst – bis sich der Gott nach einem weiteren Brahmajahrhundert rührt, wieder zu sich kommt und den großen kosmischen Traum aufs neue zu träumen beginnt.« – Ähnlich skeptisch dachten die Azteken von den Welterscheinungen:
»Wir sind nicht auf Erden, um zu leben.
Wir sind gekommen, um zu schlafen,
Nur um zu träumen.
Unser Leib ist eine Blume,
Wie das Gras im Frühling ergrünt,
So öffnen sich unsere Hezren und treiben Knospen,
Um zu blühen und dann zu verwelken.«
(Zit. nach: W. Müller: Indianische Welterfahrung, Stuttgart 1976, 12).

21 Vgl. L. Baldass: Hieronymus Bosch, unter Mitarbeit von G. Heinz, Wien, München ³(erw.) 1968.

22 Vgl. K. Roberts: Bruegel, Herrsching o. J.; W. Stechow: Pieter Bruegel, Ohio 1969; dt.: Bruegel, übers. v. H. Frank, Köln 1974, 10; 39–43.

23 Vgl. E. Drewermann: Tiefenpsychologie und Exegese, 1. Bd. (s.o. Anm. 1), S. 72–78.
24 So St. Zweig: Drei Meister, Frankfurt 1958, 126–129 über die Menschen Dostojewskis: »Etwas von Gestalten aus Träumen haftet ihnen an, und ihr Schritt geht im Raumlosen wie der von Schatten. Damit sei nicht gesagt, daß sie irgendwie unwahr wären. Im Gegenteil: sie sind überwahr... seine Menschen sind nicht plastisch, sondern sublim gesehen und durchfühlt, weil sie einzig aus Seele gestaltet sind und nicht aus Körperlichkeit... Auf den zwanzigtausend Seiten seines Werkes ist nie geschildert, daß einer seiner Menschen sitzt, daß er ißt, daß er trinkt, immer fühlen, sprechen oder kämpfen sie nur. Sie schlafen nicht (es sei denn, daß sie hellseherisch träumen), sie ruhen nicht, immer sind sie im Fieber, immer denken sie. Nie sind sie vegetativ, pflanzlich, tierisch, stumpf, immer nur bewegt, erregt, gespannt und immer, immer wach. Wach und sogar überwach. Immer im Superlativ ihres Seins... alle sind sie Hellseher, Telepathen, Halluzinanten... und alle durchtränkt bis in die letzten Tiefen ihres Wesens von psychologischer Wissenschaft... Die Menschen Dostojewskis... kennen kein Mißverstehen. Jeder ahnt immer prophetisch den anderen, sie verstehen einander restlos bis in die letzten Tiefen, sie saugen sich das Wort aus dem Munde, noch ehe es gesagt ist... Seine (Dostojewskis, d. V.) Welt ist vielleicht die vollkommenste Halluzination der Welt, ein tiefer und prophetischer Traum von der Seele, ein Traum, der die Wirklichkeit noch überflügelt: aber Realismus, der über sich hinaus ins Phantastische reicht. Der Überrealist Dostojewski, der Überschreiter aller Grenzen, er hat die Wirklichkeit nicht geschildert: er hat sie über sich selbst hinaus gesteigert.«
25 Diese Beziehung des Märchens zum Roman ist gegeben, wenn z. B. M. Lüthi: Das europäische Volksmärchen. Form und Wesen, München ⁴(erw.) 1974, 77 zu Recht definiert: »Das Märchen ist eine welthaltige Abenteuererzählung von raffender, sublimierter Stilgestalt.«
26 So der Titel von J. Halifax: Schamanen (s.o. Anm. 3), 17–21. Zum Zusammenhang von Krankheit und Schamanenberufung vgl. M. Eliade: Mythen, Träume und Mysterien (s.o. Anm. 3), 111–116.
27 KHM 60.
28 KHM 124.
29 Vgl. Der goldene Vogel (KHM 57); Das Wasser des Lebens (KHM 97) u.a. Das Problem besteht in diesen Märchen fast immer in dem Hochmut der Icheinstellung; im Märchen von der ›Kristallkugel‹ hingegen ist das Problem die Zerrissenheit selbst bzw. die Kleinheit des Ichs zwischen den übermächtigen »Tier«-Anteilen der Psyche.
30 Zur Technik der »subjektalen Deutung« vgl. E. Drewermann: Tiefenpsychologie und Exegese, 1. Bd. (s.o. Anm. 1), S. 156–168; 172–178; 195–200.
31 Vgl. C. G. Jung: Versuch einer psychologischen Deutung des Trinitätsdogmas (1942), in: Gesammelte Werke, Bd. XI, Olten, Freiburg 1963, 119–218, S. 179–204.
32 C. G. Jung: Psychologische Typologie (1928; 1936), in: Gesammelte Werke, Bd. VI, Olten, Freiburg 1960, 568–601, S. 599–600.
33 E. Drewermann: Der goldene Vogel, in diesem Band, S. 74.
34 Vgl. E. Drewermann: Schneeweißchen und Rosenrot, in diesem Band, S. 50f.;

vgl. D. Lauenstein: Das Geheimnis des Wals. Melvilles Moby Dick und das Alte Testament, Stuttgart 1973, 86–88, der auf die Gestalt des unterirdischen bzw. im Berg gefangenen Königs in Mythos und Sage hinweist; vgl. E. Drewermann: Strukturen des Bösen. Die jahwistische Urgeschichte in exegetischer, psychoanalytischer und philosophischer Sicht, 3 Bde., Paderborn ³(erw.) 1982, 2. Bd., 132; 367; 403; 419.

35 E. Drewermann: Strukturen des Bösen, (s. o. Anm. 34), 2. Bd., 35; 131; C. G. Jung: Symbole der Wandlung. Analyse eines Vorspiels zu einer Schizophrenie (1952; Neubearbeitung von: Wandlungen und Symbole der Libido, 1912), in: Gesammelte Werke, Bd. V, Olten, Freiburg 1973, 551–552.

36 Vgl. z. B. das Adler-Symbol in ›Schneeweißchen und Rosenrot‹ (KHM 161), E. Drewermann: Schneeweißchen und Rosenrot, in diesem Band, S. 52–54.

37 L. Klages: Der Geist als Widersacher der Seele, 3 Bde., 1929–1932, in: L. Klages: Sämtliche Werke, hrsg. v. E. Frauchiger, G. Funke. K. J. Groffmann, R. Heiss u. H. Eggert Schröder, Bd. 1–3, Bonn 1969–1974.

38 Zur Darstellung *Hegels* vgl. E. Drewermann: Strukturen des Bösen (s. o. Anm. 34), 3. Bd., 64–96.

39 F. M. Dostojewski: Bratja Karamazovy (1880); dt.: Die Brüder Karamasoff, übers. v. K. Noetzel, München 1958, 293.

40 A. a. O., 293.

41 A. a. O., 285.

42 A. a. O., 286.

43 A. a. O., 286.

44 A. a. O., 284.

45 A. a. O., 285.

46 Insofern ist der Mythos vom Meerungeheuer am Anfang der Schöpfung verständlich; vgl. die Zusammenstellung von Ch. Doria: Der Delphin-Reiter, in: J. McIntyre (Hrsg.): Mind in the Waters. A Book to Celebrate the Consciousness of Whales and Dolphins, 1974; dt.: Der Geist in den Wassern. Ein Buch zu Ehren des Bewußtseins der Wale und Delphine, übers. v. R. Kaiser, Frankfurt 1982, 31–51.

47 Bes. für F. E. D. Schleiermacher: Über die Religion. Reden an die Gebildeten unter ihren Verächtern (1799), mit einem Nachwort von C. H. Ratschow, Stuttgart 1969, basierte die gesamte Religion in diesem Gefühl einer unendlichen Weite, einer Einheit mit dem Ewigen.

48 Vgl. W. Schadewaldt: Griechische Sternsagen, Frankfurt 1956, 29–45.

49 Das Symbol von Fisch und Vogel ist bereits im Paläolithikum als Zeichen der Fruchtbarkeit und der Wiedergeburt belegt; vgl. M. Raphael: Wiedergeburtsmagie in der Altsteinzeit. Zur Geschichte der Religion und religiöser Symbole, hrsg. v. Sh. Chesney und I. Hirschfeld, Frankfurt 1979, 166 ff. In späterer Zeit verweist das Symbol des Vogels gern auf die Sonne, – so bereits der Tonwagen von Dupljaja in Jugoslawien um 1400–1300 v. Chr., der, mit Sonnenzeichen versehen, eine plastische Vogelfigur und zwei Vogelprotomen zeigt; vgl. H. Müller-Karpe: Das vorgeschichtliche Europa (1968), Baden-Baden 1979, Abb. 77, S. 106. Das Symbol des Fischmenschen taucht in Gestalt von fischartigen Figuren auf, die vorne die Gestalt eines Menschen haben; a. a. O., Abb. 98, S. 147, entsprechend weiblicherseits den Nereiden der orphischen Mytho-

logie (vgl. J. O. Plassmann: Orpheus. Altgriechische Mysterien, Neudruck mit Nachw. v. F. Graf, Köln 1982, 55–56) bzw. den Nixen und Meerjungfrauen der Märchen. »Dabei erinnern wir uns an den mythischen Oannes, den babylonischen Fischmenschen, von dem Berossos berichtet, er sei in der Urzeit aus dem Wasser gestiegen und habe den Menschen erstmalig die Kultur gebracht.« (A. a. O., 151) Ganz im Sinne der heutigen Biologie erklärte schon Anaximandros an Milet um 570 v. Chr., die Erde sei ursprünglich ganz von Wasser bedeckt gewesen, ehe es zum Teil von der Sonne weggetrocknet wurde. »Die Lebewesen sind im Meer entstanden. Der Mensch hat zuerst Fischgestalt gehabt.« H. Diels: Die Fragmente der Vorsokratiker, nach der von W. Kranz hrsg. 8. Aufl., eingef. v. G. Plambök, Hamburg 1957, 13–14. Vor allem in der Orphik wirkt die Lehre von der Entstehung des Lebens aus dem Meer fort, wie sie Hesiod: Theogonie 240 ff. (W. Marg: Hesiod: Sämtliche Gedichte, Stuttgart 1970, 40 ff.) wiedergibt. Die Vogelverwandlung hat Aristophanes um 400 v. Chr. zum Gegenstand seiner berühmten Komödie ›Die Vögel‹ gemacht. H. J. Newiger (Hrsg.): Aristophanes: Sämtliche Komödien, München 1976, 289–359; V 554 ff. (S. 315–316) erwähnt Aristophanes auch die Verwandlung mancher Götter in Vögel und Tiere: V 693 ff. (S. 322–323) erläutert er die Entstehung der Vögel: Eros sei dem Urei des Erebos entschlüpft und habe mit dem Chaos, »dem mächtigen Vogel«, sich gepaart und die Vögel heraufgeführt; dann erst seien Okeanos, Himmel und Erde und die seligen Götter entstanden. – Die Zusammenstellung von Vogel und Fisch als religiösen Zentralsymbolen findet sich bei den Indianern der nordwestpazifischen Küste Nordamerikas, deren Mythen F. Boas: Indianische Sagen von der nord-pacifischen Küste Amerikas. Sonderabdruck aus den Verhandlungen der Berliner Gesellschaft für Anthropologie, Ethnologie und Urgeschichte 1891–1895, Berlin 1895, gesammelt hat; vgl. bes. die Sage der Tlingit von dem Raben, der die Sonne und den Mond und die Sterne hervorbringt. »Als es aber Tag wurde und die Menschen einander sahen, liefen sie auseinander. Die einen wurden Fische, die anderen Bären und Wölfe, die dritten Vögel.« (A. a. O., 313) Vgl. W. Haberland: Donnervogel und Raubwal. Die indianische Kunst der Nordwestküste Nordamerikas. Katalog der Ausstellung zum 100jährigen Bestehen des Hamburgischen Museums für Völkerkunde, Hamburg 1979, der aufführt, daß der Adler (bzw. der Donnervogel) im Glauben der Indianer ein Auge aus Kristall besitzt und die Blitze am Himmel hervorruft; er kann sein Federgewand auch ablegen und als Mensch agieren; seine Nahrung bilden die Raubwale, die er auf die Berge entführt (a. a. O., 71–72). Bes. die Verwendung entsprechender Masken erlaubte rituell die Verwandlung eines Menschen in einen Bären oder Donnervogel (S. 73). Der Raubwal gilt dabei als »Meeresbär« (S. 81; 128), und es gibt auch den »Grizzly des Meeres«, ein Mischwesen aus Bär und Raubwal (S. 213); auch können sich die Wölfe nach indianischem Glauben in Raubwale verwandeln (S. 115; 118); bekannt ist auch ein Mischwesen, Wasco, das den Körper, den Kopf und den Schwanz eines Wolfes, aber Rückenflossen wie ein Raubwal besitzt (S. 115). – Möglicherweise ist die Angst des 3. Sohnes im Märchen von der ›Kristallkugel‹, speziell in einen »Bären« oder »Wolf« verwandelt zu werden, von solchen Vorstellungen her zu erklären. – Darüber hinaus ist das Symbol von Adler und Walfisch im Grunde identisch mit dem bereits im alten Sumer belegten Bild von Adler und Schlange, die freilich meist als Gegner, nicht, wie im Märchen von der ›Kristallkugel‹, als hilfreiche Antagonisten beschrieben werden. Die Bedeutung aber ist die gleiche: »Solche Vogelwesen vertreten das Firmament, das obere, göttliche, ätherische Reich, genau wie die Schlangen das lebenschenkende, fruchtbarmachende Element der irdischen Gewässer repräsentieren... Der Adler gehört zum Himmelsvater, zum Vater Zeus in der Mythologie der Griechen. Auf der anderen Seite umgeben Schlangen die Göttin Hera, die Gattin des Zeus, Mutter Hera.« »Der Adler vertritt dieses höhere, spirituelle, von der Bindung an die Materie gelöste Prinzip, das sich in den durchsichtig leuchtenden Äther erhebt und zu seinem Geschlecht und Ursprung, den Sternen,... emporsteigt. Auf der anderen Seite ist die Schlange die Lebenskraft in der Sphäre der Lebensmaterie.« H. Zimmer: Myths and Symbols in Indian Art and Civilization, New York 1946; dt.: Indische Mythen und Symbole, übers. v. E. W. Eschmann, Düsseldorf, Köln 1972, 83–86. Der Sieg des Adlers über die Schlange, den die indische Mythologie dem Gott Vishnu bzw. seinem adlergestaltigen »Träger« Garuda zuschreibt, ist kulturgeschichtlich auch ein Bild für den Sieg des Patriarchalismus über das Matriarchat. Entsprechend erzählten die Azteken von einem Adler, der auf einem Nopalkaktus (nochtli) auf einem Stein (tetl) eine Schlange fraß und so das Symbol für den Namen und die Gründung der Aztekenhauptstadt Tenochtitlan schuf. W. Krickeberg: Altmexikanische Kulturen, Berlin 1975, 63. – Sehr sinnreich läßt F. Nietzsche: Also sprach Zarathustra. Ein Buch für alle und keinen (1883–1885), München 1960, S. 20 (1. Teil, Zarathustras Vorrede, 10) seinen Propheten einer weniger triebfeindlichen Menschlichkeit mit den Hilfstieren Adler und Schlange auftreten: »Und siehe! Ein Adler zog in weiten Kreisen durch die Luft, und an ihm hing eine Schlange, nicht einer Beute gleich, sondern einer Freundin: denn sie hielt sich um seinen Hals geringelt.«

50 Vgl. F. Crawford Burkitt: Die Auffassung von dem Bösen Prinzip im manichäischen System und von seiner Übereinstimmung mit dem Christentum (1925), in: G. Widengren (Hrsg.): Der Manichäismus, Darmstadt 1977, 31–36; ins Deutsche übers. v. R. Schmitt; der manichäische Dualismus fußt ganz und gar in den älteren Lehren des Zarathustra sowie gewissen buddhistischen Vorstellungen, die auch das Christentum stark beeinflußt haben; vgl. J. Duchesne-Guillemin: Zoroaster und das Abendland, in: B. Schlerath (Hrsg.): Zarathustra, Darmstadt 1970, 217–252, ins Deutsche übers. v. U. Weisser, bes. S. 242–246.
51 F. M. Dostojewski: Die Brüder Karamasoff (s. o. Anm. 39), 137.
52 A. a. O., 197.
53 A. a. O., 528.
54 Vgl. E. Drewermann: Der goldene Vogel, in diesem Band, S. 74 f.
55 F. M. Dostojewski: Die Brüder Karamasoff, 370.
56 A. a. O., 399–400.
57 A. Dierick: Kirchenfenster von Chartres, aus dem Niederländischen übers. v. B. Pulver, Bern-Stuttgart (Orbis Pictus 24) o. J., Tafel XV: »Es ist kennzeichnend für die Kirchenbilder aus dem 13. Jahrhundert, daß das Bild eines Heiligen oder eines Helden des Alten Bundes nicht selten die Darstellung eines

Kirchenverfolgers oder Sünders zum Fußstück hat.« »Auf diese Weise versteht man auch die Zusammenstellung der Spitzbogenfenster unter der ›Rose de France‹. Unter der großen Gestalt König Davids ... finden wir Saul, der ihm nach dem Leben trachtete ...«

58 Vgl. E. Drewermann: Der Krieg und das Christentum. Von der Ohnmacht und Notwendigkeit des Religiösen, Regensburg 1982, 232–251.

59 Vgl. K. Stern: Flucht vor dem Weib – zur Pathologie des Zeitgeistes, Salzburg 1968, analysiert die angstbeladene ambivalente Einstellung zur Frau u. a. bei Descartes, Schopenhauer, Sartre, Tolstoj und Kierkegaard.

60 Vgl. H. u. G. Böhme: Das Andere der Vernunft. Zur Entwicklung von Rationalitätskonflikten am Beispiel Kants, Frankfurt 1983, die den Prozeß der Naturentfremdung im Werk und Leben Kants nachweisen und vor allem die Verwandlung des »Körpers« zu einem Gegenstand der Physik belegen. Die Furcht vor der »Sinnlichkeit« ist natürlich wesentlich eine Furcht vor der Frau.

61 Vgl. die Betrachtungen, die A. Schopenhauer: Parerga und Paralipomena, 2. Bd., Sämtliche Werke VI, Wiesbaden 1947, Kap. 27, § 362–371, S. 650–663 ›Über die Weiber‹ anstellt.

62 Vgl. P. P. Rohde: S. Kierkegaard in Selbstzeugnissen und Bilddokumenten, aus dem Dänischen übers. v. Th. Dohrenburg, Hamburg 1959, 45–61 (zu der unglückseligen Liebe Kierkegaards zu R. Olsen und deren Hintergründen).

63 Vgl. I. Frenzel: F. Nietzsche in Selbstzeugnissen und Bilddokumenten, Hamburg 1966, 100–106 (zur Beziehung Nietzsches zu Lou A. Salomé).

64 Zu J. P. Sartres Einstellung zu »Liebe« als einer illusionären Spielart des »Sadomasochismus« der »Intersubjektivität« vgl. E. Drewermann: Strukturen des Bösen (s. o. Anm. 34), 3. Bd., 209–213; 253–278.

65 Sehr deutlich ist diese Angst z. B. bei A. de Saint-Exupéry in der Gestalt des »kleinen Prinzen«; vgl. E. Drewermann, I. Neuhaus: Das Eigentliche ist unsichtbar. Der kleine Prinz tiefenpsychologisch gedeutet, Freiburg, Basel, Wien 1984, 65–76; 83–94.

66 Vgl. E. Drewermann: Die Frage nach Maria im religionswissenschaftlichen Horizont. Die scheinbare »Grundlosigkeit« der Mariologie, in: Zeitschrift für Missionswissenschaft und Religionswissenschaft, 66. Jg., April 1982, Heft 2, 96–117.

67 Vgl. zur Kritik an der Einseitigkeit des »Patriarchalismus« E. Drewermann: Der Krieg und das Christentum, (s. o. Anm. 58), 242–251.

68 Schon S. Freud: Hemmung, Symptom und Angst (1926), in: Gesammelte Werke, Bd. XIV, London 1948, 111–205, S. 149 beschrieb die »negative Magie« in der Zwangsneurose in den Abwehrmechanismen des Ungeschehenmachens und des Isolierens von Vorstellung und Affekt. Die »magische Tötung« verdrängt mit der aggressiven Handlung auch den eigentlichen Triebwunsch und präsentiert der Vorstellung nur noch das Ergebnis des ursprünglich Gemeinten, freilich auch dies zumeist unter Verdrängung oder Gegenbesetzung des Affektes: Angst statt Erleichterung!

69 Vgl. J. Lavrin: Fjodor M. Dostojewskij in Selbstzeugnissen und Bilddokumenten, aus dem Engl. übers. v. R.-D. Keil, Hamburg 1963, 8–9. – Offensichtlich ins bedingungslos Positive »frisiert« ist das Bild, das der verdiente

Übersetzer und liebevolle Interpret K. Nötzel: Das Leben Dostojewskis (1925), Neudruck: Osnabrück 1967, 16–17; 24–25 von der »äußerst glücklichen« Kindheit Dostojewskis malt. Die Wahrheit ist, daß Dostojewskis Vater seine Leibeigenen so brutal behandelte, »daß er 1839 von ihnen auf grausamste Weise erschlagen wurde.« (Lavrin: a.a.O., 9).

70 F. M. Dostojewski: Die Brüder Karamasoff, 215.
71 A.a.O., 215.
72 Vgl. E. Drewermann: Der Krieg und das Christentum (s.o. Anm. 58), 126. Anm. 24.
73 Vgl. G. Rey: Das Mutterbild des Priesters. Zur Psychologie des Priesterberufes, Zürich, Einsiedeln, Köln 1969, 114–116 meint, die Bedingung der Priester-Berufswahl liege darin, daß der Vater vor dem Hintergrund der mütterlichen Frömmigkeit als »unpassend« erscheine und der Priester als Vaterersatz gesucht werde. Das ist richtig, aber sehr schwach ausgedrückt, um die Gefühle der Enttäuschung, des ödipalen Hasses, der antithetischen Idealbildung u.a. auf dem Weg der Priester-»Berufung« wiederzugeben.
74 Vgl. S. Freud: Bemerkungen über die Übertragungsliebe (1915), in: Gesammelte Werke, Bd. X, London 1946, 305–321, S. 318 meinte z.B. von der Übertragungsliebe, sie sei »unkluger, unbekümmerter um ihre Konsequenzen, verblendeter in der Schätzung der geliebten Person, als wir einer normalen Verliebtheit gerne zugestehen wollen«.
75 Zur Dynamik der Übertragungsliebe vgl. E. Drewermann: Ehe – tiefenpsychologische Erkenntnisse für Dogmatik und Moraltheologie (1980), in: Psychoanalyse und Moraltheologie, 3 Bde., Mainz 1982–1984, Bd. 2: Wege und Umwege der Liebe, 38–76, S. 43–59.
76 Insofern genügt es nicht, die Psychogenese eines Menschen sich lerntheoretisch im Sinne des bloßen Reiz-Reflex-Schemas als Herausbildung »bedingter Reflexe« vorzustellen. Wenn J. Wolpe: The Practice of Behavior Therapy, London 1969, dt.: Praxis der Verhaltenstherapie, übers. v. U. Allinger u. K. L. Holtz, Bern, Stuttgart, Wien 1972, 29 von der Neurose sagt, sie stelle »dauerhafte, unangepaßte, gelernte Reaktionsgewohnheiten« dar, so wird damit lediglich das Pawlowsche Konzept des »Lernens« auf die Psychopathologie übertragen (S. 18–19), der Eigenanteil, die subjektive »Bedeutungsverleihung« (J. v. Uexküll) aller Gegebenheiten aber methodisch vollkommen vernachlässigt bzw. ganz geleugnet.
77 Vgl. C. G. Jung: Die psychologischen Aspekte des Mutterarchetypus (1939), in: Gesammelte Werke, Bd. IX, 1. Teil, Olten, Freiburg 1976, 89–123.
78 Zum anima-Begriff in der Psychologie C. G. Jungs vgl. E. Drewermann: Strukturen des Bösen (s.o. Anm. 34), 2. Bd. ²(erw.) 1980, 50–51.
79 C. G. Jung: Die Beziehungen zwischen dem Ich und dem Unbewußten (1928), in: Gesammelte Werke, Bd. VII, Olten, Freiburg 1964, 131–264, S. 224 meinte zu Recht von der Gefahr einer jeden Auseinandersetzung mit der anima: »Es ist keine kleine Sache, zwischen einer Tagwelt von erschütterten Idealen und unglaubhaft gewordenen Werten und einer Nachwelt von anscheinend sinnloser Phantastik zu stehen.« Unbedingt bedürfe es der Führung religiöser Bilder, um diese Auseinandersetzung zu bestehen.
80 Vgl. E. Berne: What do you say after you say Hello?, Beverly Hills 1972; dt.:

Was sagen Sie, nachdem Sie »Guten Tag« gesagt haben? Psychologie des menschlichen Verhaltens, übers. v. W. Wagemuth, München 1975, 290–291.
81 Zu den Varianten der Partnerwahl vgl. die ausgezeichneten Darlegungen bei J. G. Lemaire: Le couple: sa vie, sa mort. La structuration du couple humain, Paris 1979; dt.: Leben als Paar. Strukturen, Krisen, therapeutische Hilfen, übers. v. W. Wydler, Olten 1980, 53–67, der vor allem den Zusammenhang der Partnerwahl mit dem Abwehrsystem des Ichs hervorhebt. »Die persönlichen Eigenschaften des Partners sind dazu ausersehen, jene Abwehrmechanismen zu verstärken, die den Weg für die Partialtriebe... versperren müssen.« (A. a. O., 66) Daneben aber – bzw. Hand in Hand damit! – wird oft genug am anderen gerade das geliebt, was in der eigenen Psyche verdrängt geblieben ist und durch die Abwehr dem Bewußtsein dauerhaft entzogen wurde. Vgl. E. Drewermann: Ehe (s. o. Anm. 75), 52–61.
82 Sinngemäß sehr treffend hat K. Gibran: The Prophet, New York 1972, dt.: Der Prophet. Wegweiser zu einem sinnvollen Leben, übers. v. C. Malignon, Olten, Freiburg ^{13}1981, 16–17 diese Wahrheit mit den Worten formuliert:

»Eure Kinder sind nicht *eure* Kinder.

Es sind die Söhne und Töchter *von* des Lebens Verlangen nach sich selber.

Sie kommen durch euch, doch nicht *von* euch;

Und sind sie auch bei euch, so gehören sie euch doch nicht.

Ihr dürft ihnen eure Liebe geben, doch nicht eure Gedanken.

Denn sie haben ihre eigenen Gedanken.

Ihr dürft ihren Leib behausen, doch nicht ihre Seele,

Denn ihre Seele wohnt im Hause von Morgen, das ihr nicht zu betreten vermöget, selbst nicht in euren Träumen.«
83 Vgl. H. Kees: Der Götterglaube im Alten Ägypten, Leipzig 1956; Neudruck: Darmstadt ^{4}1980, 438–439. Die Vorstellung bezieht sich freilich nur auf die Zeugung des göttlichen Kindes, des Pharao; das Bild selbst aber besitzt als Poesie menschlicher Liebe und Wertschätzung an sich eine universale Geltung, ganz so, wie die ägyptische Lehre von der Unsterblichkeit, die zunächst nur die Sonnennatur des Pharao betraf, etwas Gültiges auch über die ewige Natur und Berufung eines jeden Menschen auszusagen vermag.
84 Zur Vorstellung von der Ka-Seele vgl. H. Kees: Totenglauben (s. o. Anm. 15), 44–53. Ka ist für den Ägypter alles, was lebendig ist und lebendig hält; personifiziert ist der Ka der Totengeleiter ins Jenseits.
85 A. a. O., 36–43.
86 Vgl. E. Drewermann: Der goldene Vogel, in diesem Band, S. 373, Anm. 13.
87 Die Osirismythe des Plutarch ist wiedergegeben bei G. Roeder: Urkunden zur Religion des Alten Ägypten, Jena 1914; Neudruck: Düsseldorf, Köln 1978, 15–21; vgl. E. Brunner-Traut: Altägyptische Märchen, Düsseldorf, Köln 1963, 92–93. – Eine vergleichbare hinduistische Mythe erzählt von der Göttin Kali, der dunklen Gemahlin Shivas; vgl. H. Zimmer: Indische Mythen und Symbole (s. o. Anm. 49), 239: »Die Göttin ist der weibliche Partner des Zwei-in-Einem, die treue Gattin, das ideale Eheweib der Hindumythologie... Und doch tritt sie auf den leblosen Leib ihres Geliebten und einzigen Gefährten. Schwarz wie der Tod streckt sie die Zunge aus, um die Welt aufzulecken; ihre Zähne sind grausige Hauer. Aber ihr Leib ist geschmeidig und wunderschön und ihre

Brüste sind prall von Milch.« In dieser Ambivalenz bedeutet sie für ihren Gemahl Shiva nicht nur den Tod, sondern auch das Leben, denn ohne seine Geliebte, seine Shakti, wäre Shiva nur ein Shava, ein Leichnam.

88 Zur Begründung der Hoffnung auf Unsterblichkeit in der Erfahrung von Liebe und Freundschaft vgl. G. Marcel: Entwurf einer Phänomenologie und einer Metaphysik der Hoffnung, in: Philosophie der Hoffnung. Die Überwindung des Nihilismus, übers. v. W. Rüttenauer, Nachw. v. F. Heer, München (List TB. 84) 1964, 71; vgl. E. Drewermann, I. Neuhaus: Das Eigentliche ist unsichtbar (s. o. Anm. 65), 54–58.
89 Zu der klassischen Symbolfolge archetypischer Bilder in vielen Zaubermärchen vgl. E. Drewermann: Tiefenpsychologie und Exegese, (s. o. Anm. 1), 187–200.
90 Vgl. E. Drewermann: Strukturen des Bösen, (s. o. Anm. 34), 1. Bd., 398 (Anhang zur 3. Aufl.).
91 Vgl. C. G. Jung: Theoretische Überlegungen zum Wesen des Psychischen (1946: Der Geist der Psychologie), in: Gesammelte Werke, Bd. VIII, Olten, Freiburg 1967, 187–267, S. 258.
92 Vgl. Hld 4, 12–16; vgl. S. Schott (Übers.): Altägyptische Liebeslieder, Zürich, München ²1950, 26, der die seit dem Neuen Reich geläufige Anrede der Ehefrau als »Schwester« mit »Geliebte« wiedergibt; es ist aber kein Zweifel, daß an vielen Stellen der ägyptischen Liebeslieder nicht die Ehefrau, sondern wirklich die »Geliebte« besungen wird.
93 So diente etwa die ägyptische Pyramide u. a. »dem Aufstieg des Königs zum Himmel«, entsprechend dem Aufstieg der Sonne am Himmel, den die Pyramide versinnbildete; vgl. E. Hornung: Tal der Könige. Die Ruhestätte der Pharaonen, Zürich, München 1982, 34. – Zum »Glasberg« als Symbol des Himmels vgl. E. Siecke: Drachenkämpfe (s. o. Anm. 19), 110.
94 Vgl. R. M. Rilke: Das Stundenbuch (1905), in: Sämtliche Werke, hrsg. v. Rilke-Archiv, 1. Bd., Frankfurt 1955, 388:
»Sie sagen *mein* und nennen das Besitz,
wenn jedes Ding sich schließt, wenn sie sich nahn,
so wie ein abgeschmackter Charlatan
vielleicht die Sonne sein nennt und den Blitz.
So sagen sie: mein Leben, meine Frau,
mein Hund, mein Kind, und wissen doch genau,
daß alles: Leben, Frau und Hund und Kind
fremde Gebilde sind, daran sie blind
mit ihren ausgestreckten Händen stoßen.«
Aber sind wir in der abendländischen Denktradition nicht dazu erzogen, zu sprechen, wie es die Bibel lehrt: »Du sollst nicht begehren nach dem Hause Deines Nächsten: du sollst nicht begehren nach dem Weibe deines Nächsten, nach seinem Sklaven oder seiner Sklavin, nach seinem Rinde oder seinem Esel, nach irgend etwas, was sein ist« (Ex 20, 17)?
95 Es ist nicht ganz falsch, wenn N. und G. O'Neill: Open Marriage, New York 1972; dt.: Die offene Ehe. Konzept für einen neuen Typus der Monogamie, übers. v. E. Linke (Bern, München 1972), Hamburg 1975, 134 schreiben, die romantische Liebe habe sich aus der höfischen Tradition des Mittelalters entwickelt und habe nie die Ehe zum Ziel gehabt. »Troubadours und ihre Damen

(einer oder beide immer mit jemand anders verheiratet) beteten sich an, schwärmten miteinander und voneinander und schwelgten in Umarmungen, die nie in der Befriedigung schnöder Triebe gipfelten.« Aber die Not der »bürgerlichen« Ehe liegt wohl nicht (allein) darin begründet, daß sie ein »ritterliches« Ideal der »Eifersucht« aus jener Zeit übernommen hat, sondern daß sie aus Angst vor den »Trieben« und dementsprechend aus Unfähigkeit zur Unendlichkeit von Gefühl, Phantasie und Poesie die »Wirklichkeit« der »Liebe« trivial, grau und geistlos zurückläßt. Unter diesen Umständen müssen die Träumer, die Märchenerzähler, die »Schamanen«, die Dichter und Heiligen, müssen all die unendlich Liebenden natürlich entweder als gefährliche Ruhestörer oder als hoffnungslose Phantasten gelten.

96 Vgl. S. Freud: Die Traumdeutung (s.o. Anm. 12), 360–361; 365–366, der im Hut ein männliches Genitalsymbol erkannte und das Fortfliegen des Hutes für ein Kastrationssymbol hielt. Das Fortfliegen (mit dem Hut) hielt Freud für ein erektives bzw. koitales Symbol; ders.: Vorlesungen zur Einführung in die Psychoanalyse (1917), in: Gesammelte Werke, Bd. XI, London ^{1}1944, 156–157. Auf die Bisexualität der Symbole hat besonders W. Stekel: Die Sprache des Traumes (s.o. Anm. 12), S. 58–61 hingewiesen.

97 Zu den Flugträumen vgl. P. Federn: Über zwei typische Traumsensationen, in: S. Freud (Hrsg.): Jahrbuch der Psychoanalyse, VI. Bd., Leipzig, Wien 1914, 89–134, S. 128f. Vgl. W. Stekel: Die Sprache des Traumes (s.o. Anm. 12), 186–193.

98 Vgl. C. G. Jung: Psychologie und Religion (1940), in: Gesammelte Werke, Bd. XI, Olten, Freiburg 1963, 1–117, S. 56.

99 L. Baldass: Hieronymus Bosch (s.o. Anm. 21), Abb. 19–23; 65–76 (das Original des Triptychons befindet sich in Madrid, Prado).

100 Vgl. A. Bosman: Hieronymus Bosch, übers. aus dem Holländ. v. E. v. Hollander-Lossow, Berlin, München 1962, Abb. S. 61.

101 Zu dem spiralenförmigen Aufbau der Märchen (und anderer archetypischer Erzählungen) vgl. E. Drewermann: Tiefenpsychologie und Exegese (s.o. Anm. 1), S. 187–200.

102 Vgl. C. G. Jung: Art. »Selbst«, in: Psychologische Typen (1921/1950), in: Gesammelte Werke, Bd. VI, Olten ^{9}(revid.) 1971, 512–513.

103 Vgl. E. Mudrak: Nordische Götter- und Heldensagen, Reutlingen 1961, 15–17.

104 Die Mythe läßt sich rekonstruieren nach der Edda, 2. Bd.: Götterdichtung und Spruchdichtung, übertr. v. F. Genzmer, eingel. u. mit Anm. vers. v. A. Heusler, Düsseldorf, Köln 1963, 36–37 (5. Der Seherin Gesicht, 14.15). – Der germanischen Vorstellung nach sind die Riesen vor den Göttern entstanden und »bevölkern den äußersten Kreis des Eises und Feuers, der Einöden und Felsenwildnisse, das Außenreich Utgard.« E. Nack: Germanien (s.o. Anm. 18), 109. Entsprechend führt der Weg des »dritten Sohnes« offenbar zum Rand der Welt, als er den Riesen begegnet; doch auch von dort ist der »gläserne« Berg (des Himmels) unerreichbar fern. – Der Hut ist eigentlich im Besitz Odins, dessen Gemahlin Freya als die eigentliche Königin vom gläsernen Berge gelten darf (s.o. Anm. 18). Odin wird u.a. dieses Hutes wegen schon von Tacitus mit dem schnellen, geflügelten Gott Mercur gleichgesetzt; beiden Göttern ist gemeinsam, daß sie Totenführer sind (E. Nack: a.a.O., 110–111). Auch dieser

Umstand zeigt, daß die Wunschreise des »dritten Sohnes« im Grunde der alten Jenseitsreise bereits der schamanischen Religionen entspricht.
105 Zu G. W. Hegels Lehre von der »List der Vernunft« vgl. E. Drewermann: Strukturen des Bösen (s. o. Anm. 34), Bd. 3, 104.
106 Es gehört zu der wohltuenden Weisheit der psychotherapeutischen Einstellung, die Mitteilungen des Klienten nicht zu bewerten, zu zensieren oder zu dirigieren, sondern sie durch Verständnis, Güte und Geduld sich zu ihrer organischen Gestalt entfalten zu lassen; vgl. E. Drewermann: Von der Notwendigkeit und Form der Konfrontationstechnik in der gesprächspsychotherapeutischen Beratung, in: Psychoanalyse und Moraltheologie (s. o. Anm. 75), 2. Bd.: 226–290, S. 226–230.
107 Auf klassische Weise hat diese Angst Gestalt gewonnen in der biblischen Erzählung von Tobit und Sara; denn siebenmal ist der jungen Tochter Raguels der Anvertraute in der Brautnacht von dem bösen Geist Asmodi getötet worden. Zur Analyse des Sara-Komplexes vgl. E. Drewermann: Gott heilt – Erfahrungen des Buches ›Tobit‹. Eine psychologische Meditation, in: H. Becker-R. Kaczynski (Hrsg.): Liturgie und Dichtung. Ein interdisziplinäres Kompendium, 2. Bd., St. Ottilien (Eos-Verlag) 1983, 359–404.
108 Für S. Freud: Beiträge zur Psychologie des Liebeslebens (1910), in: Gesammelte Werke, Bd. VIII, London ^{1}1945, 70; 74–76 stellte die »Rettungsphantasie« ein Derivat des Ödipuskomplexes dar: der Sohn wolle eigentlich seine Mutter vor dem Vater retten; das Retten der Mutter bedeute u. a. auch, ihr ein Kind zu schenken bzw. sich selbst zu seinem eigenen Vater zu machen. In der subjektalen Betrachtung der komplexen Psychologie gilt die »Rettung« der über alles geliebten Frau der eigenen anima; vgl. C. G. Jung: Die Beziehungen zwischen dem Ich und dem Unbewußten (s. o. Anm. 79), 207–232. M. a. W.: in der »rettenden« Liebe erlöst der »Held« den eigenen Seelenhintergrund, indem er die Geliebte sich selbst zurückgibt, und sie erlöst ihn, indem sie ihm erlaubt, sich in ihrer Liebe selbst bis in die Tiefe hinein zu entdecken und anzunehmen. Dieser Vorgang ist wechselseitig und wird so erlebt, daß man einander noch einmal eine zweite Jugend, buchstäblich ein neues Leben schenkt, ganz so, als begleitete man einander vom Sandkasten bis zur Jugend und bis zum Erwachsenenalter und durchlebte alle Stadien des Lebens noch einmal gemeinsam, nur diesmal in Wahrheit und ohne Angst.
109 Vgl. C. G. Jung: Die Beziehungen zwischen dem Ich und dem Unbewußten, (s. o. Anm. 108), S. 142–148; E. Drewermann: Psychoanalyse und Moraltheologie (s. o. Anm. 106), 2. Bd., S. 277–286.
110 Th. Mann: Bekenntnisse des Hochstaplers Felix Krull (1954), Frankfurt 1965, 138.
111 A. a. O., 139.
112 In der Praxis herrscht im Falle einer solchen Vaterverzauberung zumeist eine außerordentliche Scheu, jemals offen über den eigenen Vater zu sprechen. In gewissem Sinne ist die Tochter zumeist so sehr mit ihrem Vater identifiziert, daß sie jede Kritik und jeden Vorwurf gegenüber dem Vater im Grunde als gegen sich selbst gerichtet empfindet. Unter dem Eindruck schwerster Angst, die jedoch für gewöhnlich vollkommen verdrängt wurde, muß in jedem Moment der Enttäuschung oder des Ärgers gegenüber dem allmächtig erscheinen-

den Vater ein verzweifelter Versuch unternommen werden, mit künstlichen, oft völlig wirklichkeitsfernen Theorien die unbegreifbaren, willkürlichen, krankhaften oder einfach sinnlosen Handlungsweisen des Vaters trotz allem zu verstehen und zu rechtfertigen; im Endeffekt wird dadurch der zauberische Nimbus von der unangreifbaren Allmacht und Unfehlbarkeit des Vaters aufrecht erhalten, während die Tochter in die unentrinnbare Magie von Abhängigkeiten, Minderwertigkeitsgefühlen und Wiedergutmachungstendenzen aller Art gezwungen wird.

113 Tiefenpsychologisch ist bei dem »Berg« natürlich auch an ein weibliches Symbol zu denken. S. Freud: Vorlesungen zur Einführung in die Psychoanalyse (1917), in: Gesammelte Werke, Bd. XI, London ¹1944, 197: »Was im Traume ein Berg genannt wird, heißt auch in der Anatomie so, nämlich Mons Veneris, Schamberg.« Der »gläserne« Berg erweckt eine Reihe zusätzlicher Verknüpfungen: seine »Glätte«, die ihn ohne künstliche Hilfsmittel »unbesteigbar« macht, darf als ein Bild der Nacktheit gelten, das Motiv des »Emporkletterns« wurde von S. Freud: Die Traumdeutung, II/III 360, zu Recht mit den Erfahrungen des kleinen Kindes am Leib seiner Mutter in Verbindung gebracht; das »Glas« des »Berges« indessen dürfte als ein Bild der »Sprödigkeit« der »Königstochter« zu werten sein, deren Schönheit man wohl aus der Ferne betrachten, aber nicht ohne Schaden »anfassen« darf; der »gläserne Berg« ist somit auch ein Ausdruck gewisser Frigiditätsprobleme, die von dem väterlichen Einfluß erzwungen werden. – Das Leben auf dem »gläsernen Berg« am »Ende der Welt« verrät natürlich auch extreme Gefühle von Stolz und Einsamkeit; vgl. das Gedicht von F. Nietzsche: Aus hohen Bergen, in: Jenseits von Gut und Böse (1885), in: Gesammelte Werke in 11 Bden., Bd. 8, München o. J., 175–177.

114 Vgl. H. E. Richter: Eltern, Kind und Neurose. Psychoanalyse der kindlichen Rolle, Stuttgart 1963, 202–236: »Das Kind als Substitut des idealen Selbst«, der besonders auf den narzißtischen Anteil dieser Kindesliebe hinweist.

115 Vgl. F. Nietzsche: Der Wille zur Macht (1887); das Buch trug den Untertitel: ›Versuch einer Umwertung aller Werte‹; ausgew. und geordnet von P. Gast und E. Förster-Nietzsche, Stuttgart 1964; Nietzsche erkannte in der gesamten christlichen Moralität eine erzwungene Lüge und Heuchelei, eine Umkehrung aller naturgegebenen Werte und Lebensinhalte, die er durch sein Werk zu revidieren suchte.

116 Als Vorlage für Verdis: »Rigoletto« diente dem Librettisten M. Piave das Bühnenstück von V. Hugo: Le Roi s'amuse, das 1832 uraufgeführt, dann aber als versteckter Protest gegen den Hof des »Bürgerkönigs« der Restaurationszeit, gegen den Hof Louis Philippes, verboten wurde. G. Verdi: Rigoletto, Dichtung von F. M. Piave, übers. v. J. Chr. Grünbaum, neu hrsg. v. W. Zentner, Stuttgart 1983.

117 Vgl. S. Freud: Eine psychische Folge des anatomischen Geschlechtsunterschieds (1925), in: Gesammelte Werke, Bd. XIV, London ¹1948, 17–30, S. 27–28.

118 Entsprechend entsteht im Umkreis der (ödipalen) Vaterbindung das Syndrom der »demanding dependency«, einer Abhängigkeit, die sich unter dem Schein von Aktivität und Initiative verbirgt, wie es besonders für das hysterische

Erleben kennzeichnend ist. Vgl. S. Mentzos: Hysterie. Zur Psychodynamik unbewußter Inszenierungen, München 1980. 46–47.
119 R. Tagore: Fireflies; dt.: Leuchtkäfer; übers. v. G. M. Muncker u. A. Haas, Freiburg o. J., 44. – Dementsprechend läge es nahe, auch den Begriff der »Zärtlichkeit« anders zu definieren denn als »zielgehemmte Sexualität«; im Sinne Tagores müßte man wohl sagen, Zärtlichkeit sei »das Suchen der Schönheit der Seele im Schimmer des Leibes«. – Der Blick in den Spiegel hat in der Mythe von Dionysos, dem Sohn von Zeus und Persephone, kennzeichnenderweise gerade die umgekehrte Wirkung: Hera neidete dem Gott die Weltherrschaft, die Zeus ihm geschenkt hatte, und sie hetzte die Titanen auf ihn; doch diese konnten nur durch eine List seiner Herr werden: Sie schenkten ihm einen Spiegel, und als er sich in diesem betrachtete, gewannen sie Kraft über ihn und zerrissen ihn. »Es ist die gleiche Idee, wie in der tiefsinnigen Sage von Narkissos ... Der pessimistische Grundgedanke ist der, daß der menschliche Geist ... zwischen Sinnenglück und Seelenfrieden schwankend, seinem besseren Selbst untreu wird ... Ein dualistischer ... Zug ... Hier setzten denn auch die Erlösungsbestrebungen der Mysterien ein.« J. O. Plassmann: Orpheus (s. a. Anm. 49), 14–15. Besser sollte man vielleicht sagen, daß die unreflektierte Vitalität und naturhafte Einheit, die Dionysos verkörpert, durch den »Spiegel«, durch das Bewußtsein, zerstört wird; im Märchen von der ›Kristallkugel‹ hingegen dient der Blick in den Spiegel gerade umgekehrt der Rückgewinnung der ursprünglichen Schönheit und Unschuld, dem Ende der Verzauberung, der Beseitigung der Unbewußtheit.
120 F. M. Dostojewski: Idiot (1868); dt.: Der Idiot, üb. v. K. Brauner, München 1958, 37.
121 A. a. O., 48; 151.
122 A. a. O., 115.
123 A. a. O., 160–161.
124 A. a. O., 79–80.
125 A. a. O., 151.
126 A. a. O., 161.
127 A. a. O., 165.
128 A. a. O., 385.
129 Vgl. E. Drewermann: Ehe (s. o. Anm. 75), 38–76, S. 43–52; 62–70.
130 Vgl. E. Drewermann: Der tödliche Fortschritt (s. o. Anm. 4), S. 20.
131 E. Hemingway: In our time; dt.: In unserer Zeit, übers. v. A. Horschitz-Horst, Hamburg 1958, 61; 67; 79: »Sie peitschten auf die Beine des Schimmels ein, und er kniete sich hoch. Der Picador drehte die Steigbügel zurecht und zog und wand sich in den Sattel hinauf. Die Eingeweide des Pferdes hingen in einem blauen Klumpen heraus und schwangen hin und her, als es in kurzen Galopp ging, während die Monos es mit Gerten gegen die Beine peitschten. Es galoppierte ruckartig an der Barrena entlang. Es stoppte steifbeinig, und einer der Monos nahm es am Zügel und zwang es vorwärts. Der Picador stieß ihm die Sporen hinein, beugte sich vornüber und schüttelte seine Lanze gegen den Stier. Blut pumpte regelmäßig zwischen den Vorderbeinen des Pferdes hervor.« »Das ganze Töten machte er in einem Anlauf. Der Stier sah ihn haßerfüllt von vorn an. Er zog den Degen aus den Falten der Muleta, visierte mit dersel-

ben Bewegung und rief den Stier an: Toro, Toro! und der Stier griff an, und Villata griff an, und eine Sekunde lang waren sie eins. Villata war eins mit dem Stier, und dann war es vorbei. Villata stand aufrecht da, und das rote Heft des Degens stak vorschriftsmäßig zwischen den Schultern des Stieres. Villata hob die Hand zur Menge empor; der Stier hustete Blut und blickte Villata an, und seine Beine gaben nach.«

132 Hemingway: Der Unbesiegte, in: Men without Women; dt.: Männer ohne Frauen, übers. v. A. Horschitz-Horst, Hamburg 1958, 5–32.

133 Die frühesten Zeugnisse der Stiersymbolik finden sich bereits in den paläolithischen Felsmalereien des Solutréen zwischen 25–18 000 v. Chr. – A. Leroi-Gourhan: Préhistoire de l'art occidental, Paris 1971; dt.: Prähistorische Kunst, übers. v. W. Seipel, Freiburg 1971, 163 weist vor allem auf die enge Assoziation zwischen der Frau und dem Tiersymbol, zwischen dem Töten mit dem Speer und dem Vorgang der Zeugung, auf die Verwandtschaft von Vulva und Wunde hin, worin eine ursprüngliche Einheit von Leben und Tod zum Ausdruck kommen könnte. Die Rinderzüchtung im Neolithikum hat offenbar die Rolle des Stiers als eines Symbols der Fruchtbarkeit und Männlichkeit, des Wassers und des (befruchtenden) Regens bestärkt; J. Mellaart: Çatal Hüyük. A Neolithic Town in Anatolia, London 1967; dt.: Çatal Hüyük. Stadt aus der Steinzeit, übers. v. J. Rehork, Bergisch-Gladbach 1967, 200–208; 237 zeigte, daß die Stiersymbolik immer noch an die Wertschätzung des Jägers anknüpft, aber daß Hörner und Köpfe jetzt eine männliche Symbolbedeutung erhalten. – Auf Kreta dürfte der Stier eine männliche Elementargottheit gewesen sein, die wegen des mächtigen Schüttelns des Kopfes in Zusammenhang mit den häufigen Erdbeben gebracht wurde. »Daher in der minoischen Religion immer wieder das Bemühen, mit Hilfe einer Überwindung des Stieres die jenseitigen Mächte günstig zu stimmen. Für die einstige religiöse Bedeutsamkeit des Stieres spricht sein Auftreten als Weihgeschenk seit dem Neolithikum, für das Bemühen, seine Elementargewalt zu überwinden, aber seine Opferung und das Stierspringen.« F. Schachermeyer: Die minoische Kultur des alten Kreta, Stuttgart 1964, 156. Insbesondere das Stiergehörn galt als Symbol der Heiligkeit schlechthin. Aber: »Während die Kulthörner alle Heiligkeit auf sich zogen, sank der Stier selber vom heiligen Tier immer mehr zum Sinnbild einer ungezügelten und feindlichen Dämonenkraft herab. Diese vermochte man nicht mehr als göttliche Huld zu verstehen, man glaubte sie vielmehr überwinden zu müssen, um daraus noch einigen Nutzen zu ziehen. Darum eignete sich der Stier auch nicht so sehr als göttlicher Begleiter, denn als Opfertier... Von besonderer Bedeutung scheint die Schlachtung des Stieres für den Totenkult gewesen zu sein..., offenbar um die Lebenskräfte des Dahingeschiedenen zu erwecken.« A. a. O., 158. Am ähnlichsten dürfte der heutige Stierkampf dem kretischen Brauch des Stierspringens sein. »Nervenzerreißendes Geschehen, unendlicher Jubel und bluterstarrendes Grauen, das war für diese Menschen (auf Kreta) wohl höchste Festlichkeit.« A. a. O., 138.

134 Vgl. am Beispiel des aztekischen Herzopfers E. Drewermann: Der Krieg und das Christentum (s. a. Anm. 58), S. 316–323.

135 M. Greenwood: Mein indianischer Sommer. Ein Reisebuch, aus dem Schwedischen übers. v. M. Wettergren-Riehle, Gütersloh, Wien, München 1975, 166.

136 A. a. O., 167.

137 Vor allem im Mithras-Kult galt Mithra als Sonnengenius, als Gott des Lichtes, als kosmischer und moralischer Mittler zwischen dem unerkennbaren Gott, »welcher in den ätherischen Sphären herrscht, und dem Menschengeschlecht... Shamash hatte schon in Babylon ähnliche Funktionen, und auch die griechischen Philosophen betrachteten die schimmernde Kugel, welche ihr Licht über uns ausgießt, als das stets gegenwärtige Bild des unsichtbaren Wesens, dessen Dasein nur unsere Vernunft erfaßt.« F. Cumont: Die Mysterien des Mithra. Ein Beitrag zur Religionsgeschichte der römischen Kaiserzeit, dt. Ausg. v. G. Gehrich, 3. verm. u. durchges. Aufl., hrsg. v. K. Latte (1923), Darmstadt ^{5}1981, 116–117. Es ist augenscheinlich, daß die »Kristallkugel« des Grimmschen Märchens an das alte Mythem der Mithrasreligion von der Rettung der Lichtkugel durch die Tötung des »Stieres« der Dunkelheit anknüpft. Die Parallelität des Märchens zur Mithrasreligion bezieht sich dabei auch auf die Hilfe der beiden »Brüder«. Man pflegte Mithra gern zwischen zwei Kindern abzubilden, von denen der eine eine erhobene, der andere eine gesenkte Fackel trug. »Diese beiden Dadaphoren und der stiertötende Heros bildeten eine Trias, und man sah in diesem ›dreifachen Mithra‹ entweder das Tagesgestirn, dessen Aufgang am Morgen der Hahn verkündet, das mittags triumphierend den Zenit überschreitet und abends müde an den Horizont herabsinkt, oder die Sonne, die an Kraft wachsend in das Sternbild des Stieres eintritt und den Frühlingsanfang bezeichnet, deren siegreiche Gluten die Natur im Mittsommer befruchten, und die, schon schwächer geworden, das Zeichen des Skorpions passiert und die Wiederkehr des Winters ankündigt.« A. a. O., 117. Die Überwindung des »Stieres« bedeutet astronomisch mithin den Sommeranfang. Den einen »der beiden Fackelträger« betrachtet man »als das Emblem der Wärme und des Lebens, den anderen als das der Kälte und des Todes«; a. a. O., 118. Auch so lassen sich »Adler« und »Walfisch« (die beide auch Sternbilder des nördlichen Nachthimmels sind!) symbolisch verstehen. – In der Mythe vom Kampf des Mithra gegen den Stier galt das Stierungeheuer als das erste lebende Wesen, das Jupiter-Oromazdes geschaffen hatte. »Diese naive Fabel führt uns in die Anfänge der Kultur selbst zurück. Sie hat nur bei einem Volk von Hirten und Jägern entstehen können, bei dem das Vieh als die Quelle allen Reichtums ein Gegenstand religiöser Verehrung geworden war, und dem der Fang eines wilden Stieres als eine so ehrenvolle Tat galt, daß selbst ein Gott sich nicht zu erniedrigen schien, wenn er zum Büffeljäger wurde.« (A. a. O., 120–121.) Zunächst springt Mithra nur auf den Stier und zähmt ihn, der Sonnengott aber befiehlt Mithra, den Stier zu töten; aus dem Körper des sterbenden Tieres aber entstanden alle heilsamen Kräuter, aus seinem Rückenmark das Getreide, aus seinem Blut der Weinstock, der den heiligen Trank der Mysterien liefert; der Mond sammelt gegen den Widerstand des bösen Geistes den gereinigten Samen des Stieres und erzeugt alle Arten nützlicher Tiere. »So war der stiertötende Heros durch das Opfer, zu dem er sich entschlossen hatte, der Schöpfer aller heilbringenden Wesen geworden, und aus dem Tode, den er herbeigeführt hatte, war neues, reicheres und fruchtbareres Leben geworden.« A. a. O., 123. – Vgl. zu Stierkampf und Mithraskult auch Th. Mann: Bekenntnisse des Hochstaplers Felix Krull (s. o. Anm. 110), 296–297.

138 Zur Geschichte von Theseus und Ariadne sowie von Herakles und dem Stier des Minos vgl. K. Kerényi: Die Mythologie der Griechen (1958), 2 Bde., München 1966, 2. Bd.: Die Heroen-Geschichten, 129–130; 184–188. Ariadne trägt unzweifelhaft gewisse Züge einer Mondgöttin an sich; der Stierkampf, den Theseus zu ihrer Befreiung besteht, ähnelt sehr dem Kampf des »dritten Sohnes« um die »Prinzessin« vom Schloß der goldenen Sonne im Märchen von der ›Kristallkugel‹. Die Beziehung des Märchens zur alten Sonnen- und Mondmythologie ist an dieser Stelle nicht zu übersehen. – Rituell lebt in der Tötung des Stieres zugunsten einer (göttlichen) Frau wohl auch die Vorstellung der Religion der Großen Mutter fort: der Göttermutter Cybele brachte man Stieropfer dar; ihre Priester, die »Galli«, aber brachten ihr das eigene Geschlecht zum blutigen Opfer. Vgl. J. G. Frazer: The golden Bough, 3 Bde., London 1890; 12 Bde., London ³1907–1915; Nachtrag 1936; abgek. Ausg. 1922; danach dt.: Der goldene Zweig. Das Geheimnis von Glauben und Sitten der Völker, übers. v. H. v. Bauer. Leipzig 1928, 509. Vom Stieropfer bei den Erneuerungsriten des »phrygischen Kultus« berichtet Firmicus Maternus: Vom Irrtum der heidnischen Religionen, aus dem Lat. übers. v. A. Müller, in: Frühchristliche Apologeten und Märtyrerakten, 2. Bd., München 1913, S. 205–288, S. 279 (XXVII 4; 8). Auch diese archaischen Elemente der Lebenserneuerung sowie der Überwindung der eigenen Triebhaftigkeit zu Ehren der großen Göttin sind beim Motiv des »Stierkampfes« im Märchen von der ›Kristallkugel‹ deutlich zu erkennen.
139 Zum Motiv der Preisjungfrau vgl. die Beispiele bei E. Drewermann: Strukturen des Bösen (s.o. Anm. 34), 2. Bd., 431–433.
140 So z. B. in der griechischen Sage von Pelops, der um die schöne Hippodameia, die Tochter des Königs Önomaos von Elis, wirbt, aber zuvor den alternden Vater im Wagenrennen besiegen muß; a.a.O., 432.
141 Vgl. Eph 6, 12.
142 So beschreibt F. M. Dostojewski: Der Idiot (s.o. Anm. 120), 217 (2. Teil, 5. Kap.) das Gefühl, das einem epileptischen Anfall des Fürsten Myschkin vorausgeht, »da es inmitten der Traurigkeit, des seelischen Dunkels und der Depressionen in seinem Gehirn für Augenblicke gleichsam aufflammte und alle seine Lebenskräfte sich plötzlich mit einem außerordentlichen Ruck anspannten. Das Empfinden des Lebens und das Selbstbewußtsein verzehnfachten sich fast in diesen Augenblicken, die nur die Dauer eines Blitzes hatten. Verstand und Herz wurden von einem ungewöhnlichen Licht durchdrungen, alle seine Zweifel und alle seine Unruhe schienen sich auf einmal zu besänftigen und in eine höhere Ruhe aufzulösen, die von einer hellen harmonischen Freude und Hoffnung und von der Vernunft und der Erkenntnis der Endursachen erfüllt war ... ›Was folgt denn daraus, daß es eine Krankheit ist?‹ fragte er sich ..., ›wenn der Augenblick dieser Empfindung, im gesunden Zustand betrachtet und ins Gedächtnis zurückgerufen, sich als im höchsten Grade harmonisch und schön erweist und ein bis dahin nie gekanntes Gefühl der Fülle, des Gleichmaßes, der Versöhnung und des begeisterten, an ein Gebet erinnernden Aufgehens in die höchste Synthese des Lebens ergibt‹?«
143 Zum Geheimnis des Vogelfluges und zum Ortsfindungsvermögen der Tauben vgl. K. Schmidt-König: Vogelzug und Vogelorientierung, in: K. Immelmann

(Hrsg.): Verhaltensforschung. Grzimeks Tierleben. Enzyklopädie des Tierreichs. Sonderband »Verhaltensforschung«, Zürich 1974, 182–188. Inzwischen fanden amerikanische Forscher, daß kleine magnetische Teilchen, die sich wie eine Kompaßnadel im Magnetfeld der Erde ausrichten können, den Vögeln helfen, auch bei bedecktem Himmel ihren Weg zu finden. 1979 fand man solche Magnetite unter der Schädeldecke von Tauben, dann auch in der Nakkenmuskulatur (vgl. »Nature«, Bd. 385, S. 99). In Dressurversuchen mit Tauben gelang der Nachweis, daß diese Vögel Magnetfelder von 0,5 Gauß von Magnetfeldern von 0,02 Gauß unterscheiden können, aber nur wenn sie fliegen oder im Laufen flattern. David Presti und J. D. Pettigrew vermuten, daß spindelartige Spannungsdetektoren den Drall registrieren, den die Magnetite erhalten, wenn sie sich im Magnetfeld der Erde ausrichten und die entsprechenden Informationen dann weiterleiten (vgl. *FAZ* vom 30. 7. 80).

144 K. Kerényi: Die Mythologie der Griechen (s. Anm. 138), 1. Bd.: Die Götter- und Menschheitsgeschichten, 88 meint, Zeus sei hier wohl der kretische Himmelsgott in seinem dunkleren Aspekt, als Gott des nächtlichen Himmels, als Sternenkönig. In anderer Version vereinigte Zeus sich mit Europa nicht als Stier, sondern als Adler. Europa selbst dürfte die »Breitgesichtige« bedeuten – ein Synonym für den Vollmond. R. von Ranke-Graves: The Greek Myths, 1955; dt.: Griechische Mythologie. Quellen und Deutung, übers. v. H. Seinfeld, 2 Bde., Hamburg 1960, 1 Bd., 175.

145 K. Kerényi: Die Mythologie der Griechen (s. Anm. 138), 1. Bd., 88–89 sieht in Pasiphaë, der »allen Leutenden«, der Tochter des Helios, eine Mondgöttin. Vgl. R. von Ranke-Graves: Griechische Mythologie (s. Anm. 144), 1. Bd., 269 meint, die Mythe von Pasiphaë und dem Stier verweise auf »eine rituelle Heirat unter einer Eiche zwischen der Mondpriesterin mit Kuhhörnern und dem Minos-König mit einer Stiermaske«.

146 Vgl. E. Drewermann: Gott heilt – Erfahrungen des Buches Tobit (s. o. Anm. 107), S. 388–392.

147 Vgl. E. Drewermann: Schneeweißchen und Rosenrot, in diesem Band, S. 27–29, zur Einheit von Anmut und Würde, von Unschuld und Liebe, von Sanftheit und Leidenschaft, von Bewahrung und Hingabe.

148 Vgl. K. Seligmann: The History of Magic, New York 1948; dt.: Das Weltreich der Magie. 5000 Jahre Geheime Kunst, übers. v. H. Kissling, Nachw. v. G. F. Hartlaub, Wiesbaden o. J., Abb. von Tizian Vecellio: Die Kristallseherin, Paris, Louvre, S. 394.

149 Zur »Kugel« als einem Mandala-Symbol vgl. C. G. Jung: Zur Empirie des Individuationsprozesses (1950), in: Gesammelte Werke, Bd. IX 1, Olten, Freiburg 1976, 311–372, S. 330–333; 334–336; ders.: Über Mandalasymbolik (1938), a. a. O., 375–407, S. 381; 394; 396; 400; 404. Auch das Symbol des Eis ist so zu verstehen; vgl. C. G. Jung: Psychologie und Religion (1940), in: Gesammelte Werke, Bd. XI, Olten, Freiburg 1963, 1–117, 59. – Naturmythologisch wurde der Hut, das Ei bzw. die Kugel (oder der goldene Apfel in anderen Erzählungen) als Bild des Vollmondes gedeutet; E. Siecke: Hermes der Mondgott. Studien zur Aufhellung der Gestalt dieses Gottes, Leipzig 1908, 72 (der Hut Odins als Vollmond, die Tarnkappe als Neumond), 87 (als Adler und Ei).

150 So ist das gängige historische Bild von Bernhard von Clairvaux; vgl. P. Eicher: Gottesfurcht und Menschenverachtung, in: H. v. Stietencron (Hrsg.): Angst und Gewalt. Ihre Präsenz und ihre Bewältigung in den Religionen, Düsseldorf 1979, 111–136, 123–136. Zu weit positiveren Urteilen freilich gelangt J. Leclercq: Nouveau visage de Bernard de Clairvaux. Approches psychohistoriques, Paris 1976.

151 Vgl. F. Nietzsche: Also sprach Zarathustra (s. o. Anm. 49), S. 48 (Von der Nächstenliebe); vgl. F. M. Dostojewski: Die Brüder Karamasoff (s. o. Anm. 39), 73–74 (2. Buch, 4. Kap.).

152 Vgl. P. J. Schmidt: Der Sonnenstein der Azteken; Hamburg 1974 (Wegweiser zur Völkerkunde, Heft 6; im Selbstverlag des Hamburgischen Museums für Völkerkunde). In diesem Sinne ist der »Feuervogel« im Märchen von der ›Kristallkugel‹ das Bild einer »fressenden« Sonne. – Zu dem gesamten Vorstellungskomplex vgl. E. Drewermann: Der Krieg und das Christentum (s. o. Anm. 58), S. 317–320.

153 Zur »Pubertätsaskese« vgl. A. Freud: Das Ich und die Abwehrmechanismen (1936), München (Kindler Tb. 2001) o. J., 119–123, die neben dem (zwangsneurotischen) Wechsel von »Triebverzicht und Triebexzeß« (S. 122) auf die »Intellektualisierung« in der Pubertät hinweist (123–129).

154 Vgl. G. Büchner: Dantons Tod (1835), in: Gesammelte Werke, München o. J., 7–77, S. 27–31 (1. Akt. Ein Zimmer. Robespierre, Danton, Paris).

155 Vgl. L. Szondi: Ich-Analyse. Die Grundlage zur Vereinigung der Tiefenpsychologie. Zweiter, in sich abgeschlossener Band der Triebpathologie, Bern, Stuttgart 1956, 364.

156 Th. Fontane: Effi Briest (1894–1895), in: Werke in vier Bänden, hrsg. v. H. Geiger, Wiesbaden o. J., Bd. 3, 7–255, S. 237–238.

157 A. a. O., 254.

158 Vgl. zum Treue-Begriff E. Drewermann: Von einer besonders tragischen Form des Mißverständnisses in der Ehe – oder: vom Recht auf Scheidung und auf Wiederverheiratung in der katholischen Kirche (1982), in: Psychoanalyse und Moraltheologie (s. o. Anm. 75), Bd. 2, 77–111, S. 77–82.

159 Bes. G. W. Hegel war der Meinung, daß alle Begriffe in ihrer verendlichten Starrheit der Wirklichkeit unrecht täten und in ihrer moralischen Verhärtung zum Inbegriff des Bösen geraten müßten. Vgl. zu Hegels Lehre E. Drewermann: Strukturen des Bösen (s. o. Anm. 34), 3. Bd., 77–78; 85–92.

160 Vgl. M. Buber: Ich und Du (Leipzig 1923, erw. Neudruck: Heidelberg 1958), in: Werke in drei Bänden, 1. Bd.: Schriften zur Philosophie, München 1962, 77–170.

161 Gebäude, Häuser, Behausungen sind häufige Symbole für das weibliche Genitale bzw. für die Frau; S. Freud: Die Traumdeutung (s. o. Anm. 12), II/III 368–370; das Feuer ist ein beliebtes Symbol für die glutheiße, verzehrende Kraft der Liebe; vgl. S. Freud: Zur Gewinnung des Feuers (1932), in: Gesammelte Werke, Bd. XVI, London ^{1}1950, 3–9.

162 Vgl. I. Bachmann: Der gute Gott von Manhattan, München 1958. – Vgl. auch Th. Fontane: Irrungen – Wirrungen (1888), in: Werke (s. o. Anm. 156), Bd. 2, wo es wohl erlaubt ist, Moral zu heucheln, die Liebe zum frivolen Spaß zu erklären und sich nur ja keines wirklich starken Gefühls zu getrauen, doch wo

es geradezu als Frevel schlechthin gelten muß, die Liebe mit dem Einsatz der eigenen Existenz ernst zu nehmen.
163 Das Motiv von dem sich selbst erlösenden Erlöser ist ein klassisches gnostisches Mythem; vgl. H.-Ch. Puech: Der Begriff der Erlösung im Manichäismus (1937), in: G. Widengren (Hrsg.): Der Manichäismus, Darmstadt 1977, 145–213, S. 165–187. Das manichäische System schildert, wie »der Vater der Größe«, um die Dämonen der Finsternis zu bekämpfen, die »Mutter des Lebens« aus sich emaniert, die den »Urmenschen« aus sich projiziert; dieser aber wird von den Dämonen besiegt, so daß der »Vater der Größe« den »Geliebten der Lichter« aus sich entläßt, der wiederum den »großen Architekten« und den »Lebendigen Geist« emaniert. Dieser entreißt den Urmenschen der Finsternis mit Hilfe des Nus, des Geistes. Vgl. H. von Glasenapp: Die nichtchristlichen Religionen, Frankfurt 1957, 239 ff.
164 Vgl. H. von Glasenapp: A. a. O., 115; ders: Der Jainismus. Berlin 1925.
165 Vgl. zu S. Kierkegaards Angst vor der Liebe. E. Drewermann: Strukturen des Bösen (s. o. Anm. 34), 3. Bd., 497–514.
166 Vgl. F. Kafka: Briefe an Milena, hrsg. und mit Nachw. vers. v. W. Haas (New York 1952), Frankfurt 1966, 188–193; verzweifelt fragt Kafka: »Wie kommt es, Milena, daß Du noch immer nicht Angst oder Abscheu vor mir hast oder dergleichen? In was für Tiefen geht Dein Ernst und Deine Kraft!« (A. a. O., 183)
167 V. W. von Hagen: Sonnenkönigreiche. Azteken, Maya, Inka, übers. aus dem Engl. v. M. Berthold, München, Zürich 1962, 172 meint, die Jadeperlen, die die Mayas den Toten in den Mund legten, seien ein »Zehrgeld« gewesen, um im anderen Leben sich eine Mahlzeit kaufen zu können. F. Katz: Precolumbian Civilizations, London 1969; dt.: Vorkolumbianische Kulturen. Die großen Reiche des Alten Amerika, München 1969, 298 meint, bei den Azteken habe das Jadestück zwischen den Lippen des Toten den Sinn gehabt, in der achten Hölle der Totenwelt den wilden Tieren als Nahrung zu dienen. Aber der Jadestein besitzt vor allem eine symbolische Bedeutung. Die Mayas sehen in der Jade ein Zeichen für kostbares Wasser; F. Andres: Das Pantheon der Maya, Graz 1963, 158. In der aztekischen Lyrik ist der Jadestein ein beliebtes Symbol für Kostbarkeit, Reichtum, Schönheit und (relative) Beständigkeit. Vgl. L. Schultze-Jena: Alt-aztekische Gesänge, nach einer in der Biblioteca Nacional von Mexiko aufbewahrten Handschrift übers. u. erl. v. L. Schultze-Jena, nach seinem Tode hrsg. v. G. Kutscher, Stuttgart 1957, XVIII 6; 8; 10; S. 63: »Ganz wie wir Grünedelgestein zerstücken, ganz wie wir ein Bild auslöschen, genau so gehen Alle hin, gehen ins Totenland, an den Ort unserer aller Vernichtung.« »Ja, alsbald weine ich, daß Du, Ipalnemoa, so gleichgültig bist, daß Grünedelstein in Stücke geht, daß Quetzal-Federn knicken. Wir werden irre, o Ihr Ahnen! Kennst Du uns denn nicht? Du verleugnest uns, läßt uns hier zugrundegehen.« »Reich wie Grünedelstein, glänzend wie Quetzal-Federn ist sicherlich Dein Herz, Ipalnemoa. Doch Niemand in Deiner Nähe sagt, daß (wir) erhört werden.« – Ipalnemoa ist »Der, dessen Tätigkeit oder Beruf es ist, daß man durch ihn lebt.« A. a. O., S. XII; er ist identisch mit Tezcatlipoca, dem Gott der materiellen Welt.
168 Vgl. C. Castaneda: Tales of Power, New York 1974; dt.: Der Ring der Kraft,

Frankfurt 1978, 107: »Du lerntest den Ruf des Nachtfalters kennen, spürtest den Goldstaub seiner Flügel, aber vor allem warst du dir in dieser Nacht zum erstenmal bewußt, daß du *sahst*, und dein Körper erfuhr, daß wir leuchtende Wesen sind ..., daß wir ein Gefühl sind und daß das, was wir unseren Körper nennen, ein Bündel leuchtender Fasern ist, die Bewußtsein haben.«

Rapunzel

1 Zum methodischen Wechselspiel von objektaler und subjektaler Deutung vgl. E. Drewermann: Tiefenpsychologie und Exegese, 2 Bde., Olten 1984–85, I. Bd.: Traum, Mythos, Märchen, Sage und Legende, S. 154 ff.
2 Zum Begriff der Deckerinnerung vgl. S. Freud: Über Deckerinnerungen (1899), in: Gesammelte Werke, Bd. I, London 1952, 529–554; E. Drewermann: Tiefenpsychologie und Exegese (s. Anm. I), I 350–374.
3 Zum Begriff des »Familienromans« vgl. S. Freud: Der Familienroman der Neurotiker (1909), in: Gesammelte Werke, Bd. VII, London 1941, 225–231; E. Drewermann: Strukturen des Bösen. Die jahwistische Urgeschichte in exegetischer, psychoanalytischer und philosophischer Sicht, 3 Bde., Paderborn³ (erw.) 1981, 2 Bd., 339–341.
4 Ein erhebliches Problem der psychoanalytischen Literatur, das selten bedacht wird, liegt in dem Umstand, daß die tiefenpsychologische Terminologie den Eindruck erwecken muß, als wenn sich Lebensprobleme durch kalte »Bewußtmachung« und rationale Durchdringung lösen ließen. Vor allem für Patienten, die ohnehin bereits zur Intellektualisierung von Gefühlen neigen, bedeutet die Mehrzahl der psychoanalytischen Schriften geradezu eine Verführung in Richtung dieses Irrglaubens. In Wahrheit stellt die psychoanalytische Theoriebildung nur das Konzentrat von Erfahrungen dar, die allein in einem Feld affektiver Wärme und Zuwendung zustande kommen können. In der Praxis ist die Psychoanalyse gerade keine einseitige Gedankenarbeit, sondern eher das, als was S. Freud sie in einer recht frühen Schrift bereits konzipiert hat: Erinnern, Wiederholen und Durcharbeiten (1914) in: Gesammelte Werke, Bd. X, London 1946, 125–136.
5 Vor allem in der Bibel kommt der Namengebung immer wieder der Wert einer Bedeutungsverleihung zu; so z.B., wenn Adam (der »Mensch«) seine Frau im Paradies der Liebe als Ischscha (»Männin«) bezeichnet (Gen 2, 23), und sie nach dem Sündenfall als Chawwa (»Leben«) bezeichnet (Gen 3, 20); vgl. E. Drewermann: Strukturen des Bösen (s. o. Anm. 3) I 97–99; 399–400. – »Der Name Rapunzel ist übrigens erst durch jenen Übersetzer des 18. Jahrhunderts in die Geschichte gekommen; in der französischen Feengeschichte des Fräuleins de la Force hieß die Heldin noch Persinette ... Sie (die Brüder Grimm, d. V.) haben die Feengeschichte des 17. Jahrhunderts zurückübersetzt in den Stil des Volksmärchens.« M. Lüthi: Es war einmal ... Vom Wesen des Volksmärchens, Göttingen 1962, 89. In einer Fassung aus Malta heißt »Rapunzel« »Petersilchen« (a.a.O., 83).
6 K. Gibran: Al Agniha al-mŭtakassira (1912); dt.: Gebrochene Flügel, übers. v. U. Assaf-Nowack u. S. Yussuf Assaf, Olten 1985, 39.

7 Vor allem zu der tragischen Unvermeidbarkeit von Schuldgefühlen aufgrund der oralen Ambivalenz vgl. E. Drewermann: Strukturen des Bösen (s. o. Anm. 3), II 56–69; 178–202; 594–615.
8 Zu den möglichen Bedeutungen dieses Mythems vgl. E. Drewermann: A. a. O., II 108–115.
9 Zur Kloakentheorie vgl. S. Freud: Drei Abhandlungen zur Sexualtheorie (1905), in: Gesammelte Werke, Bd. V, London 1942, 27–145, S. 87; 96.
10 Vgl. L. Szondi: Lehrbuch der experimentellen Triebdiagnostik, Bd. I: Textband, Bern, Stuttgart ²(völlig umgearb.) 1960, 182, der den Begriff der »Oralität« bei S. Freud mit guten Gründen als »Anklammerungstrieb« deutet. Es ist ein »Drang, mit Mund und Hand an Brust und Leib der Mutter fest und fast unabtrennbar – wie an einem Lebensbaum – zu hängen und sich dort *anzuklammern*, die Mutter und all ihre späteren Ersatzobjekte nur für sich selbst allein für die Ewigkeit zu *sichern*, der Drang, im Schoß der Mutter sich zu verkriechen und diese Schoßgeborgenheit zu verewigen, *der Drang, von der Mutter bedingungslos im Urvertrauen so angenommen zu werden, wie man eben ist,* von ihr in allen Eigenschaften – ob gut oder bös – restlos völlig bestätigt zu werden, der Drang der Liebenden, mit Händen und Mund nach einander zu greifen ... all diese gewaltigen Ansprüche im Menschen werden von der Strebung des Sich-Anklammerns ... begründet.«
11 Vgl. P. Rietschel: Ordnung Fangschrecken, in: Grzimeks Tierleben. Enzyklopädie des Tierreichs in 13 Bden., hrsg. v. B. Grzimek, Bd. 2, Zürich 1970; Neudruck: München 1979, 122–124, der von dem »Kannibalismus« der Fangschrecken meint, er habe zur Folge, »daß mancher männliche Bewerber nicht ans Ziel, sondern in die Fangarme und schließlich in den Magen seiner Auserkorenen gelangt. Selbst während der Paarung beginnt die Gottesanbeterin oft, den Mann vom Kopf her zu verzehren, während dessen Hinterende die Begattung unentwegt fortsetzt. Diese uns widersinnig erscheinende Sitte des Gattenmordes ist im Dienste der Arterhaltung gar nicht so abwegig.« Die Mordgier des Weibchens scheint mit einem erhöhten Eiweißbedarf des Weibchens für die Eiproduktion zusammenzuhängen, bestätigt freilich auch die bittere Erkenntnis, wie gleichgültig im Haushalt der Natur das individuelle Leben gegenüber dem »Egoismus der Gene« ist. Vgl. W. Wickler, U. Seibt: Das Prinzip Eigennutz. Ursachen und Konsequenzen sozialen Verhaltens, Hamburg 1977, 114, die gerade das Töten von Artgenossen als Argument dafür werten, daß die Individuen »die Erhaltung und Ausbreitung ihres eigenen Erbgutes, aber nicht primär die Erhaltung der Art« fördern.
12 Zur thematischen Verwandtschaft der Mythen, Märchen, Sagen und Legenden vgl. E. Drewermann: Tiefenpsychologie und Exegese (s. o. Anm. I), I. Bd., 393–413.
13 Vgl. E. Drewermann: Strukturen des Bösen (s. o. Anm. 3), II 134–135; 346; Abb. 7.
14 Vgl. S. Freud: Einige psychische Folgen des anatomischen Geschlechtsunterschieds (1925), in: Gesammelte Werke, Bd. XIV, London 1948, 17–30, ders.: Über die weibliche Sexualität (1931), in: Gesammelte Werke, Bd. XIV, London 1948, 515–537.
15 So obsolet in vielen Einzelheiten, dürfte E. Siecke: Über die Bedeutung der

Grimmschen Märchen für unser Volksthum, Rede am 15. 3. 1895, Hamburg 1896, 14; 20 im ganzen nicht unrecht haben, wenn er das goldene Haar, das von »unglaublicher Länge«, »vom Himmel bis zur Erde« reicht, mit der Gestalt der Mondgöttin in Verbindung brachte. Ders.: Die Liebesgeschichte des Himmels. Untersuchungen zur indogermanischen Sagenkunde, Straßburg 1892, 13; 101 (Anm. 109); 105–106 (Anm. 128) erinnert vor allem dran, daß auch das Motiv von dem Kind, das nach der Vertreibung der Mutter stets in der Einsamkeit zur Welt kommt, zum klassischen Bestand der Mondmythologie (die Geburt des zunehmenden Mondes am westlichen Abendhimmel) zählt.

16 Vgl. D. H. Klein (Hrsg.): Das große Hausbuch der Heiligen. Namenspatrone, die uns begleiten – Berichte und Legenden, Aschaffenburg 1984, 607–608.

17 E. Siecke: Über die Bedeutung der Grimmschen Märchen (s. o. Anm. 15), 19 bemerkte richtig, »daß die Mondjungfrau in einen Thurm oder in ein verzaubertes Schloß eingesperrt wird, welches der Drache bewacht, bis der Sonnenheld die Jungfrau erlöst, den Thurm sprengt, den Drachen tötet. Außerdem hebe ich noch folgende Bilder hervor: Die Mondverfinsterung wird als Einpacken in einen Kasten, einen Sarg, eine Nuß, als Einhüllen in ein schwarzes Gewand bezeichnet; die Monderneuerung als ein Hervorholen aus dem Behältniß, oder Abziehen des schwarzen Gewandes, unter dem das goldene oder silberne Kleid hervorkommt. Auch als Abziehen einer glänzenden Haut wird die Mondverfinsterung nicht selten bezeichnet.« Desgl. S. 28: »Die zur Zeit des Neumondes verhüllte Mondgöttin wird regelrecht als in einen Kasten oder Sarg oder in eine Nuß, in eine Burg oder einen Thurm eingeschlossen bezeichnet (vgl. Danae).« Danae, die Tochter des Akrisios, des Königs von Argos, wurde von diesem aus Angst vor einem Unheil verkündenden Orakel, es werde ein Sohn seiner Tochter ihm zum Verhängnis werden, in einem unterirdischen Gemach im Palasthof gefangengehalten, zusammen mit ihrer Amme. »Vom himmlischen Licht mußte Danae Abschied nehmen. In Dunkelheit war sie für immer begraben, damit sie keinen Sohn gebäre. Es war indessen der Götterkönig selbst, den es nach dem Danaermädchen verlangte. In goldenen Regen verwandelt, floß Zeus durch das Dach des unterirdischen Gemachs. Die Jungfrau fing ihn auf in ihrem Gewand. Aus dem Regen trat der Herr des Himmels. Das Grab wurde zur Hochzeitskammer. Ein Sohn des Zeus wurde geboren.« K. Kerényi: Die Mythologie der Griechen, 2. Bd.: Die Heroengeschichten, München 1966, 44–45. Doch als Danae ihren Sohn, den Perseus, zur Welt bringt, verstößt sie Akrisios, läßt sie und das Kind in eine Truhe sperren und auf dem Meer aussetzen, bis sie auf Seríphos landet.

18 Zu den goldenen Haaren s. o. Anm. 15. Zum Symbol der Himmelsleiter vgl. E. Drewermann: Strukturen des Bösen (s. o. Anm. 3), II 511; 517.

19 Vgl. E. Siecke: Die Liebesgeschichte des Himmels (s. o. Anm. 15), 9–14, die verschiedenen Bilder für die Zerstörung der Schönheit der Mondgöttin durch die Intrigen eifersüchtiger Mächte des Dunkels.

20 Vgl. E. Siecke: Drachenkämpfe. Untersuchungen zur indogermanischen Sagenkunde, Leipzig 1907, 48, Anm. 4: »Die Blendung oder Blindheit von Mondgottheiten ist ein bekannter Zug, z. B. bei Rijraçva (Rv 1, 116, 16; 117, 17), Isaak, Jacob, Simson, Ödipus, Phineus und dessen Kindern, Teiresias, Erymanthus

u. a. Der Mond, der ja ein Auge des Himmels ist, ist als schwarzer Neumond blind; der Sonnengott kann höchstens bei einer Sonnenfinsternis als blind oder geblendet bezeichnet werden.« – Dieses Zitat zeigt sowohl die ansatzweise Berechtigung der alten mondmythologischen Schule in der Märchendeutung auf, als es zugleich die maßlose Überdehnung dieses Deutungsschemas auf unterschiedslos alle möglichen Gestalten antiker Überlieferung unter Beweis stellt. Simson z. B. ist schon dem Namen nach gewiß ein Sonnenheld, und zur »Blindheit« der Sonne paßt jeder abendliche Sonnenuntergang; vgl. L. Frobenius: Das Zeitalter des Sonnengottes, Berlin 1904, 202; 277; 394.

21 Vgl. E. Siecke: Die Liebesgeschichte des Himmels (s. o. Anm. 15), 3.

22 Zu der »Ganzheitsregel« der Auslegung vgl. E. Drewermann: Tiefenpsychologie und Exegese (s. o. Anm. 1), I 201–204; 379.

23 Richtig sagt R. Geiger: Märchenkunde. Mensch und Schicksal im Spiegel der Grimmschen Märchen, Stuttgart 1982, 216–217; »Ihre (der Zauberin, d. V.) Liebe übersteigt menschliche Pflege und Sorge, die freilassend dem Kinde zugute kommt. Ihre Liebe ist magisch einseitig. Sie erzieht nicht, sie hüllt ein, sie schafft Ergebenheit. Sie bildet ein Traumverharren.« »Sie braucht nicht von vornherein als heimtückisch und böse zu gelten. Gerade daß sie niemals als Hexe, sondern immer nur die Zauberin oder ›die Alte‹ und von Rapunzel ›Frau Gothel‹ benannt wird, was mundartlich Patin bedeutet, läßt uns denken an jene im Dämmer der Geschichte liegenden Zeiten, wo die Muttergottheit für die Menschen einen überragenden Einfluß hatte.« »So sie will, gehört ihr Rapunzel, sie erhält und erfrischt sich an dem jungen Ding; das ist der Zauberin Freude. Rapunzel wird im Turm zu einem Organ der großen alten Mutter.« – Andererseits übergeht Geiger mit diesen richtigen Feststellungen doch vornehm das zentral sexuelle Thema des Konfliktes zwischen Frau Gothel und Rapunzel. Wenn er bereits das Verhältnis von Rapunzels Eltern zueinander sehr treffend als »eine Verführungsgeschichte«, als »ein Miniaturbild eines Sündenfalles« bezeichnet (a. a. O., 215), so müßte er unbedingt auf die »Sünde« der Liebe in dem Märchen von »Rapunzel« zu sprechen kommen und dürfte sich nicht hinter allgemeinen Wendungen wie »die individualisierende Macht« (a. a. O., 217) oder das »menschlich Beseelte« (a. a. O., 217) verstecken. Die wahre Tragödie einer »Rapunzel« entzündet sich, wie beim »Marienkind« (KHM 3), an der Unterdrückung der sexuellen Triebstrebungen durch eine eifersüchtig gehütete Mutterbindung mitsamt den entsprechenden Idealbildungen. Vgl. E. Drewermann: Marienkind, in: Lieb Schwesterlein, laß mich herein, München 1992, S. 57–72.

24 R. M. Rilke: Das Stundenbuch (1905), in: Sämtliche Werke, hrsg. v. Rilke-Archiv, in Verbindung mit R. Sieber-Rilke besorgt durch E. Zinn, 6 Bde., Frankfurt 1955–1966; 1. Bd.: Gedichte, 1. Teil, 1955, 249–366, enthaltend die drei Bücher: Vom mönchischen Leben (1899); Von der Pilgerschaft (1901); Von der Armut und vom Tod (1903), S. 345.

25 Auch das Märchen von ›Schneewittchen‹ (KHM 53) diente der alten Mondmythologie natürlich als ein Bild für den abenteuerlichen Lebensweg des schönen Nachtgestirns. Vgl. E. Siecke: Über die Bedeutung der Grimmschen Märchen (s. o. Anm. 15), 22–25, wobei vor allem das Schlafen in dem gläsernen Sarg eine große Rolle spielte. Wie schwierig es sein kann, selbst bei einem einfachen Märchen die einfachen psychologischen Tatbestände richtig zu erfassen, zeigt

E. Storck: Alte und neue Schöpfung in den Märchen der Brüder Grimm, Bietigheim 1977, 364–369, der in der Stiefmutter »die vom Sündenfall beschattete Welt« und in dem Schneewittchen »die Seinswirklichkeit der himmlischen Welt« erblickt. Rapunzels Gefangenschaft erscheint ihm dementsprechend als das Wirken einer »Geisteshaltung, die den Gesetzen der Menschheits-Entwicklung widerspricht.« (A. a. O., 99) R. Meyer: Die Weisheit der deutschen Volksmärchen, Stuttgart 1969, 218 erkennt in Schneewittchens »Tod« den »inneren Kalender der Seelen«, der »Adventsstimmung der Seele«. Die zwischenmenschliche Problematik und der daraus resultierende innerpsychische Konflikt wird auf diese Weise in einem Netz von mystischen Bedeutsamkeiten von der Erde in den Himmel aufgehoben, aber nicht wirklich durchgearbeitet und gelöst. Eine psychoanalytisch überzeugende Deutung des Märchens bietet J. F. Grant-Duff: Schneewittchen. Eine psychoanalytische Deutung (1934), in: W. Loublin (Hrsg.): Märchenforschung und Tiefenpsychologie, Darmstadt 1975, 88–99, der zu Recht die »Zwerge« als Schneewittchens Brüder deutet bzw. darin den väterlichen Penis (aus Angst verkleinert) wiedererkennt (a. a. O., 97), aber das spezifische Moment der mütterlichen Verführung übergeht.

26 Zur Symbolik des Sündenfalls in tiefenpsychologischer Sicht vgl. E. Drewermann: Strukturen des Bösen (s. o. Anm. 3), II 52–69; 69–152.

27 Zu dem genetischen Hintergrund des Gefühls der »Ausnahme« vgl. S. Freud: Einige Charaktertypen aus der psychoanalytischen Arbeit (1915), in: Gesammelte Werke, Bd. X, London 1946, 364–391, S. 365–370.

28 Dschelal Ad-Din Ar-Rumi, zitiert nach É. Dermenghem: Mohammed in Selbstzeugnissen und Bilddokumenten, übers. aus dem Franz. v. M. Gillod, Hamburg, 1960, 152–153.

29 R. M. Rilke: Advent (1897), in: Sämtliche Werke, Bd. 1 (s. o. Anm. 24), 99–141, S. 103; 104.

30 Auch das »Reh« bzw. Ziege und Widder galten in der alten Mondmythologie selbstredend als Symbole des Mondes, vgl. E. Siecke: Drachenkämpfe. Untersuchungen zur indogermanischen Sagenkunde, Leipzig 1907, 30. Zum Motiv der beiden widersprüchlichen Geschwister vgl. B. Bettelheim: The Uses of Enchantement, New York 1975; dt.: Kinder brauchen Märchen, übers. v. L. Mickel u. B. Weitbrecht, Stuttgart 1977, 88–93, S. 89, der in ›Brüderchen und Schwesterchen‹ zu Recht die »Wahl« verkörpert findet, »ob wir den Impulsen unserer animalischen Natur folgen oder um unseres Menschseins willen unser körperliches Verlangen bezähmen. Die Gestalten sind also konkrete Verkörperungen eines inneren Dialogs, den wir führen, wenn wir uns überlegen, welche Richtung wir einschlagen sollen.« (S. 89).

31 Es geht um das, was A. de Saint-Exupéry in seiner Märchendichtung vom ›Kleinen Prinzen‹ als die Kunst des »Zähmens« in der Freundschaft beschrieb. E. Drewermann – I. Neuhaus: Das Eigentliche ist unsichtbar. Der Kleine Prinz tiefenpsychologisch gedeutet, Freiburg, Basel Wien 1984, 42–49.

32 Es handelt sich um die Rückkehr der eigenen (Stief-)Mutter bzw. um die Aktivierung der von der Mutter übernommenen Überich-Dressate, wie es sich besonders deutlich in dem Grimmschen Märchen vom ›Marienkind‹ (KHM 3) beobachten läßt. Vgl. E. Drewermann: Marienkind (s. o. Anm. 23), 87–96. – Die enge Verwandtschaft zwischen dem Märchen von ›Rapunzel‹ und dem »Marien-

kind« (s. u. Anm. 35) ergibt sich auch »überlieferungsgeschichtlich«: Fr. Schulz erzählte dieses Märchen in seinen kleinen Romanen (Leipzig 1790) 5, 269–88 aus mündlicher Überlieferung, und zwar so, daß eine Hexe einem jungen Mädchen, das sie bei sich hatte, alle Schlüssel anvertraut, ihm *eine* Stube aber verbietet. Als es diese aus Neugier dennoch öffnet, sitzt dahinter die Hexe mit zwei großen Hörnern und wirft zur Strafe das Mädchen in einen hohen Turm, der keine Türe hat. Nach: H. Rölleke (Hrsg.): Brüder Grimm: Kinder und Hausmärchen. Ausgabe letzter Hand mit den Originalanmerkungen der Brüder Grimm, mit einem Anhang sämtlicher, nicht in allen Auflagen veröffentlichten Märchen und Herkunftsnachweisen, 3 Bde., Stuttgart 1980, III 22.
33 Vgl. E. Drewermann: Ehe– tiefenpsychologische Erkenntnisse für Dogmatik und Moraltheologie, in: Psychoanalyse und Moraltheologie, 3 Bde., Mainz 1982–84, 2. Bd.: Wege und Umwege der Liebe, 38–76, S. 61–76.
34 Zur Interpretation der biblischen Schlüsselstelle von Gen 2, 24 vgl. E. Drewermann: Strukturen des Bösen (s. o. Anm. 3), I 400–402.
35 W. A. Mozart: Die Entführung aus dem Serail, Wien 1782. – Es ist insgesamt die Frage, wie man den Turmaufenthalt Rapunzels versteht, denn nur von daher lassen sich die Möglichkeiten des Entkommens kalkulieren. M. Lüthi: Es war einmal. Vom Wesen des Volksmärchens, Göttingen 1962, 83 sieht in der Turmgefangenschaft einen Entwicklungsvorgang und erinnert an die *Rites de passage* mancher Eingeborenenstämme. »Der Mensch«, meint er, »trennt sich nur schwer von seiner ihm gewohnten und vertrauten Daseinsform, er neigt zu krampfhaftem Festhalten dessen, was er hat. Er spürt, daß jedem Fortschreiten ein Streben innewohnt. Jeder Entwicklungsvorgang, jeder Reifungsvorgang verlangt Herzenstapferkeit; loslassen, Abschied zu nehmen braucht Mut«, usw. In der Tat gibt es keine Phase der menschlichen Entwicklung, die mit so vielen Tabus und Schutzriten umkleidet ist wie die Zeit der Sexualreife, und es läßt sich nicht leugnen, daß Vorstellungen dieser Art auch nach Wegfall der entsprechenden soziologischen Vorschriften psychologisch im Gefälle neurotischer Ängste spontan immer wieder erzeugt werden. Insofern handelt es sich in den vergleichbaren Motiven der Märchenerzählungen wohl nicht um historische Erinnerungen an archaische Praktiken der Vergangenheit, sondern die archaische Natur der Märchen entsteht aus ihrem traumnahen Bezug zu den Tiefenschichten der menschlichen Psyche immer wieder von neuem. Alle Vergleiche mit bestimmten Eingeborenenriten können deshalb nicht den Wert soziologischer oder kulturhistorischer Erklärungen für sich beanspruchen, wohl aber liefern sie brauchbare psychologische Modelle zum Verständnis innerseelischer Ängste und deren Verarbeitungsweisen. A. Winterstein: Pubertätsriten der Mädchen (1928), in: W. Laiblin (Hrsg.): Märchenforschung und Tiefenpsychologie, Darmstadt 1975, 56–70, S. 64–67 erinnert insofern zu Recht an die Sitte zahlreicher Eingeborenenstämme, zur Zeit der Pubertät die Mädchen (und die Jungen) von der Familie zu trennen. »Die Tochter soll vom Vater ferngehalten werden; zu diesem Behufe wird sie wieder in den Mutterleib versetzt, als dessen symbolische Darstellungen wohl die Isolierhütten, Käfige, Behälter aus Baumrinde, Hängematten, Erdlöcher zu betrachten sind.« (S. 64) Wenn auch das heranwachsende Mädchen oft zugleich von seiner Mutter getrennt wird (indem es in seiner Gefangenschaft z. B. weder die väterliche Sonne sehen noch die mütterli-

che Erde berühren darf), so scheint doch die »Absonderung vom Vater das Wesentliche zu sein; denn das Exil selber erinnert an den Aufenthalt im Uterus der Mutter und die alte Frau, sozusagen die Beschließerin des Gefängnisses..., die für die Ernährung und Erziehung (auch Züchtigung) der Novize sorgt, ist eine Mutterfigur.« (S. 65) – So richtig diese Feststellungen an sich sind, so wenig wollen sie – gegen M. Lüthi – zu dem Märchen der ›Rapunzel‹ passen. Denn bei dem »Mädchenexil« der Rapunzel handelt es sich nicht darum, den Vater von der Tochter abzulenken – wie wir gesehen haben, geht es vielmehr darum, daß die lebenslängliche Bindung des Kindes an seine Mutter nunmehr in ihrer ganzen Härte offenbar wird und damit in ein neues Stadium tritt. Zutreffend ist indessen der Hinweis von A. Winterstein (a.a.O., 67–70) auf die Verwandtschaft des Märchens von ›Rapunzel‹ mit dem Marienkind (KHM 3), indem der Aufenthalt des Kindes dort im »Himmel« der »Madonna« zusammen mit dem Verbot der 13. Tür ohne Zweifel auf gewisse sexuelle, dort jedoch stärker onanistische Phantasien hinweist; vgl. E. Drewermann: Marienkind (s. o. Anm. 23), 31–38. H. Silberger: Phantasie und Mythos. Jahrbuch für psychoanalytische und psychopathologische Forschungen, II, 2 (Leipzig und Wien 1910), 585f. sah dementsprechend in der »Dreifaltigkeit« hinter der verbotenen Tür des »Marienkindes« eine Berührung des Genitaldreiecks und in den Feuerflammen, die von dem himmlischen Regen gelöscht werden, eine erotische Glut, die durch das väterliche (»himmlische«) Sperma zum Erliegen komme. – Ein verwandtes Problem zwischen Rapunzel und dem Marienkind besteht vor allem in dem Motiv der Sündenbeichte, die A. Winterstein (a.a.O., 70) gleichermaßen mit gewissen Pubertätsriten in Verbindung bringt. Es zeigt sich hier aber zugleich auch der Unterschied, der grundsätzlich zwischen einem religiösen Ritual und analogen Symbolbildungen in den Märchen besteht. Das Ritual der Eingeborenen mag von einer gewissen Weisheit zeugen und zur Lösung eines Problems beitragen, das entwicklungspsychologisch in den Zeiten des Übergangs notwendig angelegt ist; das Verhalten von Frau Gothel aber in dem Märchen von ›Rapunzel‹ löst kein einziges Problem, sondern ist eher dazu angetan, das gesamte Leben des heranwachsenden Mädchens in ein unablässiges, weil prinzipiell unlösbares Problem zu verwandeln. Der neurotische Aspekt der Symbolik *kann* natürlich auch in religiösen Riten vorherrschend sein, er ist es aber sicherlich dort, wo Märchen nicht sowohl die Weisheit der Seele, als die angstgetriebene Grausamkeit von Menschen schildern wollen.

36 In diesem Sinne bleibt die Lüge stets die Waffe der Wehrlosen; vgl. E. Drewermann: Ein Plädoyer für die Lüge oder: Vom Unvermögen zur Wahrheit, in: Psychoanalyse und Moraltheologie (s. o. Anm. 33), 3. Bd.: An den Grenzen des Lebens, 199–236, S. 204–215. Noch einmal ist hier der Vergleich zu dem Marienkind lehrreich; denn während das Problem des Marienkindes darin besteht, daß sich ein Leben nach der Entdeckung der »Schuld« in eine ständige Lüge verwandelt, muß umgekehrt Rapunzel ständig lügen, um nicht entdeckt zu werden.

37 Das Bild entspricht dabei jedoch nicht nur der Redewendung: »Der Zopf (bzw. der »Bart«) ist ab«, wie z.B. in dem Märchen von ›Schneeweißchen und Rosenrot‹ (KHM 161); vgl. E. Drewermann: Schneeweißchen und Rosenrot, in diesem Band, S. 48–50. Vor allem liegt darin ein totaler Akt der Strafe im Sinne von

Ächtung und Ausstoßung. Demgemäß wurde und wird das Haarescheren mit Vorliebe als Akt öffentlicher Demütigung gegenüber den »Schändlingen« und »Schädlingen« »des« »Volkes« geübt: Homosexuelle, Verräter, Dirnen, Überläufer – alles »Gemeine« konnte noch »gemeiner« gemacht werden durch das Abschneiden des natürlichen Schmuckes der Haare. Die französische Schriftstellerin M. Duras: Hiroshima mon amour, Paris 1960; dt.: Hiroshima mon amour, übers. v. W. M. Guggenheimer, Frankfurt 1973, 13; 58–71 hat in ergreifender Weise das Erleben einer Frau in Nevers geschildert, die gegen Kriegsende – sie war damals 20 Jahre alt – das Verbrechen beging, als Französin einen deutschen Soldaten zu lieben, und die man dafür tagelang in einen Keller einsperrte, damit sie »vernünftig« werde; am »Tag der Befreiung« war es, daß man ihr als einer Hexe die Haare abschnitt. »Ich«, sagt sie erschöpft, »habe die Ehre, entehrt worden zu sein. Mit dem Rasiermesser überm Kopf hat man von der Begriffsstutzigkeit einen ganz außergewöhnlichen Begriff.« (S. 69).

38 Es handelt sich exakt um das, was A. de Saint-Exupéry in seinem Märchen ›Der kleine Prinz‹ als »Menschenwüste« beschrieben hat – ein »Land« ohne Gefühl und Wärme, ohne Menschlichkeit und Inhalt, ein »Land« ohne die Magie der Liebe. Vgl. E. Drewermann, I. Neuhaus: Das Eigentliche ist unsichtbar (s. o. Anm. 31), 42–47.

39 Zur Entstehung des Schuldgefühls als einer Form von verinnerlichter Gewalt vgl. die Darstellung der Theorie S. Freuds bei E. Drewermann: Strukturen des Bösen (s. o. Anm. 3), II 178–202.

40 Die Praxis der Tonsur als einer Auszeichnung der Kleriker begann im 4.–5. Jh. in Anlehnung an das Nasiräergelübde (Apg 18, 18; 21, 24), indem in der morgenländischen Kirche der ganze Kopf kahl geschoren wurde, während in der abendländischen Kirche ein Haarkranz stehen blieb. Später richtete sich die Größe der Tonsur nach dem Rang, wobei auf merkwürdige Weise der äußere Akt der Demut mit der Erlangung »geistlicher Würden« verschmolzen wurde. Das »Privileg« der Tonsur war natürlich identisch mit dem Verbot der Liebe, die, entsprechend den Gebeten des Pontificale Romanum, fortan einzig Christus zu gelten hatte – der leere Haarkranz als Abbild der Dornenkrone Christi. Infolgedessen bestimmte das Konzil von Trient, es müsse der Tonsurant zu der Hoffnung berechtigen, daß er dem geistlichen Stand treu bleibe, d. h.: daß er den Willen habe, Priester zu werden. Psychoanalytisch und verhaltenspsychologisch wird man an das *Haareausreißen* in Augenblicken leidenschaftlicher Erregung von Trauer, Schmerz und Zorn denken müssen. Als *neurotisches Symptom* ist das Haareausreißen meist ein Hinweis auf »eine auffällige Koppelung von verdrängten Wutimpulsen oder Aggressionsbereitschaften einerseits und sehr intensiven Zärtlichkeits- und Anlehnungsbedürfnissen andererseits.« Vergleiche A. Dührssen: Psychogene Erkrankungen bei Kindern und Jugendlichen. Eine Einführung in die allgemeine und spezielle Neurosenlehre, Göttingen 1954, 183.

41 Zum Begriff der »Drehbühne« zwischen »Vorder-« und »Hintergänger« vgl. L. Szondi: Lehrbuch der experimentellen Triebdiagnostik, Bd. 1: Textband, Bern, Stuttgart ²(völlig umgearb.) 1960, 103 ff., am Beispiel des epileptiformen Triebfaktors (Kain und Abel).

42 A. Miller: Death of a Salesman. Certain Private Conversations in Two Acts and a Requiem, New York 1949; dt.: Der Tod eines Handlungsreisenden, übers. v.

K. Janecke; in: Hexenjagd. Der Tod eines Handlungsreisenden, Frankfurt 99f. hat in seinem berühmten Theaterstück die Obsessionen eines derart entfremdeten Lebens in der Person von Willy Loman geschildert, der sich und seine Söhne nur mit vorgefertigten Phrasen über das vermeintliche Glück eines materiell erfolgreichen Lebens vollzustopfen weiß, während er selbst in Wahrheit ein völlig gescheiterter, innerlich hohler Mensch geworden ist, der nur noch den Tod vor Augen sieht.

43 F. Mowat: Die Völker der Arktis, in: E. Evans-Pritchard (Hrsg.): Peoples of the World; vol. 5: Islands of the Atlantic including the Caribbean; vol. 16: The Arctic; dt.: Bild der Völker. Die Brockhaus Völkerkunde in 10 Bden., Bd. 3: Westindien, Atlantische Inseln und Arktis, übers. v. M. Auer und V. Matyssek, Wiesbaden 1974, Teil 2, 144–149, 146–147 schildert, wie vor allem die Inland-Eskimos von Pocken, Grippe, Diphterie, Kinderlähmung und Tuberkulose ausgelöscht wurden, ganz abgesehen von der Ausrottung der lebenswichtigen Karibus sowie dem katastrophalen Wechsel der Lebensweise vom bloßen Wildbeutertum auf die Pelztierjagd mit der Konsequenz, daß nach dem Sturz der Handelspreise für Felle in Europa die Eskimos vor dem Ruin standen. 1958 hatte jeder achte der überlebenden kanadischen Eskimos die Tuberkulose gehabt. »Die Lebenserwartung betrug damals etwas mehr als 24 Jahre. Die Säuglingssterblichkeit lag bei über 260 auf 1000 Geburten.« (A. a. O., 149)

44 Zur Interpretation des ›Rotkäppchens‹ (KHM 26) vgl. E. Fromm: The Forgotten Language. An Introduction to the Understanding of Dreams, Fairy Tales and Myths, 1951; dt.: Märchen, Mythen, Träume. Eine Einführung in das Verständnis einer vergessenen Sprache, übers. v. L. u. E. Mickel, in: E. Fromm: Gesamtausgabe in 10 Bden., hrsg. v. R. Funk, Bd. IX: Sozialistischer Humanismus und Humanistische Ethik, Stuttgart 1981, 169–309, S. 295–297, der in dem ›Rotkäppchen‹ »ein Symbol der Menstruation« sieht, durch welches das Mädchen zum ersten Mal mit seiner Sexualität konfrontiert wird. Der Wolf verkörpert für Fromm den Mann als ein »rücksichtsloses, listiges Tier«, während »der Geschlechtsakt als kannibalistische Handlung geschildert« werde. Andererseits werde der Mann lächerlich gemacht, indem »der Wolf« wie eine Frau versuche, »die Rolle einer schwangeren Frau zu spielen, die lebendige Wesen in ihrem Leib hat.« In Wahrheit gehe der »Wolf« indessen an seiner eigenen Unfruchtbarkeit (den »Wackersteinen«) zugrunde. Fromm sieht in dem Märchen daher eine »Geschichte vom Triumph Männer hassender Frauen ... das genaue Gegenteil des Ödipusmythos«. (S. 297) Gänzlich unberücksichtigt bleibt bei Fromm die wichtige Notiz des Märchens, daß der »Wolf« die Kleider der Großmutter anzieht, ehe er das »Rotkäppchen« verschlingt. Der »Wolf« ist bei näherer Betrachtung nicht einfach der »Mann«, sondern er verkörpert eher die innere Ambivalenz gegenüber der Sexualität, die einmal als versucherisches Raubtier erscheint, das, entgegen dem mütterlichen Verbot, das Mädchen zu seinem »Abweg« in den »Wald« verführt, und die andererseits das Überich (die »Großmutter«) in ein verschlingendes Ungeheuer verwandelt. Nicht der »Mann«, auch nicht die Sexualität, sondern erst die »Gewissensbisse« für das »Blumenpflücken« haben eine verschlingende Qualität für das »Rotkäppchen«.

45 W. Shakespeare: The Taming of the Shrew (ca. 1591–94); dt.: Der Widerspen-

stigen Zähmung, übers. v. W. Graf Baudissin, in: W. Shakespeare: Sämtliche Werke in einem Band, Wiesbaden o.J., 235–255, S. 243 (II. Akt, 1. Szene).

46 Texte dieser Art sind entsprechend der »Zeitrafferregel« auszulegen; vgl. E. Drewermann: Tiefenpsychologie und Exegese (s.o. Anm. 1), I 218–230.

47 Das führt dazu, die Liebe stets wie etwas Gefährliches zu fliehen. – In seinem berühmten Trivialroman hat J. Knittel: Via Mala (1934), Stuttgart 1985, 528 ff. (3. Buch, XI. Kap.) ein monumentales Drama von Vatermord und Mutterbindung in der Gestalt der schönen Silvelie Lauretz geschildert, die vor der Liebe des Untersuchungsrichters Andy von Richenau, so sehr sie sich auch nach ihm sehnt, eine Zeitlang förmlich auf der Hut sein muß, damit ihre Familie nicht der Tötung an den tyrannischen Jonas Lauretz überführt wird, dessen Gestalt auch nach seinem Tod wie ein dämonischer Schatten über allen Beteiligten liegt. Es ist, als wenn die Flucht vor der Liebe immer wieder dem Gefühl einer tödlichen (ödipalen) Schuld entspringen würde. Der Regisseur T. Toelle hat 1985 nach dem Drehbuch von J. Graeser aus dem Stoff der Buchvorlage einen meisterhaften dreiteiligen Film gedreht (mit M. Adorf u. M. Detmers in den Hauptrollen), der, im Unterschied zu J. Knittels Happy End, eine vollendete Tragödie beschreibt, indem die Aufklärung der Schuld selbst in die Katastrophe führt und die Liebe unter der Last fremder (unbewußter) Vergehen zugrunde geht.

48 Die »Kinder« symbolisieren in Träumen, Mythen, Märchen und Sagen oft Teile der eigenen Persönlichkeit. Vgl. C. G. Jung, K. Kerényi: Das göttliche Kind in mythologischer und psychologischer Beleuchtung, Amsterdam, Leipzig (Albae Vigiliae, VI–VII) 1940. Zwillingskinder sind oft ein Hinweis auf die Zwiespältigkeit des eigenen Wesens.

49 Vgl. am Beispiel der apokalyptischen Visionen E. Drewermann: Tiefenpsychologie und Exegese (s.o. Anm. 1), II, 477–485.

50 W. Shakespeare: The Tragedy of King Lear, 1606; dt.: König Lear, übers. v. W. Graf Baudissin, in: W. Shakespeare: Sämtliche Werke in einem Band, Wiesbaden o.J., 731–756, S. 743–44, (Akt III, Szene II; Szene IV).

51 Zur Interpretation von ›Dornröschen‹ (KHM 50) vgl. L. J. Friedman: Dornröschens Erweckung (1963), in: W. Laiblin (Hrsg.): Märchenforschung und Tiefenpsychologie, Darmstadt 1975, 408–409; M. Lüthi: Es war einmal... Vom Wesen des Volksmärchens, Göttingen 1962, 5–18.

52 R. Tagore: The Gardener (ca. 1910), aus dem Engl. übers. v. G. M. Muncker u. A. Haas, Freiburg 1969, Nr. 35, S. 45.

53 Vgl. L. J. Milne, M. Milne: The Mountains, New York 1962; dt.: Die Berge. Eingef. v. G. Niethammer; übers. v. M. Auer, Hamburg 1975, 93.

54 K. Gibran: Gebrochene Flügel (s.o. Anm. 6), 24.

55 Zu Platons Lehre von der »Erinnerung« vgl. N. Hartmann: Das Problem des Apriorismus in der platonischen Philosophie, Sitzungsberichte der Berliner Akademie 1935. Vgl. Platon: Menon (ca. 380 v.Chr.), übers. v. F. Schleiermacher, in: Platon: Sämtliche Werke in 7 Bden., hrsg. v. W. J. Otto, E. Grassi, G. Plamböck, Bd. 2, Hamburg (rk 14) 1957, 7–42, S. 21–28 (Stephanus-Numerierung 80 e–86 c).

56 K. Gibran: The Prophet, New York 1972; dt.: Der Prophet. Wegweiser zu einem sinnvollen Leben, übers. v. C. Malignon, Olten [14]1982, 44.

57 A.a.O., 14–15.

Der Herr Gevatter

1 Vgl. z. B. R. Stalmann: Psychosomatik. Wenn die Seele leidet, wird der Körper krank. Ein Therapeut erklärt Fälle aus der Praxis, München 1979; Neudruck (erw.), Frankfurt 1984.
2 I. S. Turgenjew: Väter und Söhne, in: Romane, Stuttgart o. J., 299–492, übers. v. M. von der Ropp, S. 319–321 (Kap. 5); S. 329 (Kap. 7); S. 345–347 (Kap. 10); S. 486–487 (Kap. 27); bes. S. 315–316 (Kap. 5).
3 Vgl. E. Drewermann: Über die Unsterblichkeit der Tiere. Hoffnung für die leidende Kreatur. Mit einem Geleitwort von Luise Rinser, Olten, Freiburg 1990.
4 R. M. Rilke: Das Stundenbuch, III: Das Buch von der Armut und vom Tode (1903), in: Sämtliche Werke, hrsg. vom Rilke-Archiv, bes. durch E. Zinn, 1. Bd., Frankfurt 1955, 347.
5 Vgl. K. Kerényi: Dionysos. Urbild des unzerstörbaren Lebens, München, Wien 1976, 58–70.
6 Vgl. J. G. Frazer: Der Goldene Zweig. Das Geheimnis von Glauben und Sitten der Völker, übers. v. H. v. Bauer, Leipzig, Stuttgart 1928, 550–559.
7 Vgl. Schwarzer Hirsch: Ich rufe mein Volk. Leben, Visionen und Vermächtnis des letzten großen Sehers der Ogalalla-Sioux, übers. v. S. Lang, Olten, Freiburg 1965, 30–54.
8 Vgl. C. A. Eastman: Ohijesa. Jugenderinnerungen eines Siouxindianers, übers. v. E. Friedrich (1912), Frankfurt 1976, 110 f.; vgl. E. Drewermann: Tiefenpsychologie und Exegese, 2 Bde., Olten, Freiburg 1985, II 90.
9 Vgl. K. Kerényi: Der göttliche Arzt. Studien über Asklepios und seine Kultstätten, Darmstadt 1956, 31; vgl. E. Drewermann: Tiefenpsychologie und Exegese, II 174–188.
10 K. Kerényi: A. a. O., 36–39.
11 A. a. O., 39.
12 C. Castaneda: Eine andere Wirklichkeit. Neue Gespräche mit Don Juan, übers. v. N. Lindquist, Frankfurt 1975, 128.
13 A. a. O., 129.
14 Vgl. E. Drewermann: Ein Plädoyer für die Lüge oder: Vom Unvermögen zur Wahrheit, in: Psychoanalyse und Moraltheologie, 3 Bde., Mainz 1982–84, III 199–236.
15 A. Philipe: Nur einen Seufzer lang, übers. v. M. Bormann, Hamburg 1969, 47–50.
16 A. Camus: Die Pest, übers. v. G. C. Meister, Hamburg 1950, 122.
17 Vgl. S. Freud: Über den Traum (1901), in: Gesammelte Werke, Bd. II–III, London 1942, 643–700, S. 674.
18 C. Derrick: Die mexikanische Seele in einer Deutung von Octavio Paz, in: Bilder der Völker. Die Brockhaus Völkerkunde in 10 Bdn., hrsg. v. E. Evans-Pritchard, Bd. 4, Teil 2, Wiesbaden 1974, S. 149–166. Vgl. O. Paz: Das Labyrinth der Einsamkeit, übers. v. C. Heupel, Frankfurt 1988, 32; 56; 60; 62; 63.
19 K. A. Nowotny: Codex Borgia, Faksimile-Ausgabe, Graz 1976.
20 Vgl. E. Seler: Codex Borgia. Eine altmexikanische Bilderschrift der Bibliothek

der Congregatio de Propaganda Fide, 2 Bde., Berlin 1904–1906; Bd. II, Nr. 20, S. 56; K. A. Nowotny: A. a. O., 19; 32.
21 Vgl. G. W. F. Hegel: Wissenschaft der Logik (1812), hrsg. von G. Lasson, 2 Bde., Hamburg 1963, I 66–95, Erstes Buch, 1. Abschn., 1. Kap.
22 K. A. Nowotny: Tlacuilolli. Die mexikanischen Bilderhandschriften, Berlin 1961, S. 37.
23 E. Seler: Codex Borgia, s. o. Anm. 20, Bd. II 166.
24 A. a. O., Bd. I 88.
25 A. a. O., I 88.
26 K. A. Nowotny: Tlacuilolli, s. o. Anm. 22, S. 37.
27 B. Spranz: Göttergestalten in den mexikanischen Bilderhandschriften der Codex Borgia-Gruppe. Eine ikonographische Untersuchung, Wiesbaden 1964, 216.
28 A. a. O.
29 K. A. Nowotny: Tlacuilolli, s. o. Anm. 22, S. 37.
30 E. Seler: Codex Borgia, s. o. Anm. 20, II 167.
31 A. a. O., II 167.
32 A. a. O., II 168.
33 A. a. O., I 88.
34 K. A. Nowotny: Tlacuilolli, s. o. Anm. 22, 37.
35 Zur Gestalt des Gottes Quetzalcoatl vgl. H. Biedermann: Altmexikos heilige Bücher, Graz 1971, 112; zu Ezechiel vgl. G. v. Rad: Theologie des Alten Testaments, 2 Bde., München 1960, II 248–251.
36 »Rollende Bewegung« ist der Name des gegenwärtigen 4. Weltalters im aztekischen Kalender; vgl. P. J. Schmidt: Der Sonnenstein der Azteken, Hamburg (Wegweiser der Völkerkunde, Heft 6), S. 9–11.
37 Vgl. schon S. Freud: Vorlesungen zur Einführung in die Psychoanalyse (1918), in: Gesammelte Werke, Bd. XI, London 1944, 167, der in dem Rauchfangkehrer ein koitales Symbol erkannte. Im Volksmund ist ein »Feger« entweder ein flottes Mädchen oder ein junger Mann, beide jeweils mit eindeutiger Assoziation. Der »Besen« ist eine oft gebrauchte verächtliche Bezeichnung für eine Frau und repräsentiert auch hier die »Magd«, während die »Schippe« eine deutlich phallisch-männliche Bedeutung annimmt.
38 Vgl. A. Camus: Der Mythos von Sisyphos. Ein Versuch über das Absurde, mit einem Komm. v. L. Richter, Hamburg 1959, 18–19.
39 Vgl. F. Goya: Riña a garrotazos, Museo del Prado, Madrid. Vgl. ähnliche Motive bei P. Lecaldano: Goya. Die Schrecken des Krieges, übers. v. U. Knöller-Seyfarth, Vorw. v. R. Hagelstange, München 1976, 59–67.
40 Vgl. z. B. A. Strindberg: Der Totentanz, übers. v. E. Schering, Berlin, München 1904. H. Faust: Dödsdansen: in: Kindlers Literatur Lexikon, Zürich 1982, II 2786–2787, schreibt zu Recht: »Alice und Edgar sind nicht mehr ›echte‹ Menschen aus Fleisch und Blut: sie existieren nur um des Hasses willen, den sie füreinander empfinden; nähme man ihnen diesen Haß oder risse man sie auseinander, würden sie ins Nichts stürzen.«
41 N. Stone: Späte Liebe, ZDF 1990.
42 Vgl. S. Freud: Die Traumdeutung (1900), in: Gesammelte Werke, Bd. II–III, 291–292; 368–370; 372–376.

43 Vgl. J. von Tepl: Der Ackermann aus Böhmen (1401), übers. v. F. Genzmer, Stuttgart 1963, 43; 44–45.
44 K. Kölbl's Kräuterfibel, 18. Aufl. München 1961, 179–180.
45 W. Shakespeare: Hamlet (1603), in: Sämtliche Werke in einem Band, übers. v. A. W. Schlegel, Wiesbaden o. J., 801–830, 826.
46 Vgl. B. Spranz: s. o. Anm. 27, S. 180.
47 Vgl. H. Lüders (Übers.): Buddhistische Märchen aus dem alten Indien, Düsseldorf, Köln 1961, 333–337: Der freigebige Hase.
48 Vgl. E. Drewermann: Ich steige hinab in die Barke der Sonne. Altägyptische Meditationen zu Tod und Auferstehung in bezug auf Joh 20/21, Olten, Freiburg 1989, 127–129; E. Dondelinger: Papyrus Ani, Graz 1978, 48–54, S. 53.
49 E. Dondelinger: A. a. O., 53.
50 E. Drewermann: Ich steige hinab in die Barke der Sonne, s. o. Anm. 48, S. 128–129.
51 G. Heinz-Mohr: Lexikon der Symbolik. Bilder und Zeichen der christlichen Kunst, Köln 1971, 54–55.
52 A. a. O.
53 P. Herrmann: Deutsche Mythologie in gemeinverständlicher Darstellung, Stuttgart o. J., S. 328.
54 E. Wiechert: Das einfache Leben, Wien, München, Basel 1946, bes. Kap. 12, S. 292–321.
55 E. Wiechert: Missa sine nomine, Erlenbach, Zürich 1950.
56 G. Langczkowski (Hrsg.): Früh-welkende Blumen. Aztekische Gesänge, Freiburg 1983, 86–87.

Der Gevatter Tod

1 L. Bechstein: Sämtliche Märchen (1857), Zürich 1974, 79–83.
2 U. Bubenheim: Gevatter Tod. Gott und Tod in einem religionskritischen Märchen, in: J. Janning u. a. (Hrsg.): Gott im Märchen, Kassel 1982, 76–91, S. 83.
3 A. o. O., 83.
4 Zu der Methode der »Komplettierung« des Materials sowie zu dem Problem der Überlieferungsvarianten vgl. E. Drewermann: Tiefenpsychologie und Exegese, 2 Bde., Olten, Freiburg 1984, I 183–184; 359–361.
5 L. Bechstein, s. o. Anm. 1, S. 80.
6 Zitiert nach U. Bubenheim, s. o. Anm. 2, S. 84.
7 A. a. O., 86.
8 Gegen die sonst ausgezeichneten Ausführungen von U. Bubenheim, a. a. O., 82.
9 Vgl. E. Drewermann: Der tödliche Fortschritt. Von der Zerstörung der Erde und des Menschen im Erbe des Christentums, 6., erw. Aufl., Regensburg 1990, 10–14; 47–50.
10 A. a. O., 10.
11 G. Büchner: Der Hessische Landbote (1834) in: Gesammelte Werke, hrsg. v. H. Honold, München o. J., S. 167–181, S. 169.

12 G. Büchner: Woyzeck (1837 postum), in: A. a. O., 141–166, S. 144.
13 A. a. O., S. 144.
14 A. a. O., 144.
15 Die »Ungeschuldetheit« der göttlichen Gnade bildete das Dauerthema endloser Streitereien der christlichen Theologiegeschichte; vgl. H. Denzinger, A. Schönmetzer: Enchiridion Symbolorum, Definitionum et Declarationum de Rebus Fidei et Morum, Rom, Freiburg, 32. Aufl. 1963, Nr. 1021, S. 431 (Verurteilung des Bajus durch Pius V.); Nr. 1385, S. 493 (Verurteilung Quesnels durch Clemens XI.).
16 So U. Bubenheim, s. o. Anm. 2, S. 77.
17 So definiert das Konzil von Trient die »Sünder« als Menschen, »die sich durch die Sünden von Gott abgewandt haben«; Denzinger, s. o. Anm. 15, Nr. 797, S. 370.
18 So die kirchliche Lehre gegenüber dem sog. Pelagianismus: Denzinger, s. o. Anm. 15, Nr. 101–104, S. 83.
19 Zu der zwangsneurotischen Aufspaltung von »Pflicht« und »Neigung« durch Ausschaltung der persönlichen Freiheit vgl. E. Drewermann: Sünde und Neurose, in: Psychoanalyse und Moraltheologie, 3 Bde., Mainz 1982–84, I 128–162, S. 136–143. Zu der Neigung der kath. Kirche, die persönliche Freiheit des einzelnen aus Angst vor der Individualität durch Institution und Hierarchie auszuschalten, vgl. E. Drewermann: Kleriker, Psychogramm eines Ideals, Olten, Freiburg 1989, 96–169: Das entfremdete Sein auf der Ebene des Denkens.
20 Zur Stelle vgl. E. Schweizer: Das Evangelium nach Matthäus, Göttingen, Zürich 1986, 30–36.
21 Vgl. E. Drewermann: Das Mädchen ohne Hände, in: Lieb Schwesterlein, laß mich herein, München, 1992 S. 25f. Andere Beispiele sind ›Der Bärenhäuter‹ (KHM 101) oder ›Der Grabhügel‹ (KHM 195).
22 Vgl. z. B. K. E. Neumann (Übers.): Also sprach der Erhabene. Eine Auswahl aus den Reden Gotamo Buddhos, Zürich 1986, 102–125: Versiegung des Durstes.
23 So lehrte A. Comte: Die positive Philosophie, übers. v. J. H. v. Kirchmann, 2 Bde., Heidelberg 1883; F. Blaschke (Hrsg.): Die Soziologie. Die positive Philosophie im Auszug, Leipzig 1933, daß der menschliche Geist sich in drei Stadien entwickle. In dem ersten, theologischen Stadium der Priester- und Kriegerherrschaft erkläre der Mensch die Naturerscheinungen als Manifestationen eines besonderen Willens in den Dingen (Fetischismus) oder des Willens bestimmter Götter (Polytheismus) bzw. eines einzelnen Gottes (Monotheismus); im zweiten, »metaphysischen« Stadium, wo die Philosophen und Juristen ihre Herrschaft ausübten, werde die Welt aus Ideen, Kräften und hypostasierten Abstraktionen erklärt. Erst im dritten, positivistischen Stadium könnten Theorie und Praxis zusammenfinden, indem durch Experiment und schlußfolgendes Denken der Tatsachensinn erwache und eine Hierarchie der Wissenschaften hervorbringe, in welcher die Forscher und die Techniker regieren. Im Sinne Comtes sind die »armen Leute« gerade infolge ihres »Materialismus« notwendig »Positivisten«.
24 Vgl. E. Drewermann: Tiefenpsychologie und Exegese, s. o. Anm. 4, I 364–374: Die symbolische Ontologie der Deckerinnerungen.

25 Vgl. J. Thorwald: Macht und Geheimnis der frühen Ärzte. Ägypten, Babylonien, Indien, China, Mexiko, Peru; München, Zürich 1967, 12–103.
26 Vgl. C. G. Jung: Paracelsus als geistige Erscheinung (1941), in: Gesammelte Werke, Bd. XIII, Olten 1978, 123–209, bes. S. 127–128; 137: »Paracelsus sieht nicht, daß die Wahrheit der Kirche und der christliche Standpunkt überhaupt nie und nimmer mit dem impliziten alchemistischen Grundgedanken, nämlich ›Gott unter mir‹, einiggehen können.«
27 Vgl. U. v. Wilamowitz-Moellendorf: Die hippokratische Schrift peri hieres nosu (SB Berlin) 1901, wo Hippokrates sich um eine »natürliche« Erklärung der Epilepsie bemüht. Vgl. auch W. Müri: Der Arzt im Altertum, München 1938.
28 Kritisch bespöttelt wird diese Einstellung bereits von Jean Paul: D. Katzenbergers Badereise, nebst einer Auswahl verbesserter Werkchen (1809), München 1963, Werke, hrsg. v. N. Miller u. a., Bd. 6.
29 Vgl. Denzinger, s. o. Anm. 15, Nr. 3276–3278, S. 637–638.
30 Vgl. E. Drewermann: Ich steige hinab in die Barke der Sonne. Altägyptische Meditationen zu Tod und Auferstehung in bezug auf Joh 20/21, Olten, Freiburg 1989, 21–45.
31 Das Pestbakterium, das durch Rattenflöhe übertragen wird, wurde erst 1894 von Schabasaburo Kitasato und Alexandre Yersin entdeckt.
32 Zu der Gestalt des göttlichen Arztes vgl. E. Drewermann: Tiefenpsychologie und Exegese, s. o. Anm. 4, Bd. 2, 141–188.
33 Vgl. R. Schneider: Winter in Wien. Aus meinen Notizbüchern 1957–58, Freiburg, Basel, Wien 1958, 127–128; 129; 137–138; 255; 262–264; 268–269.
34 Vgl. E. Drewermann: Das Markusevangelium, 2 Bde., Olten, Freiburg 1987–88, II 15–40.
35 E. Drewermann: Tiefenpsychologie und Exegese, s. o. Anm. 4, Bd. 2, 188–238.
36 Vgl. Denzinger, s. o. Anm. 15, Nr. 789, S. 367; Nr. 793, S. 369.
37 S. o. ›Der Herr Gevatter‹, Anm. 7.
38 Vgl. E. Drewermann: Tiefenpsychologie und Exegese, s. o. Anm. 4, Bd. 2, 79–95; 105–114.
39 A. a. O., II 105–114.
40 Das Bild von dem »kranken König« taucht z. B. auf in ›Das Wasser des Lebens‹ (KHM 97) und in »Der treue Johannes« (KHM 6).
41 Vgl. z. B. E. Drewermann: Der goldene Vogel, in diesem Band, S. 71–76.
42 Dramatisch ausgemalt ist das Motiv z. B. in ›Die drei Schlangenblätter‹ (KHM 16).
43 Oft genug bezahlt er dabei selbst die Liebe mit dem Tod, wie in dem Roman von Th. Mann: Doktor Faustus. Das Leben des deutschen Tonsetzers Adrian Leverkühn, erzählt von einem Freunde (1947), Frankfurt 1971.
44 Zur Auseinandersetzung mit der anima vgl. C. G. Jung: Die Beziehungen zwischen dem Ich und dem Unbewußten (^{2}1920); in: Gesammelte Werke, Bd. VII, Olten, Freiburg 1971, 131–264, S. 207–232 rev. ^{4}1989, 127–247, S. 198–219.
45 Molière: Der eingebildete Kranke (1673), übers. v. W. v. Baudissin, Leipzig 1960.
46 Zum Begriff der Ate vgl. W. Schadewaldt: Aus Homers Welt und Werk, 2. Aufl. 1951, 339 ff. Menschliche Überheblichkeit (Hybris) bestrafen die Götter mit Verblendung (Ate), die ihrerseits zum Untergang treibt. In den Vorstellungen

des griechischen Mythos spricht sich die gleiche Anschauung aus, die in der Bibel als »Verstockung« Jahwes beschrieben wird.
47 S. o. ›Der Herr Gevatter‹, Anm. 9; 10.
48 K. Kerényi: Der göttliche Arzt. Studien über Asklepios und seine Kultstätten, Darmstadt 1975, 32: »Von der Erweckung Toter, wie sie nach der ausführlichen Erzählung der Geburt angekündigt wurde, ist in den Heilungsberichten ... nirgends die Rede. Die Mythologie erzählt wohl von Totenerweckungen durch Asklepios und auch von seinem eigenen Tod, den er als Strafe dafür litt.« Vgl. bes. E. J. und L. Edelstein: Asclepius. A collection and interpretation of the testimonies, I., Baltimore 1945, Nr. 66–120.
49 Vgl. K. Kerényi: A. a. O., 39; 41: »In Eleusis herrschte die große Göttin, die das Mysterium der Unsterblichkeit enthüllte, indem sie zugleich Mutter und Tochter, ein sich selbst ewig wiedergebärendes weibliches Wesen war. In Epidauros herrschte das männliche Prinzip vor, im Aufleuchten seiner die Dunkelheit durchbrechenden Kraftfülle.«
50 Zur Stelle vgl. R. Bultmann: Das Evangelium des Johannes, Göttingen ^{17}1962, 321–323; 324–325.
51 K. Kerényi, s. o. Anm. 48, S. 99–100: »Man erzählt von der Todesstrafe, die er (Asklepios, d. V.) erleiden mußte, weil er Tote erweckte und dadurch gegen die ehernen Gesetze der Moira verstieß; Zeus schleuderte ihn mit seinem Blitz in die Unterwelt.« Vgl. Hesiod: Fragment, Nr. 125.
52 Zur Korporativgestalt des Königs vgl. E. Drewermann: Tiefenpsychologie und Exegese, s. o. Anm. 4, I 271–298, bes. S. 286 ff.
53 Zur Gestalt des Tricksters vgl. C. G. Jung: Zur Psychologie der Tricksterfigur (1954), in: Gesammelte Werke, Bd. IX/1, Olten, Freiburg 1976, 271–290.
54 Zum mexikanischen Ballspiel vgl. W. Krickeberg: Altmexikanische Kulturen, Berlin 1975, 159; 253; E. Seler: Über die natürlichen Grundlagen mexikanischer Mythen, in: Gesammelte Abhandlungen zur amerikanischen Sprach- und Altertumskunde, Bd. III, 305–351, Berlin 1908; Graz 1960.
55 K. Helfrich: Menschenopfer und Tötungsrituale im Kult der Maya, Berlin 1973, 141–145.
56 Vgl. E. Drewermann: Tiefenpsychologie und Exegese, s. o. Anm. 4, Bd. 1, 212–218.
57 Vgl. G. W. F. Hegel: Vorlesungen über Ästhetik (1835), hrsg. v. R. Bubner, Stuttgart, 2 Bde. (reclam 7976; 7985) 1971; Bd. 1, S. 54–125: Wissenschaftliche Behandlungsarten des Schönen und der Kunst: »Schönheit... ist... der in sich selbst konkrete absolute Begriff und... die absolute Idee in ihr sich selbst genießende Erscheinung« (S. 155).
58 Vgl. E. Drewermann: Ich steige hinab in die Barke der Sonne, s. o. Anm. 30, S. 61–73; 119–154.
59 J. Gray: Mythologie des Nahen Ostens, übers. v. J. Schlechta, Wiesbaden 1969, 21–23.
60 Vgl. G. Roeder (Hrsg.): Urkunden zur Religion des Alten Ägypten (1915), Köln 1978, 15–21.
61 Apollodor, I 105 ff., in: L. Mader (Übers.): Griechische Sagen. Apollodoros, Parthenios, Antoninus Liberalis, Hyginus, Stuttgart, Zürich 1963, 25; Hygin, Nr. 51; a. a. O., 266–267.

62 E. Drewermann: Tiefenpsychologie und Exegese, s. o. Anm. 4, Bd. 2, 169–174.
63 S. o. Anm. 61.
64 Zur Theorie von der »Erkenntnis« als dem »Sündenfall der Menschheit« vgl. E. Drewermann: Strukturen des Bösen. Die jahwistische Urgeschichte in exegetischer, psychoanalytischer und philosophischer Sicht, 3 Bde., Paderborn 1977–78, Bd. 3, 43–53; 118–123; 137–144.
65 Vgl. E. Drewermann: Der tödliche Fortschritt. Von der Zerstörung der Erde und des Menschen im Erbe des Christentums, 6., erw. Aufl., Regensburg 1990, 10–14; 47–50.
66 Vgl. E. Drewermann: Ich steige hinab in die Barke der Sonne, s. o. Anm. 30, S. 80–95.
67 Zur Stelle vgl. A. Weiser: Die Psalmen I. Psalm 1–60, ATD 14, Göttingen 1950, 220–223.
68 Von Meleagros erzählte man, daß bei seiner Geburt die drei Moiren das Gemach seiner Mutter Althaia betraten: Klotho bestimmte ihn zu einem edlen Menschen, Lachesis besang ihn als Helden, und Atropos »starrte ins Herdfeuer, in dem ein Stück Holz brannte. Sie sang: So lange wird er leben, bis das Holzscheit völlig verbrannt ist. Da sprang Althaia auf von ihrem Lager, sie raffte das Scheit aus dem Feuer und verbarg es in der Truhe.« K. Kerényi: Die Mythologie der Griechen, 2 Bde., München 1966, Bd. 2: Die Heroengeschichten, S. 96. Vgl. S. 100–101. Hygin 171, in: L. Mader, s. o. Anm. 61, S. 325.

Fundevogel

1 Vgl. E. Drewermann: Brüderchen und Schwesterchen, in: Lieb Schwesterlein, laß mich herein, München 1992, S. 197–222. Zur Herkunft des ›Fundevogel‹-Märchens vgl. W. Scherf: Lexikon der Zaubermärchen, Stuttgart 1982, 138–141. Danach wurde die Geschichte gegen Ende 1808 in Allendorf von der damals 25jährigen Pfarrerstochter Friederike Mannel (1783–1833) Jacob Grimm übermittelt, der den Titel des Märchens ›Fundevogel‹ nannte; »in der Niederschrift hieß er noch Karl«.
2 Zu dem Motiv selbst vgl. A. Aarne: Die magische Flucht, Helsinki 1930; M. His: Die magische Flucht und das Wettverwandeln, in: Schweizerisches Archiv für Volkskunde 30, 1930, 2/3, 107–129; M. Pancritius: Die magische Flucht, in: Anthropos, 8, 1913, 854–879; 929–943. – Das Motiv der magischen Flucht ist eines der ältesten Märchenmotive und spielt vor allem in der griechischen Argonautensage eine große Rolle.
3 Zu »Wasser«, »Bad« und »Mutterschoß« vgl. E. Drewermann: Brüderchen und Schwesterchen, in: Lieb Schwesterlein, laß mich herein, München 1992, S. 293–295.
4 Es herrscht also ein echtes jus talionis.
5 Vgl. R. Meyer: Die Weisheit der deutschen Volksmärchen, Stuttgart 1969, 81–90, S. 86–90.

6 Vgl. E. Drewermann: Brüderchen und Schwesterchen, in: Lieb Schwesterlein, laß mich herein, München 1992, S. 215–218.

7 Vgl. V. Kast: Wege aus Angst und Symbiose. Märchen psychologisch gedeutet. Beiträge zur Jungschen Psychologie, Olten, Freiburg 8. Aufl. 1986.

8 Vgl. E. Drewermann: Frau Holle, in: Lieb Schwesterlein, laß mich herein, München 1992, S. 368–375.

9 E. Drewermann: Tiefenpsychologie und Exegese, 2 Bde., Olten, Freiburg 1984–85, Bd. 1, S. 201–204.

10 P. Strieder: Albrecht Dürer, Wiesbaden 1977, 124–128.

11 Vgl. S. Freud: Der Familienroman der Neurotiker (1909), in: Gesammelte Werke, Bd. VII, London 1941, 225–231; E. Drewermann: Tiefenpsychologie und Exegese, s.o. Anm. 9, 1. Bd., S. 212–213.

12 Vgl. S. Freud: Über Deckerinnerungen (1899), in: Gesammelte Werke, Bd. I, London 1952, 529–554; E. Drewermann: Tiefenpsychologie und Exegese, I 350–374.

13 Zu der Verknüpfung von tiefenpsychologischer und existentialer Hermeneutik vgl. E. Drewermann: Strukturen des Bösen. Die jahwistische Urgeschichte in exegetischer, psychoanalytischer und philosophischer Sicht, 3 Bde., Paderborn 1977, 1. Bd., S. XXXI–LIX; Vorrede zur 2. Aufl. 1979, S. LXIV–XCIII.

14 Vgl. O. Rank: Der Mythus von der Geburt des Helden. Versuch einer psychologischen Mythendeutung, Leipzig, Wien ^{2}(verb.) 1922, 79–80; E. Drewermann: Strukturen des Bösen, s.o. Anm. 13, Bd. 2, 332–358, S. 338 ff.

15 S. Freud: Eine Kindheitserinnerung des Leonardo da Vinci (1910), in: Gesammelte Werke, Bd. VIII, London 1945, 127–211.

16 Vgl. im allgemeinen W. Lindig: Indianer-Kulturen im Südwesten, in: E. Evans-Pritchard (Hrsg.): Bild der Völker. Die Brockhaus Völkerkunde in 10 Bänden, Wiesbaden 1974, Bd. 4, 1. Teil: Nordamerika, 136–138; K. A. Nowotny: Amerika, in: K. A. Bernatzik (Hrsg.): Neue Große Völkerkunde, Einsiedeln 1974, 699–894, S. 718–722; G. Turner: Indianer, übers. v. G. Steppes, Hanau 1983, 94–186; H. Läng: Kulturgeschichte der Indianer Nordamerikas, Olten 1981, 365–377. Die Geschichte und der Kult von Omaomana wurde in den 60er Jahren von W. Disney verfilmt.

17 Zur Gestalt des Horus vgl. H. Kees: Der Götterglaube im alten Ägypten, Leipzig 1956; Darmstadt 1980, 418–430.

18 Zur Kategorie des Anfangs im mythischen Denken vgl. E. Drewermann: Strukturen des Bösen, s.o. Anm. 13, Bd. 1, S. XVIII–XXXI.

19 Zur Baumgeburt bzw. zur Baumursprungsmythe vor allem in der afrikanischen Mythologie vgl. H. Baumann: Schöpfung und Urzeit im Mythus der afrikanischen Völker, Berlin 1936; Nachdruck 1964, 224–235.

20 Zur Baumsymbolik vgl. E. Drewermann: Strukturen des Bösen, s.o. Anm. 13, Bd. 2, S. 52–69.

21 Codex Nuttall. British Museum London. Reprint: A. G. Miller: The Codex Nuttall. A picture manuscript from ancient Mexiko, hrsg. von Zelia Nuttall, New York (Dover Publication) 1975, S. 20. Insbesondere der Codex Vindobonensis Mexicanus 1, p. 37 zeigt »das erste Menschenpaar der Mixteken aus einem Baum, der bei Yutatnoho (Apoala) wuchs.« H. Biedermann: Altmexikos heilige Bücher, Graz 1971, S. 72.

22 Vgl. W. Krickeberg: Altmexikanische Kulturen, Berlin 1975, 197–198. Der Baum von dem die kleinen Kinder lebten (wie von dem Paradiesesbaum der Bibel), stand im »Blumenland«, in »xochitlalpan«.

23 S. o. Anm. 19.

24 Zu der »Jungfräulichkeit« der Urmutter vgl. E. Drewermann: Die Frage nach Maria im religionswissenschaftlichen Horizont, in: Zeitschrift für Missionswissenschaft und Religionswissenschaft, 66. Jg., Apr. 1982, Heft 2, 96–117.

25 So meint R. Meyer: Die Weisheit der deutschen Volksmärchen, Stuttgart 1969, 86–87: »Etwas, das nicht ganz dem Menschenreich angehört, sondern überirdischer Herkunft ist, läßt das Namensgeheimnis anklingen.« »Er (sc. der ›Förster‹, d. V.) wird gewahr, wie der himmlische Teil unseres Menschenwesens schon in den ersten Lebensjahren von uns genommen und in höhere Welten entrückt wird. Unbewußt für das gewöhnliche Erleben, vollzieht sich dieser ›Kindesraub‹. Aber der Sucher nach dem Leben im Geiste muß diesen überirdischen Teil wieder in die Seelenentwicklung hereinholen und ihn mit dem irdischen Bewußtsein *verschwistern* lernen.« Zu dem Bild des »Vogels« selbst vgl. F. Lenz: Bildsprache der Märchen, Stuttgart 1971, 292–293: »Adler und Falke sind Bild höchsten Geistesfluges.« Vgl. auch K. Anderten: Umgang mit Schicksalsmächten. Märchen als Spiegelbilder menschlichen Reifens, Olten 1989, 256–266: Die Prinzessin auf dem Baum.

26 L. Klages: Der Geist als Widersacher der Seele, 3 Bde., Leipzig 1929–1932.

27 Vgl. E. Drewermann: Der Krieg und das Christentum. Von der Ohnmacht und Notwendigkeit des Religiösen, Regensburg 1984, 46–49.

28 Vgl. R. E. Leakey: Die Suche nach dem Menschen. Wie wir wurden, was wir sind, übers. v. F. W. Gutbrod, Frankfurt 1981, 97–109; 219–237.

29 Vgl. I. Eibl-Eibesfeldt: Krieg und Frieden aus der Sicht der Verhaltensforschung, München 1975, 153–192.

30 Vgl. R. E. Leakey: Die Suche nach dem Menschen, s. o. Anm. 28, S. 184–197.

31 Vgl. R. Meyer: Die Weisheit der deutschen Volksmärchen, s. o. Anm. 25, S. 86, dessen Deutungen im folgenden freilich zu sehr in reine Spekulationen abgleiten.

32 Die gleiche Zusammengehörigkeit läßt sich auch in dem Märchen von ›Schneeweißchen und Rosenrot‹ (KHM 161) beobachten; vgl. in diesem Band, S. 19 f.; 27–34.

33 Zu dieser Ambivalenz vgl. E. Neumann: Die große Mutter. Eine Phänomenologie der weiblichen Gestaltungen des Unbewußten, Olten, Freiburg 1974, 123–169.

34 E. Langgässer: Proserpina. Mit einem Nachwort von E. Horst, Wien, Frankfurt, Berlin 1982, 30–31.

35 A. a. O., 33–34.

36 S. Freud: Neue Folge der Vorlesungen zur Einführung in die Psychoanalyse (1932), in: Gesammelte Werke, Bd. XV, London 1940, 80: »Es gibt im Es nichts, was man der Negation gleichstellen könnte … Im Es findet sich nichts, was der Zeitvorstellung entspricht.«

37 Epikur: Von der Überwindung der Furcht, S. 59 (Katechismus, 2); ders.: Brief an Menoikeus, S. 101, in: Epikur: Von der Überwindung der Furcht. Katechismus. Lehrbriefe. Spruchsammlung, Fragmente, übers. v. O. Gigon, Zürich 1949; Neudruck: München 1983.

38 Th. Fontane: Werke in 4 Bdn., hrsg. v. H. Geiger, Wiesbaden o. J., I 9.
39 K. Siegfried: Die Weisheit Salomos, in: E. Kautzsch (Hrsg.): Die Apokryphen und Pseudopigraphen des Alten Testaments, 2 Bde. (1900), Darmstadt 1962, I 476–507, S. 482.
40 Vgl. G. Wirth (Hrsg.): Griechische Lyrik. Von den Anfängen bis zu Pindar. Griechisch und deutsch, Hamburg 1963, 136–153.
41 Fr. W. Freiherr von Bissing (Übers.): Altägyptische Lebensweisheit, Zürich 1955, S. 141–142: Lied des Harfners, 1. Fassung.
42 Vgl. a. a. O., 143–145 in Parallele zu Weish 2, 4–9.
43 J. Seifert: Im Spiegel hat er das Dunkel. Tschechisch und deutsch, ausgew. u. übers. v. O. Komenda-Soentgerath, hrsg. v. R. Th. Hlawatsch u. H. G. Heiderhoff, Waldbrunn 1982, 63.
44 Insbesondere meinte S. Freud, alle Todesangst sei im Grunde Angst vor Liebesverlust (»Objektverlust«) bzw. »Kastrationsangst«, also Angst, nicht liebenswert zu sein; S. Freud: Das Ich und das Es (1923), in: Gesammelte Werke, Bd. XIII, London 1940, 235–289.
45 Diese Art zu »denken« ähnelt der zwangsneurotischen Denkform, von der S. Freud meinte, sie bereite nicht das Handeln vor, sondern wolle es ersetzen. S. Freud: Bemerkungen über einen Fall von Zwangsneurose (Der Rattenmann) (1909), in: Gesammelte Werke, Bd. VII, London 1941, 379–465, S. 439–446; zur Beziehung des Zwangsdenkens zum Tod vgl. a. a. O., 446–455.
46 Vgl. E. Drewermann: Der Krieg und das Christentum, s. o. Anm. 27, S. 254–282.
47 J. W. von Goethe: Gedichte, hrsg. u. komm. von E. Trunz, München 1974, 78–79: Heideröslein.
48 Vgl. E. Drewermann: Brüderchen und Schwesterchen, in: Lieb Schwesterlein, laß mich herein, München 1992, S. 211–216. Ders.: Kleriker. Psychogramm eines Ideals, Olten, Freiburg 1989, 530–563.
49 Th. Mann: Bekenntnisse des Hochstaplers Felix Krull (1954), Frankfurt 1965, 138–139; E. Drewermann: Die Kristallkugel, in diesem Band, S. 146.
50 Zu der charakterbedingten Unterschiedlichkeit des Zeiterlebens vgl. E. Drewermann: Tiefenpsychologie und Exegese, 2 Bde., Olten, Freiburg 1984–85, II 605–624.
51 So bereits die Einsicht des Heraklit, Fr. 91, in: H. Diels, W. Kranz (Hrsg.): Die Fragmente der Vorsokratiker, Hamburg 1957, S. 29.
52 Vgl. E. Drewermann: Kleriker, s. o. Anm. 48, 746–748.
53 Vgl. G. Mensching: Die Religion. Erscheinungsformen, Strukturtypen und Lebensgesetze, München o. J., S. 266–302: Lebensgesetze der Religion.
54 Vgl. W. Laiblin: Wesensgesetze menschlicher Reifung, in: Wachstum und Wandlung. Zur Phänomenologie und Symbolik menschlicher Reifung, Darmstadt 1974, 47–92; ders.: Metaphern der Wandlung in einem Reifungsprozeß der Lebensmitte, a. a. O., 93–104. Zu dem kulturellen Problem des *Alterns* vgl. S. de Beauvoir: Das Alter, übers. v. A. Aigner-Dünnwald u. R. Henry, Hamburg 1977, 75–183; 184–236.
55 E. Ionesco: Tagebuch. Journal en miettes, übers. v. L. Kornell, Neuwied und Berlin 1967, 62–63.
56 Vgl. E. Drewermann: Laßt sie erfahren, daß das Reich Gottes nahe ist. Eine christliche Begründung der Arbeit mit alten Menschen, in: Psychoanalyse und

Moraltheologie, 3 Bde., Mainz 1982–84, III 57–84, S. 73, Anm. 30: Inschrift der St.-Paulus-Kirche in Baltimore, 1692.
57 Vgl. S. Kierkegaard: Die Wiederholung. Ein Versuch in der experimentierenden Psychologie (1843), Hamburg 1961, Werke Bd. II, übers. v. L. Richter, S. 5–83; Die Krise und eine Krise im Leben einer Schauspielerin (1847), a.a.O., II 86–117.
58 Vgl. E. Drewermann: Strukturen des Bösen, s.o. Anm. 13, Bd. 1, S. 365–378: Von der Geborgenheit im Ring der Welt (Nachw. zur 3. Aufl.).
59 A.a.O., II 52–55.
60 Vgl. S. Schultz: Glasfenster des Straßburger Münsters, Bern 1967 (Orbis pictus 49), Einleitung; H. Lützeler: Weltgeschichte der Kunst, Gütersloh 1959, 718–723.
61 E. Nielsen (Hrsg.): Die Hexe von Endor. Die merkwürdigsten Fälle aus dem Gebiet des Übersinnlichen von 1200 vor bis 1800 nach Christus (1922: Das Unerkannte auf seinem Weg durch die Jahrtausende), München 1978, 70–73; nach Zurbonsen: Die Prozeßaussagen der Jungfrau von Orleans, Düsseldorf 1910.
62 Vgl. J. Assmann: Der König als Sonnenpriester. Ein kosmographischer Begleittext zur kultischen Sonnenhymnik in thebanischen Tempeln und Gräbern, Glückstadt 1970.
63 E. Drewermann: Dein Name ist wie der Geschmack des Lebens. Tiefenpsychologische Deutung der Kindheitsgeschichte nach dem Lukasevangelium, Freiburg 1986, 37–66.
64 E. Ionesco: Tagebuch, s.o. Anm. 55, S. 13.
65 Vgl. M. Heidegger: Sein und Zeit (1926), Tübingen 1963, 235–260; E. Drewermann: Strukturen des Bösen, s.o. Anm. 13, III 216–218; 246–247.
66 Vgl. M. Heidegger: Über den Humanismus. Brief an Jean Beaufret, Paris, in: Platons Lehre von der Wahrheit. Mit einem Brief über den »Humanismus«, Bern 1947, 53–119, S. 106, wo Heidegger das 119. Fr. des Heraklit dahin interpretiert: »der Mensch wohnt, insofern er Mensch ist, in der Nähe des Gottes.« Konkret (S. 110): »Das Denken, das nach der Wahrheit des Seins fragt und dabei den Wesensaufenthalt des Menschen vom Sein her und auf dieses hin bestimmt, ist weder Ethik noch Ontologie.« Das ist das Ende des »begrifflichen« Denkens auch in der Theologie, d.h., es müßte das Ende des gesamten Typs heutiger Theologie bedeuten – eine Einsicht, die seit mehr als vierzig Jahren auf ihre Ankunft in der Theologie wartet.
67 Vgl. ein letztesmal dazu E. Drewermann: Das Markusevangelium, 2 Bde., Olten, Freiburg 1987–88, I 80–107: Zwischen Zeit und Ewigkeit oder: Mythos und Geschichte. Ders.: An ihren Früchten sollt ihr sie erkennen. Antwort auf Rudolf Peschs und Gerhard Lohfinks ›Tiefenpsychologie und keine Exegese‹, Olten, Freiburg 1988, 78–118. Mit einem Nachwort von St. Schmitz.
68 G. W. F. Hegel: Die Vernunft in der Geschichte (Vorlesungen von 1822, 1828, 1830), hrsg. v. J. Hoffmeister, Hamburg 1963, 155–156.
69 Vgl. H. Müller-Karpe: Das vorgeschichtliche Europa (1968), Baden-Baden 1979, 80: »In Ägypten ereignete sich mit der Konstituierung des Königtums zu Beginn der 1. Dynastie unter ›Skorpion‹, Narmer und Hor Aha etwas überaus Folgenschweres: Erstmalig erlebten einzelne Menschen ihr personales Ich in

einer solch intensiven Bewußtheit, daß sie die seinsmäßige Kluft zwischen sich und der Umwelt, einschließlich den sozial unter ihnen stehenden Mitmenschen, für bedeutender empfanden als den Abstand zwischen sich und einer transzendenten Gottheit.«

70 Vgl. R. Nürnberger: Das Zeitalter der Französischen Revolution und Napoleons, in: G. Mann (Hrsg.): Propyläen Weltgeschichte in 10 Bdn., Bd. 8, Frankfurt 1986, 59–191.

71 V. Ions: Ägyptische Mythologie, übers. aus dem Engl. v. J. Schlechta, Wiesbaden 1968, 32. Zu dem Symbol der Gans bzw. Ente vgl. F. Lenz: Bildsprache der Märchen, Stuttgart 1971, 293–294, der in der »Ente« ein »Sinnbild für die Fähigkeit« erblickt, »in der schwankenden Welt der Empfindungen und Gefühle sich mit Sicherheit und Anmut zu bewegen, also die Seelenwelt zu meistern.«

72 Zur Deutung des Märchens von ›Hänsel und Gretel‹ vgl. E. Drewermann: Kleriker, s. o. Anm. 48, 387–398.

73 T. H. Watermann: Der innere Kompaß. Sinnesleistungen wandernder Tiere, aus dem Amerik. übers. v. B. Achauer und U. Loos, Heidelberg (Spektrum) 1990, 236–237.

74 I. C. Asimov: Explodierende Sonnen. Geheimnisse der Supernova, aus dem Amerik. übers. v. H. M. Hahn, Köln 1989, 120–189.

75 Vgl. E. Drewermann: Ich steige hinab in die Barke der Sonne. Altägyptische Meditationen zu Tod und Auferstehung in bezug auf Joh 20/21, Olten 1989, 80–95.

76 A. a. O., 74–80.

77 A. a. O., 94.

78 A. a. O., 94; A. Erman, H. Grapow: Ägyptisches Handwörterbuch, Berlin 1921; Darmstadt 1981, 165.

79 *Papyrus Ani.* BM 10.470. Ägyptisches Totenbuch aus der 19. Dynastie (um 1300 v. Chr.), Grab des königlichen Schreibers Ani; British Museum, Kommentar E. Dondelinger.

80 E. Dondelinger: Papyrus Ani, a. a. O., 60.

81 A. a. O., 60.

82 A. a. O., 80.

83 A. a. O., 81.

84 Die Deutung des Symbols als (magischer) Schleife bleibt fraglich; H. Brunner: Abriß der Mittelägyptischen Grammatik. Zum Gebrauch in akademischen Vorlesungen, Graz, 2. verb. Aufl. 1967, 71; vgl. auch M. Lurker: Götter und Symbole der Alten Ägypter (1974), München 1980, 117–118: Lebensschleife.

85 Vgl. dazu E. Drewermann: Tiefenpsychologie und Exegese, s. o. Anm. 9, II 511–541: Altägyptische Analogien zu den christlichen Jenseitshoffnungen und die Wahrheit vom Untergang der Welt, bes. S. 529 ff.

86 Vgl. M. Lurker: Götter und Symbole der Alten Ägypter, s. o. Anm. 84, S. 62–63.

87 *Papyrus Ani*, Tafel 37. Eigene Übersetzung und Transkription; vgl. E. Dondelinger: Papyrus Ani, s. o. Anm. 79, S. 81. Es handelt sich um einen Text zum 186. Kapitel des Totenbuches; vgl. E. Hornung: Totenbuch der Ägypter, Zürich, München 1979, 400: »Hathor anbeten, die Herrin des Westens, ›Erdküssen‹ (Proskynese) der Mehet-weret: Ich bin zu dir gekommen, um deine Schönheit zu schauen! Laß mich doch an der Spitze deines Gefolges sein, damit ich alle

Großen übertreffe, denn keine Schwäche wird bei mir gefunden. Mögest du mir Opfer gewähren und mir einen Sitz im (Totenreich unter den) Gerechten bereiten, daß ich heil bleibe auf Erden.«

Diesem Band liegen folgende Einzelausgaben zugrunde:
Eugen Drewermann/Ingrid Neuhaus: Schneeweißchen und Rosenrot. Olten 1983
Eugen Drewermann/Ingrid Neuhaus: Der goldene Vogel. Olten 1982
Eugen Drewermann/Ingrid Neuhaus: Die Kristallkugel. Olten 1985
Eugen Drewermann: Die kluge Else/Rapunzel. Olten 1986
Eugen Drewermann: Der Herr Gevatter/Der Gevatter Tod/Fundevogel. Olten 1990
›Dat Mäken von Brakel‹ wurde zuerst abgedruckt in: Annentag in Brakel. Ein deutsches Volksfest. Herausgegeben von FSB, Franz Schneider Brakel, 1992; ›Meister Pfriem‹ Erstveröffentlichung.

Eugen Drewermann

Milomaki – oder vom Geist der Musik

Eine Mythe der Yahuna-Indianer
Mythen der Völker tiefenpsychologisch gedeutet
73 Seiten mit 4 Farbtafeln, gebunden

«Die Mythe von Milomaki verdanken wir den Yahuna-Indianern, die noch heute im tropischen Regenwald Amazoniens leben.
Die Milomaki-Mythe führt in die Welt des Imaginären. Mythische Helden sind Geschöpfe der Phantasie, und ihr Ziel liegt darin, daß sie erlebt werden, als seien sie wirklich. Musik ist etwas Göttliches. Singen und Tanzen schafft Freude, innere Harmonie; der Mensch ist im Enklang mit sich und der Welt.
Die weit ausholende, tiefe Deutung der Mythe macht klar, wie Natur, Gesellschaft und menschliche Geschichte sich miteinander verbinden. Wer sich mit dieser Mythe einläßt und der Deutung Drewermanns folgt, wird sich ihrem naiven Reiz kaum entziehen können.»
Main-Echo, Aschaffenburg

Walter-Verlag

Erzählte Lebenshilfe

Frauen berichten vom Kinderkriegen
Hrsg. v. Doris Reim
dtv 10242

Roswitha Fröhlich:
Ich und meine Mutter
Mädchen erzählen
dtv 11194

Die geheimnisvolle Villa
Kinder der Kinderklinik
Tübingen erzählen
Geschichten zu einem
Bild
Herausgegeben von
Michael Klemm,
Gerlinde Hebeler und
Werner Häcker
Mit einer Zeichnung
dtv 30316

Gabriele M. Grafenhorst:
Abtreibung
Erfahrungsberichte zu
einem Tabu
dtv 30300

Germaine Greer:
Daddy
Die Geschichte eines
Fremden
dtv 30302

Torey L. Hayden:
Sheila
Der Kampf einer
mutigen Lehrerin um
die verschüttete Seele
eines Kindes
dtv 10223

Kein Kind wie alle
anderen
Wie eine Lehrerin mit
ungewöhnlichen
Methoden ihren
Schülern zu einem
besseren Leben verhilft
dtv 30004

Hüten und Hassen
Geschwister-Geschichten
Hrsg. v. Günter Franzen
und Boris Penth
dtv 11512

Ich habe ein behindertes
Kind
Mütter und Väter
berichten
Hrsg. v. Edith Zeile
dtv 10859

Harlan Lane:
Mit der Seele hören
Die Lebensgeschichte
des taubstummen
Laurent Clerc und sein
Kampf um die
Anerkennung der
Gebärdensprache
dtv 11314

Robert Lane:
Robby
Ein Zeugnis für die
unglaubliche Kraft des
Menschen, Leid durch
Verständnis und Liebe zu
überwinden
dtv 30016

Dorothee Lehmann:
Dagmar
Der gemeinsame Weg
einer Mutter und ihres
mongoloiden Kindes zu
Reife und Lebensfreude
dtv 11372

Doris Lund:
Eric
Der wunderbare Funke
Leben
dtv 11259

Jacques Lusseyran:
Das wiedergefundene
Licht
Die Lebensgeschichte
eines Blinden im
französischen Widerstand
dtv/Klett-Cotta
dtv 30009

Das Leben beginnt heute
Erinnerungen und
Begegnungen
dtv/Klett-Cotta
dtv 11311

Christopher Nolan:
Unter dem Auge der Uhr
Ein autobiographischer
Bericht
dtv 30314

Claus Stephani:
Niemandmensch
Bericht einer
Gedemütigten
Originalausgabe
dtv 30324

Anneliese Ude:
Betty
Protokoll einer
Kinderpsychotherapie
dtv 30034

Anneliese Ude-Pestel:
Ahmet
Geschichte einer Kinder-
therapie
dtv 10070

Dietmar Zöller:
Wenn ich mit euch reden
könnte ...
Ein autistischer Junge
beschreibt sein Leben
dtv 30018

Arno Gruen
im dtv

Der Verrat am Selbst
Die Angst vor Autonomie
bei Mann und Frau

Heute aktueller denn je: der Begriff der Autonomie, der nicht Stärke und Überlegenheit meint, sondern die volle Übereinstimmung des Menschen mit seinen eigenen Gefühlen und Bedürfnissen. Wo sie nicht vorliegt – eher die Regel als die Ausnahme –, entstehen Abhängigkeit und Unterwerfung, Macht und Herrschaft. Ein Buch, das eine Grunddimension mitmenschlichen Daseins erfaßt.
dtv 35000

Der Wahnsinn der Normalität
Realismus als Krankheit:
eine grundlegende Theorie zur menschlichen Destruktivität

Arno Gruen legt die Wurzeln der Destruktivität frei, die sich viel öfter, als uns klar ist, hinter vermeintlicher Menschenfreundlichkeit oder »vernünftigem« Handeln verbergen. Er überzeugt durch die Vielzahl der Beispiele und schafft die Beweislage, daß dort, wo Innen- und Außenwelt auseinanderfallen, Verantwortung und Menschlichkeit ausbleiben.
dtv 35002

Falsche Götter
Über Liebe, Haß und die
Schwierigkeit des Friedens

»Ich meine nicht, daß man mit Politikern psychoanalytisch reden soll. Ich meine, daß man jemandem, der lügt, sagen soll, daß er lügt. Solange wir glauben, daß wir die Liebe dieser Leute benötigen, um erlöst zu werden, sind wir verloren. Wenn wir wieder lernen, andere Menschen auf eine natürliche Art empathisch wahrzunehmen, kann uns niemand mehr an der Nase herumführen.«
dtv 35059 (Januar 1993)

C.G. Jung – Taschenbuchausgabe

Herausgegeben von Lorenz Jung

C.G. Jung
Taschenbuchausgabe
in elf Bänden
Herausgegeben von
Lorenz Jung auf der
Grundlage der Ausgabe
»Gesammelte Werke«
dtv 59016

Auch einzeln
erhältlich:

Die Beziehungen
zwischen dem Ich
und dem Unbewußten
dtv 15061

Antwort auf Hiob
dtv 15062

Typologie
dtv 15063

Traum und
Traumdeutung
dtv 15064

Synchronizität,
Akausalität
und Okkultismus
dtv 15065

Archetypen
dtv 15066

Wirklichkeit
der Seele
dtv 15067

Psychologie
und Religion
dtv 15068

Psychologie
der Übertragung
dtv 15069

Seelenprobleme
der Gegenwart
dtv 15070

Wandlungen und
Symbole der Libido
dtv 15071

Außerdem im dtv:

Wörterbuch
Jungscher Psychologie
Von Andrew Samuels,
Bani Shorter
und Fred Plaut
dtv 15088

Helmut Barz/Verena
Kast/Franz Nager:
Heilung und Wandlung
C.G. Jung
und die Medizin
dtv 15089